祈望和谐

——周秦两汉王朝祭礼的演进及其规律

杨英 著

商务印书馆
2009年·北京

图书在版编目(CIP)数据

祈望和谐:周秦两汉王朝祭礼的演进及其规律/杨英著.—北京:商务印书馆,2009
ISBN 978-7-100-06100-1

I.祈… II.杨… III.祭礼—研究—中国—周代～东汉时代 IV.B933

中国版本图书馆 CIP 数据核字(2008)第 165315 号

祈 望 和 谐
——周秦两汉王朝祭礼的演进及其规律
杨英 著

商 务 印 书 馆 出 版
(北京王府井大街36号 邮政编码 100710)
商 务 印 书 馆 发 行
北京瑞古冠中印刷厂印刷
ISBN 978-7-100-06100-1

2009年10月第1版 开本 787×960 1/16
2009年10月北京第1次印刷 印张 44½
定价: 72.00 元

目　录

引　言

当今的人类已进入了21世纪，回顾既往的历史，鉴赏科学家、发明家、艺术家们如灿烂群星般光芒永不熄灭的杰作；总结人类因私心、功利、贪欲等劣根性所积累的经验教训，是人们固有的理性的需要，更是历史学家的本职。正是从种种过去（哪怕是惨烈和难以直面的）中汲取经验和智慧，我们才能相信，现实的世界并非五浊世界，而作为现实世界之因缘的往昔，更是在尘封的、不为今人了解的陈迹中暗藏着理性的辉光，需要我们去发掘、认识和解读。

中国古代的王朝祭礼就是这样一种事物。在“世界潮流浩浩荡荡，顺之者昌，逆之者亡”的20世纪，中国发生了数次历史性的巨变——封建王朝的残屋破厦在疾风骤雨般的革命风暴中灭亡，稚嫩的资产阶级共和国在素朴的向往中建立，而后朝阳下升起五星红旗，普通大众第一次建立自己做主的国家，这些变革一次比一次激烈，一次比一次深刻，在紧张而迫切的求得生存的过程中，国人的首要任务是反对侵略，避免被侵凌，被奴役，被宰割的命运，来不及深思传统文化的内涵，到了今天，一个多世纪过去了，政治安定，经济起飞、科学昌明，国家繁荣。于是，从文化角度对我们五千年悠久历史和曾经无以伦比的灿烂文明的深刻反思之潮又悄然回归，这一切在正处在转型中的中国是人们理性的自然需要——只有真正深入了解祖先留下文化遗产的构成和内涵，鉴别它的精华与糟粕，才能虚心而客观地以海纳百川的胸怀吸收众家之长，将自己的国家、自己的文明携进到现代，并让它永远充满勃勃生机。

中国古代的王朝祭礼是我们祖先留下的文化遗产中的一部分，它源远流长，内容丰富，体系完整，程序严谨，且施行时间贯穿整个古代史的始终，直到清朝统治灭亡之后，袁世凯还盗用封建王朝祭天的方式来为其复辟找寻依据，足见其影响的深远。在今天，当我们尽所学之能对中国古代王朝祭礼作一番冷静的分析之际，可以从古代统治者祭祀天地祖先、英烈圣贤和其他各种林林总总的神灵，以及朝日、夕月、读时令、养老、礼贤、耕籍等诸多仪式之中看出古人独特的天人观和丰富的精神世界，正是这天人观和精神世界及相关的知识成就使中华民族的古代文化卓尔不群地屹立于世界民族之林。虽然在知识普及，科学发达，文明进步的今天，这些古代礼仪已经成为历史的陈迹，但正是在对这一陈迹的内容和它之所以成为陈迹的原因的研究过程中，能使我们深邃地思考，从"返之于朴"中拾得对现代人来说已蒙尘染垢的初始智慧，并让这种智慧成为我们乃至我们后人恒久的福祉，这便是本书撰写的初衷，也是笔者每一字的努力都想做到的。

学术史

一谈到礼，大家就会想起浩如烟海的典籍、肃穆森严的制度、繁琐精细的仪节等等。是的，中国古代的"礼"无所不包，举凡希望王政清明、经济均平、文化博大之类的理想及在这些领域建立典制的努力，几乎无一不跟"礼"有关。治"礼"者也理所当然地从不同视角挖掘——深入思辨者看见的是它立意的高远，研究制度者看出的是"礼"作为制度的各种细节及相关演进变化，研究风俗者看见的是"礼"作为仪式所蕴涵的丰富内涵。可以这样说，传承数千年的"礼"涵盖了古代中国人从政治理想到社会伦理，从抽象思辨到制度设计，从逻辑推理到形象审美等所有方面的最高智慧，也正是因为这个原因，它吸引了古往今来大量学者的注意力，历代与之有关的学术成果数量完全可以用"汗牛充栋"一词形容。在古代(直至清代)，对"礼"的研究属于经学的范畴，主要是三《礼》的研究。文渊阁《四库全书》礼类有 224 种，其中《周礼》类 22 种，《仪礼》类 24 种，《礼记》类 22 种，三礼总义类 15 种，存目 141 种，这还仅仅是清代官修丛书中所保留的，历代亡佚的有关作品之数量当远多于这个数字，古代学者对"礼"的重视和用功之勤可见一斑。自汉至清的学者在经学研究的框架下，对作为"礼"组成部分的井田、宫室、衣服、车马、器物制度和冠、昏、丧、祭等仪式方面的考证作出了卓越的成绩，尤其清代学者更是在"礼"名物制度考据方面作出了不可磨灭的贡献，这是古代对"礼"的研究状况。不过，对"礼"作现代式研究还是"西学东渐"以后。"五四"以来，伴随着国运式微和"全盘西化"的呼声，"礼"被视作封建余孽打倒，再加上清代学者在"礼"考据领域达到的卓越成就，民国时期治以考据方法治"礼"者不多，但近代人文科学研究的方法开始被引入。新中国成立后，"礼"被视作封建反动的东西受到冷遇，这种状况一直持续到"文革"之后。改革开放给学界带来了从未有过的活跃，"礼"也开始受到学者重视，并涌现出不少研究成果。近年来，哲学、史学、文学、社会学等多种专业背景的学者加入这一研究领域，多种方法被运用，除了传统的考据学和哲学、历史学方法外，社会学、人类学、宗教学等方法的运用也日益显出影响。因此，近百年来涉及"礼"的研究成果是非常之多的，学者在研究时亦已经对"礼"的学术史作了比较详细的介绍①，笔者无须在此方面进行重复劳动，下面的学术史只介绍在"礼"的研究成果中跟古代祭礼有关的部分，"礼"其他领域的研究成果（如礼俗和仪式、作为政治制度的礼）则从略。

一、从"礼"本身的结构（礼义、礼仪、礼制）研究祭礼

正如前面所述的那样，"礼"包含理念（礼义）、制度（礼制）、仪式（礼仪）三个层面的内容，有些学者注意到了这一点，在研究"礼"时试图综括这三个层面，在具体研究历代礼仪之际建立起完整的中国古代礼仪架构。如陈成国《中国礼制研究》（湖南教育出版社 2003 年版）以 69 万字的篇幅对中国古代先秦至明清的吉、凶、军、宾、嘉五礼作了贯通性考察，内容全面，可以看出作者希望建立起中国古代"礼"学术研究体系所付出的孜孜努力。又如杨志刚《中国礼仪制度研究》（华东师范大学出版社 2001 年版），这部 49 万字的专著是作者在"礼"的领域十余年的探研结晶，作者首先对礼的起源、本质、仪式等作了交待，在考察礼书的写定和五礼体系的形成的基础上，对吉、凶、军、宾、嘉五礼的内容和实质作了考察，该书视角较高、挖掘亦相当深，是近年在"礼"方面思考得相当深入的专著。

① 刘丰：《先秦礼学思想与社会的整合》，中国人民大学出版社 2003 年版，第 2～29 页。

除了同时深入五礼的礼仪、礼制、礼仪的研究路子之外，更多的学者在研究时对“礼”的理念、制度、仪式各有侧重。在“礼”的理念方面，因礼的理念是“礼”中形而上的部分，是统率制度和仪式的灵魂，因此，有哲学训练背景的学者倾注了较多的思辨。葛兆光《七世纪以前中国的知识和信仰》、陈来《古代宗教与伦理——儒家思想探源》（三联书店 1996 年版）堪称这方面的代表作。两位作者的研究重点是探索古代思想中形而上的部分及其形成过程，与此同时亦对祭礼的思想层面予以了考察。而王启发《礼的宗教胎记》则从先秦祭祀天地祖先的礼典出发，论证宗教为统治者所用的过程（载《中国哲学》第 22 辑，辽宁教育出版社 2000 年版）。他的《礼学思想体系探源》（中州古籍出版社 2003 年版）发展了以上观点。蔡尚思《中国礼教思想史》（香港中华书局 1991 年版）和近年出版的刘丰的《先秦礼学思想与社会的整合》（中国人民大学出版社 2003 年版）亦较多着眼于礼学思想，刘丰还对礼学思想与社会控制、礼学思想与社会整合的关系方面作了有价值的探索，显示了现代社会学方法的影响。

在制度方面，学者们的研究大多是着重于“礼”的具体制度，这方面细节性的考证较多，也表现出了较高的研究水平。刘源《商周祭祖礼研究》（商务印书馆 2004 年版）是近年在商周祭祖礼领域的新近力作，作者对商周祭祖礼作了仔细而深入的研究，并多有独到见解。邹昌林《中国古礼研究》（台北文津出版社 1992 年版）、常金仓《周代礼俗研究》（台北文津出版社 1993 年版）、张鹤泉《周代祭礼研究》（台北文津出版社 1993 年版）是三部台湾出版的专著，这三部专著是十年前对古代祭礼（也包括其他礼仪）最为专精的研究，三位作者对古礼的细节作了许多扎实而有意义的考证，显示了良好的学术功底，并为新世纪的后来者继续研究祭礼提供了较高的平台。陈烈《中国祭天文化》（宗教文化出版社 2000 年版）则联系少数民族的祭天状况，对中国古代祭天中的神灵、天道观、郊坛等作了研究。此外，在“礼”的制度层面，古代的宫室车马衣服制度亦多有学者进行研究，因这些成果跟本文要研究的课题关系不大，这里就不详细介绍了。

在仪式方面，“礼”的仪式层面蕴涵的丰富文化信息同样受到许多学者的注意,尤其是历代礼俗,各种层次的研究成果很多。彭林《中国古代礼仪文明》(中华书局 2004 年版)深入浅出地阐说了三礼,并勾勒出先秦的礼仪制度,体现了作者对三礼的熟悉。此外,将“礼”作为仪式和风俗的研究近年还有大量研究成果,因大部分跟本书要关注的王朝祭礼关系不大,兹从略。

值得注意的是,学者们在诠释古代礼仪时均自觉运用源起于西方的社会学方法,如郭于华《仪式与社会变迁》(社会科学文献出版社 2000 年版),关注社会结构、文化传统与行为者参与创构活动的相互关系,体现了现代社会学、人类学对礼仪研究的影响,社会学、人类学方法在古代礼仪研究中的运用,对推进人们对古代礼仪性质的深入认识无疑具有积极意义。

以上是笔者简要的概述。这些不同视角的学术成果,构成了“礼”在现代学者们的研究背景下形成的大致框架,祭礼是这个框架中的一个组成部分。在陈戍国、杨志刚二位先生的专著中,祭祀天地神祇和祭祖先之礼就是被当作五礼中的一部分来考察的。不过,考察祭礼的视角并从“礼”本身出发一种,自现代西方社会科学及其方法传入后,从“宗教”角度考察祭礼是又一种重要视角,而且成果更多,下文便简单介绍该视角下的学术史。

二、从“宗教”角度研究祭礼——“儒教”与非“儒教”之争

以“宗教”称呼古代王朝祭礼,大约始自民国时期。丁山《中国古代宗教与神话考》(龙门联合书局 1961 年版)是这一领域较早的作品。20 世纪 80 年代开始,沿着这一思路开始出现新的成果,如杜而未《中国古代宗教研究——天道上帝之部》(台湾学生书局 1976 年版),朱天顺《中国古代宗教初探》(上海人民出版社 1982 年版),王友三主编《中国宗教史》(上、下,齐鲁书社 1984 年版)。这一时期以“宗教”概念研究中国古代王朝祭礼,显示了近代西方社会科学概念开始深入,但对“宗教”这一概念的理解和把握尚有不够深入之嫌,方法也显得简单。进入 90 年代之后,学者在概念的把握上有了较大进步,并提出了较详细的理论,如詹鄞鑫将中国古代王朝祭礼称为“传统宗教”,并在其作品《神灵与祭祀——中国传统宗教综论》中把中国传统宗教分为“在朝的”和“在野的”两种,“在朝的宗教

‘具有严密的制度和大体不变的承传，并与国家的政治礼制合为一体，是一种‘国家宗教’，我们称之为‘正统宗教’”①；牟钟鉴则称之为“宗法性传统宗教”，并解释说：

“中国宗法性传统宗教以天神崇拜和祖先崇拜为核心，以社稷、日月、山川等自然崇拜为翼羽，以其他多种鬼神崇拜为补充，形成相对稳固的郊社制度、宗庙制度以及其他祭祀制度，成为中国宗法等级社会礼俗的重要组成部分，是维系社会秩序和家族体系的精神力量，是慰藉中国人心灵的精神源泉。”②

在作以上解释之后，牟钟鉴总结其特点为来源的古老性，发展的连续性，仪规的宗法性、功用的教化性、神界的农业性等。牟钟鉴、张践《中国宗教通史》（社会科学文献出版社 2000 年版）以该观点为核心勾勒了两千年来中国古代宗教的发展状况。何光沪《中国宗教改革论纲》沿用了此观点，并对之作了如下解释：

“在佛道之外，还有一种在中国历史上占统治地位的宗教，那就是到 20 世纪至少绵延 3000 年不绝的，以天帝信仰和祖先崇拜为主要内容的观念和祭仪体系。它远在佛教传入和道教兴起之前就已经产生（早在甲骨文中即有记载），即在佛道最盛时亦未消失（隋唐时仍被奉为正统），即非佛亦非道。但它确实是一种宗教，因为它不但具有宗教的本质特征，即对终极者‘天’的信仰，而且具备宗教的所有基本要素……以及与此信仰相关的行为活动和组织制度（从公元前 10 世纪开始的天子七祀、诸侯五祀、大夫三祀、士二祀、庶人一祀，到 20 世纪下半叶仍可见于中国家庭的‘天地君亲师’牌位供奉，从 3000 年前确立的与此祭祀相关的宗法制度，到今天又复活于中国乡村的宗族组织）……”③

除此之外，张荣明《中国的国教：从上古到东汉》（中国社会科学出版社 2001 年版）、邹昌林《中国古代国家宗教研究》（学习出版社 2004 年版）均以“国家宗

---

① 詹鄞鑫：《神灵与祭祀——中国传统宗教综论》，江苏古籍出版社 1992 年版，第 4 页。

② 牟钟鉴：《中国宗法性传统宗教试探》，《世界宗教研究》1990 年第 1 期。

③ 《何光沪自选集》，广西师范大学出版社 1999 年版。

教”为基本概念对中国古代祭礼作了考察，是近年在“国家宗教”概念基础上进一步深入探索的新作。张荣明的专著是对他既往多篇论文中基本观点的充实发展，作者用“功能性”概念（宗教的功能，为构成宗教的四要素之一），认为中国古代的“国家宗教”是一种“隐性宗教”，国家组织即宗教组织，并试图将这一观点形成体系。邹昌林的专著经历多年耕耘和思辨，它体现了作者试图超越“儒教是否为宗教”这一聚讼纷纭的问题，而从中国文化的本质特性来探讨中国古代宗教问题的本源这一初衷。作者认为中国文化的根本特征是礼，宗教亦整体从属于礼，并以《周礼》为切入点，考察了国家宗教的结构、功能、价值系统等等，这体现了作者从高处着眼以把握事实的孜孜努力。这两部书著是直至目前为止以“国家宗教”为概念进行研究最为深入的作品。

又有学者以“儒教”为概念来考察中国古代包括王朝祭礼在内的主流信仰，日本学者加地伸行的《论儒教》（于时化译，齐鲁书社 1993 年版）、加润国《中国儒教史话》（河北大学出版社 1999 年版）等都是这类作品。台湾学者甘怀真在《皇权、礼仪与经典诠释：中国古代政治史研究》（华东师范大学出版社 2003 年）中较详细地概括了户川芳郎、金子修一等许多日本学者的研究，他自己也在这一概念下把古代国家祭祀与政治制度史关系的研究推进到一个新的高度。李申《中国儒教史》（上海人民出版社 2000 年版）是近年出版的该领域的一部力作，作者认为儒教是宗教，把历代统治者主持的祭祀天地山川、各类鬼神的祭礼作为儒教的外在表现形式，并且对中国自远古至明清的各种祭礼作了系统的研究。该书的出版引起了激烈的学术争论①，反映了学者们在这一领域观点差异悬殊，进一步共同讨论的平台尚需建立在更深入的研究基础上。任继愈主编《“儒教问题”争论集》（宗教文化出版社 2000 年版）反映了近年该争论的新近动态。

除了关于儒教是不是教外，另一些学者在努力探究儒学和宗教的关系之际对该问题提出了自己的看法。著名美国学者杜维明认为儒学有明显的宗教性，它起了巨大的宗教作用。葛兆光《中国宗教史研究的百年回顾》（见《二十一世纪

---

① 有关学术争论见“孔子 2000 网站”。网址 http://www.confucius2000.com/

双月刊》1992年2月号，总第51期）对近百年来这一领域的研究作了较全面的总结。

以上是对“宗教”视角下有关学术史的简要回顾。近年以古代王朝祭礼为对象进行“儒教是否宗教”这一问题的讨论是热烈的，许多学者都参与了这一讨论。但目前的讨论总的说来并不尽如人意，它首先表现为学术观点的分歧重大而明显，学者们各有自己的概念和思路，“是宗教”或“不是宗教”营垒分明，而且短期内这一分歧不可能消弭，这对于继续推进古代王朝祭礼研究朝纵深进展无疑是十分不利的。不过应该看到，从“礼”本身出发研究祭礼这项工作正在推进，它为从“宗教”角度剖析祭礼提供着日益坚实的基础。进入新世纪的学者们从不同视角考察“礼”，加上西方的宗教学、社会学、人类学等方法被逐日深入地引入研究，中国古代的官方正统信仰及其仪式的真正面貌开始凸现。笔者以为，在这一问题上要消弭分歧，达成共识尚需时日，因为目前这一课题的研究亟待推进的地方至少存在以下几方面：

首先，如何理解“宗教”(religion)和中国文献中的“教”(moralization and education)的概念。目前意见的分歧很大程度上是因为中外学者对“宗教”和中国文献中的“教”如何理解存在较大差异，这直接影响了各自理论框架的建立和观点的展开，出于对西方社会学、宗教学、文化人类学术语含义的隔膜，许多学者在使用源自西方的术语（如仪式 rite，巫术 magic）时相当地随意，虽然早有学者提出不能用西方基督教的标准来衡量一切宗教[①]，但以什么为标准作为展开讨论的共同基础，目前的研究还远未达成共识。

其次，中国历代王朝的祭祀礼典，多见于历代正史的礼乐志或典制的礼乐门（类）。目前对之的认真研究和释读尚相当不够，汉唐至清代学者在“礼”名物制度方面的考释成果在现代学者的研究成果中并未被很好地吸收，而且这些礼典的深刻经学背景的往往为专治宗教的学者们所忽视，这说明，在祭礼研究领域，传统的经学与近代由西方传入的社会学、人类学、宗教学方法之间直至目前尚未

---

① 方立文：“我们之所以把儒教看成是‘学’而不是‘教’的思想障碍：一、以体制化的宗教如基督教、佛教等标准来衡量儒教；二、受西方宗教与哲学分二思维方式、价值观的影响，意味哲学与宗教总是相互排斥的；三、是对精神化宗教缺乏深刻的探索和研究。”见《儒学是否宗教》，《文史哲》1998年第3期。

架起沟通自如的桥梁，要展开更深入的研究、获得更贴切的结论必须在这一桥梁架起之后。

第三，中国古代王朝祭礼与民间各种信仰、祷祠、方术（后来多归入道教）有着共同的起源，它们渊源于同一种古老的宇宙图式和认识世界的方法，后来发展成中国所特有的对"神"性质的认识，这种"神性"是建立在古代中国发达而具有独特内涵的"天人之学"基础上的，这就要求学者们在考察古代王朝祭礼时，对中国古代天文学及中国古人早期探索宇宙的相关技术有比较深入的了解，这样才能较准确地把握古代中国人认识中的"神性"，而这样的把握因需要宗教哲学和科技史两方面的知识作基础，所以难度较大，目前研究祭祀的学者几乎还无人作过这方面的深入研究。

所有这些都说明，研究中国古代王朝祭礼既需要传统的学术积累，又需要大胆而审慎吸收西方相关成果，还需要对今人隔膜已远的古代自然科学（主要是天文学）的实质有准确把握，这样才有可能触及中国古代祭祀和信仰体系的真实所在，并看到它的独特性。因为这种独特性恰是它的学术价值所在，是本书的努力所想探讨的，下文便简要介绍笔者研究这一课题的视角。

本书的研究对象、任务和所涉及的基本概念

一、本书的研究对象和任务

本书将采用"王朝祭礼"（governmental sacrificial ceremonies）这一概念对中国古代的国家级祭祀（包括一部分礼仪活动）进行考察。中国古代的每一王朝都有一整套成体系的国家级礼仪（一般分为吉、凶、军、宾、嘉五部分），它们不仅包括了祭祀天地大神和皇帝祖先的仪式（吉礼），还包括逐渐完善的勤农（耕籍、先蚕，属吉礼）、养老、尊师等仪式；并深入规范了各个社会阶层的生活——皇帝贵族的出行仪仗，官员命妇的衣饰品级（嘉礼）以及他们婚娶的规格、丧葬的仪节、守孝的等衰（凶礼）等等。这些礼仪庄重而繁琐，细致而精确，在古人心目中，这些繁琐而精确的礼仪背后的意义在于通过"数"的隆杀反映出的人

与人之间的等级有序以及人与天之间的自然和谐。这些礼仪形成一个那么浑然一体的整体，以至于难以用现代社会学的标准（如仪式 rites，宗教 religion）将其中的一部分与其他部分作截然而明确的划分，不过这并不影响本书择取其中的一部分，并采用“王朝祭礼”这一概念对之进行研究。本书所指的“王朝祭礼”，其主体是历代于南北郊祭祀天神地祇（郊祀）、于一定时间祭祀皇帝祖先的大典（祭祖礼），此外还包括中国古代国家级礼仪中表达古人心目中“天人关系”的其他礼仪，如旨在实现“天人合一”的朝日、夕月、合朔、合音律、读时令等礼，它们跟南北郊祭天地出于对同一种天人关系的认识。在王朝祭礼发展的系统化水平比较高的朝代（大致从东汉开始），王朝祭礼还将其他一些生产礼仪如耕籍、先蚕以及一些旨在序列人伦的礼仪如释奠、养老等也包括进来，形成一个完整的体系。总的说来，“王朝祭礼”大体相当于后代文献说的“吉礼”范畴。凶、军、宾、嘉四礼虽然与吉礼一起构成一个完整的礼典体系，但它们与王朝祭礼有着不同的渊源，内容、性质也不同，本书只涉及王朝祭礼，对凶、军、宾、嘉四礼不涉及。

本书使用“王朝祭礼”而不使用“吉礼”这一概念，是因为“吉礼”一词出自《周礼·春官·大宗伯》：“以吉礼祀邦国之鬼神示以祀昊天上帝”，这个“吉礼”跟凶、军、宾、嘉四礼相对，强调的是这五类礼仪的不同性质及倾向。但“吉礼”一词并不足以体现天人关系这一层含义，因此本书采用“王朝祭礼”这一概念，并将之扩大，包涵朝日、夕月、合朔、合音律等表达天人关系的礼典，因为从汉代起增加的合朔、合音律等礼仪，跟郊祀天地有共同的经学和天文学基础，性质也与郊祀天地近似，至于耕籍、养老、先蚕等礼典，是随着汉代《月令》体系的礼仪施行，进入《月令》礼仪这一表达天人关系的礼仪体系的，本书亦顺便对之进行考察。

因此，从周代到东汉这一时期内中国古代王朝祭礼的渊源、格局、性质及其演进的规律是本文考察的对象。许多学者提出在研究中国文明时打破欧洲中心论的思维方式，探求中国特有的规律，这也正是笔者所希望的。笔者也正是基于这一要求，进入造就王朝祭礼的思维基础——象数思维，并发现正是渊源于古《易》的象数思维在人伦领域的运用，造就了以对“天”的秩序认识来安排人间礼仪的"礼"的思想,并进而奠定了古代王朝祭礼的格局和性质(详下文)。但同时,欧洲中心论在学术上提供的术语和文化之间的参照系亦具有高度的借鉴价值,因此"宗教"、"神秘主义"、"巫术"、"政教合一"这些概念不但要使用,还要在廓清其基本含义的基础上用。下面就先介绍一下本书对这几个概念的理解。

二、概念

在如今现代式学术研究的大背景下,"宗教"、"神秘主义"、"巫术"、"政教合一"等概念是探讨王朝祭礼的内容和性质时所不能回避的。国内外不同的学者对这些概念有着不同的、有时截然不同的理解,这直接影响着彼此理论体系的建立以及对中国古代王朝祭礼所达到水准的评价。笔者的研究同样不可能回避这些概念,于是,对这些概念稍作界定,就成了"一以贯之"地阐述观点的前提。在笔者认识中,这些不可回避的重要概念有以下几个:

1. 宗教

汉语的"宗教"一词译自英语 religion,而 religion 在英语中不仅仅指观念、教阶、教团具备的体制化宗教(institutional religion),也可指支撑人行动的理念和信仰,基于这个视角,外国人观察中国时将指导中国人安排政治和生活的儒家思想称为"儒教"(confucianism),从他们的视角和语境看这样并无差错,然而,在中国文献中,"教"的含义最初指由上而下的教化,《说文》卷三下支部:"教,上所施,下所效也",《汉书》中习见的"风教"、"条教"之"教"皆为此意;"教"在古文中又指教育,孔子"有教无类"即此意;此二"教"的含义与英语 education and morality 接近。此后,由于一定的信仰体系必定蕴涵以之教化人民之旨意,"教"又有了指一定的信仰体系之意,儒释道"三教"之教,指的就是这个意思,不过"教"的这一层含义比较晚出,大约在唐代[①]。然而"教"的这一层含义还不完全等同于现代汉语中的"宗教","宗教"一词是古汉语变化为现代

① 《汉语大字典》(四川辞书出版社、湖北辞书出版社 1990 年版)第 1459 页引《新唐书·后妃传上》:"佛、老异方教耳",说明教的这一层含义。

汉语时出现的，它有着现代人赋予的特定含义。而且，在汉语中因为有"信仰"这一专词指 religion 中表示信仰的那层意思，因此，现代汉语的"宗教"一词，从汉语语言的严谨程度看，应指英语"religion"除去信仰外的那部分意思，那就是理念、教阶、教团具备的体制化宗教。本文对"宗教"这一概念的理解和使用都建立在这一基础上。

鉴于"儒教"这一概念最初西来，且它目前在中文中的含义主要是约定俗成的，本书在研究中不运用这个概念。

2. 政教合一

政教合一是政教关系诸多形式中的一种。英语用 relations between church and state 来指代欧美天主教(或其他基督宗教)与国家政权的关系，这样的视角也被西方学者用来考察其他国家和地区的政教关系。吕大吉先生认为宗教为统治秩序服务大致有三种形式：国教统治、政教合一、统治者兼容并蓄地采用多种宗教为政治服务①，政教合一是政治和宗教结合得最紧密的那种程度，它指政治制度和宗教结构完全合一、社会风俗即是宗教伦理的制度。严格意义上的政教合一，指由宗教力量(教义、教团、教阶)掌握政府组织和社会风俗的那么一种制度，政教合一的特征是政治权力由宗教伦理派生，政治生活与宗教生活紧密结合，社会风俗皆有宗教教义作为依据。它的特点有：1. 教义即法律，2. 教团即政府组织，3. 宗教领袖即国家元首。能够上这一标准的有古代、近代的伊斯兰教国家和古代、近代(直到农奴制改革以前)的西藏。在伊斯兰国家，《古兰经》是法律和风俗源出的依据，圣训学者对《古兰经》的经注形成了伊斯兰法律体系"沙里亚"(阿拉伯语称 shari'ah)②；在经济方面，"天课"是《古

① 吕大吉：《宗教学通论新编》，中国社会科学出版社 1998 年版，第 719～723 页。

② 伊斯兰教教法的内容主要有三大类：宗教礼仪制度、民事法律规定和刑法。具体内容包括：宗教礼仪、契约、婚姻、家庭、刑法、对信徒的基本态度以及关于可食之物、宰杀、作证、法律程序、法律根据、释放奴隶等各种问题的规定……，其中关于家庭关系和财产关系的规定，经典里论述得比较集中和明确，同穆斯林个人日常生活关系也更为密切，构成了伊斯兰教法的本体部分，经一定的修改沿用至今。见王志远主编：《伊斯兰教百问》，今日中国出版社 1992 年版，第 49 页。

兰经》规定的基本经济制度，实施一直至今[①]；在社会风俗方面，《古兰经》规定了斋戒、功课、颂经等跟日常饮食起居紧密结合的修行方式，并为每个穆斯林遵守[②]；《古兰经》还规定了男子可以多妻，但无论男女皆不得淫乱，否则有严厉处罚，《古兰经》的这些规定皆具有法律效力。在西藏，藏传佛教从一开始就和王权联系紧密[③]，从元到清时期，政教合一制度不断加强，清代西藏地方政权组织包括原西藏地方政府、班禅堪布会议厅，昌都地区的帕巴拉呼图克图政教系统、八宿济咙呼图克图政教系统、察雅罗丹协绕呼图克图政教系统等多个政教系统，达赖、班禅为西藏地方政教首领，其年幼未亲政或因故不能主政时，由"四大林"为主的大活佛出任摄政；当政府遇到重大问题不能作出决定时，要问及护法神，由护法神作出"神判"，作出最后裁决[④]。藏区的政教合一制度通过多个寺院实行，多数寺院有西藏地方政权赐予的庄园和管理居民的自主权，在安多、康区的藏传佛教寺院中，有政教合一大权的寺，为解决政务事宜，一般都相应地设立了管理政务的机构。有的称之为"议仓"，即秘书处之意思[⑤]。在安多、西康藏区，大凡一个较具规模的寺院，都实行政教合一的统治，形成互不统辖、互相吞并的割据格局[⑥]。察仓·尕藏才旦先生归纳的原西藏地方政府政教合一组织系统如下：

---

① 天课是伊斯兰教五功之一，是以真主名义向教民征收的一种宗教课税，也是教民在财帛方面的功课。正常的成年人财产满贯者均有付天课的义务，穷人、赤贫者、奴隶、负债者、旅行者、战士等均可接受天课。天课是伊斯兰教的一种经济制度，具有严肃的法律约束性。见王志远主编：《伊斯兰教百问》，今日中国出版社 1992 年版，第 386～388 页。

② 伊斯兰教的"五功"涉及社会生活和饮食起居的方方面面。念功是诵读《古兰经》及美好的赞词；拜功一般每日五次（晨礼、晌礼、晡礼、昏礼、宵礼）面对麦加圣地朝拜；斋功即每个身体健康的穆斯林必须履行的封斋义务；课功即天课，见前释；朝功即朝觐，即每个有条件的穆斯林亲身到麦加圣城朝觐的宗教仪式。见王志远主编：《伊斯兰教百问》，第 378～391 页。这些规定决定了人们的饮食起居和风俗崇尚。

③ 察仓·尕藏才旦：《中国藏传佛教》，宗教文化出版社 2003 年版，第 144 页。

④ 次旺俊美主编：《西藏宗教与社会发展关系研究》，西藏人民出版社 2001 年版，第 104 页。

⑤ 察仓·尕藏才旦：《中国藏传佛教》，第 151 页。

⑥ 同上书，第 152 页。

原西藏地方政府政教合一组织系统表

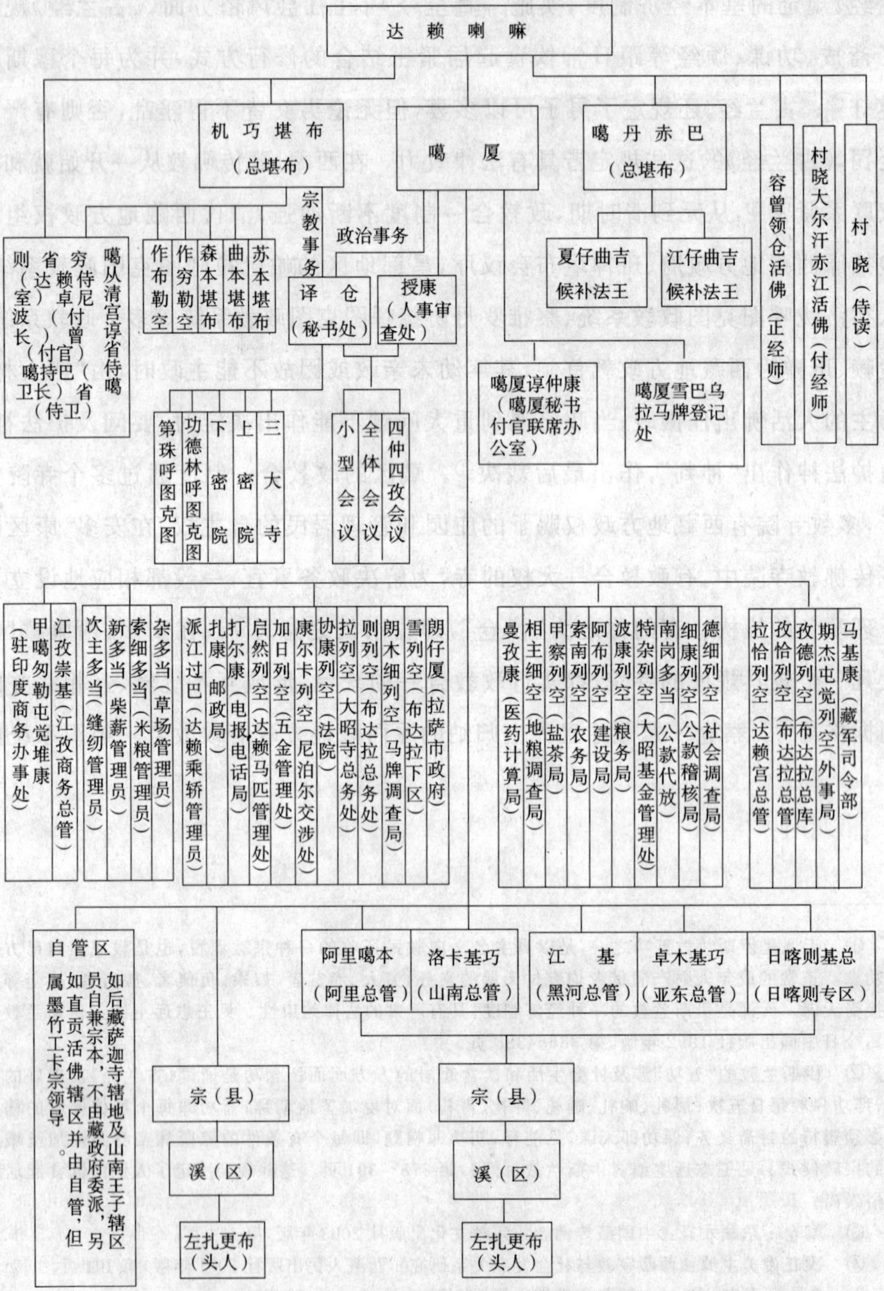

察仓·尕藏才旦：《中国藏传佛教》，第158页。

无论是伊斯兰教国家还是农奴制改革以前的西藏地方政府，都做到了由宗教控制政府组织、掌握法律的制定和社会风俗的评判，这才是真正意义上的政教合一。它的产生是以所在地域最初人心的纯朴、信仰的单纯为基础的，从这个视角看，"国教统治"或利用各种宗教为政治统治服务并不是"政教合一"，如果"国教"或其他用来为政治统治服务的宗教并没有掌握政府机关，也没有掌握法律的制定和风俗的评判，那就不能算真正意义上的政教合一。

总之，本书不赞成在宽泛的意义上使用"政教合一"这一概念，这样将不凸现"政教合一"这一术语的严谨内涵。本书使用"政教合一"的概念，即着眼于其狭义和严格的层面。

3. 科学

科学即英语 science。它指近三百年来由近代西方奠定的，可以用实验反复证明的，明确可知的万物的联系及其结构。逻辑思维是科学的基本思维模式，它以抽象出事物的特征、本质而形成概念，并在认识过程中借助概念进行判断和推理来反映现实过程为其特征[①]。伽利略、笛卡儿、牛顿等大科学家将数学作为科学的语言，相信科学知识的确定性，并将物质世界看作一部机器，用分析的方法可以直达其中的任何部分，这一观点后来成为西方科学观的基础[②]。虽然 20 世纪上半叶经典物理学的一些基本概念有重大的变化，但其影响主要限于现代物理学范围内，多数人仍然认为经典物理学的基本概念在宏观世界仍然是适用的，这一观念影响根深蒂固[③]。

随着近代自然科学的长足发展，"科学"这一理念和思维方式同样深深渗透

---

① 倪南：《易学与科学简论》，《自然辩证法通讯》2002 年第 1 期。

② 伽利略将科学实验用数学语言总结的自然规律公式结合起来，因而被称为近代科学之父。他认为，科学的语言就是数学。笛卡儿相信科学知识的确定性。他认为："一切科学均是确定的、明晰的知识。只有那些确切地认识到因而毫无疑问的东西，才是可信的。"笛卡儿方法是分析性的，把对象和问题分成一个个片断，按照逻辑秩序来排列。这一方法在发展科学理论和实现复杂的科技工程时十分有用，但另一方面也造成了广泛流行的还原主义，即相信，只有把复杂现象的各方面还原为其组成部分，才能够理解，这种分割法已到了积重难返的地步。他认为，物质世界仅是一部机器，一切现象均可以根据其组成部分的排列和运动加以解释。见徐道一：《〈周易〉与当代自然科学》，第 21 页。

③ 徐道一：《〈周易〉与当代自然科学》，第 66 页。

到社会科学领域，表现在西方的许多社会科学领域也接受了笛卡儿以来的科学观——古典哲学领域充满了对人类精神生活空前深入而有序的思辨，精神生活的诸要素以及它们得以产生的过程在“科学”这一思路的灵光照耀下熠熠生辉，并显示出从未有过的严整体系；而社会学、文化人类学、心理学等新学科的开拓；分析和实验、统计和定量分析等方法的引入，都极大地丰富了人类既有的知识领域。所有这些知识体系的背后，都是以严谨的逻辑思维方法为基础的。

之所以对“科学”一词作以上交代，是因为近代科学与宗教基本上是不相融的。在西方人心目中，自然科学乃至许多门类的社会科学中，科学思维的存在与否成了衡量这一学科或这一国家和地区的文明所达到水准的标尺。而研究中国古代王朝祭礼必须涉及象数思维和古代天文学（详下文），但象数思维和古代天文学跟“科学”之间的关系至今尚无定论。按中国人编的《辞海》和《现代汉语词典》中的“科学”概念，象数思维下的各种古代知识和技艺系统是“科学”，但按西方人编的《美国百科全书》和 Webster's 字典的概念，象数思维和中国古代天文学是被排除在“科学”之外的。在研究中国古代王朝祭礼时，衡量它的水平和评价它的性质不可能回避“科学”这一概念的标尺——假如王朝祭礼的思维基础——象数思维真的跟科学无关，假如象数思维真的像目前主流西方科学界坚持认为的那样是“巫术”，那么，中国古代那一套精致繁复的郊天、祭祖礼典将如何在人类精神文化的发展序列中找着合适的位置？它真的跟文化人类学中各种土著人的“仪式”是同一种性质和水准的东西吗？它的更深内涵究竟何在？要明白这些，必须对“科学”一词有认真的认识。本文使用“科学”这一概念时，将忠实于它的原意，即由西方近代科学家奠定的，由实证的、可量化的知识组成的系统化知识体系。

4. 神秘主义

西方人将超出亚里士多德逻辑范围，但通过直觉、隐喻、暗示、联想等方式，并确有效验的因果联系，称之为“神秘主义”（mysticism）。著名宗教心理学家威廉·詹姆士（William James）认为“神秘经验的最简单雏形，似乎是那种有时一个人一瞥得到的对一个格言或一个公式的意义领悟得更深之感”①,并总结它的四个特点为超言说性(Ineffability)、知悟性(noetic quality)、暂时性(transiency)、被动性(passivity)。在詹姆士的序列中,纯粹宗教的神秘经验是其最高形式②。

之所以要交代“神秘主义”的概念,是因为西方人脑海中根深蒂固的亚氏逻辑的存在。亚氏逻辑是一种线型逻辑,它以逻辑推理为手段去获知自然现象和人类生理、精神生活中的真理,超出这些范围的就是“神秘主义”,西方人在将前近代许多国家和地区人们的精神生活方式(如巫术、萨满、跳神等)摆进“神秘主义”范畴的同时,也同时给予了这些精神生活方式不高的评价。西方人看待中国古代的精神生活同样如此。天圆地方的宇宙观、战国数术中的大部分内容(见第二章第二节),东汉太平道论述古往今来兵祸天灾的原因(见第四章第五节)等等在西方人眼中都是可以被归入“神秘主义”的,但恰恰是这种理念和相关技术造就了“天圆地方”的郊坛形制和医卜星相等实用技艺,假如对之缺乏了解,跟着西方人用“神秘主义”的概念解释中国古代的祭祀,就不可能真正了解中国古代王朝祭礼的结构和内涵,更不用说触及其实质。

因此,了解一下中国古代理念和技艺的主流已不是西方人所说的“神秘主义”,它们之中蕴藏着西方人所不了解的逻辑形式——“象数思维”,对研究和评价中国古代王朝祭礼是有至关重要的意义的。

5. 巫术

英语中 magic 指广义上的一切法术和巫术。西方人将亚氏逻辑联系以外的,企图控制自然力的行为称之为巫术。从英语角度看,汉语中的法术、幻术、方术等词在英语中均可被称为 magic,因为它们均不在亚氏逻辑之内。不过,magic 在英文中是指逻辑思辨水平处于亚氏逻辑以下的法术,具有贬义。在这种标准下,中国古代各种实用技术中除了文书簿记、仓粟、土石方的测量、酒酱盐糖的熬制以及冶铜、铸剑、制瓷等传统工艺之外的那些内容,像《易》的占卜、星占、风角、奇门

① 威廉·詹姆士著,唐钺译:《宗教经验之种种——人性之研究》,商务印书馆 2002 年版,第 379 页。

② 同上书,第 386 页。

遁甲、望气等，在西方学者视野中都被归入了“巫术”，中医在很多西方人眼里成了巫医，马克斯·韦伯则将中国古代这类知识和技艺的成就称之为“巫术的理性系统化”①，反映了西方人对中国古代知识和技艺系统的一般认识。

巫术这一概念对于研究中国古代王朝祭礼时具有的意义跟“神秘主义”相似。我们解析“巫术”这一概念，是为了在分析中国古代王朝祭礼的有关内容（如朝日、夕月、大雩等）时客观而公正地评价它，并进而评判王朝祭礼的发展水平，在此基础上了解中国古代王朝祭礼的本质。

以上是作者对这些本书不能回避的概念的理解。之所以要作这样的交代，是因为目前科技水平下的时空二分式思维和亚里士多德逻辑，以及由之派生的近代科学和技术在人们脑海中仍然占据着绝对统治地位，不过应该指出的是，源于西方的时空二分式思维和亚氏逻辑的确难以将世界上一切国家、地区既有的文化思想成就全部包涵在内，即使是惠更斯号探测器经历了七年的飞行已经到达土卫表面这样的事实继续显示出亚氏逻辑所造就的辉煌成就，也并没有解决一切人类面临的问题——天灾人祸以及人们对命运的难以把握，如同困扰古人一样困扰着今人，而古人在这方面与之作斗争的努力，无论采用的是什么样的思维方式，都还具有借鉴的意义，尤其在社会科学领域，更要求我们对所研究对象的思维方式有一定了解，再结合现代人的研究方法，才有可能得出正确的结论。

中国古代的象数思维恰是处在亚氏逻辑的网罗之外的一种思维方式，而象数思维是构成包涵王朝祭礼在内的礼乐文明的逻辑基础，这就要求我们在研究王朝祭礼时，首先必须对象数思维有所了解，与此同时，西方的宗教学、人类学、社会学等产生于亚氏逻辑基础上的人文科学方法，主要是用作具体细节的研究和界定，在总体结构和理论体系上，它只能被用作借鉴和参照，中国古代王朝祭礼的理论体系还有望建立在立足于深入了解古代中国的思想、信仰之实际的基础上。

---

① 马克斯·韦伯认为“一般而言，在中国，自古以来的各种经验知识与技能的任何种类的理性化，均朝着巫术的世界图像这一方向运动”，并作了具体描述，见马克斯·韦伯著，洪天富译：《儒教与道教》，江苏人民出版社 1995 年版，第 222～226 页。

本书考察的基本视角

一、视角之一："象数思维"对中国古代祭礼的深刻影响

本书认为，考察中国古代的王朝祭礼首先要涉及"象数思维"。因为"礼"本身即是将象数思维应用在人伦领域而形成的——在古代，举凡观察宇宙、发明各种技艺的领域无不有着它广泛的影响，"礼"作为上古政治制度和社会伦理的集大成者，正是将"象数思维"应用于人伦领域而来（具体见本书第一章第一节）。王朝祭礼作为"礼"中的一部分，比起"礼"中的其他部分（大多纯粹规范人与人之间的关系）如服丧守孝的凶礼，列阵观兵的军礼，更多地体现着天与人的关系。可以说，王朝祭礼本身就是基于"象数思维"的宇宙观下古代中国人心目中天人关系的践履形式——这一宇宙观奠定了郊坛的格局和天地大神的方位、性质；而由象数思维衍生的"数度"思想和相关技术则决定了各种礼仪中牺牲玉帛、干戚乐舞的等级。因此，假如不去对古人的这一思维方式作些了解，一味地用近代流行的西方社会学、人类学术语来解读中国古代祭礼，恐怕貌似让古典祭礼得到了现代化诠释，实际上有可能遗漏了古代中国人思维中最本质的灵魂，这恰恰是笔者希望避免的。那么，首先让我们对孕育"礼"的父母——象数思维，有一个大概的了解。

象数思维是古代中国人特有的思维方式，它和近代以来伴随着西方先进科技席卷全球之势进入人们头脑的、并因教育的普及，为我们的日常生活所习惯的逻辑思维是根本不同的，它渊源古老，其代表为《易》。其基本内容是相信宇宙万物由精微之"气"构成，它们及包容它们的时间、空间等都可以被解析为"象"（形象、表象、物象等）和"数"（数是宇宙万物处于平衡时所具有的一定数量和轨迹，是一种特殊的象①）两种要素，通过推测这两种要素在某一精致的时空体系中的位置，就可以推知未来，甚至使物体发生变化等等。具体说来，"象"的概念

---

① 亢亮、亢羽：《风水与建筑》，百花文艺出版社 1999 年版，第 4 页。

是一种抽象的概括——天象运行(日月出没、晨昏交替、星移斗转等)、山川分布、八卦的图形、龟兆的裂纹乃至人的体貌气色都于"象",中医有脏象,八卦有爻象,人有面相骨相,这些都是"象"。古人通过对"象"不断选择、推定、归纳、演绎,将之归成不同的类,是为类象。但这些"象"的推定并不是靠随意的联想(西方人出于对象数思维的隔膜,往往认为"象"的类推是靠联想,与逻辑思维无缘),在成熟的象数思维中,"象"的获得是通过运"数"来实现的,这便涉及古代中国人对"数"的认识。这个"数"不是我们认识中纯计量意义的数,它是"象数",即具有形象的数(formed number),即将数作为一种特殊的"象"来对待,古人在表示"数"时或用算筹[①],或用数点[②],或用图、式。"象数"在认为数具有计量意义的同时,还代表着宇宙万物自身的均衡和固有轨迹,如数字"五"代表了花有五瓣、天有五行星、基本音阶有五、基本色有五色等所有自然信息在平静无扰时的固有状态。此外"象数"还具有一定的形态,如《周髀算经》卷上之一:"圆方者,天地之形,阴阳之数",即古人认识中的圆、方不但是形状,还代表了阴阳,从这个意义上说它具有"数"表示特性的意义。古代中国人心目中的"数"包括计量数、干支数、宇宙格局之定数(见第二章第二节),这些"数"中,计量数跟今天的"数"一样具有计量功能,但古代中国人心目中的"数"更重要的意义在于,它们是可消解包括时空在内的一切宇宙事物的代码,举例说来,日月星辰的周天运行是恒定的数值;色彩、情感、味道、方位、季节的基本品种无不有基本恒定的数目;而截取不同长度的竹管即可获得由低到高的乐律的音阶,由此,古人很早就认为宇宙间的万事万物都通过"数"及它们的变化联系在一起,简言之,"数"是宇宙万物处于平衡时所具有的一定数量和轨迹,如钟律、月份的十二;方向、季节的四等等。

此外,除了数字一、二、三、四、千、万等计量数以外,古代中国人还发明了十天干、十二地支组成六十甲子,以标记万物的性质和状态。干支的起源由来非常

① 《汉书·艺文志》有《杜忠算术》,王先谦《补注》引沈钦韩曰:《广韵》、《说文》曰"算长六寸,计历数"。此为用算筹计数之例。

② 用数点表示"数"比较晚。宋代图书派《易》学者表示《易》数生成时经常用数点图,如刘牧《易数钩隐图》、朱熹《原本周易本义》等书中的附图,可以参看。

久远，甲骨文中就有完整的六十干支表，《左传》和青铜器铭文有大量以干支纪日的资料，干支最初究竟代表什么已难以考证，近年中医学家李应均先生的观点可为一家之言，李先生认为“干”有单个的意思，“十个天干源于上古时代的太阳历。先哲最早认识‘日’是以太阳出没为准，日出日没一次就为一天，所以‘干’又叫‘天干’。十月太阳历还表明方位，由八方加之上、下而成十位，在数学上是十进位制”①，“支”则有分支的意思，“先哲是以新月出现时观天象所组成之文字而成，因与月有关，便用以纪月。天文学家郑文光先生则认为从子到亥的十二个字是十二个象形字，它们是根据每个朔望月中新月始见时（古代称之为“朏”，即阴历初三）其附近的星座图形制定的。郑氏根据天球赤经度将十二个甲骨文的象形字与星象所构成的图形逐月进行了对照，结果基本相符”②。

干支在三代被用来记日，在战国时期则跟五行、阴阳、音律等配伍。十天干、十二地支后来与木、火、水、金、土五行相配③，古人也以此来标记万物的性质和状态，从这一点看，天干地支的性质也属于数，而且是我国古人独创的“数”的形式，在古代医卜星相各领域被广泛使用。

用“数”来标记万物的性质是古代中国人的独创，它让万物通过“象”所表现出的性状达到具有逻辑性的水平，从而超越了简单的形象思维，并反映了古代中国人心目中最高的真实存在。因为从某种程度上说，现实存在的均匀流逝的时间和均匀分布的空间在古代中国人心目中并不是真实的存在，时空背后那种神秘的本质才是真实的存在，而数，则是企及这一神秘本质的代码，算筹、数点、色图、干支数等组成的各种格局是这一代码的不同表现形式。正是通过“数”的运行和推演，古代中国人心目中的逻辑体系才有了牢固而有特色的数理基础，这使它早就超出了有些古代民族完全靠经验和直觉（尤其是巫师、萨满等特定人物的直觉）获得信息的方式，形成了自己的世界观和逻辑体系。有的学者认为这种逻

① 李应均：《〈黄帝内经〉中的人天观》，中国医药科技出版社 1998 年版，第 33 页。

② 同上书，第 36 页。

③ 十天干与木、火、水、金、土相配是：甲乙木、丙丁火、戊己土、庚辛金、壬癸水。十二地支与木、火、水、金、土相配是：亥子水、寅卯木、巳午火、申酉金、辰戌丑未土。

辑是一种运用"悟性"的逻辑形式①,它的内涵和成果被证明与目前最先进的自然科学理论在许多方面相契合②,因此,虽然对它缺乏基本了解者使尽浑身解数说它是"迷信"、"伪科学",它在现代依旧存在,建立在象数思维上的、以中医为代表的古典生命科学还散发出勃勃的生机,这恰恰反映它可以补目前在全球占统治地位的"科学主义"之不足,在它基础上的各种认识世界和人本身的知识则形成了古老而前沿的学科。

综上所述,中国古代的象数思维是一种成熟的思维方式。经过数千年古人的思辨和实践,它形成了一整套自有特定含义的概念(如精、气、神、脉等,中医、内丹、风水等皆在不同角度和层次上运用这些概念)和完善的自身逻辑体系(阴阳五行是这种体系的代表。中医的经络理论、用于预测的奇门遁甲等数术都建立在这种逻辑体系上),并反映着古代中国人心目中宇宙万物的均衡状态和普遍联系。

象数思维对本文所要研究王朝祭礼有着本质的、深刻的影响。因为王朝祭

① 欧阳红先生认为:"易逻辑与亚氏逻辑的根本区别在于:从本质看,亚氏是因果逻辑,《易》是关联逻辑;从方法看,亚氏是程式逻辑,《易》是类比逻辑;从形式看,亚氏是单一逻辑,《易》是复式逻辑;从进程看,亚氏是线性逻辑,《易》是三维逻辑;从中介看,亚氏是概念逻辑,《易》是直觉逻辑;从特色看,亚氏是抽象逻辑,《易》是形象逻辑;从结果看,亚氏是理性逻辑,《易》是悟性逻辑;从功能看,亚氏是实用逻辑,《易》是本体逻辑","《易》逻辑是一种客体化的、完全是为认识本身服务的思维方法,是人类高级智能思维能力的反映。……(它)借助直觉的认识为推理中介,以某种相通之处进行由彼及此的取类,由此及彼的推理,由一及众的类象,并且在整体中思考,在比较中思考,全面推进认识朝纵向、横向发展,从而得出多方面的形象化的悟性结论。"见其《易图新辩》,湖南文艺出版社 1996 年版,第 368、369 页。

② 目前在时空观上和物质构成上最先进的理论仍然是相对论和量子力学。牛顿经典物理学的时空观认为空间是平直的、各向同性的和各点同性的三维空间,时间是独立于空间的单独一维,因而也是绝对的。爱因斯坦创立的狭义相对论认为空间和时间并不相互独立,而是一个统一的四维时空整体,并不存在绝对的空间和时间。狭义相对论认为物质质量的存在会造成时空的弯曲,广义相对论则进一步指出,在无引力场存在时,时空是欧几里得特性的"平直"时空。而有引力场存在的时空,则是非欧几里得特性的"弯曲"时空,揭示了时空与物质及其运动之间的联系。除了相对论之外,量子力学则在微观物理学领域颠覆了经典物理学下粒子在既定轨道中运行时有一定重量这样的概念。量子力学认为"粒子轨道"概念是没有意义的,因为我们不可能同时确定一个粒子的动量和位置,我们能知道的就是粒子在空间出现的几率。量子力学用波函数和算符化的力学量取代过去的轨道和速度等概念,将不可对易代数引进了物理。相对论和量子力学在 20 世纪创立,尽管直至目前,它要得到实验证明仍然很困难,但从本书视角看,古人在有极有限的物质条件下获得了的精神生活的高度成就,中国古代的《易》就是这类成就之一。《易》的时空观是一种将"人"置于内、因卦象的随机可变而反映出时、空有共同本质的那种时空观,这种时空观恰跟 20 世纪才创立的相对论时空观有非常契合的地方。

礼是“礼”中的一部分，正是象数思维的渗入孕育了构建历代郊坛形制和神灵方位的那种理念，并对华夏先民脑海中渊源古老的多神崇拜进行了改造，使之融进“礼”中，并使天与人的礼仪与人与人的礼仪成为一个完整而不可分割的整体。它对中国古代王朝祭礼的影响是持续和巨大的，可简单地归结为三方面：

第一，历代郊坛的形制和神灵系统的方位结构、地位尊卑等反映了古人心目中的宇宙格局之“象”。历代郊坛分布大体上为天坛南、地坛北，郊坛的具体形制则是天圆地方，中间高，四周有台阶，郊坛中神灵于其中的分布则反映的是一种既体现人间政治格局，又反映宇宙间尊卑秩序的“象”——历代受祭祀的神灵体系大致是天为至尊，下面统率着日月星辰、山川沟渎等神；皇帝的祖先与天相配，下面统率着功臣将相、英雄圣贤等神，这些神在郊坛中的分布大致是天居中，周围按五行方位分布着五帝之神、日月、二十八宿、名山大川（按东西南北分布）等，这种郊坛形制和神灵分布的方式，恰是吸收了象数思维下的宇宙模式而成。它们之间的尊卑贵贱关系则通过它们在郊坛中位置的内外和精心设计的坛位高低之数值来体现，而坛位的高低恰是象数思维下“数”具有体现等级这一层意义的影响。

第二，古人对国家祀典中天地大神神性（尤其天神的神性）的认识，来源于象数思维提供的终极性神秘力量。这里需要指出的是，在古人的象数思维中，宇宙间是存在高于人和万物的终极性作用力量的，这种力量在《易》中叫“太极”，在《老子》中叫“道”，在数术中叫“太一”（见第二章第二节），“神明”即对这种作用力之均衡高妙的形容，“象”和“数”的具体变化体现的正是这种力量的作用。在古人看来，这种均衡高妙的特性反映在天、日月星辰、二十八宿的有序运行和山川地理的均衡分布上，天象的运行流布，正是“太极”所代表的那种力量的具体表现，“天”代表着一种终极规律和比人的机算更高的理性，在历代王朝的郊坛中，这个“天”是以比人间帝王的权威更高的，神的面貌出现的，历代帝王的权威即出于它的赋赐。

但需要指出的是，这种终极性神秘力量于王朝祭礼之中的存在含义始终不是严格意义上的宗教神灵（god），因为“天”在国家祀典中是作为政治合法性的赐予者而存在的，也就是说，“天”的存在是以某一王朝的政治合法性对之的需要为前提的，这跟“人”因天灾人祸和生存时的种种困惑希望身心被救赎而产生出对宗教神灵的需求是不同的——中国古代王朝祭礼中的天地大神只是被帝王将相们在特定时间和场合用来陈说他们所创造的王朝及统治秩序的合乎天意，当帝王将相们将天神地祇冠以“皇皇帝天”、“皇皇后地”等名号时，从本质上说只是将他们心目中的神秘力量加上了政治封号，这跟宗教神灵以对超自然力量的理解（这种理解所达到的层次因时代、地区而异）和神启的方式救赎世人，让他们感觉到灵光的洞现和生命的满足是不同的，但恰恰只有这一点才是宗教神灵的本质特征，而这恰是中国古代王朝祭礼中的天地、祖先等神不具备的。因此，王朝祭礼中的天地大神的神性发育得并不充分和完善，它们只是一种强调政治等级的、内容日益空洞无物的仪式必需品，这跟王朝祭礼本身性质不是真正意义上的宗教是相应的，本书正文第五章还要述及这一点。

值得注意的是：王朝祭礼中天地大神的神性，跟道教以众多诸神的存在表示“道”的力量有相似的地方——二者都来源于象数思维提供的终极性神秘力量，只是所达到的层次不同——王朝祭礼以这种终极性神秘力量服务于王朝的政治利益，道教则以之服务于个人的身心超脱，二者在思辨的领域所达到的深度也不同，正因为深度的不同和所服务对象的不同，所以王朝祭礼没有发展成真正意义上的宗教，道教则集神祠、数术、方技之大成，日后发展成为真正意义上的宗教，这是一个可以另行展开写泱泱大作的问题，本书在这里不可能深入，留待日后。

第三，渊源于象数思维的数度思想决定了祭祀择日及相关的衣服车马、牺牲玉帛及干戚乐舞等的节度。数度思想即以“数”安排万事万物的思想，它源于象数思维对“数”代表万物之均衡和规律的认识，并在中国古代礼仪、官阶、法律、社会生活等各领域的制度设计方面都产生了深刻影响——揖让的次数、官阶的品级、刑罚的等差无不留下了数度思想的烙印。“数”代表万物本质的这一特性使它成为沟通宇宙万物之间特性的桥梁，尤其是在礼的领域，“数”以其自身独有的严谨和量化特性为衣服车马、牺牲玉帛等制提供了细节之度，吉凶军宾嘉五礼正是因为都有“数”的降杀，才形成一个旨趣统一的整体。在王朝祭礼的领域，数度思想也处处显示出它的影响。黑格尔在其名著《宗教哲学》中将中国古代的王朝祭礼看作是“中国的宗教”，并称之为“度”的宗教，这不能不让人佩服大师眼光的敏锐。在王朝祭礼的施行中要使用物化礼乐（衣服车马、牺牲玉帛、干戚乐舞等），而物化礼乐正是用固定数度来体现等级的，它们存在于包括王朝祭礼的五礼之中，使“礼”形成一个完备而复杂的整体，也使王朝祭礼显得井然有序。

以上是象数思维对中国古代王朝祭礼影响的主要三点。在“儒教是否宗教”的讨论尚未最终尘埃落定的今天，象数思维对中国古代王朝祭礼影响这一视角对解决这一问题无疑是有积极意义的，因为它是一种从本土出发的思路，这是因为笔者在接触了大量西方宗教学、人类学方法的同时，感觉到那些建立在西方时空二分式思维基础上的理论和概念无论如何难以真正深入古代中国人最形而上的那层信仰世界，更不用说对之分析得出正确结论。归根到底，是因为古代中国人心目中的万物本源——“象”“数”“气”等概念与西方二分式思维是绝不相类的东西，“象”和“数”作为古代中国人心目中表达万物本源和宇宙均衡状态的最基本要素，它们不仅表达出古人心目中万物的构成，还组成一个有条理的宇宙结构，在此基础上进而奠定了古代中国人以行动践行天人关系的特有方式。对它们的认识和了解为我们考察中国古代王朝祭礼打开了一扇大门，通过这扇大门，我们可以看见尘封于往昔的古代祭礼的轮廓和精神内涵，并消解那些由于时间的流逝、历史的变迁所造成的思维的隔膜，进而渐渐触及它们的本质，这是笔者本书的研究所力图做到的。当然，西方宗教学、社会学、人类学理论的重要性是不言而喻的，它们为衡量祀典的神性、仪式的特征等提供了良好的标尺，在本书中，这些方法也将被采用。即使是有的异域学者在他们因对中国文化的隔膜而将中国文化中的一些内容摆入人类精神发展的低等序列之际，这种摆法对中国本土学者的研究也是良好的参照——探究产生隔膜的思维基础，才有可能在此基础创造出更为博大，更能涵盖人类所有聪慧和理性的知识结构，让包括中国古代王朝祭礼在内的，全人类文化的各种成果获得它们应有的正确评价。

二、视角之二:从“治出于一”到“治出于二”——政治格局的变化对王朝祭礼功能的影响

“治出于一”、“治出于二”是指曾存在于中国古代的两种不同政治模式,上古三代为“治出于一”,此后为“治出于二”。这里的“治出于一”、“治出于二”两个词并非笔者的臆造,它们出自欧阳修《新唐书·礼乐志》:

“由三代而上,治出于一,而礼乐达于天下;由三代而下,治出于二,而礼乐为虚名。……及三代已亡,遭秦变古,后之有天下者,自天子百官名号位序、国家制度,宫车服器,一切用秦。其间虽有欲治之主,思所改作,不能超然远复三代之上,而牵其时俗,稍即以损益,大抵安于苟简而已。……至于三代礼乐,具其名物而藏于有司。时出而用之郊庙朝廷,曰:‘此为礼也,所以教民。’此所谓治出于二,而礼乐为虚名。”

从现代学术的角度看,“治出于一”是指官僚政治脱胎以前的夏商周三代,政治、军事、法律、外交、伦理、教化等因素融于一体,从认识自然到处理社会事务都以一种无所不包的、体现了古人抽象智慧,并表现为规范家国和个人权利、义务的道义约束而非法律条文的“礼”,来指导政治生活和社会生活的那么一种政治模式,在这种政治模式中,政治、军事、外交、伦理、教化等事务各自都是“礼”的组成部分;而“治出于二”则指从战国起官僚政治脱胎之后,政治生活从“礼”中独立出来成为单独发展的一极,以律令的大量制定来保证兵刑钱谷等事务的效率,剩下的礼仪教化事务则成为另一极的那么一种政治模式。这两种不同的政治模式及它们的内涵,阎步克先生《士大夫政治演生史稿》已经有精辟的论述和仔细的考证,并已在这一问题上建立起他个人的体系,许多时贤也在此领域作了大量详细的制度考释,因此这个问题本身将不成为本书考察的重点,但它是笔者考察中国古代王朝祭礼演进过程中最重要的背景因素之一,因为正是由于“治出于一”和“治出于二”两种不同政治模式之间有着重大差异,礼乐在夏商周三代和后来才有着截然不同的地位,欧阳修用“礼乐达于天下”和“礼乐为虚名”、“天下人至于老死未尝见也”来说明这种差别的悬殊,这一表达恰当地说出了三代之前和之后王朝祭礼功能的重大变化,它从“礼乐达于天下”时真实的尊隆变为“礼乐为虚

名"时仅作为官僚政治和谐运转的象征。

正是"治出于一"到"治出于二"的重大变化，造成了王朝祭礼本身从滥觞、发展、湮废到重新定型的过程。具体说来，战国官僚政治的兴起使"治出于二"的格局初现，具体表现为律令的大量制定；秦汉时期官僚政治演进的过程则造成了国家的礼仪事务与实际政治事务之间的不断协调，直到形成一种二者都相对完善的格局，这样的格局最终也使王朝祭礼流于形式，成为保佑官僚政治顺利运行的象征。因此，"治出于一"、"治出于二"本身及由前者往后者演进的过程，是本书在考察中的另一视角。这两个概念的使用有助于考察王朝祭礼和政治模式变化之间的关系，这也是本书所要分析的内容之一。这种关系可以从古人的文献记载对有关"礼"的内容的编排看出一二，先秦典籍《左传》、《诗经》、三礼、诸子等都大量提到"礼"，它们对"礼"的不同提法反映的是对"治出于一"状态的不同记述乃至追忆：《左传》提到的礼典名目繁多，有朝、聘、会、盟等，《左传》书"礼也"共109次，"非礼也"47次，这些"礼也"、"非礼也"涉及朝聘、丧葬乃至生活细节各方面内容①，从中可以看出"礼"为当时政治生活和人们的饮食起居提供了广阔而具细的框架，也是对"治出于一"的形象记述。三《礼》则从另外的角度追述了"治出于一"时的状况——撰作最早的《仪礼》是对昏、冠、丧、乡射、大射等具体礼典的实录②；《礼记》追忆了三代的爵禄、宫室、车马、衣服制度和冠、昏、丧、祭诸

---

① 如《左传》桓公九年曹大子赴鲁国朝见，鲁国待之以上卿之礼，《左传》作者书"礼也"，说明此举合乎当时的朝聘之礼。而隐公五年春鲁隐公到棠（地名）观鱼，因无重大事由，《左传》作者称"非礼也"，又如桓公十五年周天子派家父（人名）来要车，《左传》作者亦云"非礼也"，因为"诸侯不贡车服，天子不私求财"。总的说来，《左传》作者"礼也"、"非礼也"的评价是有标准的，这标准就是当时尚通行的、内容十分具细的"礼"的准则，这些准则组成了"治出于一"的内容和框架。从"礼也"多于"非礼也"看，"礼"尚未完全崩坏，"治出于一"的框架仍然维系着。

② 沈文倬认为，礼典的实践先于文字记录而存在，自殷至西周各种礼典次第施行，而礼书至春秋以后开始撰作，他在《略论礼典的实行和〈仪礼〉书本的撰作》中对此过程作了具体的考证，见其《宗周礼乐文明考论》，杭州大学出版社1999年版，第1～54页。在三礼中，《仪礼》的撰作始于春秋时期，是最早的，《礼记》大致是战国时期七十子后学的著录，《周礼》的年代自汉以来一直是聚讼纷纭的问题，疑古派学者认为它是汉代之作，彭林先生以为它撰作在汉代（见其《周礼思想及成书年代》，中国社会科学出版社1989年版），窃以为它并不像近代以来学者认识的那么晚，大约在《仪礼》之后，其撰作时间大约与《礼记》中一部分对宗周旧礼较真实的追述性文字《缁衣》、《玉藻》、《内则》、《曾子问》、《祭法》、《祭统》等）同时或稍有参差，但不会迟至汉代。

礼的仪式和精神要义，这些具体制度和精神要义正反映出“礼”兼有形而上的抽象高远和形而下的具体细微，因而能以“治出于一”的方式管理三代政治和社会；《周礼》吉凶军宾嘉五礼则通过一种理想的高远结构来阐述作者心目中“治出于一”的境界。在《左传》和三礼中，祭礼均高度混融在它们的作者对“礼”的描述和追忆中。自“治出于二”出现后，文献关于“礼”的编排发生了变化。第一部纪传体通史《史记》有《礼书》、《封禅书》，分别记载“礼”之精神要义和历代王朝祭祀的活动，反映了在太史公心目中，二者已不再混融在同一种理念中，《封禅书》以汉武帝封禅泰山，候神求仙为主，顺便记载历代类似性质的活动。其开篇辞曰：

“自古受命帝王，曷常不封禅？未有睹符瑞见而不臻乎泰山者也。虽受命而功不至，至梁父矣而德不洽，洽矣而日有不暇给，是以即事用希。《传》曰：‘三年不为礼，礼必废；三年不为乐，乐必坏。’每世之隆，则封禅答焉，及衰而息。厥旷远者千有余载，近者数百载，故其仪阙然堙灭，其详不可得而记闻云。”

这里除了封禅之外并没有出现“礼”和“郊祀”这样的字眼，反映了司马迁在著述《史记》的年代，国家的祭祀活动还不属于自三代就传下来的“礼”，《礼书》与《封禅书》的分篇更反映了自“治出于一”瓦解后，“礼”的体系分崩离析，礼仪与祭祀事务统绪无宗的状况。到了《汉书》情况便不一样了，其《郊祀志》虽然大部分沿袭了《史记·封禅书》的内容，但以“郊祀”作为该部分典志的名称，本身就反映了东汉王朝祭礼的概念已经形成这样一个事实。其开头曰：

“洪范八政，三曰祀。祀者，所以昭孝、事祖、通神明也。旁及四夷，莫不修之，下至禽兽，豺獭有祭，是以圣王为之典礼……”

这与《封禅书》的口气已大为不同，说明东汉“治出于二”格局定型之后，祭祀在这一正统的政教领域中开始有了一席合法的位置。以后《续汉书》称这部分内容名为《祭祀》，《三国志》缺表和志，从沈约撰《宋书》开始，王朝的祭祀、改正朔、易服色、帝王的冠、昏、丧、祭等仪式又被编排在《礼志》中，这反映了一方面王朝祭礼本身在发展和演进，另一方面，包括王朝祭礼在内的各种礼仪自东汉以来重新整合为一个整体，这个整体与官僚政治的“治出于二”达成了较好的协调，而这种协调在撰作正史的史家眼里则用纪传体史书中辟出《礼》志这样一种方式来表达。到典志专著《通典》那里，所有礼仪制度均按《周礼》“吉、凶、军、宾、嘉”五礼分类，祭祀天地神祇之礼被归入“吉礼”，这一体例的变化提醒我们自周代古礼湮废之后，经历两汉到魏晋南北朝，对礼仪的认识在逐渐丰富的同时也在逐渐整合，最终祭祀被包括在“礼”之内。

下面的诸章就将深入对周代至东汉的王朝祭礼及其演进规律的具体分析。

第一章　滥觞：周礼对中国古代王朝祭礼的定位及其深远影响

中国古代王朝祭礼的最初定型是在周代。在周代以前，中国古代宗教信仰的发展已经历了漫长的过程，据文献记载，中国古代有一个“家为巫史”的阶段，《国语·楚语下》：

“及少昊之衰也，九黎乱德，民神杂糅，不可方物。夫人作享，家为巫史，无有要质。民匮于祀，而不知其福。烝享无度，民神同位。民渎齐盟，无有严威。神狎民则，不蠲其为。嘉生不降，无物以享。祸灾荐臻，莫尽其气。颛顼受之，乃命南正重司天以属神，命火正黎司地以属民，使复旧常，无相侵渎，是谓绝地天通。”

这段记载向来被研究思想史、宗教史的学者倍加关注。“绝地天通”韦昭注为“绝地民与天神相通之道”，指的是颛顼对原始宗教(primitive religion)加以改革，把祭祀群神之权收归专门的南正掌管，只有他们可以跟天神交通，改变了原来人人可以与天神交通的状况。颛顼为五帝之一，当时是进入国家的前夜，部落首领将原始宗教处于部落公共权力控制之下，使其从属于公共权力的控制，这就最初奠定了政权高于宗教的格局，保证了向文明社会的平稳过渡①。此后在宗教信仰这一领域，经过漫长的发展，神灵系统日渐分出主次，牺牲供奉日渐分出丰俭。但直到周代礼制产生和完善以前，由早期的自发宗教发展而来的中国古代宗教尚未完全脱离“自然宗教”②的性质，这从甲骨文记载的

---

① 李先登、杨英：《论五帝时代》，《天津师大学报》1999年第6期。

② “自然宗教”又称“自发宗教”，它是人类社会最早出现的宗教形态，一般跟原始社会的社会阶段相适应，见陈麟书、陈霞：《宗教学原理》，宗教文化出版社2003年版，第151页。

商代祭祀可以看出①。周代礼制产生、完善以及它渗入信仰领域之后，这一局面便完全改观了。周代的“礼”不仅为安邦立国确立了政治制度的基本框架，也为整个社会的应有秩序和主流信仰基本提供了规范，它从性质、格局诸方面改造了此前一直在发展变化的各种自发产生的祭祀和祷祠行为，并最终使它们脱离自发的多神崇拜的性质，并将它们包含在由不同性质的各种礼典（冠、昏、丧、祭、朝聘、会盟、蒐狩、大射等）组成的整体体系中。这一过程非常的复杂，影响又非常的深远——周代礼典的仪式和名物制度被以后历代奉为圭臬，周代的王朝祭礼则为以后历代的郊天礼、祭祖礼提供了样本。可以说，以后历代的吉、凶、军、宾、嘉五礼，无不是在周代礼典的样板下建立的。因此，考察周代王朝祭礼的由来、格局、性质，解开因岁月流逝和文化变迁所造成的厚重隔膜，渐渐触及它的本质，为探讨后世王朝祭礼在此基础上产生的变异打下基础，便是本书第一章的任务。

第一节　礼的渊源——从《易》的象数思维到“礼”的数度思想

王朝祭礼是周代无所不包的“礼”的一部分，它是周代诸礼典中履行天人关系的部分，在周代，王朝祭礼跟凶、军、宾、嘉等礼典使用着同一体系下的名物制度和仪节方式，这就使我们考察王朝祭礼时必须对“礼”本身的结构体系和名物制度作一番了解，本章的第一节便将对之作些考察。

“礼”字在先秦文献中所见极多，举凡理念、秩序、仪式、情感、名物制度等在文献中无不可以用“礼”字表示。“礼”的字形也表明它源于早期宗教，《说文》一上示部云“礼”从“示”从“豊”，“豊”亦声。王国维认为“豊”为行礼之器，从豆，像

① 陈梦家在《殷虚卜辞综述》（科学出版社1956年版）第十七章宗教部分对卜辞反应的商代宗教作了全面考察，他认为商代宗教还相当原始。在商代，卜筮在国家政治生活中占决定性统治地位，而卜筮恰是“自然宗教”中的一种——巫术，因此，说商代的宗教尚未完全脱离“自然宗教”的发展阶段是不过分的。

两块玉在器中①，盛玉在器中以奉神明为“礼”之初意②，但笔者认为，“礼”字的初义远不足以概括“礼”达到成熟完善状态时的全部文化内涵和本质，成熟完善的“礼”，内容广泛，它以一种于和谐之中体现万物等秩的理念为骨干，以由“数”的差别表达的、极其具体的物化礼乐制度（宫室器用、衣服车马、交接仪节、雅乐歌舞等）为手段，由一整套内容具体、仪式复杂、承担重大政治和社会功能的典章制度构成，它包括军政（蒐狩、会同之礼）、外交（朝覲、聘问之礼）、伦理道德（祭祖、乡射、飨饮酒之礼）、信仰（君子籍“礼”修身养性，砥节砺行）等各种内容，并融政治生活、伦理道德、文化学术、哲学思辨等为一体，大到宇宙图式，小到舆服车马及言语动作的细节无不能在其中找到内容和原则，因此成熟状态的“礼”是一种凝聚了高度而全面智慧的文化结晶，其立意的高远、思辨的深刻、制度的完善无不令人叹为观止。从这一点看，无论是登降揖让的仪式，还是乡党尚齿的风俗都不足以涵盖“礼”成熟阶段的所有内涵，因为“礼”除了仪式、风俗内容外还有丰富的形而上思辨内涵，而且如果想对“礼”作一个整体的理解，这形而上层面中的内涵及其由来恰恰是至关重要的，因为正是它使渊源于乡俗（custom）、原生性膜拜（instinctive supplications）的各种行为统一在一个精神旨趣浑一的体系中。而体现了天人关系的王朝祭礼又格外倚重于“礼”中形而上层面的内涵，尤其使其中古人对天人关系的探索和思辨。因此，下文就首先探讨一下作为一座大厦的“礼”，其设计理念的最初由来，及其对王朝祭礼的影响。

周代的“礼”之所以能将各种不同渊源的事物和行为统一在同一个体系中，并形成一座博大宏富的大厦，跟渊源古老的《易》所奠定的“象数思维”有关，可以说，“礼”即是“象数思维”在政治和人伦领域的运用。象数思维本书引言部分已经作了简要介绍，它不但是古人创立王朝祭礼最直接的动因，而且还提供了众多具体可操作的手段。本节我们的任务，就是探索从古《易》象数思维到“礼”的数度思想的过程。

---

① 王国维：《观堂集林》卷六，中华书局1959年影印本。

② 阎步克对何炳棣、杨宽、裘锡圭、林沄等学者关于“礼”起源的说法作了概括，可以参看。见《士大夫政治演生史稿》，第75页。

一、“礼”义之源——《易》的象数思维和数度思想

(一) 古《易》象数思维简溯

象数思维集中表现在古《易》中。《易》的象数思维是先民在长期形象思维的基础上出现的。古代华夏先民跟其他初民一样形象思维发达，善于直接从自然界万物的形象获取信息[①]，但仅有形象思维是不足以产生《易》的，《易》产生更重要的一个必备条件是先民的计数水平及对“数”性质的认识达到一定水准，这一点舞阳贾湖出土的骨笛为我们提供了生动而真实的资料。距今8000至7000年的河南舞阳贾湖文化出土了25支用丹顶鹤尺骨制成的骨笛，计有五孔、六孔、八孔各1支，七孔14支，其中七孔笛大多制作精致，通体光滑[②]。从孔位的设计看，当时人们已根据管长、吹奏经验和音律思想来设计孔位[③]，在早期(M341)出土的骨笛未见到计算痕迹，但在中期，在有的骨笛(M282:20)身上见到了计算痕迹[④]。从骨笛钻孔的情况看，先民已经能很有经验地认识音阶与孔的长短间距(在骨笛或是其他中空植物如竹、芦苇等之上)之间的关系，否则不可能做到在骨笛的特定部位钻孔，以发出高低不同的单音。戴念祖先生对其中一支保存最完整、无裂纹的骨笛(M282:20)的测音结果作了研究，绘制孔距与音高的关系图如

① 形象思维发达是古代民族(或近代的后进民族)思维上的重要特征。具体表现是他们记忆力惊人，列维—布留尔说，“记忆首先在原逻辑思维中起着比在我们的智力生活中大得多的作用”，“它既是十分准确的，又是含有极大情感性的。它通过极大量的细节来再现复杂的集体表象……，因此我们应当指望原始人的记忆有非常高度的发展”，并且原始人而且善于从自己熟悉的具体事物中归纳经验，如列维—布留尔记斯宾塞和纪林在谈到澳大利亚土著居民时说：“土人不但能分清楚每种动物和每种鸟的足印，而且在查看了什么兽穴之后，能立刻按照最新足印的走向告诉你这里有没有动物……，土人能认出他的每个熟人的足迹”(《原始思维》，第104页)，这正是原始人大量运用形象思维的情景，这是近代后进的澳洲土著的状况，古代先民大抵都是如此。具体到华夏先民，形象思维的发达可以汉字的中的象形字为代表。象形为许慎《说文》六书之一，但象形并不是六书中唯一一种运用形象思维造字的方法，陈梦家先生将汉字造字原则分为象形、假借和形声，他所指的象形“大约包括了许慎所说的象形、指事、会意”，“不管它所象的是物是事是意，都是用形象(即形符)表达出语言的内容的”，并对甲骨文中抽象、省易、分合、指示、会合五种象形方式作了阐述，见其《殷虚卜辞综述》，第77～78页。而象形(包括许慎说的象形、指事、会意)范围如此之广，正是古代中国人形象思维发达的表现。

② 河南省文物研究所：《舞阳贾湖》，科学出版社1999年版，第448页。

③ 同上书，第453页。

④ 同上书，第1008页。

下:

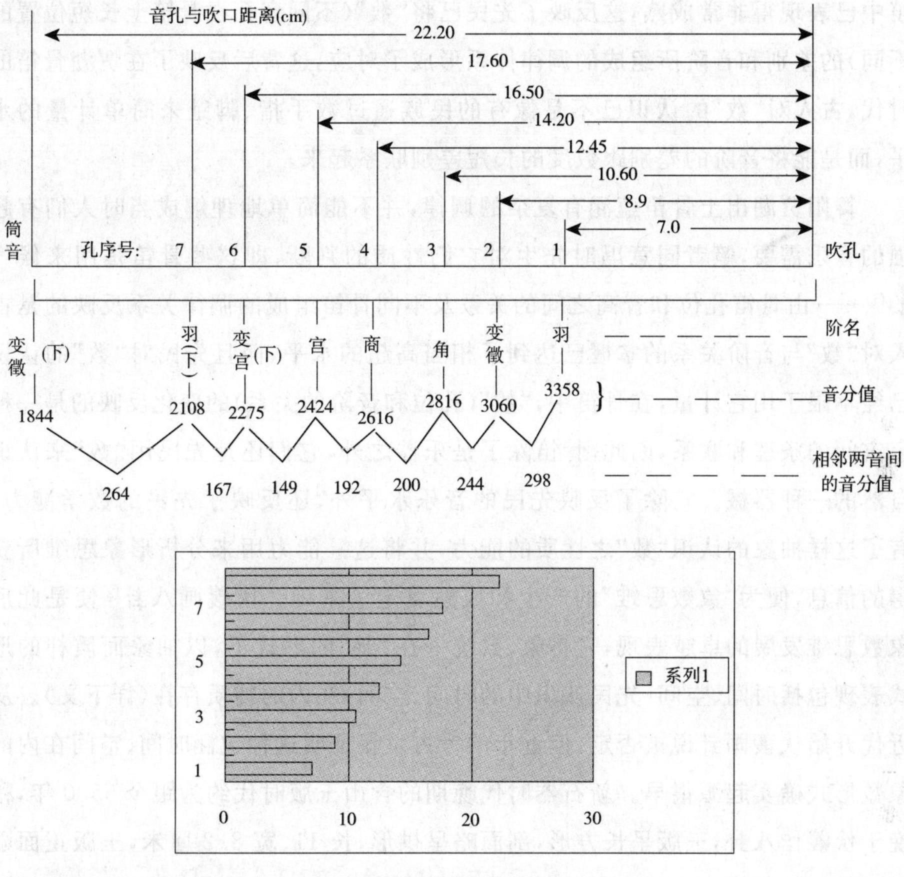

图1　贾湖骨笛的孔距与音高

戴先生认为该笛为筒音角音的清商六声音阶,其六声相当于 mi、sol、la^{b}si、do、re 或是筒音宫音的下徵调七声音阶,其七声为 do、re、mi、fa、sol、la、si①。通过对这些骨笛的研究,测试者发现音阶之间的关系在距今 9000 年前已经形成,并能演奏出完整的五声音阶、六声音阶和七声音阶,在其延续的 1000 多年中,音阶已有四声、五声、六声、七声等多种类型②。并且这 14 支七孔笛所发的单音还

① 戴念祖:《"三分损益"法的起源》,《自然科学史研究》1992 年第 4 期。

② 河南省文物研究所:《舞阳贾湖》,第 1020 页。

组成了复杂的调律体系。总之,先民对音阶与孔位(数度)关系的认识在贾湖骨笛中已表现得非常成熟,这反映了先民已将“数”(不同音孔在骨笛上长短位置的不同)的差别和音阶所组成的调律体系形成了对应,这背后反映了在贾湖骨笛的时代,古人对“数”的认识已不是像有的民族通过数手指、脚趾来简单计量的水平,而是能将音阶的差别跟数度的长短差别联系起来。

舞阳贾湖出土骨笛蕴涵有复杂的调律,并不能简单地理解成当时人们有超强的音乐需要,笔者同意冯时先生对它们性质的判断,即这些骨笛是用来候气的①——由骨笛孔位和音高之间的关系及不同骨笛组成的调律关系反映的是古人对“数”与音阶关系的掌握已达到了相当高超的水平,而且先民对“数”的认识已经不限于用它计量,在骨笛中,“数”(孔位和音阶的关系)的变化反映的是一种宇宙间的条理和联系,因此,骨笛除了是乐器之外,它们还是先民用“数”来认识自然的一种器械。它除了反映先民的音乐水平外,还反映了先民的数学能力。有了这样抽象的认识“数”之性质的能力,并将这一能力用来分析形象思维所获得的信息,便为“象数思维”的产生和成熟奠定了基础。伏羲画八卦②便是此后象数思维发展的卓越表现,它将象、数统一在“卦”的形式下,以抽象而质朴的形式表现包括时间、空间(先民认识中的时间、空间)在内的物质存在(详下文)。从近代开始伏羲画卦说被否定,但近年的考古发掘证明这种包涵时间、空间在内的象数形式确实起源很早。新石器时代晚期的含山玉版时代约为距今 5500 年,稍晚于伏羲作八卦,玉版呈长方形,剖面略呈拱形,长 11、宽 8.2 厘米,玉版正面雕琢有复杂的图文,中心部位刻有两个同心圆,圆中心琢制一八角图像;两圆之间以直线均分八区,每区内各琢一枚叶脉纹矢状标分指八方(见下图)③。

---

① 冯时:《中国天文考古学》,社会科学文献出版社 2001 年版,第 194～197 页。

② 伏羲画八卦为《易传》所记,近代以来为疑古派否定。但是从《易》的内容看,《易》的产生必须建立在古人对象、数二者的认识都达到一定水平这一基础上,此外确实不能离开杰出人物的贡献。《易》和古老的华夏文明同时产生,作《易》者制卦象、推爻数所表现出的智慧穷尽了人类心智的极限,从这一点上看,《易》绝非等闲之辈可以作出。《系辞》说的“圣人作《易》”是有道理的,因此,《易传》的说法不宜轻易否定。

③ 安徽省文物考古研究所:《安徽含山凌家滩新石器时代墓地发掘简报》,《文物》1989 年第 4 期。

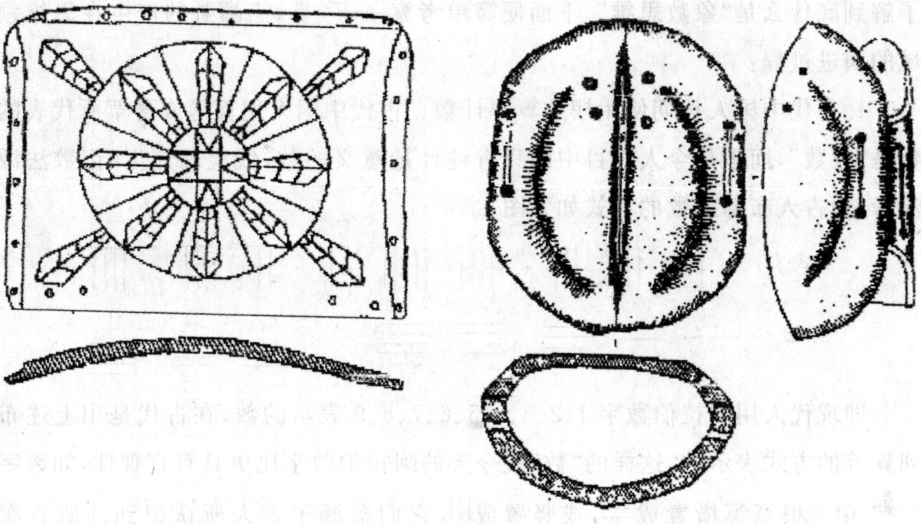

图 2 新石器时代玉版及玉龟(安徽含山凌家滩出土)

笔者认为含山玉版的内容正是先民表达“象”、“数”的形式。因为首先可以肯定的是它绝非一般的美术图案,即它的“象”表达的不是艺术,而是一种条理。陈久金、张敬国先生认为玉版上所刻图形为先夏时代原始八卦的图形①,冯时先生也注意到图中的八角纹和八方的关系,并认为它跟古河图有关②。先民将方、圆、八角(主要蕴涵的是方位意义)这些“象”综合起来形成更复杂的新“象”以表示宇宙方位,整个玉版的图像即表达此概念。而玉版四周的数点是“数”,八角之“八”性质更是“象数”(formed number),即具有形状的数字,这并非简单的几何图案,而反映了当时人已经初具规模的、运用“象”“数”表达宇宙图式的能力。伏羲作八卦就是古人这种表达象数的能力更具体的表现。古人很早就用蓍草占卜,长期的经验积累使他们发现在蓍草排列组合中所出现“数”具有规律性,这样,古人认为“数”具有昭示神明所示规律的性质,用这种性质的“数”推演(蓍草的叠加),便得到八卦,进而诠释他们心目中那个有神明控制着规律的世界。假如我们从思维发展的角度探索一下《易》三画卦产生的过程,能使我们更清晰地

---

① 陈久金、张敬国:《含山出土玉片图形试考》,《文物》1989 年第 4 期。

② 冯时:《中国天文考古学》,第 372 页。

了解到底什么是“象数思维”，下面便简单考察一下《易》三画卦的产生在思维领域的演进过程：

1. 古代中国人长期使用摆放算筹计数。古代中国人用算筹或蓍草所代表的数是“象数”，而不是今人心目中的只有纯计量意义的数，钱宝琮先生《记数法源流考》中古人布筹成数的方式如下图：

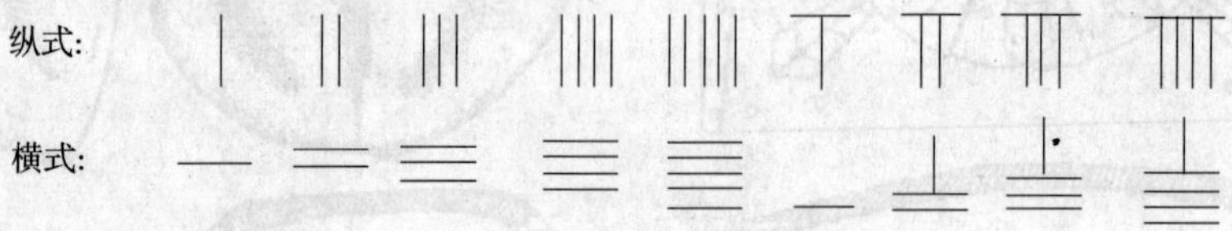

即现代人用阿拉伯数字 1、2、3、4、5、6、7、8、9 表示的数，在古代是用上述布列算筹的方式表示的，这样的“数”跟今天的阿拉伯数字比更具有直观性，如数字“三”用三根算筹横置成≡，或竖置成|||，它们蕴涵了古人所认识到的所有跟“三”有关的信息，如宇宙间“三才”：天、地、人；空间概念中上下、前后、左右三维等等。因此这样的“数”代表了古人抽象出的宇宙万物在“三”这个状态下的基本属性，“数”是空间三维加上时间一维的代码，它体现了宇宙万物被以“数”的形式解析时的固有状态。古人认为“运数”即在演练万物性质的变化。

2. 在摆放算筹计数这一形式的启发下，约定俗成用符号—、--分别表示阴、阳，并同时约定俗成地确定了以天、地、人三才确定卦有三划[①]的原则。这两条均有重要意义。前者反映的是抽象思维的进步已经达到相当水平——总结和区分阴、阳；后者反映了先民观察宇宙时不是将主体“人”放在客体自然界之外，而是将二者结合在一个系统中。

3. 在前面两条的基础上，用一定的筮数法推算并得出每一爻(阴爻或阳爻)，再综合诸爻(最初是三爻，重卦后是六爻)形成卦象。《系辞》记载的筮数法是用

① 《易传·系辞》这样解释：“《易》之为书也，广大悉备。有天道焉，有人道焉，有地道焉。兼三才而两之，故六”，即八卦三划分别代表天(上划)、人(中划)、地(下划)之道，这样的说法是不宜轻易否定的，因为《易传》是对《易经》思想方法的总结，并非都是《易传》作者的想象发挥(见本章第五节神道设教部分)。而且三划中，象征人的在中间，象征天、地的分别居于上、下，恰符合古人形象思维发达的特点，因此，《易传》说卦有三划是象天地人三才，是对古《易》成卦原则的追溯，将之随便总结为《易传》作者的比附并不符合实际。

五十根蓍草(实际运用四十九根)推求阴阳爻[①]。因为用筮草推数所得结果总有一定规律，古人便认为是“神明”在起作用，进而认为“卦”象背后即显示了神明的启示。朱熹《原本周易本义》用下图表示伏羲八卦在思想理路上的生成过程：

太极：混沌虚无
两仪：阳爻 ⚊　阴爻 ⚋
四象：太阳 ⚌　少阴 ⚍　少阳 ⚎　太阴 ⚏
八卦：乾 ☰　兑 ☱　离 ☲　震 ☳　巽 ☴　坎 ☵　艮 ☶　坤 ☷

从阴阳爻叠加形成八卦的思维过程看，宋人所画的上图还是有道理的。它绝不仅仅意味着现代数学上 2×2×2＝8 这一结果，而是有着比这丰富得多的内涵。这内涵就在于用各爻形位不同的八种卦象天(乾☰)、地(坤☷)、风(巽☴)、雷(震☳)、水(坎☵)、火(离☲)、山(艮☶)、泽(兑☱)，代表高度抽象了的宇宙万物之类[②]，这些宇宙万物在被代表之际，同时也含有了用“卦”来代表的阴阳属性。这是古代中国人的独创，是源起西方的现代数学所没有的内容。

《易》的以数推卦是一种成熟的数理形式的运用。“卦”是最抽象的“象”，是符号化了的、代表自然和万物类象的算筹图式，是形上和形下、“道”与“器”联系的中介[③]；冯友兰先生称《易》为“宇宙代数学”确实是一语中的。它与近代科学的线性思维方式是无涉的，也是产生中国古人的“神明”思想的原因——在这种数理形式下，含有阴阳属性的八卦卦象和推“数”结果都会呈现出一定规律性，古人将这种规律归之于“神明”的作用，而筮占所得的卦象又是包含了“人”这一主体所处情势的卦象，因此在这样的思维方式下，古人将决定人之处境的力量归之于神明之作用的精妙和准确。但因为有已经到达相当水平的逻辑思维为基础，

---

① 《系辞上》记载的以数求卦过程如下：“大衍之数五十，其用四十有九，分而为二以象两，挂一以象三，揲之以四以象四时，归奇于扐以象闰，五岁再闰，故再扐而后挂。……十有八变而成卦。”这里的数字二、三、四均有象征意义，二在表示计量动作的数字二时同时表示阴阳；四代表四时，这样，四十九根蓍草的分二、挂一、课四、归奇过程的多次重复以求得爻，再通过爻而合成卦的过程，跟天地分阴阳四时，置闰月的“数”，在古人心目中是一回事。

② 《易传》记载八卦代表的万物之类：“乾为天，为圜，为君，为父，为玉，为金，为寒，为冰，为大赤，为良马，为老马……，坤为地，为母，为布，为釜，为吝啬……，震为雷，为龙，为玄黄，……。”八卦均各代表十多种物类或人。

③ 鞠曦：《“卦”的形式及其本体论内涵——兼论〈易经〉研究的方法》，载段长山主编：《现代易学优秀论文集》，中州古籍出版社 1994 年版。

古代中国人对“神明”的认识很早就不太困难地摆脱了各古代民族都必经的“前逻辑混乱”的阶段，因此超越了像许多后进原始部落的多神崇拜、图腾崇拜等认识水平，然而也正因为形象思维和抽象思维在“象数思维”这种数理形式中必须兼综，它们在中国古代并没有各自分开发展，再加上“神明”的内涵从来就包含着对“人”这一主体的情势和命运的启示，因此这种思维方式在人们的宗教思辨层面给予的影响就是：人的“识心”和外境是紧密联系在一起的。这种“识心”和佛教徒的入静、禅定、中观等修证方式不一样，它一方面建立在先民心智质朴、未染尘垢的基础上；另一方面还包含了“数”的运算，因此它能推求出有“终极性神秘力量”的存在，但并不能创造出有形象、有思维的人格化神灵。

以上是对《易》象数思维进行的简要追溯。它以“数”的推演充实进观物取象的过程，扬弃了甲骨卜筮只有观“象”没有推数，因而不存在数理逻辑之短，这样就使古代中国人在思维清晰的前提下认识他们心目中的“神明”，而不是总陷于逻辑的混乱。它无论对“礼”还是王朝祭礼都具有重要意义——作为中国古人的“识心”在数理思维方面的最高水准，它在为先民“究天人之际”，跟自然作斗争提供出色智慧的同时还是古人处理社会生活的手段，在较早的时期，这手段表现为直接以《易》决事，为政治和社会生活提供决断，但更重要的是它那兼综人事与天象的思维方式为华夏先民进入文明后创立典章制度，封邦建国提供了高度的政治智慧，“礼”就是这种思维方式成功应用于政治和人伦领域的产物，这是它对“礼”的影响。具体到王朝祭礼，郊坛的格局天圆地方即由此而来，下文首先考察它对“礼”的制度设计产生的影响。

（二）周初《易》运用于政治领域——“礼”的制度设计

《易》对政治和社会事务的影响，在相当长时期里是直接以筮决事的方式表现的，直到《左传》记载的若干筮例，仍可看出古老的直接以《易》筮决定大事的传统。不过这只是《易》对政治和社会事务影响的一方面，而且，随着政治生活中理性的进步，这种直接影响在日渐削弱，《易》影响政治和社会事务，更重要的是以《易》的数理形式和所蕴涵智慧为政治生活和社会伦理创立出一整套典章制度——“礼”来实现的。这一过程大致在殷末周初完成，其中杰出人物文王、周公的政治发明非常重要，周公制礼作乐更是这一政治发明中的核心，殷末周初《易》

运用于政治和伦理领域形成“礼”的理念和制度，比此前统治者或史官在需要时以《易》筮决事影响更为深刻、全面和久远，因为它奠定了传之久远的制度。下面便对之作些简要考察。

为什么说“礼”是因为《易》运用到政治和人伦领域建立的？为什么又说这跟杰出人物文王、周公有关呢？这是因为在三代，《易》皆掌于王官卜史手中，而王官卜史运用《易》只是为了提供决断，他们的任务绝非为整个国家设计典章制度[①]。殷末周初杰出政治家文王、周公则不同，他们面临的是险峻复杂的政治斗争，变幻无常的政治形势，用他们熟悉的《易》建立典章制度，是当时政治的需要，这是一个可以从史实考证的过程。殷末周初，虽然文王、周公前仆后继的努力灭掉了殷邦，建立了周朝，然而商代以来王位继承的无序[②]，管、蔡之乱和“公将不利于孺子”的流言[③]，使周初历史仍然处于动荡之中。在这关键时刻，周公表现出了过人的胆略和作为，除了救乱、克殷、践奄这一系列武功勋绩外[④]，他还发布《金縢》、《大诰》、《召诰》、《洛诰》、《酒诰》等一系列诰示以安顿民心。他一方面鞠躬尽瘁地尽力于王事，“一沐三捉发，一饭三吐哺”[⑤]，另一方面则苦心孤诣地为国家设计一套安邦定国的长久制度，文王、周公父子对《易》和“天人之际”各种知识的熟悉[⑥]，就成为他创立典制的智慧源泉。据《史记·周本纪》记载文王被囚于羑里时曾演《易》，至于周公，孔颖达《周易正义》卷首第四“论卦辞爻辞谁作”，

---

① 王官掌握易，见《周礼·春官·大卜》大卜“掌三易之法，一曰连山，二曰归藏，三曰周易”，连山、归藏、周易分别为夏、商、周之《易》。大卜的职掌是“凡国大贞，卜立君，卜大封，则眂高作龟”，卜师、占人、蓍氏等均在国家需要时进行专门的贞问，绝不设计具体典章制度。

② 商代未确立嫡长子继承制，多兄终弟及。《史记·殷本纪》：“自中丁以来，废适（嫡）而更立诸弟子，弟子或争相代立，比九世乱，于是诸侯莫朝。”

③ 《尚书·金縢》：“武王既丧，管叔及其群弟乃流言于国，曰：‘公将不利于孺子’……。”

④ 《史记·周本纪》：“（周）公乃摄行政当国。管叔、蔡叔群弟疑周公，与武庚作乱，畔周。周公奉成王命，伐诛武庚、管叔，蔡叔。”

⑤ 《史记·鲁周公世家》。

⑥ 《尚书·洛诰》记营成周雒邑时召公先卜居，而后周公“大相东土”，《史记·周本纪》则云“周公复卜申视，卒营筑，居九鼎焉。曰：‘此天下之中，四方入贡道里均。’”则周公对卜居相宅十分专精，后世相宅、解梦多托名周公，原因即在于此。

将周公列为作卦爻辞者之一，这个说法为疑古派易学者怀疑①，但文王、周公懂《易》且对《易》有贡献是可以肯定的。谈到这里，便不能不涉及文王、周公时期《易》的状况。文王、周公时期的《易》，大致处在有卦象，但卦序不固定，卦爻辞也不完备的淳古阶段。《易传》追溯《易》的历史时将这一阶段排在“人更三圣”的第二圣，《系辞下》：

“易之兴也，其于中古乎？作易者，其有忧患乎？”

“易之兴也，其当殷之末世，周之盛德邪？当文王与纣之事邪？”

这段文字孔颖达正义：“‘其于中古乎’（见下文）者，谓易之卦爻之辞起于中古，若易之卦爻之象，则在上古伏羲之时”，《系辞》的这段话和孔颖达正义是对《易》学史较早阶段的真实描述——《易》最初是由纯卦画蕴涵精义，而后才有文字（作卦、爻辞）对之进行阐述。可以说，《易》逐渐落于文字的过程，一方面是筮法由粗及精的过程，另一方面也是因社会变动造成了古义渐远，需要有文字阐述的过程。殷末周初的《易》，正处在由远古之质朴到中古之演进的关键阶段，虽然淳古，但以卦象表达义理，以天象决断人事和人自我的努力这一精神已经明确，卦序的编排、卦爻辞的撰作都是为了更好地表达明《易》者对这种精神的理解。文王和周公在这之中有贡献应是可以肯定的，据《史记·周本纪》记载文王被囚于羑里时曾演《易》，司马迁认为文王是重卦之人，现代学者通过研究，认为文王演易内容并非重卦，因为重卦在文王之前就存在②，他演《易》可能是在卦序、卦

---

① 20世纪以来，疑古派的易学研究从根本上否定了伏羲画卦、文王重卦、周公作卦爻辞、孔子作《易传》等传统说法（代表人物为顾颉刚、郭沫若、李镜池、高亨等，见杨庆中：《二十世纪中国易学史》，人民出版社2000年版），《周易》经传合一，以经解传的体例也被否定，高亨在《周易大传今注》自序中说：“《易传》解经与《易经》的原意往往相去很远，所以研究这两部书，应当以经观经，以传观传。”（《周易大传今注》，齐鲁书社1998年版，第2页）这些结论和他们研究《周易》的方法有着深远的、一直至今的影响。但是，从20世纪后半叶以来，铜器和甲骨上刻画符号“数字卦”的发现（见张政烺：《试释周初青铜器铭文中的易卦》，《考古学报》1980年第4期）以及马王堆帛书《易》、王家台秦简《归藏》等各种古佚《易》书的出土，和由此产生的文献学方法上的进步，都渐渐证实《易传》所说的“人更三圣”的早期易学史大致不虚，学者们开始更审慎地重新认识被疑古派诠释过的易学史，目前结合出土《易》文献进行更深入的研究正在展开。

② 张亚初、刘雨总结了《商周八卦符号登记表》，其中一些文王以前的资料即有重卦，见《从商周八卦数字符号谈筮法的几个问题》，《考古》1981年第2期。

爻辞方面做了工作[1]。但即使文王没有重卦,而只是整理卦序和卦爻辞,也足以反映出他对《易》有着专业的、不输于史官的认识和了解。

至于周公,他无疑是精通象数思维的。《尚书·召诰》记载周公"朝至于洛,则达观于新邑营","达观"即全面考察。《洛诰》记周公"大相东土",卜营洛之事。相土即堪舆,是将象数思维及有关手段用于地理勘察之事。而传统的《易》学史更是说周公作卦爻辞,孔颖达《周易正义》卷首第四"论卦辞爻辞谁作"提到作卦爻辞者有二说,一为文王,一为周公。现代学者认为卦爻辞不是一时一人所作[2],从《易》卦爻辞跟甲骨卜辞文例近似看,文王、周公以前的《易》是完全有可能有卦辞的,卦爻辞是史官常年占卜,经验汇集之结果,年终汇编,在应验的兆辞中挑选而成[3]。现代学者通过研究认为,卦爻辞和卦象、爻位相配不是随机的,而是表明整理者认为所卜问的所有事物都和某种神秘机理有关[4],这种神秘机理通过"数"的演变表达了"神明"的存在,以及宇宙万物间普遍而有序的联系。卦爻辞的内容反映了人处在这个联系中,需要不断努力才能摆脱逆境[5]。虽然周公作卦爻辞说得不到确凿的文献证据,但从周公能相宅看,他懂得卦爻辞所表达的那种《易》的机理是完全可能的。而且,从《左传》、《礼记》等文献记载对周公制作典制和礼乐之事的追溯看,周公对《易》的机理有着天赋极高的深刻理解,正是他将这种机理用来为政治和人伦领域创作典章制度,才为周朝奠定了八百年

---

① 林忠军认为文王没有重卦,其演《易》恐怕是指在卦名、卦序、卦辞等方面付出了劳动,见《王家台秦简〈归藏〉出土的易学价值》,《周易研究》2001年第2期。

② 李镜池先生认为《周易》为周代王官的卜史所作,而是编著者总结历史经验、生活经验等,编选组织成为卦爻辞,见《周易探源》,中华书局1978年版,第3~4页。由此可推断《周易》非一时一人作成。

③ 李镜池、朱伯崑均持如是说。二氏引《周礼·春官》:"凡卜筮,既事,则系币以比其命。岁终,则计其占之中否。"即掌管卜筮的人于每次占卜之后,将所得的兆象和占断的辞句记录下来,连同礼神之币,藏于库府。年终,将积累的筮辞和卜辞加以统计、整理,看其有多少条已经应验。已应验的则选出来,作为下一次占筮的依据。依《周礼》所说,《周易》中的卦爻辞,就其素材说,是从大量的筮辞中挑选出来的。见李镜池:《周易探源》,第3页;朱伯崑:《易学哲学史》第一册,华夏出版社1995年版,第9页。

④ 刘大钧《关于〈易〉》认为,《易》爻辞拟之于物时,下爻之辞皆取于下,如趾、尾、轮、足等;上爻之辞皆取于上,如首、天、耳、顶、角等,随着爻位的自下而上,其爻辞取象也相应地变化,这说明《系辞》说的"观象系辞"是有道理的,见《周易概论》,巴蜀书社2004年版,第23~25页。

⑤ 这种警惕、理性的心情在卦爻辞中处处可见。乾卦,爻辞,"夕惕若",朱伯崑先生认为,《周易》卦爻辞的素材虽然来源于筮辞,但其内容又不等同于占卜一类的繇辞,体现了先民企图摆脱逆境生活的忧患意识和向上之心,见《易学哲学史》第一册,第21页。

基业。《左传》文公十八年鲁国大史克云：

“……先君周公制《周礼》曰：‘则以观德，德以处事，事以度功，功以食民。’”

此为鲁国太史之言，凿凿有据，杨向奎先生曾用这条资料论证周公制作礼乐之事不虚①。这里的《周礼》与下文的《誓命》并提，为书篇名，杨伯峻先生认为该书绝非后来的《周官》，该《周礼》一书已经亡佚，但从“则以观德，德以处事”看，这个“则”即为具体典制，杨伯峻先生训为“礼”之则，甚确。周公撰作的该书是联系天人之际，并订立了典章制度之作。此外还有一条学者熟知的《左传》中的资料反映了周公制作典制跟《易》有关。昭公二年记韩起到鲁国“观书于太史氏。见《易》象与鲁《春秋》，曰：‘周礼尽在鲁矣。’吾乃尽知周公之德与周之所以王也，”《易》象为《易》之卦象，内容是“天人之际”的专学，鲁《春秋》为编年史，韩起将二者联系在一起，是因为他从二书中看出了周公以《易》象中天人联系的精神为万世开太平、立制度的伟大高远，因此才感慨他懂得了周公之德和周能王天下的原因。

周公确立的以《易》象中的天人关系作为订立典制的原则，即“礼”的“义”，这一点被后来习“礼”的贤达之士深刻领会。《左传》文公十六年记齐侯侵鲁，因为鲁犹禀周礼，季文子预言齐侯将不免于难，并说“礼以顺天，天之道也”，“奉礼以守，犹惧不终，多行无礼，弗能在矣！”后齐侯果于文公十八年被弑；又成公十六年申叔时云：“德以施惠，刑以政邪，详（即祥，见杜预注）以事神，义以建利，礼以顺时，信以守物。”这里的“礼以顺天”和“礼以顺时”都强调了礼“义”中合乎自然规律那层含义，这一含义最初即是由周公以反映了“天人之际”的《易》象定典制来的。

周公除了定典制外，还于归政成王之后制作了礼乐。周公制作的乐据《礼记·乐记》有《武舞》，由六成构成，象周人北出、灭商、等史实②，宗周乐舞由金石

---

① 杨向奎：《宗周社会与礼乐文明》，人民出版社1992年版，第277页。

② 《礼记·乐记》记宾牟贾侍坐于孔子，两人讨论周乐《大武》。孔子说：“夫乐者，象成者也。揔干而山立，武王之事也。……且夫武始而比出，再成而灭商，三成而南，四成而南国是疆，五成而分周公左、召公右，六成复缀以崇。”郑玄注：“始奏象观兵盟津时也；再奏象克殷时也；三奏象克殷有余力而反也；四奏象南方荆蛮之国侵畔而服也；五奏象周公、召公分职而治也；六奏象兵还振旅也”，王国维《周大武乐章考》（《观堂集林》卷二）有具体考证，可以参看。

雅乐、列佾成舞组成,这在三代是最需要对数度有深刻了解的领域(金石雅乐见本章第三节),由此可见周公的确是像他自己说的那样"多才多艺"(《尚书·金縢》周公旦自语),精通数度思想乃至相关技艺,于多方面皆有建树。

周公凭着他对《易》数度思想的天才体会,订立典制、制礼作乐,终于使周代政治步入井然有序的状态,王国维《殷周制度论》:

> "夏殷间政治与文物之变革,不似殷周间之剧烈矣。殷周间之大变革,自其表言之,不过一姓一家之兴亡与都邑之移转,自其里言之,则旧制度废而新制度兴,……,又自其表言之,则古圣人之所以取天下及所以守之者,……,而自其里言之,则其制度文物与其立制之本意,乃出于万世久安之大计,其心术与规摹,非后世帝王所能梦见也。"①

王氏从嫡长子继承制(派生出宗法、丧服、分封制)、庙数之制、同姓不婚之制等数方面考察了周人确立典制的意义,正是这些典制改变了以前商代未确立嫡长子继承制、宗法制的状况,为周朝八百年基业奠定了制度基础。王氏认为"由是制度,乃生典礼,则经礼三百、曲礼三千是也",其实典礼并非由制度派生的,典礼跟制度一样,核心在于将"数"的秩序运用于社会各等级的差别,这是周公定典制、制礼乐的重要内容。《礼记·明堂位》记载"(周公摄政)六年,朝诸侯于明堂,制礼作乐颁度量,而天下大服"。周公制礼作乐,绝不仅仅是制作出几种衣服旌旗制度的章法,而是在他高远的理想和杰出的能力下,加上他本人对《易》和其他天人之学的熟悉,将"数"作为万物之秩序的差别运用到政治领域,从而形成"礼"的理念,进而将各种具体典章制度在这一理念下形成一个浑然的整体,为周代订立了一整套规模宏大、立意高远的制度,成为周代享国八百年的根基。《系辞上》"圣人有以见天下之动,而观其会通,以行其典礼",孔颖达疏:"既知万物以此变动,观看其物之会合变通,当此会通之时,以施行其典法礼仪也。"则典礼是由天人之际、数度之变派生的,这确实是非常精辟。

古代政治家们根据天人关系和数度之变设计制度和典礼,反映了他们并没有将政治生活的命脉完全交付在"神明"的手里,而是凭着他们对"数"性质的认

---

① 《观堂集林》卷十。

识(作为宇宙万物间平衡的轨迹)来设计制度,为人间的政治秩序和社会生活设计井井有条的框架,这样的设计是人们在最高理性下的努力。周公垂则后世的勋绩、风范和智慧使孔子无比地赞赏和心仪,一段时间不梦见他就怅然若失①。

以上是对《易》用于人伦领域形成典章制度过程的简要考述。象数思维跟“礼”的典章制度的关系,可简单地用下图表示:

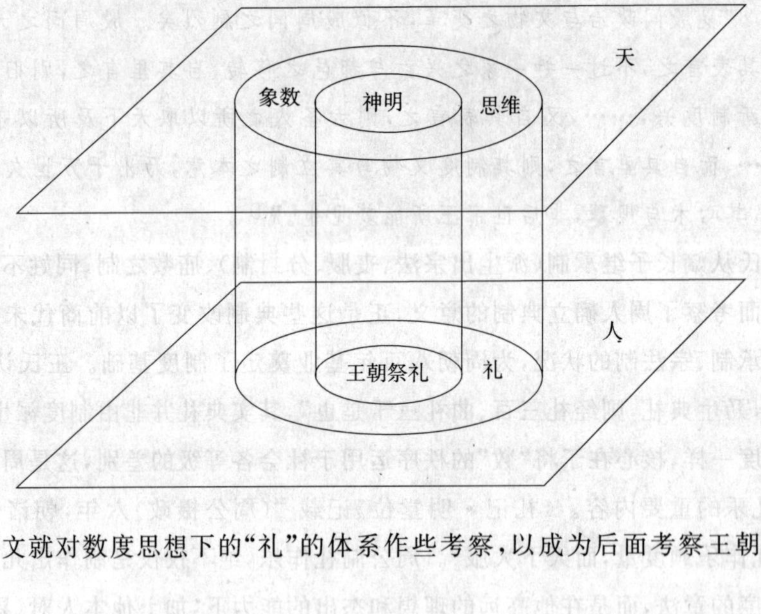

下文就对数度思想下的“礼”的体系作些考察,以成为后面考察王朝祭礼的基础。

二、数度思想下的礼“义”、“仪”、“容”及物化礼乐

由于“礼”是将象数思维运用到政治和人伦领域而成,它在成熟完善的阶段兼有形而上、形而下两方面的丰富内容。《礼记》称形而上为“体”,形而下为“履”,《礼记·礼器》云:“礼也者,犹体也。体不备,君子谓之不成人。”是说礼具有框架——“体”;而礼的具体细节“履”,则见《说文》一上示部:“礼,履也。所以事神致福也”,孔颖达《礼记正义序》:“郑(玄)作序云‘礼者,体也,履也。’统之于心曰体,践而行之曰礼。”除了“体”、“履”外,“礼”还被区分为“经礼”和“曲礼”,

① 《论语·述而》:“子曰:甚矣,吾衰也。久矣,吾不复梦见周公。”

《礼记·礼器》“经礼三百,曲礼三千”,孔颖达对《礼记·曲礼》篇名的疏解:

“此篇既含五礼,故其篇名为曲礼。曲礼之与仪礼,其事是一。以其屈曲行事,则曰曲礼,见于威仪,则曰仪礼。”

总的说来,兼综“体”、“履”的“礼”由“义”、“仪”、“容”三部分内容组成,礼“义”即“礼”的理念,其核心是宇宙万物和人间各等级皆于井井有条中保持和谐,是统领各种制度、细节的灵魂;“仪”即饮食起居的细节,它由数度思想渗入生活细节和各种风俗而形成;“容”即行礼时所包含的恭敬庄严的情感要素,这三者综合形成立体的“礼”。

除此之外,“礼”还可以被分礼典、礼乐两大类。礼典是承担着军政、外交、道德伦理、社会生活等各种实际功能的典礼(eremonles),按功能分有相见交接、冠婚丧祭、射御宴飨、朝聘会盟等,《周礼》将所有礼典分为吉、凶、军、宾、嘉五类①,每种具体礼典都含有不同的“义”、“仪”、“容”,“义”是施行该礼的意义和宗旨,今本《礼记》有冠义、婚义、乡饮酒义、射义等,分别对应冠礼、婚礼、乡饮酒礼、射礼等施行的宗旨;“仪”是这些礼典施行时各种登降揖让的程序和奠币、荐牲、宴飨、饮酒等仪式;“容”是这些施行时应有的容止和威仪,多用恭、敬、庄、诚、肃等字眼来描述。礼乐则是物化了的宫室车马、衣服旌旗、列鼎铺簋、金石雅乐等的定制,在周代它们的内容极其具体而严格。“义”、“仪”、“容”和礼典、礼乐,在礼乐文明鼎盛时都被称为“礼”。

无论是礼典还是礼乐还是礼的“义”、“仪”、“容”,都深刻地浸透了渊源于《易》的数度思想。数度思想即认为万物差别均可消解为“数”的差别的思想。构成某一事物作为其自身的那些性质即为“度”,“数度”的差别蕴涵着自然万物的性质差别,用到人伦领域就成了等级差别和人所处情势的差别。《易》的《节》卦(兑下坎上䷻)可帮助我们理解数度思想的内涵。该卦《彖》:“天地节而四时成,节以制度,不伤财不害民。”“节”为天之数度和时令,《象》:“泽上有水,节。君子以制数度议德行。”孔颖达《正义》:

---

① 《周礼·春官·大宗伯》。“以吉礼事邦国之鬼神示”,“以凶礼哀邦国之忧”,“以宾礼亲邦国”,“以军礼同邦国”,“以嘉礼亲万民”,吉礼中包括祭天地百神、祭祖;凶礼包括丧礼、荒礼、吊礼、禬等;宾礼包括朝、宗、觐、遇、会、同等;军礼包括大师之礼、大均之礼等;嘉礼包括饮食之礼、昏冠之礼、宾射之礼等。

“水在泽中，乃得其节，故曰泽上有水，节也。君子以制数度议德行者，数度谓尊卑礼命之多少，德行谓人才堪任务之优劣。君子象节以制其礼数等差，皆使有度；议人之德行任用，皆使得宜。”

孔颖达非常准确地解释了该卦的要义。该卦的自然之象描述的是万物均有节度那么一种状态，对个人而言则应顺应天之节恪守操守，《彖》、《象》从卦象、爻位等说明顺天之节的重要性，《象》："苦节不可贞，其道穷也”，即不可不顾情势坚持己见，再进一步引申到人伦领域，即将数度差别赋予等级意义，即“君子象节以制礼数等差，皆使有度”，由此可见，该卦的要义就是“数度”在自然、人伦和君子品格方面的意义以及它跟天地、人运势的关系。这就是数度思想的核心。

周代的“礼”，无论“义”、“仪”、“容”还是礼典、礼乐，都充满了对数度思想的运用，数度思想在这些领域的渗透即成为无处不在的等秩差别，下文将对礼“义”“仪”“容”中的数度内容稍作考察，以成为考察王朝祭礼的前提。

（一）礼“义”中的数度

“义”是“礼”中最抽象高远的部分，它来源于《易》象下天、地、人的和谐，它的内涵即“数度”下天、地、人之间井井有条的普遍联系和和谐统一，这种联系被认为是“礼”的精神实质。《左传》昭公二十五年有一段描述“礼”的文字生动地阐述了礼“义”的内涵：

“礼，天之经也，地之行也……。天地之经，而民实则之。则天之明，因地之性，生其六气，用其五行。气为五味，发为五色，章为五声。淫则昏乱，民失其性。是故为礼以奉之。为六畜、五牲、三牺以奉五味；为九文、六采、五章以奉五色；为九歌、八风、七音、六律以奉五声。为君臣上下以则地义，为夫妇外内以经二物；为父子、兄弟、姑姊、甥舅、昏媾、姻亚以象天明；为政事、庸力、行务以从四时；为刑罚威狱使民畏忌，以类其震曜杀戮；为温慈惠和，以效天之生殖长育。”

这段话是整个《左传》对礼“义”中的数度思想所具有的自然、人伦意义最具体生动的描述，其中蕴涵着复杂而系统的数度思想。现分析如下：

首先，六气、五行、五味、五色、五声各自包含着丰富的内涵，这些都是“数度”在万物各领域的具体内容：

五味———→六畜、五牲、三牺

五色———→九文、六采、五章

五声———→九歌、八风、七音、六律

五味、五色、五声是说话者概括的“类”。从这段记载看，“五行”思想春秋时期即有发端①，但这个五行不是战国时期成型的阴阳五行，而是以数字“五”为类总括万物的习惯，它尚未跟源出于《易》的阴阳有关系，还处于囊括数度思想各形而下层面（六畜、三牺、六采、九歌、八风等）特点的阶段。从说话者的概括看，当时人们已提出“气”这样的抽象概念（“气为五味”），且对宇宙万物的分类已经相当系统。

其次，这些已经系统化了的分“类”一方面在总系统（“礼”）中各有位置，另一方面，它们的位置总地反映着一种井井有条的秩序，这种秩序既包括自然秩序（“天地之经”），又囊括社会秩序（父子、兄弟、姑姊、甥舅、昏媾、姻亚、政事、庸力、行务），二者在“礼”中具有的同样的、体现秩序和和谐的意义。可以这么说，“礼”中的自然秩序和社会秩序各有内涵，但它们所要体现的“具体的共相”②是同一种东西，即通过数度及其变化（六畜、九文、六采、八风、二物、天明、四时等）体现和谐的思想。因为数度的于它们之中无所不在，于是，“礼”的各个方面表现出的是同一种性质的条理。

以上是《左传》这段话的内在逻辑。这段话描述的是礼“义”的内涵，从中可以看出礼“义”中存在着既可提炼为宏观框架，又可具体到万物细节的数度思想。在这样的思想下，“数”（或等级）的差别作为“天之经也，地之行也”，作为“五味”、

---

① “五行”的起源及其内涵演变学界多有研究。参见胡厚宣：《论五方观念及中国称谓之起源》，载《甲骨学商史论丛初集》第二册，齐鲁大学国学研究所 1944 年版；齐思和：《五行说之起源》，载《中国史探研》，中华书局 1981 年版；刘起釪：《五行原始意义及其纷歧蜕变大要》，载艾兰等编：《中国古代思维模式与阴阳五行说探源》，江苏古籍出版社 1998 年版；宫哲兵《晚周时期“五行”范畴的逻辑进程》，载《中国哲学》第 13 辑，人民出版社 1985 年版；庞朴：《阴阳五行探源》，《中国社会科学》1984 年第 3 期；李德永主编：《中国辩证法史稿》第一卷，武汉大学出版社 1990 年版。

② “具体的共相”是辩证法大师黑格尔首倡的概念，“共相”德文为 Das Allgemeine，意即一般、普遍之存在，贺麟先生译黑格尔《小逻辑》时将之译作“共相”（黑格尔著，贺麟译：《小逻辑》前言，商务印书馆 1997 年版，第 8 页）。“具体的共相”，即于各种事物中均具体存在的共同一般性。

“五声”、“五色”、父子、昏媾、姻亚、政事等的“共相”而存在，“数”或等级差别本身就成为礼“义”的核心。将这一思想应用于社会领域，就产生不同的等级共同组成一个有序的社会的思想。《左传》昭公七年有一条常被引用的资料：

“天有十日，人有十等。下所以事上，上所以共神也。故王臣公，公臣大夫，大夫臣士，士臣皂，皂臣舆，舆臣隶，隶臣僚，僚臣仆，仆臣台。马有圉，牛有牧，以待百事。”

这条资料常被引用来说明社会分层。不过说话者在强调社会等级有序的同时还注重它们的和谐，“马有圉，牛有牧，以待百事”就是讲的这种和谐状态，这往往是引这条资料的研究者所忽略的。在这种等级制度下，各色人等都被要求做到应有的本分，《左传》昭公二十六年晏子说：“在礼，家施不及国，民不迁，农不移，工贾不变，士不滥，官不滔”，他还说：

“礼之可以为国也久矣，与天地并。君令、臣共，父慈、子孝，兄爱、弟敬，夫和、妻柔，姑慈、妇听，礼也。”

士、农、工、商是社会的不同等级和职业的人员，他们应该各从其业，无所迁徙；君、臣、父子、兄弟、夫妇则是各自不同的角色。在“礼”之下他们都有应尽的本分，在此基础上形成和谐有序的社会。因此，“礼”强调等级，但同时向往和谐的精神，是数度思想下“数”各有差别，但又具有稳定性这一特点在人伦领域的运用。

正是因为数度思想在礼“义”中的存在，才使“礼”除了古老的乡俗内容和宗教膜拜外，增加了宇宙万物和谐有度这一核心理念，使渊源于乡俗的“礼”被改造成一个包括理念、名物制度等内容的、体现理想社会状况的思想和制度体系，因此，数度思想是礼“义”的灵魂。

(二) 礼“仪”中的数度

礼“仪”指各种相见交接的仪式，它们存在于当时饮食起居的生活细节和各种朝聘会盟、宴享、大射、冠昏丧祭等礼典中。礼“仪”是历代学者研究礼时投入精力比较多的，本书此处注意的是礼“仪”中的数度内容。

礼“仪”中的数度内容包括两方面：一为礼典施行时，各种仪节都有次数，这在作为宗周礼典实录的《仪礼》中所见甚多，如《仪礼·公食大夫礼》中各种辞让完毕后，“宾卒食，会饭，三饮”；《士昏礼》、《乡饮酒礼》皆有若干次“主人与宾三揖，至于阶；三让，主人升，宾升”；《乡射礼》：“主人以宾三揖，皆行，及阶，三让”等等；《士冠礼》中主人、宾升降台阶的级数也有规定。宾（受冠者）降二等受皮弁，降三等受爵弁，从这些记载可以看出各种宗周礼典的登降揖让细节中均渗透着数度规定，此外礼典中用的乐工、乐器的数也有规定，如《乡饮酒礼》、《乡射礼》均用乐工四人，二瑟，此为大夫之制。

除了礼典施行时各种仪节的次数外，周代贵族们相见交接、列鼎铺簋时的物品有不同等级，这是礼“仪”之数度另一方面的内容。如挚（见面礼），《礼记·曲礼下》记载天子用鬯，诸侯用圭，卿用羔，大夫用雁，士用雉，《仪礼·士相见礼》记载进献它们时有不同的仪节：“下大夫相见，以雁，饰之以布，维之以索，如执雁；上大夫相见，以羔，饰之以布，四维之……”，这是相见时的赠礼。类似的记载在《仪礼》和《礼记》的《曲礼》、《玉藻》中还有很多，兹不枚举。在周代，这些内容复杂、具有等衰的“仪”本身被看成礼，《左传》昭公五年记鲁昭公逃至晋国，“自郊劳至于赠贿，无失礼”，晋侯因此认为鲁昭公善礼，大夫女叔齐却说鲁昭公“不知礼”，又说：

> “礼，所以守其国，行其政令，无失其民者也。今政令在家，不能取也，……公室四分，民食于他……礼之本末将于此乎在，而屑屑焉习仪以亟。言善于礼，不亦远乎？”

这里晋侯将“仪”看成礼，其实并没有错，而女叔齐则侧重于“礼”的“义”，女叔齐将之称为“礼之本”，将鲁君擅长的礼仪明确称之为“仪”；又《左传》昭公二十五年赵简子问子大叔揖让、周旋之礼，赵简子回答：“是仪也，非礼也”，这两条都是春秋晚期的资料，当时人们将“仪”与礼区分开来，这是“礼”高度发展导致仪式繁缛，贤大夫将礼的“义”、“仪”区分后出现的认识，而此前“仪”本身也被看成礼的。

（三）礼“容”中的数度

礼“容”即行礼时的动作和情感。在宗周礼典中，这些动作、方位中浸透着数度思想，表现在这些动作的方位、次数和情感要求是毫不含糊的，这种记载在《仪礼》中不少，如《乡饮酒礼》中乐工四人携带二瑟，登场时“皆左何瑟，后首，挎越，内弦”，即用左肩背着瑟，瑟首朝后，瑟孔朝下，弦向里；《士相见礼》记士大夫相见手中执挚，执法是“左头奉之（雉、羔、雁等）”，即被执之物的头要向左。礼容有具体的俯仰细节以体现尊卑和情感要求，《左传》定公十五年：“春，邾隐公来朝，子贡观焉。邾子执玉高，其容仰；公受玉卑，其容俯”，《仪礼·士相见礼》记士大夫初见国君时“执挚至下，容弥蹙”，即捧的雉、雁要放得最下，神情谦卑；《士相见礼》：“凡执币（成卷的帛）者，不趋，容弥蹙，以为仪”，《礼记·曲礼下》记载贵族提奉执器之礼：“执天子之器则上衡，国君则平衡，大夫则绥之，士则提之”，“衡”为与心平之位置，即执天子之器要高于心的位置，执国君之器与心平，大夫的下于心为“绥”，士的器则直接提着。这些都是对礼容中“度”的要求。

礼容中的尊卑俯仰是具体的“度”，这些尊卑之度结合在一起，构成古人所说的“威仪”，在数度思想下，“威仪”一方面表现了各色人等衣裳冠冕、行步动作的等级差别，另一方面则体现了“和”的旨趣。《诗经》中提到“威仪”的有好几篇，有《抑》、《板》、《生民》等等，《邶风·柏舟》：“威仪棣棣，不可选也。”郑玄笺：“君子望之俨然可畏，礼容俯仰各有威仪耳”，《宾之初筵》更是具体地提到“威仪”的意义，《宾之初筵》据《诗序》为卫武公刺周幽王之诗，当时幽王荒诞，亲近小人，上下皆沉湎于饮酒中，诗人用委婉的口吻先赞许宴享礼典举行之初边豆有序、旨酒备陈、钟鼓俱设、左右秩秩的盛况，而后说“其未醉止，威仪反反；曰既醉止，威仪幡幡”，“其未醉止，威仪抑抑，曰既醉止，威仪怭怭”，“反反”、“抑抑”皆为慎重之貌，“幡幡”“怭怭”皆为轻慢失威仪之貌。“威仪”正是由上文所说的那些提携挚奉、俯仰周旋、容止言语等构成。《左传》襄公三十一年北宫文子对卫侯说：

> “有威而可畏谓之威，有仪而可象谓之仪。……君臣、上下、父子、兄弟、内外、大小皆有威仪也。……故君子在位可畏，施舍可爱，进退可度，周旋可则，容止可观，作事可法，德行可象，声气可乐，动作有文，言语有章，以临天下，谓之有威仪也。”

“进退可度，周旋可则”即进退周旋中均有一定数度，它们皆体现了“威仪”，即君子的风度气概，是“容”的内容。“威仪”的可观赏为“礼”增加了美学内涵，《诗经·卫风·淇澳》咏颂贵族仪貌：“如切如磋，如琢如磨”、“充耳琇莹，会弁如星”等，赞颂仪貌只是表面的意思，周代重视容止的背后是强调恭敬、庄重、诚肃的那种情绪,因为这些对于维持道德的淳厚有重要意义。

“容”被看成礼。《左传》僖公十一年记晋惠公在接受周王锡命赐玉时不够恭敬,行锡命礼的内史过说:“礼,国之干也;敬,礼之舆也。不敬,则礼不行,礼不行则上下昏,何以长世?”预言到晋惠公将来的厄运,“仪”、“容”被看作礼,正是因为它们之中的数度思想所蕴涵的等级意义,体现的正是礼“义”。

除了“义”、“仪”、“容”之外,周代还有复杂而严格的物化礼乐制度,它们中同样渗透了具体的数度规定,见下文。

(四) 物化礼乐中的数度

物化礼乐是宫室车马、衣服旌旗、列鼎铺簋、边豆钟鼓、金石雅乐等所有能看得见的、物化了的表现等级的手段,物化礼乐中的数度规格最为清晰,这里以城墙宫室的建制为例。周代宫室的大小,都城的规模,城墙的高度,道路的广狭都根据等级秩序有严格的规定。《考工记·匠人》:

“匠人营国,方九里,旁三门,国中九经九纬,经涂九轨。

“室(王公的宫殿)中度以几,堂上度以筵,宫中度以寻,野度以步,涂度以轨。

“王宫,门阿之制五雉,宫隅之制七雉,城隅之制九雉。经涂九轨,环涂七轨,野涂五轨。门阿之制以为都城之制,宫隅之制以为诸侯之城制,环涂之制以为诸侯经涂,野涂以为都经涂。”

这些规整的记载并不完全出于《周礼》作者的空想,从其他典籍的记载能看出这大抵确是当时定制。周王的都城分门阿(宫殿的最核心部分)、宫隅(宫禁,中有内务机构)、城隅(天子都城)三重,其墙分别为边长五雉、七雉、九雉。雉据《左传》隐公元年杨伯峻注为高一丈,长三丈的墙(长一丈、高一丈谓之堵,三堵为雉),天下的“都城”(稍大的都邑)不能超过天子王宫的门阿之制(五雉),诸侯国君的都城不能超过天子的宫隅之制(七雉)。《左传》隐公元年郑大夫祭仲言先王建都之制:“先王之制,大都,不过三国之一;中,五之一,小,九之一”,此处的“先王”不是郑国先公而是周天子,因为郑公是没有资格被称为“王”的,而下文祭仲说的“国”为周天子的国都而不是指郑国都城,“大都”为天下较大的都邑而不是指郑国国内较大的都邑。在澄清这一点的基础上,可以看出祭仲说的周代城制跟《考工记·匠人》所云基本一致，祭仲云“大都”（即《匠人》所云“都城”）面积不能超过天子国都的三分之一，据《考工记》，“都城”边长为王宫门阿之制即五雉（15丈），面积为225平方丈，其面积恰在边长九雉的天子国都（面积729平方丈）的三分之一之内，因此《考工记·匠人》和《左传》隐公元年对周代城制的追述细节是一致的，都以数度体现等级尊卑，而且连数字细节都无太大的出入，说明这确是周代存在过的定制。

除了城墙宫室的建制外，衣服车马均有定制。在“礼”高度繁缛的时代，它本身也被看成“礼”。《左传》桓公二年：

“清庙茅屋，大路越席，大羹不致，粢食不凿，昭其俭也；衮、冕、黻、珽，带、裳、幅、舄，衡、紞、紘、綖，昭其度也；藻、率、鞞、鞛、鞶、厉、游、缨，昭其数也；火、龙、黼、黻，昭其文也；五色比象，昭其物也；锡、鸾、和、铃，昭其声也；三辰旂旗，昭其明也。夫德，俭而有度，登降有度，文物以纪之，以临照百官。”

这里一口气提到数十种名物制度。大路为车，衮为上衣，冕为有垂旒的冠，裳为下裳，带为衣带，其余无不为衣服的花纹（火、龙、黼、黻）、佩戴的饰物（藻、率、鞞、鞛、鞶）、车马的配件（衡、鸾、铃）①等，这些的施行是为了“昭其数也”，这个“数”就是数度，在礼制高度完善的春秋时期，它们和跟俭、度、文、德等品德有同等的重要性。这类饮食起居的细节和衣服车马的定制，《礼记·玉藻》有很多记载，如“天子玉藻，十有二旒”；自天子到士的笏，分别用球玉（天子）、象（诸侯）、鱼须文竹（大夫）、竹制成等等。《周礼·春官》的司服、司彝尊、司几宴等职专掌衣服车马，典瑞“掌玉瑞、玉器之藏，辨其名物，与其用事”，“大祭祀，大旅，凡宾客之事，共其玉器而奉之”，巾车“掌公车之政令，辨其用，与其旗物”，从中可以看出周代物化礼乐制度的复杂和大小规格因使用者的身份而异，这方面内容繁多，就不一一展开了。

“数”对礼的深刻影响，还突出反映在金石雅乐上。在古人看来“乐”的由来即本于数度，是数度的差别造就了乐音的差别。湖北随州出土的曾侯乙编钟反

① 关于这些文物制度的具体解释，见杨伯峻：《春秋左传注》桓公二年注，中华书局1990年版。

映了古人在数度思想及相关技术指导下的卓绝制造工艺,正是数度思想对金石雅乐的渗透,使它摆脱了原始乐舞直接抒发胸臆的水平,成为沟通“神明”与“人”的桥梁,而金石雅乐用于各种礼典中,使礼“义”得到更生动的体现。有关金石雅乐的部分见本章第三节。

物化礼乐中的着服、用牲、荐蔬、奠币、用乐的规定是周代“礼”的外在表现形式,它们中诸物的等级差别是在礼“义”的理念下,将“数”运用于社会生活各个领域的结果。明白了“数”的这一意义,对于周代物化礼乐中无处不在的数度,如城墙宫室的高度、冠冕衣裳的尺寸、列鼎铺簋的个数、车辙路轨的宽度就不会觉得晦涩和莫名其妙了,它们是当时贵族们在文化领域内典雅而精致的创造,当时人们饮食起居的所有器用和细节都被规定了数量、形制和等级,用来强调人们的等级差别。周代不事生产的贵族们创造了相见交接之仪、登降揖让之节、衣食车马之器、琴瑟钟鼓之设,八佾成列之舞所有种种,正是由于有数度思想的参与,它在极其具细的同时才不会陷入混乱,它的精致和繁琐也达到了中国古代几乎是空前绝后的程度,这种精致繁琐和井井有条一起构成一种系统性美感,通过它们显现出了周礼的博大和完美。以后历代王朝于正式礼典使用的物化礼乐,都是根据经书中记载的周代物化礼乐制定的,但其立意的高远已不能跟周代相比。

物化礼乐及它们的数度差别在吉、凶、军、宾、嘉各种典礼中通用。《国语·周语》周定王飨礼赞词:

“择其柔嘉,选其馨香,洁其酒醴,修其簠簋,奉其牺象,陈其鼎俎,净其巾幂、敬其祓除,体解节折而共饮食之。”

这里饮食(酒醴、被剖割的熟牲等)、器用(簠簋、牺象、鼎俎)等井然有序,这是飨礼。当时朝、聘、会、盟等政事和冠、婚、丧、相见等礼典中广泛存在着物化礼乐的定制,朝聘宴享要用不同等级的乐、冠要加爵弁、皮弁,相见要用挚,王朝祭礼同样也同样使用这些物化礼乐制度。在郊天、祭祖礼中,天子(或主祭的诸侯、大夫)着服、荐牲、用乐的等级;饭、酬的次数均出于既有物化礼乐制度的规定,这一点跟凶、军、宾、嘉等其他礼典一样。正是因为有物化礼乐制度的存在,各种性质不同的礼典才有可彼此沟通的桥梁,再加上礼“仪”的“容”,一起维系着整体的礼“义”。

以上是对物化礼乐中数度内容的简要考察。“礼崩乐坏”之后，伴随着社会的进步和人们饮食起居方式的变化，周代的物化礼乐和登降揖让制度等“履”的部分成为后人难以知晓的绝响，然而，“礼”的理念经过战国、两汉儒家的努力，仍然一脉相承地保存下来（仪容、礼典、礼乐也在经籍中得到部分保存，见第三章第二节）。后代在建设崇皇权、隆风教的祭礼时，记载了物化礼乐内容的经学则成为“制礼作乐”的最权威指南。因此到后代，形式上模仿周代的物化礼乐始终存在于郊庙朝廷，纵使终日尘封，百姓不睹，在行大礼时仍然成为不可或缺的排场。究其根源，都是因为周代的礼兼“义”、“仪”、“容”，为后代制定了垂之久远的理念和定则。

三、“礼”对乡俗的改造简述

上文追溯了从《易》象数思维到“礼”数度思想的过程。总的说来，“礼”的数度思想所构建的框架影响深远，它对思想信仰和社会制度的影响也是极其重要的。“礼”在思想信仰方面的影响，表现为它对夏商以来的早期宗教进行了改造（具体见下一节）；而“礼”在社会制度方面产生的影响，则表现为“礼”的数度思想对渊源古老的各种乡俗进行了改造——通过对古老乡俗的遴选、充实，这些性质不同的乡俗便逐步演变为各种登堂入室的礼典，进而形成吉、凶、军、宾、嘉五礼，这五礼统一而有序地存在于“礼”的复杂体系中，为以后历代王朝的正统礼典提供了基本的框架。“礼”对乡俗的改造过程内容复杂，千头万绪，因为研究礼俗的学者们对各种礼俗的细节考察已作出了相当大的贡献，本书此处将不欲纠缠于各种礼俗的细节，而仅从探寻基本脉络的角度，对“礼”改造乡俗的过程进行简要交待。

这里我们有必要介绍一下本书所云“乡俗”一词的含义。“乡俗”（custom）跟民俗学所云的“民俗”（folklore）含义是不同的，它的范畴比民俗（folklore）要窄，民俗指人民群众在社会生活中世代传承、相沿成习的生活模式，它是一个社会群体在语言、行为和心理上的集体习惯①。民俗内容极广，包括物质生产民

① 钟敬文主编：《民俗学概论》，上海文艺出版社 1998 年版，第 3 页。

俗、物质生活民俗、社会组织民俗、岁时节日民俗、人生仪礼、民间信仰、民间科技、民间口头文学和艺术、民间游戏娱乐等等,它们是跟大传统(great tradition)相对而言的小传统(small tradition),而且 folklore 一词多半指进入文明的国家的下层风俗习惯,跟官方相对。本书所云的“乡俗”(custom)则指一定时代和地区人们约定俗成的、全民参与的、具有被群体所认同内涵的各种风俗习惯,它包括人们饮食起居的细节,人们之间交往的方式,播种、收割的宜忌,婚丧嫁娶的惯例等等。二者的关系是:民俗(folklore)包含了乡俗(custom),但 folklore 中人们衣食住行的方式,如食品的内容、服饰、民居的特点、普通百姓的口头文学等不被包含在乡俗(custom)之中。跟民俗(folklore)比,乡俗更侧重于指风俗习惯那层意思。而且 folklore 一般指文明国家中下层百姓的生活方式,乡俗则除了可指文明国家中下层百姓的风俗外,还包括未开化部落的各种风俗习惯,这方面十八、十九世纪以来的文化人类学家对非洲、美洲、澳洲土著的乡俗作了大量有价值的研究,并已建立起比较成熟的研究方法,因跟本书关系不大,这里不涉猎。

无论对于原始状态的人群还是对于已进入文明的国家,乡俗的功能都是多方面的。在未进入文明的地区,乡俗蕴涵着社会秩序的原则和习惯法的所有内容,并因之对人们的生活产生约束;在社会已经分化、法律已脱胎而出的文明社会,乡俗的重要性虽然下降,但它寄托着普通百姓对温饱、有秩序、风调雨顺、无灾无恙生活的朴素向往,其维系社会、调节群体心理的功能是显而易见的。大体说来,已进入文明社会的乡俗可分为三大类型:

第一类蕴涵着对社会有序的希望,如人们互相走访时要携带礼物,婚丧嫁娶时各有馈赠,各种人生礼仪(成年礼、婚礼、葬礼)因蕴涵着责任和社会意义,也属于这一类;

第二类是普通百姓在劳作之余按时令形成的有各种寓意的节日(festival),它们起着娱人身心的重要作用;

第三类是因希望生产、生活的顺利,但受不发达科技条件的限制形成的种种有约束力的禁忌和不宜(taboo)。

无论在哪个国家和地区,起自民间的乡俗都是国家和社会的正式礼仪(formal rites of governmental and social)产生的最初温床。中国古代同样如此。在中国古代，因为“礼”中存在着成熟有序的数度思想，它对乡俗实现了选择性改造，由此形成大、小传统的分野，奠定了吉、凶、军、宾、嘉五礼体系，这个过程是极其重要的。它奠定了上层（“士”以上）的生活方式，引导了整个社会的风俗习惯、统一了人们心目中祈福求报的信仰。具体说来，周代“礼”对乡俗的改造可简要概括为以下三方面：

首先，乡俗中表达社会秩序的那部分内容，如饮食起居的细节和一些人生礼仪，被吸收，并融入数度思想，成为“士”以上贵族所遵循的礼仪、礼容的组成部分。在各种乡俗中，体现社会秩序的那部分乡俗是“礼”中揖让细节的来源。《礼记·礼运》：“夫礼之初始诸饮食。其燔黍捭豚，汙尊而抔饮，蒉桴而土鼓，犹若可以致其敬于鬼神”，反映了“礼”中的相当部分来源于初民饮食起居的细节。后来这些饮食起居细节加上数度，就成了“礼”的仪、容部分。这从城墙宫室、衣服车马等的定制可以看出。本来，椎髻、着冠冕衣裳、吃五谷粒食、筑宫室、起城郭等都是华夏民族因农耕和定居生活方式形成的不同于其他周边民族的生活习俗，这些内容在融入数度思想之后，便成为“礼”的组成部分（上文在探讨物化礼乐中的数度时已有叙述），它们都是从最初华夏先民的乡俗发展而来。

此外，乡俗中表达社会秩序的内容，如人们相见交接时的馈赠，在数度思想下，亦被决定了等级。如《礼记·曲礼下》：“凡挚，天子鬯，诸侯圭，卿羔，大夫雁，士雉。”此外，一些人生礼仪被纳入“礼”的体系，《仪礼》记载的这类礼仪有士冠礼、士昏礼、士丧礼等等，它们都是从古老乡俗中孳生的。这些礼仪均融入了物化礼乐定制，它们在施行时以典雅的方式或强调社会责任（冠礼），或表达庆贺（昏礼），或寄托追思（丧礼），它们跟远古部落的人生礼仪一样具有社会维系功能，但因为已融入数度思想和物化礼乐的内容，这些人生礼仪跟原始部落的人生礼仪在所达到层次和所服务社会的发展程度上已有本质的不同。

因此，“礼”对蕴涵着社会秩序内容的这部分乡俗的改造，使“礼”中有了衣裳冠冕的定制、相见交接的等级的内容，这些内容跟先民寄托着各种质朴情感的成丁、婚庆、追悼等仪式相结合，就逐渐发展成冠、昏、丧等礼典。

以上是“礼”对乡俗进行选择性改造的第一个方面。礼对乡俗进行改造的第二个方面，表现为民间因播种、收割的季节性需要和物候变化所形成的各种宜忌

(属于民间科技和文化的范畴),被融入王官的黄历书所蕴涵的宜忌中,并成为“天人合一”的思想及相关知识的一部分。因播种、收割的季节需要、物候变化所积累的知识和经验,最初也存在于民间。各种以谚语表达的宜忌就是这些经验的表现,它们指导着农业生产和普通百姓的生活。但跟世界其他地区不同的是,古代中国官方很早就掌握着相当精确的历法,而且自觉自愿地在此方面尽可能地精益求精。这种历法融星辰的运行、物候的变化为一体,民间积累的物候知识(如鸿雁来、冰河开等,见《礼记·月令》和《大戴礼记·夏小正》等)也被消融在这种历法中,并跟二十八宿距度在天区中的精确位置结合在一起,这样,王官的天文学知识就做到了对民间同类知识的包融,而王官的天文学知识,恰是“礼”作为“天之经也,地之行也”的表现,天子颁布的黄历书,一方面对民间农业生产进行指导,另一方面也体现着“天人合一”的思想。

此外,从播种、收割等生产活动中还产生了一些登入庙堂的岁时生产礼仪,如耕籍礼和先蚕礼(具体见第四章第三节)。耕籍、先蚕本起自生产礼俗,因它们象征着古代农耕经济生活的命脉,因此登入庙堂为统治者所履行。这也是“礼”按需要对乡俗进行选择改造的结果。

经过“礼”对乡俗的改造,原先古老乡俗中体现伦理、责任和社会秩序的部分几乎都被拣选进入了“礼”的体系,祭祀成为吉礼,丧葬成为凶礼,观兵成为军礼,待客成为宾礼,婚庆宴飨成为嘉礼。剩下的是以下层百姓的生活为中心的各种节日、禁忌和相关知识,它们在无所不包的“礼”的体系中此后一直处于边缘状态,大、小传统的分野由此奠定。古代中国的统治者们一直认为他们精心编织的礼仪体系是能网罗天下的,他们以吉、凶、军、宾、嘉五礼制度放之四海,并安排天下人的生活。这吉、凶、军、宾、嘉五礼体系实际上是精英们制定出的游戏规则,在漫长的中国古代,它们拥有着对社会生活方式的绝对话语解释权。王朝祭礼,是他们编织的体系中离普通百姓的生活最遥远的部分,跟凶、军、宾、嘉四礼共同占据着意识形态和社会生活的主导地位,它们居于普通百姓生活之上,静默但具有不可动摇地位的权威。这也是因为“礼”早早就对乡俗进行了拣选、改造和加工这一原因。

结　语

到目前为止，本节完成了两个任务：首先，从思想理路和历史发展两方面考察了由《易》象数思维运用于人伦领域，形成礼“义”之源，进而形成礼仪、礼容和物化礼乐制度的全部过程；第二，非常简略地介绍了以数度思想为核心的“礼”对古老乡俗进行改造，形成五礼体系的过程。这是一个漫长而渐进的过程，从《易》象数思维到“礼”数度思想的过程抽象而复杂，它跟杰出人物的高远创意和伟大胸襟联系在一起，它伴随着史料记载零星的三代历史缓慢演进，随着文明种子的撒播、疆土的扩大、国家机器的日益复杂而成型，到周代终于蔚为大观，成为包融政治发明、社会风俗、知识和技艺成就的复杂体系。而礼义、礼仪、礼容和物化礼乐制度在吉、凶、军、宾、嘉五礼中的运用，又使这些最初渊源于古老乡俗的五礼在思想内涵上超越了土著人的仪式(rites)那个层次——它们井井有条地组织成“礼”的大厦从思想实质到具体细节的每个环节。王朝祭礼，就是一种在礼“义”、“仪”、“容”成型和五礼体系具备之后形成的礼典，它运用着既有的物化礼乐制度，以献祭、祷祠为方式，践行着古代中国人心目中应有的那种天人关系，在它践行的过程中，一切理念都那样清晰完备，一切细节都那样井然有序。

在“礼”的来源和构成这一问题正本清源之后，下面的章节就具体讨论周代王朝祭礼本身。

第二节　“礼”对中国古代早期宗教的改造考述

上一节考察了形上、形下兼综的“礼”的来源和礼义、礼仪、礼容、物化礼乐制度中的数度思想。在这些理清楚后，我们就可以在此基础上考察周代的王朝祭礼本身了，周代王朝祭礼跟此前直到商代的宗教比水平提高了一大截，这是因为周代“礼”以其丰富的内涵对直至商代的宗教(本文称之为“中国古代早期宗教”)作了全面的改造，这一改造将许多祷祠行为纳入“礼”的框架，同时改变了它们的性质(将直接膜拜、巫术改造成礼典，详下文)，并奠定了周代王朝祭礼的基本格局。大体说来，“礼”对此前早期宗教的改造可归为三个方面：第一，礼“义”对早期宗教观念即泛灵论(primitive pantheism)的改造;第二,礼“仪”对早期宗教行为即直接膜拜(instinctive supplication)和巫术(magic)的改造;第三,礼“容”对早期宗教体验(illusion)的改造。以下试分别考述。

一、礼“义”对早期宗教观念的改造

我们在前文的考察中已经指出,礼“义”的渊源是《易》象数思维,它最核心的内涵一是浸透了数度思想的等级观,二是在此基础上的和谐思想。礼“义”对早期宗教观念的改造,即用这两点改造此前早期宗教的神灵系统和整体精神实质。在周代以前的商代,神灵世界已远不是最无序的原始状态,陈梦家、胡厚宣等前辈学者已作了较详细的论述。陈梦家指出,“帝”是天庭的最高统治者,帝廷有群臣①,胡厚宣先生亦指出“帝为至上之神,风雷雨云为帝之群臣”,“殷人以为帝在天上,能够下降人间,入于城邑宫室,作为灾祸困穷。因而殷人凡事如建城邑,有所兴筑,必先贞卜是否能够得到帝的允诺。方国征伐亦是帝令作祸,帝能降祸,或保佑作害于殷王,权能极大”②。从商代甲骨卜辞可以看出,不同等级的神灵所享有的牺牲供奉数量不同,祖先神要贵于自然神,而且笔者认为,从“帝”字的字形和商代诸神世界已经可以看出某种整体的、协调一致的抽象规律的萌芽③,到周代,礼“义”成熟,它渗入神灵系统后使这一切发生了深刻的变化。商周神祀的差别最大之处在于“帝”与“天”的差别,这一点是学界的共识,也多有学者作过深入研究④,笔者认为,从国家祀典看,周代祀典中神灵众多,它们可分为天象、地理诸神、生产生活之神、用于进行伦理教化的诸神三大类。天象诸神包括天、日月星辰、时令、季节等神,它们的存在体现了天象运行的和谐意义;地理诸神则

① 可参阅陈梦家:《殷虚卜辞综述》。

② 胡厚宣:《殷卜辞中的上帝和王帝》(上),《历史研究》1959年第9期。

③ 这种协调一致的抽象规律,反映在“帝”与群臣的关系上。其中,“帝”字的字形有助于我们了解它的神性。前人对“帝”字的字形提出过多种解释,浅见以为“帝”字是一个指示字,其早期写法是※,米象四方四维(含山玉版即与此很相似),上面一横为指示,表示它是比四方四维更高的神,这就是“帝”的本义。甲骨文里有四方神之祀,四方神是出于“帝”之下的神,“帝”与四方神的关系,体现出了某种协调一致的规律已开始粗现。

④ 近年较详细的研究,见王晖:《商周文化比较研究》,人民出版社2000年版。

包括社（土）、四方、山川等，生产生活诸神见于文献记载的有五祀神，它们之间存在等级隆杀关系，这些神灵的内涵及它们的相互关系均处在礼“义”的限定之下。此外，周代祀典中还有用于伦理教化的诸神，如祖先、功臣、圣贤、先师等，对他们的祭祀是借用早期宗教时代就有的膜拜方式礼敬和表彰这些人物，从而彰显伦理。下面便考察这些神灵在礼“义”之下的存在方式。

（一）天象、地理诸神中的等级、数度、和谐思想

《易》象数思维考察万物的一大特点，是认为万物之间的联系体现了一种共同的条理——自然界的天象运行、地理分布都体现了这种条理。在国家祀典中的天象、地理诸神中，处处可见数度和和谐思想，这就是礼“义”改造此前宗教信仰时将这种条理赋予了这些神灵，使它们获得了跟其他民族自发的自然崇拜下受祀的自然神们不同的存在方式。下文便首先考察天象、地理诸神中体现出的等级、数度和和谐思想。

1. 天象诸神——天、日月星辰、时令、季节神

天象诸神包括天、日月星辰等，时令和季节神因与之性质相近，也可归入此类。对这些神的崇拜并不是华夏先民所特有的，许多别的民族也有。周代祀典中的天象诸神跟其他民族对天、日月星辰等的崇拜比，最大的差别在于，周代祀典中的天象诸神背后蕴涵了天文学内容和数度、和谐思想，而其他民族对天、日月星辰的崇拜没有这一内容。数度和和谐思想是礼“义”的核心所在，正是礼“义”下的数度和和谐思想渗入周代国家祀典，才将诸神的存在统一成一个能有条理地彰显尊卑的系统。下文便对日月星辰、时令季节神的神性作些考察（天神见第四节）。

星辰

星辰是周代国家祀典中受祀的重要神灵。在周代，这些星辰的存在背后蕴涵着星土分野说。《左传》昭公元年子产曰：

“昔高辛氏有二子，伯曰阏伯，季曰实沈，居于旷林，不相能也，日寻干戈，以相征讨。后帝不臧，迁阏伯于商丘，主辰。商人是因，故辰为商星。迁实沈于大夏，主参，唐人是因，以服事夏、商。其季氏曰唐叔虞。”

这段资料记载了一段蕴涵着上古史实的神话——高辛氏的两个儿子阏伯、

实沉分别被迁至商丘、大夏,这两处的分野之星分别是辰、参,此后商人居于商丘,辰为该地的分野之星,所司之神为阏伯;唐人居于大夏,参为其地分野之星,所司之神为实沉。人神和星辰在这段神话中是融合在一起的,对人神往事的追忆可看作《左传》的时代人们追记历史的一种方式,而星辰之间的关系则蕴含了另一种古代人们积累的系统性知识——星土分野说。星辰们的神性并不是个别存在的、没有整体联系的神性;相反,星辰们之间存在着整体秩序,这种秩序在三代王官有专人负责探究,《周礼·春官》记这类专人为"保章氏":

"掌天星,以志星辰日月之变动,以观天下之迁,辨其吉凶。以星土辨九州之地,所封封域,皆有分星,以观妖祥。以十有二岁之相观天下之妖祥,以五云之物辨吉凶,水旱降丰荒之祲象。以十有二风察天地之和,命乖别之妖祥。"

"以星土辨九州之地"即星土分野说。它跟《易》一样运用了象数思维,是一种将天象运行、星辰分布等看作"象",这种"象"跟古人长期积累的星宿距度、九州分布等存在着联系,因此,通过观察星辰运行的"象"能看出地面将要发生什么事(水火兵灾政变之类)。它在《左传》中屡有记载和应用,襄公九年士弱云"陶唐氏之火正阏伯居于商秋,祀大火,而火纪时焉。相土因之,故商主大火",这是说宋国对应的分野是大火星;昭公十八年梓慎以夏五月黄昏时大火星显现预测宋、卫、陈、郑将发生火灾,果真应验了,这些都不是其他后进民族对日月星辰等的不含思辨的神话所能比的,它们体现的是整个天象的协调和今人已经无从知晓的一些知识,不是巫医们在"前逻辑的混乱"中毫无规律的联想。因此,在国家祀典中受祠的星辰是处于分野说下的星辰,对它们的祭祀实际上反映的是对掌握着星辰运行之"象"的那种最高秩序的虔敬。

时令、季节神

时令、季节神在周代国家祀典中受祀。在中国古代,人们很早就注意到"气"的变化,时令的变迁被认为是"气"的变异。它们的性质跟日月星辰一样,都体现了某种至高的秩序。《左传》昭公四年申丰云:

"古者日在北陆而藏冰,西陆朝觌而出之。其藏冰也,深山穷谷,固阴冱寒,于是乎取之。其出之也,朝之禄位,宾、食、丧、祭,于是乎用之。其藏之也，黑牡、秬黍享以享司寒；其出之也，桃弧、棘矢以除其灾。其出入也时。食肉之禄，冰皆与焉。”

“北陆”为天穹中的北方，杨伯峻注为二十八宿之虚、危（为《史记·天官书》所云的北宫玄武七宿之二宿），西陆为昴、毕（为《天官书》所云的西宫白虎七宿之二宿）。二十八宿皆分布于黄道附近，古人观察到太阳在黄道中运行，不同的季节处于不同的位置，北陆、西陆就是这不同的位置，太阳运行到北陆恰逢小寒、大寒节气；西陆则为清明、谷雨节气。因此对时令、季节神的祭祀，实际上是对掌握着季节变易那种力量的虔敬。申丰在说完上面的话后接着说：

“夫冰以风壮，而以风出。其藏之也周，其用之也遍，则冬无衍阳，夏无伏阴，春无凄风，秋无苦雨，雷出不震，无菑霜雹，疠疾不降，民不夭札。”

因此，王官对日月星辰、时令、季节神的崇拜，为的是“疠疾不降，民不夭札”，崇拜的是它们的运行背后潜藏的冥冥中神秘而和谐的秩序。

2. 地理诸神（社、山川、四方）和五祀神中的等级思想

除了天象诸神外，地理诸神的存在也渗透了等级思想。但因为大地广延、山川分布的规律没有天象运行那样严整，其中的数度思想要少些，下文便对社、山川、四方神从原生性神灵到被纳入祀典的性质变化作些考证。

社

社即土。甲骨文、金文社字皆作，与土为同一字。其最初指一片土地，往往用一株大树代表，即社树①。《太平御览》引《援神契》云“社者，五土之总神”，因土地能殖谷养民，上古祭祀社神起初是为了请土地神保佑丰收，《礼记·礼运》“祀社于国，所以列地利也”，这反映了祭祀社神是从上古时期的原生性直接膜拜（instinctive supplications）而来。因社神代表土地，它同时又是整个国家的保护神。《诗·大雅·绵》“乃立冢土”郑玄笺“冢土”为大社：“起大事、动大众，必先有事乎社而后出，谓之宜（《尚书·尧典》有‘宜乎社’）”，此为周太王所立之大社，当时周尚是一方诸侯，到周灭商后，周社即成了国家之社。1954 年丹徒烟墩山出

① 宁可：《汉代的社》，《文史》第 9 辑。

土的西周康王时器[1]《宜侯夨簋》记载周王以矩鬯、彤弓等册封宜侯夨的史实,册封地点即在"宗土"(社)。到七十子后学所记的《礼记·郊特牲》回忆宗周旧制:"家主中霤而国主社"。在周代,社是地神,祭社与郊天相对,《礼记·仲尼燕居》:"郊社之义,所以仁鬼神也";《中庸》:"郊社之礼,所以事上帝也。"

社神有保佑国家安危的灵力,《左传》襄公25年郑国大夫子产率师入陈,此时陈侯手里抱着社主,郑军入陈,恐触怒其国社神,子产令"祝(郑国之祝)袪社(陈国之社)",先祛除不祥,此社神尚保留了原生的超自然力量。但周代社神更重要之处在于:通过王、诸侯、大夫拥有不同等级但同在一个体系的众社,体现主祭者的身份等级,《礼记·祭法》追忆周代制度:

"王为群姓立社,曰大社。王自为立社,曰王社。诸侯为百姓立社,曰国社。诸侯自为立社,曰侯社。大夫以下成群立社,曰置社。"

上文的社分公社和私社两个系统,王社是王之私社,象征王领有天下土地;侯社是诸侯的私社,象征诸侯有一方领土;大社、国社、置社则属于公社——大社是王所立的整个国家的保护神,国社是诸侯国君的一国之保护神,大夫立置社,是因为社同时又是民间乡里组织的基本形式[2],大夫有国君赐的采邑,是家族的家长,"成群立社"是立整个大家族的保护神。《祭法》所云的周代社和各级贵族之间的关系如下表:

贵族级别	公社	私社
王	大社	王社
诸侯	国社	侯社
大夫	置社	

因为社神原生性的保留,诸侯以下的社祀直至民间之社,都带有因地而异的色彩。《左传》僖公十九年夏,宋公使邾文公用鄫子于次睢之社(即把鄫子当作人牲用于在次睢之社献祭),想令东夷归附,杜预注"次睢之社":"睢水受汴,东经陈留、梁、谯、沛、彭城县入泗。此水次有妖神,东夷皆社祠之,盖杀人而用祭。"杨伯

---

① 案,此器陈邦怀、唐兰、陈梦家定为康王时器,郭沫若定为成王时器,今从前说。

② 《左传》昭公二十五年:"请至千社"。哀公十五年:"自济以西,禚、媚、杏以南,书社五百。"《大戴礼记·千乘》:"公曰:'千乘之国,受命于天子,通其四疆,教其书社,"《孔子世家》索引:"书社者,书其社之人名于籍。"《周礼》云二十五家为社。宁可《汉代的社》(《文史》第9辑)有阐述,可以参看。

峻引《续汉书·郡国志三》注所引张华《博物记》谓临沂东界次睢有大丛社，民谓之食人社。次睢之社是睢水流经东夷地区时的社，杀人祭社是东夷风俗，宋想争霸，欲令东夷归附而用其俗，遭到司马子鱼的坚决反对。司马子鱼称东夷社神为“淫昏之鬼”，这是春秋时期东夷社神尚保留了浓厚原始性的反映。

社神神性被改造，还表现在周人以祖先配食社神，使社神成为强调教化的工具。在周代，善于播殖农耕的先王如厉山氏之子农、周之弃，能平九州的共工氏之子后土，都与社神配祀，这体现了《祭法》祭祀有功之臣（详下文）的原则。

四方

四方是构成空间的要素，许多古代民族都很早就对之有认识[①]，古代中国人亦如此。《尚书·尧典》有“禋于六宗”，孙星衍注“六宗”为前、后、左、右四方加上、下，比较确切[②]，帝尧的时代，先民的认识能力也早已达到了能认识四方的水平，四方加上下就构成了以观测者的眼睛为中心的所有三维方向，胡厚宣先生搜集卜辞资料，认为殷代已有了四方加中央构成的五方概念[③]，卜辞中有四方风，四方风对应着四方神，这种对应到后来还完整地保存在《山海经》中[④]。

四方神在三代一直受祀，《左传》昭公十八年郑国火灾，子产“大为社，祓禳于四方，振除火灾”，此四方杨伯峻注即为四方神。此外值得注意的是《仪礼》提到一种名为“方明”之物跟四方有关。《仪礼·觐礼》：

---

① 从民族学、人类学资料看，四方是古代民族在认识具体的山河溪流后较早认识到的概念。我国鄂温克人对自己猎区的每一座山峰、每一条小溪都很熟悉，并都有自己的名字，但鄂温克人在相当长的时间内没有方位的综合概念及东西南北等专有名词，又如我国云南西盟佤族称东为“戛雷”，意为日出；称西为“戛来”，意为日落。他们没有南北之称，把北称为“戛隆”，意为上（或上坡）；把南称为“戛昔”，意为下（或下坡）。至于东南西北等词语，他们也是没有的。学者据此认为，我们原始时代的祖先是先有前后、上下的概念，后来根据日出、日落的方向有了东、西的概念，而南、北等方位概念是后来才有的。见程德祺：《人类社会宗教和科学的起源》，南京大学出版社 1993 年版，第 232 页。

② 孙星衍：《尚书今古文注疏》上册，中华书局 1986 年版，第 41 页。

③ 卜辞的五方为东土、南土、西土、北土，商为殷首都，为中央，卜辞称中商，见胡厚宣：《殷卜辞中的上帝和王帝》（上），《历史研究》1959 年第 9 期。

④ 卜辞四方风“东方曰析，凤（风）曰劦。南方曰因，凤曰岂。西方曰𣅀，凤曰彝。[北方曰]勹，凤曰段”。（《甲骨文合集》14294）《山海经》中有四方及四方风之名，《大荒东经》：“东方曰折，来风曰俊”，《大荒南经》：“南方曰因乎，夸风曰乎民”，《大荒西经》：“有人名曰石夷，来风曰韦”，《大荒东经》：“有人名曰鵷，北方曰鵷，来之风曰狻。”胡厚宣先生对此作过详细考释，见《释殷代求年于四方和四方风的祭祀》，《复旦学报》1956 年第 1 期。

“诸侯觐于天子,为宫……,坛十有二寻,加方明于其上。方明者,木也。方四尺,设六色,东方青,南方赤,西方白,北方黑。上玄,下黄。”

《觐礼》记载的是宗周时天子与诸侯的会同之礼,既然是会同,就要盟誓,盟誓要向神明起誓,郑玄引《周礼·司盟》注认为方明为“神”之形象,盟誓时先于坛上,面对“方明”,天子拜日于东门之外,回来要再祭祀方明。《仪礼》在三礼中是成书最早,内容较为可靠的,而且这条资料提到的是四方四色,而非后来的五方五色,可以相信它确实比较早。这个“方明”象征的不是四方神,而是统领着四方的更高的至上神明,但从中可以看出四方在古人心目中的意义——正是由它们的结合形成空间。从政治上看,对四方的祭祀权象征拥有天地四方,但一方诸侯可以祭祀自己所在的那个“方”,即“诸侯方祀”。《礼记·曲礼下》说“天子祭天地、祭四方、祭山川”,《祭法》“诸侯方祀,祭山川”都是对宗周礼制下天子祭四方、诸侯方祀的规定。

山川

山川之祀是所有民族的“自然宗教”(即原始宗教)中都曾有过的内容,它属于自然崇拜的一部分,内容因地而异,且往往是人格化的①。周代国家祀典中亦有山川之神,它们的代表是五岳四渎之祀。五岳四渎之祀由来久远,据说商周即有(见第三章第六节)。在周代,山川神地位在“社”之下,因为“社”象征天下之土,山川则是个别地存在。而且周代祭祀山川神更重要的原则是“祭不越望”,即天子祭四方和天下名山大川,诸侯祭祀自己所在之方和境内的山川,从《左传》看确实如此。哀公六年记楚昭王病,占卜结果是河神作祟,大夫建议祭祀河神,楚昭王说:“三代命祀,祭不越望。江、汉、睢、章,楚之望也”,“祭不越望”即诸侯只能祭祀自己境内的山川,黄河不在自己境内,楚没有资格祭祀。因此,周代天子、诸侯对山川神的祭祀权分等级同样体现的是政治等级的尊卑。

---

① 这方面从民族志资料可得到印证。我国凉山的彝族最崇拜的是山神,一本彝文的《请神经》中所列举的几乎全是山神,因为彝族居住在层峦叠嶂的大山之中。又如我国云南的傈僳族山神为“米司尼”,是住在山区的傈僳族最为信奉的鬼灵。因当地的旱灾和风灾对于庄稼的生长危害很大,人们认为旱灾、风灾等都是山神作祟所致。所以傈僳族每年都要举行祈雨、避免风灾的宗教意识。祭山神的祭品通常有鸡、羊或猪一只,艾和栗树枝各一枝,祭时历数山、石、水、树等各种自然物名称。分别见覃光广、李民胜等编著:《中国少数民族宗教概览》,中央民族大学出版社 1988 年版,第 191、238 页。

五祀

五祀神是主管人们饮食起居的杂神。《礼记·祭法》：

“王为群姓立七祀，曰司命、曰中霤、曰国门、曰国行、曰泰厉、曰户、曰灶。王自为立七祀；诸侯为国立五祀，曰司命、曰中霤、曰国门、曰国行、曰公厉。诸侯自为立五祀；大夫立三祀，曰族厉、曰门、曰行；适士立二祀，曰门、曰行；庶人立一祀，或立户、或立灶。”

郑玄注这些为“居人之间，司察小过，作谴告”的小神。其中，“司命”主管人的性命；“中霤”主管堂室居处、门户出入；“行”主道路行作；“厉”主杀伐；“灶”主饮食之事。正如社神分公私两个系统一样，五祀神也分公私两个系统，公立的如周王七祀，是为天下人立的，其中国门、国行是国家通都大邑之门神和路神；泰(大)厉代表天下人化鬼之总神。公立之外是私立五祀神，象征自己(王、诸侯)在祭祀方面的权利。随着社会等级的降低，祭祀五祀神的数目也逐渐减少，到庶人只能祭祀门神或灶神。从这里也可以看出周代无处不在的“礼”即等级制对国家祀典的安排。

以上对日月星辰、时令、季节神、社、四方、山川、五祀等周代国家祀典中主要的神灵作了考察。这些神之间存在着一种既等级分明又井井有条的关系——日月星辰、时令季节神体现了“象”的秩序和和谐，四方、山川、五祀神的等级差别，本质上是通过“数度”的差别来彰显政治地位的差别，它的实质跟利用不同数量的衣服车马、旌旗乐悬制度来彰显贵族们地位的差别是一致的。“数度”的这种差别被认为是掌握着天象运行、季节变易的那种终极性神秘力量的体现，因此也被用在政治和人伦领域。国家祀典中天子、诸侯乃至再往下的各级贵族所能祭祀的神灵是：身份等级越往下，能祭祀的神灵数量越少，等级亦依次降低，正说明“数度”的差别被用在神祀领域，实际上是对社会各阶层政治权利的规范。

古人“天人合一”的信仰对神灵观的影响还不仅仅在于以上方面，他们还将“数度”和秩序的理念运用到造神上，让政治上有意义的功臣圣贤成为神灵，为教化服务，见下文。

(二)祖先、功臣、圣贤的教化意义

“礼”对中国古代早期宗教进行改造的另一个重要措施，是将吸取了其膜拜祷祠的方式表彰功臣和圣贤，《礼记·祭法》：

“是故厉山氏之有天下也，其子曰农，能殖百谷，夏之衰也，周弃继之，故祀以为稷。共工氏之霸九州也，其子曰后土，能平九州，故祀以为社。帝喾能序星辰以著众，尧能赏均刑法以义终，舜勤众事而野死，鲧鄣鸿水而殛死，禹能修鲧之功，黄帝正名百物以明民共财，颛顼能修之，契为司徒而民成，冥勤其官而水死，汤以宽治民而除其虐，文王以文治，武王以武功去民之灾，此皆有功烈于民者也。”

这里提到了农、稷、后土、帝喾、尧、舜、鲧、禹、黄帝、颛顼、契、冥、汤、文王、武王等多位先王。这些先王排列时代有错乱（如黄帝、颛顼应在尧舜之前），但语言流畅，制度整齐，是七十子后学整理过的。这些神配食于先王，受到祭祀，此制渊源久远，《左传》昭公七年：“昔尧殛鲧于羽山，其神化为黄熊，以入于羽渊，实为夏郊，三代祭之。”鲧为夏禹之父，不仅夏人祭祀他，因他的功绩，三代都祭祀他。在王朝祭礼定型后，对功臣圣贤的祭祀往往以配祀始祖（本朝太祖）的方式进行。

把功臣、圣贤列入国家祀典，是政治统治的需要用膜拜祷祠为工具，为统治所用的结果，因此它满足的并非个人的宗教需要，而是国家的统治需要。

除了天、日月星辰、时令季节、社稷山川、四方五祀、功臣圣贤外，国家祀典中还有很多杂神，《周礼·春官·大宗伯》提到“四方百物”，“百物”即极言神灵之多。《礼记·郊特牲》天子大蜡祭祀八类神，为先啬、司啬、乡农（即田畯，《诗·豳风·七月》有“田畯至喜”）、邮表畷（郑玄注为“田畯所以督约百姓于井（田）间之处”）、猫、虎、坊、水庸、昆虫等，这些神灵跟天、社等神比，地位和作用都是次要的，它们的神性主要体现在保佑一般百姓的生产和生活上，并不涉及政治和权力领域，因此“礼”义并未直接对它们进行改造，而是允许它们在国家祀典的下层保持其自发状态。国家祀典中诸神众多，象征着国家统领对所有神灵的祭祀。

以上是国家祀典中主要的神灵被“礼”的等秩和数度思想改造的情况。除了功臣圣贤外的所有神灵都有原生的古老渊源。从这些神的神性看，这些被改造过的神灵如天、日月星辰、时令季节神、社神、山川、四方神、五祀神等，均保留了超自然属性，这是由古人认识自然的方式决定的。在科技落后，生活条件艰苦，天灾人祸无法自己掌控的古代，人们的一方面靠经验积累起日益系统化的知识，另一方面，则靠超越经验的直觉认为有“终极性神秘力量”的存在。在古代中国人那里，这种“终极性神秘力量”依靠着古人心智的淳朴和较今人敏锐的直觉能力，再加上推“数”的能力（记录在《易》中），在“识心”的认识水准上摆脱了“前逻辑的混乱”，达到了理性，周代国家祀典中尊卑有序的众神们及它们的神性，表现的就是人们“识心”的这种理性。即使巫术也是因政治秩序和生产需要而设置（见下文）。在周代，知识和技艺均在王官，民间人心淳朴、信仰单纯，国家基本上认可所有自然孳生的神灵存在（目的邪恶、手段怪异的淫祀被禁绝），《礼记·祭法》“山林川谷丘陵能出云为风雨见怪物皆曰神”，但等级分明、井然有序才是这些神灵神性中的主要部分，《礼记·王制》：“天子祭天地，诸侯祭社稷，大夫祭五祀；天子祭天下名山大川，五岳视三公，四渎视诸侯；诸侯祭名山大川之在其地者。”主祭者所能祭祀神灵的逐步减少，反映了等级的降杀，这同样是将“数度”引入祭祀等级，祭祀行为本身即成为数度思想的体现，这样，礼“义”对早期宗教观念的改造大体完成。经过这一改造，天象、地理诸神各得其所，体现了某种至高的秩序，对这些神分等的主祭权则反映了人间的等级尊卑，功臣、圣贤的引入则使“天”的秩序引入政治的秩序，国家祀典同时成为教化工具。

周代的礼“义”对此前早期宗教观念的改造具有深远意义。因为从宗教学角度看，“神圣事物”（devined）和“凡俗事物”（profaned）的分离（alienation），是宗教（哪怕是最落后的早期宗教）的最初萌芽，著名社会学家涂而干（一译杜尔克姆）在其名著《宗教生活的基本形式》中，通过对澳大利亚土著宗教的考察，详细地剖析了这个过程。在古代中国，周代以前长期发展的宗教中“神圣事物”和“凡俗事物”的分离已达到相当水准，而一切大的宗教，都是通过“神圣事物”和“凡俗事物”的彻底分离，和“神圣事物”在哲学上的体系化最终形成的（见本书结语），但周代礼“义”对早期宗教观念的改造，恰恰阻止了“神圣事物与凡俗事物分离”过程的继续。古人将象数思维下的最高宇宙秩序赋予它们心目中的至高神灵（这个神灵是天神，见第四节），以等级性和和谐思想改造了原先尚不存在系统逻辑思辨的神灵体系，同时将造神原则用于人间政治，经过这个过程，神灵世界和人的世界融为一体，在人心淳古、知识单纯的周代，它完全可以达到既建立典章制度，又洗练人心、净化灵魂的地步，即以同一种理念指导，在信仰领域和典制领域各建立博大而宏富的大厦。这个大厦即周代王朝祭礼的格局，它的具体内容将在本章第四节详述。

二、礼“仪”对早期宗教行为的改造

任何自然发生的宗教，都有多种多样的手段。这些手段大体可以归为直接膜拜(instinctive supplications)和巫术(magic)两大类，它们均蕴涵着“心”的强烈愿望。周代的“礼”对这二者都进行了改造，以下试分别考述。

(一) 对直接膜拜(instinctive supplication)的改造

直接膜拜，即对神灵采取自发的讨好方式，如进献牺牲、供奉粢盛等。后来宗教中相当部分的内容即从自然宗教中的直接膜拜部分发展而来。同样，在中国古代，中国古代礼神的方式——进献牺牲玉帛，渊源就是直接膜拜。《仪礼·觐礼》叙述道：“祭天，燔柴；祭山、丘陵，升；祭川，沉；祭地，瘗”，这些不同的通神方式都是由直接膜拜的不同细节发展而来——祭天用燔柴，因为燔烧柴禾的烟气上升，先民认为这样能通达于天；祭山和丘陵用“升”，即登上山和丘陵而祭；祭河用沉，即沉祭品于河中；祭地用瘗，即埋祭品于地中，这些都是直观、淳朴的祭祀方法(孔颖达疏以《周礼·春官·大宗伯》“以实柴祭日月星辰”解祭天为祭日，不确)。但周代的祀神典礼已不是性质为自发宗教的直接膜拜了，因为它融入了“礼”中，成为吉、凶、军、宾、嘉五礼的一部分。具体说来，礼对直接膜拜的改造，是通过用当时通行的物化礼乐充实进直接膜拜的各环节，并把它和主祭者的等级联系起来完成的。下文以祭祀四方、山川神为例，分析“礼”对直接膜拜改造的过程。

在周代，祭祀山川神用瘗埋或沉潦法，这些方式是先民直接膜拜的遗留。《左传》襄公十八年记晋国将伐齐，渡河前范献子用朱丝系了两串玉举行祭河神的仪式；又僖公二十八年记楚令尹子玉有上好的玉马饰，从来舍不得用，梦见河神索要这些，从这两条资料可见当时祭祀河神须往河里沉玉。又如祭四方要用牲牢玉璧，《周礼·地官·牧人》“望祀，各以其方之色牲毛之”，牧人之职为提供望祀所需方位颜色之牲；典瑞提供“以祀地、旅四望”的玉，司服提供祀四望、山川的特定礼服("毳冕"),这是将牺牲、玉、祭服等充实进祭山川的具体记载。又如《左传》成公五年记晋国梁山崩,当时有识之士说:

"国主山川,故山崩川竭,君为之不举、降服、乘缦、彻乐、出次、祝币、史辞以礼焉。"

"乘缦"即国君乘卿车,《周礼·春官·巾车》"卿乘夏缦",此处国君乘卿车为自贬之义。山崩川竭是国之恶兆,因此国君要进行一些旨在责己的如降低车服饮食、奉献牺牲玉璧,乃至派祝史祷告的活动,而车服、饮食、牺牲玉璧的定制正是当时物化礼乐的内容,这些在各种礼典中都是通用的。

"礼"对直接膜拜改造的另外一个表现,就是将源于直接膜拜的一些祷祠环节改造成其他礼典也能用的仪式,这样就消除了"宗教"和"非宗教"仪式的界限。如"裸"。裸即用香酒洒地以气降神,它在早先的典礼即已运用。西周早期的《䚄尊》铭文:"隹(唯)王初鄹(迁)宅于成周,复亩(禀)珷(武)王丰,裸自天",这个"裸"即由直接膜拜发展而来。后来经过"礼"的改造,裸成为宗庙行礼的仪节之一,《周礼·春官·大宗伯》"以肆、献、裸享先王";郑玄注"裸即言灌,灌之郁鬯,谓之始献尸求神时也",即宗庙祭祖时用郁鬯(香酒)浇在尸面前的地上降神并歆神。王国维在《与林浩卿博士论洛诰书》中说:

"古于宾客亦以鬯为献酢,其于神,亦当用以歆之,而不徒用以降之矣。……古求神之道亦多端矣,或以气,或以声,或以臭,其次虽有不同,而其用则无或异。……,神既在天,于是有燔燎之礼,以格之烟禋炎之彻于上,较声音之号之诏告于天地之间者尤为有象矣。"①

王氏进而认为"裸字之义,谓灌地降神为第一义,歆神为第二义,用于宾客为第三义","先用于降神歆神,而后用于礼宾客②",即裸后来也可用于嘉礼。裸用于礼宾客标志着裸已不再是宗教仪式(religious rite)的组成环节,而成为其他礼典也能用的纯粹仪式(rite),将宗教行为的环节进行改造是中国古代特有的,因为在其他国家和地区的古代宗教中,严格意义上的宗教仪式是不可能用于世俗

① 王国维:《与林浩卿博士论洛诰书》,《观堂集林》卷一。
② 王国维:《再与林浩卿博士论洛诰书》,《观堂集林》卷一。

生活的。这也说明,“礼”对此前早期宗教的改造,使早期宗教的发展到周代没有走向神圣性和世俗性区分更加严格,进而萌生出更高性质的真正宗教的道路,相反,早期宗教的诸要素被礼义、礼仪、礼容消解,完全消融在“礼”中。

从上文分析可以看出,渊源古老的直接膜拜经过改造,构成它的所有环节都发生了变化,或者是渗透数度思想的物化礼乐被加入,或者是源于直接膜拜的仪式被融进物化礼乐系统,可以被运用在其他礼典中。而且,“礼”对直接膜拜的改造,跟“礼”对古老乡俗的改造(见上一节)是同时进行的,性质也基本相似——直接膜拜、乡俗都是后来成熟完善的“礼”的来源,不过到礼“义”完善、礼仪繁复、礼容具体的周代,它们各自的要素都已被消解,成了“礼”的组成部分。就祭礼而言,它在完善的礼“义”指导下,组成它的各种直接膜拜还被规定了等级,统一存在于“礼”中。周代祭祀礼的主干——郊天礼和祭祖礼,也是对直接膜拜加以改造而形成的,对它们的考察见本章第四节。

综上所述,被周代的“礼”改造过的直接膜拜(instinctive supplication),其性质变成纯粹的仪式(rite),这仪式保留了进献牺牲、膜拜祷祠的形式,功臣圣贤被列入祀典,就是采用了由直接膜拜改造而来的“仪式”这种形式。

(二) 对巫术(magic)的改造

巫术是“自然宗教”中除了直接膜拜之外的另一重要内容。它的定义,本书引言部分已略有交代。西方宗教人类学家对此作了许多卓有成效的研究,B.马林诺夫斯基认为,巫术不同于宗教(这个宗教是寄托信仰的宗教之意),宗教创造价值并直接达到目的,与此相反,巫术所构成的活动具有实际的功利性价值,它只有作为达到某一目的的手段时才有其效①,著名人类学家弗雷泽在其名著《金枝》中对巫术的结构作了分析,他认为巫术可归结为两个方面:第一是“同类相生”或果必同因;第二是物体一经互相接触,在中断实体接触后还会继续远距离的互相作用。前者可称之为“相似律”,后者可称作“接触律”或“触染律”。……基于相似律的法术叫做“顺势巫术”或“模拟巫术”,基于接触律或触染律的法术

① B.马林诺夫斯基:《巫术与宗教的作用》,载史宗主编,金泽、宋立道、徐大建等译:《二十世纪西方宗教人类学文选》,上海三联书店 1995 年版。

叫"接触巫术"。① 巫术一般凭借一定物品，通过一系列程序，加上咒语等达到目的，在初民那里和古代社会，它服务于个人或群体的各种利益，无论中外，它都在相当长的时间大量存在，甚而至今。周代的"礼"对巫术的改造方法跟改造直接膜拜一致，即将物化礼乐制度渗透进巫术，在周代王朝祭礼体系中，由巫术而来的礼典最有代表性的是伐鼓救日和大雩两种，下文便考察一下"礼"对它们的改造。

1. 伐鼓救日

伐鼓救日即在日食发生时击鼓。古人认为日为阳，月为阴，日食为月影掩日，为阴噬阳，被看成是政治秩序失常，因此要救日。春秋时期，鲁庄公二十五年夏六月发生日食，《公羊传》庄公二十五年记述了周代伐鼓救日之制：

"日有食之，鼓，用牲于社。日食则曷为鼓用牲于社？求乎阴之道也。以朱丝营社，或曰胁之，或曰为闇。恐人犯之，故营之。"

何休注：

"或曰胁之，与责求同义。社者，土地之主也。月者，土地之精也，上系于天而犯日，故鸣鼓而攻之，胁其本也。朱丝营之，助阳抑阴也。或曰为闇者，社者土地之主尊也，为日光尽，天闇冥，恐人犯历之，故萦之。然此说非也。……先言鼓，后先用牲者，明先以尊者命责之，后以臣子礼接之，所以为顺也。"

《公羊传》解释了日食伐鼓于社的缘由——社为土地之神，为阴，求助社神是为了使性质为阴的月亮不再噬日，太史在伐鼓时还要加上攻说之辞（谴责的祝辞）。《左传》庄公二十五年则记载了此次日食发生时鲁国对待的态度：

"夏六月辛未，朔，日有食之。鼓，用牲于社，非常也。唯正月之朔，慝未作，日有食之，于是乎用币于社，伐鼓于朝"。

这个"非常"是非礼之意，发生日食要伐鼓（击鼓），但用牺牲于社不合乎礼，因为鲁为诸侯，当时"用币于社、伐鼓于朝"是天子之礼②。同年秋发生水灾，鲁

① 詹姆士·乔治·弗雷泽著，徐育新等译：《金枝》，大众文艺出版社1998年版，第19页。
② 杨伯峻：《春秋左传注》，第232页。

国又伐鼓，并用牲于社，史官又云“亦非常也”，因为按当时制度是“非日月之眚不鼓”，日月食才能伐鼓，水灾伐鼓不合礼。昭公十七年昭子和平子的一段对话更可看出伐鼓救日的意义，当年夏六月发生日食，昭子和平子讨论发生日食时的礼，昭子说：

“日有食之，天子不举，伐鼓于社；诸侯用币于社，伐鼓于朝，礼也。”

平子认为不然，说正月阴气未作时发生日食时才伐鼓、用牲，其余时候不用。大史听了说：

“日过分而未至，三辰有灾，于是乎百官降物，君不举，辟移时，乐奏鼓，祝用币，史用辞……。”

大史说春分之后夏至之前发生日食，天子和诸侯按制度要不举盛宴、百官素服（即“降物”）等等，即昭子说的是对的。平子不听，昭子感叹“夫子（平子）将有异志，不君君矣”，救日是助君之意，平子不救日即怀不尊君之意，这里足见伐鼓的政治意义。从这段记载可以十分清楚地看出当时伐鼓之制。日食发生之后国君不举盛馔（即按礼制撤去一些菜肴），百官素服，是以当时以物化礼乐制度融进伐鼓；而乐人伐鼓，祝用币（成卷的布帛）、史官献祝辞则说明伐鼓救日的性质仍是巫术，它们源于植根于人们心目中的强烈愿望。不过因为当时已经有相当发展的天文知识和以《易》思辨为基础的，对“至高的秩序”的认识（大史说“日过分而未至”即当时王官掌握这类知识水准的体现），人们并非完全仰仗巫术来救日，而是从施行政治好坏的角度来认识日食原因。《左传》昭公七年记夏四月辰朔发生日食，晋侯问士文伯谁应当承担这个责任，回答是：

“不善政之谓也。国无政，不用善，则自取谪于日月之灾，故政不可不慎也。务三而已，一曰择人，二曰因民，三曰从时。”

当时人们理性达到的水平绝非束手无策地仅仅依靠巫术，而是认为“择人”、“因民”、“从时”就能避免日食，“从时”即遵从“至高秩序”的意思。不过就伐鼓救日的性质而言，它仍然是王朝祭礼体系内的巫术。

2. 大雩

雩为求雨之祭，因为雨水对古代农业生产具有决定意义，它是古代以农业为经济命脉的民族的另一种重要巫术。《说文》：“雩，夏祭乐于赤帝以祈甘雨也”，雩有古老渊源。甲骨文中便有以舞求雨的记载：

舞:丙子卜,今日舞,雨?(甲编 969)

其舞有雨?(乙编 5112)

来庚剁乘,乃霝,亡大雨(粹 845)①

卜辞舞作𡯁或𡘲,象人两袖舞形,即“舞”字。舞,《尔雅·释训》云:“舞,号雩也。”郭璞注:“雩之祭,舞者吁嗟而请雨”,即舞是用来求雨的仪式。巫祝之巫乃舞之衍变。巫、舞、雩、吁都是同音的,都是从求雨之祭而分衍出来的②。

除了呼舞之外,商周还有“暴巫”的形式。甲骨文有：

烄:戊戌卜,烄雨? 于舟雨?(甲编 637)

烄妫——甫婞烄(簠杂 67)

烄婞又雨—烄妫亡其雨(佚 1000)

“烄”是象置交胫之人于火上,是焚人的会意字,从以上所引的第二条看所焚为女巫。这在文献中有相应记载。《文选》思玄赋引《淮南子》:“汤时大旱七年,卜用人祭天。汤……乃使人积薪,剪发及爪自洁,居柴上,将自焚以祭天,火将然,即降大雨。”因焚巫残酷,后代改焚巫为暴晒巫。《礼记·檀弓下》:“岁旱,穆子召县子而问然,曰:‘天久不雨,吾欲暴尪而奚若?’”“尪”是一种驼背而脸面向天的残疾人,古人认为天不欲其脸面淋雨而不下雨,因此要焚烧或暴晒之。《左传》僖公二十一年:“夏,大旱。公欲焚巫、尪。”焚巫是商代旧俗,遭到了臧文仲的反对,他说:“非旱备也。修城郭、贬食、省用、务穑、劝分,此其务也。巫、尪何为?天欲杀之,则如勿生,若能为旱,焚之滋盛。”僖公最终听从了臧文仲的话,可见春秋时期尽管焚巫求雨的巫术还存在,已经遭到有识之士的反对。

周代的雩跟商代的舞雩比,已脱离了纯巫术随时发生的性质,渐渐有固定之制度。《左传》桓公五年“龙见而雩”,此雩在龙星初见的初春,为一年中因生产需要而祈雨之常雩,另有旱暵之雩。据杨伯峻统计,春秋鲁书“雩”共二十一次,昭

---

① 陈梦家:《殷虚卜辞综述》,第 600 页。

② 参阅陈梦家:《殷虚卜辞综述》第十七章宗教。

公年间就七次。昭公二十五年春秋经："秋七月上辛，大雩，季辛，又雩。"雩要筑坛，《论语·先进》："浴乎沂，风乎舞雩"，此舞雩为坛名，在沂水上。不过旱暵之雩因天气的无常引起，只能是随时发生的，并且在形式上依旧继承了商代以来以舞祈雨的特点，《周礼·春官·司巫》："掌群巫之政令。若国大旱，则率巫而舞雩。"又《地官·舞师》旱暵之事用皇舞，皇舞据《乐师》疏郑司农注为蒙羽于首以舞，又《月令》："大雩帝，用盛乐"都言雩有乐舞。但周代并不仅仅用雩来求雨，大旱时还遍祀群神。《诗·大雅·云汉》为祈雨之诗，其求雨祀神包括昊天上帝、群公先王等，"靡神不举，靡爱斯牲。圭璧既卒，宁莫我听"，祭祀所有的神，奉献了大量的牺牲玉帛，这也可以看出作为巫术的舞雩并非唯一的方式，而居于次要地位。

在中国古代，伐鼓救日和大雩，一关系到政治秩序，一关系到农业生产，因此这二者是周代王朝祭礼中最重要的两种巫术，其他巫术零散地存在于政治生活和社会生活中。《左传》昭公十八年郑国火灾，此前一年星占家裨灶曾预言宋、卫、陈、郑四国将同日发生火灾，他向子产建议用"瓘斝玉瓒"①禳除，子产不听，结果第二年真的发生火灾，子产只好"大为社，祓禳于四方，振除火灾"，史官记载说此为"礼也"，并且"郊人助祝史，除于国北，禳火于玄冥、回禄"，玄冥、回禄分别为水神、火神，由此可见，在天灾发生前后进行禳除是合乎礼的。现代学者研究发现巫术咒语中蕴涵能量②，这是巫术在古代有时可能有效验的原因——古人精神状态跟今人比单纯而专一，易于从心间发散这种能量，并对外境产生一定作用，因此看上去就是巫术起了作用。

---

① 斝为一种青铜酒器，形似爵，有二立柱，但圆口，无流、尾。瓘为玉，为圭瓒，杨伯峻注引《尚书·文侯之命》释瓒为"杓也"。段玉裁《说文解字注》认为古时圭瓒之"瓒"古只作"赞"，以黄金为杓（勺子）作祼时用器，并不用玉。但斝无流尾，必须配合勺子才能使用，结合考古发现，瓒是指以玉作柄的杯形盛酒祼祭的祭器。

② 杨力认为，特异语声是指在特种状态下发出的语声，"包括气功状态下、意识朦胧态下，以及修持时皆可出现，多为带功语。所谓带功语，是指所携的能量信息超过常域的语声，也即在一种特种状态下发出的语声，这种语声所携带的功率都较强，尤其载有生命信息在内"，"咒语分有声咒语及无声咒语两类。其中无声咒语的无形功力更强，宗教认为可降妖、消灾和增福延寿。咒语是一种高层次、高功力的带功语言……，如谢焕章教授说，咒语有物理性能，它能产生次声波，助长功能。"见《周易与中医学》，北京科学技术出版社 1989 年版，第 459、462 页。

巫术虽然在周代大量存在,但大多数巫术是个人行为,总的说来它在王朝祭礼和政治生活中并不居重要地位。《左传》昭公二十年记齐景公得了疥癣,梁丘据与裔款二人说是祝、史的责任,应该诛杀他们,晏子说:

“若有德之君,外内不废,上下无怨,动无违事,其祝、史荐信,无愧于心矣。是以鬼神用享,国受其福,祝、史与焉。其所以蕃祉老寿者,为信君使也,其言忠信于鬼神。其适遇淫君,外内颇邪,上下怨疾,动作辟违,……神怒民痛,无悛于心。其祝、史荐信,是言罪也。其盖失数美,是矫诬也。是以鬼神不飨其国以祸之,祝史与焉。所以夭昏孤疾者,为暴君使也,其言僭嫚于鬼神。”

晏子认为淫君在上时“民人苦病,夫妇皆诅。祝有益也,诅亦有损”,假如国君淫昏,虽然国家的祝史善祝,也抵不过亿兆普通百姓的诅咒。这里把修善政看成是第一位的,是当时贤明之士的态度。

“礼”对巫术的改造不可能涉及形形色色巫术的全部,只涉及有违自然秩序(如日食)和影响农业生产的水旱灾害(如雩求雨)那些,其他形形色色的巫术仍然大量存在于民间。

三、礼“容”对早期宗教体验的改造

宗教体验(religious experience)或称宗教情感,是宗教的重要组成部分。原始宗教体验限于认识和思维发展的水平,是人们的“识心”在非理性和无逻辑状态下的激动,即它被超自然力量控制并对其屈从的状态。在这一点上,近代后进民族的萨满教的早期宗教体验最为典型,“萨满”一词,来源于通古斯语,意为“激奋者”、“癫狂者”,萨满的主要特征是他(她)具有一种特殊的能力,可以在神与人之间、或神灵与人之间充当调停,他的重要职能是治病、主持祭祀仪式[①]。瓦尔德马·博格拉斯在《萨满教的内室仪式表演》中叙述了西伯利亚楚克奇人的萨满举行室内仪式的情景:他们吸着起麻醉剂作用的烟叶,击鼓,唱带着叹气的歌,周围人往往跟他一起呼喝吟唱,人们并认为“凯来特”(一种精灵)进入他体内,他开

---

① 黄任远:《赫哲那乃阿伊努早期宗教研究》,黑龙江人民出版社 2003 年版,第 126 页。

始跟精灵交谈,并且还陷入迷睡状态,他的灵魂去拜访处在精灵世界的精灵[①]。克努德·拉斯马森在《萨满到海神处的一次旅行》中描述了爱斯基摩人的萨满通过迷幻状态到海神处的情景[②]。我国学者黄任远对东北亚地区的萨满信仰作了广泛而深入的调查和研究,赫哲人把萨满分为送魂萨满、治病萨满、专治瘟疫的萨满、专主祈祷或向神说情的萨满几类[③],赫哲族的萨满治病或驱魔时要唱《请神歌》、《驱魔歌》等,唱到激昂处,萨满前仰后合地击鼓,有时能腾起半尺高。唱时萨满处于半昏迷状态,两手舞动,两脚狂跳不已[④],日本中部大学教授黄强博士图示的萨满的宇宙观及萨满与人的关系如下图:

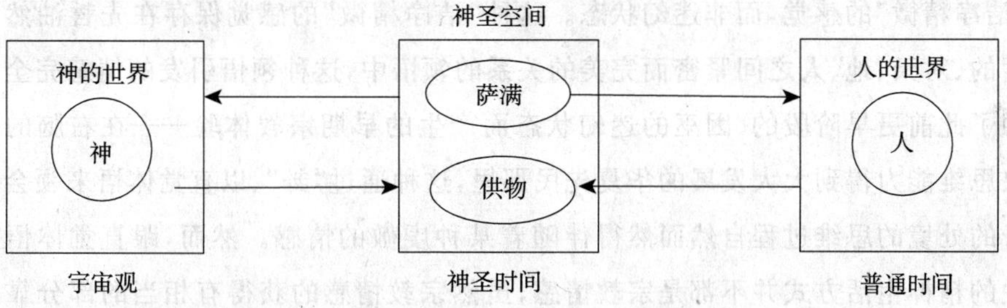

转引自黄任远:《赫哲那乃阿伊努早期宗教研究》,第231页。

总之,在原始宗教中,巫或萨满的迷幻状态是原始宗教体验的主体,并且他的状态对周围人有强烈的暗示作用,这是原始宗教体验的重要特征。原始宗教向神学宗教的发展,一个重要内容就是神职人员的宗教体验摆脱前逻辑、非理性状态,走向由思索、冥想、皈依等带来的平静和谐。其中的关键环节是思索、冥想等有逻辑过程的心理活动对非理性迷幻状态的改造。中国古代礼对早期宗教体验的改造,同样离不开使之理性化的过程。从文献记载看,这一过程最初是从巫觋们通天这一行为的理性化开始的。《国语·楚语下》楚大夫观射父说:

“古者民神不杂。民之精爽不携贰者,而又能齐肃衷正,其智能上下比义,其圣能光远宣朗,其明能光照之,其聪能听彻之,如是则明神降之,在男

---

① 参见史宗主编:《二十世纪西方宗教人类学文选》下册,第655～664页。

② 同上书,第665～671页。

③ 黄任远:《赫哲那乃阿伊努早期宗教研究》,第138～162页。

④ 同上书,第148页。

曰觋，在女曰巫。”

这里指出巫是“智圣聪明”的人，是人和神之间的桥梁。而他们通天地的具体方式，张光直先生的考证给了我们以重要启迪。巫字金文作⊞（齐巫姜簋），与癸✕（父癸鼎）相同。《说文》释癸为“冬时水土平，可揆度也……”，则癸跟测量有关。张光直先生考证巫为手持矩的人，“矩可以用来画方圆，用这工具的人就是知天知地的人，巫便是知天知地又能通天通地的专家”①。果真如此，这一结论有重要意义，它说明了中国古代巫通神并不像近代后进民族的萨满那样通过迷药进入幻觉，而是有揆度四方，知天知地的内容，这种观察和理性带给卜者的是“洁净精微”的感觉，而非迷幻状态。这种“洁净精微”的感觉保存在先哲油然而生的、对天、地、人之间紧密而完美的关系的领悟中，这种领悟引发的情感完全消融了此前更早阶段的、因巫的迷幻状态而产生的早期宗教体验——在右脑的形象思维能力得到大大发展的华夏先民那里，这种通过“卦”、以直觉体悟来领会自身的处境的思维过程自然而然得伴随着某种虔敬的情感。然而，跟直觉体悟有关的精神生活方式并不都是宗教情感，虽然宗教情感的获得有相当的部分靠的是直觉体悟，笔者认为二者关系如下图：

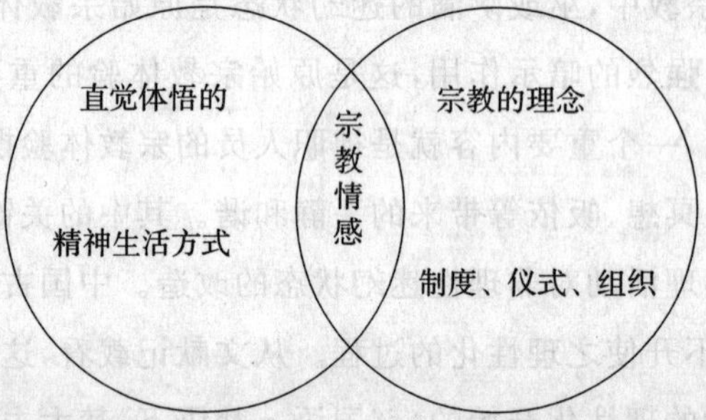

因此，古代华夏族以观象推数“究天人之际”，所产生的感觉其实不是什么宗教情感，因为它并不是因神的出现所产生的被启示和照临的感觉，而是一种因超强直觉（instinct，古人在这方面的能力远远强过现代人）所产生的对命运的虔敬。王官巫、卜、史们手中掌握着观象推数揆度天地的知识和技艺，《周礼·春官》太卜掌“三

① 张光直：《商代的巫与巫术》，载《中国青铜时代》增订本，三联书店 1999 年版，第 256 页。

兆”(“兆”即裂纹形状,玉兆、瓦兆、原兆分别为玉器、瓦器、原野上的裂纹)、“三易(连山、归藏、周易)”之法,《左传》占卜的多为史官。文献记载的这些巫、卜、史们通天地、测吉凶的活动实际上是对某种至高规律(《易传》称之为“神”,见下一节)的虔敬和顺从,它广泛地存在于卜筮、占验等活动中。《史记·日者列传》:

“自古受命而王,王者之兴何尝不以卜筮决于天命哉!”

“今夫卜者,必法天地,象四时,顺于仁义,分策定卦,然后言天地之利害,事之成败。昔先王之定国家,必先龟策日月,而后乃敢代;正时日,乃后入家……”

在服务于公共利益的祭祀场合,这种虔敬、顺从的情绪同样存在。祭天寄托着天象人事合一的政治愿望,祭祖虽然跟天文活动无关,却更直接地有利于稳固政治和社会秩序。《国语·楚语下》观射父说完巫觋来源后紧接着说:

“是使制神之处位次主,而为之牲器时服,而后使先圣之后有光烈,而能知山川之号、高祖之主、宗庙之事、昭穆之事、齐敬之勤、礼节之宜、威仪之则、容貌之崇、忠信之质、禋絜之附,而敬恭明神者,以为之祝,使名姓之后,能知四时之生、牺牲之物、玉帛之类、采服之仪、彝器之量、次主之度、屏摄之位、坛场之所、上下之神、氏姓之出、而心率旧典者为之宗。于是乎有天地神民类物之官,是谓五官,不相乱也。”

祝、宗的职掌是明习祖先的神位、昭穆的次序、姓氏的来源、宗庙的事务。王官中设置祝、宗之官反映了祭祖所起的凝聚宗族的作用在国家政治生活中的重要性。而祭祖时的情绪化特征,则变为充满伦理要求的忠、敬等感情因素。《礼记·祭统》:

“是故贤者之祭也,致其诚信与其忠敬,奉之以物,道之以礼,安之以乐,参之以时,明荐之而已矣。不求其为,其孝子之心也。”

无论是祭天时的虔诚还是祭祖时的忠、敬、诚、肃,它们都是古代精神生活的情绪化特征服从于政治和伦理意义的结果,跟真正意义上的宗教体验有本质的不同。著名宗教哲学家威廉·詹姆士(William James)认为宗教体验有四个特征:第一,不可言传(ineffability);第二,是一种神秘的感觉,这种感觉是一种深刻的洞见,它能直接深入散漫的智力无法企及的地方(noeticquality);第三,暂时性(transiency);第四,个体暂时失去自我意识(passivity)①,这四点的前提都是宗教神灵的“神启”,用本书的术语说,就是人们的“识心”体验到被救赎、被提升的美妙感觉,但是,宗教体验这种被救赎的感觉前提是由“神”的启示。

周代祭天、祭祖礼的情绪化特征跟宗教体验的这些特征是不同的。首先,祭天、祭祖礼的情感不是来自于宗教神灵的神启,因为古代中国人崇敬的那种“终极性神秘力量”并不是宗教神灵,这是古代中国人祭天、祭祖礼的情感跟“宗教体验”最本质的差别所在。在此前提下,敬、诚、肃等行祭礼时的态度和心情并不是神秘而不可言传的感觉;它们配合礼典是为了推行道德教化,并非为了在这些情感触动时体验平常悟不到的真理(宗教体验所指的往往是神的聪明、正直和理性),至于宗教体验的暂时性更不符合周代祭礼施行时的情况——忠敬诚肃并不是一闪即逝的,而是无时无刻不被强调,从某种意义上说,实施祭礼的最终目的就是为了强调这些美德。因此,一些学者将祭礼判断为宗教的重要依据之一就是认为祭祀时的庄重、虔敬是“宗教体验”②,这是不确切的。

对天命神意的虔敬和对君上尊长的顺从在“礼”发展的最高阶段,成为具有哲学和伦理意义的礼“容”。礼“容”和礼“仪”相配合,被称为“威仪”(见上一节),它包括朝聘时的庄重,征伐时的忠勇,也包括了祭祀时的虔诚。《礼记·玉藻》有这样一段话描述礼容:

> “凡行容愓愓,庙中齐齐,朝廷济济翔翔。君子之容舒达,见所尊者齐遬,足容重,手容恭,目容端,口容止,声容静,头容直,气容肃,立容德,色容庄,坐如尸,燕居告温温。凡祭,容貌颜色如见所祭祀者。丧容累累,色容颠颠,视容瞿瞿梅梅,言容茧茧,戎容暨暨,言容諮諮,色容厉肃,视容清明,立容辨卑,毋谄,头颈必中,山立,时行,盛气颠实扬休。”

这里提到祭祀之容的是“庙中齐齐”和“容貌颜色如见所祭祀者”,它不再是巫们通神时的感觉,而是一整套具有美学内涵和伦理要求的容止,它是情感的自

---

① Beverley Clack and Brian Clack, *the philosophy of religion*, Polity Press 1998, p32.

② 吕大吉:《宗教学通论新编》第二编第三章第四节“中国的国家—民族宗教—宗法性传统宗教”,中国社会科学出版社 1998 年版;牟钟鉴、张践:《中国宗教通史》第二章“三代及春秋战国时期的宗教”,社会科学文献出版社 2000 年版。

然流露,它跟立容、丧容、视容、行容等一样,是整体礼容的一部分。

总之,由早期宗教体验到天命、神意中理性的发现和祭祖时对情绪化因素的道德要求,再到整体的礼容,是一个长期的过程。在"威仪"的概念形成之后,礼"容"对内容为前逻辑幻觉的早期宗教体验改造已最终完成,它将先民最初因对"神"的虔敬而产生的宗教体验消融,成为对终极性神秘力量(这种终极性神秘力量并不是人格化的宗教神灵)心怀虔敬的、兼有自然秩序意义和社会伦理意义的情感。不过那种原生性的宗教体验在周代并没有绝迹,它跟依旧零散存在的早期宗教行为一样零星存在着,《周礼·春官·女巫》:"旱暵,则舞雩";"凡邦之大裁,歌哭而请",但这些不属于礼容的内容,在政治和社会生活中所起的作用也是次要的。

结　语

本节对"礼"对早期宗教的改造作了大致分析。"礼"对早期宗教的改造,即由渊源于《易》象数思维的数度思想及和谐宗旨对此前早期宗教的直接膜拜、巫术进行改造,经过这一改造,早期宗教中的神灵们变得井然有序,自发的膜拜行为和巫术变成仪式(rites);无逻辑、幻觉性的宗教体验变成对宇宙的虔敬和对道德的要求,并成为整体礼容的一部分。这样,早期宗教中构成宗教的所有要素都被瓦解,被改造过的祭礼虽然仍然保持了祷祠的形式,其性质已是礼典而不再是宗教。周代的"礼"对此前早期宗教进行了彻底改造,改造之后,源于原生性祷祠(instinctive supplication)的行为大部分成为礼典,少数零散地赋予其他礼典存在。

下一节我们将分析周代金石雅乐所达到的成就对古老原始乐舞的改造,它是"礼"对早期宗教和乡俗改造的组成部分,在"礼"体系构成中也至关重要。

第三节　周代金石雅乐对上古乐舞的改造

在"礼"对早期宗教和乡俗的改造中,还有一个非常重要的重要方面是金石雅乐对上古乐舞的改造。周代金石雅乐内容专门、体系严谨、成就卓越、影响深远。在这方面，传世文献记载了大量有极有价值的内容，惜周代的雅乐到春秋战国为郑声所乱，后来成书的《乐》又已亡佚，因此从汉代开始，注释五经的大师们已经难以窥见周代金石雅乐的真实面貌。不过，直到近代，出土乃至传世的大量青铜乐器所保存的珍贵信息，在近代学术方法传入后开始重新受到人们的重视，目前方兴未艾的音乐考古学研究，亦不断提高着我们对周代金石雅乐在音乐学方面达到成就的认识，下面便结合传世文献，利用目前音乐考古学取得的一些成果，考察一下周代金石雅乐对上古乐舞的改造。因笔者并不专门从事音乐考古学的研究，因此编钟的音值数据等音乐考古学专门内容并不是笔者研究的重点。本书本部分的任务，是以上古至周代乐律学的发展完善，及其跟"礼"的关系为线索，探讨金石雅乐对上古乐舞的改造过程，并对雅乐跟礼典配伍的状况作些蠡测。

一、周代雅乐以前的音乐情况

上古音乐是周代金石雅乐的渊源。《礼记·明堂位》："土鼓、蒉桴、苇籥，伊耆氏之乐也"，孔颖达疏："土鼓，谓筑土为鼓；蒉桴，谓以土块为桴(敲鼓之棍)；苇籥，截苇为籥(郑玄注为三孔笛)。"伊耆氏古代注疏家都释为神农，从考古资料可以看出这大致合乎古代音乐发生的时间——新石器时代即发现一些简单的乐器，如有一个吹孔，能发一个音的管哨①，新石器时代的远古陶埙一般能发出两到三个音②，河南舞阳贾湖发现的十四支骨笛能发出组成调律的多个音阶，更是让中外音乐史学者惊叹(见第一节)。杨荫浏先生认为"在原始时代的乐器中，击乐器占主要地位，基本上还没有多大发展。但是从击乐器和吹乐器来看，已经可以看出，原始乐器已经在遵循着一定的途径发展，就是由不定型到定型，由种类很少到种类很多，由不定音到固定音，由个别的单音到有一定高低关系的多音的

---

① 李纯一将远古骨(或角、石)哨分为三种，无孔管的Ⅰ型，孔管的Ⅱ型和活塞孔管的Ⅲ型，其中Ⅱ型出土较多。河南渑池仰韶村出土一陶质手制的哨为Ⅰ型，浙江余姚河姆渡遗址第四文化层出土的为Ⅱ型。它们多半用禽兽肢骨制成，学者们认为它们集狩猎时的诱扑工具和乐器为一身，是独立的专门乐器的前身。见《中国上古出土乐器综论》，文物出版社 1996 年版，第 354～358 页。

② 李纯一对二十一例出土于浙江余姚河姆渡、山西垣曲丰村、陕西西安半坡、河南渑池仰韶村等地，分属河姆渡、庙底沟、仰韶文化的新石器陶埙作了音乐学研究，从其中七例的测音结果看，它们都是按照某种原始的二声或三声调式调音，已有小三度萌芽，见《中国上古出土乐器综论》，第 392 页。

音阶序列”[①]，近年重要的考古发现——时代约当于尧舜时期的陶寺遗址出土了大量乐器，遗址中最高等级的墓葬——甲种大墓出土了鼍鼓、特磬、土鼓的配置，这种乐器配置与墓主的尊隆身份相合[②]。不过从音乐水准看，陶寺遗址的鼍鼓、特磬、特钟尚未超出简单的发个别单音的水平，因此，直到新石器时代，乐器所反映的简单、质朴的状况正合乎孔颖达疏在《礼记·明堂位》中所说的上古时期以土为桴，截苇为籥的情景，其音乐水平离后来的金石雅乐差距尚远。

此后的原始音乐在一点点进化。总的说来，从原始之乐进化到后来的金石雅乐经历了数千年的漫长过程。其中，能发出成调律的多个单音的管、弦乐器和成组青铜或石质敲击乐器的发明在这个过程中具有里程碑式的意义，因为它们的发明说明古人将他们很早就认识到的“数度”与音阶的关系提高到了一个更系统的水平，并将之用于音乐实践和指导生活，下文便对之稍作考察。

首先是能发出多个单音的管、弦乐器的出现。舞阳贾湖出土的14支含调律的七孔骨笛是新石器时代管乐器的杰出代表，它的出现之早提醒我们古人在那么早就注意到了数度和音阶的关系；而常见于三代文献的琴瑟则是弦乐器的代表，琴瑟由多根单弦架在由木板制成的共振箱上而成，这些弦通过长短的变化发出不同的单音，使这些音阶统一在一件多弦乐器中。现在称为“古琴”的弦乐器即由古代琴瑟发展而来，从音乐史发展的规律看它是最古老的华夏乐器，《礼记·乐记》：“昔者舜作五弦之琴以歌南风”，虽然考古发现的琴瑟实物最早也就到战国时期，但并不能理解成琴瑟出现晚，而是因为其材质为木质不易保存，从音乐发展的一般规律看，它的出现无疑是在青铜编钟之前的。目前考古发现的最早管弦乐器实物是河南鹿邑长子口墓[③]排箫。排箫1997年出土于河南鹿邑县太清宫镇，为禽鸟的腿骨所制，组成5件排箫的骨管数目和长短均不等，骨管出土时有明显的人字形带束痕迹，可知排箫的骨管是用宽带束在一起的[④]。长

---

① 杨荫浏：《中国古代音乐史稿》上册，人民音乐出版社1980年版，第13页。

② 王清雷：《西周乐悬制度的音乐考古学研究》，文物出版社2007年版，第35页。

③ 王恩田认为，铭文中的国名“长”应是“微”的误释，墓主应为殷王殷王之后子姓宋国开国国君微子启或其弟微仲衍，以微子启的可能性最大，见《鹿邑太清宫西周大墓于微子启》，《中原文物》2002年第4期。

④ 王子初：《中国音乐考古学》，福建教育出版社2003年版，第134～135页。

子口墓排箫反映了人们对管、弦长度跟所发音阶之间的关系早就有明确认识，并成熟地运用这种关系制作乐器，因此，排箫的背后反映的是当时已存在相当成熟的音阶和数度关系的乐律学知识。

多孔骨笛（在上古时代大约更多是竹、苇制的）、多弦琴瑟、多管排箫的出现改变了此前陶哨、土鼓等一件乐器只能发一个音或最多两三个音的状况，反映了人们对音乐和数度关系的认识产生了飞跃，这是人类音乐史上的飞跃。与此同时，古人从长期对击乐器的敲击实践中发现，铜、石因个体重量不同能敲击出不同的音阶，体积大分量重的发音低，体积小分量轻的发音高，于是人们便根据已掌握的数度原理，将它们安排成能构成调律的组或套，商代的这种乐器形式是编铙和编磬。从考古资料看，商代编铙、编磬往往是三件一组（见下图），从它们的音列构成看，小三度在商周乐器中普遍存在。殷墟妇好墓出土了五件一组的编铙①，学者认为商人已有绝对音高的概念，半音音程已经出现，已经具有发明十二律学说的前提条件。②

亚址编铙（商代晚期，1990年河南安阳郭家庄西160号墓出土，《中国青铜器全集》第三册，第83页）

① 中国社会科学院考古研究所编：《殷墟妇好墓》，文物出版社1983年版，第100页。

② 杨荫浏：《中国古代音乐史稿》上册，第26页。

二、周代的乐律学成就——五音十二律、"三分损益法"及"和"的思想

周代由于技术的发展,乐器铸造和乐理水平比商代有了较大的进步。这一时期文献的增多,以及跟考古资料的结合使我们能窥见当时音乐发展的高超水平。当然,周代享国八百年,从西周早期乐悬制度粗定到春秋时期金石雅乐臻于鼎盛,无论是编钟的铸造、乐悬的陈列还是它们背后的乐律学知识,都经过了一个由简单到复杂,由粗糙到精致,由经验积累到上升到理论高度的过程。目前方兴未艾的音乐考古学利用乐器实物作了很多这方面的具体研究,大大加深了我们对周代编钟音乐学内涵的了解。对本书的研究而言,传世文献中涉及金石雅乐的内容是极其重要的,但因为传世文献的记载侧重点往往并不是在金石雅乐本身,如《国语·周语》伶州鸠论乐的内容是作为史料记载下来的;《周礼·春官》的《大司乐》、《乐师》等章节,则跟《周礼》的其他章节一起,组成一个井然有序的体系,反映作者理想中的周代制度。从这些保存了十分有限的周代金石雅乐内容乃至乐律学内容的记载来看,周代的金石雅乐跟当时的其他典制形成了一个整体,这个整体中存在着"和"的思想,这种思想无论是理念还是技艺都达到了非凡的高度。因此,文献记载的有关周代金石雅乐资料十分重要,而且要作较深理解,才有可能企及它的灵魂。笔者将在这里谈谈自己的浅近认识。

(一)周代的乐律学知识——五音十二律、三分损益法简介

周代金石雅乐,是在商代已出现编铙、编磬等的基础上发展而来的。其中编钟的出现是最关键的环节,它是在编铙基础上出现的①,它由编铙的倒置敲击改为悬挂敲击,敲击时不影响钟体的发声振动,是重大的进步。编钟的产生是金石雅乐脱离粗糙状态的标志,因为它的产生除了需要成熟的青铜冶铸工艺之外,还需要相当完备的乐律学知识,这两个条件到西周初期都已具备——此前早已发达的青铜冶铸技术为编钟的浇铸提供了技术基础,而在此前,管弦乐器和编铙、编磬等敲击乐器已产生并用于实践,又奠定了铸造编钟所需的乐律学基础。从

① 学界对编钟的由来存在不同意见。有的认为它由商代编铙发展而来,有的认为它由南方大铙发展而来,有的调和二说。见王清雷:《西周乐悬制度的音乐考古学研究》,第76～81页。

目前考古资料所发现的周代编钟情况看，它们音响性能进步的背后反映着乐律学逐渐精致完备的过程。下文就结合部分编钟实物资料，对之作些考察。

从编钟实物资料看，整个周代，编钟的铸造技术和音准状况是不断提高的，但笔者认为，为编钟定音的乐律学指导思想始终没有发生质变，是精度在提高。从编钟音响性能看，最初的编钟发音跟编铙并无重大差异，如西周早期康、昭之世[①]的強伯各钟。不过从编铙时就已有了双音，学者称这时期的双音为"原生双音"，而后，人们认识到编钟存在能发双音的规律，便有意识地铸造双音，表现为这一时期的编钟在侧鼓部位均有凤鸟纹侧鼓音记号，此为"铸生双音"。而后凤鸟纹侧鼓音记号消失，说明侧鼓音的存在已被认为是理所当然的事，不必另用记号标明。最后产生锉磨调音技术，使得各钟正鼓音、侧鼓音所发之音音列更准确。此为"铸调双音"[②]。直到"世界第八奇迹"曾侯乙编钟的出现，编钟铸造水平和音响性能登峰造极。

曾侯乙编钟代表了目前所能见到的周代编钟音响性能的最高水准。之所以能达到那样空前绝后的水平，是因为周代乐师掌握着当时已经完善的乐律学。周代王官乐师所掌握乐律学的主要内容是五音十二律和三分损益法，编钟的铸造就是在这二者的基础上，加上乐师过人的耳力来定音准的。这里有必要简要介绍一下五音十二律和三分损益法。五音十二律是古代中国人创造的记录音高、音程的单位和体系，跟现代西方表达乐律的调律体系比自有特点，并且所达到的水平并不逊色。五音为宫、商、角、徵、羽，十二律是黄钟、大吕、太蔟、姑洗等十二种调，其性质类似今日西洋音乐记谱时用的 ACDEF 等调。考古发现中有一例律管实物，即1986 年10 月发现的江陵雨台山 21 号墓出土的律管，律管仅存 4 件，研究者根据残损铭文推测，M21:17-1 为新钟律管，M21:17-2 为姑洗律管，M21:17-3 为文王律管，M21:17-4 因残损过甚无法确知，此为战国时期的资料，它们所反映的

① 卢连成、胡智生:《宝鸡強国墓地》，文物出版社 1988 年版，第 415 页。

② 冯光生先生认为周代编钟的双音经过了三个发展阶段：原生双音—铸生双音—铸调双音。原生双音指商铙所发双音，但是其没有调音锉磨，应为单音乐钟；铸生双音指西周早期的编甬钟，仍然没有调音锉磨，也没有侧鼓部的凤鸟纹标记，仍然只用正鼓音；铸调双音指西周晚期的编甬钟，大部分已有调音锉磨，侧鼓部出现凤鸟纹标记，正、侧鼓音均已使用，编钟开始进入双音钟阶段，见《周代编钟的双音技术及其应用》，《中国音乐学》2002 年第 1 期。

乐律学水平已非常成熟①，此前律管早已长期使用是毫无问题的。

在十二律下，每一律管因长度不同而发音不同，各律管长度都有固定数值（《史记·律书》有记载，详下文）。在周代乐律学成就达到最高水平之际，十二律中的每一律都可再跟宫、商、角、徵、羽五音组成一个音组，这样从理论上，十二律和五音组成的音组有六十个音阶，它可以构成跨越至少现代音程中八个八度的音域，这些音组彼此又存在从低到高的关系，从而形成非常复杂的音阶体系，这是周代能铸造音准程度高、音阶跨度大的大型编钟的基础。

以上是五音十二律的基本原理。至于三分损益法，它是王官乐师以弦长之度定五音的办法，是为青铜编钟、石磬等成组乐器定音的依据。《管子·地员》记载了三分损益法的内容：

> “凡将起五音，先主一而三之，四开以合九九。以是生黄钟小素之首以成宫。三分而益之以一，为百有八，为徵。不无有三分而去其乘，适足，以是生商。有三分而复其所，以是成羽。有三分去其乘，适足，以是成角。”

这段的意思是，设定音之弦总长为 81，弹拨所发即为宫音，当长度变成 81×1/3＋81＝108 时，所发为徵音；同理，长度为 108－108×1/3＝72 时所发为商音；长度为 72＋72×1/3＝96 时所发为羽音；长度为 96－96÷1/3＝64 时所发为角音。这样，81、108、72、96、64 就分别是宫、徵、商、羽、角之数，如下图：

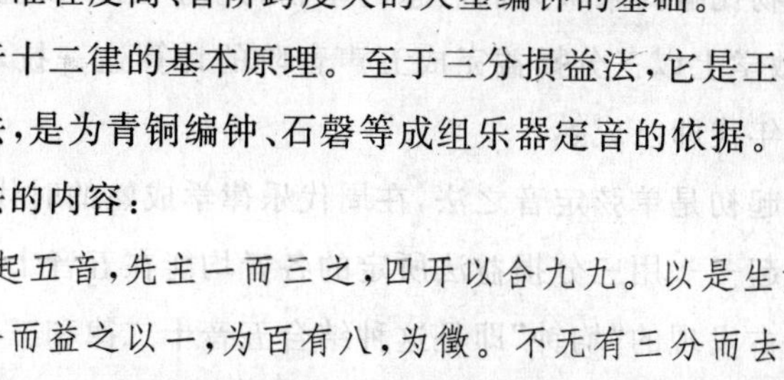

三分损益法在三代曾被长期使用。戴念祖先生通过对山西侯马出土的晋国

---

① 该套律管跟曾侯乙钟铭文属于统一乐律体系，新钟管相当今天的♯F调或♭G调，姑洗管相当于今天的 C 调，文王管相当于今天的 E 调，见王子初：《中国音乐考古学》，第 284 页。

编钟[①]的测音发现,该编钟以基音 g1(402.32 赫兹)为标准,成六声音阶。其音阶系列中的前 5 个音 g2、a2、c3、d3、e3 刚好是《管子·地员》所记述的“徵、羽、宫、商、角”五声,弦的长度与其频率成倒数关系。侯马钟的五音与《管子·地员》的测量结果在声学上绝对差只有 24 赫兹,可以肯定侯马钟是以《管子·地员》所记的三分损益法调音的[②]。因此《管子·地员》的“三分损益法”起源甚早,且《地员》借用“三分损益”比喻地下泉水距离地面深的度与地面植物分布的关系,是以一种较熟悉的事物比喻尚未被人们熟悉的事物,此前“三分损益法”应已有数百年发展历史,从数学上以三分损益完成五声音阶的计算这一技术至迟在春秋中叶或管子生活的年代即已成熟。

三分损益法起初是单弦定音之法,在周代乐律学成熟的时代,它跟五音十二律体系结合在一起——用三分损益法所定的各音均能在五音十二律体系中找到自己的位置。考古发现的“均钟”即是这种结合五音十二律和三分损益法的弦线式标准音高器。曾侯乙墓出土了均钟实物,该均钟有五弦,全长 115 厘米,首宽 7 厘米,高 4 厘米,尾宽 5.5 厘米,高 1.4 厘米。它最初出土时曾被认为是五弦琴,但研究者发现它岳山过于低矮,共振箱小,音量极微,不能用于实际演奏,后来音乐学家黄翔鹏先生证明它就是均钟,是为编钟定调律的音高标准器[③]。曾侯乙编钟的每一钟均有标记音高的铭文,内容是以姑洗均钟(姑洗调的均钟)某音为核心,阐述其在均钟中的音级及名称[④],说明当时编钟确实是根据均钟所发之音来制作和调音的。

五音十二律和三分损益法,一为乐律学基本框架,一为以数度出音律的实用技术,它们是古代中国人发明的杰出乐律学手段。在当时,它们的决定主要凭历代乐师的经验积累,还要加上乐师以耳听音之高下清浊。《吕氏春秋·仲冬纪》记载晋平公铸了大钟,让乐工听音,乐工们都认为音准,师旷认为不准,并说后来

---

① 顾铁符先生认为侯马遗址是公元前 585 年至公元前 403 年间的晋都新田,见《侯马遗址是晋都新田说的提出》,《文物》1991 年第 7 期。这样,晋侯编钟的铸造年代便在这时段内,它是春秋中期的文化遗物,至迟也是在约公元前 572 年到公元前 542 年制成的。

② 戴念祖:《“三分损益”法的起源》,《自然科学史研究》1992 年第 4 期。

③ 王子初:《中国音乐考古学》,第 239 页。

④ 同上书,第 198 页。

者将有人知道音不准的。到了师涓时，果真知道音不准。说明当时三分损益法对乐师经验的依赖也比较大，但三代乐师技艺世袭，他们心思的淳朴、耳音的敏锐远非后人可比，因此，三代乐律学建立在五音十二律、三分损益法和乐师经验的共同基础上，使周代金石雅乐取得了卓越的成就。考古发现中周代编钟的代表——曾侯乙编钟，由 64 件大小不等的铜钟合为一套，经敲击，每个钟都可发出正鼓音、侧鼓音两音，而这两音都构成小三度关系，基本音阶结构与现今国际通用的 C 大调七声音阶相同，总音域跨度达五个八度又一个大二度，中心音域十二个半音齐全，可以自由转调。从曾侯乙编钟的音响达到的复杂和准确水平看，古代乐师确对五音十二律的相关数度即这些数度与铸造青铜乐器的比值关系的掌握达到了高超的地步，2800 多字的曾侯乙编钟铭文记载着楚、曾、周、晋等几个地方的数种调律，以及各调律的宫、商、角、徵、羽之音的对应关系①，音乐史学者通过对曾侯乙编钟的铭文研究发现，现代欧洲体系的乐理中大、小、增、减等各种音程概念和八度音组概念，在曾侯乙编钟的标音铭文中应有尽有，而且完全是中华民族独有的表达方法②。戴念祖先生总结了上古至先秦律学及三分损益法的资料和发展情况，并列成下表③：

时间	内容	文物或文献
公元前 60 世纪	出现六声或七声音阶	河南舞阳贾湖骨笛
	小三度音程等	西安半坡陶埙
公元前 20 世纪	四声音列	甘肃玉门火烧沟陶埙
	绝对音高	山西夏县、襄汾石磬

① 曾侯乙编钟铭文提到的调律有兽钟、穆钟、姑洗、坪皇、文王等，这说明当时各诸侯国间存在着各自的音律体系。这里举两个曾侯乙编钟标音铭文的例子。C.65 下 2.1 正鼓部分铭文(3)："姑洗之徵角，坪黄之羽，为无射之羽颠下角，为兽钟曾（增）。"(4)"妥（蕤）宾之羽，为穆音之羽角，为剌音变商，为兽钟之徵下角。"（见裘锡圭、李家浩：《曾侯乙墓钟、磬铭文释文与考释》，湖北省博物馆编：《曾侯乙墓》，文物出版社 1989 年版，第 532 页）姑洗、坪皇、无射、兽钟、穆音等为调律名，姑洗之徵、坪皇之羽、蕤宾之羽均为姑洗、坪皇、蕤宾等调律中五音中的单音之名，铭文描述的是这些音高之间的对应关系。而且曾侯乙编钟铭文的调律跟文献记载的黄钟、大吕、太蔟等不同，其中有楚、曾、晋等地的律名，如 C65 下 1.2"妥（蕤）宾之才（在）楚号为坪皇，其才（在）绅（申）号为迟（夷）则"，说明同一音，在不同诸侯国的调律体系中名称不同。这些诸侯国调律体系之间的关系尚有待深入研究。

② 王子初：《中国音乐考古学》，福建教育出版社 2003 年版，第 201 页。

③ 见戴念祖：《"三分损益"法的起源》，《自然科学史研究》1992 年第 4 期。

（续表）

公元前13世纪	十一个半音与绝对音高	河南辉县琉璃阁殷墓
公元前13—前12世纪	十一个半音与七声音阶	河南小屯殷墓
公元前12—前9世纪	纯律小三度，自然泛音列，以及四声音列	殷钟①、周编钟
公元前11世纪（武王伐纣）	关于十二律与七声音阶的知识及其在音乐实践中的运用	《国语·周语》
公元前572—前542年	与《管子·地员》记载相同的五声音阶，三分损益法已经诞生	山西侯马编钟
公元前522—前521年	十二律音名，音高标准器“均钟木”以及“纪之以三”的文字记载	《国语·周语》
	律学实验的定型总结	《左传》昭公二十年
公元前433年	乐律与声学的高度发达	曾侯乙编钟
公元前4—前3世纪	三分损益数学方法的详细记述	《管子·地员》
公元前2世纪	对十二律完成数字计算的文字记述	《吕氏春秋·音律》

以上是对周代王官的乐律学知识——五音十二律、三分损益法的简要介绍。它们是以“数”与音律的关系和用“数”推算音律的方法为基础的。因为推律需要计算数度，三代王官的乐师均精于推数。《左传》襄公三十年记晋国乐师师旷推断绛县一个老人的年岁，老人云：“臣生之岁，正月甲子朔，四百有四十五甲子矣，其季于今三之一也”，师旷推断出老人生于鲁叔仲惠伯会郤成子于承匡之岁，“七十三年矣”，即老人今年七十三岁。以“数”和音律的关系为基础的五音十二律体系，和以数度求得音律的三分损益法，标志着周代人在音乐思维和相关技艺上远远超出了大多数原生态音乐调律简单，直抒胸臆的水平，周代的金石雅乐登上了灿烂辉煌的殿堂。

（二）旋宫转调、以数度出音律法、“和”的思想及方法

旋宫转调，即改变音阶的八度来演奏乐曲，它能大大增强乐曲的表现力，这必然产生在人们的乐律学知识和音乐技艺达到一定水平之后。周代编钟一大特点就是能够旋宫转调，笔者以为，之所以要旋宫转调，除了是因为贵族举行礼典或娱乐身心时增强音乐表现力的需要外，还因为它能体现周乐的等级和使用者

① 戴念祖认为应为铙。

的身份(详下文)。旋宫转调是以乐律学框架的存在为前提的,从考古资料看,旋宫转调产生很早,在乐律学未发展到极精致的地步之际,旋宫转调即已经存在了。虽然西周时期的编钟只有宫、角、徵、羽四音,无商音[①],但用这四声旋宫转调的现象存在于多套编钟中。如年代当西周中期的微伯𤼈钟,三式𤼈钟(六件,学者认为30号和16号间当缺两钟)的音列为:角——徵——羽——宫;二式、四式𤼈钟(七件)正、侧鼓音构成的音列为:羽——宫——角——徵——羽——宫——角——徵——羽——宫——角——徵——羽——宫,音域达三个八度又一个小三度。加上侧鼓音,可以构成完整的♯G羽四声音阶[②]。

而且从周代编钟的铸造看,能组成调律并旋宫转调是周代编钟音响的核心。虽然西周时期有的编钟音准状况并不很理想[③],铸造水平也还粗疏(西周早期的编钟最多为3件一组,侧鼓部均为没有凤鸟纹等侧鼓音演奏标记,而且于口内均无调音锉磨痕迹[④]),但即使在这样的铸造技术下,旋宫转调不但已经能够进行,而且所转调律已经甚为复杂,如年代为西周中期的长安马王村编钟。编钟共10件,10件编钟可分为五式:一式4件,二式2件,三式2件,四式1件,五式1件。可见这组编钟应为拼凑而成。而且这10件编钟的于口内部均没有调音锉磨痕,这是它的铸造水平尚不十分高超的表现,据一般规律,其音乐性能也应该不会好到哪里去,但王清雷先生对长安马王村编钟作的测音结果令人惊讶——在这10件编钟当中,第1至8件的正鼓音,加上第4、5两件双音钟的侧鼓音,仅差变宫、徵曾、徵三个音就可以在一个八度内构成完整的半音阶,这在目前所见的西周编钟中尚属仅见。结论是:"马王村编钟:音列齐全,至少已具备四宫:♭D、C、♭B、F,并能在这几种不同的调高上构成多种调式,如♭B羽、♭D宫、C宫、♭B宫、A角、C徵

---

① 音乐考古学者们这样解释西周编钟无商音的现象:因为周人取商而代之,所以忌用商音,即是因为政治原因,并非是当时由弦取音的技术定不出商音,见王清雷:《西周乐悬制度的音乐考古学研究》,文物出版社2007年版,第180～183页。

② 王清雷:《西周乐悬制度的音乐考古学研究》,第100页。

③ 王清雷先生在分析𤼈钟音列时提出,"从对𤼈钟的测音数据分析可以看出,一些编钟的音准是比较差的,学者认为,古代钟师调音,是完全凭着自己的听觉为编钟进行调音。此外,西周中晚期,编钟的铸造刚刚步入铸调双音钟的阶段,调音技术尚未成熟。与后世曾侯乙编钟的工匠比,在编钟铸造和调音水平上还有较大距离",见其《西周乐悬制度的音乐考古学研究》,第100页。

④ 王清雷:《西周乐悬制度的音乐考古学研究》,第86页。

等，在C宫上竟然可以转五个调。”①王清雷先生是这样解释马王村编钟的铸造水平和音响性能之间的关系的：“马王村编钟所具有极强的音乐性能表明，早在纽钟诞生之前的西周中期，个别贵族已经开始注重并挖掘钟磬的音乐性能，以便充分发挥钟磬乐悬的娱人功能。从而使西周钟磬乐悬不但可以用于各种祭祀和礼仪场合，还可使自己获得身心感官上的娱乐和享受。”②在笔者看来，这正是因为乐律学的框架产生较早，因此虽然编钟的铸造技术在西周中期尚未登峰造极，但比较成熟的乐律学框架已经存在，再加上工匠积累的编钟重量和音高之间关系的经验，就能在有限的技术水平下，铸造出实际运用可以转多个调律的编钟。

因为组成调律并旋宫转调是周代编钟的灵魂，我们所见的编钟性能正是在这方面越来越高。到曾侯乙编钟，由65件大小不等的铜钟合为一套，经敲击，每个钟都可发出正鼓音、侧鼓音两音，而这两音都构成小三度关系，中心音域十二个半音齐全，可以自由转调。曾侯乙编钟的旋宫转调状况，体现了周代乐律学的高度完善和编钟铸造工艺的登峰造极。不过，编钟作为一种体现“礼”的大型乐器，它们的旋宫转调其实并不是用来娱人的，而是一种体现了“和”的思想的音乐技术。下文就“和”的思想及其与音乐技艺的关系谈谈笔者的粗浅认识。

“和”字在先秦文献所见很多，大部分情况下它都被理解成一种哲学概念。其实，周代的礼乐文明是通过礼典中仪、容的数度和乐音的“和”来实现的，文献提到的“和”除了具有丰富的哲学内涵之外，在施礼、用乐等层面还有相关技术支持着，这里我们关注的是“乐”的部分。旋宫转调是体现“和”的音乐技术，这一点首先可从乐律学本身看出。“和”首先是一个音，曾侯乙编钟中的标音铭文有“和”（龢）字，指宫音上方的纯四度音③，为什么这个音会被称为“和”？笔者以为原因可能是这样——当时用均钟或律管出音律，发出这个音的弦长数度正是极长和极短的中和之值，因此这个音的音高被称为“和”，将这个音称为“和”，反映了周代金石雅乐的“和”是建立在以律管出音律基础上的。这方面内容从文献记载也可以印证。《周礼·春官·典同》：“凡为乐器，以十有二律为之数度，以十有

① 王清雷：《西周乐悬制度的音乐考古学研究》，第136～137页。

② 同上。

③ 王子初：《中国音乐考古学》，第201页。

二声为之齐量"，郑玄注："数度，广长也；齐量，侈弇之所容"，即"数度"是指编钟各部位的尺寸比例，"齐（剂）量"郑玄注认为指钟体内腔的大小，这是不对的，因为周代编钟铸造之法到汉代已经失传，身为经学大师的郑玄在这方面理解产生差错亦不奇怪，更不应去深究。实际上，《典同》的这段话记载的是周代铸造编钟最重要、最根本的方法——以律管和数度跟所浇铸青铜溶液分量之间的关系来铸造编钟。"数度"不是指编钟各部分的尺寸比例，而是指十二律律管的长度；"齐（剂）量"不是指钟体内腔的大小，而是指所浇铸青铜溶液的剂量。因为王官音乐人员（《周礼》记载的是"典同"）掌握着每一律管的数度跟发该音的青铜编钟重量之间的关系，才根据这个比例关系铸造编钟。从考古发现看，许多编钟都是拼凑成套的，如疾钟、长安马王村编钟、晋侯苏钟等，这反映了一个重要信息——当时编钟普遍存在一种重量与发音关系的基本规律，否则不同套系的编钟肯定发音混乱，不可能将不同形制的钟配合成套使用。

这是乐器的铸造。乐器的铸造反映着理论水平较高的完善乐律学早就存在，并一直指导着编钟铸造的实践。周代乐律学之所以理论水平高、内容完善，是因为当时人们对音律的性质及其与万物特性关系的认识达到了很高的水平。在周代人看来，"律"是自然界最均准的轨迹，它们跟万物的其他特性之间存在着稳定和均衡的联系，这种稳定和均衡的联系就是"和"。这方面《国语·周语》的记载非常有价值。《国语·周语》记载周景王欲用无射铸"大林"①，单穆公不同意，并说：

> "……钟不过以动声，若无射有林，耳弗及也。……耳之察和也，在清浊之间，其察清浊也，不过一人之所胜。是故先王之制钟也，大不出钧，重不过石，律度量衡于是乎生，小大器用于是乎出，故圣人慎之。"

若按《史记·律书》的记载，林钟律管长五寸十分之四，无射长四寸四分三分二，林钟长于无射。若以林钟之数所对应的铜液分量铸造无射之钟，不但造出的钟偏大，而且音也会有偏差，即"耳弗及也"，更为重要的是这样做破坏了"和"的

---

① 有的学者认为"大林"是指一套编钟之意，但从下文单穆公的回答提到"无射有林"看，这个"大林"不是指一套编钟，而是指一件发音为林钟的编钟。

原则,因为周人的"和"不仅反映在乐音上,当时人们还认为数度为天下均准,度、量、衡均由此出,若铸出的钟偏大,气中的分量就偏重,就违背了原先的度量衡制度。《国语·周语》韦昭注:

"律,五声阴阳之法也。度,丈尺也;量,斗斛也。衡,称上衡。衡有斤两之数,生于黄钟。黄钟之管容矩黍千二百粒。粒百为铢,是为一龠。龠二为合,合重一两。故曰:'律、度量衡于是乎生也。'"

"衡有斤两之数,生于黄钟"即衡的重量单位由律管来定,此为以律出度量衡的古法:古人用一定口径的竹管定下黄钟之宫这一基准声后,根据律管不断削短之数定其他音阶,而"黄钟之宫"管能容1200粒矩黍,由这1200粒矩黍的重量又将管的数度跟"衡"即重量单位联系在一起。这个数值的关系《汉书·律历志》有详细记载,为古法孑遗。由此可见音律与度量衡通过"数"联系在一起,这是"和"的更深一层意思,若用林钟之数制作无射之钟,在古人看来违背了反映当时人心目中宇宙秩序的数度规律和"和"的原则,因此单穆公坚决反对。周景王不信,又问乐官伶州鸠。伶州鸠解释音律的意义:

"律所以立均出度也。古之神瞽考中声而量之以制,度律均钟,百官轨仪,纪之以三,平之以六,成于十二,天之道也。夫六,中之色也,故名之曰黄钟。所以宣养六气、九德也。由是第之,二曰太蔟,所以金奏赞阳出滞也。①

"律"是古人心目中最自然、最标准的有条理轨迹。因此古代"立均出度"根据音律,具体操作则根据律管的长度,这跟单穆公表达的是一个意思。金石雅乐的"和"正是在乐器铸造的基础上,在实际演奏时运用旋宫转调和各律相配达到"和"的。伶州鸠下面又阐述了"和"的理念和方法:

"夫政象乐,乐从和,和从平。金石以动之,丝竹以行之,诗以道之,歌以咏之,匏以宣之,瓦以赞之,革木以节之。物得其常曰乐极,极之所集曰声,声音相保曰和,细大不逾曰平。如实,而铸之金,磨之石,系之丝木,越之匏竹,节之鼓而行之,以遂八风。……德音不愆,以合神人,神是以宁,民是以听。"

---

① 《国语·周语》。

这个“和”讲的就是以十二律相配让乐音相和的意思,伶州鸠讲的方法是“铸之金,磨之石,系之丝木,越之匏竹,节之鼓而行之,以遂八风”,因为古人认为律是“气”动所致,清人江永《律吕新论·论五声》:

“天地之间气而已矣。气动而声发焉。大小高下皆有数存焉。稽之于物:金石之属,小而薄者声浊,大而厚者声清;丝弦之属,粗而长,张之而缓者声浊;细而短,张之而急者声清。竹管之属,长而宽,吹之而缓者声浊,短而窄,吹之而急者声清。声皆禀于器,而器之大小短长粗细宽窄莫不有数存焉。品其清浊高下之次第有五:最浊为宫,次浊为商,清浊间为角,次清为徵,最清为羽。”

江永所说的金石、丝弦、竹管乐器的发声规律,周代人就已经发现了,《国语·周语》记载伶州鸠分析金石、丝竹等乐器的发音规律:

“……臣闻之,琴瑟尚宫,钟尚羽,石尚角,匏竹利制,大不逾宫,细不过羽。夫宫,音之主也。第以及羽,……故乐器重者从细,轻者从大。是以金尚羽,石尚角,瓦丝尚宫,匏竹尚议,革木一声。”

伶州鸠认为编钟音高,即“尚羽”,丝竹音低,即“尚宫”。宫、角、羽相当于dol、mi、la,正合乎金石乐器发音高,丝弦乐器发音低的原理。至于革木,因为没有音的高低之分,因此韦昭注:“革,鼗鼓也。木,柷敔也。一声,无清浊之变也。”这些乐器所发之音均能在五音十二律体系中找到自己的位置。而十二律律管长短有固定之数,这个数不仅可用计量数记录下来,古人认为它还是表现万物均衡状态下的一套轨迹,古人认为十二地支、十二月份均代表了“气”的不同状况,这些不同状况之间存在着均衡的、可由此推彼的对应,因此后来才有十二律、十二地支、十二月份的对应。律和干支等的联系,反映了十二律在古人心目中是蕴藏着固定的条理和轨迹的客观存在,也是候气、纳音等跟音律有关的数术最早的渊源所在。

因此,周代人心目中的音律是蕴有深意的,他们认为用各种有清浊高下之分的乐器演奏“八风”并让之相和,是最高的“和”的境界。伶州鸠说的“铸之金,磨之石,系之丝木,越之匏竹,节之鼓而行之,以遂八风”可以看成是对《周礼·春官·典同》“掌六律六同之和,以辨天地四方阴阳之声”的具体注解。“八风”韦昭注为八方之风，因它们有疾劲宽缓之别，伶州鸠认为使用金石丝竹匏瓦革木等材质的乐器相配演奏“八风”，就做到了让它们发的音高低阴阳相和。这是周乐的最高境界，它体现着让所有的音体现同一种思想，并让它们井然有序的理念。

总之，“和”并不是一个空泛的哲学概念，在“乐”的领域内，它是有一定技术支持着的。在周代，“和”的概念并不局限于音乐领域，还跟味道、颜色等在古人心目中同样表达宇宙秩序的内容是井井有条地联系着，《国语·周语》单穆公劝周景王时说：

“夫耳目，心之枢机也，故必听和而视正。……夫耳内和声，而口出美言，以为宪令，而布诸民，正之以度量，民以心力，从之不倦……口内味而耳内声，声味成而生气，气在口为言，在目为明，言以信名，明以时动。名以成政，动以殖生。政成生殖，乐之至也。”

《左传》昭公二十年晏子应对齐侯时说了类似的话：

“和如羹焉……。先王之济五味、和五声也。以平其心，成其政也。声亦如味，一气、二体、三类、四物、五声、六律、七音、八风、九歌，以相成也。清浊大小，长短徐疾，哀乐刚柔，迟速高下，出入周疏，以相济也。君子听之，以平其心，心平德和。”

这里以“羹”的五味相和比喻音乐的“和”。金石雅乐之奏，以金石为主，丝竹琴瑟为副，陶匏为辅，体现的就是以气动声发的五声、八音之搭配实现“和”的境界。古人认为音律为天地之“气”所动，中和之乐能陶冶人的性情，进而反映政治的均准清平。《礼记·乐记》：“凡音者，生人心者也。情动于种，故形于声，声成文，谓之音。是故治世之音，安以乐，其政和；乱世之音，怨以怒，其政乖；亡国之音，哀以思，其民困。声音之道与政通矣。”至于“和”跟味道、颜色等的联系，在古人那里是通过各种具体技术来实现的，这些具体技术在音乐领域包括以律管候气、纳音、出度量衡等，在烹饪领域包括五味相和，在古人看来它们的终极结果就是都可推得表达宇宙万物的轨迹，因此乐音、味道、色彩、季节等在古人看来是彼此联系的，这种联系中最中正的位置、最高远的境界就是“和”。政治偏离了和，就是荒急怠惰之政，乐音偏离了和，就是凶慢淫逸之声，《礼记·乐记》追溯三代古乐：

“乐也者，圣人之所乐也，而可以善民心。其移风易俗。故先王著其教焉。夫民有血气心知之性，而无哀乐喜怒之常，应感起物而动，然后心术形焉。是故志微噍杀之音作而民思忧，啴谐慢易、繁文简节之音作而民康乐，粗厉猛起、奋末广贲之音作而民刚毅，廉直劲正庄诚之音作而民肃敬，宽裕肉好、顺成和动之音作而民慈爱，流辟邪散、狄成滌滥之音作而民淫乱。是故先王本之情性，稽之度数，制之礼义，合生气之和，道五常之行，使之阳而不散，阴而不密。……律小大之称，比终始之序，以象事行。”

这段文字说明古人认为乐为人心所动而发。因为人秉天地之气，喜怒哀乐彰发即成乐。“本之性情，稽之度数”的以数度出音律之术，为王官的乐师所掌。

以上对周代编钟的旋宫转调及乐律跟“和”的思想的关系作了简要分析。在周代，五音十二律的技术及“和”的理念的产生，远远超越了此前原始音乐利用简单乐器和人声直抒胸臆的水平，它将各种乐器如丝竹、管弦、钟鼓、陶匏等乐器所发之音均化成“数”，并形成复杂的金石雅乐体系，将音乐这一抒发人的情感最直接的方式纳入井井有条的数度系统下，这样，金石雅乐从根本上改造了上古之乐，使它在形式完备、内容丰富的同时成为施行各种礼典时的辅助，从此它的性质也不再是原始时期人们直抒胸臆的工具或降神的辅助。

三、周代金石雅乐的体系及其与礼典的配伍情况蠡测

以上是对周代乐律学达到水平的考察。乐律学所达到的水平堪称一个民族逻辑思维水平的表现，近代西方交响乐是以复杂而富有逻辑的数理水平为前提的，正因如此，交响乐才让西方人引以为傲。古代中国人在乐律学方面也曾达到过辉煌的水平——从周代五音十二律和三分损益法构成的乐律水平和实践状况看，它远远超出了原始音乐无系统化的对音节、乐律的认识的阶段，并达到了卓越的水平。周代的金石雅乐，正是在发达的乐律学基础上，用“八音”配伍来表现中正平和的意境的乐曲体系，这一乐曲体系内容严整，各种礼典和各级人等所用之乐在主音、主调的高低上各有差别，这差别体现了这些礼典和使用者本身身份的高低贵贱。目前音乐考古学者结合乐器资料，在编钟（铙、镈等）的乐律、音阶

构成方面已获得了许多成果。但因为青铜乐器实物本身已成默然的绝响，仅凭实物尚难得知周代金石雅乐的音乐体系，文献记载在这方面涉及的重要信息仍应是值得格外关注的。笔者下文试图结合二者，加上必要的推理，谈谈自己对周代金石雅乐体系的理解。推理的结论正确与否，尚留待它朝实践检验。

下面就对周代运用"八音"的乐曲体系作些考察。

周代"八音"为 金、石、丝、竹、匏(陶)、土、革、木八种材质的乐器，它们可以按复杂程度分为三大类，首先是金、石，即成组编悬的青铜编钟和石质编磬，它们结构复杂、内涵丰富，是"八音"中的灵魂；其次为琴、瑟、笙、竽、排箫等由多弦或多管构成的管弦乐器，它们是"八音"中次于金石的附翼；再有就是各种鼓、铃、铎等响器用来敲击节奏。这三大类乐器中，琴瑟丝竹等渊源最古远，使用最为普遍，是礼乐文明鼎盛时下级贵族普遍使用的；编钟、编磬等则气势磅礴，最为尊隆，在较高的乐制和场合中才添加；至于鼓、铃、铎等则是配角。这些乐器在考古中均有发现，而且从考古发现能看出由这三大类乐器组成了隆杀不等的器乐制度。1978 年 6 月于湖北随县曾侯乙墓地共出土了编钟、编磬、鼓、瑟、琴、笙、排箫、篪八种乐器共 124 件，东室设置的乐器有十弦琴、五弦琴、瑟、笙、小鼓等，用这些乐器可组成一个小型丝竹乐队①，这些乐器均为丝竹，有小鼓点缀，反映的是大夫、士等用乐的等级规模；而中室设置的乐器以重器钟、磬、健鼓为中心，另有排箫、篪、笙、瑟，用这些乐器可组成一个大型的钟鼓乐队②，钟鼓的添加说明了该器乐配伍比东室的尊隆，是为更高级别的场合和人物准备的。这是乐器的按等级配伍法。总的说来，"八音"在演奏时是以编钟、编磬为核心、琴瑟笙竽为附翼，鼓点为陪衬的，根据文献记载，"乐"的使用要根据施行身份的隆杀采用不同等级的乐悬制度，天子宫悬(四面)，诸侯轩悬(三面)、大夫判悬(两面)、士特悬(一面)，乐悬的多少体现的是等级尊卑(这乐悬不仅仅指编钟，还包括编磬)。从出土实物看，曾侯乙编钟的乐悬为曲尺型，它在演奏时需五人，其中三人持六个木槌分别奏击上中层三组小、中型钟，其余二人持木棒站立左右分别撞击下层大

---

① 伍国栋:《中国古代音乐》，商务印书馆 1997 年版，第 48 页。

② 同上。

钟,而且下层大型镈钟最大者通高 92.5 厘米,重达 134.8 克,比起西周、春秋出土的一般编钟复杂得多,再加上编悬的磬,即可组成“宫悬”、“轩悬”等各种等级的乐悬①。这也显示了尊者用隆盛的乐悬,卑者用简单的乐悬这一原则完全是当时的事实。

除了“八音”器乐的配伍法外,笔者以为:在周代,乐曲体系本身也有等级之别,它以渐次完备的宫、商、角、徵、羽五音跟黄钟、大吕等十二调律构成众多乐曲,这些乐曲按主调律的高低分成等级,就跟人们的衣服车马用具按数目降杀一样,这些不同等级的乐曲构成周乐的整体,这方面可根据《周礼·春官·大司乐》考证一二。《周礼·春官·大司乐》记载大司乐之职:

“以六律、六同、五声、八音、六舞,大合乐,以致鬼神示,以和邦国,以谐万民,以安宾客,以说远人,以作动物。”

这个“大合乐”就是说大司乐以五音、十二律(六律、六同)构成的乐曲用于祭祀(享鬼神)、朝聘(和邦国)、乡射(谐万民)、宴享(安宾客、说远人)等礼典。《大司乐》下文还说“乃分乐而序之,以祭、以享、以祀”,这个“分乐而序之”很重要,它的意思是:大司乐将不同调律的乐曲分门别类,用于不同的场合。这一点前代注疏家没有提及,这是因为周乐在汉初即已失传,汉人注经时已不明白周代雅乐乐曲本身的分层次情况,他们也没有条件见到真实完整的周代编钟,因此郑玄注才说“分乐”是“各用一代之乐”,并不确切。

周代乐曲体系的内容,目前很难考证,这是因为当时“乐”是掌握在王官乐师手中的专门的知识和技艺,后来成书的《乐》又已失传,目前仅凭考古发现的编钟实物尚难得知当时使用它们演奏的乐曲的原貌,因此这方面内容仅能从《周礼·春官·大司乐》目前中窥见一二。笔者以为《大司乐》中有一段记载能说明周乐确实按调律分等:

“乃奏黄钟,歌大吕,舞云门,以祀天神。乃奏太蔟,歌应钟,舞咸池,以祭地示。乃奏姑洗,歌南吕,舞大磬,以祀四望。乃奏蕤宾,歌函钟,舞大夏,

① 考古发现中,微伯痶乐悬、单逨乐悬均为“轩悬”,微伯痶乐悬为两堵钟(其中一堵下层为编镈),一堵编磬;单逨乐悬为一肆编镈、一堵两肆编钟、一堵编磬。图分别见王清雷:《西周乐悬制度的音乐考古学研究》,第 129、169 页。

以祭山川。乃奏夷则，歌小吕，舞大濩，以享先妣。乃奏无射，歌夹钟，舞大武，以享先祖。”

上文的函钟又名林钟，小吕又名中吕或仲吕。这段话中藏着调律和所祭祀神灵之间的配伍关系——文中的奏黄钟、歌大吕等应指以奏黄钟唱大吕为主调的音乐。文中以大吕配黄钟，以应钟配大蔟，以南吕配姑洗，以函钟配蕤宾，以小吕配夷则，以夹钟配无射，共配成六类乐曲，这样相配不是随意的，而是以阴（吕）配阳（律），它们的配伍加上孔颖达疏中提到的月份、干支的内容，可以列表如下：

律名	次序	对应月	干支	吕名	对应月	干支
黄钟	阳声之首	十一月	子	大吕	十二月	丑
太蔟	阳声之二	正月	寅	应钟	十月	亥
姑洗	阳声之三	三月	辰	南吕	八月	酉
蕤宾	阳声之四	五月	午	函钟（林钟）	六月	未
夷则	阳声之五	七月	申	小吕（中吕）	四月	巳
无射	阳声之六	九月	戌	夹钟	二月	卯

《春官·大师》孔颖达疏：“六律为阳，六同为阴，两两相合，十二律为六合”，并详述十二律按干支合气之法。其实十二律和十二月、十二地支的相配，西周、春秋时期不见得就有，它们的完善要等到《淮南子·天文训》和《吕氏春秋·十二纪》，但即使去掉其中的月份内容，还是可以看出上表中六种调律配伍并非随意的，它们相配的原则是按阴阳“气”相加达到中和的原则，如黄钟子之阳加大吕丑之阴，大蔟寅之阳加上应钟亥之阴等等。周代乐师是如何实现这一点的？笔者以为在当时的技术条件下还是能够做到的，因为每一律、吕均有对应长度的律管，将十二律的律管按最长加最短、次长加次短会得出相同数值，这样相加后按阴阳调律两两配伍，实现“中和”。从曾侯乙编钟实物看，当时乐师对调律之管、均钟之弦长短的掌握已非常精确，因为只有掌握精确的律管或均钟弦之长度，再精确地以相应分量的铜液浇铸出相应重量的编钟，才能达到发出某个准确而固定的音。《史记·律书》记录了十二律律管的长度，这个数值不见得是三代王官乐师所掌之实值，但此法确实是三代孑遗。《律书》所记十二律律管的长度是（均取近似值）：

黄钟 8+1/7 =8.143	大吕 7+0.5+1/3=7.833
太蔟 7+2/10=7.2	夹钟 6+0.7+1/3=7.033
姑洗 6+4/7=6.571	仲吕 5+0.9+2/3=6.566
蕤宾 5+0.6+2/3=6.266	林钟 5+4/10=5.4
夷则 5+2/3=5.666	南吕 4+8/10=4.8
无射 4+0.4+2/3=5.066	应钟 4+0.2+2/3=4.866

若按《律书》的这个数值,将律管长度按《周礼·春官·大司乐》太蔟加应钟、姑洗加南吕、蕤宾加林钟、夷则加仲吕、无射加夹钟,所得数值为:12.066、11.371、11.666、12.222、12.099,假如将三代律管的长短数值可能跟《史记·律书》记载的有差异考虑进去,应相差无几。但黄钟加大吕数值在15以上,与其他五阳律、五阴吕相加差距较大,这应是因为古人认为声音所发是因为"气"的振动,既然黄钟为阳声之首,大吕为阴声之首,黄钟、大吕相加就实现阴阳气的中和,它们相加的数值多余其他律、吕相加,是可以理解的。

因此,周代乐师根据"气"动声发的原则,将六律、六吕按律管的长短相加实现阴阳配伍,是实现"和"的方法。在每种调律基础上引入宫、商、角、徵、羽五音,就能组成主音高低不同的乐曲体系。《大司乐》中有一段透露了这一内容:

"凡乐,圜钟(夹钟)为宫,黄钟为角,大蔟为徵,姑洗为羽。靁鼓,靁鼗、孤竹之管,云和之琴瑟,云门之舞,冬日至,于地上之圜丘奏之,若乐六变,则天神皆降,可得而礼矣。

"凡乐,函钟(林钟)为宫,大蔟为角,姑洗为徵,南吕为羽。靈鼓、靈鼗、孙竹之管,空桑之琴瑟,咸池之舞,夏日至,于泽中之方丘奏之,若乐八变,则地示皆出,可得而礼矣。

"凡乐,黄钟为宫,大吕为角,大蔟为徵,应钟为羽,路鼓、路鼗、阴竹之管、龙门之琴瑟,九德之歌,九磬之舞,于宗庙之中奏之,若乐九变,则人鬼可得而礼矣。"

此段记述提到宫、角、徵、羽四音,正合乎西周编钟无商音的状况。上文内容暗藏着周乐的旋宫转调法,这旋宫转调形成了音高不同的三种乐律。《大司乐》上文礼天神、地祇、人鬼之乐的主音可概括如下:

天神：夹钟之宫、黄钟之角、太蔟之徵、姑洗之羽

地祇：林钟之宫、大蔟之角、姑洗之徵、南吕之羽

人鬼：黄钟之宫，大吕之角，大蔟之徵，应钟之羽

文中，夹钟、黄钟、大蔟、姑洗等均为调律，在该调律下再分别取宫、角、徵、羽四音，这就是《大司乐》所说周乐以十二律"文之以五声"之法。就上文记载看，这样能毫不困难地组成音高不同的三种调子，分别用来礼天神、地祇、人鬼，这就是旋宫转调之法，也是考古发现的周代编钟之所以需要旋宫转调最深刻的原因。——用不同调门的音乐礼敬等级不同的神灵，用于级别不同的礼典，既体现使用者的等级尊卑，又体现从根本上整个社会和谐有序的思想。

不仅如此，用《大司乐》记载的这三个音组的音程所谱的乐曲还配上不同等级的鼓、丝竹、管弦（郑玄注雷鼓、雷鼗为八面，靈鼓、靈鼗为四面，路鼓、路鼗为四面。这些是不同档次的鼓、鼗）和乐舞，用于祭天神、地祇、人鬼，这又进一步说明了周乐在存在着按音高区分的乐曲体系的同时，还存在按乐舞、配器的不同区分乐曲等级高低。这种音组、乐舞、配器方面的配伍所形成的不同等级可用下表表示：

	金石乐的调律	鼓、鼗	管弦	琴瑟	舞
礼天神	圜钟为宫，黄钟为角，大蔟为徵，姑洗为羽。	靁鼓、靁鼗	孤竹之管	云和之琴瑟	云门之舞
礼地祇	函钟为宫，大蔟为角，姑洗为徵，南吕为羽。	靈鼓、靈鼗	孙竹之管	空桑之琴瑟	咸池之舞
礼人鬼	黄钟为宫，大吕为角，大蔟为徵，应钟为羽。	路鼓、路鼗	阴竹之管	龙门之琴瑟	九磬之舞

因此，从《大司乐》的这段资料不仅能看出礼天神、地祇、人鬼所用是不同的乐，还能看出这些乐是有调律高低的。在由"八音"相配形成的周乐体系中，这些乐不见得每一首都有名字，但每一首乐一定在完整周乐体系中拥有自己的位置，它们根据使用者和使用等级的不同运用不同的乐悬制度和琴瑟的数量、五音的主调。这方面内容《大司乐》同样可以提供证据：

"凡乐事，大祭祀，宿悬，遂以声展之。王出入，则令奏王夏，尸出入，则令奏肆夏。牲出入，则令奏昭夏。

"大射,王出,令奏王夏;及射,令奏《邹虞》,诏诸侯以弓矢舞。

王大食,三宥,皆令奏钟鼓。

王师大献,则令奏恺乐。"

以上的王夏、肆夏、昭夏等名,并不像后来注疏家们认识的那样是具体的乐曲名称(见下文《仪礼·大射》郑玄注),就如"恺乐"意思指凯旋归来之乐,而不是凯旋之乐的具体名称一样。笔者以为它们是描述乐的级别的词,"夏"为盛大之意,王夏、肆夏、昭夏等某夏,可能是一个形容调律和舞佾级别的词,跟采《诗》所采的、有主题吟咏的诗名如《葛覃》、《卷耳》不是一回事。这种差别可《左传》、《周礼》等文献中品出。《周礼·春官·磬师》提到的"九夏"(王夏、昭夏、纳夏、章夏、族夏、诫夏、骜夏等)中有"肆夏",为尸(被祭先祖的替代,往往用孙辈充当)出入时所奏。郑玄注认为"肆夏"是诗名,不确切,这从《左传》可以看出。《左传》襄公四年记穆叔如晋,晋侯享穆叔时,金奏《肆夏》三,穆叔不拜,工歌《文王》之三,又不拜,歌《鹿鸣》之三,穆叔三拜,并回答说:

"三夏,天子所以享元侯也,使臣弗敢与之闻,《文王》,两君相见之乐也,使臣不敢及,《鹿鸣》,君所以嘉寡君也,敢不拜嘉?"

"三夏"即肆夏之三,杨伯峻《春秋左传注》引《国语·鲁语》云肆夏之三为肆夏、樊遏、渠,并疑樊遏、渠即《周礼·春官·钟师》之韶(昭)夏、纳夏①。其实,《左传》该条在描述用这些乐时用的词是不同的,云《肆夏》说"金奏",云《文王》、《鹿鸣》说"工歌",这是因为《肆夏》是钟磬之乐,没有歌词,《文王》、《鹿鸣》为采诗所得,是以歌词配乐之乐曲,这是《肆夏》与《文王》、《鹿鸣》最大的差别所在。《肆夏》之三的内容是否如《国语·鲁语》所云那样是《肆夏》、《樊遏》、《渠》,难以知晓,很可能并非如此。因为联系《周礼·钟师》所云的九夏,它指乐律级别的可能性更大。文献中提到《肆夏》时所用动词均为"奏",从无"歌"字,若有歌词,绝不会如此。《仪礼·燕礼》记主人以乐纳宾时要奏肆夏,《仪礼·大射》举行大射礼时诸侯国君登堂即席时也要奏肆夏,郑玄注:"肆夏,乐章名,今亡。吕叔玉云:肆夏,《时迈》也。《时迈》者,大平巡守祭山川之乐歌。其诗曰:'明昭有周,式序在

① 杨伯峻:《春秋左传注》,第932页。

位'，又曰'我求懿德，肆于时夏'"，贾公彦疏亦认为"九夏皆诗篇名，颂之族类也"，按，吕叔玉引的《时迈》，不见得就是《肆夏》。虽然《时迈》有"肆于时夏"之句，但这可能是后来根据肆夏之乐配的歌词。笔者以为当时周乐的构成是这样：有的是乐师按调律品级保存的无歌词的纯音乐，如《皇夏》、《肆夏》、《昭夏》，有的是长期采诗所得，经过王官乐师的改造，配以金石雅乐，如《周礼·春官·磬师》记载大射礼所用的《驺虞》亦见《诗·小雅》，为采诗得来。但《诗》的内容只是周代金石雅乐体系中的一部分，并不是说周乐中所有的内容都是采《诗》而来的音乐，其他没有歌词的金石雅乐则为肆夏、昭夏等通过乐律中主音的高低不同来区分乐的等级尊卑。只是这方面的内容随着《乐》的失传而无闻，相信今后随着考古资料的增多和音乐史研究的进步，三代之"乐"结构的本来面貌将逐渐重见天日。

以上是笔者对周乐体系的考察。周代的乐用于各种礼典，这样就实现了礼、乐的完全水乳交融。在周代，天子食举用乐，《礼记·王制》追忆："以三十年之通，虽有凶旱水溢，民无菜色，然后天子食曰举以乐"；又《左传》庄公二十一年杨伯峻注释"不举"为贬损膳食、撤除音乐两事[①]，说明天子用膳有乐；天子、诸侯祭祀亦用乐，《乐府诗集》卷一《郊庙歌辞》一追忆："《周颂·昊天有成命》，郊祀天地之乐歌也；《清庙》，祀太庙之乐歌也；《我将》，祀明堂之乐歌也；《载芟》《良耜》，藉田社稷之乐歌也。然则祭乐之有歌，其来尚矣"，此外，朝聘宴享要用乐，《仪礼》中《燕礼》为诸侯国君宴请卿大夫之礼，其中用乐《周南》、《召南》；乡饮酒、乡射、大射礼也要用乐[②]。调律分明的周乐用在不同级别和场合的礼典中，不同调律的雅乐跟等衰有序的物化礼乐一起彰显着礼典的隆杀和主持者的身份等级，军政大事在这种数度的有序中得以完成，整个社会则在这种隆杀中实现着和谐统一，这就是周代礼乐之始作俑者的初衷。

四、从上古乐舞到庙堂之舞

舞的性质及演进情况跟乐类似。庙堂歌舞最初来源于远古舞蹈。1973 年

---

① 杨伯峻：《春秋左传注》，第 215 页。

② 见《仪礼·乡饮酒礼》、《乡射礼》、《大射礼》。

青海大通县上孙家寨出土的新石器时代马家窑文化舞人彩陶盆，内壁主题纹饰为舞人3组，5人一组，手拉手，面向一致，头左侧各有一斜道，似为发辫，摆向划一，每组外侧两人的外侧手臂画为两道。整个画面人物步调一致，形象生动，此乃首例反映先民集体舞蹈场面的彩陶实物①，是研究先民舞蹈的珍贵资料。三代的庙堂歌舞就是从先民的远古舞蹈发展而来的。《左传》襄公十年记宋公在楚丘为晋侯举行享礼，用了商代传下来的"桑林"之舞。晋侯看了十分恐惧，退到房里，到了雍(晋国地名)后就病了，臣下赶紧占卜，占卜结果是因为看了桑林之舞。按《左传》作者之意，桑林之舞是商汤为天子时，于大旱七年之际祷于桑林之社的乐舞，晋侯作为诸侯受之不起天子之舞，才会生病。其实真实原因是因为桑林之舞渊源久远，保存了原始遗风，让晋侯看了恐惧，这昭示着三代古舞的古老渊源。

《周礼·春官·大司乐》则对六代古乐舞作了追溯(见下文)。《汉书·礼乐志》在这些基础上又作整理，它提到的三代及更远帝王的古乐舞是：黄帝——咸池；颛顼——六茎；帝喾——五英；尧——大章；舜——招；禹——夏；汤——濩；武王——武；周公——勺。这个体系中颛顼、帝喾等的乐有可能是虚构的，连班固自己都说"自夏以往，其流不可闻已"，但大部分应确有其事。如舜乐为招，即《左传》襄公二十九年的"韶箾"，它一直保存到春秋时期，《汉书·礼乐志》"至于春秋时，陈公子完奔犇齐。陈，舜之后，招乐存焉，故孔子适齐闻《招》"，这记载了舜所作《招》乐的传承。这些雅舞均配有乐，规模盛大，形式完备。到周代，因为有乐府采诗以观民风，到《诗》的风、雅、颂完备之际，乐府采诗和庙堂之乐舞一起构成雅乐歌舞，当时的卿大夫子弟均要学习。《周礼·春官·乐师》："乐师掌国学之政治，以教国子小舞。凡舞有帗舞，有羽舞、有皇舞，有旄舞，有干舞，有人舞。教乐仪，行以肆夏，趋以《采荠》，环拜以钟鼓为节。"《汉书·礼乐志》则说：

"庙堂之乐，周诗既备，而其器用张陈，《周官》具焉。典者自卿大夫师瞽以下皆选有道德之人，朝夕习业，以教国子。……八音克谐，此之谓也。又以外赏诸侯，德盛而教尊者，其威仪足以充目，音声足以动耳，《诗》语足以感心。故闻其音而德和，省其《诗》而之正，论其数而法立。是以荐之郊庙则鬼

---

① 青海省文物管理处考古队：《青海大通县上孙家寨出土的舞蹈纹彩陶盆》，《文物》1978年第3期。

神飨，作之朝廷则群臣和，立之学官则万民协。”

以上为古乐的构成和传承。周代的舞已远不是原始乐舞，而是庙堂之舞，它绝不是为了娱人身心的舞蹈，而是以一定队列姿势歌舞表现圣王勋绩和功德的手段。《周礼·春官》大司乐“以乐舞教国子，舞《云门大卷》、《大咸》、《大磬》、《大夏》、《大濩》、《大武》”，郑玄注《云门大卷》、《大咸》、《大磬》、《大夏》、《大濩》《大武》为周所存六代古舞。它们的内涵据郑玄注如下：

舞名	作者与时代	内涵
《云门大卷》	黄帝之乐舞	黄帝能成万物，以明民共财，言其德如云之所出，民得以有族类
《大咸》	尧舞	尧能殚均刑法，以仪民言，其德无所不施
《大磬》《韶》	舜舞	言其德能绍尧之道也
《大夏》	禹乐舞	禹治水傅土，言其德能大中国也
《大濩》	汤之乐舞	汤以宽治民而除其邪，言其德能使天下得其所也
《大武》	武王之乐舞	武王伐纣以除其害，言其德能成武功

这些舞在周代王官确实存在。《左传》襄公二十九年吴公子季札至鲁观乐，就目睹了《象》、《南籥》、《韶》、《濩》、《大夏》等舞，并一一评点。他说《韶》“德至矣哉，大矣！如天之无不帱也，如地之无不载”，即没有比这更好的了。这样，抒发人之情感的，有可能发展成为“淫逸之享乐”的音乐，经过这样的改造，被统一在人固有的理性中，庙堂之舞就是这种代表。

周代的舞分文舞和武舞两大类。文舞执羽籥，武舞执干戈。《春秋左传注》隐公五年杨伯峻注《春秋》经：“古代乐舞，以八人为一列，谓之一佾。舞时，文舞执翟，……，翟是雉(野鸡)羽，树之于竿，执之而舞，故亦称为羽。”该年用在仲子宗庙的六羽之舞是文舞。《论语·八佾》孔子评论《韶》和《武》两部著名乐舞：“子谓韶，尽美矣，又尽善也；谓武，尽美矣，未尽善也。”《韶》为相传的舜作之舞，象征以文德治天下；《武》为周人所作，象征周以之行征伐。此二者文武不同，《韶》文《武》武，因此孔子才说前者尽善尽美，后者尽美不尽善。《诗·邶风·简兮》：“简兮简兮，方将万舞”，孔颖达疏：“万，舞名也。谓之万者，何休云象武王以万人定天下，民乐之，故名之耳。”孔颖达认为万舞不见得始自武王，因为《商颂》亦提到“万舞有奕”，可能是成汤伐夏桀之舞。万舞用干戈，是武舞。

周代雅舞最重要的特点是受数度影响，根据贵族等级不同，使用的舞者数目和队列不同。在周代,舞者八人一行叫一佾,从天子到士所用分别为天子八、诸侯六、大夫四、士二。《左传》隐公五年记鲁国仲子(桓公之母)之宗庙成,行落成之礼(《左传》称行该礼为"考"),用"六羽之舞"。《左传》记该条众仲回答鲁公问乐舞之制:"天子用八,诸侯用六,大夫四,士二。夫舞,所以节八音而行八方,故自八以下",说明每列舞者用八人这个数字不是随便选择的,它体现了古人通过八音、八方的概念将天、人结合在一起的认识。

除了不同等级的贵族使用的乐舞人数不同外,庙堂的雅舞还分有等级。《左传》庄公二十一年王子颓享五大夫,"乐及遍舞",即将所有的乐舞使用了个遍,郑厉公听说了对虢叔说道:"寡人闻之,哀乐失时,殃咎必至。今王子颓歌舞不倦,乐祸也……,奸王之位,祸孰大焉?……。""乐及遍舞"旧时就有两解,一为舞六代之乐,即黄帝之云门、大卷,尧之大咸,舜之大韶,禹之大夏,汤之大濩,周武王之大武,又一说为诸侯、大夫之遍舞[①],无论作何种解释,周代的乐舞都是有等级的。而且不同场合使用不同内容和等级的舞。如《诗·邶风·简兮》提到的万舞是用于祭祀四方、山川和宗庙之舞。《周礼·春官》大司乐之职:"以六律、六同、五声、八音、六舞、大合乐。以致鬼神示,以和邦国,以协万民,以作动物。""致鬼神"指吉礼,"和邦国"指宾、嘉等礼。正是由于礼典中乐舞的广泛存在,宗周文明才被称为"礼乐文明"。

结　语

本节对周代金石雅乐和庙堂之舞的内容作了考察。由于目前音乐考古学尚是一门年轻的学问,笔者的许多蠡测亦需留待时间的检验。无论如何,上文的考察想要说明的是:周代的礼乐相和,并不是一种纯观念、纯思想层面的东西,它有大量音乐、乐理方面的技术支撑着——金石雅乐和庙堂之舞取代了原始歌舞,一方面是音乐、舞蹈本身乐理和技艺的进展自然而然的结果;另一方面也是更重要的一方面,是古人用他们掌握了的数度思想编排乐律和舞蹈,在乐的方面提出"和"的概念,在舞的方面则以八人为一佾象八方,数度在乐舞中再次成为沟通天

---

① 杨伯峻:《春秋左传注》,第214页。

人的桥梁。经过这样改造的庙堂乐舞不再是直抒胸臆表达情感的方式，而是跟政治、伦理结合在一起。而且有“和”这一以各种技术支持的理念存在，将乐舞、政治、伦理，乃至各种自然现象的最高境界统一起来。这些具体技术达到的水平在当时堪称是卓越的绝响，正是这些堪称绝响的技艺支持着“和”这一抽象的，涉及政治、人伦等领域的哲学概念，并让它具有丰富的内涵。周代的王朝祭礼，也是礼乐相和的礼典体系的一部分。明白了周代金石雅乐和庙堂之舞的性质、格局，就有益于我们更全面仔细地了解王朝祭礼本身，进而深入它的性质，下面的章节就是这一内容。

第四节 周代郊天和祭祖礼考

前面两节，我们考察了礼“义”的由来、“礼”的构成，以及“礼”对原始宗教改造的过程。我们对“礼”形上、形下的部分及它们的联系都有了了解。从本节开始，我们将进入对周代王朝祭礼本身的考察。本节我们将首先考察周代王朝祭礼中最核心的部分——郊天礼和祭祖礼。

一、郊天礼

郊天是周代王朝祭礼中最重要的部分（以后在中国古代王朝祭礼体系中一直如此），也是最集中地反映天人关系的祭礼。郊天反映了周天子无上的权威，也寄托着周天子祈求人间政治受天的保佑而秩序和谐。探讨郊天礼首先涉及对“天”神性的理解和把握，这涉及对郊天礼性质的判断，下面首先就来分析这个问题。

（一）“天”的产生过程及神性辨析

冯友兰先生认为，中国文字中的“天”至少有五种意义：物质之天、意志之天、命运之天、自然之天、道德之天或义理之天，后二者产生较晚，周人认识的天主要是前三者[①]。事实的确如冯先生说的那样。从哲学、宗教学角度看，周人的“天”

---

① 冯友兰：《中国哲学史新编》第一册，人民出版社 1964 年版，第 89 页。

产生有一个过程,文献最初出现的"天"是指自然界的浩浩苍天,但古代中国人很早就把这自然的浩浩苍天当作一种普通的物象来考察,试图找出它背后的规律,而不是停留在对之想象编撰神话上。这反映在《易》八卦中以乾(☰)为天,自然之天跟其他物象——地、火、风、雷、山、泽一起以卦象表示,进而表示万物之变。古人认为这些物象的背后隐藏着冥冥中无处不在的规律,这是早在周人以前就有的对"天"超越了物象本身的认识。

至于宗教层面的至上神灵,在古代中国人心目中出现也很早,古人很早就用"帝"表示这一至上的神灵。《尧典》有"肆类于上帝",从宗教学角度看,至上神"帝"的出现,标志着这一时期的宗教已经超越了原始宗教那种诸神无序的初级阶段。到商代,甲骨文中"帝"为天庭最高之神,下面有众多从属之神。诸多学者对"帝"的字形作过考释①,这些考释多难有确凿依据。笔者对"帝"字的认识是这样:甲骨文"帝"字比较原始的字形是作米字形交叉,上有一横,作⿱一米,这米字形交叉蕴涵着重要信息——它是含山玉版所表示的四方四维方位的象形,两侧的小竖道表示的是边缘,至于米字上的那一横,为指示,表示"帝"是比四方四维更高的至上存在。以后甲骨文二期、帝辛时期的"帝"字,上下分开,不作米字形交叉,为早期甲骨文"帝"字的变形。

从帝字的字形的原意看,此时商人的"帝"已存在一定的思辨和秩序。它指冥冥中最至上的神灵。四方、东母、西母等均为其下属。这也恰是商人的"帝"的真实内涵。"帝"是商人的最高神灵和天庭的最高统治者,就像王是人间的最高统治者一样。陈梦家先生认为卜辞中"帝"是完全人格化的,有意志、喜怒无常,人间的阴晴祸福无不在帝的主宰之下,因此人们要虔诚地卜问"帝",唯"帝"的意志从事②,这是商人对"帝"的思辨尚未达到融入人自身的主观能动性的表现。但是正由于"帝"高于四方、思维,表示它是一种终极性神秘力量,到周人那里,它

---

① 历来甲骨学者对"帝"字的考证众说纷纭。宋代的郑樵提出花蒂说,后来的王国维、郭沫若发展了这一观点,叶宇森提出燎祭说,认为"帝"象束起的柴禾之形,日本学者斋木哲郎《〈方帝考〉补》对历来对"帝"字字形的解释作了梳理,他自己则认为"帝"为⿱一米加上"方"—而成,表明帝与其他部落的方神一样具有神灵意义,见《殷都学刊》1990年第4期。

② 参见陈梦家:《殷虚卜辞综述》第十七章宗教第一节。

才能跟天最终合一。从金文资料看，周人的“上帝”即“天”。武王时器《天亡簋》铭文记载周武王“衣祀于不(丕)显考文王，事喜(饎)上帝”，这个“上帝”即天，而且周初已用周文王配天(先祖配天详下文)。厉王时器《𤼈簋》更是具体提到：“有(旧)余隹(虽)小子，余亡康昼夜，巠(经)雝(擁)先王，用配皇天”，因此，先祖配天是有金文资料印证的西周制度。

帝、天合一应是一个漫长的过程，但因为文献的稀少，这个过程很难仅从史料角度进行考证。但有一点应可以肯定，那就是帝、天合一的过程离不开人们因观测天象而产生的思辨进步的过程。天上有日月星辰，日月星辰皆左旋运行，对它们的长期观测是制定历法的依据。《尧典》“乃命羲和，钦若昊天，历象日月星辰，敬授民时”追忆了帝尧时期就开始的根据天象运行制定历法的往事。对古人而言，天象运行永恒的精确跟此前人们从比四方、四维更高的存在中抽象出的“帝”所反映的至上规律意义是一致的，将“帝”这种至上的规律性融入“天”和天象反映的永恒精确性，就有了“帝”和“天”的合一，这就是周人心目中的至上神。杜勇先生对之做过考察，他认为“与其说是上帝选择了周人，不如说是周人选择了上帝，把上帝从一个极具族群独占的神灵变成同‘天’一样可供天下万民共同信仰的神灵。经过这两个方面的改造，周人帝、天合一的宗教观念终于在克殷前后形成。”①这一分析是合乎实际的，周人选择上帝，即周人在克殷前后将“帝”高于四方四维的至上性质融入对“天”的理解中。而周人对“天”的理解，又跟他们的杰出人物文王、周公对《易》突破性理解有关。文王、周公等杰出人物将对《易》象数的理解上升为一种精确而无处不在的规律，便有了周人的“天”，这个“天”吸取了此前“帝”所蕴涵的思辨内涵，因此帝与天合一，所以周人的文献中有时亦称天为“帝”，追记周代故事的《礼记·礼运》：“祭帝于郊，所以定天位也”；《礼记·礼器》：“因天事天，因地事地，因吉土而享帝于郊，飨帝于郊而风雨节、寒暑时，祀地于郊，敬之至也。”《中庸》：“郊社之礼，所以事上帝也。”《周书·泰誓》：“受命文考，类于上帝”，周人的天和上帝是同一神。因此清人秦蕙田《五礼通考》案云：“祀天，正祭也；旅上帝，有故而祭也。天与上帝则一而已。”

---

① 杜勇：《略论周人的天命思想》，《孔子研究》1998年第2期。

这样,周人因演《易》而将"帝"最终融于对"天"的认识之中,"天"的含义从此在形上学层面获得了重大突破。周人通过"卦"的推演追求着比卦象更高的终极性神秘力量,这种终极性神秘力量不再像商人心目中的"帝"那样人格化和喜怒无常,而是平静、和谐,蕴涵着可以被探求的理性。可以说,它是周人认识到的一种至高规律,但是它并没有以宗教神灵的面目出现。这是因为,随着人类认识水平的提高和心智的进步,概括出"终极性神秘力量"是许多心智达到理性水准的民族都有的,但这种"终极性神秘力量"并非都要以宗教神灵的面目出现。周人的"天"即是古代中国人心目中这种"终极性神秘力量"的代表,它的内涵是建立在以象数为基础的推演和思辨上的。这一思辨在哲学层面比商人的"帝"有了重大突破,表现在"天"扬弃了原先甲骨卜辞中"帝"具有的喜怒无常的性格,走向理性。但"天"内涵的发展并没有像其他自然宗教向神学宗教发展时,必经由从人格化走向纯粹的神学思辨那样一条路,因为古代中国人思辨的进步并没有像其他国家的宗教发展那样将"神"和"人"截然分开,而是提出了"天命"观和"德"的概念将人和"天"组成一个合一的系统。这里有必要对天命观和德作些介绍。

周人的天命观是治中国哲学史的学者普遍注意的,学者对此多有探讨。"天命"是建立在因认可终极性神秘力量"天"的存在,进而承认统治的合法性会转移的那么一种思想,周人认为自己以西陲小邦能灭掉"大邦殷",是天的保佑,《洛诰》:"天既遐终大邦殷之命",而周人能享受天下,也正是因为得了"天命"。《大盂鼎》铭文:"不(丕)显玟(文)王受天有大令(命),在珷(武)王嗣玟乍(作)邦,闢(辟)氒(厥)匿,匍(敷)有四方,畯(畯)正氒民。"《大诰》:"于天降威用,宁王遗我大宝龟,绍天明,即命。"郑玄注"宁王"为受命,即周公摄政为天降大命,但周人并没有像商人那样认为天命恒在自己之处,而是认为天命会转移,《尚书·康诰》"唯命不于常"即反映出统治者对天命的敬畏。春秋时期的孔子提到天命时还屡屡流露无奈。但周人并没有因为对天命的敬畏而抹煞人的能动性,相反,周人提出"德"的概念成为天和人之间的中介。"德"的含义多有学者进行过研究①,三

---

① 刘泽华认为,周公所指的德,包括了一切美好的东西,融信仰、道德、行政、政策为一体,见刘泽华主编:《中国政治思想史》(先秦卷),浙江人民出版社 1996 年版,第 24 页。

代文献中的“德”并不仅指品德，还指一种统治资格，《左传》宣公三年王孙满回答楚庄王问鼎时说：“在德不在鼎。昔夏之方有德也，远方图物，贡金九牧，……，桀有昏德，鼎迁于商……，德之休明，虽小，重也；其奸回昏乱，虽大，轻也。天祚明德，有所厎止。”此德跟周鼎联系在一起，指的是一种受天保佑的统治资格。春秋时期楚庄王问周鼎之轻重，王孙满还义正词严地说：“周德虽衰，天命未改。”①《尚书》的《洛诰》、《召诰》、《梓材》等篇，反映的都是此种“明德慎罚”的思想。(“德”的具体内容见下一节神权政治部分)

“天命”和“德”的思想，是古人观察宇宙时因天地人三才互动合一而形成的，“德”是沟通人和天的中介，周人拥有的统治合法性被认为是天命所赐，天的异常现象则被认为是对人的谴告。如《诗·大雅·板》“天之方难”，郑玄笺“天斥王也”；“天之方侪”，侪为怒之意，即天要发怒，《板》据诗序为“凡伯刺王政也”，诗人说天有意志，是为了劝谏周王“敬天之怒”，在这里，天被诗人描述成具有喜怒的神灵，这也常常是一些学者认为天为宗教神灵的依据。其实若对之作些深究，就可发现古人心目中种种天的异常现象，如星辰错乱、雷电交加等等，都是建立在古人以象数推算为手段的天文观测基础上的，而不是这个或那个人的神话式想象，《易·系辞上》“天垂象，见吉凶，圣人则之”十分清楚地说明了这一点。这跟其他民族的宗教或神话将天描述成有性格的神灵有根本差别。

总之，“天命”、“德”使“天”跟“人”成为一个整体系统中的不同部分，人与天在这个系统中融为一体，在这样的思维方式下，不可能产生出跟“人”完全分离的、超然的天神(god)及相关的神学。西方学者在研究中国古人对天的崇拜时，将天跟他们熟悉的英雄神相比，发现二者迥异。著名德国学者韦伯说：

> “中国的‘天’不可能具有英雄神的形式，因为英雄神是一个在战争、胜利、失败、流放与思乡中受到崇敬的神，是子民对外政策的命数无法理喻时显现自身的神。”②

我们不难品出韦伯文辞之间微微的贬抑。韦伯所说的“英雄神”，不难看

---

① 《左传》宣公三年。

② 马克斯·韦伯著，洪天富译：《儒教与道教》，第33页。

出在犹太人的苦难历史中耶稣基督现身的故事，以及韦伯认为英雄产生于民族的苦难和忧患之际的逻辑，然而，他不了解的是，古代中国人在子民的命数无法理喻时体悟到的不是什么在战争、胜利、失败、流放、思乡时显现自身的神灵，而是“作《易》者，其有忧患乎”那么一种智慧和境界——在逆境之中最大程度地努力以改变境遇，这样的境界和智慧将“天”和“人”放在同一体统中考察，人只要足够地、合理地努力，就能达到“天”那样完善的地步。在古代中国人的思维方式下，“天”是不必具有英雄神的形式的，因为人靠着对象数的理解，对战争、胜利、失败种种进行自省，而不是靠着英雄神来救赎自己。因此，韦伯的话反映的是他对古代中国人“天人合一”的思维和天地人三才思想不了解。在中国古代，天即使不具有英雄神的形式，它的唯一性及所昭示的理性与和谐也足以带给统治者政治统一、同风化俗的信仰需要和象征。韦伯接着说后来的中国是“宗教思辨平静地发展的时代”①，正是天和其他神灵秩序已经奠定的情景。

从周人的天跟帝合一开始，中国古代国家祀典中“天”的神性便基本定型。天是终极秩序的代表，最高理性的象征，这种理性跟人间的权威及政治秩序具有同等的意义，并昭示着后者的需要。天的这种神性离原生的、人格化的、跟政治权力和个人命运尚未发生密切联系的自然宗教的神性已经完全不同，它完全被用来强调最高权力及其合法性。在“天”这样丰富的内涵奠定之后，无论本土的还是外来的超自然排它神灵的侵入必然构成对“天”无上权威的威胁，从而威胁君主的权威，离弃尘世追求彼岸世界必然造成弃绝先祖，从而破坏乡俗的和睦与淳厚，这都是正统意识形态所不能允许的。因此，神学体系完备的宗教不能进入古代中国人的正统意识形态，奥秘就在这里。

下面便来分析周人的郊天礼。

（二）文献记载的郊天礼辨析

周人的祭天之礼名为“郊”。它的渊源是上古对天的原生性祷祠。商代卜辞

---

① 马克斯·韦伯著，洪天富译：《儒教与道教》，第33页。

中有郊[①]，是野外祭天的礼典[②]。但郊的真正完备是在周代，不过周代享国八百年，周初郊礼、宗周最盛时的郊礼、战国时人追忆的宗周郊礼之间有着相当大的差异，下文我们就分别对之作些考察。

1. 周初郊礼

周代郊天礼是从上古对天的告祭发展而来的。周初郊礼见于《尚书·金滕》和《召诰》，《礼记·郊特牲》记载的不是周初之制，王国维《与林浩卿博士论洛诰书》说："《郊特牲》等篇又出于七十子后学，即谓作记者亲见，礼经全文约之为是说，然亦仅足以言宗周中叶以后之祭礼，未足以定殷周间之祭礼也"[③]，这段话清楚地道出了见于《郊特牲》等记载的西周中叶后的郊礼与见于《尚书》的周初郊礼有所区别，下文便探讨周初郊礼。

追记周初史实的文献《尚书·金滕》记成王初始不以王礼葬周公，天空电闪雷鸣，狂风大作，禾都倒下，大树拔起。于是成王"出郊，天乃雨，反风，禾则尽起"。此郊为郊天之祭，但并未言及具体仪式。《召诰》记洛邑作成之后，"越三日丁巳，用牲于郊，牛二"，此郊为于洛邑的南郊祭天。洛邑是周公营建的新都，营洛邑后告天正是继承《尚书·尧典》有大事就"类于上帝"的传统，但又有所改造，以自己的始祖后稷配食天，用两头牛分别祭祀天和后稷。《逸周书·作洛解》亦记载此事："乃设丘兆于南郊以祀上帝，配以后稷，日月星辰先王皆与食。"这在青铜器铭文中能得到印证。武王时器《天亡簋》铭文：

"乙亥，王又（有）大豊。王冎（凡）三方，王祀于天室，降。天亡又（佑）王，衣祀于不（丕）显考文王，事喜（饎）上帝。"

这段铭文的内容非常重要，它记载了周初用文王配天的重要史实。铭文中的"上帝"即"天"。"天室"即"大室"，即周王镐京宗庙中的祭祀大厅。"天亡"为作器者名，他辅助周武王进行"衣祀"。孙诒让、王国维、郭沫若诸家均释"衣"为"殷"，即"殷祀"，祭祀先祖文王，以文王配天。此段记载文字简略，但就先祖配天

---

① 李学勤：《释"郊"》，《文史》第36辑。

② 沈文倬：《略论礼典的实行和〈仪礼〉书本的撰作》，见《宗周礼乐文明考论》，杭州大学出版社1999年版。

③ 《观堂集林》卷一。

而言，跟《召诰》、《金縢》记载的并无重大出入。

从《召诰》、《金縢》和《天亡簋》铭文看，周初郊礼已具备择时（三日丁巳，《召诰》开篇说是“二月”，郑玄认为是夏正一月，即正月；《天亡簋》为乙亥日）、定地等要素，这些要素是周郊礼的灵魂，而且还有始祖配食，《召诰》的“牛二”即上帝用一牛，周人始祖后稷用一牛，这就是后来《孝经》说的“郊祀先祖以配天”。《天亡簋》则云“衣祀于丕显考文王，事喜上帝”。

郊天配始祖，后来的人们称之为“禘”。“禘”最初是个动词，指宗庙祭祖时审谛昭穆（见下文祭祖礼部分），因为王者认为自己的祖先由天而出，郊天时以始祖配有审谛追终之意，因此郊天时以始祖配也被称为“禘”。出于七十子后学的《礼记·大传》追忆：“礼，不王不禘。王者禘其祖之所自出，以其祖配之”，此“禘”即王者郊天时配祖之意。郑玄注：“凡大祭曰禘，自由也。大祭其先祖所由生谓郊祀天也。王者之先祖皆感大微五帝之精以生，……皆用正岁之正月郊祭之，盖特尊焉”，郑玄以“感太微之精”来解释王者之出当然不确，但他说“大祭其先祖所由生谓郊天也”是对的。郊天以始祖配的“禘”是郊天礼和祭祖礼的连接点——它体现了周人“天人合一”的思想，因为只有帝王能郊天，所以郊天配祖的“禘”也只有帝王能进行，它上溯到最远的王者始出之处。诸侯、大夫、士没有资格郊天，其祭祖时允许的上溯能力也逊于天子，并且从诸侯往大夫、士依次递减。《大传》云“诸侯及其大祖，大夫、士有大事省于其君，干祫及其高祖”，即诸侯祭祖只能上及太祖，大夫、士则在祭祖时到国君那里参加（因为国君是大宗，大夫、士是小宗），往上祭祀到高祖，这样，由王者之“禘”到诸侯、大夫、士的祭祖，上溯程度依次递减，这也体现了等级尊卑。下文在讲述祭祖礼时还将涉及作为祭祖的“禘”、“祫”和周代天子、诸侯、卿大夫的祭祖情况。

2. 宗周郊礼

西周中叶以后，郊礼更加完备。西周中后期的“郊”已成为一种融合天文历法、敬祖尊天、祈农求报等多种政治、伦理、生产因素为一体的重要礼仪活动，《礼记·郊特牲》对此有较详细的记载（见下文郊天礼的程序部分）。除了《郊特牲》外，《左传》亦记载了郊礼。《左传》郊礼与《郊特牲》郊礼的关系，向来是注疏家们重视的问题。《左传》记载的是鲁国之郊礼，鲁始封于周公之子伯禽，与周天子同出于后稷，且由于周公的勋绩，鲁亦有资格郊天。《礼记·明堂位》：

"以周公为有勋劳于天下，是以封周公于曲阜，方七百里，革车千乘，命鲁公世世祀周公，以天子之礼乐。是以鲁君孟春乘大路，载弧韣，旂十有二旒，日月之章，祀帝于郊，配以后稷，天子之礼也。"

笔者认为鲁之郊礼应与周同。这从《左传》以下几条对鲁郊礼的记载可看出：

僖公三十一年夏四月：

"四卜郊，不从，乃免牲，非礼也。犹三望，亦非礼也。礼不卜常祀，而卜其牲、日。牛卜日曰牲。牲成而卜郊，上怠、慢也。望，郊之细也。不郊，亦无望可也。"

这段记载蕴涵了丰富的内容。首先，"非礼也"是《左传》作者的评价，《左传》"礼也"、"非礼也"出现次数极多，据笔者粗略统计共有158次之多，内容涉及衣服宫室丧葬等各个方面的细节，这反映了当时"礼"的繁缛体系的确存在，而且在春秋时期它仍然是衡量人们行为的标准。这里用"非礼也"评价此次郊礼，反映了僖公三十一年这次郊礼不合乎应有礼制。从《左传》作者的评价可以看出，首先，当时"郊"已是常祀，不是随时随地可以发生的祭祀，因此是否举行郊礼不需要占卜，需要占卜的是用牲和择日等细节，因此"卜郊"为非礼之一。此外，已经过占卜选出用于祭祀的牛，再卜是否行郊礼，不合乎郊礼的正常程序，正常程序应是先确定准备郊礼，再将经过占卜准备用作牺牲的牛圈养数月，僖公三十一年这次却先占卜选牛，再卜郊，是因为统治者鲁僖公的"怠、慢也"，鲁此次郊礼不合礼制不是因为当时郊礼本身尚未发展成熟，而是因为春秋时期礼崩乐坏，统治者开始不重视的原因。此为不合礼制之二。第三，《左传》作者不满的还有郊礼没有举行却祭祀三望（鲁国三处名山大川），按礼制，望（山川之祀）轻于郊，因此郊礼不行而祭祀三望是为非礼。这也是统治者怠慢郊礼的结果。

宣公三年《春秋》经：

"春，王正月，郊牛之口伤，改卜牛，牛死，乃不郊。犹三望。"

此处因郊牛伤之故废郊，却仍然祭祀了三望，三望轻于郊，不行郊礼却祭三望，也是不合乎礼制的。

襄公七年夏四月，三次卜郊，龟壳兆纹都不同意，于是免除了用牲。孟献子说：

“吾乃今而后知有卜、筮。夫郊祀后稷，以祈农事也。是故启蛰而郊，郊而后耕。今既耕而卜郊，宜其不从也。”

孟献子此段话是感叹卜筮在郊这样重大事情上的灵验，对研究郊礼而言重点有两处，一为“启蛰而郊”，此段说明郊祀时间，一为“郊祀后稷，以祈农事”。“启蛰而郊”说明了郊的具体时日。这里的关键是《左传》此处记载与《郊特牲》记载的西周中后期的郊天礼时日是否一致。笔者认为是一致的，都在春分，现作考证如下：

《左传》记载的鲁郊在启蛰之后。启蛰为二十四节气之一。在《左传》的时代，二十四节气尚未完全齐备，但已有分、至、启、闭[①]等重要节气，分、至、启、闭等古节气最初皆为描述“气”在一年中的周流运行的动词，分、至、启、闭等均是精确的动词，因为“气”的均分、开闭只能在某一日，这方面的测定《左传》的时代已足能精确。在古节气中，“启”为酝酿蓄发的阶段，在“分”之前，启蛰为春分前的节气。杨伯峻《左传》桓公五年注云古代启蛰（惊蛰）在雨水前，为夏正正月之中气。从《左传》看，鲁郊的时日应该在启蛰后春分前，考证如下：

首先，《春秋》书郊共九次，有的为卜郊所用之牛，宣公三年、成公七年、定公十五年、哀公元年改卜牛均在周正正月即夏正十一月，大约因为《郊特牲》说“帝牛必在涤三月”，到四五月用之，则鲁郊在周正四月，即夏正二月。哀公元年春秋经记载正式行郊礼在周正夏四月即夏正二月的辛巳，这恰在夏正正月的启蛰之后。

其次，僖公三十一年、成公十年、襄公十一年几次卜郊均在周正四月。其中僖三十一年郊因为非礼才书，这合乎“常事不书”的原则；成公十年和襄公十一年的郊皆见于春秋经，前者为“夏四月，五卜郊，不从，乃不郊”，后者为“夏四月，四卜郊，不从，乃不郊”，两条都无传。之所以无传，笔者认为是因为这两条的性质

---

① 《左传》僖公五年：“凡分、至、启、闭，必书云物，为备故也。”杨伯峻注：……盖古礼，国君于二分二至及四立之日，必登台以望天象（或日旁云气之色），占其吉凶而书之。

跟僖公三十一年的一样，都是因为过了时间，龟兆便五次、四次地不同意，只好不郊。因僖公三十一年的《左传》详细解了经，这里原因既然一样，《左传》作者认为无必要再重复解释，因此无传。由此可见这几次卜郊的时日（周正四月）皆不合礼制下应有的时日。

因此从以上考察可以看出，《左传》记载的鲁郊正确时间应在夏正正月启蛰之后，二月春分之前的这段时间，具体择日要占卜。有的学者认为春分说应排除①，笔者认为是不正确的。

《礼经·郊特牲》记载的郊日也是春分之前。《郊特牲》对郊日的记载是"郊之祭也，迎长日之至也"，但"长日之至"到底是什么节气，历来学者有不同意见。郑玄注认为是春分，因为从春分日始一年昼始长于夜，因此称为"长日之至"。孙诒让《周礼·春官·大司乐》正义认为"迎长日之至"的"至"应训为"到"，郊祭以寅月（夏正正月），与卯月（夏正二月，昼夜平分）近，因此说迎接"长日之至"②。至于《郊特牲》说"周之始郊，日以至"是说周郊天在春分日，这个"至"跟"长日之至"的"至"含义一样，都是指昼长夜短那天的开始。《礼记·明堂位》："鲁君孟春乘大路，载弧韣，旂十有二旒，日月之章，祀帝于郊，配以后稷，天子之礼也。"则郊天在孟春，即夏正二月。

从以上考察可以看出，《左传》记载的郊礼的正确时日应在启蛰之后，春分之前，跟《郊特牲》记载的是一致的。

除了时间一样外，《左传》记载的鲁国郊礼亦有先祖配祀。后稷为周之先祖，也是鲁的先祖，善于播殖百谷，因此周人以后稷配天。《左传》襄公七年孟献子曰"郊而后耕"提到后稷配祀，具有勤农事的意义。

因此，从郊天时间和后稷配祀二点看，鲁郊跟周郊是一样的，并不存在所谓鲁制跟周制的差别。

3.《周礼》和后代注疏家追记的郊礼

《郊特牲》是战国儒家系统的典籍，它对宗周郊礼的追忆基本上是真实的。

---

① 邹昌林：《中国古礼研究》，台北文津出版社 1992 年版，第 107 页。

② 孙诒让：《周礼正义》第七册，中华书局 1987 年版，第 1744 页。

这里值得注意的是战国时期其他典籍提到的郊礼，一为《周礼》，一为《礼记·月令》。《周礼》所说的郊礼是冬至日祀昊天上帝于圜丘，《礼记·月令》提到的郊礼则是孟春之月祈谷于上帝，二者提到的郊礼跟《郊特牲》的均不相同。这些不同的记载从何而来？下文便稍作考察。

首先是《周礼》提到的冬至日祀昊天上帝于圜丘的说法。要想明白此说的由来，不能不涉及《周礼》的思想内容这样的重大问题。《周礼》的特点是所记载的制度整齐划一，并渗入阴阳五行。《周礼》记载的郊天礼跟《左传》、《郊特牲》除了时日不同外，其中还蕴涵着比《左传》、《郊特牲》更抽象的阴阳思想。首先，它的时间在冬至日。冬至日是一年昼最短之日，此后逐渐变长，《周礼》认为此因为阳气始至，此后渐盛；而《左传》、《郊特牲》记载的鲁、周郊礼用日则根据的是长期“观象授时”的经验，《尧典》记载了帝尧时代即有观象授时之事，并已确定了春分（日中、星鸟）、夏至（日永、星火）、秋分、冬至（日短、星昴）四节气的时间。《郊特牲》所云的“长日之至”即观象授时观测到的昼始长于夜的时间，跟《尧典》的观象授时一脉相承，比《周礼》渗入阴阳思想的郊天说要原始。

其次，《周礼》云的郊天之坛形为圜丘，即圆形。这是因为圆为阳，方为阴。圆为阳，对应性质为阳的天，而于冬至日郊天，是因为冬至日在阴气极盛的同时阳气始萌，以后逐渐变壮，直到下一个夏至极盛。因此冬至日郊天是在阳气始萌之际，它根据的是一年中阴阳气的消长，其原理比《郊特牲》记载的在春分之前郊天要复杂，时间也晚一些。从汉开始的历代儒者都援引《周礼》关于冬至日祭昊天上帝于圜丘的记载，是因为先儒笃信《周礼》为周公所作①，是周代典制的真正反映。事实上，其实《周礼》所说的这种严整的冬至于圜丘郊天之礼在《诗经》、《尚书》、《左传》等先秦典籍中并没有印证，它是人们思辨进一步发展的产物。

其次是《礼记·月令》提到的郊礼。但《月令》年代较晚，说孟春之月天子祈谷，还说四时迎气于四郊，这样的说法更为晚出——《月令》原为《吕氏春秋》十二纪之首，其中有已经完备的阴阳五行说，而且关于岁气运行的描述十分精致具

---

① 《礼记·明堂位》云周公摄政七年还政成王，而后制礼作乐。注疏家皆云周公制的礼是《周礼》，为直至唐代的学者笃信。秦蕙田《五礼通考》卷首礼经作述引王通曰：“吾视千载而上，圣人在上者，未有若周公焉，其道则一而经制大备，为政者有所持循矣。”唐陆德明亦说：“周、仪二礼，周公所制。”

体，它与儒家本不是一个系统，《月令》云祈谷，继承了春分前郊祀后稷以求农业生产顺利的古意，但并未穷尽《郊特牲》所记宗周郊礼的全部内涵，因此后代注疏家多有认为《月令》祈谷和正式的郊天为不同礼仪的（见下文）。

综上所述，在提到郊礼的先秦典籍中，只有《左传》和《礼记·郊特牲》所云符合宗周郊礼的实际，《周礼》和《礼记·月令》因为后人编排的色彩较重，在叙述郊礼时偏离了宗周郊礼的原貌。先儒为了调和《郊特牲》、《周礼》、《月令》所云郊天礼的不同，便言一年有多次郊天。孔颖达《郊特牲》疏：

> "皇氏云：'天有六天，岁有八祭。冬至圜丘，一也；夏正郊天，二也；五时迎气，五也，通前为七也。九月大飨，八也。'"

这样的说法为古代注疏家普遍接受。如《礼记·杂记》孟献子曰"正月日至，可以有事于上帝；七月日至，可以有事于祖"，孔颖达疏正月日至为冬至日，并释上帝为灵威仰，不确。古代经学大师之所以这样注解，是因为《周礼》记载有冬至日于圜丘祀昊天上帝之礼，先儒笃信《周礼》为西周定制，才出现调和诸经之不同记载的解释。汉代郑玄即认为《左传》记载的是鲁礼、《周礼》等记载的是周礼。《郊特牲》郑玄注："郊天之月而日至，鲁礼也。三王之郊，一用夏正。鲁以无冬至祭天于圜丘之事，是以建子之月郊天，示先有事也。"清人万斯大《学礼质疑》卷一"郊唯日至一礼，祈谷不谓郊"云：

> "吾取《春秋》而考之，则鲁直僭行日至之郊，献子此言，盖鲁君臣初僭郊时，托于祈谷，以轻其事，后人不察郊与祈谷之分，过信其词，遂以鲁为祈谷，见《春秋》书郊不书祈谷，遂以祈谷为郊也。"
>
> "周时祈谷本不名郊，其以祈谷为郊者，由鲁郊而混之也。……王者一岁祭天凡四，……日至郊，一也；夏正祈谷，二也；夏大雩，三也；秋大飨，四也。四者之中，唯郊大报天礼为尤盛。鲁僭行郊礼，郑玄谓鲁唯一郊，不与天子郊天同月。……"

他认为周王一年祭天四次，祈谷与郊不同，这是继承了汉唐以来经学家认为一年郊有多次的说法，其实并不确切。这当然不是古人的过错，而是自汉唐以来经学家认为《周礼》等均为周公所制，忽略了它们内容的早晚造成的。

(三) 周代郊天礼的程序、仪式和性质

上文考察了周初与宗周郊礼的情况,以及它们跟战国文献记载的郊礼有出入的原因。这里,我们就考察周代郊天礼的具体仪式。周代郊天礼程序比较演进是在西周中叶以后,下文就对宗周郊天礼程序和仪式作些考察。

宗周郊天礼的程序和仪式,《郊特牲》记载事先准备和天子车服之制如下:

“卜郊,受命于祖庙,作龟于祢宫,尊祖亲考之意也;卜之日,王立于泽,亲听誓命,受教谏之义也。献命于库门之内,戒百官也。大庙之命,戒百姓也。祭之日,王皮弁以听祭报,示民严上也。丧者不哭,不敢凶服。汜埽反道,乡为田烛,弗命而民听上。祭之日,王被衮以象天,戴冕,璪十有二旒,则天数也。乘素车,贵其质也。旂十有二旒,龙章而设日月,以象天也。圣人则之,郊所以明天道也。”

上文内容可以分为两部分:

1. 事先准备。包括受命、作龟等,为的是占卜具体的郊日。受命地点在天子的辟雍(即周天子的学宫),鲁因亦有资格郊天,《礼记·礼器》回忆道:“故鲁人将有事于上帝,必先有事于頖宫”,“頖宫”即诸侯的学宫,说明在学宫受命是郊天前准备工作的第一步。“卜之日,王立于泽”即立于辟雍之泽宫[①],受命完毕后从辟雍回来,而到宗庙(祢宫)占卜郊日,即“作龟”,这样是为的尊重先祖。卜完之后天子到库门(王宫外门),将卜得的结果与百官共知,此为“戒百官也”,将宗庙占卜的结果告知“百姓”(郑玄注为王之亲)。这样,“卜郊”便基本完成。卜完郊日后还要卜用牛是否吉利,这在《左传》中有记载(见上文考证郊礼时日的部分)。经过占卜的牛要在圈中养三个月,让它肥壮充实,此为郊天之前的准备。

2.天子郊天用的衣服车马之制。天子郊天,服饰和器用是天子诸服中最尊隆的。当时高级贵族通行的服制是衮冕。《礼记·礼器》云:“天子龙衮”,天子上衣、下裳上有十二种花纹(这十二种花纹是日、月、星辰、山、龙、华虫(雉)、宗彝

---

① 辟雍始见《诗·大雅·文王有声》:“镐京辟雍”,《灵台》:“经始灵台,经之营之,……于论鼓钟,于乐辟雍。”杨宽先生认为西周辟雍即学宫,建设在郊区,四周有水环绕,中间高地建有厅堂式的草屋,附近有广大的园林。园林中有鸟兽聚居,水池中有鱼鸟集居。见《西周史》,台湾商务印书馆 1999 年版,第 633 页。

(宗庙彝尊)、藻、火、粉米、黼(黑白纹)、黻(黑青纹)),这是衣裳。天子服衮是为了"象天",既象征天子拥有天下,又象征天人和谐。至于天子所戴之冕为"璪十有二就",璪通《玉藻》之藻,"十有二就"即每根旒的每粒串珠为一级,共十二级,《礼记·礼器》云天子之冕为"朱绿藻,十有二旒",即冕垂有十二根"十有二就"的垂旒,此为天子祭服。《周礼·春官·司服》记载此制为"大裘而冕"。

以上是天子所服。除了服制外,天子郊天所乘是素车,即没有雕画的车,即"大路",此即《礼记·礼器》所云"有以素为贵者……大圭不琢,大羹不和,大路素而越席"之意。虽然车不事雕饰,但随车的旌旗仍然用有十二根旒的(旌旗侧面的飘带叫旒,按周制,天子旌旗有十二旒,诸侯九旒,卿、大夫依次递减),旗帜上有龙,有日、月,是象"天",体现郊天之意。

天子郊天所服和使用的车制,是当时物化礼乐中的一部分内容,它具有强调天子至高无上和强调天人关系和谐两方面的意义,从中也可以看出郊天礼在这方面具有的意义。

到了南郊,开始祭天。据秦蕙田《五礼通考》卷首,周代郊天礼程序依次是:燔柴——作乐降神——迎尸——迎牲杀牲——盥——荐玉币——荐豆边——荐血腥——七献——送尸——撤——告事毕。这些程序可分为四步:

第一步为降神。先以燔燎之法以烟气通天神,燔柴之法来源于最初的原生性祭祀。《礼记·祭法》:"燔柴于泰坛,祭天也",《仪礼·觐礼》:"祭天燔柴,祭山川丘陵升,祭川沉,祭地瘗"都记载了祭天用燔柴之法。《周礼·春官·大宗伯》把燔柴之法分成禋祀、实柴、槱燎三等,郑玄注禋为"气之臭闻者",槱燎为积,三者都是"积实牲体焉,或有玉帛燔燎而升烟,所以报阳也",即把牺牲玉帛架在柴上燔烧有烟以通达神灵。孙诒让《正义》:"禋祀者,盖以升烟为义;实柴者,盖以实牲体为义,槱燎者,盖以焚燎为义","凡祭星辰,尊者亦以实柴,卑者则以槱燎。"是将燔柴分出尊卑的记载,不知是否符合周代实际。

燔柴通神后要奏乐降神。《周礼·春官·大司乐》:"乃奏黄钟、歌大吕、舞云门,以祀天神",《云门》据传为黄帝之乐。乐在三代被用来彰显功德、通降神灵、并在各种礼典中体现人与人之间的尊卑关系(见上一节)。孙诒让《春官·大司乐》正义:"此奏黄钟者,为迎尸之乐,所谓先乐金奏也;歌大吕者,为降神之乐。

舞云门者，为荐献后之合乐，合乐则兴舞也。”孙氏将迎尸——降神——荐献等系列程序的用乐说得很清楚。此迎尸在降神前。立尸原是周人宗庙祭祀以孙代王父为被祭对象的习俗[①]，此处祭天也用尸，是各种祭祀在方法上混通的结果。迎尸、降神每一步都配有乐。据说“六变”[②]之后，天神（包括天地百神）就降临了。汉代的《毛诗序》解释《诗·周颂·昊天有成命》为祀天之乐。以乐舞降神也是由原生性祭祀以乐舞通神变化而来，但它起的作用不像原始乐舞降神时那样激起情感或使人达到迷幻状态的作用，而是礼典中的一个环节。

第二步为进献牺牲玉帛，包括迎牲、杀牲、荐豆边、荐血腥等。此节用的是宰割后的生牲而非熟牲，以其血腥祭天。《郊特牲》：“郊血，大飨腥。三献爓，一献孰。至敬不飨味而贵其臭也。”王晖先生在《商周文化比较研究》中认为周代郊天礼崇尚返璞归真，恢复上古色彩较浓[③]。《郊特牲》记载的宗周祭天礼要用陶匏之器，牺牲用骍（红色马）和牛角像茧栗那么大的幼犊，《左传》桓公二年则说要用“大路越席”，即车以及结草而成的席子，由此多少可以看出一些原生性祭天之法。以席子作为神降之居是原生性宗教祷祠的产物，《山海经》中有类似记载[④]，以茅草为神降之馆还保留在后代的巫术里[⑤]，说明周代的郊天还是由用牺牲、茅草等的上古膜拜发展而来的。

第三步为七献，它是郊天礼的中心环节。孔颖达《郊特牲》疏详细地解释了七献的具体程序：

> “朝践王酌泛齐以献，是一献也；后无祭天之事，大宗伯次酌醴齐以献，是二献也；王进爵之时皆奏乐，但不皆六变；次荐熟，王酌盎齐以献，是为三献也；宗伯次酌醍齐以献，是为四献也；次尸食之。讫，王酌朝践之泛齐，是

---

① 胡新生：《周代祭祀中的立尸礼及其宗教意义》，《世界宗教研究》1990年第4期。

② 《周礼春官·大司乐》：“一变而致羽物及山泽之示，二变而致蠃物及山林之示，三变而致鳞物及丘陵之示，四变而致毛物及坟衍之示，五变而致介物及土示，六变而致象物及天神。”

③ 王晖：《商周文化比较研究》，人民出版社2000年版，第399～414页。

④ 《山海经·西山经》云自阴山以下至于崦嵫之山共十九山，“其神祠礼，皆用一白鸡祈，糈以稻米，白菅为席”。

⑤ 《周礼·春官》司巫在祭祀时要供“蒩馆”，即供神降之所。郑玄注“蒩之言藉也，祭食有当藉者，馆所以承，蒩谓若今筐也”，是原生性祷祠法在巫术中的保留。

为五献也;又次宗伯酌馈食之醍齐以献,是为六献也;次诸臣为宾长酌泛齐以献,是为七献也。"

泛齐、醴齐、盎齐、醍齐是浓度不等、或过滤、或混以香草汁的酒[1],祭祀用酒,味淡为贵,味浓为贱。七献是由天子到宗伯,再到诸侯,再到群臣轮番向尸(即天神的代表)敬酒。七献完后是送尸,而后整个程序结束。

以上是郊天礼的程序。从由降神、进献牺牲玉帛、七献构成的郊天礼的程序看,它最初确实来源于上古对天的直接膜拜——以燔柴之烟通神、奏乐降神来源于原始时期以燔烧之烟气和乐舞通神灵;进献牺牲玉帛来源于宗教学家所云的初民通过向神讨好、献媚请求福佑的那么一种思路;七献则是进献祭食程序的复杂化。但是正如本文前面的两个章节考察的那样,周代的"礼"从形而上的理念到形而下的制度已形成一个内容丰富、旨趣混一的整体,这种"礼"对渊源于早期宗教的观念、行为、情感均进行了全盘的改造,最明显的表现就是郊天礼的多数环节亦通行于其他礼典。如立尸、用牲、荐豆边血腥、七献(献数随礼典的隆杀而定)、奏乐等亦见于宗庙祭祖(详下文);献飨之礼则为当时冠婚祭祀朝聘通用[2],只有燔烧牺牲玉帛以烟气达天以通神是原生性崇拜的直接遗存。而且,周代有着极其具细的物化礼乐制度,郊天礼所用的牺牲玉帛、车马衣服等制度是物化礼乐制度中的组成部分,这些都使郊天礼的性质偏离了最初的宗教行为。

以上是周代郊天礼。郊天是祭祀诸神最大最隆之礼,有极重要的政治和等级意义。周天子自认为享有天命,因此祭祀天,对天的主祭权是王权至高无上的象征。郊天礼显示了它行天人关系,祈望和谐的深意。因为"天"是"象"之最丰富者,天象运行有固定且不以人们的意志为转移的规律,而依据天象运行,古人

---

① 泛齐、醴齐、盎齐、醍齐之别,参见《周礼·春官·司彝尊》郑玄注。

② 如《仪礼·士冠礼》记冠者在加冠的过程中要以挚(不同等级贵族相见时手持的见面礼)见于乡大夫、乡先生,"乃醴宾,以一献之礼",一献即主人献宾而已,贾公彦疏:"士礼一献,卿大夫三献",此为冠礼。又《士昏礼》在成礼的过程中,"舅姑(新娘的公婆)共飨妇一献之礼","舅飨送者以一献之礼",《聘礼》为记载诸侯之间互相聘问的礼,其中国君招待所聘问之国来的使者,使者要"三献",《仪礼》记载的"献"有一献(《士冠礼》、《士昏礼》)、三献(《聘礼》、《士虞礼》),七献、九献不见于《仪礼》,是因为《仪礼》记载的主要是中下级贵族的礼典,因此规格较高的"献"不在《仪礼》之内。从《仪礼》可以看出,冠、昏、朝聘之礼均有"献"。

已在总结出精确程度足以指导农业生产的历法的同时，还将“气”的运行贯穿于历法中，节气的确定即是古人对“气”运行规律的初步掌握。这些都是古人关于“天”知识的积累。同时古人还将人的生产等事跟“天”运行的规律结合起来，《郊特牲》“天垂象，见吉凶，郊所以明天道也”，明确地显示出郊天礼超出了单纯的膜拜和祷祠，向天邀宠以求回报的水平，而超出了单纯的膜拜和祷祠，是因为人们对“天”的认识超出了人格化的水平，进入到探索宇宙秩序(principle of cosmic institution)即“究天人之际”的层次。一旦对宇宙秩序的认识成为郊天中形而上内涵的主体，它的性质就偏离了“宗教”，因为宗教以认识“神”为特点和核心。古人以定时、定地的虔敬仪式来表达他们对这种宇宙秩序的虔敬，是对他们心目中天人关系的践行，这就是郊天礼的性质。因此，用西语概念说，郊天礼是“仪式”(rite)，是礼典(ceremomy)，不是宗教。

二、祭祖礼

祭祖礼是周代王朝祭礼中的另一项重要内容。商周祭祖礼已有多位学者进行过探讨，王贵民、常玉芝、刘雨等学者均从文献、古文字等角度考察过商周祭祖礼的演变过程，近年出版的刘源《商周祭祖礼研究》在此方面又有推进。对本书而言，重要的是考察文献中记载的周代祭祖礼的大体内涵和发展过程，以及它是如何跟郊天礼一起形成王朝祭礼的两大支柱的，因此，本书此处不欲过深地涉猎甲骨金文中有关商周祭祀的细节，而是以文献为主。因此，跟上面提到的专门研究商周祭祖礼的学者比，下面的考察是简略的。

祭祖礼并非始自周代，商代就有复杂的对祖先的祭祀。王贵民《商周庙制新考》从甲骨卜辞角度对商代祭祖作了考察①。常玉芝《商代周祭制度》(中国社会科学出版社 1987 年版)更是对商代周祭作了深入而专门的研究。商代的祭祖礼

① 王贵民认为，商代各期都有合祭与专祭的祀典。比较前后期的趋向，合祭由少到多，专祭则相反。祀典由繁复到简化而最后定制。武丁时期每次祭祀，要占问祭日、受祭祖先，还要占问祭名、祭品以及用牲法等等项目。往后则逐渐减少祭典中的项目，日益少见占卜用牲品种、数量、方法，最后形成了“周祭”，把自上甲一下的受祭祖先，按时代先后，以他们的庙号干支同祭日干支依次排列，用固定的五种祭名分别轮番祭祀，见其《商周庙制新考》，《文史》第 45 辑。

是后来宗周祭祖礼的渊源，从文献和金文记载看，周初祭祖礼继承了商代以来祭祖礼的发展倾向，《逸周书·世俘解》记载武王举行过一次告庙献俘的盛典，用牲数量巨大，被祀神有祖先神，自然神，祖先神中直系、旁系混杂。但周代迅速吸收了此前早已发展的商代制度，并在此基础上形成了更繁复的宗周祭祖礼。宗周祭祖礼是本文此处的考察对象，它跟商代祭祖礼比区别有二：一是存在宗法制，二是存在庙制和昭穆。下面便对这二者作些简要介绍。

首先是宗法制。宗法制是周代的一项重要制度，王国维认为有无宗法是殷周制度的根本差异之一①，现代学者钱宗范、钱杭等也已就此问题作过专门研究②。它建立在可辨认的父系血缘世系基础上，宗法制下有大宗、小宗之别，《诗·大雅·文王》："文王孙子，本支百世"，"本"即大宗，"支"即支脉、小宗。在周代，分封的等级、服丧的隆杀都取决于个人在宗法系谱树中跟大宗的血缘亲疏关系，《礼记·大传》这样记载宗法原则：

> "别子为祖，继别为宗，继祢者为小宗，有百世不迁之宗，有五世则迁之宗。百世不迁者，别子之后也，宗其继别子之所自出者，百世不迁者也。宗其继别子之所自出者，百世不迁者也；宗其继高祖者，五世则迁者也。"

此段记载了从诸侯的别子开始立宗的宗法制度。孔颖达疏："别子，谓诸侯之庶子也。诸侯之适(嫡)子适孙继世为君，第二子以下悉不得祢先君，故云别子并为其后世之始祖，故云为祖也。"因天子和诸侯的嫡长子世为天子和国君，其政治身份的尊隆并不需要大、小宗的推定来决定，而诸侯的庶子因不能继承国君之位，必须分出支脉，另立门户。他们各自立门户后，即成本系之祖，即"别子为祖"，别子的嫡长子世为大宗，庶子则为小宗。大宗百世不迁，即大宗举行祭祀时能上溯到其始祖，其牌位永远不动；小宗五世而迁，即小宗祭祀时只能上溯到高祖，高祖往上的牌位因满了五世，就要迁出。

宗法制产生后，为了使大宗世系清晰可认，随之产生了庙制和昭穆制。庙制

---

① 王国维：《殷周制度论》，《观堂集林》卷十。

② 见钱宗范：《周代宗法制度研究》，广西师范大学出版社 1989 年版。钱杭：《周代宗法制度史研究》，学林出版社 1991 年版。

的雏形在商代就已经出现[①],但是成熟的庙制在周代才出现。《礼记·祭法》追忆了宗周庙制:

"王立七庙,一坛,一墠,曰考庙,曰王考庙,曰皇考庙,曰显考庙,曰祖考庙,皆月祭之。远庙为祧,有二祧,享尝乃止。去祧为坛,去坛为墠。坛墠有祷焉祭之,无祷乃止。去墠为鬼。诸侯立五庙,一坛,一墠,曰考庙,曰王考庙,曰可皇考庙,皆月祭之。显考庙祖考庙享尝乃止。去祖为坛,去坛为墠。坛墠有祷焉祭之,无祷乃止。去墠为鬼。大夫立三庙,二坛,曰考庙,曰王考庙,曰皇考庙,享尝乃止。显考祖考无庙,有祷焉为坛祭之。去坛为鬼。适士二庙,一坛,曰考庙,曰王考庙,享尝乃止。显考无庙,有祷焉为坛祭之。去坛为鬼。官师一庙,曰考庙。王考无庙而祭之,去王考为鬼。庶士、庶人无庙,死曰鬼。"

此断规定了从天子到官师能拥有庙数的多少。这个庙指放置在宗庙中的牌位。按此段说法,天子的七庙由五庙和二祧构成,诸侯的五庙由三庙、一坛、一墠构成。王贵民先生指出,五庙制是根本的制度和普遍的原则[②],七庙是在五庙基础上派生的。在庙制基础上又有昭穆制,昭穆制即宗庙中牌位的摆放方法,李衡眉先生专门对之作过研究[③]。在宗庙中,左边的牌位为昭,右边的为穆,它们的摆放按父为昭,子为穆,孙又为昭的原则。昭穆制度为积少成多的历代天子、诸侯的牌位提供了秩序,它对于祭祖礼中的合祭、立尸具有重要意义。合祭时所有牌位都按昭穆放好受祀,立尸时要选择跟被祀先祖同昭穆的孙辈充当"尸"接受祭祀。

宗法制、庙制、昭穆制为周代祭祖礼提供了严格精确的规则。宗法制度在贵族阶层的存在,使各宗族都根据宗法制度亲疏降杀的原则祭祀远近不同的各代先祖。直系的大宗拥有的庙世代相传,对先祖祭祀时能上溯的世代也多。在周代,对先祖祭祀的远近程度是该家族的家长身份高低的体现,如为大宗之嫡子,

---

① 王贵民认为,商代祭祖重直系轻旁系,重近祖轻远祖的现象,并显露了庙制的雏形。《商周庙制新考》,《文史》第45辑。

② 王贵民:《商周庙制新考》,《文史》第45辑。

③ 见李衡眉:《昭穆制度研究》,齐鲁书社1996年版。

则有祭祀本宗族上至始祖之权利，如为小宗，则祭祀自己所出。周代对祖先神的祭祀区分不同的宗族，而且这种区分十分严格。《左传》僖公十年："神不歆非类，民不祀非族"，此神指的就是祖先神。又僖公三十一年卫成公梦见本国始祖康叔说夏后相夺了自己的享祀，成公命令祭祀夏后相，宁武子劝道："鬼神非其族类，不歆其祀"，假如卫国祭祀夏后相，夏的后代杞、鄫干什么呢？这说明诸侯国君祭祖时只祭祀自己宗族的祖先，而绝不祭祀其他诸侯之祖。宗族之长还定期举行合祭，聚集所有宗族成员祭祀本宗族先祖，增强宗族凝聚力。总之，对自己祖先的祭祀是王朝肯定和提倡的，周王室祭祀自己的先祖，如后稷、文王、武王等，一方面是强调王权的至高无上，另一方面也是令天下所有宗族祭祀先祖，在增强凝聚力方面做表率。

周人对祖先的祭祀可分为时祭和合祭。二者有密切联系，且最初区分并不分明，下文便分别介绍。

(一) 时祭

沈文倬先生《宗周时祭考实》对周代时祭作了详细考证，下文多有引用。时祭本来是祖祢丧祭以后的常祀，文献中称烝、尝。最初的烝、尝是向祖先进新熟谷品之礼，西周金文有"蒸"(豋)字(段簋)，象载米于豆，两手持之以献之形，这种形式是从对死者的丧祭发展而来。《仪礼·士丧礼》记死者新死后要在其东放上干肉(脯)和酒；丧祭、虞祭时要多次释菜奠酒①，禫后的吉祭则在新收粮食等之际向先人进献，以寄托对他的思念。此后这种祭祀逐渐发展成时祭。

被称为烝、尝的时祭有一个发展的过程。西周初期的烝还仅是祭祀法，《尚书·洛诰》："戊辰，王在新邑，烝"，郑玄以为戊辰为周公摄政七年十二月十二日②，因此释烝为冬祭祖先，不确。甲骨文有春秋而无冬夏，四时观念还没有普遍流行，离商不远的周初是无论如何不会出现作为冬季时祭的烝的，此烝意义为尝新，这是烝的初义。《商颂·那》："顾予蒸尝，汤孙之将"，诗《序》说《那》为宋微子至于戴公时宋国礼乐，《史记·宋世家》记微子为商纣之庶兄，孔颖达《毛诗正

---

① 《仪礼·士丧礼》死者新死后《仪礼·士丧礼》记死者新死后要在其东放上干肉(脯)和酒，第二天早上棺木入堂时要准备黍稷鱼腊盛在三鼎之中，并有醴酒。《既夕》、《士虞》礼中也要多次释菜、奠币。

② 孙星衍：《尚书今古文注疏》，中华书局1986年版，第419页。

义》考戴公当周宣王时,则《商颂》为西周时期的宋国庙堂乐。《那》的"蒸尝"是诗歌韵文中泛指祭祖,注疏家理解成西周就有完整的四时祭是不确的。

到春秋时期,烝、尝便成为两种时祭的名称。《左传》桓公五年:"始杀而尝,闭蛰而烝",始杀,是天气开始肃杀,因此谷物新获,因此可让祖先尝新;闭蛰而烝,杜预注:"万物皆成,可荐者众,故祭宗庙",杨伯峻注亦如是说,并认为秋(夏正七月)尝、冬烝是常祀。《春秋》和《左传》关于烝、尝的资料有以下几条:

1.《春秋》桓公八年春正月烝、夏五月又烝。(杨伯峻认为这两次烝季节不对,因此《春秋》才记载下来)

2.《春秋》桓公十四年秋八月,尝。

3.《左传》襄公二十八年十一月,齐国尝。

4.《左传》襄公十六年春,晋国烝于曲沃。

5.《左传》昭公元年十二月,赵孟烝于温。

6.《左传》昭公四年夏,诸侯在楚国举行会盟,鲁昭公辞以"时祭",此当为尝或烝。

从《左传》记载的烝尝看,到了《左传》时期,冬或春行烝,秋行尝已经区分开来,成为一年两次的时祭,且各诸侯国都施行。但《左传》并无完整的春夏秋冬四时祭,到了源出战国的文献三礼中,烝、尝、祫、禘的真正含义时人已经不甚清楚,又有编排使之整齐化的需要,才有了四时祭祀的说法,四时祭的说法各文献不尽相同,如下表:

文献出处	春祭	夏祭	秋祭	冬祭
《礼记·祭统》	礿	禘	尝	烝
《礼记·王制》	礿	禘	尝	烝
《周礼·春官·大宗伯》	祠	禴	尝	烝
《尔雅·释天》	祠	礿	尝	烝

从上表看,秋尝、冬烝各文献记载都是一致的,差别在春、夏的时祭名。这正反映了战国时人们对确有其制的,见于《左传》记载的秋尝、冬烝之制印象还很深刻,而春、夏的时祭则诸家说法不同:《礼记》把原为合祭的"禘"编入了时祭中,并成为夏祭的名称,汉初博士作的《王制》更是把合祭(祫、禘)、时祭(烝、尝)混在了一起:"天子犆礿、祫禘、祫尝、祫烝",完全未辨清楚合祭和时祭的区别。《国语·

鲁语》"日祭、月祀、时享、岁贡、终王"是为了语句的整齐(孙诒让认为日祭月祀烦琐不合礼典),《尔雅》则将祠、礿分别作为春、夏祭名。之所以先儒笃信周代有四时之祭,很大程度上是因为《诗·小雅·天保》说:"礿祠烝尝,于公先王",孔颖达疏引《尔雅·释天》释此段话,并引孙炎曰"祠之言食;礿,新菜可汋;尝,尝新谷;烝,进品物也",并认为时序不对是为了诗歌便文。沈文倬先生《宗周时祭考实》通过细致考证认为西周就有四时祭之证不足信,《天保》的此段话不能理解成四时祭名,而仍然应理解成不同的祭祀法,基本理清了周代时祭的真实状况。

烝、尝作为岁时祭,二者程序基本相同。这方面通过文献能看出一二。除了《礼记》、《周礼》、《左传》等的零星片段外,《仪礼》的《特牲馈食礼》、《少牢馈食礼》提供了士、大夫阶层时祭的具体过程,《诗·小雅·楚茨》亦是士一级贵族回忆当初家国隆盛时祭祖情景的诗篇。烝、尝的过程大约有准备牺牲供奉、立尸飨尸、送神等程序,《礼记·祭统》回忆的是诸侯的宗庙祭祀,其规模和程序比起士的质朴来隆盛得多,有斋戒、立会、祼、迎牲、杀牲、献祭享尸、升歌乐舞这些环节,具体过程《祭统》是这样说的:

"及时将祭,君子乃斋。……散斋戒七日以定之,致斋三日以齐之。定之之谓斋,斋者精明之至也,然后可以交于神明也。……夫人亦散斋七日,致斋三日。君致斋于外,夫人致斋于内。然后会于大庙。君纯冕立于阼,夫人副袆立于东房,君执圭瓒祼尸,大宗执璋瓒亚祼。及迎牲,君执纼,卿大夫从,士执刍,宗妇执盎从。夫人荐涚水,君执鸾刀羞哜,夫人荐豆,此之谓夫妇亲之。及入舞,君执干戚就舞位,君为东上,冕而傯干,率其群臣以乐皇尸。"

此段可分为以下步骤:

1. 首先是斋戒和着服。周代斋戒分等级,散斋七日,致斋三日,国君斋戒在外寝,夫人斋戒在内闱,斋戒之后国君和夫人会于始祖之庙(太庙),国君身穿正式礼服"纯冕"站在台阶处,夫人亦着正式礼服"副袆","副"即"副笄六珈"之制(见第四章第一节东汉冕服制度部分),"袆"即敝膝,"副袆"为夫人最正式的礼服,是从国君进行宗庙祭祀时服用的。这是事先的准备。

2. 斋戒、着服完毕后,即开始迎牲、献祭。国君立于阶阼,夫人着"福袆"在东厢房。国君手执圭瓒等器,用香酒浇在扮演祖先的“尸”面前的地上,这是“裸”,大宗(参加时祭的国君之亲)手执璋重复国君的动作,这是“亚裸”。到迎牲时,国君亲自牵着系牲之绳,同宗的卿大夫跟着,士拿着杀牲之后要荐牲的蒿秆,同宗妇女拿着盛有酒浆的尊彝跟着。夫人向“尸”献上淡酒(祭祀用酒,以味淡为尊),国君手拿鸾刀把杀了的牲割成一定形制,再尝一下事先准备好的鼎中的牲肺进献给尸,夫人向“尸”献盛有果蔬的边豆。

3.用乐舞。荐完饮食后,就开始用乐舞。国君手拿干戚(即舞具,为戈盾类)在东边上位,着冠冕之服,率领群臣向“尸”献舞。

4.所有这些步骤都完了之后,由国君主持将剩余祭品(馂)平均分配众人。

此为宗周诸侯合其宗族的时祭之程序。“尸”由主祭者之子、与被祭祖先同昭穆的孙辈充当。周人祭祀立尸,《诗·小雅·凫鷖》郑玄笺认为此诗每章中的“公尸”分别是指祭祀宗庙、四方百物、天地、社稷山川和“七祀”时的神尸。立尸祭祀于宗庙祭祖而言是十分重要的。一般祭祀中的偶像、牌位并无生命,不能直接享用祭品,而周代祭祀中的“尸”却能直接出面饮食,人贿“神”以饮食,“神”也马上给人以象征性回报①。《祭统》:“夫祭之道,孙为王父尸,所使为尸者于祭者子行也。父北面而事之,所以明子事父之道也。”

以上是诸侯时祭。时祭时宗族成员都参加,有凝聚宗族、强调政治人伦的重大作用。天子的时祭材料极少,其规模比诸侯更盛自不必提,但程序当与士、诸侯的时祭大同小异。

(二) 合祭

文献提到的周代合祭有祫、禘。先儒对此有各种解释。郑玄认为三年祫,五年禘,天子诸侯之丧毕,合先君之主于祖庙而祭之叫祫,后成为常礼。天子先祫而后时祭,诸侯先时祭而后祫。祫、禘的区别汉人已不甚明了,刘向便认为祫、禘为一祭二名。历代沿着这个趋势,对祫、禘的不同解释越来越多,孙诒让统计了不同于郑玄的说法有二十一种(见《周礼·春官·大宗伯正义》),而他自己则赞同郑玄之说,并认为:

---

① 胡新生:《周代祭祀中的立尸礼及其宗教意义》,《世界宗教研究》1990年第4期。

"惟周制毁庙之主，并藏于大祖庙，不藏文武庙，则禘祭迁主，亦当儒祫通合食于大祖庙，禘外别有大祫之祭，禘、祫非一祭二名，祫则群庙之主悉升于大祖庙，者于其庙而行祭礼，二祭俱及毁祖，禘之于祫，同得为殷，禘则小于祫而大于四时也。"①

孙诒让亦认为祫、禘是两种不同的合祭，祫大禘小。此为传统的解释。笔者翻检史料，认为祫、禘并非两种不同的合祭，而是由于对合祭的不同记载或追述造成的。周初、春秋、战国的合祭中，实际施行和对先代的追忆之间有很大差别，这一点往往是前代注疏家不注意的。事实上，文献记载的祫、禘、时祭并非同一时代的制度，周代享国八百年，其制度的前后差异甚远，源出战国的文献对祫、禘、时祭的追忆和保存较多周初史实的《诗》、《书》所记有很大差别，这就使我们在观察周代合祭时不能不稍作辨析。

禘、祫是周代天子、诸侯举行的合祭。它跟时祭不同，时祭为新获谷物向先祖进献，卿大夫、士均可进行，祫禘则不然，它是天子、诸侯才有资格进行的祭祀。因为天子、诸侯世为大宗，继承大宗的天子、诸侯按一定时间将所有的先祖牌位合而祭之，并同时辨别宗庙牌位的亲疏远近，此为祫禘。《说文》示部："祫，大合祭先祖亲疏远近也"，《礼记・大传》："合族以食，序以昭穆"，合祭就是对所有的祖先，包括那些世代疏远，已经成为鬼的祖先，将他们的牌位都取出来一同祭祀。因为是对所有先祖的合祭，从这个意义上说叫祫；因祖先们的牌位众多，所以要辨世系，确认昭穆，从这个意义上说叫禘。《周礼・春官》有小史，其执掌为"奠世系，辨昭穆"，因此，祫、禘的最先区别应是从不同的角度描述对祖先的合祭时产生的。从字面上看，祫从"示"从"合"，指的就是把所有祖先牌位一起拿出来合祭这一事实；解《春秋》经的《公羊传》文公二年云："大祫者何？合祭也。其合祭奈何？毁庙之主陈于太祖，未毁庙之主皆升，合食于太祖，五年而再殷祭"，《公羊传》的解释就"祫"意为合祭而言，是符合实际的。不过祫字不见于《左传》，而见于《礼记》的《曾子问》、《大传》和《公羊》、《谷梁》，《左传》云合祭皆称"禘"或"尝"、"烝"，这并不难理解。因为《左传》内

① 见孙诒让：《周礼正义・春官・大宗伯》。

容比《公羊》、《谷梁》早且淳，其用词较多反映了西周、春秋时期的制度，“禘”在文献中出现早于“祫”，说明在西周、春秋时期，一个“禘”字已足以涵盖天子、诸侯祭祖之事的含义及制度，而到战国儒家追忆周代制度的《礼记·曾子问》和《大传》，因年代久远，人们对往事记忆开始出现模糊，才出现同样也指合祭的“祫”，如《曾子问》的“祫祭于祖”和《大传》的“（大夫）干祫及其高祖”之类，这是跟战国儒家对西周、春秋的“禘”理解开始陌生和含混同时出现的，到《公羊》则以“祫”解“禘”，是更晚的现象。

因此，在西周、春秋祭祖礼中，“禘”才是祭祖时最初的、根本的制度，“祫”是从战国儒家开始的后人对前人之制开始不甚了解时才出现的。西周、春秋时天子、诸侯祭祖皆称“禘”。“禘”最初意义为动词，指审谛昭穆之意，《说文》“禘，谛祭也”，段玉裁注：“谛者，审也”，因在祭祖时同时明确昭穆，所以祭祖被称为“禘”。不过天子之“禘”跟诸侯之“禘”意思还有差别——因天子有资格郊天，而周人认为自己的先祖即出自天（这是“天人合一”思想的反映），因此郊天时，以先祖后稷配天对周天子而言亦为审谛自己的昭穆之意，这就是文献中有时将天子郊天亦称为“禘”的原因，《礼记·大传》所云“不王不禘”的“禘”即指天子郊天配祖之意，下文“王者禘其祖之所自出”的“禘”为郊天配祖亦指审谛世系之意。天子之“禘”的这层意思亦反映在《易传》中。《豫·象上传》：“先王作乐崇德，殷荐之上帝以配祖考”；《涣》卦《象》下传：“风行水上，涣。先王以享于帝立庙。”孔颖达疏：“先王以涣然无难之时享于上帝，以告太平，建立宗庙以祭祖考”说明《易传》作者尚明白王者之“禘”是含有先祖配天这层意思的。汉代人的《诗·商颂·长发》序解释为“长发，大禘也”，亦是以王者之禘来解释《长发》之意，诗中提到契、相土、汤等商的先祖，郑玄注为郊祭天以祖配，这是以周代天子之“禘”的制度来解释。孔颖达疏更说是“殷王高宗之时，以正岁之正月祭所感生之帝于南郊”，他以汉代才产生的感生帝释周，不确。但天子的禘为郊天配祖，确是周代之制，这是天子之“禘”。至于诸侯国君，他们的合祭要摆出牌位，谛定昭穆，因此亦称为“禘”，这从《左传》之“禘”可以看出（《左传》之“禘”见下文）。下文便考察一下周代合祭的发展过程。

（1）周初合祭

周初，时祭与合祭还没有严格的区分，通常混指。《国语·鲁语上》记鲁国合祭时，主持祭祀的宗官反对乱了牌位时追忆商周合祭说："自玄王以及主癸莫若汤，自稷以及王季，莫若文、武。商周之烝也，未尝跻汤与文、武为逾也"，这里把商周合祭先祖称为烝，即以"烝"通指合祭。《尚书·洛诰》的"烝"亦仅指祭祀法，并不是一种时祭的名称，《洛诰》："(成王元年)祭岁，文王骍牛一，武王骍牛一"，岁，郑玄释为成王元年正月朔日，祭岁则是冬后改岁，有事而祭，即以朝享之后，用二特牛祫祭文王、武王于文王庙。孙星衍认为此次祫仅取合祭之义，非三年一次大祫。此次合祭先祖规模盛大，除了主持者外还有人协助，是为助祭。《洛诰》"王宾杀禋咸格，王入大室祼"，"王宾"，孙星衍释为助祭诸侯，王国维《洛诰解》释为死去的文王、武王①。"咸格"应为皆至之意，即都跟从成王入大室。周初分封同姓为诸侯，则周王室举行合族而食的合祭时各地诸侯都来参加。让诸侯助祭，在周初东征、践奄等一系列军政大事结束后更具有设置蕃屏、稳固统治的现实意义。又《诗·周颂·烈文》序："成王即政，诸侯助祭也。"郑笺："新王即位，必以朝享之礼祭于祖考，告嗣位也。"是此次烝为周初合祭，确有诸侯助祭。

《洛诰》是周初文献，其记载的太室祭祖先与后世毁庙之主合食于太祖庙不同，仅取其合祭之义，这也合乎周礼发展由简到繁、由粗到精的过程。

(2) 西周、春秋合祭

西周晚期到春秋时期，礼制由成熟到高度完善。宗法制度严谨，庙制完备。《左传》关于合祭的材料有以下几条：

〇闵公二年：夏五月，吉禘于庄公，速也。(杨伯峻注庄公卒于三十二年八月，当于闵二年八月吉禘，而禘于五月，故传云"速也"。)

〇僖公八年：秋，禘，而致哀姜焉，非礼也。

〇僖公三十三年：葬僖公，缓作主，非礼也。凡君薨，卒哭而示付，特祀于王，烝、尝、禘于庙。

〇宣公八年春秋经：(夏六月)辛巳，有事于大庙，仲遂卒于垂。壬午，犹绎(祭之明日又祭。正祭必有尸，绎祭则以宾敬此尸)。万(万舞)入，去籥。

(按：杨伯峻注为此为禘，且此时禘并无定月。《礼记·檀弓下》记孔子

① 《观堂集林》卷一。

评论此事非礼,“卿卒不绎。”则卿卒行正祭而不绎。)

〇襄公十六年传:晋人曰:“寡君之未禘祀”,即致晋悼公之主于大庙之吉禘,是晋亦有禘也。

〇昭公十五年传:“将禘于武公,戒(告诫并斋戒)百官。……二月癸酉,禘,叔公莅事,籥入而卒。去乐,卒事。礼也”。

〇定公八年经:“从祀先公”(杜预注:“将正二公之位次”,因文公二年逆祀,此处恢复顺序,是“从祀”,亲尽,所以称先公)。

《左传》记载的主要是鲁制。鲁国能行禘祭,跟它能行郊天礼一样是因为周公的盛德。正如鲁郊与周郊同一样,鲁禘与周禘亦不应有大异。先儒为调和源出战国的礼书与《左传》在记载上的矛盾,认为《左传》为鲁礼,《礼记》为周王礼是不确的。《左传》的禘为我们提供了西周、春秋时合祭的真实情况。杨伯峻僖公八年注:“禘,大祭也。三年之丧,二十五月而毕,然后禘祀,禘之本也。”对新死之君的丧祭结束后,其牌位入太庙,要重新序列昭穆,是为禘,以后合祭也要审谛昭穆,《左传》文公二年记载鲁合祭:“秋八月丁卯,大事于大庙,跻僖公,逆祀也。”闵公为兄,僖公为弟,此初以僖公牌位越于闵公之上,不但乱了等次,而且乱了昭穆。《国语·鲁语上》亦记此事:

“夫宗庙之有昭穆也,以次世之长幼,而等胄之亲疏也。夫祀,昭孝也。各致斋敬于其皇祖,昭孝之至也。故工、史书世,宗、祝书昭穆,犹恐其逾也。今将先明而后祖,自玄王以及主葵莫若汤,自稷以及王季,莫若文、武。商周之烝也,未尝跻汤与文、武为逾也。鲁未若商、周,而改其常,无乃不可乎?”

这是春秋时的禘。春秋时期的合祭《左传》称禘,强调合祭中辨昭穆的意义。这说明到春秋时期,合祭与时祭在功能、名目上开始出现区别——禘祭旨在序昭穆,时祭旨在荐新熟。而且《左传》的时代“禘”与时祭已初步区分,如上文僖公三十三年烝、尝、禘并提,禘是周王或鲁君新死并过了丧期后牌位入庙之大祭,因为增加了牌位,所以要重新序昭穆,所以称其为禘;而烝、尝,桓公五年“始杀而尝,闭蛰而烝”为随着物候变化向先祖荐新熟之礼,二者性质不同。

西周、春秋时期的文献记载,如西周金文和《左传》,皆无祫字。对此,《礼记·王制》孔颖达《正义》说:“《(左)传》无祫文,然则祫即禘也。取其序昭穆,谓之禘，取其合集群庙，谓之祫”，这是先儒为调和诸经差异时提出的说法，但“取其序昭穆，谓之禘”的说法是对的，稍后出现的礼书和《公羊传》因对西周、春秋制度追忆发生偏差，才有祫字出现。因此西周春秋时的合祭只有一种，其名称取其序昭穆之意，因此叫禘。

(3) 战国人追忆的合祭

战国时期因宗法制度的破坏，原先王官专人“辨世系、奠昭穆”[①]也失去了必要性，因此，人们对西周、春秋之“禘”的理解开始模糊。“禘”或被当作五年一次的大合祭，如东汉何休注《公羊传》文公二年为三年一祫、五年一禘；或被编排入四季时祭成为其中的一员，如《礼记·祭统》：“凡祭有四时，春祭曰礿，夏祭曰禘，秋祭曰尝，冬祭曰烝”；或被当作祭昊天上帝时以祖先配食，如《礼记·祭法》：“有虞氏禘黄帝而郊喾，祖颛顼而宗尧；夏后氏亦禘黄帝而郊鲧，祖颛顼而宗禹；殷人禘喾而郊冥，祖契而宗汤；周人禘喾而郊稷、祖文王而宗武王。”郑玄注：“禘郊祖宗，谓祭祀以配食也。禘谓祭昊天于圜丘也，祭上帝于南郊曰郊，祭五帝五神于明堂曰祖宗”，从名目到性质都众说纷纭，且此时礼书对合祭的追忆又出现了“祫”。《公羊传》文公二年：“大祫者何？合祭也。其合祭奈何？毁庙之主，陈于太祖，未毁庙之祖，皆升合食于太祖。”这样的解释离西周春秋的合祭“禘”的原意——将新死之君的牌位列入宗庙，重新审谛昭穆的合祭已经有距离，并且合祭的名称也成了“祫”。如《礼记·大传》追忆“大夫士有大事，省于其君，干祫及其高祖”这个祫为动词，为追祭之意。此处郑玄作注联系《祭法》“大夫三庙”“适士二庙”解释说：“干犹空也。空祫谓无庙祫祭之于坛。”孔疏解大夫士无始祖庙，虽得行祫，只能及高祖，并在坛祷祠。这样对战国儒家追忆宗周合祭的“祫”的解释越来越具体。从《大传》看，此句用“祫”指大夫、士参加合祭是有道理的，因为天子、诸侯才能进行“禘”祭，大夫、士没有资格进行“禘”祭，他们只能在天子、诸侯作为大宗进行“禘”祭时作为同宗参加合祭，从大夫、士的角度说这叫“祫”，因此，《礼记》的《祭法》《祭统》《大传》等分别出现“禘”“祫”，是对西周、春秋祭祖礼从各种角度进行追忆，虽然零星且有错乱（如《祭统》云“祭有四时”），但若将这些零星

① 《周礼·春官·小史》。

而片面的追忆缀合了看,还是能看出周代禘祭的原貌。

到汉初,儒家追忆周制时离实际情况越来越远。《王制》在将禘归为夏的时祭时,又排列天子一年的时祭和合祭说:"天子犆礿、祫禘、祫尝、祫烝。"这样一年有三次祫,过烦琐,显然不合乎周代合祭事实。这样,从《祭法》《祭统》再到《王制》《公羊》,出现了文献记载的合祭有祫、禘两种这一情况,进而造成后儒争论这二者孰大孰小,形制等级的区别等等。但细察《礼记·大传》说的大夫士干祫和"不王不禘",仍然能品位出祫禘的区别:祫指的是合祭祖先的事实,合祭祖先时作为诸侯疏宗的大夫士都能参加,因此才有大夫士干祫高祖的内容。因此祫、禘差别主要是由于追忆合祭时侧重点不同而产生的,对这种不同加以发挥,后人便将它理解成两种不同的合祭。

战国时期人们对合祭的理解除了名目发生混乱外,还有便是阴阳之说渗入合祭。先祖配天之义被不断强调,上文所引《祭法》和《国语·鲁语》展禽曰:"有虞氏禘黄帝而郊喾,祖颛顼而宗尧。"郑玄注:"禘郊祖宗,谓祭祀以配食也。"《祭统》除了禘、尝说成不同名目的时祭之外,还为它们安排了阴阳属性:

"礿禘,阳义也;尝烝,阴义也。禘者阳之盛也,尝者阴之盛也,故曰莫重于禘尝。古者于禘也,发爵赐服,顺阳义也;于尝也,出田邑,发秋政,顺阴义也。"

这里,"禘"被安排在夏,因此跟发爵等"阳"事相联系,"尝"因为在秋冬,所以跟秋政相联系。这样当然不可避免地远离了原先西周郊天和合祭的性质。

此外,战国文献的记载还出现了糅合二者的明堂祭。《孝经·圣治》:

"孝莫大于严父,严父莫大于配天,则周公其人也。昔者周公郊祀后稷以配天,宗祀文王于明堂以配上帝。是以四海之内,各以其职来祭。"

《孝经》是战国儒家系统的文献,《四库全书总目提要·孝经类》这样概括《孝经》的由来:

"蔡邕《明堂论》引魏文侯《孝经》传,《吕览·审微篇》亦引《孝经·诸侯》章,则其来古矣。然授受无绪,故陈骙、汪应辰皆疑其伪。今观其文,去二戴所录为近,要为七十子徒之遗书。使河间献王采入一百三十一篇中,则亦《礼记》之一篇,与《儒行》《缁衣》转从其类,惟其各出别行,称孔子所作,传录者又分章标目，自名一经……。”

《四库全书总目提要》认为《孝经》的文辞内容离二戴《礼记》不远，为战国七十子后学的著作，周予同先生亦如是说①，这一结论是非常恰当的。“七十子之徒”在传述《孝经》时，周代典制离他们已很遥远，因记忆模糊再加上当时认识的掺入，便有了明堂宗祀先祖的说法。《孝经》这段明堂宗祀的说法其实来源于《书·洛诰》，《洛诰》记周公于摄政七年归政于成王之际在洛邑禋于文王、武王，周公答复成王：“……考朕昭子刑，乃单文祖德。予以秬鬯二卣，曰明禋，……则禋于文王、武王”，在前人注疏中，郑玄释“文祖”为明堂，孙星衍疏“此周公述祀文王于明堂，以配五天帝，曰祖；后又祀武王，曰宗”②。“单文祖之德”被郑玄释成“尽明堂之德。明堂者，祀五帝太昊之属，为用其法度也”，郑玄以明堂祭祖释此次祭文王、武王之事，是自汉起经学昌明之后，经师调和诸经之后的说法。其实关于此次祭祀，《书·洛诰》经文很明确说是“烝。祭岁，文王骍牛一，武王骍牛一”，经文云此次祭祀是“烝”，而《尚书》中的“烝”是周初四时祭尚未规范化时的较笼统祭名，并且经文一字都没有提到明堂，《孝经·圣治》关于周公宗祀文王的说法就是从《尚书·洛诰》这一段来的，只是《洛诰》渊源久远，文辞古奥质朴，不加雕饰，《孝经》在文辞浅显平易的同时，因流传的原因，已受了战国时流行的明堂说（明堂说见下一章第一节）的影响，因而偏离了《洛诰》原样。

以上是从周初到西周、春秋时期的合祭和战国时人对祫禘的追忆。下面我们看一下合祭的程序。

合祭程序与《礼记·祭统》所记的时祭大致相同。因为合祭本身就是由天子、诸侯的时祭不断精致和规整发展而来的，但天子、诸侯的合祭比《仪礼·少牢馈食礼》和《小雅·楚茨》描绘的大夫、士的时祭来规模要隆盛，这也是很自然的。《礼记·明堂位》记西周时期鲁国禘祭的程序：

“君卷冕立于阼，夫人副袆立于房中，君肉袒迎牲于门，夫人荐豆笾，卿大夫赞君，命妇赞夫人，各扬其职。百官废职服、大刑，而天下大服。”

---

① 朱维铮主编：《周予同经学史论文集》增订本，上海人民出版社1983年版，第937页。

② 《尚书今古文注疏》上册，第414页。

这与《祭统》“君纯冕立于阶阼,夫人副袆立于东房”所言的诸侯时祭程序几乎完全相同。秦蕙田《五礼通考》卷首序言天子、诸侯宗庙时享的程序:

裸/王一献、后亚献/作乐降神/迎牲、诏牲/坐尸、设祭于堂/荐朝、事豆边/射牲/取脾[膏]/诏血毛/燔燎炳、制祭/奠盎/割牲升首/祭腥祭烂/朝践/王三献、后四献/下管舞大武/祭祊、朝践毕/馈食合享/荐馈食豆边/诏羹定/逆斋盛/大合乐/延尸入室/馈食、后献/羞齐/隋祭/进孰、授祭/尸食侑、馈食毕、王五献、后六献/朝献、王酳尸/后献/从献/尸嘏/君献卿/赐爵、朝献毕、王七献/再献、后酳/荐加豆边/尸酢夫人/诸臣献尸/尸酢群臣/荐羞豆边/君献大夫再献毕、后八献、诸臣九献/九献后加爵/献士及群有司/嗣举奠/旅酬赐爵/告利成/送尸/撤/告事毕/王出庙/归宾俎/燕私/归脤膰/绎祭

以上程序主体是“九献”。“献”即向宾客或神灵等敬酒之意,它是当时各种礼典通用的环节,《周礼·秋官·大行人》记上公之飨礼九献,侯伯七献,子男五献。《左传》昭公元年记载郑伯享赵孟、叔孙豹和曹国大夫,赵孟欲用一献,一献为士饮酒之礼,其实并不合于当时礼典的规格(当时应用“五献”,底下放置了跟五献相配的笾豆),但赵孟最终还是用了一献,表示自己身份卑微。在合祭祭祖时,王用九献之礼。九献之前是“裸”,即以香酒浇在地上,以其气味降神。“九献”过程中贯穿很多环节,主要有:

作乐降神:据《周礼·春官·大司乐》为“奏无射,歌夹钟”,

迎牲:即迎接牺牲。诸侯迎牲要肉袒,亲自执牵牲之绳。

坐尸:让“尸”入座。

荐朝、事豆边:安放好盛在豆笾中的食品。

射牲:据《国语·楚语下》观射父云:“天子禘郊之事,必自射其牲,王后必自舂其粢,诸侯宗庙之事,必自射牛、刲羊,击豕……”,即天子诸侯亲自射杀用作牺牲的牛,以示郑重。

取脾膏、诏血毛:取射得之牲的脾膏毛血荐于祖先。

割牲升首:将牲割成一定形制,将牲首荐于祖先。

祭腥祭烂:将牲血献祭。

以上是从开始准备到三献之前的内容，主题是杀牲、以牲之毛血献祭于先祖。三献后，要开始用乐舞，使用的乐舞是周武王所作的《大武》。而后进行祊祭，“祊”为求神于不同处所之意，因为诸侯天子宫室数重，“祊”表示祖先之灵光顾；四献之后为另一段落，主题为饭尸、饮酒等，王、后献之后群臣再献，送尸后将剩下的饭菜赐卿大夫士为馂，次日进行绎祭，这样就全部结束了。《论语·八佾》：“子曰：自既灌（祼）而往者，吾不欲观之矣。”祼为合祭的第一道程序，最为恭谨，当时鲁国季氏把握朝政，祼后的程序主要是吃喝，想必失去了庄重典雅的氛围，尊崇周礼的孔子才不忍心看。

周代天子、诸侯的合祭规模盛大，仪式复杂，寓意深远。《礼记·祭统》提到合祭寓意有“十伦”：

> “夫祭有十伦焉：见时鬼神之道焉；见贵贱之等焉；见亲疏之杀焉；见爵赏之施焉；见夫妇之别焉；见政事之均焉；见长幼之序焉，见上下之际焉，此之谓十伦。”

《祭统》下文是“十伦”的具体内容，从“十伦”可看出合祭的细节均有寓意，《祭统》“十伦”如下（为行文方便，笔者逐段将大意予以解释）：

> “铺筵设同几，为依神也。诏祝于室而出于祊，此交神明之道也。”

铺陈席子（周代室内地上铺的席子叫筵），设置铜靠几，让神凭依。让祝官在室内以言辞请祖先之神降临，第二天行绎祭时再出于宫室之外广求神灵于门外之祊，此为交神明之道。

> “君迎牲而不迎尸，别嫌也。尸在庙门外则疑于臣，在庙中则全于君，君入庙门则全于臣全于子，是故不出者，明君臣之义也。”

这段话是说：国君不亲自迎尸，因为尸为孙辈。尸在庙门外即为国君之臣，入了太庙代替先祖，则于君而言保全了国君献祭的孝道。国君入了太庙之门，即为先君之子、先君之臣，此节为明君臣之义。

> “夫祭之道，孙为王父尸，所使为尸者于祭者子行也。父北面而事之，所以明子事父之道也，此父子之伦也”。

由国君的子辈充当王父之尸，作为父亲的国君像事父一样事尸，作为子辈的尸也亲眼目睹了如何事父，这样就明白了父子之伦。

“尸饮五,君洗玉爵献卿,尸饮七,以瑶爵献大夫,尸饮九,以散爵献士及群有司,皆以齿,明尊卑之等也。”

此为“九献”过程中的环节。尸受五献之后,国君清洗玉爵,以酒献卿,尸受了七献之后,国君以瑶爵献大夫;尸受了九献之后,国君以散爵献底下的士和执事者。玉爵、瑶爵、散爵等级不同,分别用于献卿、大夫、士。在献卿、大夫、士的过程中均按年齿,此节为明尊卑之等。

“夫祭有昭穆。昭穆者所以别父子远近长幼亲疏之序而无乱也。是故有事于大庙,则群昭群穆咸在而不失其伦,此谓亲疏之杀也。”

合祭时太庙中的排位摆放按昭穆,昭穆体现了亲疏之别。

“古者明君爵有德而禄有功,必赐爵禄于大庙,示不敢专也。故祭之日,一献,君降于阶阼之南,南向,所命北面,史由君右执策命之,再拜稽首受书以归,而舍奠于其庙,此爵赏之施也。”

此节讲述合祭时顺便“赐命”。赐命又名“锡命”,即封赏立有大功的臣下。一献之后,国君走下台阶,受锡命者面朝北站立,史官赞国君行锡命礼,礼毕之后,受命者要将所受策书献于自己的宗庙,此为“爵赏之施”。“锡命”是周代重要的政治礼仪,金文资料这方面记载很多。从金文记载看,锡命礼多由天子主持,史官(金文有时称“作册”)辅助,受锡命者接受周王赏赐的弓矢车马乃至扈从等之后,对扬天子休,最后铸器作纪念,这个过程跟《祭统》记载的基本一致。

“君卷冕立于阼,夫人副袆立于东房,夫人荐豆执校,执醴授之执镫,尸酢夫人执柄,夫人授尸执足,夫妇相授受不相袭处,酢必易爵,明夫妇之别也。”

此节讲夫人在祭祀时辅助国君,荐豆时夫人替国君手执豆之“校”(豆之柄),执事者将醴酒递给夫人,夫人执镫(豆之圈足),尸以爵酢夫人(酢为反献之意)时夫人执爵之柄(爵像雀,雀尾为柄),夫人从执事者手中取过醴酒,将醴酒递给尸时执爵之足,国君、夫人互相传递物品时拿不同的地方,且他们各自交相致酢时,国君受夫人之酢要换爵,这显示了夫妇之别。

“凡为俎者以骨为主,骨有贵贱……,是故贵者取贵骨,贱者取贱骨,贵者不重,贱者不虚,示均也。惠均则政行,政行则事成,事成则功立,……善为政者如此，故曰见政事之均也。”

将割好的带骨牲体放置在俎上。身份贵者取尊贵的部位，身份贱者取卑贱的部位。贵者取的骨不过分超重，贱者取的也不会虚无，这显示了政事的平均。

“凡赐爵，昭为一，穆为一，昭与昭齿，穆与穆齿，凡群有司皆以齿，此之谓长幼有序。”

国君赐助祭者酒爵时，辈分为昭的站成一排，辈分为穆的站成一排，都按年龄站立。执事者亦按年龄排列，这叫长幼有序。

“夫祭有畀辉胞翟阍者，惠下之道也。唯有德之君为能行之……辉者，甲吏之贱者也；胞者，肉吏之贱者也；翟者，乐吏之贱者也；阍者，守门之贱者也。尸又至尊，以至尊既祭之末而不忘至贱而以其余畀之，故明君在上，则竟内之民无冻馁者矣。此之谓上下之际。”

畀为给予之意，煇为斩斫皮革之官，为“甲吏之践者”，胞为庖厨中的贱官，即“肉吏之贱者”，翟为教羽舞者，即“乐吏之贱者”，阍为守门之贱者，将祭肉中的卑贱部位分给他们，意即明君在上，无人冻馁，这叫上下之际。

由此，伦理功能（夫妇之别、亲疏之杀）、社会整合功能（长幼之序、上下之际）、政治功能（爵赏之施、政事之均）都贯彻在对祖先的祭祀中。周人祭祖的深刻的社会伦理意义，进而表现为政治意义。祭祖礼维护等级、强调伦理、淳厚风俗的现实功能都是郊天礼所不能比的。周人尚“亲亲”、“尊尊”，这两条堪称周代立国之本。《礼记·大传》：“上治祖祢，尊尊也，下治子孙，亲亲也。旁治昆弟，合族以食，序以昭穆，别之以礼义，人道竭矣。”

以上对周代祭祖礼中的时祭、合祭祀作了简要考察，合祭是从时祭发展而来的，时祭最初是向祖先献上应时熟食，随着礼典的日益繁缛，天子、诸侯的时祭逐渐发展成规模盛大的合祭，然而原先的时祭也没有取消，仍然按时令向祖先贡献新熟。时祭、合祭程序的大同小异正反映了合祭由时祭发展而来。时祭、合祭在《左传》的时代仍然有时互称就是这个原因。

周代祭祖礼，无论是时祭还是合祭，在伦理方面均有深刻意义和重要功能。时祭从天子、诸侯到卿大夫、士乃至庶人都能进行，体现了尊祖敬宗之意；合祭只有天子、诸侯才有资格进行，是因为天子、诸侯世为大宗，由他们主持进行合族而祭的大合祭，是为了让全族人在追思历代大宗先祖们的同时强调大宗的政治地位，从而让所有参加者明白宗法地位同时亦是政治地位的体现，而作为小宗的卿大夫、士参加大合祭，也起到了追思自己先人的作用，从而增加了整个宗族的凝聚力。因此，周代祭祖礼的意义是重大的，跟仅限于天子的郊天礼相比，祭祖礼因为宗族和宗法制度的存在，一直下达于庶人，因此它影响所及是极广泛的——它不仅仅是对死去亲人的哀悼并寄托情感，在当时还起着教化个人品德、凝聚宗族并巩固基层统治的重大作用，《礼记·祭统》说："是故君子之教也，外则教之尊其君长，内则教之以孝养其亲。是故明君在上，则诸臣服从，崇事宗庙社稷，则子孙顺孝，尽其端义而教生焉。"

结　语

周代郊天礼和祭祖礼是王朝祭礼中最主要的部分。它构成了整个社会信仰的主干。郊天、祭祖礼分别对应着周人所尚的"尊尊"、"亲亲"。正是在这二者的整合和凝聚作用下，整个社会才形成一个既秩序井然又荡漾着温情的统一的整体，这一点深刻地影响了整个古代的中国。天地和祖先崇拜一直是中国人信仰的最主要的内容。正是这二者在填满古代中国人信仰世界的同时排斥着形形色色的上帝、精灵、天师们对中国百姓的精神控制。于是在漫长的数千年的历史进程中，没有发生过质变的信仰世界帮助代代更迭的帝王将相们稳固了政权，凝聚了民心，淳化了风俗。那么，周代王朝祭礼是怎样在满足人们精神需要的同时被当作政治统治的工具的呢？下一节便是这一内容。

第五节　"神道设教"与"治出于一"
——周代王朝祭礼的格局与性质

前面几节考察了周代"礼"的渊源、礼的体系结构、"礼"对此前早期宗教的改造以及周代郊天、祭祖礼的具体内容。"礼"是这样一种博大而宏富的文化结晶，它之所以能无孔不入地影响周代的政治、信仰、伦理和人们的生活细节，根源就因为它形上部分的完备游刃有余地统领和驾驭着形下部分（政治、信仰、伦理和人们生活细节等)的发达。其中,数度思想是“礼”中的形而下部分,只要涉及“数”的场合,就会立刻转变为“礼”的等级差别。在周代,典章制度的设计,道德风俗的施行(如乡党尚齿)、宫室衣服的定制、饮食起居的细节,没有一样能离开“数”而存在。由此,这些之中存在的“数”便成为沟通这些各有渊源的事物(有的渊源于古老的乡俗,有的渊源于上古宗教)之性质的桥梁,通过“数”的差别,在看似毫无联系的事物中反映着同一种精神实质——礼“义”。然而,“数”的差别毕竟是形而下的,古人对“数”背后那种形而上的东西更是有卓越而独到的理解,这形而上层面的东西是“礼”的灵魂,正是它在支撑起“礼”的大厦的同时,构建了周代王朝祭礼既有主干又有附翼的体系,并在施行中保证王朝祭礼以郊天、祭祖礼典为核心,统率着其他经过改造的残余的直接膜拜行为(instinctive supplications),并保证着王朝祭礼的礼典性质。

这种形而上的东西就是礼“义”——它既包括金石雅乐所体现的“和”的思想,又指周代人心目中“天之经也,地之行也”那么一种作用于宇宙和人类身上的终极性力量和无处不在的完美秩序,“礼”是周人对这种秩序的理解及追求。在这形而上层面的礼“义”中,驾驭祭礼的部分是“神道设教”思想,正是这一思想决定着周代王朝祭礼的格局和性质。但“神道设教”的含义自近代以来人们多从字面理解为设鬼神之教让百姓驯服之意,这是重大的误解。若这样理解,就从本质上偏离了周代王朝祭礼的性质,下文我们就以剖析“神道设教”一词的真正含义为切入点,考察周代王朝祭礼的格局和性质。

一、“神道设教”的渊源和真实含义

“神道设教”一词出自《易传》,但我们在对这一词作考察之前,应该首先对“神”这一概念的由来和变化作些考察。因为“神道设教”之“神”并不是普通的鬼神之神,它是在此前鬼神思想长期发展及人们推《易》和星历卜筮之学等象数之变基础上,思辨能力提高之后形成的对心目中存在的神秘力量的理解和描述,在周代祝史等专业卜筮人员心目中,“神道设教”之“神”跟礼“义”中蕴涵的终极力量和秩序是一致的,它不同于普通百姓日常生活中下意识的“神”的概念,它指古人心目中最高妙的、超出任何个人机算的规律和秩序。下文我们便首先从“神”

概念的由来和变化来考察“神道设教”的真正含义。

1.《左传》之“神”与《左传》、《国语》筮例所反映的“神明”的关系

先秦典籍和甲骨文、金文都屡屡提到“神”①。不过应该注意的是，先秦典籍和甲骨、金文提到的“神”字时代有先有后，精神层次有高有低，它们的含义是不同的。大体说来，从甲骨文、金文到《尚书》、《左传》、三礼，随着时代的推移“神”字的精神层次由低而高，先秦“神”字最抽象高远的含义出现在《易传》中。因此从甲骨金文、《尚书》、《左传》再到《易传》，“神”概念的演变是我们考察“神道设教”概念出现的前提。甲骨、金文资料相对零散，提到“神”时多指鬼神之神，《易》、《尚书》、三礼等先秦典籍虽然都大量出现“神”字，但时代有先有后，只有《左传》、《国语》中既记录了当时人们对“神”一般性的理解，又有巫史之官对“神”的阐述，此外，《左传》、《国语》还有22条以《易》占卜的真实筮例，通过对这些在易学史、哲学史上具有很高价值史料的分析，我们能看出《左传》、《国语》筮例中的“神明”与《左传》、《国语》提到的其他“神”字的关系，从而摸索出古人的思辨进步的过程，判断出周代的“神”在思辨上的发展水平，进而明白“神道设教”的含义。

据笔者统计，《左传》出现“神”58次，有时“鬼神”并提，为享受人之供奉牺牲、监督人之诚信的超自然力量。“神”字在《左传》之前的典籍就有，如《尚书·尧典》“肆类于上帝，禋于六宗，望于山川，偏于群神”；《周书·泰誓》“乃夷居弗事上帝神祇”；《金滕》周公旦为病中的成王祈祷时说自己“多材多艺，能事鬼神”等等，《左传》的鬼神之神即为承此而来。《左传》盟誓时要遍告群神，襄公十一年晋、宋、卫、曹等七姓十二国诸侯盟于亳的载书具有代表性，载书曰：

“凡我同盟，毋蕴年，毋壅利，毋保奸，毋留慝，救灾患，恤祸乱，同好恶，奖王室。或间兹命，司慎、司盟、名山名川、群神群祀、先王先公、七姓十二国之祖，明神殛之，俾失其民，队命亡氏，踣其国家！”

这里提到了山川神、祖先神、群神群祀等，遍及当时所有的神灵，它们监督着

① 甲骨文或金文神作“申”()，像闪电曲折形，反映了先民以闪电的威力为神奇，以之代表天神，金文则有(克鼎)(伯𢦏簋)(𤔲钟)等形，加上示旁，即为“神”字。

参与盟誓的人们的诚信。1965年12月在山西侯马晋国遗址出土了多达5000余件的盟书，是《左传》提到的载书的实物。《左传》记载的这些神具有超人的力量①，能够作祟、降福②，掌握着人们的命运③。但是，这个"神"是"聪明正直而壹"的，即《左传》时期的人们在肯定"神"是一种高于人的超自然力量的同时认为这种力量具有最高、最公正和不可欺骗的理性，神的作祟、降福都建立在这种理性基础上，并不是喜怒无常。成公十六年申叔时的一段话最为典型地反映了这个"神"的特性：

"……德以施惠，刑以正邪，详以事神，义以建利，礼以顺时，信以守物，民生厚而德正，用利而事节，时顺而物成，上下和睦，周旋不逆，求无不具，各知其极。故诗曰'立我烝民，莫匪尔极'，是以神降之福，时无灾害，民生敦厖，和同以听，莫不尽力……。"

神"聪明正直而一"的理性，是以后《墨子》将鬼神作为赏罚的强大力量的鬼神观的前身。这个神在当时不是完全没有形象的，在盟誓时，要用一种叫"方明"的东西代表神，《仪礼·觐礼》记诸侯觐见天子要筑宫和坛，坛为盟誓之处，上有"方明"：

"方明者，木也。方四尺，设六色，东方青，南方赤，西方白，北方黑。上玄，下黄。设六玉。上圭，下璧，南方璋，西方琥，北方璜，东方圭。"

郑玄注："六色象其神，六玉以礼之"，虽然郑玄是东汉人，且以信纬著称，但从这段记载本身将色和方位记载统一起来看，并非郑玄后加的，因这段文字提到的是四方、四色对应，四方四色对应是比较早的，比后来阴阳五行说完善后五方、

---

① 《左传》之神均有超人力量。有山川神，如昭公十三年记楚共王无嫡子，于是遍祀山川群望，祈祷"请神择于五人，以主社稷"；有祖先神，如僖公二十六年记楚的别封夔（小国）君不祭祀祝融与鬻熊，致使后来楚灭夔，这个"鬼神"是楚的远祖祝融。这些神在当时人心目中都有能力作祟或保佑人，所以要向之祈祷请福。

② 神能降福，见庄公十年齐鲁长勺之战前，鲁庄公向曹刿说自己向神进献牺牲玉帛时从来都诚信有加，曹刿说："小信未孚，神弗福也"，即你只是有小小的信用，神不会降福。成公十八年记载晋国栾书、中行偃等弑晋厉公，迎周子（即晋悼公）即君位，周子说："……二三子用我今日，否亦今日，共而从君，神之所福也"，认为自己能即君位是神的保佑。神能降祸，见昭公元年记周景王派刘定公慰劳晋卿赵孟，赵孟对答不得体，刘定公说赵孟身为晋正卿，这样的行为是"弃神人矣，神怒民叛，何以能久"，预言神将降祸于赵孟。类似神降福、祸的记载在《左传》中还有很多，兹不枚举。

③ 《左传》襄公十八年记晋国中行献子以玉向河神祈祷时说"唯尔有神裁之"，反映了中行献子认为自己的命运由神定夺。

五色的对应要早得多,这跟《仪礼》年代较早一致。《仪礼》为宗周礼典之实录,"方明"的存在反映了周代贵族心目中的神确实是统摄着四方四色的分布那么一种神秘力量。《觐礼》记载天子穿着礼服拜日于东门之外后,回来还要祭祀方明,郑玄注:"方明乃以会同之礼见诸侯也",又引《周礼·春官·司盟》"凡邦国有疑会同,则掌其盟约之载书及其礼仪,北面而诏明神,既盟而藏之",认为方明乃神之象,盟誓时加于坛上,以载书(盟书)告之。

"方明"的形象,反映的是神的"聪明正直而壹"是高于四方、四色之上的规律,这跟甲骨文"帝"字为四方思维的象形加上指示(见本章第四节)是一脉相承的。从宗教学角度看,《左传》盟誓以"方明"代表神,而不像许多后进民族那样因山川动物之原状为神,反映的是人们的抽象思维能力已经超出了拘泥于物体本身形象的那个层次,当时人们对至上力量的认识和体悟水平达到了超越物象的水平,而这种超越物象的"神"具有着最高的公平和理性,这种公平、理性也正是当时现实存在的具体而微的典章制度想体现的精神实质,它们都处在某种终极性神秘力量的统领之下,"神"是这种终极性神秘力量的代表,人们敬畏"神"的存在并认可它的能量。

因为神有至高无上的力量,所以告神的盟书不可修改①,这反映了人们心目中神具有的公平、理性对当时人的政治行为具有约束力。

此外在《左传》的时代,人们还普遍用祝诅等方式向"神明"力量陈说自己的愿望,或希望获得它的福佑。《左传》襄公二十七年赵孟形容晋卿范武子之德:"夫子之家事治,言于晋国无隐情,其祝史陈信于鬼神,无愧辞",周王听说后非常欣赏;又本章第二节引用过的昭公二十年齐景公得了疥疮不愈,梁丘据与裔款认为应诛杀祝固、史嚚,晏子听说后即引用了上述故事,并劝景公修政。从这两条

---

① 这从《左传》襄公九年记载郑国与晋六卿盟誓可以看出。誓词为:"天祸郑国,使介居二大国之闲。大国不加德音,而乱以要之,使其鬼神不获歆其禋祀,其民人不获享其土利,夫妇辛苦垫隘,无所底告。自今日既盟之后,郑国而不唯有礼与强,可以庇民者是从,而敢有异志者,亦如之。"因誓词流露了郑国的怨气,晋荀偃下令改盟书,公孙舍之认为既然已向神明陈述,便不可改动,于是照原样盟誓。又哀公十二年鲁、吴会盟,吴大宰伯嚭想借机巩固一下前几年(哀公七年)两国达成的会盟(即"寻盟"),因鲁当时蒙受了不平等,哀公不愿,便派子贡回答:"盟,所以周信也,故心以制之,玉帛以奉之,言以结之,明神以要之,寡君以为苟有盟焉,弗可改也已,若犹可改,日盟何益?"这是鲁将盟誓不可修改的惯例用到政治斗争方面——春秋末期盟誓的约束力下降,以至于吴得再三肯定盟誓取得的成果,但盟誓按惯例是不可修改的,因为告过神灵。

记载看，当时王官和大夫家中都有祝史，《昭公元年》子产解释晋侯病因时说：“山川之神，则水旱疠疫之灾，于是乎禜之；日月星辰之神，则雪霜风雨之不时，于是乎禜之。”祝诅是在认可超自然力量存在的前提下采取的行为，它是人们通过“心”发出的愿望与终极性神秘力量直接沟通的手段，这在其他后进民族中还能见到（见第二节萨满的原始宗教体验）。古人的祝诅是精神专一情况下以言辞传达愿望的方式，对于逻辑思维不发达但直觉远较今人敏锐的古人来说，祝诅之辞由“心”发出，蕴涵着巨大的能量，它蕴涵着普通人的耳朵不能完全以声音接受的信息，现代学者称之为“特异语声”，其奥秘尚有待于进一步研究①。

以上是《左传》之“神”的大致情况。除了大量对“神”的记载外，《左传》、《国语》还记载了22条宝贵的筮例，从这些筮例中我们可以看出当时人们对《易》中至上力量的认识。《左传》、《国语》筮例是专门的课题，高亨、刘大均、邢文等先生均对此作过研究，笔者认为，要对之进行了解，必须首先明白《左传》《国语》的时代《易》的大致面貌，从《左传》筮例看，当时《易》的情况大致如下：

第一，当时史官或贤达之士运用《易》筮占，主要靠的是察卦象变化定吉凶，尚未总结出爻变、当位等复杂的规律，这反映在《左传》的人们表达卦爻的方式上。《左传》表达卦爻用的是“×（卦名）之×（卦名）”这样一种方式，“之”是变的意思，即由先卦变为后卦差别在某一爻或几爻（详下文），吉凶则由此爻或几爻确定，但今本《易》表达爻位用的是×（卦名）之初九（六）、九（六）二、九（六）三、上九（六）的方式，通过数与爻位的结合表达一看便知道是哪一爻，《左传》筮例尚无这样的表达方式，是因为九、六之数尚未被用来表达爻位，要表达爻位就得两卦并用，通过前一卦变成后一卦中爻位的变化来表达。这是利用不同卦象之差别来表达的方法，是一种更淳古的方式。

第二，当时的王官《易》已有了卦爻辞。昭公二十五年晋国史官蔡墨在解释

① 杨力认为，特异语声是指在特种状态下发出的语声，“包括气功状态下、意识朦胧态下，以及修持时皆可出现，多为带功语。所谓带功语，是指所携的能量信息超过常域的语声，也即在一种特种状态下发出的语声，这种语声所携带的功率都较强，尤其载有生命信息在内”，“咒语分有声咒语及无声咒语两类。其中无声咒语的无形功力更强，宗教认为可降妖、消灾和增福延寿。咒语是一种高层次、高功力的带功语言……，如谢焕章教授说，咒语有物理性能，它能产生次声波，助长功能。”见《周易与中医学》，北京科学技术出版社1989年版，第459、462页。

龙不蕃生的原因时说："龙，水物也。水官弃矣，故龙不生得。不然，《周易》有之，在乾䷀之姤䷫，曰'潜龙勿用'，其同人䷌曰'见龙在田'，其大有䷍曰'飞龙在天'，其夬䷪曰'亢龙有悔'，其坤䷁曰'见群龙无首，吉'，坤之剥䷖曰'龙战于野'，若不朝夕见，谁能物之？"这几句爻辞跟今本《易》大致相同，由此可见《左传》的时代，《乾》初九至于上九的爻辞均已有了。又如宣公六年郑国公子曼满跟王子伯廖说想做卿，伯廖跟人说曼满"无德而贪，其在《周易》丰䷶之离䷝，弗过之矣！"丰卦变为离卦是上爻由阴爻变为阳爻，则上爻爻辞即为断吉凶之依据。丰卦上爻爻辞是"丰其屋，蔀其家，阙其户，阒其无人，三岁不觌，凶"，伯廖的话"无德而贪"正是根据这句爻辞说的，意思是曼满有此野心是凶兆，这说明"丰"卦爻辞当时也有了。从这两例可以看出，《左传》的时代，王官之史所掌之《易》已有了基本确定的卦爻辞脚本，其内容跟今本《易》相差不远。后来的传《易》者将之著于竹帛，再后来的《易传》即根据其作者对卦爻辞的理解撰作的。

第三，《左传》的时代，象的类比法早已成熟，此外还综合卦象，以象变法结合爻辞解卦。首先是象的类比法。昭公元年晋侯求医于秦，秦医和解释晋侯病因提到"蛊"，并说："于文，皿虫为蛊"，在《周易》，女惑男，风落山谓之蛊。䷑。这里的"风落山"即象的类比：艮为少男，为山，巽为长女，为风。此卦卦象为风落于山之下。这条资料并不是占筮之例，而是医和用《易·蛊》中象的类比比喻晋侯的病因。象的类比是较淳古的《易》解卦法，但《左传》筮例解卦大多数不限于此，筮例中有象变法（《左传》筮例主要是一爻变导致整个卦象变），这比象的类比法要复杂。如僖公二十五年晋侯欲接纳周王，让卜偃占卜后结果为吉，晋侯又命令用易筮占，结果"遇大有䷍之睽䷥，曰：'吉。'遇'公用享于天子'之卦"。这样，发生变化的六三爻爻辞就成为判断该卦吉凶的依据，该卦为吉卦。其余筮例解卦亦多为此类，下文就不再枚举，刘大钧先生《〈左传〉〈国语〉筮例》对此有具体研究①，可以参看。

象的类比和象变之法为具体的筮占术，除此之外，当时的《易》还应有比较基础的释卦象法，后来《易传》中的《说卦》即是这部分内容的保留。

---

① 刘大钧：《周易概论》，巴蜀书社 2004 年版，第 67～83 页。

总之,《左传》时代的易卜为古王官太卜之法。直接观察卦象之变虽然淳古,但《易传》所云通幽赞神明的性质已经确定——以“卦”这一方式对冥冥中力量的推求,这冥冥中的力量就是古人心目中的神明。这“神明”的性质与用方明代表的“聪明正直而壹”的神在本质上是一致的,祝史之官掌握着对《易》中蕴涵的“神明”力量的诠释。如《左传》襄公二十五年记齐棠公死,崔武子前去吊丧,看见齐棠公的遗孀棠姜很美,想娶之,便用《易》筮,史官都说“吉”,唯陈文子说凶,虽然此番史官们错了,但这仍说明《易》筮的解释一般是由史官掌握着的。除了《易》筮之外,史官还负责其他对跟“神”有关的现象解释,如庄公三十二年记秋七月有神出现在莘这个地方,周惠王问内史过,内史过说:“国之将兴,明神降之,监其德也;将亡,神又降之,观其恶也。有得神以兴,亦有以亡,虞、夏、商、周皆有之。”周惠王问该怎么办,内史过说应以祭服、祭器在神降之日祷祠,但当时虢君却派祝应、宗区、史嚚向神请赐土田,史嚚听说后感叹道:

“虢其亡乎!吾闻之国将兴,听于民,将亡,听于神。神,聪明正直而壹者也,依人而行,虢多凉德,其何土之能得?”

“聪明正直而一”即神的理性。史嚚言虢之将亡跟内史过感叹“虢必亡矣,虐而听于神”看法一致。史嚚、内史过皆为周代王官的史官,他们是掌握“天人之际”之专门知识的人员,他们心目中“神”的理性跟以《易》筮占所企及的“神明”意志是同样的东西。所以,《左传》、《国语》筮例中体现的“神明”跟《左传》其他地方提到的“聪明正直而壹”的神在精神上是处于同一层次的,这“神明”或“神”是人们的思辨不断提升下意识的古老鬼神观而形成的,这提升的关键环节就是将“聪明正直而壹”的理性和人们由《易》象数之变体悟到的规律赋予“神”,这是“神”字的形上层面内涵。

除了形上层面指至上规律之外,“神明”还囊括了当时人们初步积累的、各种形而下知识之间存在的条理和秩序——在《左传》的时代,人们积累的各种知识(包括往古历史、既有的典章制度、人的身体结构等等)之间已经开始显现出秩序,如昭公二十九年记载晋国史官蔡墨追忆上古设官分职时有“五行之官”:

“……五行之官,是谓五官。实列受氏姓,封为上公,祀为贵神。社稷五祀,是尊是奉。木正曰勾芒,火正曰祝融,金正曰蓐收,水正曰玄冥,土正曰后土。”

蔡墨是在回答上古灵物“龙”到了春秋时期为什么不蕃生时提到这些的，这段追溯反映了更古的时候有过的以天之五行安排人间五官的事实，蔡墨追溯了这人间五官的渊源和内容：

古族	人名	擅长	官名
少皞氏	重	木	句芒（木正）
少皞氏	该	金	蓐收（金正）
少皞氏	修、熙	水	玄冥（水正）
颛顼氏	犁	火	祝融（火正）
共工氏	句龙	土	后土（土正）
烈山氏	柱	土	稷（田正）
周	弃	土	稷（田正）

蔡墨追溯的历史往事反映了春秋时期的人们在努力以他们掌握的系统化知识将既往神话、已知历史、星象分野等在脑海中整理出一个有条理的系统，系统显现出的秩序体现是在“神明”安排的秩序之下的。在《左传》反映的知识系统中，在有关既往历史的层面，上古存在过的杰出人物，如实沈、台骀、蓐收等人神被融入体现着“神明”秩序的分野系统；在涉及自然秩序的层面，司寒等小神被融进掌握自然风雨之变的“神明”麾下。在这种存在“神明”的知识系统中，我们在先秦典籍中找到的那些神灵(gods)如祝融、蓐收、玄冥、司寒、共工等，其实都不是《左传》筮例的“神明”，它们只是处于“神明”之下的、体现了“神明”力量的次一级神灵或上古人神，在当时，它们跟其他知识一样，在已初具轮廓的知识和技艺体系（“神明”所指挥的）中拥有自己的位置。这个系统在《左传》的时代还很粗糙，远远没有成熟，以后的那种将宇宙万物都纳入条理的阴阳五行系统的成熟，就是沿着这个倾向继续发展而形成的。这个过程也是人们思辨进步的过程。

在明白了文献中“神”字的精神层次和“神明”概念的由来之后，我们就可以很清晰地看出，《易传》中多次提到的“神”是对《左传》“神明”的发展和提升，而不是对《左传》提到的共工、祝融等某个神的继续人格化，这是中国古代神灵内涵发展跟其他国家途径不同的地方。

下文将对《易传》的“神道设教”作具体辨析。

2.《易传》“神道设教”辨

这里我们开始正式分析“神道设教”一词的含义。因传统文化近百年的式微和西方思维方式的影响，许多人对《易传》的“神”、“道”等概念总有隔膜的感觉，有的学者认为“神道设教”即利用祀神之事服务于政治的含义①，这实际上偏离了整个《易》经传的原意，也忽略了从甲骨、金文、《尚书》到《左传》再到《易传》，人们在“神”这样高度形而上概念上的思辨一点点发展进步的过程。“神道设教”出自《易·观·彖》：“观天之神道而四时不忒(貣)，圣人以神道设教，而天下服矣”，这句话是对卦辞“观，盥而不荐，有孚颙若”的解释，该卦辞据李鼎祚《周易集解》卷五引马融曰：“盥者，进爵灌地，以降神也。此是祭祀盛时。及神降荐牲，其礼简略，不足观也。”即祭祀时用爵灌地后没有荐人牲，因为献祭的俘虏头被打肿了。现代学者高亨则这样注解《彖》：

> “人之所以祭神，因天上有神而神有神道也。何以观天之神道？以其四时运行而无差错。……圣人因而以神道设教，教人信神，信神能赏善而罚恶，信神掌握人之贫富贵贱，则不敢越礼为奸，犯上作乱。”②

高先生释“神道”之神为神灵，李镜池认为这句卦辞只是说祭祀本身，并没有什么微言大义，到了《彖》中则被引申为圣人按照天地运行规律设置教化则天下大服，成了治国之术③。看来对这句话的理解至少涉及两个问题：

第一，卦辞、彖辞的关系，即《彖》解经是否偏离本义，这是一个传统问题；

第二，《彖》的“神道”究竟是不是指鬼神。

这两个问题中，要比较客观地回答第一个问题，必须对《易》的体例有所了解。疑古派的《易》学者从以经观经、以传观传的角度出发，认为《易传》与经文卦爻辞意思相符的少，不符的多④，现代学者从《易经》、《易传》“一以贯之”的角度已经给予了否定⑤，本书认为后者的看法是中肯的。从《易》的体例来说，《易经》最初是没有卦爻辞的，更没有《彖》《象》《文言》《系辞》等传，它的思想

---

① 张鹤泉认为“神道设教”指“统治阶级采用卜筮即宗教迷信的办法教化天下人，使天下人都心安理得地服从其统治”，见《周代祭祀研究》，台北文津出版社1993年版，第7页。牟钟鉴、张践《中国宗教通史》亦持是说。在《易》学者中，此观点以高亨为代表，见正文部分。

② 高亨：《周易大传今注》，齐鲁书社1979年版，第214页。

③ 李镜池：《周易探源》，中华书局1978年版，第165页。

④ 李镜池认为，《易传》合《易经》原意的少，不合的多。见《周易探源》，第13页。

⑤ 鞠曦：《〈易〉学与〈易〉学之道》，孔子2000网站鞠曦论文集。

就反映在卦象的变化上①。而《易传》七篇的撰作,是作者有感于当时的社会变动②,《易》之精义有失传的危险,才毅然将原先并未著于竹帛,但为王官卜史深知的《易经》大义写下成篇,并不是牵强附会地自顾自阐发议论。而且从《左传》、《国语》筮例看,《左传》的时代已有今本《系辞》之类解释卦象之类比法的文字存在③,《易传》七篇全部是对《易》卦爻辞(如《彖》、《象》、《文言》)、《易》的历史(如《系辞》)、对《易》象数思维及方法(如《说卦》、《序卦》、《杂卦》)的诠释,从《左传》筮例看,这些诠释确有渊源④。因此客观地说,《易传》基本没有偏离《易经》的原意,那种凭《传》与《经》文字内容的差异断定《传》偏离《经》的结论,实际上没有弄明白在《传》撰作前,《经》不是靠文字,而是靠卦画和象数传承义理这一事实。

在明白《彖》、《象》等确实解经的基础上,我们认为彖辞"神道设教"确实是对卦辞的解释。这段彖辞全文是这么说的:

"大观在上,顺而巽,中正以观天下。观,盥而不荐,有孚颙若,下观而化也。观天之神道而四时不忒,圣人以神道设教,而天下服矣。"

这段话的意思是:卦辞"盥而不荐,有孚颙若"描述的是祭祀时不以不合格的俘虏献祭,这是因为主祭者心存敬肃,而心存敬肃,是下受上"观",受到教化的结

① 《系辞下》孔颖达疏:"(《易》之兴也,)其于中古乎者,谓《易》之爻卦之辞起于中古,若《易》之爻卦之象,则在上古伏羲之时。但其时理尚质素,圣道凝寂,直观其象足以垂教矣",比较准确地描述了卦爻辞产生之前,《易》靠卦画蕴涵精义的情景。现代学者欧阳红更指出《易》产生的过程是"先有《易》图,后有《经》《传》",见《易图新辨》,湖南文艺出版社 1996 年版,第 12～22 页。

② 《易传》七种大都作于战国时代。高亨认为《彖传》、《象传》、《文言》、《系辞》写于魏襄王前,《说卦》、《序卦》、《杂卦》可能写于魏襄王之后,见其《周易大传今注》卷首第一篇《周易大传》概述。廖名春考证《彖》作于战国时代,见《〈周易〉经传与易学史新论》,齐鲁书社 2001 年版,第 278 页。战国时代正是社会激烈变动的时代,因原先《易》的卦爻辞、筮法均保存在王官,这些在激烈的社会变动下有失传的危险,《易传》作者才作《传》解经,这是《易传》撰作的缘由,并不是《易传》作者的随意牵引发挥。

③ 刘大钧:《〈左传〉〈国语〉筮例》,载《周易概论》。

④ 从《左传》筮例看,当时尚无成文的《彖》、《象》、《文言》等易传,但《易传》中的思想已见于史官乃至当时贤达之士的口传心授。如《闵公元年》毕万筮仕于晋,遇《屯》之《比》。辛廖占之曰:"屯固比入,吉孰大焉,其必蕃昌。震为土,车从马,足居之,兄长之,母覆之,众归之",《说卦》有:"震,其于马也,为善鸣,为馵足,为作足。""震,动也。""坤,地也,故称乎母。震一索而得男,故谓之长男。""坤为母,为众。"震变坤,故说"震为土",马拖车有疾驰震动之象,说明当时即有人以震为车(见《国语·晋语》),《说卦》中对卦象作何物的解释,即是作者对此前口传心授解卦之决的记录。

果。从字面看，这似乎跟卦辞的意思相差很远，然而从《易》本身的发展史看，卦辞因撰作早，往往言语简古，直述吉凶，单望文字给人一鳞半爪之感，这是因为当时时代尚早，王官卜史专门研《易》，其要义由口传心授，落于文字的卦辞只是一种次要的辅助，描述该卦所反映的情势以便记忆。如《比》，全卦六爻指的是人们的各种比周情势及其吉凶，但卦辞仅为“吉，原筮元。永贞无咎。不宁方来，后夫凶”，直接说占卜逢此卦时的吉凶；又如《噬嗑》，全卦六爻讲的是噬（吃）各种东西时的情状吉凶，但卦辞是“亨，利用狱”，即逢此卦有利于狱讼。随着时间的推移，简古而一鳞半爪的卦辞和该卦精义之间的关系开始不为习者所理解，这才有了《彖》中解卦辞部分的撰作。《观》的彖辞解释的是卦辞“盥而不荐，有孚颙若”与“观”卦精义到底是什么关系，《观》卦象为䷓（坤下巽上），全卦六爻讲的是尊卑不同的人怎么观察事物及其吉凶①。六爻中卑者处于下位，尊者处于上位，从幼稚的“童观”到浅陋的“阙观”再到君王之“观”，观卦所指观察事物的情景包容了各种情况（童观、阙观、观我生进退、观国之光等），并完善地将这些情况统一在《易》的爻位思想下（初六童观、六二阙观、六三观我生进退、六四观国之光），整个观卦表现了随机而观并决策的思想，《左传》庄公二十二年记陈侯让周内史为陈公子敬仲占卜，得“观”卦六四爻“观国之光，利用宾于王”，并预言其后世子孙将盛，庄公二十二年对“观”卦卦义的运用与今本《易·观》合。卦辞“盥而不荐，有孚颙若”是祭祀时心存敬肃，不敢以不合乎祭祀要求的俘虏献祭的意思，这与六三爻“观我生进退”（六三爻处于卑者之上，尊者之下，需仔细考察状况待机行事）在心情和旨趣上是一致的。整段解卦的彖辞对“观”卦本义作了解释，“大观在上”“中正以观天下”指的是君王之观；“观天之神道而四时不忒”，指的是尊者以“观”获得的规律（神道）治理天下。

---

①　该卦六爻爻辞由下而上是：初六：童观。小人无咎，君子吝，是说像儿童那样简单地考虑问题，对小人而言无所谓，对君子而言有灾祸。六二：阙观，利女贞。阙观为由内向外地从门缝里看，因古代妇女足不出户，且女子性情柔顺，这么看事物并无凶咎。六三：观我生进退。王弼注从爻位解释，认为该爻处下体之极，既不具有童观、阙观可以谅解的卑弱，又没有上爻的尊贵，是以待机行事，可进可退。六四：观国之光，利用宾于王。王弼、孔颖达皆认为该爻因邻近九五爻，像近王之人替王观察风情。九五：观我生，君子无咎。此爻居于尊位，像君王观民。上九：观其生，君子无咎。此爻位置极尊，被民所观。六爻爻辞讲的是由卑及尊的人如何观察事物，及相关吉凶。

在明白彖辞确实是解释卦辞之后,对其中的“神道”的理解就应该限定在形容《易》象数变化的神奇这一层次。《易》的“神”字全部出现在《易传》中,它是《易传》解《易经》时提出的重要概念,是继甲骨、金文、《尚书》、《左传》之后的对超乎人的机算、又确实无处不在的神秘力量的思辨和解释。在《易》卦爻辞不完备的淳古阶段,古人用“以数推象”之法表达和企及他们心目中冥冥中至高的秩序,此时还没有提出“神”这样的概念来表达《易》中的这种规律和秩序,而有关这一时代的文献记载(或追忆)所提到的神大致还处于“鬼神”的层次。到《易传》的时代,因为有贤达之士的长期思辨,有王官之史一代代对《易》理的应用和深究,就像《左传》、《国语》记载的筮例那样,这个高妙的“神明”逐渐在改造着人们原生的对“鬼神”的认识,《易传》提出的“神”即是对“神明”这种秩序之高妙的形容。《系辞》:“夫易,圣人之所以极深而研几也。……唯神也,故不疾而速,不行而至”,“几”即“机”,意为天机。“不疾而速,不行而至”是对“神”之高妙的形容。又《系辞上》:“阴阳不测之谓神”,王弼注:“神也者,变化之极,妙万物而为,言不可以形诘者也。故曰阴阳不测”,《说卦》:“神也者,妙万物而为言者也”的“神”也是这个含义,它指变幻莫测的神奇,是继《左传》“鬼神”以来,从象数角度的继续思辨,它是对《左传》筮例所虔敬的“神明”更透彻的表述。

因此,《易传》的“神”已完全不是鬼神之神,它通过研究象数之变扬弃了《左传》之“神”某些时候尚存在的完全不可捉摸的神秘因素。徐道一先生认为,《周易》中的鬼神是不同于古代宗教的“鬼神”的概念的,而《周易》中的“神”的概念与西方的“神”和“上帝”的概念更是大不相同①,在此基础上,“神道设教”的真正含义即洞然。作为解释观卦卦辞的《彖》,“神道设教”是从该卦于观察天地事物的角度概括出的治世思想,孔颖达释“观”察天地运行规律:

> “观此天之神道而四时不有差忒。神道者,微妙无方,理不可知,目不可见,不知所以然而然,谓之神道,而四时之节气见矣。……圣人以神道设教而天下服矣者,此明圣人用此天之神道以观设教,而天下服矣。”

陈望衡先生认为《易》的“神”、“道”有三个层次,一是神明之道,但这只是

---

① 徐道一:《〈周易〉与当代自然科学》,广东教育出版社1995年版,第21页。

神道之表，观卦原初的含义指的是神明之道；二为自然之道，指事物的本质规律和奇诡难测，三为道德之道，即将之运用于政治和人生①，这大致合乎从《左传》到《易传》人们对“神”思辨的进步过程。《易传》的“神道设教”应理解成按天之运行的神道设置教化之意，即将“神道”用于政治和人生，而不是将“神道设教”解释成以崇拜鬼神来治理人民。这样，上面的第二个问题也就有了答案。

综上所述，“神道设教”即人们以“神明”显现之“道”，即按照自然和宇宙的最高秩序安排包括教化在内的人事。这一原则对周代王朝祭礼有着重大的、本质的影响。周代王朝祭礼跟政治、外交等其他重要大事比，它更多地体现着天与人的关系，在郊天、朝日、夕月、告朔等体现天人关系的礼仪上都体现了“神道设教”的原则，这些礼典是彰显政治尊严、推行教化的重要手段，下文将通过对周代王朝祭礼格局及一些礼典的考察，来看“神道设教”的原则是如何影响周代王朝祭礼的格局的。

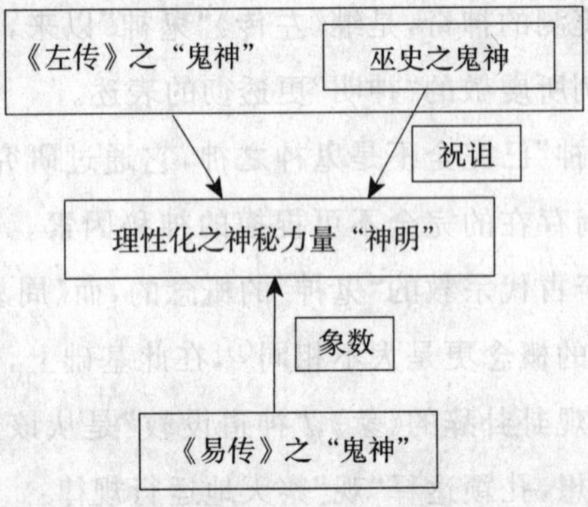

上古三代“鬼神”关系图

二、“神道设教”在王朝祭礼领域的体现——祈望和谐的礼仪

周代的王朝祭礼格局是经过“礼”对此前早期宗教改造而形成的，其轻重格

① 陈望衡：《〈周易〉“神道”析》，《周易研究》1999 年第 2 期。

局和本身内涵的确体现了“神道设教”的思想。“礼”兼综“义”、“仪”、“容”的复杂体系将政治事务、伦理教化等事务统一在庞大而精细的礼典体系中,“礼”对此前早期宗教的改造则形成了周代王朝祭礼的基本格局——郊天、祭祖礼为核心;告朔、朝日、夕月为辅助,整个成为表达古人心目中天人关系的一套礼典,体现着“神道”的规律。郊天、祭祖礼上一节已经作了考述,下文便对作为郊天、祭祖礼附翼的告朔、朝日、夕月等礼稍作考述,以阐述“神道设教”对王朝祭礼的格局与精神的影响。

(一) 告朔

告朔为周代兼告神、观察月相、处理政事为一体的礼仪。《春秋》文公六年杨伯峻注:“告朔者,每月以朔告神也。”它跟周人对月相的观测有关。金文习见“初吉、既生魄(霸)、既望、既死魄(霸)”四词,分别为月初、上弦月、月满、下弦月四种不同月相,这些术语后面都跟着干支纪时,虽然从王国维《生霸死霸考》开始的关于这四种月相是定点说还是四分说直至目前也尚未定论,但无论是定点说还是四分说均反映了周人以月相变化来纪日,这反映了月相在历法中被重视的程度。我国古代使用的是阴阳历,阴阳历体现的不仅是太阳的运行,还有月相的盈亏。古人观测月相的盈亏规律,将每次月缺后始圆的第一天(即阴历初一)称为“朔”。《说文·月部》:“朔,月一日始苏也”,在周代,每月“朔”日,天子或诸侯或颁历,或听政,它体现了古人以天象安排人事的原则。《左传》文公六年杨伯峻注云每年秋冬之交,天子颁明年之历法于诸侯,历法所记,重点在每月初一为何日及有无闰月,谓之“班朔”,《周礼·春官》大史之职“颁告朔于邦国”即此意;诸侯接受天子颁朔后藏之祖庙,每月朔日到祖庙以特羊派有司读事先准备好的祝辞以告知先祖,是为“告朔”。何休《公羊传》文公六年注:“礼,诸侯受十二月朔政于天子,藏于太祖庙,每月朔朝庙,使大夫南面奉天子命,君北面而受之,比时使有司先告朔,谨之至也。”何休虽为汉代人,但他的解释是符合周代实际的。

告朔要用饩羊。《论语·八佾》“子贡欲去告朔之饩羊”,刘宝楠《正义》认为当时虽然天子地位衰微,但犹班告朔于诸侯,故鲁视朔之礼尚未废,至鲁定、哀时,天子益微弱,告朔不行,而鲁之有司,犹供饩羊,故子贡欲去之。亦被孔子婉言责为废礼。(孔子说:“尔爱其羊,我爱其礼。”)

诸侯告朔之后留在太庙视察一个月的政务为“视朔”。《左传》文公十六年“夏五月,公四不视朔”,是因鲁文公不视朔非礼,史臣才见书。诸侯在视察政务的同时要听取汇报,故视朔又称为“听朔”。《礼记·玉藻》:“(天子)玄端而朝日于东门之外,听朔于南门之外,……(诸侯)皮弁以听朔于大庙。”天子、诸侯位有尊卑,因此天子在王宫南门外听朔,诸侯在太庙。

诸侯在听朔后往往还要登灵台望气,《左传》僖公五年春:

> “王正月辛亥朔,日南至。公既视朔,遂登观台以望。而书,礼也。凡分、至、启、闭,必书云物,为备故也。”

杨伯峻注:古礼,国君于二分二至及四立之日,必登台以望天象(或日旁云气之色),占其吉凶而书之。观台即观象之台,又称灵台。

从文献记载看,周代的告朔礼是因观测月相而产生的,按月相显现规律安排政治事务的礼仪,它正是源于“观天之神道而四时不忒”的思想。古人认为月相盈亏是天启的规律,每月朔日在太庙献祭表示虔敬,接下来处理政务,因此告朔是融观察天象、处理人事和政务以及献祭为一体的礼仪。

(二)朝日、夕月

朝日、夕月是古人揖拜日月的礼仪,此二礼许多文献有记载。《仪礼·觐礼》:“天子乘龙,载大斾,象日月升龙降龙。出,拜日于东门之外,反祀方明。礼日于南门外,礼月与四渎于北门外,礼山川丘陵于西门外”,此为天子会同诸侯,举行礼仪时的礼日、月之礼;《周礼·春官·典瑞》:“王晋大圭,执镇圭,缫五采,五就,以朝日”,此为天子朝日需要手执大圭,着冠冕礼服;《礼记·玉藻》:“天子玄端朝日于东门外”,三礼之书均提到朝日,说明周代确有过朝日礼。《国语·鲁语下》:

> “天子大采朝日,与三公、九卿祖识地德,日中考政,与百官之政事,师尹维旅、牧、相宣序民事;少采夕月,与大史、司载纠虔天刑;日入监九御,使洁奉禘、郊之粢盛,而后即安。”

韦昭释大采、少采为衮冕之服,误。应为早晨和黄昏。大采、少采甲骨文中即有，陈梦家《殷虚卜辞综述》指出大采为朝，少采为夕，约当早上八点和下午六点[①]，《鲁语》的这段话中的大采、日中、少采、日入是很清楚的一天中的不同时刻，而《鲁语》的朝日指的是日出之际（大采）面朝太阳行揖拜之礼以示虔敬，夕月则是日落月出之际（少采）面对月亮行类似礼。月相有盈亏，其升起时间也不总在日落之际，只有月满的“望”日，日落之后紧跟着月亮升起，因此这样规则的大采朝日、日中考政、少采夕月的作息不可能每天实施，只能根据历法，在一个月或一年的某些时刻举行。后代更是配合上一年四季“气”的运行，把朝日、夕月分别定在春分、秋分。

朝日、夕月是在特定时刻揖拜日月之礼，与《礼记·祭法》，“祭日于东，祭月于西”的作坛而祭祀日月不同。《礼记·祭义》则云“大报天而主日，配以月”是说郊天时以日月配祭，也不同于朝日夕月。《礼记》诸篇多为七十子后学之著，他们并没有机会亲见西周乃至春秋时的祭礼，加上后来流行的阴阳相别，五行和方位的对应，把这些晚出的原则加入祭礼，则有了关于在东郊设坛祭日，西郊设坛祭月的祭礼的记载。

朝日、夕月跟告朔一样，是体现“神道设教”原则的礼仪，而它们蕴涵的祈望和谐的精神，又跟郊天礼一样。在天人合一的思想下，古人虔诚地以这些礼典来践履他们心目中天人的关系，有这样“天人合一”的思想，以后才可能在战国、秦、汉出现《月令》这样的作品，把包括祭礼在内的一切生产、生活、祭祀、军政事物全部安插在一年的岁历中，这也是对《易传》所云“神道设教”精神的进一步发展。这样就使周代王朝祭礼形成了主次分明，践行着天人关系，最高宗旨是“祈望和谐”的那么一种格局。

但是，周代的王朝祭礼，无论中外都有学者从宗教学角度加以考察，并引入“神权政治”、“政教合一”等概念来剖析，下文笔者便就自己的理解谈谈看法，进而考察周代王朝祭礼的功能、性质。

---

① 陈梦家：《殷虚卜辞综述》，第 232 页。

三、“神道设教”与“治出于一”——周代王朝祭礼的功能、性质

上文考察了“神道设教”的含义及在其影响下的两种比较典型的礼仪。然而，由于近百年来西方文化对中国文化的“异化”深入到学术领域，学术界对中国古代王朝祭礼及其与政治生活的关系目前存在着非常不统一的认识，而且由于西方思维方式的影响和术语的渗入，“神权政治”、“政教合一”、“巫术”等概念纷纷被用来考察中国古代的“礼”与政治生活的领域，这更使中外学者基于不同的概念，出于不同的视角，得出了差异甚大甚至完全相反的各种结论。本书对王朝祭礼的研究是不可能对这些置之不理的，下文将对主要的观点稍加介绍，以成为笔者阐述自己观点的前提。

（一）“神权政治”、“政教合一”与“巫术”辩

中国古代王朝祭礼被包含在“礼”之内，而“礼”在成熟之后包含了军政、文化、外交、伦理等社会生活的一切内容，于是有学者提出此为“政教合一”，何光沪先生即持是说①，而王朝祭礼，因其承担着寄托信仰、彰显等级、崇隆教化的重大功能（见下文），何先生认为上古三代的王朝祭礼是宗教，并进而认为这种宗教和上古三代的政治紧密结合，是“政教合一”中宗教和政治结合得最紧密的状态——“神权政治”：

> “神权政治的各项特点，夏商周时代的中国宗教（包括祖先崇拜和自然崇拜）和统治阶级的政治理论和政治实践都无不具备。这种神权政治既神化了统治阶级及其各项政治活动，神化了当时的政治法律和社会秩序，对于巩固当时的政治，维护统治秩序，统一新兴国家发挥了重大作用。”②

何先生认为“神权政治”指神权与政治合为一体，国家机关与宗教机构紧密结合，借用神或宗教的名义进行统治的政治体制③，它是“政教合一”的三种形式（何光沪先生概括的三种形式为“神权政治”、“国教统治”、“温和的政教合一”）中宗教和政治结合得最为紧密的形式，他对“神权政治”的概念界定是没有错的，但

---

① 何光沪：《中国历史上的政教合一》，《何光沪自选集》。
② 同上。
③ 同上。

夏商周三代的中国宗教是否真的适合用“神权政治”来概括？在笔者看来不很确切。因为本书引言部分已经交待，“政教合一”和“神权政治”、“国教统治”描述的是不同的政教关系形式，并不是同一政教关系的不同组成部分。“政教合一”指的是法律、社会风俗皆源出于宗教教义的那种制度，在此基础上，统治和管理社会的政治权力跟宗教机构合一(见引言)，它不是人类世界历史上的普遍现象，而是少数的、个别的现象，它最初往往产生在淳朴而未分化的社会中，而且这种以宗教教义和信条来管理世俗事务的状态必须有其前提，那就是人们信仰的单纯和社会状态的淳朴，至少在它产生的最初状态是这样。够上这一标准的有古代和中世纪的伊斯兰国家和古代、近代(直到农奴制改革以前)的西藏，这一点本书引言部分已作了阐述。而“神权政治”、“国教统治”则是其他的政教关系形式，它们跟“政教合一”不是一回事。将神权政治、国教统治归入政教合一的领域内，不足以体现“政教合一”这种政教关系形式的特殊性。

在阐明笔者对这些概念的认识之后，我们即可考察三代政教关系是否真的是“神权政治”。在此首先要明白的是神权政治的特点，这里不妨扩大视野，先看看其他国家的情况。在世界古代史上，古代埃及的政治堪称是真正的“神权政治”，古代埃及人信仰渊源古老的多神崇拜，并且认为他们的国家在众神的保护之下，据统计古埃及人崇拜的神灵至少有 80 多位，太阳神拉(Re)是众神之长，“像太阳或月亮运行这样的宇宙现象，或是四季变易这样永不改变的规律，所揭示的不仅是超凡的力量，而且是秩序”①，“太阳光热无穷的能量使它在古埃及人心目中成为造物者和万物存在之源，它日复一日地东升昭示了对黑暗和死亡的胜利，而它从不改变的运行轨迹则显示了公正”②。美国埃及学家亨利·弗兰克福特(Henri Frankfort)指出，“古埃及的语言里是没有‘国家’(state)这个词的。……古埃及人的国家不是由人所缔造的、形态可变的政治组织，它是神赐的。它的建立始于世界产生之初，它的存在就是宇宙秩序之组成部分。由法老这一超人来管理着人们的事务，这是由神所赐的伟大福佑。这伟大福佑表现为

---

① Henri Frankfort: *Ancient Egyptian Religion*, Columbia University Press, New York 1948, p. 16.

② 同上书，第 17 页。

国家的长存和安宁，其中的秩序并不取决于某些偶然的走运，而是在早已有之的神圣谋划中被预见。因此，君主（法老）制跟世界产生一样古远，因为造物者在造物那天早就设定了国王的位置，法老就是造物者的继承者和代言人。因此，所有可用于描述国家（state）的词，在古埃及语言里都用在了法老身上，他是所有权威、力量、财富之源。”①

在古埃及，法老是神的化身，他作为神的代言人来到人间统治人民，安排所有的秩序，一切都是预设好的、亘古不变的，而这种亘古不变是因为“神”的力量。这是古埃及神权政治的情况。

此外，公认的“神权政治”的又一例子是加尔文统治时期的日内瓦。加尔文统治下的日内瓦已是16世纪，他认为“人”是在圣灵和恶灵的两名骑手面前的牲畜，即像驴或马般的存在。如果被圣灵所骑就到天国，若被恶灵所骑只好到地狱。所以加尔文否定了人类为救赎而行善的自由意志，这便是加尔文的预定论，他认为“上帝从事统治一切特殊的事，而一切都出自上帝一定的旨意，因此，没有什么事是出于偶然的”②，加尔文虽不是日内瓦的统治者，但作为圣经教师，站在预言者的立场上用圣经话语劝勉、教导世俗统治者们，使他们制定符合上帝旨意的日内瓦政策。从而成功地进行了日内瓦市的改革，建立了一切都在上帝旨意下的神权共和国③。

以上是神权政治的两个例子。在神权政治下，无论是古埃及人崇拜太阳神阿蒙、鹰神荷鲁斯，还是加尔文统治日内瓦时的上帝，它们跟人的关系，无不是“人”匍匐在神的足下。古埃及多神崇拜中的神有数百，他们往往认为猫、狗等形象直接就蕴涵着神的性质，因此他们的神往往猫头人身、犬头人身等等；加尔文统治日内瓦时期，“上帝”的精神内涵和所蕴涵的理性思辨当然远远超出了古埃及人的思辨程度，但同样显示出对人的理性和主观能动性的漠视——这是神权

---

① Henri Frankfort: *Ancient Egyptian Religion*, Columbia University Press, New York, 1948, pp. 30－31.

② 转引自徐大同总主编，高建主编：《西方政治思想史》第三卷，天津人民出版社2005年版，第57页。

③ 同上书，第61～63页

政治的最大特点。“神权政治”下的神人关系可以概括如左图：

在“神权政治”下，“人”的心识仰视着“神”那漠然而不可抗拒的力量，并将秩序认为是神的旨意。人始终处在卑弱的静态，即使人有理性和主观能动性，也出自神的启示和恩赐。人，无论是普通百姓还是人间的最高统治者，都匍匐在神的意志下，聆听着启示，等候着裁决。古埃及人相信宇宙的秩序和人间的政治秩序都是神创造好的，一切都周而复始，无所变动；加尔文则进一步发展了奥古斯丁的预定思想，他认为上帝有绝对主权(God's sovereignty)，排斥人类的任何可能性，强调只有依靠上帝的能力和旨意人类才可能得到救赎。他在《基督教要义》第三卷第23章第1节中说，“有的人已被预定成得永生(for ordained)，有的人则被预定为进入永远的灭亡。没有丢弃(without reprobation)，选择也就不能成立”①，并以之指导日内瓦的市政。

从“神权政治”的这些特点看，中国的上古三代并不是上文所说的“神权政治”。夏代的情况尚不清楚，商代神事在政治生活中确实有崇高的地位，周代则已不是“神权政治”的状态了，前文已经分析了《左传》的时代“神”的含义和性质，《左传》描述神人关系时有“德”这一重要概念，“德”是联系神的理性和人的主观能动性之间的桥梁，这在周初统治者就认识到了，并一再强调“明德慎罚”②。研究哲学史的学者皆认为“德”是商到西周初产生的一个重要的概念③，它一方面是人的主观能动性的表现，对统治者而言则是一种拥有天下的资格。直到春秋时期，人们仍然不断强调明“德”是不断企近和彰显“神”之最高理性的方式，《左传》桓公六年随大夫季梁云：“所谓道，忠于民而信于神也”，随君认为自己对神十分诚信，因为进献的牺牲洁净肥美，季梁说：“夫民，神之主也。是以先王成民而后致力于神”，进献牺牲时告诉神牺牲肥美，是告诉神民力充裕之意，如果

---

① 约翰·加尔文著，徐庆誉、谢秉德译：《基督教要义》第三卷，基督教辅侨出版社1962年版。

② 《尚书·康诰》：“惟乃丕显考文王，克明德慎罚，不敢侮鳏寡……。”

③ “德”的含义，学者多有研究。周公所指的德，包括了一切美好的东西，融信仰、道德、行政、政策为一体，见刘泽华主编：《中国政治思想史》(先秦卷)，浙江人民出版社1996年版，第24页。文献中的“德”还指一种统治资格，《左传》宣公三年王孙满回答楚庄王问鼎时说：“在德不在鼎。昔夏之方有德也，远方图物，贡金九牧，……，桀有昏德，鼎迁于商……，德之休明，虽小，重也；其奸回昏乱，虽大，轻也。天祚明德，有所厎止。”此德跟周鼎联系在一起，指的是一种受天保佑的统治资格。

“务其三时，修其五教，亲其九族，以致其禋祀”，神就会降福。这段话很清楚地说明了敬神要修政，而僖公五年记晋国假道于虞以伐虢，虞大夫宫之奇认为不可以，并劝虞君：

“臣闻之，鬼神非人实亲，惟德是依。故周书曰：‘皇天无亲，惟德是辅’，又曰：‘黍稷非馨，明德惟馨’，又曰：‘民不易物，惟德紧物。’如是则非德，民不和，神不享矣。神所冯依，将在德矣。”

宫之奇引了《周书》中的多处来说明“德”是人与神的中介，由此可见“德”作为人企近“神”之聪明理性的中介，是西周至春秋时期人们一直强调的。这跟上古时期人们纯粹靠巫史跟神沟通相比，在人的理性发展方面是一大进步。

因此，周代并非“神权政治”，统治的依据在“德”，它是神（天之规律）和人之间的中介。《尚书》、《左传》等文献记载的神人关系可用右图表示：

正因为周代有了“德”的概念，人们才没有将政治生活的命运完全交付在神明手里，而是强调充分发挥人的主观能动性的重要性。事实上，周人恰恰反对将政治生活的命运交付在神明手里。《逸周书·史记解》：“昔者玄都贤鬼道，废人事天，谋臣不用，神巫用国，哲士在外，玄都以亡”，明确地道出了周人对“废人事天”、“神巫用国”的反对。此条为西周穆王二十四年正月①，当时穆王令左史戎夫每月朔、望日讲述历史上的往事以总结经验，这条资料就是左史戎夫在讲述历史时提及的。到《易传》的时代，《易传》作者更是认为《易·乾·文言》君子“与天地合其德”，将人的主观能动性可能达到的程度发挥到了极限。

因此笔者认为，在古代中国，周代的政治并非“神权政治”，而学者视野中“神权政治”下的三代宗教，其实就是本文所说的王朝祭礼，它是一套以祀神为形式、践行着古人心目中的天人关系的礼典，并不是“神权政治”下神的地位高于一切的表现。基于“神权政治”或西方术语下的宗教与政治关系的思路来观察中国古代，实际上是否定了中国古代政治生活和信仰世界所具有的特殊性，国外学者尤其容易因为对中国古代信仰世界的隔膜而产生出各种各样偏颇的结论，著名宗

① 据黄怀信《逸周书校补注释》该条校注引《竹书纪年》载该年穆王命左史戎夫作《纪》。

教学、人类学家詹姆士·乔治·弗雷泽在其名著《金枝》中提到中国祭祀时这么说：

> “在曾经是一些伟大宗教发源地的小亚细亚，聚居着千千万万受大祭司统治的神奴，这些大祭司就如中世纪和罗马教皇一样，同时掌握着世俗之权与神权。像这样的‘祭司统治’的城市有泽拉和佩西纳斯……，而中国的皇帝也都主持公共祭典，其礼仪细则是由经书《仪礼》加以规定的……”①

弗雷泽认为中国皇帝同时掌握着祭祀之权和神权，著名社会学家马克斯·韦伯在《儒教与道教》中发展了这一观点：

> “中国与西方的神圣罗马帝国的主要区别在于，中国的皇帝不仅是最高的领主，同时也是最高的祭司②。
>
> “中国的君主首先是一位大祭司，他其实是古代巫术信仰的‘乞雨师’，只不过被赋予伦理的意义罢了。”③

韦伯以他所熟悉的基督教下的神灵(god)特点和政教关系这一思路考察中国古代，但他将中国皇帝说成祭司、乞雨师是错误的。祭司、乞雨师都是专门的神职人员，而中国古代皇帝恰恰不是什么神职人员，而是世俗政权的最高领袖。如果因为他主持祭祀和求雨就说他是祭司，这样并没有抓住事物的本质。而且韦伯得出这样的结论，显然是因为把本书所说的王朝祭礼——中国古代皇帝主持的祭祀礼典(rites and ceremonies)当作宗教(religion)来考察，才会把“宗教”概念体系下的“祭司”用在中国皇帝身上，这样的结果就是整体低估了中国古代祭礼在精神层面上的发展水准，他称之为“巫术信仰”：

> “中国的宗教意识把用以制服鬼神的巫术性宗教仪式和为农耕民族制定的历法结合起来，并赋予它们以同等的地位和神圣不可侵犯的性质，换言之，它把自然法则和仪式法则合二为一，融于‘道’的统一性中，把超时间的和不容变更的东西提高到宗教上至高权力的地位。”④

---

① 詹姆士·乔治·弗雷泽著，徐育新等译：《金枝》，大众文艺出版社 1998 年版，第 16～17 页。

② 马克斯·韦伯著，洪天富译：《儒教与道教》，第 33 页。

③ 同上书，第 40 页。

④ 同上书，第 35 页。

这里涉及他对中国古代祭礼在精神层面达到水平的基本评价，这个评价是不高的，因为用了“巫术性宗教仪式”这样的词。这里的关键词是“巫术”（magic）。本书前言部分已分析过西方人“巫术”的含义，它指处于亚氏逻辑以外的因果联系，在西语中含有贬义。韦伯认为古代中国的知识和技能均在这个层次上，他说：“在中国，自古以来的各种经验知识与技能的任何种类的理性化，均朝着巫术的世界图像这一方向运动”①，并进而总结古代中国的技术水平：

> “作为一种上层建筑的巫术性的‘理性’科学，诸如时测法、时占术、地卜术、占候术、编年史、伦理学、医学以及在占卜术制约下的古典的国家学说，囊括了早期简单的经验技能，并且正如各种‘发明’所证明的那样在技术上具有可观的才能。”②

韦伯用“巫术性的‘理性’科学”形容这些具有“可观的才能”的技术。时测法、时占术（占候）、地卜术（堪舆、风水）、占候术、编年史、伦理学、医学以及在占卜术制约下的古典的国家学说，在韦伯的逻辑中都成了“巫术性的‘理性’科学”，这里的“理性”加了引号，“巫术”才是韦伯给这些技艺的定性，这真是一种文化隔膜。“巫术”是西方人对于超出亚氏逻辑外的所有事物联系的评价，国外学者惯于用是否蕴涵亚氏逻辑来评价其他国家和地区的知识、技艺系统之优劣，假如不蕴涵就被归入“巫术”，即他们说的“magic”，对待中国古代的宇宙图式和方术也大体是这一思路。因为中国古代的宇宙图式和方术确实跟亚氏逻辑无关，在许多西方学者（尤其是主流科学学者）眼里这些都是巫术。实际上，中国古代的知识和技艺系统并非靠无逻辑的联想，而是靠象数思维建立起一种跟亚氏逻辑不同的逻辑形式，这一点在本书前言和第一节已叙述。用亚氏逻辑体系下的分析、演绎方法不可能渗入象数思维的本质。韦伯因为不懂得象数思维，才把象数思维下产生的各种古典学科和解决问题的有效方式，即引文中的“时占、地卜、编年史、医学”说成“巫术性的‘理性’科学”，这是西方学者对《易》象数思维隔膜的典型反映。在这种思维基础上，韦伯进而将郊天看成“将巫术性宗教仪式和为农耕

---

① 马克斯·韦伯著，洪天富译：《儒教与道教》，第223页。

② 同上书，第225页。

民族制定的历法"结合起来的宗教，他得出这样的结论是因为他没有看见在中国古代（本书侧重指周代），人们的心智在认识终极性神秘力量中蕴涵的理性成分，他把这理性成分称之为"巫术的理性科学"，实际上，从最初原始宗教的一些仪式到系统化有主次格局的王朝祭礼是一个非常漫长而复杂的过程，绝非韦伯的那几句话那么简单，其中包容着古人心智的深刻体悟，也并非韦伯所熟悉的西方哲学和基督教神学所能完全涵盖的。

假如以"巫术"概念分析中国古代的信仰和技术，古人在进入文明后经过一步步艰难探索，人们的心智获得的直觉体悟以及其中闪烁的理性光辉就被忽略了。商周的崇神成了"萨满"，青铜礼器成了通神的法器[①]，象数思维成了原始思维，如朱利亚·秦（Julia Ching）认为"天人合一"（heaven and the human are one），渊源于原始宗教的体验，即"人们在一种恍惚的状态下为精神所控制，我们称之为萨满式体验"[②]，这样的看法是荒谬的，李约瑟早就驳斥过这样的观点，他说：

"我们的恰当结论似乎是：中国的联想的或协调的思维的概念结构，本质上是相同于欧洲的因果的和'法定的'或合乎规律的思维的概念结构的某种东西。……中国人的协调的思维在以下这种意义上并不是原始思维，即它不是一片反逻辑的或前逻辑的混乱，在这种混乱中，任何事物都可以是其他事物的起因，而且在那里人们的思想是由这个或那个巫医的纯幻想所引导的。它是一幅极其精确并井然有序的宇宙图像……皇帝的仪式却是对宇宙模式的一体性这一信念的最高表现。在他那'明堂'（这是他的住处，却不亚于宇宙的神殿）的合乎体统的厅室中，皇帝穿着颜色合季节的龙袍，面朝着恰当的方向，下令奏出合时令的乐音，并进行象征宇宙模式中天地合一的其他种种礼仪活动。"[③]

---

① 张光直认为："商周的青铜礼器是为通民神，亦即通天地之用的，而使用它们的是巫觋。"见《中国青铜时代》，第 322 页。

② Julia Ching：*Chinese Religion*，Orbis Books，Maryknoll，New York，1993，p. 5.

③ 李约瑟著，何兆武等译：《中国科学技术史》第二卷《科学思想史》，科学出版社、上海古籍出版社 1990 年版，第 311 页。

从上文看，李约瑟对象数思维有一定了解，他认为象数思维本质上是“相同于欧洲的因果的和‘法定的或合乎规律的思维’”，这评价是中肯的。西方语言概念下的“宗教”(religion)、历法、仪式(rite)等需要截然区分的事物，在中国古代的象数思维下融于一体，并通过数度思想在这些领域的渗入，很好地实现着旨趣的合一。因此，“政教合一”、“巫术”这样缘起于西方亚氏逻辑的概念并不适合中国古代的实际，在此概念上形成的结论，比如上古三代是“神权政治”，中国皇帝是“祭司”，王朝祭礼是“宗教”等更是值得商榷。

以上中外学者的观点具有代表性。因为无论神权政治、政教合一还是巫术，都没有深入到王朝祭礼的象数思维背景，因此他们得出了这些各异的结论。这些说明仅靠源出于西方二分式思维的术语是不足以解读中国古代王朝祭礼所蕴涵的深刻文化内涵的，这一课题在哲学、宗教学等层面上的继续深入尚需学者们深入而不懈的努力。

(二)“治出于一”与周代王朝祭礼的功能

既然“神权政治”、“政教合一”、“巫术”这样的概念并不适合中国古代的实际，那么，政治、文化、伦理、风俗一切从“礼”而出的社会制度又叫什么呢？王朝祭礼跟这种社会制度的关系又怎样呢？在此首先需要回答的是第一个问题，第二个问题的答案将建立在第一个问题答案的基础上。假如我们翻检文献，会发现古人早已为上古三代那种社会制度取了更合适的名字，欧阳修在《新唐书·礼乐志》说：

> “由三代而上，治出于一，而礼乐达于天下；由三代而下，治出于二，而礼乐为虚名。古者宫室车舆以为居，衣裳冕弁以为服，尊爵俎豆以为器，金石丝竹以为乐……吉凶哀乐，凡民之事，莫不一出于礼。由是以教其民为孝慈友悌忠信仁义者，常不出于居处动作衣服饮食之间，盖其朝夕从事者，无非乎此也。此所谓治出于一而礼乐达天下，使天下安习而行之。……及三代已亡，遭秦变古，……虽有欲治之主思所改作，不能超。……稍即以损益，大抵安于苟简而已。其朝夕从事，则以簿书狱讼兵食为急，曰，此为政也，所以治民。至于三代礼乐，具其名物而藏于有司，时而用之郊庙朝廷，曰，此为礼

也,所以教民,此所谓治出于二,而礼乐为虚名。故自汉以来史官所记事物名数、降登揖让、拜俛伏兴之节,皆有司之事尔,所谓礼之末节也。然用之郊庙朝廷,自缙绅大夫从事其间皆莫能晓习,而天下之人至于老死未尝见也。”

这段话比较详细地描述了“治出于一”和“治出于二”各自的特点:“治出于一”即指上古三代政治、信仰、伦理、风俗等事务都统一在“礼”中的那种状态,兵刑钱谷之事与礼教分离为“治出于二”,这两个术语不仅仅是比“政教合一”更适合中国古代实际的提法,而且抓住了中国古代礼仪事务与政治事务在演进中的相互关系——在“治出于一”模式下,因有朝聘会盟、乡饮、乡射、冠昏丧祭等礼典的存在,处理政治事务所需要的量化原则以朝聘会盟等礼典和物化礼乐制度即能胜任,同样,乡饮、乡射、冠昏丧祭等礼典及其中的物化礼乐制度游刃有余地处理着伦理和风俗事务,因此政治事务并没有从社会、人伦等事务中脱胎出来,它们都混融在“礼”中。《左传》庄公二十三年曹刿谏止鲁庄公到齐国观社时说:

“夫礼,所以整民也,故会以训上下之则,制财用之节;朝以正班爵之义,帅长幼之序;征伐以讨其不然。诸侯有王,王有巡守,以大习之。非是,君不举矣!”

这里也把朝、征伐、巡守等纯粹政务当作“礼”的一部分,这是因为当时的政事和人伦还没有分家,在当时它们并不独立成为一个专门的、需要相应成文法典支持的领域,在政事简约、民风淳古的三代,定期举行的朝聘会盟礼典和源于数度思想的物化礼乐制度为处理这些事物提供了足够的准绳,也足以约束人们的行为。《左传》昭公五年:

“……是以圣王务行礼,不求耻人。朝聘有珪,享覜有璋;小有述职,大有巡功。设机而不倚,爵盈而不饮,宴有好货,飧有陪鼎,入有郊劳,出有赠贿,礼之至也。国家之败,失之道也,则祸乱兴。”

这里,政治事务是通过朝聘、郊劳等礼典来实现的,从这段话不厌其烦地提及珪璋爵鼎赠贿等名物制度可以看出当时人们心目中政治事务并不成为一个需要专门成文法典支持的领域。类似的论述还有,《左传》成公十二年晋郤至如楚聘时说:

“诸侯间于天子之事，则相朝也，于是乎有享、宴之礼。享以训共俭，宴以示慈惠。共俭以行礼，而慈惠以布政。政以礼成，民是以息……，此公侯之所以扞城其民也。”

“政以礼成”，说明“礼”所蕴涵的具体制度为政治事务的实施提供了足够的手段。又襄公二十六年：

“古之治民者，劝赏而畏刑，恤民不倦。赏以春夏，刑以秋冬。是以将赏而为之加膳，……将刑为之不举，……，夙兴夜寐，朝夕临政，此以知其恤民也。三者礼之大节也。有礼无败。”

这条资料亦强调“礼”高于政，是施政的原则。成公十三年广为人知的“国之大事，在祀与戎”根本没有提到后来国家生活中最重要的政治事务，这是因为政治行为的实施就在朝聘、宴飨等礼仪中。《汉书·礼乐志》说：

“婚姻之礼废，则夫妇之道苦，而淫僻之罪多；乡饮之礼废，则长幼之序乱，而争斗之狱蕃；丧祭之礼废，则骨肉之恩薄，而背死忘先者众；朝聘之礼废，则君臣之位失，而侵陵之渐起。”

这段评述描述了周代“治出于一”格局下，礼典、礼仪具有的重大政治功能和社会功能。而数度思想是沟通这些礼典的桥梁，表现在浸透了数度思想的物化礼乐制度在这些礼典中均可运用，通过物化礼乐等级的降杀体现礼典的隆杀，这样，政治、伦理、教化、信仰等事务均得到了有效处理。

以上就是周代“治出于一”的格局。在这种格局下，“礼”确实具有宗教的功能。宗教的社会功能学派[①]认为：“宗教的功能就是促使我们去行动，帮助我们生活下去。通过与神的沟通，信仰者不仅能够看到非信仰者所忽视的新的真实，而且他也更坚强了”[②]，J M. 英格（Yiger）提出了类似的看法，他认为宗教就是“一套人们藉以解决人生终极问题的观念和实践，它提供人们拒绝向死亡投降的

① 在宗教学界，对宗教如何定义及其本质何在向来是学者们看法不一的问题。因此产生了研究宗教的不同流派。社会功能学派是将宗教的社会功能看成宗教本质特征的学派。其代表学者有杜尔凯姆等人，见吕大吉：《宗教学通论新编》，中国社会科学出版社 1998 年版，第 58～60 页。

② 涂尔干著，渠东、汲喆译：《宗教生活的基本形式》，上海人民出版社 1999 年版，第 500 页。

解释和面对挫折时拒绝放弃的理由,并将他们的俗世欲望驱逐除干净”[①]。我国学者陈麟书则认为宗教的基本功能在于五方面:社会整合功能、群体认同功能、行为规范功能、心理调节功能、情操美感功能[②],这几个功能“礼”确实都具备。“礼”的社会整合功能和情操美感功能是通过其中的数度及和谐思想实现的(见前文礼“容”部分),行为规范功能则通过其中的数度思想来实现(见前文礼典、礼乐部分)。群体认同功能、心理调节功能则通过礼典施行时等秩、节度、和谐等对群体、个体的暗示完成。照宗教社会功能学派的逻辑,就可以直接推出“礼就时宗教”这样的结论。有的学者便因此将作为“礼”一部分的祭礼判定为宗教[③]。但是笔者以为,考察中国古代的王朝祭礼时是不宜采用宗教的社会功能学派进行分析的。原因是,社会功能学派所指的“宗教”是西文“religion”,它包含汉语的“信仰”一意,跟现代汉语的“宗教”不完全指同一种事物。而且,社会功能学派将功能视作宗教的本质招致了许多学者的异议。如果用社会功能学派分析中国古代的“礼”,整体的“礼”就全都是宗教,因为它具有所有宗教的功能,这显然是不严谨的,因为“礼”的内容比宗教广泛得多,宗教功能只是“礼”多种功能中的一种而已。假如“礼”具备宗教的功能就是宗教,那么,它还具有处理政务、淳化风俗的功能,它又是什么呢?有的学者看见了这一点,认为“礼”是政教合一,因此能处理政务、淳化风俗,这一观点使用“政教合一”这样在人类历史上并不普遍的例子来分析中国古代,同样是不严谨的,其原因笔者上文已给予辨析。

“礼”具备宗教的功能但不是宗教,其最根本的原因在于:宗教最核心的特点在于它归根到底是靠对神(god)的信仰完成所有功能,而中国古代的“礼”不是。马克思认为宗教是“精神鸦片”,弗洛伊德(Freud)则认为宗教是“人类最古老、最

① Beverley Clack and Brian Clack,*The Philosophy of Religion* 转引 J M. Yiger:“A system of beliefs and practices by means of which a group of people struggles with these ultimate problems of human life. It expresses of their refusal to capitulate to death, to give up in the face of frustration, to allow hostility to tear apart their human aspirations”,Polity Press,Cambridge,1998.

② 陈麟书:《宗教的基本功能》,《世界宗教研究》1990 年第 3 期。

③ 牟钟鉴:《中国宗法性传统宗教试探》,载吕大吉:《宗教学通论新编》。

强烈、蕴涵最迫切愿望的幻觉(illusion)及其实施”①,都指出它的超现实性,这才是所有宗教的本质特征。宗教哲学正是在此种超现实的基础上发展起来的,它是建立在“神”存在这一前提上的理性思辨,辩证法大师黑格尔的《上帝存在讲演录》堪称这种理性思辨最清晰、最深刻、最成体系的代表;而中国古代的“礼”并不是靠对神的信仰完成所有功能的(《易传》之神非鬼神之神,见前文),“礼”是《易》象数思维于人类社会领域的投射和运用所建立的体系,礼“义”的哲学基础是《易》的象数思维,而象数思维是一种成熟的、有具体推“数”技术为基础的思维形式,因此纯粹的、不含逻辑推理的神秘主义②很早就被古代中国人扬弃了,相反,在象数思维提供的观察宇宙和人自身的思想形式下,人的“德”和努力成为改变际遇的关键,这在《易》中随处可见。因此在礼“义”层面,“神圣事物与凡俗事物区分”这一所有宗教必然经过的萌芽状态③并没有随着人们思辨的进展而出现(详见本书结语部分),相反,在古代中国人看来,凡俗事物的琐碎总是处于一定境遇下的,它跟神圣事物的完美并不相悖,神圣事物和凡俗事务共存于天地人共存的统一系统中,这样的思维方式使“神”和“人”在古代中国人那里没有必要进一步分开思辨,这就是中国古代相当长的时间没有产生真正意义上的宗教的原因(以后的道教是东汉时期将此前长期发展的象数思维所代表的系统论进行神学思辨的结果,是另外的历史阶段的产物)。

周代的“礼”性质不是宗教,王朝祭礼作为礼典之一部分,同样不是宗教。根本原因在于:王朝祭礼所祀的神,从形而上层面看是一种高于人的机算的至高无

---

① 弗洛伊德原文为:“illusions, fulfillments of the oldest, strongest and most urgent wishes of mankind ”Beverley Clack and Brian Clack, *The Philosophy of Religion*,第 78 页转引,Polity Press,Cambridge,1998。

② 神秘主义是指从感觉到结论都凭感性思维和直觉的思维方式。欧阳红指出,“神秘文化之所以神秘,就在于它的思维推理与表述构成的全过程不是用抽象思维和概念化的确定性语意来进行,而始终是用直觉思维、形象化载体来表达。因此,神秘文化越是在习惯于直觉思维、跟感觉走的人群中越容易有市场,而且经久不衰,甚至容易产生顿悟效应。相反,越是在习惯抽象思维,凭理性办事的人群中,越是没有地位,而且被认为不可理解乃至荒诞无稽”,见《易图新辨》,第 425 页。

③ 法国社会学家涂尔干认为,判断宗教信仰的首要标准是神圣事物和凡俗事物的分离,“当一定数量的神圣事物确定了它们相互之间的并列关系或从属关系,并以此形成了某种统一体,形成了某个不被其他任何同类体系所包含的体系的时候,这些信仰的总体系及其相应仪式便构成了一种宗教”,见爱弥尔·涂尔干著,渠东、汲喆译:《宗教生活的基本形式》,第 47 页。

上的规律，并不是真正意义上的宗教神灵（god）——真正宗教神灵的根本特点是以神启的方式让觉得受到天灾人祸侵凌和折磨的“人”感受到彻悟和解脱，它所启迪的对象是“人”而不是别的东西；而王朝祭礼中受祀的神，其保佑对象是某一王朝的现实政治秩序，并不是有精神需要的“人”本身。在王朝祭礼的层面，宗教的形上学思辨发展水准一直十分有限，这是因为它在这方面的需要有限——只是希望保佑风调雨顺、政治顺利。渊源于《易》的象数思维阻止了人们将神圣事物（devined）和凡俗事物（profaned）分离（将神灵性格和内涵的思辨朝宗教神学的方向，即神灵人格化，具有人形和人所能拥有的最高理性方向发展），因此，王朝祭礼所祀的神灵们的神学内涵是被综括在礼“义”中的，它只是一种政治和伦理至为和谐的象征。

综上所述，周代的“礼”不是宗教，王朝祭礼也不是宗教。虽然“礼”确实具有宗教的功能，王朝祭礼也确实保留了上古以来对神灵进献牺牲、叩首膜拜等形式，但是首先，因为考察王朝祭礼不宜采用宗教的社会功能学派理论；其次，进献牺牲、叩首膜拜又已融进了周代的物化礼乐制度中，而物化礼乐制度可通行于五礼，因此进献牺牲、叩首膜拜等已非纯粹意义上的宗教仪式，因此，从“礼”具有宗教的功能并不能得出王朝祭礼是宗教这样的结论。

王朝祭礼在周代是承担隆君权，宣风教的礼典。《礼记·礼运》：“是故夫礼必本于天，殽于地，列于鬼神。达于丧祭射御冠昏朝聘。”这些礼典施行的目的都是为了“严上”、“教民”。孔颖达疏“列于鬼神”：

> “圣人既法天地鬼神以制礼，本谓制礼以教民，故祀天、禋地、享宗庙、祭山川。一则报其礼之所来之功，二则教民报上天之义。”

祀天、禋地、享宗庙、祭山川等王朝祭礼的主要内容承担着淳化信仰、社会整合等政治和社会功能，它是“达于丧祭射御冠昏朝聘”中的一部分，而“丧祭射御冠昏朝聘”加起来才是全部的礼典，作为其中一部分的王朝祭礼，是体现等级尊卑、教化百姓的诸礼典的一部分。《礼记·郊特牲》说郊天礼：“祭之日，王皮弁以听祭报，示民严上也”；《祭义》说祭祖礼：“因物之精，制为之极，明命鬼神以为黔首，则百众以畏，万民以服”，“严上”、“万民以服”就是郊天、祭祖礼的功能所在。在人心淳古、民间的知识和智慧尚未开化的周代，对“天道”的理解及相关技术均掌握在王官专职人员的手里，统治者建立的包括郊天、祭祖、朝日、夕月等仪式的一整套王朝祭礼一方面寄托了他们希望天人关系有序、王政均平的理想，另一方面，王朝祭礼所蕴涵的思辨内涵及当时五礼的具体典章制度，则反映着那个时代人们在信仰领域及相关典制方面最高的水平的发明创造，它们对于各级贵族和普通百姓的生活具有暗示意义，整个社会也正是由于包括王朝祭礼在内的各种礼典的推行和达于天下，才实现了理性与淳朴同在，秩序和典雅共存，为后来的儒家不断追忆和向往。

结　语

本章终于以不算简短的篇幅追溯了“礼”的由来，并在此基础上考察了周代的郊天、祭祖礼以及整体周代王朝祭礼的格局和性质。周代王朝祭礼严谨的体系、丰富的哲学内涵、其背后高超的政治智慧使它被后代奉为圭臬。虽然从战国始礼乐文明湮废无闻，但包括王朝祭礼在内的宗周旧典和“礼”的思想、制度被七十子后学保留下来，以后被保存在经学中。因此，后代需要建设礼仪时必到经学中寻找依据，究其原因，是因为经学中保存了一部分正宗的宗周礼典。

但是，“治出于一”的状态并没有在中国古代长期存在。从战国开始，“治出于二”出现，即政治事务从“礼”中单独出来的那种政治模式代替了“治出于一”，于是，“礼”的框架分崩离析，混融在“治出于一”中的王朝祭礼跟军政等其他事务一起从“礼”的格局中脱离出来。这一分崩离析造成了中国古代知识技艺系统和祭祀、信仰、神灵观的巨大变化，宗周的王朝祭礼在社会剧烈变动的情况下逐渐被人淡忘，但与此同时，人们的信仰领域尤其是普通百姓的信仰领域增加了许多具有重要意义的新内容，下一章将考察这一巨大变化的过程和新增加的内容。

第二章　激变：战国、秦吏政时代的祭祀与礼仪

上一章节我们考察了周代的王朝祭礼。一直到春秋时期，王朝祭礼都基本上保持了以郊天(包括祭祀天地百神)、祭祖礼为主干，以朝日、夕月、告朔等其他礼仪为辅助的格局，它们的施行旨在服务于王朝尊君敬祖的需要。自春秋开始"礼崩乐坏"，所有原来融合在"礼"数度思想中的各种关于政治等级、伦理秩序的构想都失去了依附，成了分崩离析的状态，这种状态致使各个领域的知识和经验都自由发展，政治生活作为其中分出诸方面中的一种，也从"礼"中脱胎出来独立发展，具体表现就是官僚政治的产生。官僚政治是在战国时期政治分裂、战争频繁、权诈兴盛的情况下为了保证从"礼"中脱胎的政治事务的效率应运而生的。于是，政治事务和其他事务分成不同的领域，是为"治出于二"。《新唐书·礼乐志》"其(当时的统治者)朝夕从事，则以簿书、狱讼、兵食为急，曰：'此为政也，所以治民'"。描述的就是官僚政治兴起后的状况，它与周代的"治出于一"无论形式、内容、功能都有重大区别。

"治出于二"局面的出现和战国时期军政效率的急需使礼仪、信仰事务被挤到不重要的角落，它们的重要性让位于征战杀伐等事，在众所周知的兼并图强直到最终秦并天下这些事实的背后，是信仰和祭祀领域因"礼"的崩坏，各诸侯国带有地方色彩的民间祭祀蓬勃发展的事实。随着时间推移，宗周旧礼的内容渐渐湮废无闻，但人们的信仰领域并不是一片空白，普通百姓因生产、生活的需要，自发性的祷祠又兴盛起来，而且，由于原先在王官的知识和技艺散至民间，星历卜筮之学被普通人们用来作为认识"神明"的手段，数术方技大量兴盛，新的神灵因地而异，层出不穷，这些都极大地改变了人们信仰世界的状况。此外，在王官知识和技艺散入民间的基础上，随着人们宇宙观和物质构成思想进一步发展，神仙家开始产生，这也开

始影响人们的信仰内容。这些都是考察战国乃至后来两汉祭祀时所不能忽视的内容。本章节就将对这部分内容以及它们的来龙去脉作些考察。

第一节 “治出于二”——吏政与礼仪分离的开始

考察战国时期的祭祀和信仰状况,若要探究它跟前一时代比的发展变化以及这发展变化的原因,就要顾及战国时期祭祀和信仰存在的时代背景——“治出于二”。正是因为这种背景和周代王朝祭礼附丽的背景——“治出于一”存在着重大的差异,才造就了战国祭祀和信仰在周代王朝祭礼湮废后,格局、性质产生了巨大的差异。因此,本章第一节将首先探讨“治出于二”格局的出现,以探讨战国祭祀和信仰在这个格局中处于什么位置。不过本文的重点不是研究战国官僚政治(如爵制、禄秩、品阶、赏罚等等)和法制史本身,因此探讨“治出于二”时视角将集中在“礼”的崩析和数度思想的重新运用对祭祀事务的影响等方面。

春秋以来,“礼”所包含的各种形而下制度已经不再被各国严格遵守,不过此时“礼”的理念即形而上层面仍然存在,这一点从上一章屡屡征引的《左传》中贤达之士对“礼”的阐述可以看出。但是无论如何,原先那种混融在“礼”中的、以数度思想和道义约束为手段的礼制所提供的政治手段已经无法满足各诸侯国增强自身实力的需要,用更明确、更高效的手段和更能保障效率的制度推行于行政领域已经成了各国的普遍需要,官僚政治就是在这样的情况下应运而生的。在官僚政治下,世卿世禄被打破,人才有机会进入政府,社会有了上下流动,官员开始有了俸禄而不是领有采邑,对官员业绩有了考察的方式①。于是这一阶段的政治史中出现了轰轰烈烈的变法、大规模的兼并战争、反复无常的合纵连横等等,这些都是以官僚政治原则的确立为军政事务提供效率保障为前提的。

官僚政治的出现是中国古代政治生活中的大事,它确立的理性行政和效率至上的原则与古“礼”纯粹以数度思想和道义约束为施政原则是完全不同的。笔者认为,中国古代官僚政治的产生,其灵感来源之一仍然是对渊源古老的数度思

① 对战国官僚政治的论述,可参见杨宽:《战国史》(增订本)第六章《封建国家的机构及其重要制度》。

想的重新运用,这一点从法家对官僚政治作出的杰出贡献可以看出。学者已经指出:在官僚政治的产生过程中,法家起了无可比拟的重要作用①,而法家恰恰是对数度思想十分熟悉的。道家、法家同源是学者注意到的现象②,笔者以为正是因为这二家对"礼"形而上、形而下层面做到了分别的突破——其形而上部分的抽象,是"道",道家在此方面有天才的阐述;其形而下部分的演绎,是"器",法家的许多构想和制度设计便属于"器"的层面。道家、法家对"礼"的突破造成了中国古代思想和制度领域从未有过的巨大变动,道家对"礼"形上层面的突破和超越使人们对至上力量的认识更加深刻、明晰而有序;法家对"礼"形而下制度的突破则使"治出于二"局面出现,这两者分别对祭祀、信仰事务的本质和格局产生了重要影响,因此本章都将予以考察。

下文便对"治出于二"的出现及其对祭祀、信仰事务的影响作些考察。

一、法、律、令的出现与"治出于二"格局的形成

法、律、令等提高行政效率手段的出现堪称"治出于二"出现的标志。先秦典籍中很早就出法、律、令三词,在直录或追记三代往事的文献里,法的含义为手段、方法;律的含义为音律,令的含义为君主之政令。这三词的渊源和含义,何勤华、张建国以及其他学者皆从法制史角度作过详细考察③。法字古写为"灋",从

---

① 阎步克先生认为官僚制度的基本精神,表现为有明确目的的、可计算的、可控制的、合乎逻辑的、普遍主义的和系统化的达到目的的手段。这种合理化精神要求排除与政治行政无关的任何考虑,把千变万化的具体个案的处理化为充分形式化(亦即正式化,formalization)的程序和规程;运用这些程序和规程的,则是专家。这种精神,就决定了科层体制、成文法规和专业雇员的必要性。法家的"法治",就是在这样一种精神指导之下的合理化行政。他们对秩序、权力、法规、职责等等的技术意义,对行政体系的构成和运行机制,都作出了卓越的阐述。见《士大夫政治演生史稿》,北京大学出版社 1996 年版,第 170~171 页。

② 阎步克认为"'道术'与'法术'本有相通之处。先秦时期已有不少道、法兼综的学者,如慎子,《管子》的《心术》《内业》《白心》等篇,亦为道家之言。见《士大夫政治演生史稿》,第 284 页。

③ 何勤华认为,在我国古语中,法字写作灋。甲骨文中已经有廌字,有的学者认为该字事实上就是我国法的缔造者蚩尤部落的图腾……。在西周金文中便出现了灋字,至战国时代出现了灋的简体字"法"。然而,一直到秦代,灋字仍被频繁使用(这从前几年考古发现的云梦秦简《语书》中可以得知),有时也与"法"字一起,出现在同一篇文献中。汉代以后,灋字就逐渐消失,而为"法"字取代。见《中国法学史》第一卷,法律出版社 2000 年版,第 2 页。黄婷婷《试论"刑"、"法"、"礼"、"律"四字体现的先秦法律文化》对"刑"、"法"、"礼"、"律"四字的文字学渊源作了非常详细的探讨,此为中山大学本科毕业生论文,资料胪列甚详,可以参考。见"论文库"(http://lwcool.com)网站论文。

水廌,《说文卷十上鹿部》释廌为“廌所以触不直者去之,从廌去”,其中以“廌”断罪跟远古法律中的“神判”有关①,再从水,表示公平,为灋。《说文》卷十上鹿部释灋为:“刑也。平之如水,从水。”则灋的古意为刑。段玉裁注认为灋字在刑这一意义的基础上引申为模范之意,为木部的模、竹部的笵、土部的型之抽象称呼,因此,法的较早的含义为手段、方法以及工匠作器用之手段。《礼记·少仪》“工依于法”,《周礼·地官》草人“掌土化之法,以物地,相其宜而为之种”;《秋官》士师在邦国凶荒时“以荒辨之法治之”;《墨子·法仪》:“天下从事者不可以无法仪……虽至百工从事者,亦皆有法。百工为方以矩,为圆以规,直以绳,正以悬。无巧工不巧工,皆以此五者为法”,这些是“法”字较淳古的含义。《左传》的“法”基本上全为法则之意,又引申为治国之典。《左传》文公六年记赵盾在晋国“治事典,正法罪”等等,并“使行之晋国,以为常法”,“正法罪”的法为刑之意,即“正刑罪”;“以为常法”之“法”则意为治国之典。昭公二十九年记晋国范氏等铸刑鼎,孔子认为是“乱制”,评价道:

> “晋其亡乎!失其度矣。夫晋国将守唐叔之所受法度,以经纬其民,卿大夫以序守之,民是以能尊其贵,贵是以能守其业。贵贱不愆,所谓度也。文公是以作执秩之官,为被庐之法,以为盟主。今弃是度也,而为刑鼎,民在鼎矣,何以尊贵,贵何业之守,贵贱无序,何以为国……。”

从这段话可以看出“治出于一”崩析阶段“法”字含义的渐变。唐叔即唐叔虞,为晋首封之君,“所受法度”即为“治出于一”下的礼制;“被庐之法”为晋文公所作,仍是以“礼”治国之典的意思,由此可见直到春秋时期,这个“法度”仍然是指“治出于一”的形而下层面,即处理国政的手段。《礼记》在追忆三代往事时,其中的“法”字仍然保持了较早较淳的含义,《明堂位》:“鲁,王礼也……,礼乐刑法政俗,未尝相变也”,这里刑、法分别指刑罚和处理政治、社会事务的手段;《乐记》解释了一段六代之乐后说:“天地之道,寒暑不时则伤世,……,事不节则无功,然则先王之为乐也,以法治也,善则行象德也”,这个“法治”绝非后来法家所言的“法治”,而是按乐律的规律使用六代之乐,以彰显统治者的文治武功,即“善则行象德”的“德”。

---

① 吴荣曾:《试论先秦刑罚规范中所保留的氏族制残余》,载《先秦两汉史研究》,中华书局 1995 年版。

总之,直到法家产生以前,“法”的含义都指制造器用、处理国政的手段,属于“礼”的形而下层面,它既包括了各种处理事务的办法,也包括了“刑”。《周礼·秋官》司刑“掌五刑之法”,在礼制下,“五刑”也是被当作处理事务的办法的。不过随着“治出于一”的崩溃,这一情况在发生变化,其中,李悝《法经》的撰作是“法”的含义发生变化的重要环节。李悝为魏文侯师,晋书《刑法志》记载:

“悝撰次诸国法,著《法经》。以为王者之政,莫急于盗贼,故其律始于盗贼。盗贼需劾捕,故著《亡》、《捕》两篇。其轻狡、越城、博戏、借假不廉、淫侈、踰制以为《杂律》一篇。又以《具律》具其加减。是故所著六篇而已,然皆罪名之制也。”

这段文字是治法制史的学者们熟悉的。笔者以为,李悝《法经》是从三代刑法乃至一些其他处理事务的成法脱胎而来的①。清末学者沈家本在《汉律摭遗·自序》中已经指出:“(商)鞅之法,受之李悝;悝之法,撰次诸国,岂遂无三代先王之法存于其中者乎?”已经道出了《法经》脱胎于三代旧法(这个“法”为办法之“法”),这一点从《法经》的篇次和“五刑”(墨、劓、刖、宫、死五种肉刑②)的量刑

---

① 《法经》是否存在过,是学界有争议的问题。殷啸虎《〈法经〉考辨》(杨一凡总主编,杨一凡、刘笃才主编:《中国法制史考证》乙编第一卷,中国社会科学出版社 2003 年版)认为《法经》实际上不曾存在过,理由是关于《法经》的记载见《晋书·刑法志》和《唐律疏议》,资料晚出,此前的《史记》《汉书》对李悝作《法经》一字无提。笔者认为,《史记》《汉书》对李悝作《法经》的事迹无载,并不能说明《法经》曾经存在是子虚乌有的事。虽然《史记》、《汉书》记的李悝事迹均为“尽地力之教,富国强兵”,《汉书·食货志》提到“李悝之平籴”,但从《汉书·艺文志》所录李悝作品看,法家类有《李子》三十二篇,农家类有《神农》二十篇,师古曰:“刘向《别录》云疑李悝及商君所说”,《李子》和《神农》分门属不同门类,说明李悝所擅的“尽地力之教”之策非局限于一个门类。从现存的法家著作看,法家说中亦有勤农之策,如《商君书》有《开塞》《农战》等篇探索勤农之策。因此,李悝作《法经》跟他辅助魏文侯,“尽地力而教”并不矛盾。相反,《法经》内容很具体,在当时由它约束世人,完全可能作为其“尽地力之教”的附属之策而存在。至于《史记》《汉书》不提及《法经》亦不能作为《法经》没有存在过的根据,因为《史记》记事继承了以《左传》为代表的三代史书详具体事件、略典章制度的传统,八《书》中无单篇记载古来刑制;《汉书》始有的《刑法志》则将尽地力出赋法跟刑人之法合为一篇,可见直到《汉书》,尚保留着将尽地力之法跟刑人之法视作同类的古代孑遗,这从侧面反映了李悝“尽地力之教”跟作《法经》、立刑于人民之制并不矛盾,二者的内容最初可能是混融在一部书中的。因此笔者认为李悝作《法经》仍是可信的。至于它见于稍晚的《晋书·刑法志》,是因为直到晋代,法律的发展才最终走出体例芜杂、内容繁滥的阶段,并摆脱上古三代有肉刑的孑遗,还对此前的刑法进行系统总结,不能因为它的时间晚和追忆有讹误,就整体抹煞它的史料价值。

② 先秦时期“刑”为“礼”的一部分,据《周礼·秋官·司刑》记载先秦有五刑,为墨、劓、刖、宫、死,“墨罪五百,劓罪五百,宫罪五百,刖罪五百,杀罪五百。”

原则可以考证。“五刑”的使用原则,《周礼·秋官·司刑》郑玄注引《书传》阐述如下:

“决关梁、踰城郭而略盗者,其刑膑;男女不以义交者,其刑宫;谓易君命,革舆服制度,奸轨盗攘伤人者,其刑劓;非事而事之,出入不以道义而诵不祥之辞者,其刑墨;降畔寇贼,劫略夺攘撟虔者,其刑死。”

以上是三代使用“五刑”的原则。“五刑”由重至轻为死、宫、刖、劓、墨,其中除宫刑为惩罚男女淫乱之刑外,死、刖、劓、墨皆惩劫贼、盗行为——死惩戒掠夺攘者,刖刑惩决关梁、入城郭略盗者,劓刑亦惩戒“盗攘伤人”者,这些都体现了对三代时期对贼伤、偷盗之事的严惩。这样的原则同样见于《左传》。《左传》为记史之书,因为在《左传》的年代,“刑”的制度跟“礼”的制度一样并未录于文字,所以《左传》只有受刑的记载,而无直接的“刑”的条文。但《文公》十八年鲁国大史克之的一段话可以让我们窥见周代“九刑”①严惩贼盗,大史克说:“(先君周公)作《誓命》曰:‘毁则为贼,掩贼为藏,窃贿为盗,盗器为奸。主藏之名,赖奸之用,为大凶德,有常无赦,在九刑不忘,’”,说明盗、贼在周代为“大凶德”,不被赦免,为“九刑”所严惩。目前西周铜器铭文中有少量提到刑法的资料。1975 年 2 月出土于陕西省岐山县董家村西周青铜器窖藏的《𠑇匜》铭文记载了牧牛与上司争夺财产败诉的史实,伯扬父宣布对牧牛的宣判是:“便(鞭)女(汝)千,𪒠𪓐女(汝)”,即鞭笞一千,加“𪒠𪓐”,“𪒠𪓐”从黑,为墨刑,并用黑布蒙脸②,说明争讼是西周礼制社会所厌恶的行为,若无理败诉要处以肉刑。金文中不见贼盗伤人如何处置的记载,是因为西周、春秋铜器多为卿大夫铭刻功绩所制作,并不涉及贼盗这些刑事。但无论如何,《法经》都是从囊括肉刑、礼制、治国之办法的三代旧法之中脱胎而来的。

《法经》以盗、贼为始,正脱胎于三代旧刑“五刑”和《九刑》对贼盗之事的严酷态度,其余诸篇都是附益,如《亡》、《捕》,是因为罪人逃亡而作,至于《杂律》,是惩戒轻狡(轻慢不恭)、越城、踰制、淫侈等行为之篇,它体现了“礼”崩坏之际,这些

---

① 《左传》昭公六年:“夏有乱政而作《禹刑》,商有乱政而作《汤刑》,周有乱政而作《九刑》。”则周的《九刑》为沿袭夏商而来,并有所损益。

② 马承源:《商周青铜器铭文选》第三册,文物出版社 1988 年版,第 185 页。

跟“礼”的精神有悖的行为被认为并不那么重要,而在周代的“五刑”中,革衣服制度要被施以劓刑,诵不祥之辞要被施以墨刑,完全为了维护“礼”所体现的精神,在《法经》中这样的行为则被归于《杂律》,重要性次于《盗》、《贼》,而最后的《具律》是为了增减损益,具成文字所作。

以上是李悝《法经》,它是战国、秦律直至汉萧何《九章律》的最初蓝本。它将盗、贼等危害社会安全的罪行,根据轻重程度总而括之并写下成篇,反映的是“礼”崩析后,“礼”中因数度思想的存在而具有约束性的条文被逐渐废弃,“法”成为当时具有约束性的办法之名称,而以“经”名之则体现了李悝对“法”性质的认识:它以刑法为主,包括了一些行政办法(杂律)。《法经》的撰作对应着官僚政治的需要,反映了“法”的概念和内涵在急剧变化。

不过,以刑法为主要内容的《法经》尚不足以涵盖春秋至战国时期“法”、“律”、“令”的全部内涵及其变化,考察这一问题的另一重要文献是《管子》。《管子》历来有被归入道家和被归入法家之差异①,且其思想和《慎子》、申不害为代表的晋法家,乃至后来商鞅、韩非所倡的秦法家内容不尽相同,本书的任务不是深入到法家研究的专门领域,而是从法家对法、律、令之创意的角度探讨“治出于二”格局的出现,在这一点上,笔者以为《管子》是“治出于一”到“治出于二”之间的转折点,因为《管子》中一方面出现了法、律、令等概念,正是这些概念为“治出于二”提供手段;但另一方面,《管子》的整体仍存在着数度思想(《玄宫图》是这一思想的核心),并且还将之提到“道”的层次(《内业》、《心术》、《白心》等篇有具体阐述)。如果将《管子》对政治格局的构想、对律令制度的设计,和《商君书》中关于法、律、令的设想,以及战国、秦律令体系的实际发展过程结合起来,就能看出“治出于二”从理念出现到格局设计,再到落实于制度的大概过程。这里不能不涉及《管子》一书的年代。一般认为《管子》为后人托名管仲

---

① 《汉书·艺文志》将《管子》归入道家,《史记·管晏列传》张守节《正义》引《七略》云《管子》在法家,《隋书·经籍志》将《管子》归入法家,清代修的《四库全书》仍将《管子》归入法家。

所作，其中《轻重》等篇还反映了汉代的情况①，张心澄《伪书通考》子部法家《管子》条列举了自唐代以来诸家认为《管子》为后人伪托的情况②，其中罗根泽《管子探源》甚至把《管子》通篇肢解为战国政治思想家、孙吴申韩之学者、阴阳家、道家、兵家、杂家、医家等多家所作③，缪之远矣④。今人黎翔凤在《管子校注》序中驳斥了各种认为《管子》内容伪杂晚出的理由⑤，现代学者研究认为《管子》的成书经历了自春秋桓、管霸业至战国末年约四百多年的时间，它是由管冲学派相继编撰、陆续完成的一部御民治国的经略全书⑥，笔者认为这样的意见是可以接受的，从《管子》中“法”、“律”等字的含义看它的确实不像有些学者想象的那么晚——《管子》中的法、律、令含义较淳，尚全脱离三代典籍法、律、令等词的含义，如《七法》：“尺寸也、绳墨也、规矩也、衡石也、斗斛也、角量也、谓之法”，这里的“法”指工匠制作器用的绳墨规矩等手段，是“法”的较早含义；又《法禁》：

① 《四库全书总目》：“刘恕《通鉴外纪》引《傅子》曰：‘管仲之书，过半便是后之好事者所加，乃说管仲死后事，《轻重》篇尤后鄙俗。……今考其文，大抵后人附会多于仲之本书。……即仲卒于桓公之前，而篇中处处称桓公，其不出仲手，已无疑义矣，”马非百更是认为《管子轻重篇》是西汉末年王莽时代的人所作，见《管子轻重篇新诠》，中华书局 1979 年版，第 8 页。

② 张心澄：《伪书通考》，上海书店 1998 年版，第 763～770 页。

③ 罗根泽将《管子》通篇析解如下：《牧民》、《形式》、《五辅问》，战国政治思想家作；《霸形》、《霸言》战国中世后思想家作；《立政》、《乘马》、《君臣上》、《君臣下》、《七臣七主》，战国末思想家作；《七法》，战国末为孙吴申韩之学者所作；《法禁》、《法法》，战国法家作；《任法》、《明法》，战国中世后法家作；《枢言》，战国末法家缘道家为之；《宙合》、《侈靡》、《四时》、《五行》，战国末阴阳家作，《势》，战国末兵阴阳家作；《心术上》、《心术下》、《白心》，战国中世以后道家作；《制分》，疑战国兵家作；《小称》，战国儒家作；《内业》，战国中世以后混合儒道者作；《戒》，战国末调和儒道者作；《正》，战国末杂家作；《管子解》五篇，战国末秦统一前杂家作；《禁藏》，战国末至汉初杂家作；《大匡》，战国人作；《地图》，最早作于战国中世；《版法》，似亦战国时人作；《中匡》、《四称》，疑亦战国人作，《王言》(亡)，疑战国中世以后人作；《入国》、《九守》、《桓公问》，疑战国末年人作；《九变》，疑战国以后人作；《权修》，秦汉间政治思想家作；《重令》，秦末汉初政治思想家作；《兵法》，秦汉间兵家作；《幼官》，秦汉间兵阴阳家作；《水地》，汉初医家作；《封禅》，司马迁作；《轻重》十九篇，汉武昭时理财家作；《八观》、《正世》、《治国》，西汉文景后政治思想家作；《小匡》、《度地》，汉初人作；《地员》，亦汉初人作；《参患》，汉文景以后人作：《弟子职》，疑汉初儒家作；《玄宫图》，汉以后人作；《小问》，辑战国关于管子之传说而成，其余篇并亡无考，见张心澄：《伪书通考》，第 770 页。

④ 罗根泽的划分是完全错误的。实际上，不是后来这些家所作之篇凑成《管子》，而是《管子》所载的思想、制度、技艺是这诸家的渊源，罗氏将因果关系弄颠倒了才有错误的结论。

⑤ 黎翔凤《管子校注》在序论中认为《管子》为管仲及门人作品，见该书序论第一五至一六页，中华书局 2004 年。

⑥ 王德敏：《〈管子〉与〈连山易〉》，《周易研究》1995 年第 2 期。

“法制不议,则民不相私。刑杀毋赦,则民不偷于为善。爵禄毋假。则下不乱其上。三者藏于官则为法,施于国则成俗,……”

这里的“法制”指的是一种严格明确的处事规则,跟《左传》文公六年言古之王者“予之法制,告之训典,教之隶赖之”中的“法制”指治国之制度含义接近,但语气更为严格。除此之外,《管子》中还多处提到律、令,有时法、律、令三词同时出现,《七臣七主》:

“……夫法者,所以兴功惧暴也;律者,所以定分止争也。令者,所以令人知事也。法律政令者,吏民规矩绳墨也。”

“兴功惧暴”的暴是指巨大的灾害,即省略号部分所云的阴阳不和、风雨不时等自然灾害,行法度是为了避免这些自然灾害,这个法仍然是法度的意思,是“治出于一”顺天时而行人事的理政原则。律最初指音律①,《管子》中有9段文字提到“律”,从这几处“律”字的使用看《管子》确实是比较早的文献。如《五行》“一者本也,二者器也……,十者然后具五官于六府也,五声于六律也”,此律为音律;下文接着“审合其声,修十二钟,以律人情”,此律作动词用,为约束之意。这都是“律”字比较早的含义。但《管子》的“律”已出现了跟“法”“令”类同的那层意思,像上文所引《七臣七主》的那一段说律“定分止争”那样。从《管子》“律”字的含义看,《管子》一书反映的内容是音律向律令之律渐变那个阶段的状况,将这部分内容说得晚到汉代是不合实际的。

至于《管子》中的“令”,仍是指君主的政令。《管子·君臣》:

“朝有定度衡仪,以尊主位。衣服绊绕,尽有法度。则君体法而立矣。君据法而出令,有司奉命而行事,百姓顺上而成俗,着久而为常。犯俗离教者,众共奸之,则为上者佚矣。天子出令于天下,诸侯受令于天子,大夫受令于君,子受令于父母,下听其上,弟听其兄。此至顺矣。衡石一称,斗斛一

① “律”字最初指音律,它源于古人很早就认识到的音阶和数度的对应关系。上古三代的“律”基本上都是这个含义。如《逸周书·大子晋》王子应师旷曰:“穆穆虞舜,明明赫赫,立义治律,万物皆作,分均天财,万物熙熙,非舜而谁?”此“律”即舜作音律之意,因音律均准公正,才称“分均天财”,此话得到师旷的高度赞同,下文是“师旷束躅其足,曰:‘善哉!善哉!’”,即师旷认为王子懂得了“律”的本义。虽然《易·师》初六爻“师出以律”的“律”指军律,但军律之律是在音律之律的基础上派生的,不是律的原始字意。

量，丈尺一绰制，戈兵一度，书同名，车同轨，此至正也。”

这段文字的“令”完全指君主的号令。《管子》不断强调令的权威性，《重令》：

“凡君国之重器莫重于令，令重则君尊；君尊则国安。令轻则君卑，君卑则国危；故安国在乎尊君，尊君在乎行令，行令在乎严罚；罚严令行，则百吏皆恐；罚不严，令不行，则百吏皆喜。故明君察于治民之本，本莫要于令……。”

在官僚政治出现之初，“令”是提高政治效率的有效而灵活的方式，商鞅的变法最初就是靠“令”这种方式进行的①。《商君书》中有《垦草令》，显出权威、机动、高效的特点，即跟《管子》所说的“令”一脉相承。

在《管子》中还有“则”，它跟“法”一样，指揆度天下、治理国家的手段。《管子·七法》：

“治民有器，为兵有数，胜敌国有理。正天下有分：则、象、法、化、决塞、心术、计数，根天地之气，寒暑之和，水土之性，人民鸟兽草木之生物，虽不甚多，皆均有焉，而未尝变也，谓之则。义也、名也、时也、似也、类也、比也、状也，谓之象。尺寸也、绳墨也、规矩也、衡石也、斗斛也、角量也，谓之法。……予夺也，险易也，利害也，难易也，开闭也，杀生也，谓之决塞。……不明于则，而欲出号令，犹立朝夕于运均之上，檐②竿而欲定其末。不明于象，而欲论材审用，犹绝长以为短，续短以为长。不明于法，而欲治民一众，犹左书而右息之。……。”

这段话提出了多个高度概括的概念：则、象、法、化等等。这些概念均是对某类具体事物的概括。法、则都是数度思想的“形而上”向“形而下”化散的通道，“则”指计数、揆度水土、体察人民鸟兽草木生物之状时所总结出的规律；“法”指尺寸绳墨、规矩斗斛等度量衡手段。正是在这个基础上，阴阳家、医家、政论家、道家才能各有秉承，发展成各有侧重的学派。

---

① 张建国：《中国律令法体系考》，杨一凡主编：《中国法制史考证》乙编第一卷，中国社会科学出版社2003年版。

② 黎翔凤：《管子校注》引王引之注“檐”当为“擔”，“擔”，古“摇”字。

以上是《管子》中出现的法、律、令等词汇的含义。《管子》记述了“治出于一”向“治出于二”转变时，从思想层面到制度领域均发生重大变化的情景。具体说来，正是由于法、律、令和它们所形成的体系日渐完善，才使“治出于二”脱胎。但是在法、律、令这几个词汇中，法、令均不是指代保障官僚政治有效运转之制度的最佳词汇，这一点祝总斌师作过考察①，这个词最终由“律”承担。这是因为原先作为音律的“律”，因其反映了自然均准的数度与音阶的规律，在古人心目中它反映了万物固有的轨迹，“律”字因此有恒定、有序之意，这个含义以后引申到其他领域，在有变法需要的政治家看来，“律”含有的公正、约束之意使它成为指代保障官僚政治各种典章制度的最好名词，因此“律”开始被用来指代政治事务领域内的规章制度。张建国先生对“律令”之“律”的含义作了考证，他认为“律”的出现不晚于秦武王二年（前 309），“在公元前四世纪下半叶，律作为一种法律形式已经出现了”②，这说明“律”从三代指音律（《管子》的“律”尚存此含义）到战国时期终于变为使政令、刑法等有所保障的条文。至于律的性质，张先生认为它“是一种为了配合中央集权体制以及行政体制的发达而制定的一种比较稳定的国家大法，它通过各级官僚无条件地执行发挥其法律效力，这其中包括了早在此前就非常成熟的刑事法律”③，何勤华先生则认为“律”从指音乐的节拍和韵律转变为指“军律”后，强化了其强制性和镇压的力度，当“律”的含义从“军律”扩至针对社会上所有人的犯罪行为，成为一种约束人们的行为准则之后，“正罪名”就成为律的主要内容，刑罪就被包容在律之内，而此时律的内涵就与法有了很大差异④。

从张建国、何勤华先生的结论中都可看出“法”后来归于“律”的过程。史书记载商鞅改法为律⑤，祝总斌师通过考证认为商鞅并没有改法为律⑥，但祝先生也认为，从历史过程看，应是先有“法”，后有“律”（这个律是律令之律），那么，无

---

① 祝总斌：《律字新释》，《北京大学学报》1990 年第 2 期。

② 张建国：《中国律令法体系考》，见杨一凡总主编：《中国法制史考证》乙编第一卷。

③ 同上。

④ 何勤华：《中国法学史》第一卷，法律出版社 2000 年版，第 2、17 页。

⑤ 《唐律疏议》卷一《名例》疏议。

⑥ 祝总斌：《关于我国古代的“改法为律”的问题》，《北京大学学报》1992 年第 2 期。

论“改法为律”是否商鞅所为，事实是最后“法”渐渐归并于“律”，李悝《法经》的《盗》、《贼》、《亡》、《捕》诸篇从周代的“五刑”、《九刑》脱胎，在后来律令体系的发展中，亦变为律。

后来逐渐归入“律”体系的还有“令”。张建国先生对“令”是这样考察的：“法律形式中另外一种比较重要的是令，根据各种迹象来看，令也不是只代表君主所下达的指令，而是还包括便于律的实施所制定的某些细则和政府首脑征得君主同意而下达的一些政令。律令之间的区别只是表现在律具有稳定性和简明性，令具有便于随时修改补充和把其中一部分作为律的细则的性质”①，“战国时期刑、法、律诸词中，法包含了律，但还包括其他法律形式，律大量用于规范各种行政事务与制度，法、律、刑之间的关系是大环套小环，前者囊括了后者”②。

随着法、律、令的这些变化，战国时期法、律、令诸词的含义跟《管子》比有了差异。“律”渐渐取代“法”指保障官僚政治运行的各种制度。这是因为在古人心目中，音律是最自然、最有章法可寻的规律，因而人为制定的制度也被称为“律”。商鞅的“改法为律”不管是否曾经实行，至少战国初期“律”的使用已经深入到跟行政事务有关的各个方面，学者指出战国时期“行政的发达使诸侯之政无所不包，这种带有最广泛意义的行政法中包含了刑法。行政、立法和司法在某种意义上的合一，使法中那些较为稳定、成熟并具有普遍意义的法律需要一种独立的形式”③，“律”就是这种稳定、成熟且具有普遍意义的独立形式，在中国古代它是兵刑钱谷、政治事务等领域内的制定的规章制度，它包括现代法学所言的刑法、民事诉讼、行政法等内容，保障着政府机构的效率。“令”则因为它的权威和机动性，仍然存在着，并因需要而大量制定。

这样，律令随着行政事务的迫切需要而迅速兴起。在战国、秦直至汉初时期

---

① 张建国：《中国律令法体系考》，杨一凡总主编：《中国法制史考证》乙编第一卷。

② 同上。

③ 同上。

它如初升的朝阳一般具有活力，农田仓粟①、经济②、刑法③、行政事务的处理等领域无不有律（或令）的制定，近年出版的张家山汉简《二年律令》有律令二十七种（贼律、盗律、具律、告律、捕律、亡律、襍律、钱律、置吏律、均输律、传食律、田律、□市律、行书律、复律、赐律、户律、效律、传律、置后律、爵律、兴律、徭律、金布律、秩律、史律、津关令），这些都是沿着战国、秦以来强劲的立法趋势大量出现的成果。秦汉简牍中丰富的律令内容让我们想见战国以来律令的大量制定并被有效执行的状况，这些法律成果为战国初现的"治出于二"的政治格局提供了强有力的制度保障。这样，随着法、律、令体系的发展，"治出于二"自然而然地出现，政治事务从原先"礼"的体系中分离。

总之，战国至秦汉律令的大量制定，其灵感正是来源于由《管子》开始的由"道"生法、律、令等的思想，而由"道"生法、律、令的思想正是继承并发展了周公以来的数度思想。明赵用贤《管子书序》：

"夫五伯莫盛于桓公，而管仲特为之佐。自其事羞称于圣门，而其言悉见绌，以为权谋功利，学者鲜能道之。及余读是书，而深惟其故，然后知王者之法，莫备于周公，而善变周公之法者，莫精于管子……。周公而当制作之任，其法制之绸缪，文章之繁猥，诸所经划，莫不[犁]然具举。而天下且以鸿庞淳固之俗，始向利于宪度著名之后，故其法虽密，而其服习者，亦能安之而不悖。……管子固天下才也，岂其智不及此乎？是故当其谋之于垂缨下衽之日者，不过审旧法，择其善者而从之。……故其书如《牧民》、《乘马》、《轻重》诸篇，大抵不离《周官》以制用，而亦不尽于《周官》，以通其变。"

这段对《周官》和《管子》继承关系的评价是有道理的，虽然赵氏认为《周官》

---

①　睡虎地秦简有秦《田律》一篇，六条律文的主要内容有四方面：一、关于农田管理的规定；二、关于禁止滥伐山林，禁捕幼兽的规定，与《吕氏春秋·上农》所说的野禁、时禁相合，为其条文化；三、关于维护乡野社会秩序的规定；四、关于缴纳税收的规定。据秦《田律》的内容，可以推定承袭秦制的汉《田律》当是一篇规定农村社会秩序、农田管理，以及收纳田税的法律。见高恒：《汉律论考》，杨一凡总主编：《中国法制史考证》甲编第三卷。

②　睡虎地秦简有秦《金布令》，主要内容有货币管理，以及各类货币折算比例；财物出纳记账方式；官、民间财务偿还办法；官吏享受的物资待遇；囚衣领发制度、官府财物保管和废旧物资的处理等等。

③　张家山汉简《二年律令》中有《贼律》、《盗律》、《具律》、《告律》、《捕律》、《亡律》，均为处理刑事犯罪的法律。

为周公所作并不准确，但周公确实作过《周礼》①，《管子》发扬了周公所擅的数度思想，并将之作为制定更高效的法、律、令的灵感和理论渊源，而且《管子》中的法、律、令均和一定的数度相合，并体现“道”的和谐。黎翔凤认为《管子》全书“体系严密，一家之学，脉络相承，言论不离其宗”②，评价十分中肯。以后那种专研究尊均抑臣术的法家，是在这一脉络基础上发展而来的③，汉初的马王堆帛书《经法》云：“道生法。法者，引得失以绳，而明曲直者殹（也）”④，是战国至汉初学者对道、法关系简练而准确的概括。

从以上考察可以看出，《管子》的法、律、令的含义开始突破三代那种传统含义，指更有效的理政手段。以后随着律、令的大量制定，原先由“礼”的数度思想提供的解决行政问题的方式从此被突破，“治出于一”的模式从此开始瓦解。在这样形势下，原先具有约束力的“礼”的形而下制度（主要是各种礼典和物化礼乐制度）渐渐被抛弃，尤其那些跟强国用兵关系较远的部分。顾炎武《日知录》：

> “春秋时，犹尊礼重信，而七国则绝不言礼与信矣。春秋时，犹宗周王，而七国则绝不言王矣。春秋时，犹严祭祀，重聘享，而七国则绝无其事矣。春秋时，犹论宗姓氏族，而七国则无一言及之矣。春秋时，犹宴会赋诗，而七国则不闻矣。春秋时，犹有赴告策书，而七国则无有矣。”⑤

顾亭林此语形象地概括出了战国时期礼仪荡然无存的情况。“严祭祀”是祭

---

① 《左传》文公十八年鲁国大史克云：“……先君周公制《周礼》曰：‘则以观德，德以处事，事以度功，功以食民。’”该《周礼》一书已经亡佚，但从“则以观德，德以处事”看，这个“则”即为具体典制，杨伯峻先生训为“礼”之则，甚确。周公撰作的该书虽然不是今本《周礼》，但确实是渗透数度思想，并订立了典章制度之作，见第一章第一节。

② 黎翔凤：《管子校注》，第15页。

③ 这从《汉书·艺文志》所著录法家著作的内容可以看出。《管子》在《汉书·艺文志》中被归入道家，《艺文志》法家有《李子》三十二篇（李悝著《法经》）、《申子》六篇，《史记索隐》引《七略》、《别录》云：“申子学号曰刑名者，循名以责实，其尊君抑臣，崇上抑下，合于六经也”；又有《慎子》四十二篇，王先谦补注：“其术本黄老、归刑名，多明不尚贤，不使能之道”，《申子》、《慎子》中的刑名内容，是后来汉初黄老刑名说的前身，其大谈形势源于《管子》中“道”前提下研究“势”的部分，是道家向法家之术转化的渠道。而《商君》、《韩子》则是对尊君抑臣的法术更片面的发展。

④ 马王堆汉墓帛书整理小组：《长沙马王堆汉墓出土〈老子〉乙卷本前古佚书释文》，《文物》1974年第10期。

⑤ 顾炎武著，黄汝成集释：《日知录集释》卷十三“周末风俗”，上海古籍出版社2006年版。

祖礼;“重聘享”“宴会赋诗”反映了朝聘会盟之礼在春秋时期仍然是解决周王与诸侯国间、不同诸侯国间问题的方法;赴告是诸侯国有事互相通报之礼,策书侧重指册命礼,这些礼典因无益于富国强兵的紧迫需要,到战国时期变得不合时宜,战国时期法律令的制定首先关注的是提高政治效率和富国强兵,其他无关的内容如宗周礼典和物化礼乐制度统统湮废。由此,“治出于二”则随着法、律、令体系的出现而渐渐显出它的轮廓。

这样,原先为政治事务提供细则的“礼”的数度思想在行政事务领域从此无用。礼“义”、礼仪、物化礼乐因无用而或被忘记,或湮没无闻。战国律令的大兴首先是在军政领域,礼仪、信仰事务被抛入被遗忘的角落,因此,这一时期战国时期国家的礼仪、信仰事务几乎寂灭,而民间百姓因生产、生活的需要,自发性祷祠和数术大行(见下一节),原因就在这里。

二、“明堂月令”的理想对“治出于二”模式的设计

战国时期“治出于二”格局的出现已如上文所述。律令的大量制定极大地提高了政治效率,谋略用兵之事得到了空前的制度保障,这是当时的现实情况。不过,《管子》对“治出于二”的设计并不停留在这些形而下的层面上,它还包括着一种融法、律、令、政事和自然秩序为一体的理想,这种理想和三代“礼”的数度思想一脉相承,它表现为“明堂月令”的构想,由后来的阴阳家和黄老之学继承和发展。“明堂月令”的构想深入影响了当时的政治、信仰、宇宙观、医学乃至其他数术方技,就政治制度的设计而言,“明堂月令”的设想将确有三代渊源的明堂、月令之事跟各种观天揆地的技艺相结合,为“治出于二”勾画出按宇宙自然秩序来设计人间政治制度的原则,祭祀和信仰事务也被囊括进这个政治制度,这对后来汉代王朝祭礼的建设起了重大影响,下文将考察“明堂月令”对“治出于二”的设计及其对祭祀、信仰事务的影响。

明堂、月令并非完全出于战国阴阳家的杜撰,而是确有三代渊源。首先看明堂。周代儒家系统的典籍确实提到过明堂。《逸周书·明堂解》:

“周公摄政君天下,弭乱六年而天下大治,乃会方国诸侯于宗周,大朝诸侯于明堂之位。……明堂,明诸侯之尊卑也,故周公建焉,而明诸侯于明堂

之位。制礼作乐，颁度量，而天下大服，万国各致其方贿……。”

此段为《礼记·明堂位》的来源。《明堂位》说：“昔者周公朝诸侯于明堂之位。天子负斧依南乡而立，三公中阶之前北面而东上，……明堂也者，明诸侯之尊卑也”，从汉代起经学家们对明堂作过各种各样的解释，现简要列举几条：

东汉蔡邕《明堂论》：

“明堂者，天子太庙，所以宗祀其祖，以配上帝者也。夏后氏曰世室，殷人曰重屋，周人曰明堂。东曰青阳，南曰明堂，西曰总章，北曰玄堂，中央曰太室。……圣人南面而听天下，乡明而治，人君之位，莫正于此焉。故虽有五名，而主以明堂也。……取其宗祀之貌，则曰清庙；取其正室之貌，则曰太庙；取其尊崇，则曰太室；取其乡明，则曰明堂；取其四门之学，则曰太学；取其四面之周水圆如璧，则曰辟雍，异名而同事，其实一也。”①

《毛诗·大雅·灵台》唐孔颖达正义引卢植《礼记注》：

“明堂即太庙也。天子太庙，上可以望气，故谓之灵台；中可以序昭穆，故谓之太庙；圆之以水，似辟，故谓之辟雍。”

他紧接着说：“古法皆同一处，近世分为三耳。”认为周代明堂即辟雍、灵台。

清人惠栋《明堂大道录》卷一：

“明堂为天子大庙，禘祭、宗祀、朝觐、耕籍、养老、尊贤、乡射、献俘、望气、告朔、行政皆行于其中，故为大教之官。”

此外解释明堂的还有很多，如清阮元《明堂论》、孔广森《明堂臆》等，兹不枚举。经学家们的解释为我们了解明堂的起源、发展和三代明堂的具体制度提供了丰富内容，但古代经学家们的注解是将战国至汉初儒家的传述如《礼记》、《大戴礼记》跟记载了比较早史实的《逸周书》等中的明堂放在同一层面考察的，这样未免引起后人的疑问。现代学者结合考古、古文字资料，为这一问题提供了新的线索，沈聿之先生从建筑考古学角度对西周明堂的起源作了研究，他认为从考古发现看，姜寨大房子是穴居，半坡大房子是半穴居，大地湾 F901 是地面建筑，夏

---

① 《全后汉文》卷八十。

世室为带有檐廊的建筑,殷重屋是重檐建筑,周明堂为高台建筑,它们的结构形式是一脉相承发展的,"穴居的木骨草泥顶逐步演变为地面建筑的木骨草泥墙,木骨草泥墙中的木骨逐渐增大,形成有规律的柱网,与梁枋构成房屋的骨架,使墙摆脱了承重功能,木柱成为承重构件。二里头'夏世室'已经出现了比较规整的柱网,木柱的承重功能为建筑造型提供了一定的灵活度,促进了重檐建筑的出现",商盘龙城遗址的宫殿建筑即重檐建筑。沈先生进而认为"西周明堂是一座集天子祭天、布政于一体的大内正朝建筑"①。

从古文字角度研究"明堂"则是另一种情况。周代青铜器铭文中只有"大(太)室"而无明堂。金文中提到"大室"的不少,以下列举少量几条②:

1. 1975年陕西岐山董家村1号窖藏出土的廿七年卫簋(穆王时器):"惟廿又七年三月既生霸戊戌,王在周,各(格)大室,即位……"(按,此周当为宗周,即镐京。大室应为镐京宗周宫殿中的正屋)。

2. 上海博物馆所藏西周宣王时颂鼎:

"惟三年五月既死霸甲戌,王在周康昭宫,旦,王格大室,即位,宰引佑颂入门,立中庭……"

3. 上海博物馆藏西周恭王时七年趞曹鼎:

"惟七年十月既生霸,王在周般宫,旦,王格大室……"

4. 上海博物馆藏西周懿王时师虎簋:

"惟元年六月既望甲戌,王在杜(居),格于大室……"(按,杜为地名,居现在通释为行宫,则行宫亦有大室。)

5. 西周孝王时师晨鼎(原器已佚):

"惟三年三月初吉甲戌,王在周师录宫,旦,王格大室……"(按,师录为人名,师录宫为其居所,则此大室非王宫,而是臣下的宫室。)

这几条资料多为册命臣下之铭文记载。册命地点或在康宫,或在般宫,或在臣下居所,但都有大室,从中可以看出这些建筑有大致相同的格局。考古发现为我们提供了当时建筑的真实格局。凤雏召陈的宫室遗址是四合院型,如图:

---

① 沈聿之:《西周明堂建筑起源考》,《自然科学史研究》1995年第4期。

② 见马承源主编:《商周青铜器铭文选》,文物出版社1986年版。

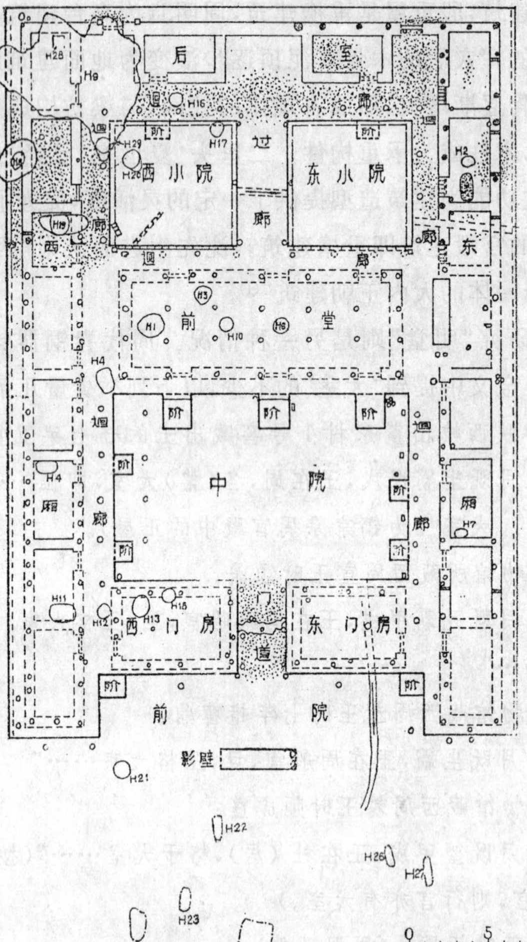

陕西周原考古队《陕西岐山凤雏村西周建筑基址发掘简报》,《文物》1979 年第 10 期。

从考古资料看,周代的宫室结构均为大四合院,其中的正屋即金文中说的“大室”。那么,经书中的周代“明堂”是怎么出现的呢？笔者以为它是渗入了数度思想而形成的。在周代确有用来观天揆地的建筑——灵台。《诗·大雅》有《灵台》,《左传》亦有登灵台望云物的记载(见第一章第五节),但周代灵台仅是一般的高台建筑——阙，将明堂说成是四面对称的建筑，恰说明数度思想发达后渗透到了建筑的领域。《考工记·匠人》："夏后氏世室，殷人重屋，周人明堂。度九室之筵，东西九筵，南北七筵，堂崇一筵，五室，凡室二筵。"筵为周代人室内铺在地上的席，长九尺，合今2米多，"东西九筵，南北七筵"说明此明堂为长七筵、宽九筵的长方形，室内有五个房间，每个房间边长两筵。汉代以来提到明堂的作品和历代注疏家的解释均以分散对称的形制来解明堂，《大戴礼记·明堂》："明堂者，古有之也。凡九室，一室而有四户八牖，三十六户，七十二牖，以茅盖屋，上圆下方"；"九室十二堂，室四户，户二牖，其宫方三百步"；《尚书·洛诰》"（成）王入大室祼"，汉儒释大室为明堂中之夹室，后来的通儒硕生或注疏家笃信明堂为西周制度，于是有了各种各样的解释。清人惠栋《明堂大道录》卷一说明堂的形制：

> "其中有五寝五庙，左个右个，前堂后室"，"上有灵台，东有大学，外有四门，四门之外有辟雍，有四郊及四郊迎气之兆，中为方泽，又有圜丘，主四门者有四岳，外薄四海，有四极。"

惠栋认为明堂、辟雍、灵台、太学是合为一体的，他认为明堂"权舆于伏羲之易，创始于神农之制，自黄帝、尧、舜、夏、商、周皆遵而行之"。先儒认为明堂形制取法于天，其高度、面阔、间数都取于天地之数。戴震、王国维的观点与之大同小异。戴震《考工记图》卷下绘明堂如下图：

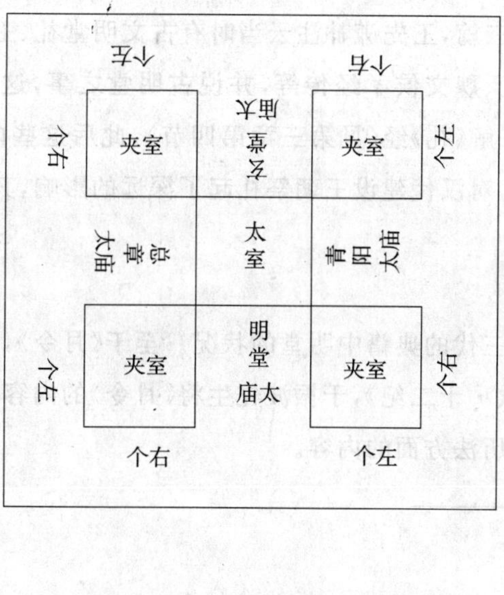

戴震图中的明堂是分散对称的格局。王国维《明堂庙寝通考》①绘《月令》中的明堂如下图：

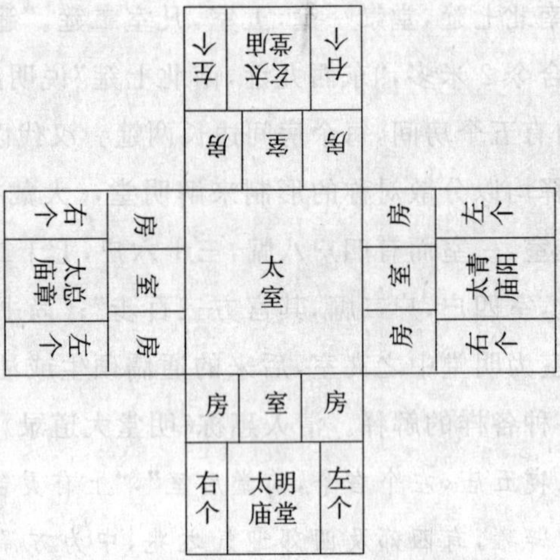

无论《大戴礼记》的记录，还是惠栋、戴震、王国维的解释，都是以数度思想发达后的明堂解周代明堂。其实西周至春秋时期，阴阳数术之学渗入政治生活和其他学术流派的过程尚未完成，这种分散对称的明堂直至战国时期还只是阴阳家们的想象，儒家尚未吸收这种渗入数度思想的明堂说，汉初河间献王国中之礼学保存了最淳的面貌，皆经传说记，没有明堂阴阳的内容，《汉书·艺文志》礼类有《明堂阴阳》三十三篇，王先谦补注云当时有古文明堂礼、王居明堂礼、明堂图、明堂阴阳、泰山通义、魏文侯孝经传等，并说古明堂之事，这些都源出战国的作品，但还没有被用来解《礼》经（见第三章第四节），此后这些内容被用来解经，明堂说便为儒家吸收，对汉代建设王朝祭礼起了深远的影响，其渊源不能不追溯到战国。

以上是有关于三代的典籍中明堂的状况。至于《月令》，也有三代渊源，今本《月令》即《吕氏春秋·十二纪》，于振波先生将《月令》的内容分为三方面：

1. 物候、天文、历法方面的内容。

---

① 《观堂集林》卷三。

2. 阴阳五行思想指导下的祭祀、舆服等宫廷礼仪活动。

3. 不违农时及重视人与自然协调发展的规定和禁令①。

笔者认为《月令》中这三方面的内容来源是不同的。1中有大量天文、历法内容乃至数据，它反映的是战国时期的有关成就，其水平跟《淮南子·天文训》相当。2是根据已经成熟的阴阳五行体系对三代礼仪进行重新编排，这是《月令》中最有特色的、表现其时代特点的内容。笔者认为《月令》中按阴阳五行体系安排礼仪的内容是后来才插进去的，这从季夏之月和孟秋之月之间有"中央土，其日戊己，其帝黄帝，其神后土，其虫倮，其音宫，律中黄钟之宫，其数五，其味甘，其臭香，其祀中溜，祭先心。天子居大庙大室，乘大路，驾黄马，载黄旗，衣黄衣，服黄玉，食稷与牛，其器圜以闳"一段可以看出。因为插入《月令》中的天文历法和天子随方面为服的内容是按五行编排的，方位为东西南北中五方，颜色为青赤黄白黑五色，但因为一年只有四季十二个月，所以中央、黄色这些五行中属于"土"的内容插不进去，显得落单，这是它被硬安插进去的表现。

在3的内容中，春为德、秋为刑的内容也不是三代旧有的。如孟秋之月"命有司，修法制，缮囹圄，具桎梏，禁止奸，慎罪邪"，《左传》尚无刑人于秋的记载，刑德的内容见于《管子》，因此《月令》中的春德秋刑是对《管子》的继承。

所以，除了天文历法物候和秋季用刑的内容外，《月令》中剩下的内容就可能是周代确有的传统了，如孟春之月"王命布农事，命田舍东郊，皆修封疆，审端经术，善相丘陵阪险原湿土地所宜，五谷所殖，以教导民，必躬亲之"，仲春之月"耕者少舍，乃修阖扇"以及春日存诸孤、掩骼埋胔、安萌芽，养幼少等，这从《左传》可以看出。《左传》书"不时也"共7条，分别为隐公七年夏城中丘、隐公九年夏城郎、桓公五年秋大雩、庄公二十九年新做延廐（马厩）、僖公二十年春新做南门、文公二年丁丑做僖公主、成公十八年筑鹿囿。其中文公二年那条为丧礼过时，不合礼制之载，其余均为动土功之事，这几条动土工之事均在不应该的时令，因此《左传》见载，由此可见三代做事是注重时令的。《左传》庄公二十九年："凡土功，龙

① 于振波：《从悬泉置壁书看〈月令〉对汉代法律的影响》，《湖南大学学报》2002年第5期。

见而毕务，戒事也，火见而致用，水昏正而栽，日至而毕”，龙、火、水分别为天上的东宫苍龙七宿、大火（心宿）、营室。苍龙七宿见为春季，农忙，因此动土功之事完毕。又《左传》僖公二十年云“凡启塞从时”，是说开关塞要合乎时令，因此《礼记·月令》“日南至，开关梁”并非后来汉儒的臆造，而是确有古老渊源。

综上所述，按时令行政事确实有古老的渊源。只是直到春秋以前，因为政事尚简单，且观天揆地这类数度之学为王官专人所掌握，此种按时令行政的思想只是初具雏形。到战国时期，随着数度之专学的发展，按时令行政的古老思想与天文、历法的成就相融合，再加上作者对四时礼仪之事的编排，于是有了《吕氏春秋·十二纪》那样内容的《月令》，这个《月令》跟从三代起就有的按时令行政事的古老传统已不再是同一层次的东西，而是融合了战国数术的发展成就而成。《管子》中有关“明堂月令”的内容，正处在将按时令行政事的古老传统加上四时礼仪之安排的初始阶段。《管子》中“明堂月令”的内容保存在《幼官》、《玄宫图》、《四时》等篇中，《管子》没有提到“明堂”，但有《幼官》（即“玄宫”之误），而“玄宫”跟明堂意思近似。《幼官》、《玄宫图》、《四时》等篇均表的了天子居玄宫，按季节施行不同政令的设想，这个“玄宫”即《吕氏春秋·十二纪》所云明堂的前身。从《幼官》和《玄宫图》看当时已经有对天子法宫的构想，《玄宫图》有中、东西南北五方图，每方又有本图、副图，其季节、方位、服色和五行的搭配如下表：

季节	方位	服色	味	音	气	数	饮
	中	黄	甘	宫	和气	五	黄后之井
春	东	青	酸	角	燥气	八	青后之井
夏	南	赤	苦	羽	阳气	七	赤后之井
秋	西	白	辛	商	湿气	九	白后之井
冬	北	黑	咸	徵	阴气	六	黑后之井

从这个图中的数字与五行的对应可以看出，阴阳、五行开始通过九、六、七、八之数的演算融合（这一问题具体见下一节）。玄宫图还规定了每个季节旗物的颜色，到《礼记·月令》则细致到每个月，并且让它成为“明堂月令”的具体内容。而《管子·四时》通篇几乎就是《礼记·月令》（《吕氏春秋·十二纪》）的祖本，其中提到五德（见下表）：

天象	时令	方位	气	五行	日	德	德之特点
星	春	东方	风	木	甲乙	星德	喜赢，而发出节时
日	夏	南方	阳	火	丙丁	日德	施舍修乐
		中央		土		岁德	和平用均，中正无私
辰	秋	西方	阴	金	庚辛	辰德	忧哀、静正、严顺，居不敢淫佚
月	冬	北方	寒	水	壬癸	月德	淳越温怒周密

此五德为星、日、岁、辰、月五德，四时各有其德，若不按季节安排政事，就会发生风霜雨雪等灾异。其中日、月分别对应阴阳，是五行说开始跟阴阳说融合的表现，但是此五德跟邹衍五德终始说木、火、水、金、土五德不同，它不但稍嫌粗糙，而且没有融入历史循环论，有可能是邹衍五德终始说之先导①。

《管子》能提出"明堂月令"这样的思想不是偶然的，源于其作者对数度思想乃至其专学的熟悉。《管子》对宇宙各个子系统中数度规律的显现都有描述，在时历方面，《幼官》的"十二"小卯、中卯、下卯蕴涵着一种将年历极细分割的数度之学，它在齐地甚有影响②；在地理方面，《小匡》、《大匡》中的乡遂、什伍制度蕴涵着整齐地划分地域的思想，跟《周礼》"辨方正位，体国经野"类似③；在空间概

① 《史记・孟子荀卿列传》记邹衍"深观阴阳消息而作怪迂之变，《终始》、《大圣》之篇十余万言。其语闳大不经，必先验小物，推而远之，至天地未生，窈冥不可考而原也。先列中国名山大川，通谷禽兽，水土所殖，物类所珍，因而推之，及海外人之所以不能睹"，从"阴阳消息"和下文提到的五德终始说看，阴阳、五行在邹子的学说中已经融合。而"列名山大川，通谷禽兽、水土所殖"，亦见《管子》的《水地》、《地员》等篇。但《水地》、《地员》等篇所反映的地理和博物思想尚限燕、齐、越、楚各国，还没有设想出海外地理情况。此外，《管子》中多次提到阴阳消息，但《管子》的阴阳刚刚开始融入五行，如《四时》提到夏气为阳，冬气为阴，至于四季阴阳气的消长则远没有《礼记・月令》来得详细。因此，《管子》的《玄宫图》、《四时》等篇反映的思想略早于邹衍时期。

② 李零：《读〈银雀山汉简三十时〉》对《管子・幼官》中的"小卯"、"中卯"、"下卯"对银雀山简《三十时》的影响作了具体考察，见《简帛研究》第二辑。

③ 数度思想用在地理上，则为对大地草木人民构成的描述和统治人民的区划安排。《水地》："地者，万物之本原，诸生之根菀也。美恶贤不肖愚俊之所生也。水者，地之血气，如筋脉之通流者也。"《立政》和《小匡》提到了乡遂制度，《立政》："分国以为五乡，乡为之师，分乡以为五州，州为之长。分州以为十里，里为之尉。分里以为十游，游为之宗。十家什，五家为伍，什伍皆有长焉。筑障塞匿，一道路，博出入，审闾闬，慎筦键，筦藏于里尉。置闾有司，以时开闭。闾有司观出入者，以复于里尉。"《小匡》："制国以为二十一乡，制五家以为轨，轨为之长。十轨为里，里有司。四里为连，连为之长。十连为乡，乡有良人。以为军令。是故五家为轨。五人为伍，轨长率之。十轨为里。故五十人为小戎，里有司率之。四里为连。故二百人为卒，连长率之。十连为乡，故二千人为旅乡，良人率之。五乡一帅。"这两段内容与《周礼・地官・遂人》十分相似，杨向奎先生认为《周礼》、《管子》所记为齐国制度，见其《宗周社会与礼乐文明》，人民出版社1992年版，第186～193页。

念方面,《宙合》、《四维》、《牧民》中提供了上下、四方等既明确又井井有条的空间秩序①,而所有这些子系统的规律,都统一在一种至高的规律——"道"之中,这又反映了《管子》对数度思想的形而上部分有深刻理解。

因此,《玄宫图》提供的是在融合阴阳、五行的体系方面已经有一定成就的、综合万物性质的宇宙图式,它是在古人对万物特性有了相当了解的基础上归类,再以一定的结构将这些归类囊括成一个有条理的系统而形成的。但它和《管子·四时》均没有提到明堂,反映了《管子》中的这类思想仅显端倪。不过在《管子·四时》的构想中,祭祀之事已经在这个系统中有了位置:

> "是故圣王务时而寄政焉。作教而寄武,作祀而寄德焉,此三者圣王所以合于天地之行也。"

这个"德"不是统治者的品德,而是上文所云的四季之星德、日德、辰德、月德。《玄宫图》另有每个季节的旗物、兵器所尚之色,还比较粗糙。《玄宫图》和《四时》为《吕氏春秋·十二纪》之雏形,《四时》按季节论事,到《月令》则按月论事,更加详尽。《月令》将布政之宫说成由青阳、明堂、总章、玄堂四部分加上中央的太室构成的,分散对称的形制,其中的五行配伍比《管子·四时》更完善,如下表:

月份	日	帝	神	音	虫	律	数	味	臭	祀	祭
孟春之月	甲乙	太昊	句芒	角	鳞	太簇	八	酸	膻	户	脾
仲春之月	甲乙	太昊	句芒	角	鳞	夹钟	八	酸	膻	户	脾
季春之月	甲乙	太昊	句芒	角	鳞	姑冼	八	酸	膻	户	脾
孟夏之月	丙丁	炎帝	祝融	徵	羽	中吕	七	苦	焦	灶	肺
仲夏之月	丙丁	炎帝	祝融	徵	羽	蕤宾	七	苦	焦	灶	肺
季夏之月	丙丁	炎帝	祝融	徵	羽	林钟	七	苦	焦	灶	肺
中央土	戊己	黄帝	后土	宫		黄钟之宫	五	甘	香	中留	心

① "四维"原为东西南北四向,管子将它跟礼义廉耻对应起来。《管子·牧民》:国有四维,一维绝则倾,二维绝则危,三维绝则覆,四维 绝则灭。……何谓四维?一曰礼、二曰义、三曰廉、四曰耻礼不逾节,义不自进。廉不蔽恶,耻不从枉。故不踰节,则上位安;不自进,则民无巧轴;不蔽恶,则行自全;不从枉,则邪事不生",又如《宙合》:"左操五音,右执五味,怀绳与准钩,多备规轴,减溜大成,是唯时德之节。春采生,秋采蓏,夏处阴,冬处阳,大贤之德长。"《管子》中这样的篇章还有《四时》、《五行》等,具体内容兹不枚举。

(续表)

孟秋之月	庚辛	少昊	蓐收	商	毛	夷则	九	辛	腥	门	肝
仲秋之月	庚辛	少昊	蓐收	商	毛	南吕	九	辛	腥	门	肝
季秋之月	庚辛	少昊	蓐收	商	毛	无射	九	辛	腥	门	肝
孟冬之月	壬癸	颛顼	玄冥	羽	介	应钟	六	咸	朽	行	肾
仲冬之月	壬癸	颛顼	玄冥	羽	介	黄钟	六	咸	朽	行	肾
季冬之月	壬癸	颛顼	玄冥	羽	介	大吕	六	咸	朽	行	肾

从上表可以看出,《月令》比《管子》的《玄宫图》、《四时》更进步之处在于天文律历方面的精细对应。九六五七八之数、十二律、十天干、五味、五祀、五脏、五人神均实现了井井有条的对应,这是《管子·四时》等所没有的,它是融入天文历法成就后的作品。

总之,从《管子》到《吕氏春秋·十二纪》,"明堂"的出现、"明堂月令"的构想日渐完善,意味着战国政治思想家对"治出于二"的设计已经成熟。它跟政治家们对法、律、令的设计一起,影响了战国到汉初政治模式的演进,在这个演进过程中,起初祭祀、信仰之事是被完全排除在"治出于二"的内容之外的,表现为战国至秦的法、律、令体系几乎没有祭祀和礼仪方面的内容。但"治出于二"模式本身的逐渐进步,使它逐渐将礼仪、祭祀事务再次囊括进来,在这个过程中,"明堂月令"的构想便起了很大作用。因为"明堂月令"是对祭祀、礼仪、政事等的大综合,祭礼被包括在明堂的这套指令内,这跟原先的宗周按冠、婚、丧、祭名目的不同安排的礼典迥乎不同,而是将它们消融在"明堂月令"的体系中。

结 语

本节考察了"治出于二"的出现和"明堂月令"思想在战国时期的成熟过程。这二者对祭祀和礼仪事务都有重大影响——"治出于二"的出现使"礼"格局中的祭祀和礼仪事务在军争急迫的社会条件下逐日被淡忘,而"明堂月令"对"治出于二"的设计则是对原先"礼"中形而上、形而下内容的重新发展和综合,在"明堂月令"的构想中,形而下者化散为以数度及相关技术观天、揆地、设官分职等各种技巧,形而上层面则形成按宇宙规律——时令理政的思想。"明堂月令"为祭祀、礼仪之事融进"治出于二"的政治框架提供了基本方式。这就是"治出于二"和"明堂月令"对祭祀、礼仪事务的影响所在。但是,自战国开始祭祀、礼仪之事本身也发生了极大变化,下文我们将先考察这些变化,以后的篇幅再进而考察这些发生极大变化的祭祀、礼仪之事是怎样融入逐渐演进的"治出于二"中去的。

第二节 战国数术的发展对神灵格局的影响

上一节考察了战国"治出于二"格局的出现。法、律、令的大量制定使"治出于二"得到有效的制度保障,"明堂月令"的构想则仍然寄托了将礼仪、教化、祭祀等事务和政治事务一起融合在一起的理想。战国时期"治出于二"初现,律令的制定基本上不涉及祭祀和信仰事务,但是,从《管子》到《吕氏春秋·十二纪》,关于"明堂月令"的构想本身就是构想者相信"神明"及其秩序存在的表现,《管子》、《吕氏春秋·十二纪》对"治出于二"的设计中有着为信仰、祭祀、礼仪事务预留的相应位置,它等待着合乎至上"神明"秩序的祭祀、礼仪事务的加入。但战国时期的祭祀、礼仪事务内容极其驳杂,对它们产生影响的因素也很多,本节的任务就是对战国时期影响祭祀、礼仪事务的因素作具体考察。

战国时期的祭祀、礼仪事务受许多因素影响,其中,战国数术的发展是最重要的影响要素。这一阶段王官的星历卜筮之学散至民间,数术有了极大的发展,而且,因数术占验技术的发达导致了神秘主义在理论上的进步,在此基础上,大量新的神灵在被造出的同时亦被赋予了内涵和相应秩序。这一过程可简要概括为各种数术中象、数推演术的进步,最终导致阴阳五行模式的成型和"太一"这一至上概念的出现。跟以古《易》为代表的古华夏象数模型比,战国数术取象的内容更加丰富,运数的方法更加多样,而阴阳五行体系的成型则使人们对象数背后的"神明"的认识更加清晰,而对"神明"认识的清晰进而导致了当时鬼神格局的重大变化——一方面,人们对宇宙大系统及其生成过程的认识最终完善导致"太一"这一至上神的出现;另一方面,各级下属系统与最高系统的关系随着象、数的推演日益清晰,相应造就了五行之帝、神将等居于太一之下,但反映太一显现规律的下属神灵(这些神灵在三代的王官祀典中是没有的),与此同时,民间自发出现的因地而异的神灵则散居于底层,这样就出现了在精神层次上大体可分为三级的神灵系统,当时大量的神灵都可在这个系统中找到相应的位置,这些都是战国数术的影响。

战国数术的发展还为后来两汉王朝祭礼建设提供了技术支持——两汉国家祀典中神灵的内容、郊坛的形制、祀神的择日法等等均发生了数次演变,这几次演变的渊源除了保存在经书中的宗周旧礼外,无不可以追溯到战国时期的数术。因此,对战国数术作些了解,是探究整个周秦两汉王朝祭礼之演进脉络时所必需的环节,本节即将从它对人们心目中"神明"思想影响的视角,考察数术发展对战国神灵格局的形成的影响。

一、战国数术中 的"象"、"数"发展对"神明"内涵的影响

战国数术源于三代时期掌握在王官专职人员手中的星历卜筮之学。《汉书·艺文志》:"数术者,皆明堂羲和史卜之职也……。春秋时鲁有梓慎,郑有裨灶,晋有卜偃,宋有子韦。六国时楚有甘公,魏有石申。"此话记载了数术最初存于王官,这一结论已被现代学者用出土文献证明是基本正确的①。《四库全书总目提要》子部术数类这样描述道:

"术数之兴,多在秦汉以后。要其旨,不出乎阴阳五行,生剋制化,实皆《易》之支派,传以杂说耳。物生有象,象生有数,乘除推阐,务究造化之源者,是谓数学;星土云物,见于经典,流传妖妄,瀀失其真。然不可谓古无其说,是为占候。自是以外,末流猥杂,不可殚名,史志总概以五行……。"

这段描述中,数术兴在秦汉以后并不完全正确,因为战国时期恰是数术大发展的阶段。说数术是"易之支派",从其运用"象"、"数"(详下文)这一点看确是有道理的。战国至汉初数术得到极大的发展,这从《汉书·艺文志》保存的数术书目中可以看出。《艺文志》保存了数术书一百九十家,二千五百二十八卷,分为天文、历谱、五行、蓍龟、杂占、形法六种。从今人的研究角度看,被

---

① 近人胡适曾力驳诸子出于王官说,见其《诸子不出于王官论》,《太平洋》1917 年第 1 卷第 7 期。但学者研究仍然认为《艺文志》记载基本可信,见李零:《出土发现与古书年代的再认识》,载《李零自选集》,广西师范大学出版社 1998 年版。

《汉志》归入其他类的一些书，如兵阴阳也属于数术。近年随着大量保存了数术资料的简牍帛书的出土，数术研究十分兴旺，这为我们认识战国至汉初人们一般的信仰世界和知识、技艺系统的状况提供了丰富而珍贵的资料，下文多有涉及。

数术的两大基本要素是“象”和“数”，无论天文、历谱还是杂占、形法均是如此。各种数术之所以不同，不仅仅是因为目的不同，还因为观察“象”和运用“数”的方式不同。“物生有象，象生有数”正是各种数术的共性。虽然战国数术的传承经历了社会的巨大变动，“数术”二字的含义和面貌跟三代王官的星历卜筮之学比也有很大变化①，但凭借“象”、“数”两种要素预测吉凶，大致仍然是战国各种数术的共同特点，在当时阴阳五行体系已经成型的背景下，“象”、“数”为各种知识体系内部的精确度量（如天文学上揆度星辰运行的分度，地学上叙述大地山川广延的数度、医学上叙述人体筋脉的长度等等）提供了手段，并且体现着这些知识系统之间的联系；不过对本书的研究而言，更重要的是“象”、“数”推演技术的发展同时为有神论提供了更有条理的思维方式——“象”、“数”本身就被看作神灵意旨变幻莫测的显现，因此，它们对战国神灵世界的格局和各种神灵在精神层次的内涵均有重大影响。下文将主要从这一角度，考察“象”、“数”推演技术的发展对神灵格局及其内涵的影响。

（一）战国数术中的“象”对“神明”而言的意义

“象”的概念已见前言和第一章，战国数术取“象”的范围比起古《易》又有扩大，相马、相人、相狗（见《马王堆帛书》），乃至相宫宅地形等方术的出现，说明当时取“象”的范围几乎无所不包地囊括了当时人们所有的生活对象。当时主要的“象”有天文之象、地理之象、蓍龟之“象”、人体之象、式法显现的“象”等等，所有的“象”均被认为是“神明”意旨在各种领域的体现，下文便对战国时期的天文、地

① 《庄子·天下》：“圣有所生，王有所成，皆原于一。……六通四辟，小大精粗，其运无乎不在，其明而在数度者，旧法世传之史，尚多有之”，冯友兰先生认为《天下》简直就是一篇简明的战国学术史，这段话中“明而在数度者”即数术。战国时仍然有旧传的史官在保存这些知识。但这些知识经历了很大变动，《汉书·艺文志》云数术时说，“史官之废久矣，其书既不能具，虽有其书而无其人”，正反映了这种变化。

理、蓍龟等几种“象”对相关神灵内涵的影响作些简要考察。

1. 天文之“象”及盖天说提供的宇宙格局对天文诸神内涵的影响

天文之“象”即日月五星运行显现出的“象”，在三代王官这类知识有专人掌管，《周礼·春官》保章氏“掌天星，以志星辰日月之变动，以观天下之迁，辨其吉凶”。战国数术中，跟天文之“象”有关的数术占很大的比重，其中相当一部分是以“数”记录和揆度记录五星、二十八宿的运行，如《淮南子·天文训》以数字记录五星运行的疾徐规律和在不同季节所处的方位状况：

“太阴在四仲，则岁星行三宿，太阴在四钩，则岁星行二宿。二八十六，三四十二，故十二岁而行二十八宿，日行十二分度之一，岁行三十度十六分度之七，十二岁而行周。

荧惑常以十月入太微，受制而出行列宿，司无道之国，为乱为贼，为疾为丧，为饥为兵，出入无偿，辨变其色，时见时匿。

镇星以甲寅元始建斗，岁镇行一宿，当居而弗局，其国亡土，未当居而居之，其国益地。岁熟日行二十八分度之一，岁行十三度百一十二分度之五，二十八岁而周。

太白元始以正月建寅，与荧惑晨出东方，二百四十日而入，入百二十日而夕出西方，二百四十日而入，三十五日而复出东方，出以辰戌，入以丑未，当出而不出，未当入而入，天下偃兵。当入而不入，当出而不出，天下兴兵。

辰星正四时，常以二月春分【交】奎、娄，以五月夏至【交】东井、舆鬼，以八月秋分【交】角、亢，以十一月冬至【交】斗、牵牛。出以辰戌，入以丑未……”

这段记载用的有计量数，有干支数，描述的是盖天说下五行运行的规律（盖天说见下文）。除此之外，当时人们还按一年 365.25 天将天区分成 365 又 1/4 度，根据二十八宿在天区中的位置来确定二十八宿距度。《天文训》记录的二十八宿距度是：

角十二，亢九，氐十五，房五，心五，尾十八，箕十一四分一。斗二十六，牵牛八，须女十二，虚十，危十七，营室十六，东壁九，奎十六，娄十二，胃十四，昴十一，毕十六，觜嶲二，参九，东井三十三，舆鬼四，柳十五，星七，张、翼各十八，轸十七。

二十八宿的分度之和等于周天 365.25 度，这为天盖提供了精确的坐标。

以上是古人以“数”记录五星、二十八宿运行之象的简要内容。这说明中国古人对天文之“象”的认识是建立在固定天文观测基础上的。但是，无论《淮南子》还是同样记载了五星运行之象和分度的《史记·天官书》，其记录天象运行的最终目的并不是为了保存科学数据，而在于以这些数据在某种宇宙模式下的变化来占验吉凶，这个宇宙模式在当时是盖天说。盖天说见《周髀算经》卷下之一的描述：

“天象盖笠，地法覆盘，天离地八万里，冬至之日，虽在外衡，常出极下地上二万里，故曰兆明；月光乃出，故成明月；星辰乃得行列。”

这段话描述的正是日、月、星在盖天图式中运行的情形。“外衡”是《周髀算经》中“璇玑七衡”的外部①，因太阳运行在不同的季节处于内衡、中衡、外衡的不同位置，冬至日太阳在外衡，夏至日在内衡，《四库全书总目提要》认为内衡、外衡为盖天学遗法②，完全正确。盖天说是古人通过对天地形状的直接目测，加上长期观察日月星辰的运行规律而设计出的宇宙模式，“天象盖笠，地法覆盘”即这模式中描述宇宙形状的部分。钱宝琮先生复原过盖天图，不过江晓原先生对盖天说的研究似乎更符合古代实际。江晓原先生所绘盖天图如下：

---

① 《周髀算经》七衡图示意如下：

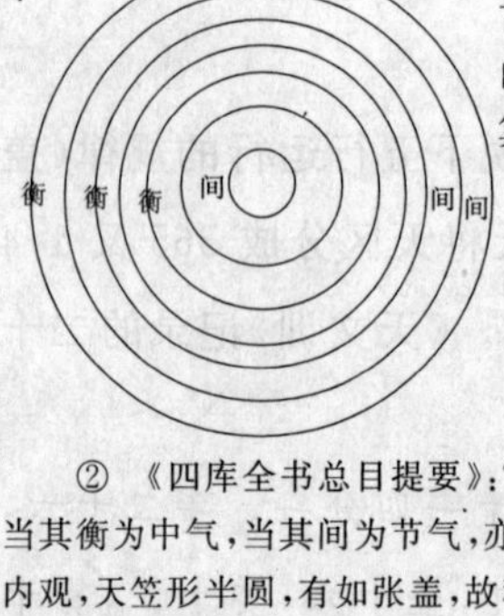

古代天文家观察到太阳每个季节在天空中所处位置不同。夏至太阳处于内衡，冬至则处于外衡，春秋二分时，太阳处于中间的“衡”。甄鸾注《周髀算经》：“日从中衡往至外衡，其径日远。”

② 《四库全书总目提要》：“以七衡六间测日躔法，敛冬至日在外衡，夏至日在内衡，春秋分在中衡，当其衡为中气，当其间为节气，亦终古不变，古盖天之学，此其遗法。……盖天如笠，写星象于内，人自天内观，天笠形半圆，有如张盖，故称盖天。……其法失传已久。”古人通过长期以圭表观测日影，发现冬、夏不但日影长度不等，而且日出位置不同，因此总结出了太阳在七衡六间中的运行规律。

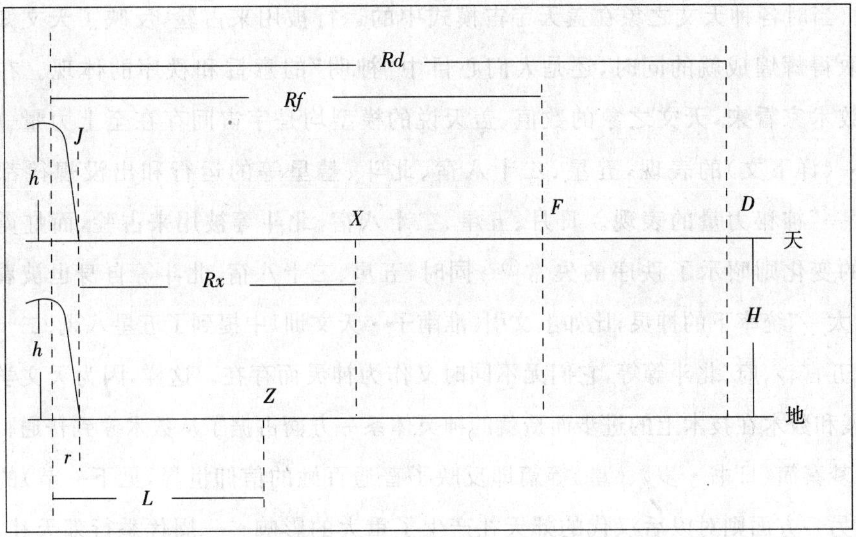

Rd 冬至日道半径＝238000 里　　*L* 周地距极远近＝103000 里

H 天地距离＝80000 里　　*h* 极下璇玑之高＝60000 里

采自江晓原:《古代中国人的宇宙》,《江晓原自选集》,广西师范大学出版社 2001 年版。

江晓原先生认为《周髀算经》的盖天说模式应为两个平行的、中央为穹隆形、其余部分平展的曲面,并不是半球形的天笼罩着方形的地。笔者认为此说甚确,它与集战国数术大成的《淮南子》所描绘的天地格局恰能对应。《淮南子·天文训》开篇便说,"天有九野,九千九百九十九隅,去地五亿万里",九野为东、南、西、北、东南、西南、东北、西北、中央九个区域,下文便描绘了五星八风、二十八宿、五官、六府、紫宫、太微、轩辕、咸池、四守、天阿等均在这个天盖上左旋运行的情形。盖天说长期以来因不合乎地球观念,数值也不精确而受到否定,但笔者以为评价盖天说的成就不应仅看这些,因为中国古代盖天说的成就确实不在这方面,盖天说的贡献在于它建立了一个有完整数值的、考察宇宙的象数模型——它将天之高广、地之四维、二十八宿的距度、十二地支、二十四节气的位置等综合在一个完整的体系中,五星和日月就在这个体系中运行。这种象数模型后来被大量运用于占验,式盘的天盘即来源于对盖天说宇宙模型的模拟。

天文之象的丰富、盖天说的普遍运用,对战国天文诸神内涵的加深有重要影响。当时各种天文之象在盖天宇宙模式中的运行被用来占验，反映了天文知识在取得辉煌成就的同时，还是人们心目中"神明"的意旨和秩序的体现。在战国数术家看来，天文之象的数值、盖天说的模型均是宇宙间存在至上力量——太一（详下文）的表现，五星、二十八宿、北斗、彗星等的运行和出没规律都是"太一"神秘力量的表现。日月、五星、二十八宿、北斗等被用来占验，而虹霓云雨的变化则昭示了秩序的失常①。同时，五星、二十八宿、北斗等自身也被看作是"太一"统率下的神灵，比如上文引《淮南子·天文训》中提到了五星八风、二十八宿、五官、六府、北斗等等，它们无不同时又作为神灵而存在。这样，因为天文学的发展和数术在技术上的进步而造就的神灵体系一方面占据了从数术家到普通百姓（云梦秦简《日书·岁》、《星》等篇即反映了普通百姓的信仰世界，见下一节）的脑海，另一方面则对以后汉代的郊天礼产生了重大的影响——周代举行郊天礼，仅仅设坛而祭，"燔柴于泰坛，祭天也"，战国时期，源于王官的古盖天说在战国时期被吸收为宇宙的格局，天文之象中蕴涵的规律也导致大量神灵的出现，因此后来郊天之坛为圆形，而存在于天文数术中的日月星辰之神后来则大量进入国家祀典，并拥有它们各自的位置（见下面两章），其渊源不能不追溯到战国数术中的天文之学的发展。

以上是天文之象对人们信仰世界的影响。影响人们心目中神灵世界的还有地理之象、蓍龟之象等，下文亦作些简要考察。

2. 地理之象

在古代，地理离人们比较近且形象直观，通过跋涉可直接认识。但人们并不满足于认识直接的地理表象，而是试图发现大地分布与他们心目中的宇宙格局之间的关系，这样就有了战国数术中的地理之象。三代王官的星土分野说以"数"的格局引入地理，是其渊源。《管子》的《度地》、《地员》等有对不同地区的人

---

① 如《艺文志》天文类有记录日月彗虹云雨的《汉日食月晕杂变行事》十三卷、《海中日月彗虹杂占》二十八卷、《国章观云雨》三十四卷等占验作品，其前提就是所记录的日月彗虹云雨等"象"在天空中的位置来占验吉凶。

民鸟兽草木的描述[1]，邹衍进而有大九州说(《史记·孟子荀卿列传》有简短记载)。《淮南子·地形训》中关于大地的描述在这方面走得更远，可看作是数术地理的代表。其模式是盖天说下的九州、九土分布，其中有以下内容：

“阖四海之内，东西二万八千里，南北二万六千里，……。”

“九州之大，纯方千里。九州之外，乃有八殥，亦方千里。……八殥之外，而有八纮(即维也)……。凡八纮之气，是出寒暑，以合八正。以必风雨。八纮之外，乃有八极，自东壁方曰方土之山，曰苍门；东方曰东极之山，曰开明之门；东南方曰波母之山，曰阳门；南方曰南极之山，曰暑门。西南方曰编驹之山，曰白门。西方曰西极之山，曰阊阖之门。西北方曰不周之山，曰幽都之门；北方曰北极之山，曰寒门。”

从以上可以看出当时人们心目中的大地格局。大地是平的，方形，有八极，每极有山有门，地理之象对神灵思想的影响，在于人们认为大地的格局、山川的分布、宫宅地形的形状都是“神明”的意旨，于是，名山大川按方位地成为受祀的神灵，宫宅地形的审定成为“形法”之术。《汉书·艺文志》“形法者，大举九州之势以立城郭室舍形，人及六畜骨法之度数、器物之形容以求其声气贵贱吉凶”，《艺文志》形法类有六家，百二十二卷，它属于已经成型的宇宙地理框架的微观部分。

地理之“象”为后来王朝祭礼中的山川格局提供了秩序——以后祭祀地理群神的北郊地坛为方形，五岳、四渎均按方位分布，这种格局并不是山川的真实地理分布，而是从数术格局下对地理之象的安排来的。

此外还有重要的一点，《淮南子·地形训》中的地理之象除了描述大地格局外，还描述了仙界于其中的存在，这种地理学说对于神仙思想的产生具有重要意义，这一点将在本章第五节详述。

除了地理之象外，战国时期人们对人体脏象、脉象的认识也开始成熟，这为祖国医学奠定了坚实的早期基础。《史记·扁鹊仓公列传》记载了以数度记录人体筋

---

① 《管子·地员》：“九州之土，为九十物。每州有常，而物有次。群土之长，是为五粟。五粟之物，或赤，或青，或白，或黑，或黄。……五粟之土，若在陵山，在隫在衍，其阴其阳，尽宜桐柞，莫不秀长，……群木蕃滋数大，条直以长，其泽多鱼，牧则宜牛羊。其地其樊，俱宜竹箭……，寡疾难老，士女皆好，其民工巧，其泉黄白，其人夷姤。”《地员》通篇以五行说概括了各地土地谷物人民的性状。

脉的长短、内脏的大小重量尺寸等内容，正如盖天说之所长不在于测量天极和大地的具体数值一样，祖国医学所长也不在于实录人体脏器的大小尺寸这类解剖学内容，而是在于以人体为宇宙之一部分，建立起象数模型考察人体生理，它同样相信人的周身有“神明”存在，这一思想导致了后来神仙家中炼养内容的产生。

3. 蓍龟和其他神秘之象

蓍龟之象跟天文、地理之象不同的地方，在于蓍龟之象是通过人为的手段而获得的，古人认为它昭示了“神明”的意志。《周易》和甲骨占卜是蓍龟之象的代表，战国时期这类作品仍有传承。《汉书·艺文志》数术蓍龟类有《龟书》五十二卷，《夏龟》二十六卷，《巨龟》三十六卷，这些都是讲龟卜的；此外还有《周易》三十八卷，而《大筮衍易》二十八卷、《大次杂易》三十卷，从名称中的“衍”和“杂”就可看出它们是从王官散出的《易》的支派。

除了蓍龟之象外，另外一种神秘的象是“符”。《艺文志》天文类有《泰阶六符》一卷，李奇曰：“三台谓之泰阶，两两成体，三台故六，观色以知吉凶，故曰符。”笔者窃以为此符的求得法跟《易》得卦近似，三台有可能是天、地、人，两两成体，“体”在较早的文献中指龟兆裂纹之象，《诗·卫风·氓》：“尔卜尔筮，体无咎言”，这里的“两两成体”可能是以其中的任何两项组合，因各项都有不同的颜色，这样能形成六种“体”，根据“体”的颜色断定吉凶。王先谦《汉书·艺文志》补注引沈钦韩曰东方朔陈《泰阶六符》，则到汉武帝时已经有了早期的符。符是后来道教法术中的重要用物，它最重要的特点就是利用“象”，此处已有其最初滥觞。

以上简要介绍了几种“象”。当时纸张尚未发明，主要记录文字的材料是简牍，因简牍需要编连，并不适合记录和描摹“象”的运行，当时的“象”更多用画在帛书上的图表示，当时天文家、兵家、阴阳家、神仙家都有图①，这些图书有以图

---

① 天文家有图，如《汉书·艺文志》记录月行的有汉代的《耿昌月行帛图》二百三十二卷，《耿昌月行度》二卷，王先谦《补注》引王应麟曰为“甘露二年大司农耿寿昌奏以图仪，度日月行，考验天运，状日月行”，此种以图记录“象”，配以文字的方式。兵家有图，见《艺文志》有兵书《黄帝》十六卷，图三卷；阴阳家有图，《汉书·艺文志》阴阳家有《鸩冶子》一篇，图一卷；神仙家有图，见《史记·封禅书》记方士公玉带献黄帝时明堂图。图是当时数术家普遍用来表达观点的方式。

附文和以文图两种①。出土的马王堆帛书《天文气象杂占》为以文配图的实例②,而长沙子弹库帛书和马王堆帛书《驻军图》、《地形图》则是以图附文的实物③。与书于竹简的主要表达思想、传承史迹的典籍相比,画在帛书上的图更能直观地表示动作、方位和某种宇宙图式,也更直观地表达出古人的神明思想和神灵形象。无论天文、地理之象还是蓍龟之象和人体脏象,在古人看来都是作为宇宙构成之一部分的"象"的显现。古人在认识这些"象"的同时更孜孜探索着它们背后的秩序,因此"象"对于认识战国时期人们心目中的神灵世界是具有重要意义的。

(二) 战国数术中的"数"对"神明"内涵的影响

以上介绍了战国数术中的"象"对于神灵内涵的影响。这里将涉及"数"的部分。战国数术在继承了三代王官的星历卜筮之学的同时,将"数"的系统加以重大发展,形成比起三代王官的《易》占、律历之"数"等内容更广泛,结构更复杂精致的各种"数"学。当时,体现"数"规律的集大成者——阴阳五行体系已经成型,它包括了计量数、干支数跟方位、色彩等等的对应关系,这种对应在古人心目中

① 萧汉明先生指出,"图像在中国古代文化中占有极其重要的地位,中国古代的图书有一类离具体事物的形象远,具有较高程度的抽象性。这种图书意境深奥,因而往往有一些图解性的简要说明附在图的有关部位。……《玄宫图》内外都设有文字图解,《月令》、《素问》都有专属解图性质的内容。这些解图文字的读法依图的结构为转移,往往成板块状,板块之间又依单相性系列形成交织联络网,因而以读一般文字书的方式读这类书是很费解的",见《阴阳——大化与人生》,广东人民出版社 1998 年版,第 58～59 页。李零先生对古图书的以文配图和以图配文分别作过论述,见《马王堆汉墓"神祇图"应为辟兵图》,《考古》1991 年第 10 期。

② 《天文气象杂占》长 150 厘米,共约 250 幅图,从上到下分为六列,每列又从右而左分成若干行,其图用来配合文字,见席泽宗:《马王堆汉墓帛书中的彗星图》,载中国社会科学院考古研究所主编:《中国古代天文文物论集》,文物出版社 1989 年版。

③ 《地形图》、《驻军图》均是西汉长沙国南部山川形式和驻军状况的实录。《地形图》表示的区域,相当于今湘江上游潇水流域、南岭九嶷山及其周边地区。其邻区范围为西汉诸侯国南越领土,大致相当于今广西全州、灌阳一线以东,湖南新田、广东连县一线以西,新田、全州一线以南,广东珠江口外的南海以北。《驻军图》长九十八厘米,宽七十八厘米。其内容除了包括山脉、河流、居民点和道路外,还标明了驻军的屯防、防区范围、指挥中心和水上训练用的人工湖泊等。其不同于《地形图》之处还有:河流、湖泊用田青色;军事地图用黑底套红勾框;居民点用红圈或黑圈,有的旁注户数;军事要道用红色虚线。它完全可以视为一幅彩绘地图。《地形图》的绘制年代很可能在汉高祖五年(前 202)至高后七年(前 181)之间;《驻军图》的绘制年代略晚于《地形图》,可确定在高后七年(前 181)至汉文帝十二年(前 168)之间,而其具体年代,很可能为高后末年或文帝初年。曹学群:《论马王堆古地图的绘制年代》,《马王堆汉墓研究文集》,湖南出版社 1994 年版。

属于一种稳固的"定数"(多可用表格表示,详下文)。"数"对神灵内涵的影响同样是重大的,最重要之处在于"数"本身及推数技术的发展使古人心目中因数术发展构想出的神灵世界富有秩序和条理,为有神论引入了不是完全靠想象,而是靠逻辑推理的内容。正如近代科学的发展成就在一些大科学家那里最终仍被归于"上帝"安排的终极秩序那样,战国数术中因人们逻辑思维能力的提高演绎出的种种"象数"推演技术,也被归之为"神明"或"太一"的力量。而"数",则是太一力量在各方面的显现。下面我们便对战国时期的各种"数"的性质及其对神灵性质的影响作些考察。

1. 阴阳、五行的融合及宇宙格局之"定数"

阴阳、五行在三代王官本为不相干的专学,阴阳本乎《易》,五行本乎《尚书·洪范》,战国时期阴阳、五行融合成一个体系,这个过程很复杂。虽然近年出土文献的大量增多使我们对古代数术有了比前人更清晰的了解,但因为西方近代科技进入人们知识领域后,传统数术被视作迷信遭鄙弃已久,古代数术的具体推演法也为大多数现代人所陌生,因此阴阳、五行是怎样融合的,一时尚难以考证清楚。但可以肯定的是,战国时期阴阳、五行的融合过程不是靠某些人东拉西扯的联想,因为当时古人思辨和推理的能力早就超出了那个水平。笔者以为阴阳、五行融合中最关键的环节是靠的"数"的推演实现的,因为二者在运算中都需要用到"数"。这个过程值得另写专著讨论,这里只列举一个细节以斑窥豹:

《易》筮是阴阳推数的代表,所用筮数中八、七、九、六分别为少阴、少阳、老阳、老阴之数,这在三代古法中就有(见上一章第四节《左传》、《国语》筮例部分)。而数字五,欧阳红先生在《易图新辩》从"象数"的角度诠释了"大衍之数五十……"这一段,他认为在《易》筮中数字五含有中和的意义,富有启迪。这样,在《易》筮中,八、七、九、六、五为具有象征意义的五个数字,而这五个数字在《河图》中跟东、西、南、北、中五方有对应关系,河图起源很古,《周书·顾命》提到河图,此河图郑玄以为是"图出于河,帝王圣者之所受",刘歆以为是八卦,其实此《河图》即黄河中浮现的大乌龟壳上天然形成的纹路,因古人用算筹布列计数,这些乌龟壳上的纹路很像用算筹布列所形成的各种数字的形状,东八、南七、西九、北六、中央五的河图数用算筹表示如下:

用算筹表示的河图数

古人将乌龟背上的纹路跟他们习惯的算筹布数联系起来，这样的联系促使古人探求“数”所代表的宇宙秩序规律。有了河图数的数字和方位的对应，就有了沟通阴阳、五行二者的桥梁。《管子·玄宫图》所述的季节、方位和五行的搭配中已将河图数引入其中(见上一节“明堂月令”部分)，可见《管子》的时代，阴阳、五行已开始融合。阴阳、五行融合，最终形成一个完整的、描述宇宙(包括它的各级下属系统)组成、四季分布(包括“气”的流布运行)的模式。

阴阳、五行融合之后，即产生了一整套宇宙格局之“定数”，它表现为声音、色彩、方位等万物的固有要素跟组成时空的要素(如四季、十二月、十二辰、二十八宿等)之间的固定关系，在阴阳五行体系下，这种关系的性质属于固定的“数”，它们均可以用表格表示，上一节《管子·四时》的五德和《吕氏春秋·十二纪》中五行与十二月的配伍即是这种“数”。下面再列举几例：

《淮南子·天文训》天的九野与二十八宿之间的对应：

方位	天区名称	对应的二十八宿星名
中央	钧天	角、亢、氐
东方	苍天	房、心、尾
东北	变天	箕、斗、牵牛
北方	玄天	须女、虚、危、营室
西北	幽天	东壁、奎、娄
西方	显天	胃、昴、毕
西南	朱天	觜嶲、参、东井
南方	炎天	舆鬼、柳、七星
东南	阳天	张、翼、轸

《史记·律书》所见五音八风干支对应表：

风	方位	星宿	月份	律	地支	天干
不周风	西北	东壁—营室——危	十月	应钟	亥	
广莫风	北方	虚—须女	十一月	黄钟	子	壬癸
广莫风		牵牛——建星	十二月	大吕	丑	
条风	东北	箕	正月	泰蔟	寅	
条风		尾—心—房	二月	夹钟	卯	甲乙
明庶风	东方	氐—亢—角	三月	姑洗	辰	
清明风	东南	轸——冀	四月	中(仲)吕	巳	
景风	南方	七星—张—注(咮)	五月	蕤宾	午	丙丁
凉风	西南	弧—狼	六月	林钟	未	
凉风		罚—参	七月	夷则	申	
阊阖风	西方	浊(毕)—留(昴)	八月	南吕	酉	庚辛
阊阖风		胃—娄—奎	九月	无射	戌	

《淮南子·地形训》五行的壮、老、生、囚、死，(即后来数术中的旺、相、休、囚、死)：

	壮	老	生	囚	死
木壮：	木	水	火	金	土
火壮：	火	木	土	水	金
土壮：	土	火	金	木	水
金壮：	金	土	水	火	木
水壮：	水	金	木	土	火

上面几个表格所表示的关系，是以“数”来表达的阴阳五行体系的不同侧面，无论哪个侧面演绎的都是同一种至上规律的不同方面。表格是今人的表示方式，而在古人那里，这种“定数”往往用“式”来表示。“式”是古人模拟盖天说下的宇宙格局，将宇宙格局之“定数”镌刻其上用来占测的工具。它比今人拟定的表格全面，并且形象得多，因为它同时还模拟了盖天说的宇宙格局，动态地反映“气”在其中的流布运行。《淮南子·天文训》记载天地格局：

> “子午、卯酉为二绳，丑、寅、辰、巳、未、申、戌、亥为四钩，东北为报德之维也，西南为背阳之维。东南为常羊之维，西北为蹏通①之维，日冬至则北斗中绳，阴气极，阳气萌。故曰冬至为德；日夏至则斗南中绳，阳气极，阴气萌，故曰夏至为刑。”

① 钱塘：《淮南天文训补注》作“号通”，《诸子集成》本作“蹏通之维”，蹏为足蹈可通之意，今从。

这段文字的下文是一岁中二十四气在这个格局中的运行,可用下图表示:

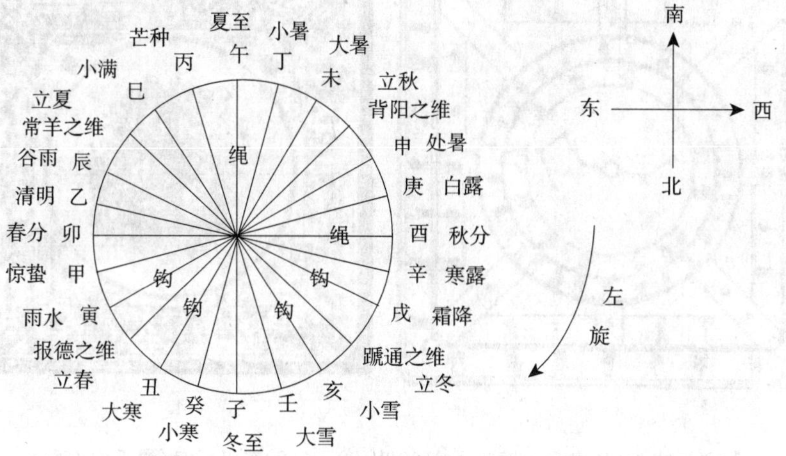

《淮南子・天文训》描述的这个图式堪称考古发现中式盘的制作依据。考古发现的式盘多分上盘、下盘,内盘也叫地盘,外盘亦叫天盘。外盘上标着二十八宿各宿的距度,内盘将圆周十二等份,分属十二次、十二辰、十三国及二十四节气①,冯时先生搜集过考古发现的以下一些式盘资料:

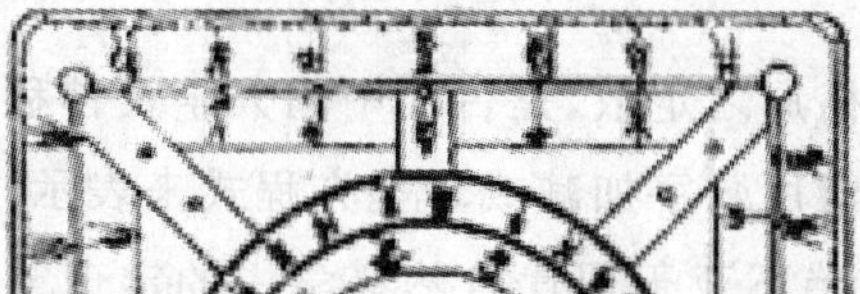

1

2

① 李勇先生列举这八种分野模式:星土说含有四种分野模式,它们是单星分野,五星分野,北斗分野和十二次二十八宿分野;干支说中含有十干分野,十二支分野以及十二月分野三种分野模式。见《对中国古代恒星分野和分野式盘研究》,《自然科学史研究》1992 年第 1 期。

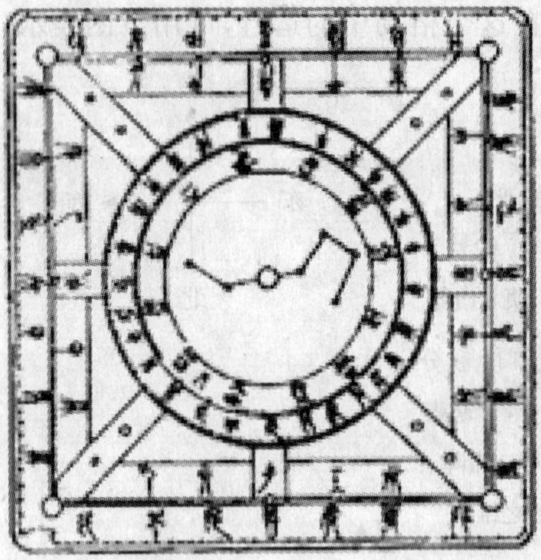

3

4

1. 西汉式盘(甘肃武威磨咀子 M62 出土)　　2. 东汉式盘(濮瓜农旧藏)

3. 六朝式盘(上海博物馆藏)　4. 东汉式盘(朝鲜乐浪遗址王盱墓出土)

以上四例式盘，年代有先后差异，式盘上镌刻的“数”的内容也不尽相同，但它们的格局并没有本质的差别。无论式盘上镌刻的是二十八宿距度，还是十二辰，还是兼而有之，使用时，都是转动式盘，获得新的格局，以这个格局在整体“数”格局中的状况来预测吉凶。

阴阳五行格局下以“式”表示的宇宙格局之定数，是古代中国人企及神秘旨意，推知未来的手段，这种“定数”虽然不能用数字加减或现代方程式来表示，但它的正确性和稳定性在古代中国人眼中绝不亚于现代自然科学中的定理或公理，它是“神明”的力量以古代中国人心目中象数思维下特有的数理形式显现的结果，也是无论哪种占验(天象、式法)的术者都必须掌握的前提。

2. 阴阳五行图式下计量数、干支数的意义

以上是对宇宙格局之“定数”的简要介绍。下面我们将简要分析计量数、干支数在阴阳五行图式下的意义。

首先是计量数。在战国至汉初，物料使用、人工花费的计算多使用计量数①。不

① 《汉书·艺文志》历谱类有《许商算术》二十六卷，王先谦《补注》引王应麟曰：“《沟洫志》博士许商治《尚书》，善为算，能度功用”，这条资料中“能度功用”的运算显然用的是计量数，近年出土的张家山汉简有《算术书》，其中有积粟、女织、铜耗等算题(见《张家山汉墓竹简》，文物出版社 2001 年版，第 254、255 页)，跟许商“能度功用”属于同一性质。

过在数术中，数的计量意义是很次要的，它更重要的意义在于表达各种层次的宇宙秩序，如季节、方位、色彩、天穹大地乃至草木人民的构成秩序，在中国古代，这些都可以用“数”表达，而且由用来表达一个侧面的数可立刻推知其他侧面，如从春季可推知数字八、方位东、色彩青、人的脏腑为肝脏等等。而十天干、十二地支是古代中国人至迟从商代就开始使用的记日标记，它们在发展过程中亦实现着日益广泛的跟季节、方位等的对应，到战国时期，计量数、干支数已经融合在同一个系统中，描述系统在各种状况下出现的变化。下文举十二律之数为例，分析计量数、干支数在阴阳五行图式下所具有的意义。

十二律之数最初是计量数，它由三代王官乐师从律管长度跟音高之间的关系得出，《史记·律书》记载了这个数值。在后来的发展中，十二律计量数和十二地支逐渐产生了对应，如《淮南子·天文训》“以律起历”的内容：

“……故黄钟位子，其数八十一，主十一月，下生林钟。林钟之数五十四，主六月，上生太蔟，太蔟之数七十二，主正月，下生南吕；南吕之数四十八，主八月，上生姑洗；姑洗之数六十四，主三月，下生应钟，应钟之数四十二，主十月，上生蕤宾；蕤宾之数五十七，主五月，上生大吕；大吕之数七十六，主十二月，下生夷则；夷则之数五十一，主七月，上生夹钟；夹钟之数六十八，主二月，下生无射；无射之数四十五，主九月，上生仲吕；仲吕之数六十，主四月，极不生。”

“……以十二律应二十四时之变。甲子，仲吕之徵也；丙子，夹钟之羽也；戊子，黄钟之宫也；庚子，无射之商也；壬子，夷则之角也。”

“以律起历”即以律数起历。举例说来，八十一为黄钟之律在三代弦线式音高标准器“均钟”下对应弦的长度，它对应十一月（即对应十一月所行之“气”），对应干支为“子”，为北方。《周礼·春官·大司乐》郑玄注“下生”为减本数的三分之一，上生为增本数的三分之一，如黄钟 $81\times2/3=54$（林钟），$54+54\times1/3=72$（太蔟），下面依次类推。由此可以看出十二律数的相生形成了一种表示秩序的对应。

从十二律实现计量数、干支数的融合可以看出，计量数、干支数是战国数术中描述“气”阴阳消长（十二律之变表现的就是“气”的变化）的手段，而“气”的消长运行正由阴阳五行图式体现出来，它可以表现为十二律在一年十二月的变化，也可表现为春生夏长，秋收冬藏或别的现象，在古人心目中，这些现象都是可以量化成“数”的变化的，人的吉凶祸福也可以通过以特定手段得到的“数”的格局看出，在此基础上产生了各种使用融计量数、干支数为一体的式法，如六甲①、六合②、孤虚③、刑德④，还有的以二十八宿定格局⑤。它们皆是用干支数的化合所构成的格局(象)预测吉凶的数术。

---

① 六甲即六十甲子之意。每六十花甲中有六个甲：甲子、甲寅、甲辰、甲午、甲申、甲戌，通过六十甲子排成的格局预测吉凶之术。《汉书·艺文志》有《风鼓六甲》二十四卷，还有《文解六甲》。《艺文志》下文还有《文解六甲》，结合两书看，《文解六甲》可能为以二十八宿和干支相结合定格局的式法，类似今天预测中的紫微斗数。

② 近现代命理学认识中的“六合”为“十二支六合”，即 子与丑合化土，寅与亥合化木，卯与戌合化火，辰与酉合化金，巳与申合化水，午与未合化土。战国数术中六十甲子与五行的配伍已完善(见《淮南子·天文训》)，“六合”应为运用十二支构成的六种合局占验吉凶的式法，《汉书·艺文志》五行类有《六合随典》二十五卷，应即此类著作。

③ 孤虚如《汉书·艺文志》五行类有《风后孤虚》二十卷，王先谦《补注》引王应麟曰：“《龟策列传》：辰不全，故有孤虚”，这个“辰”为天干，因为天干比地支少二个，十天干跟地支搭配一轮时总有轮不上的地支，所以说“辰不全”。《后汉书·方术列传》章怀注：“孤虚者，孤谓六甲之孤辰，若甲子旬中，戌亥无干，是为孤也，对孤为虚。”这段话的意思是，假如一旬十日的干支为：甲子、乙丑、丙寅、丁卯、戊辰、己巳、庚午、辛未、壬申、癸酉，因十二地支尚剩下戌、亥无天干可配，戌、亥即是孤。孤虚类似后代命理学中的“空亡”之含义。

④ 刑德产生于阴阳思想。《管子·四时》提到刑德：“日掌阳，月掌阴，星掌和，阳为德，阴为刑，和为事”，并描述刑德的运行“道生天地，德出贤人，道生德，德生正。……德始于春，长于夏，刑始于秋，流于冬，刑德不失，四时如一，刑德离乡，时乃逆行。作事不成，必有大殃”。刑德跟又四时之气的运行结合，运用在数术中，《淮南子·天文训》：“阴阳刑德有七舍。何谓七舍？室堂庭门巷术野”《汉书·艺文志》有《刑德》七卷，又有《五音奇胲刑德》二十一卷，是具体以刑德占验的数术。

⑤ 《汉书·艺文志》有《文解二十八宿》，文解为人名，此为文解所传以二十八宿定局的式法。从考古发现看，汉代式盘几乎均绘有二十八宿格局分布。如安徽阜阳双古堆出土的西汉式盘，该盘上盘直径23.6、边厚0.4厘米，下盘直径25.6、边厚0.5厘米。两盘中心有圆孔相通。上盘面刻六颗圆点，与盘心孔正好连成北斗星座图案。过圆心画有一轻痕十字线，边缘密排一周小圈孔，孔如谷米大，不透穿。因边缘稍破，小圆孔总数经推算为365个。下盘刻二十八宿星名及其距度，宿名和上盘小圆孔正相接。二十八宿的刻划是依逆时针方向不等距排列，其顺序为：角十(?)、亢十一、氐十(?)、房七、心十一、尾九、箕十、斗二十二、牵牛九、婺女十、虚十四、危六、营室二十、东壁十五、奎十四、娄十五、胃十一、昴十五、觜六、参九、东井二十六、舆鬼五、柳十八、七星十二、张(?)、翼(?)、轸(?)。这个数值与《淮南子·天文训》所记录的二十八宿距度有出入，王健民、刘金沂：《西汉汝阴侯墓出土圆盘上二十八宿古距度的研究》对这种出入产生的原因作了研究，他们认为这种差别是因为对二十八宿选取的星辰不一样，或选取的距星不一样。见中国社会科学院考古研究所主编：《中国古代天文文物论集》，文物出版社1989年版。式盘象盖天格局，后来的式盘均绘有二十八宿。

总之,战国数术中的计量数、干支数是宇宙格局“定数”的运用工具,它们对于人们心目中的“神明”世界所具有的意义在于:以“数”固有的大小特性给予各种神灵高低和方位秩序,让“神明”的世界跟“数”的世界一样既神秘又具有条理(具体的条理见下文五行之帝和神将部分)。

上文以战国数术中的“象”、“数”为基础,考察了它们对于“神明”这一概念所具有的意义。了解“象”、“数”的性质对于了解中国古代的科技和神秘思想均具有重要意义。一方面,它有益于我们认识中国古代知识和技艺系统发展的水平、结构、性质和倾向,因为“象”、“数”的关系跟源起西方的、由数字、方程、公式、定理组成的近代自然科学体系均有本质差别,另一方面,“象”、“数”概念及其推演技术在战国时期的进步,在使古人获得的知识进一步量化并形成条理的同时,也使神灵的思想及其存在方式更加有逻辑,更加精致——“象”比起古《易》和三代王官的星历卜筮之象要复杂,太极、太一等至上神秘力量的产生和“数”学的发展,使人们可以通过各种数术手段获得新“象”;“数”则是被用来获得作为神明旨意的手段。在战国时期,“数”是可用来标示神明性状的代码,而神明性质居然可以用“数”来表示,没有在数学产生之后走向逻辑化的唯物论,也是中国古代神灵世界独有的特点。

“象”、“数”之变对于人们心目中的神灵世界具有重要意义——它们提供的神灵存在方式,超脱了自古以来民间百姓脑海中因生产、生活之需自发存在的那种粗糙、无思辨、因地而异的那种存在方式,它对于普通百姓的信仰和以后官方的王朝祭礼均有深刻影响——普通百姓的信仰因接受数术,各种神呈现出既因地而异,又存有共性的特点(见下一节战国各诸侯国祭祀考);而后来的王朝祭礼,则因为有本土发展的象数学所构成的宇宙结构作为稳固的数理和哲学基础,才能有大体稳固的格局,并在数千年的传承中没有发生重大的、本质的走样(这些将在本文的以后部分继续深入)。下文将考察战国数术影响下的神灵格局,因为后来汉代王朝祭礼中的神灵格局就是从它脱胎而来的。

二、战国数术影响下的神灵格局

在战国数术影响下，神灵世界跟西周、春秋时期比发生了重大的变化。一方面，它继承并发展了周代国家祀典中的许多神灵；另一方面，因为数术在各地的运用，因数术理念产生出的众多神灵还跟民间因地而异的神灵混杂在一起，这就使当时的神灵数量众多，而且面貌极其芜杂。但这芜杂中暗藏着规律，那就是在战国数术中象、数等手段和至上概念"太一"的产生（见下文）之下，众神之间开始分出层次。这一过程可概括为以下三点：第一、"太一""道"等至上概念的产生使人们头脑中出现了比先前的"帝"形而上层次更高、哲学内涵更丰富的至上神灵"太一"；第二、象、数所组成宇宙系统的成型，给古已有之的神灵们以既定的位置，而且将这一宇宙系统的局部直接神化还造就了许多新的次一级神灵，如五帝、十二月神之类（详下文）；第三、在数术大兴的背景下，民间原有的神灵随着周代王朝祭礼的湮废而大量涌现，但同时它们也大量吸收了数术提供的知识，表现了新的面貌。

下文将对这三方面作些考察。

（一）"太极"、"道"、"太一"——从至上哲学概念到至上神

1. 至上哲学概念"太极"、"道"、"太一"

战国时期，因为象数推演技术本身的发展和人们思辨水平的提高，象数背后的神秘力量的内涵也得到进一步丰富和发展。首先，它出现了名字。太一、太极、道等是不同的学派对这种宇宙发生之终极力量起的名字，从各种宇宙论逻辑层次上看，"太一"与《老子》的"常道"、《易・系辞》的"太极"处在相同的层次[①]，这些概念的出现对于人们理解宇宙的终极力量、发展出抽象的至上神具有重要意义，下面便作简要介绍。

首先是"太极"。"太极"是《系辞》在解《易》时所描述的推动象数变化的那种力量，《系辞上》："易有太极，是生两仪，两仪生四象，四象生八卦，八卦定吉凶"《系辞上》这段话之前的相当长一段，从"大衍之数五十"开始，都是在讲以数成卦

---

① 萧汉明：《论楚简〈太一生水〉的宇宙论与学派属性》，见丁四新：《楚地出土简帛文献思想研究》（一），湖北教育出版社2002年版。

之法，并不断对之进行解释，因此"太极"是对指导"数"的变化规律的描述。"太极"概括的是混沌未分的状况，孔颖达疏："太极，谓天地未分之前，元气混而为一，即是太初、太一也。故老子云道生一，即此太极也。"马王堆帛书《易传》称"太极"为"大恒"①，在当时人看来，它是宇宙发生之至高规律的意志显现。

其次是"道"。《易传》解经时多次出现"道"字，《彖》、《象》等解卦经常用"中道"或"不中道"之语来解释爻辞和爻位之间的联系②，不过从整个《易传》看，"道"多为方法、规律之意③，它尚不是《易传》中的至上概念，《系辞上》"一阴一阳谓之道"的"道"从上下文和整个《易传》内容看也并不作至上概念解，因此说它受道家思想影响④尚不准确，这一点有的学者已经指出⑤。而在《老子》中，"道"则已经是具有清晰哲学内涵的至上概念，它是宇宙发生之本源，《老子》第二十五章："有物混成，先天地生，寂兮寥兮，独立不改，周行而不殆，可以为天下母，吾不知其名，字之曰道，强为之名曰大。""道"还是各种巧诈作伪之始，《老子》第十八章："大道废，有仁义，慧智出，有大伪；六亲不和，有孝慈；国家昏乱，有忠臣"，这句话的逻辑是：仁义、慧智、孝慈、忠臣这些事物皆不是万物之源，"道"俱在它们之先。因此，《老子》的"道"反映着一切具体知识和技艺之联系背后的最高规律，正是因为它是凝练了一切联系之规律，以后《庄子》、《管子》、《文子》、《淮南子》等诸派思想才有可能从不同角度对既为天地万物之始，又是谋略技巧之祖的"道"作了阐述和发挥⑥。

---

① 连劭名：《论太极与大恒》，《周易研究》1995年第3期。

② 如《易·解》九二爻辞为："田获三狐，得黄……"，《象》解释道："九二贞吉，得中道也"；又如《夬》九二爻辞"惕号，莫夜有戎，勿恤"，《象》解释："有戎勿恤，得中道也"。

③ 《易》中作"规律"理解的"道"有《恒》："天地之道，恒久而不已也"；《系辞上》："精气为物，游魂为变，是故知鬼神之情状，与天地相似，故不违；知周万物，而道济天下，故不过……"及"一阴一阳谓之道"，"形而上者谓之道，形而下者谓之器"等等。

④ 见陈鼓应：《〈易传〉与道家思想》第一部分"《彖传》的主体思想：道家的宇宙观"，三联书店1996年版。

⑤ 陈来：《马王堆帛书〈易传〉与孔门易学》，《国学研究》第二卷。

⑥ 《庄子》、《文子》较多地从哲学角度对《老子》"道"作为天地万物之始作了发挥，《庄子·秋水》："道无终始，物有死生，不恃其成。一虚一满，不位乎其形。年不可举，时不可止；消息盈虚，终则有始"；《文子·道原》："夫道者，高不可极，深不可测，苞裹天地，禀受无形，……约而能张，幽而能明，山以之高，渊以之深，兽以之走，鸟以之飞"，《管子》《淮南子》则较多从技艺角度阐述"道"化散为形而下的各种技艺的情况，因本章第一节引《管子》，本节引《淮南子》均较多，这里不再赘述。

学者已经指出道是“事”(用于治人)和“技”的共同初始[1],这种“事”和“技”兼融于“道”的关系在《管子》中得到了很好的体现,《管子》的《幼官》、《四时》等篇为“道”,《重法》、《法法》为“事”,《版法》、《小匡》、《水地》为“技”。关于“道”的描述和有关研究还有很多很多,这里就不赘述了。

再有是“太一”(或“泰一”、“泰壹”)。钱宝琮、顾颉刚等前辈学者早就对太一有文撰述[2],李学勤、李零等先生也就新资料提出新说(详下文)。我们这里首先探讨作为至上哲学概念的太一,下文再讨论作为神灵的太一。“太一”概念在战国时期的出现,是古人靠着大大发展了的“象”、“数”推理出的一种至上存在,战国时期人们认为在象数的背后有高于“数”的终极性规律存在,而在古人心目中,“一”为数之元者、质朴者,《老子》第三十九章:“昔之得一者,天得一以清,地得一以宁,神得一以灵,谷得一以盈,万物得一以生,侯王得一以为天下贞”;那么,这种高于“数”的终极性规律即被称为“太一”。太一是重要的哲学概念,近年出土的郭店楚简中有《太一生水》篇,引起了学者的浓厚兴趣和热烈讨论,《太一生水》内容如下:

> “大(太)一生水,水反桶(辅)太一,是以成天。天反桶(辅)大(太)一,是以成坠(地)。天坠(地)□□□也,是以成神明。神明复相辅也,是以成侌(阴)昜(阳)。侌(阴)昜(阳)复相桶也,是以成四时。四时复相辅也,是以成仓(冷)然(熱)。仓(冷)然(熱)复相桶也,是以成溼澡(燥)。溼澡(燥)复相桶也,成戢而止。古(故)戢者,溼澡之所生也……,天坠者,大一之所生也。是古(故)大一藏于水,行于时,迲而或□□□□墻(萬)勿(物)母。”[3]

① 金春峰认为:“《老子》的思想包含着两方面发展的可能性:或者像庄子一样,由强调人和自然的对立而完全否定社会的意义,极端蔑视、鄙弃社会的一切而发展为出世主义……,或者面向政治和社会,由否定文化、道德、教育的作用与价值,而全力倾注于成败、祸福、得失的研究,发展出一套和儒家相对立的社会、政治、军事思想。”见《汉代思想史》,中国社会科学出版社 1997 年版,第 20 页。

② 钱宝琮:《太一考》,《燕京学报》1932 年 12 月号。顾颉刚:《三皇考》,载《顾颉刚古史论文集》第三册,中华书局 1996 年版。

③ 荆门市博物馆:《郭店楚墓竹简》,文物出版社 1998 年版,第 125 页。

有关这段文字的研究成果很多①。李学勤先生认为"《老子》中并无'太一'的概念，'太一'在道家的起源当出自关尹一派，……'太一生水'深受数术家的影响，同天文数术有直接密切的关系"②，事实也确实是这样。象数的发展进一步提高了人们逻辑思辨的能力，从而为哲学的进一步形而上奠定了更扎实的思辨基础，"太一"这一至上概念就是在象数学发展这一基础上出现的，《太一生水》篇受数术家的影响，就是数术为哲学思辨提供基础的表现。

战国时期道、太极、太一等至上概念的出现，具有两方面的重大意义。首先，它们是人们对长期以来积累的各种知识所蕴涵规律的最高抽象，它们的出现超越了各种各样经验的，或是直观的认识世界的水平。本来，古人在科技不发达的情况下认识自然界，最初首先靠的是经验积累，经验积累到一定地步就会上升到在所获得的知识之中产生逻辑和条理的地步，《山海经》中的博物学知识、《尔雅》中的草木虫鱼知识都是这样已出现逻辑和条理的经验积累，将这种逻辑和条理再进一步朝形而上层面发展，并扬弃其中的微观部分，就会提出"规律之规律"，道、太极、太一就是这种概念。从数理思维方面看，古人很早就用卦、象、数等图式来表达经过抽象概括的世界，道、太极、太一是超越了卦、象、数等形而下之"器"的、至上的概念，它体现了古人的理性和智慧对宇宙至高规律概括的水准。

其次，道、太极、太一等至上概念的出现，使人们找到了宇宙万物的本源，马王堆帛书《道原》：

> "恒先之初，迵同太虚。虚同为一，恒一而止。湿湿梦梦，未有明晦。……古无有刑(形)，大迵无名。天弗能复(覆)，地弗能载。小以成小，大以成大。盈四海之内，又包其外。③

这里的"太虚"跟道、太极、太一等概念的哲学内涵是一样的，都指宇宙万物的本源。不但宇宙万物本源找到了，而且道、太极、太一等概念使他们心目中宇

---

① 丁四新先生对《太一生水》篇研究的状况作过总结，见其《楚简〈太一生水〉研究》——兼对当前《太一生水》研究的总体批评》，载丁四新：《楚地出土简帛文献思想研究》(一)。

② 李学勤：《〈太一生水〉的数术解释》，载《道家文化研究》第17辑。

③ 马王堆汉墓帛书整理小组：《长沙马王堆汉墓出土〈老子〉乙卷本前古佚书释文》，《文物》1974年第10期。

宙万物的生成过程最终完整，战国时期道家、阴阳家和各种数术流派对宇宙万物的生成过程大体都有这样的认识过程：道或太一——天地阴阳——四时万物。如上文所引郭店楚简《太一生水》描述的宇宙生成过程是太一——天地——神明——阴阳——四时——沧热——湿燥——岁。从《老子》、《易传》郭店简《太一生水》和马王堆帛书《道原》都可以看出古人的思维过程中条理的清晰和秩序的井然——道、太极、太一这些概念都既表示了宇宙的本源，又囊括了万物的秩序和条理，但这些至上概念的产生和相关的宇宙生成论成熟并没有排除超自然、非物质的神秘东西于其中存在，不但没有排除，至上概念的出现和宇宙生成论的成熟反倒为非物质的神秘事物在系统中的存在提供了更有力的理由和更有秩序的位置，相对于初民和一些后进民族在一片"前逻辑的混乱"之中找寻他们心目中的超自然神灵之旨意，并随时随地地顶礼膜拜和失去自我，战国时期的中国古人则将他们心目中的超自然神奇因素安排进了一个已经完善的宇宙生成和构成系统中，这个系统以象数的推理技艺为基础，有着由草木、人民的构成等知识其中"神明"以更高的方式指挥着这一切的发生和发展，它从整体上提升了人们神灵世界的内容。下文便要正式进入这个话题。

2. 至上神"太一"

太极、道、太一等至上概念的出现，将人们心目中古已有之的超自然神灵思想提高到了一个新的层次，不过在古代社会，对这些概念形上层面的理解所达到的程度随着社会各个阶层的知识水平不均衡而不同，绝不是任何认识水平的人们都能做到像老、庄等当时最出色的哲学家那样将至上概念中的神秘因素提升到哲学层次来理解。当时道家和数术家的共识是：自然界、"人"及人所创造的社会都是低于"太一"的，因此太一中的神秘因素不但没有随着人们知识的积累和思辨的进步而消失，反而因象数的发展得到了进一步强化。将太一中的神秘因素直接加以神化，太一神就出现了。具体说来，哲学层次的"太一"是人们积累的知识所反映规律的最高抽象，相应地，在神学层面，"太一"是当时人们心目中的终极性神秘力量，是"象"、"数"的统领，统率着宇宙间一切事物的发生、发展规律。它是战国数术中最重要的至上概念，《四库全书总目提要》子部数术类在综括唐人王希明著的《太乙金镜式》时这样追溯太一神的渊源和发展：

“《史记·日者列传》术数七家,太乙家居其一。《史记·天官书》天神最贵者太一,《封禅书》亳人谬忌奏祠太一方,名天神贵者太一。郑康成以为北辰神名,又或以为木神,而屈原《九歌》亦称东皇太乙,则自战国有此名。汉志五行家有泰壹阴阳二十三卷,当即太乙家之书也,然已佚不传。惟《周易乾凿度》有太乙行九宫法,而今所传次序乃特右旋,以乾巽为一九。希明谓太乙知未来,故圣人为之蹉一位,以示先知之意思。郭璞、乐产……,其说颇参差,而皆近于附会。故黄宗羲至诋为经纬混淆,行度无稽。盖术家又有所汩乱矣。核其大旨,乃仿《易》历而作,其以一为太极,因之生二,二目生四辅,犹《易》之两仪四象也。又有计神,与太乙合之为八将,犹《易》之八卦也。其以岁月日时为纲,而以八将为纬,三基五福十精之类为经,亦犹夫历也。其法以八将推其掩迫囚击关格之类,占内外福,又推四神所临分野,占水旱兵丧饥馑疾疫。又推三基五福大小游二限《易》卦大运,占古今治乱,术士传习,由来久矣。……其凶神吉星所会,皆以分野为凭,而割裂牵配,尤为渺茫无据。”

此段对太一由来的追溯大体是合乎实际的。战国时期,数术家认为太一是宇宙的本源,很多数术流派都有名称冠之以“太一”的书。以下列举一些《汉书·艺文志》提到的流派:

天文家:《泰壹杂子星》二十八卷。王先谦《补注》云“盖此书杂记诸星,以太一冠之”,又有《泰一杂子云雨》三十四卷。

阴阳家:《艺文志》阴阳类有《泰一阴阳》二十三卷,又有《泰一》二十九卷,王先谦《补注》引沈钦韩曰“《乾凿度》太一取其数以行九宫,《隋书·经籍志》有《太一式杂占》十卷,疑出于此书”,笔者以为此书为《易乾凿度》之类的纬书之前的作品,专谈数术和式法,这说明太一是象数的灵魂,象数是太一的筋脉。

兵阴阳家:《汉书·艺文志》阴阳家有《太壹兵法》一篇,班固云:“阴阳者,顺时而法,推刑德,因五胜,假鬼神而为助者也”,王先谦《补注》引王应麟曰:“《武经总要》‘太一者,天帝之神也,其星在天一之南。总十六神,知风雨水旱金革凶馑;阴阳二局,存诸秘式。星文之次舍;分野之灾祥,贵于先知,逆为之备”,此《太壹兵法》为冠以太一的兵阴阳家著作。

五行家:《汉志》五行类有《泰一阴阳》二十三卷。

神仙家:《艺文志》神仙家有《泰壹杂子十五家方》二十二卷,《泰壹杂子黄冶》三十一卷,后一书从书名即可看出是早期的炼丹作品,前一书虽然看不出"方"的具体内容,但从二书可以看出神仙方士们亦相信太一是主宰自然物质之变的那种力量,因此神仙家作品亦托名太一。

杂占:《汉书·艺文志》杂占类有《泰壹杂子候岁》二十二卷,是当时候岁术的一种,候岁为确定岁始(即一年之开始)并占一年收成好坏之术。古代制定历法不仅要求准确一年积日之数准确,而且要求能在历法中看出四时之气的分布和流动,候岁即以候时气之术确定岁始,同时预测年成。《史记·天官书》:"凡候岁美恶,谨候岁始。……正月旦,王者岁首,立春日,四时之始也",《泰壹杂子候岁》为以太一冠名的候岁术。

由上文可以看出,太一是天文、阴阳、五行、神仙等家均认可的宇宙本源和至上神,在天象上,它是主宰一切天象运行出没的至上神,《淮南子·天文训》:"太微者,太一之庭也,紫宫者,太一之居也",《史记·天官书》则说:"中宫天极星,太一常居也,旁三星,三公也",《正义》:"泰一,天帝之别名也。"李零先生认为太一即北极星①,其实天极星是古人认为太一神在作为掌管天象的最高神灵之际经常居处的地方,并不专指北极星,因为太一同时还掌握着除天象之外的其他宇宙秩序。太一及周围三星构成之图被认为具有灵力,《汉书·郊祀志》记元鼎五年秋武帝伐南越时曾告祷太一,"以牡荆画幡、日月、北斗、登龙,以象太一三星,为泰一,命曰'灵旗',为兵祷,则太史奉以之指所伐国"。李零先生对之做过非常有意义的研究,他发现马王堆帛书《避兵图》可与这段文献记载及战国时期的"兵避太岁"戈相印证,是由戎装的太一神和用三龙表示的"太一三星"(即天一和太岁)构成②,外加雷公、雨师,分避各种兵器的四种,具有避兵符的作用③。戎装太一已经形象化。

① 李零:《考古发现与神话传说》,载《李零自选集》。

② 同上。

③ 李零:《道家与"帛书"》,载陈鼓应:《道家文化研究》第三辑《马王堆帛书专号》,上海古籍出版社1993年版。

《避兵图》和戎装太一反映了太一的神性，在数术家那里仍然是直接加以形象化的。不过总的说来，“太一”神性中这种直接的、形象化的方面是次要的，它作为星占家、数术家，神仙方士们共同认可的至上神秘力量这一点是主要的。如果仅仅就至上神秘力量的产生而言，三代就已有了至上神——商代的“帝”统驭四方神，周代的“天”代表冥冥之中的最高秩序，但商周时期，以龟卜和《易》筮为代表的象数学尚处在淳古的发展阶段，其推演技艺无论如何不能跟战国数术相比，表现在至上神的神性上，商周的“帝”、“天”等至上神中，非理性的直觉因素仍占相当部分，具体表现为龟兆、梦境、卜筮等都被看成是天、帝旨意的预兆，这些之中有的是迷信，有的则是古代政治生活和社会生活中的“直觉”体悟部分。古人生活中的“直觉”体悟部分远较后代为多，“直觉”是古人靠人体自身感应自然的能力获取信息的能力，是一种在科技落后的古代能有效获得信息的途径，商周时期人们（尤其巫、史等专职人员）将获得的这种信息归于“帝”或“天”的意志，到战国数术那里，因战国数术蕴藏了天文、地理、形法、医学等技艺，并用各种式法具体推算，“太一”的背后是发达的象数学和各种式法，因此直接靠梦境、龟卜等直觉获得信息的部分已跟“太一”这一有逻辑可推的至上神灵渐渐分离。具体表现是《汉书·艺文志》杂占类诸书籍中除了《泰壹杂子候岁》之外，没有托名太一之书，而《泰壹杂子候岁》确切地说是候岁的一种实用技术（见上文），跟其他杂占书如《黄帝长柳梦占》、《嚏耳鸣杂占》、《请雨止雨》、《请祷止福》等还不完全一样。不仅如此，这些真正的杂占还受到了“太一”统驭下的象数学的影响。如《禳祠天文》十八卷，王先谦《补注》引沈钦韩曰《晏子谏》篇云齐景公见彗星，让柏常骞禳之，此《禳祠天文》为古代星占家禳祠之遗法。这些都可以看出，是建立在象数推演基础上的至上神太一改造了三代以来神灵内涵靠直觉的部分，使之大大减少。

太一神的产生，对于数术家和普通大众的信仰世界都具有深刻的影响。数术家关心的是宇宙各组成部分的秩序，对于普通的社会大众而言，至高无上的神秘力量也是他们心灵所需。《墨子·天志》说明了天力量的强大，鬼神之罚的威力，“天子为善，天能赏之，天子为暴，天能罚之。天子有疾病祸祟，必斋戒沐浴，洁为酒醴粢盛，以祭祀天鬼，则天能除去之”，《墨子》的天和天鬼是下层民众和弱小无助者的依靠及正义的化身，他们将鬼神作为实现自己理想境界的武器[①]，这反映了不欲深究象数，但确有实际要求的普通百姓的愿望。从秦简《日书》中可间接看出“太一”这一至上神的存在（见下一节），它为普通百姓接受，正是因为普通百姓心目中希望他们最起码的生产资料和生活状况被保护。因此“太一”这样的至上神及相应的迷信同样能在普通百姓心目中扎下根。

以上是对战国时期太一神的考察。大体说来，战国秦汉的“太一”尚比较淳，反映在它在神灵世界中处于至高无上的地位，在后来，因数术支脉的繁衍，太一从至高无上的地位跌落，湮没在众多神灵中。不过那是秦汉之后的事，跟本书的课题无涉。战国时期太一神出现，因为它背后有经过大大发展的象数学作基础，体现了当时掌握专业知识的数术家们心目中的宇宙秩序，因此在后来的汉代，由它来弥补国家祭祀中至上神内涵的空缺并成为至上神是迟早的事，汉武帝时亳人缪忌献祠太一方（见下一章），而后太一成了汉朝的至上神，追其渊源是在战国时期。

（二）数术中的“太岁”、“太阴”

以上考察了太一神的出现及其内涵。这里考察一下太阴与太岁。因为在战国数术中，它们均为重要神灵，但由于数术的流传衍变，太阴、太岁的含义为许多人不甚了解，它们跟太一之间的关系也需要辨析。

太阴与太岁跟一些占验的具体技术密切相关。《淮南子·天文训》中多次出现了太阴、太岁，友人陶磊博士在其著作中对这些资料和既往的研究作了搜集和考辨[②]，并认为《天文训》中的绝大多数太阴都可视作太岁的别称[③]，笔者觉得意犹未尽，将自己的体会书之如下：

太阴、太岁皆是古人根据岁星（木星）运行虚构出的神灵。因木星运行一周天需要的时间约为十二年（实际为11.87年），跟地支有十二个恰好对应，古人很早就将它的运行跟十二地支的变化联系起来，《史记·天官书》司马贞《索隐》引《物理论》：“岁行一次，谓之岁星，则十二岁而周天”，这个“次”为区域之意，假如

① 晁福林：《战国时期的鬼神观念及其社会影响》，《中国史研究》1998年第2期。
② 陶磊：《〈淮南子·天文〉研究》，齐鲁书社2003年版，第56～58页。
③ 同上书，第57页。

将天区分成十二等份,木星大约每年运行一等份,为一"次"。用《史记·天官书》的话说就是"岁行三十度十六分度之七",即每年运行30又7/16度,十二年运行365.25度,恰为一周天之度数。《淮南子·天文训》中描述了岁星和太阴的关系:

"太阴在四仲,则岁星行三宿;太阴在四钩,则岁星行二宿。二八十六,三四十二,故十二岁而行二十八宿。日行十二分度之一,岁行三十度十六分度之七,十二岁而行周。"

四仲,即子午卯酉二绳之位,四钩,即丑寅辰巳未申戌亥四钩之位,"太阴"为岁阴之雌,清人钱塘在《淮南天文训补注》中已经指出。他认为郑玄注《周礼·保章氏》"岁星为阳,右行于天,太岁为阴,左行于地"这句话中的"太岁"还不是《天文训》中的太阴,因为"太岁"是古人根据岁星运行虚构出的、跟岁星运行速度相同但轨迹相反的影像,在战国人心目中,即使这个影像也还分阴阳雌雄,因为在战国星占家心目中,星辰为阴阳之精所化,《淮南子·天文训》:

"积阳之热气生火,火气之精者为日;积阴之寒气为水,水气之精者为月。日月之淫为精者为星辰。"

星辰既然由日、月之精多余散逸者所化,其性自有阴阳。当时人们心目中的重要星辰之神均有雌雄,如北斗之神就有雌雄,"太岁"作为人们观测岁星运行虚构的神灵,也有雌雄,太岁是雄者,太阴是雌者,天上的岁星为雄者之显现。《天文训》:"太阴在寅,岁名曰摄提格,其雄为岁星,舍斗、牵牛……"太阴则是该神雌者。钱大昕《十驾斋养心录》卷十七纠正《汉书·天文志》以太岁为太阴之误,"盖古法太阴与太岁不同,太岁与星岁(天空中的岁星)左右行不同,而常相应,如岁星在星纪,则太岁必在子,……,是淮南所云太阴非即太岁矣。……太史公《天官书》多承淮南之文,唯改太岁为岁阴,其说岁星晨出之月,与《淮南》常差两月,一举夏正,一用天正,似异而实同。"

太阴是"太岁"之雌,这是它在数术中的原意。而后它被引入式法,为具体占验服务。如《淮南子·天文训》中记载的建除法中提到太阴:

"太阴在寅,朱鸟在卯,勾陈在子,玄武在戌,白虎在酉,苍龙在辰。"

"寅为建,卯为除,辰为满,巳为平,主生。午为定,未为执,主陷。申为破，主衡。酉为危，主杓。戌为成，主少德。亥为收，主大德。子为开，主太岁。丑为闭，主太阴。”

这里第一段的太阴是朱鸟、句陈等六神将之一（神将具体见下文），第二段的太阴则是上文所云的岁雌，跟前面子主太岁的“太岁”为岁雄，申主衡（北斗之神的斗柄），酉主杓（北斗之神的斗勺）相对应。这里太阴被请入建除式法充当神将，是当时数术推演之法发展，需要有神将表示不同含义的表现，但神将在数术中跟至上神比，地位是次一级的，不同的神将是至上神不同喻意和属性的表现，太阴、太岁的概念即是数术中低于至上神的次一级神灵。

作为神将的“太阴”跟其他神将、二绳、四钩的关系可用图表示如下：

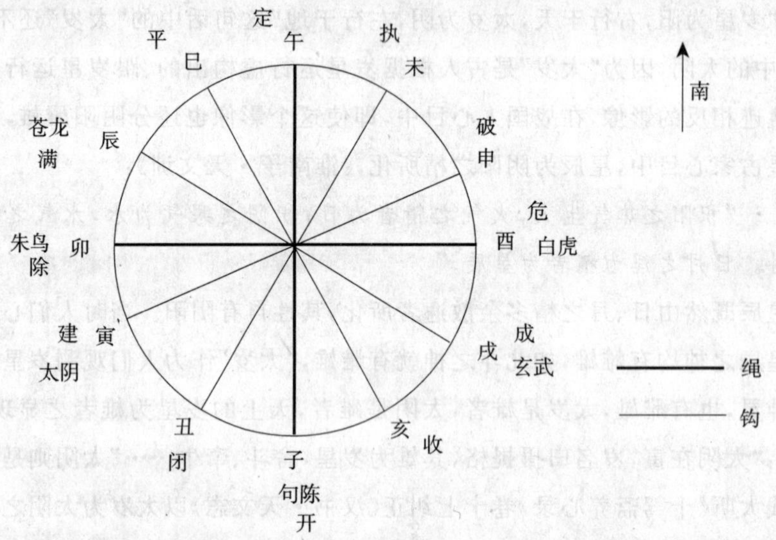

《淮南子·天文训》二绳四钩、六神、建除关系示意图

战国数术中许多数术都要用到太阴或太岁，《史记·天官书》和《淮南子·天文训》中均记载了岁星纪年法，《淮南子·天文训》岁星纪年和太阴之位、二十八宿运行之象关系如下表：

太阴之位	岁名	岁星之舍	岁星晨出东方的时间	与岁星舍相对的星宿
寅	摄提格	斗、牵牛	十一月	东井、舆鬼
卯	单于	须女、虚、危	十二月	柳、七星、张

(续表)

辰	执徐	营室、东壁	正月	翼、轸
巳	大荒落	奎、娄	二月	角、亢
午	敦牂	胃、昴、毕	三月	氐、房、心
未	协洽	觜嶲、参	四月	尾、箕
申	涒滩	东井、舆鬼	五月	斗、牵牛
酉	作鄂	柳、七星、张	六月	须女、虚、危
戌	阉茂	翼、轸	七月	营室、东壁
亥	大渊献(《史记·历书》作"大渊兽")	角、亢	八月	奎、娄
子	困敦	氐、房、心	九月	胃、昴、毕
丑	赤奋若	尾、箕	十月	觜嶲、参

岁星纪年,即根据岁星运行时在天区所处的不同位置(或为斗、牵牛,或为须女、虚、危等等),来命名该年的名称。《史记·天官书》中内容与上表基本一致,但太阴被称之为"岁阴"。这反映的是当时数术有多家,因对岁星的观测被用作不同用途,因而师法不尽相同。

除了岁星纪年用到太阴之外,别的数术也要用到太阴或太岁。如《史记·天官书》记载了当时有一种候岁术在候岁时"必察太岁之所在";造历要用到太岁或太阴的运行,《汉书·艺文志》历谱类有《太岁谋日晷》二十九卷,此处以太岁冠名,为造历之法。王先谦《补注》引王引之说"谋"当为"谍"之误。《汉书·律历志》:"议造汉历。乃定东西,立晷仪,下漏刻,以追二十八宿,相距于四方。"太阴或太岁的意义,在于它们像钟表盘上的指针一样能将天象运行量化,因此为各种数术所使用。它们在古人心目中是显现"太一"所体现秩序的神灵。

(三) 代表宇宙系统之局部的次一级神灵——五行之帝、神将

上文考察了太一神和太阴、太岁等。太一神是将至上概念"太一"直接神化而成,它等同于宇宙大系统的高妙神奇。这个宇宙大系统是由各种互相关联的各级子系统组成的,这些子系统也有与之相对应的神灵。战国时期这类神比周代要多得多,周代国家祀典中这种至上神之下的次一级神灵见于文献记载的仅有四方、社、五祀等几种,而战国时期,由于天文、地理、人体等子系统的有关具体知识大大发展,这类神灵也大大增加,五方、五行各有"帝"来管辖,名山大川的神位井然有序,人身体中也出现了神灵。在次于太一的神灵中,等级最高的是五行之帝，即青、赤、黄、白、黑五帝，它们代表的不仅仅是五种颜色，而且代表着五色、五方、五味、五人神等的对应，无论在天文、地理、人体脏腑方面，五行之帝都有它们的位置，它们是至上神“太一”在不同角度的显现。此外，数术式法中出现的各种“神将”也是这类代表宇宙系统之局部的神灵，这些“神将”是比五行之帝地位更加低一些的、反映更加局部状况的神灵。无论五行之帝还是“神将”，代表的都是大系统运行的不同方面和状态。下文就对五行之帝、神将二者分别加以考察。

1. *五行之帝的出现*

五行之帝即青、赤、黄、白、黑五帝，它们是战国数术中太一之下的次一级神灵中最重要者，它们包括五方、五色、五味、五季等的一系列对应。五行之帝影响广泛，几乎深入到了人们生产生活的各种领域。五行之帝的出现，可以追溯到三代王官中的五行之学。《尚书·甘誓》提到有扈氏“威侮五行”，“五行”二字历来众说纷纭，刘起釪先生提出为五行的原始意义指五星[①]，但遭到反对[②]，其实这一意见值得重视，因为从《甘誓》下文的“怠弃三正”之“三正”释作历法看，将“五行”释作五星是可取的——五行即五星运行的轨迹，《甘誓》为后人（不晚于西周）追记夏启时代的史实所作，追记时的人们已经能认识五大行星的运行，也有了“三正”更迭的观念，有扈氏“威侮五行，怠弃三正”正说明有扈氏忤逆天之规律，应该讨伐。西周时期的《洪范》即对这种以数字五为框架囊括自然规律和政治经验的五行之学作了描述。五行之学是一个以“五”为基本数的框架的专学，从《洪范》可看出此学在西周时期即粗具轮廓[③]。此外，《左传》昭公二十九年晋国史官蔡墨追溯历史，提到了上古时期由能人分任木正句芒、金正蓐收、水正玄冥、火正祝融、土正后土（见上一章第四节），这是春秋史官对这种“五行之学”的举隅。从蔡墨之言可看出当时的“五行之学”试图将过去、未来的一切知识和存在之物综括为一个整体的努力。此外《昭公》二十五年亦提到“生其六气，用其五行”，这个

---

① 刘起釪：《五行原始意伊及其分歧蜕变大要》，载艾兰等主编：《中国古代思维模式与阴阳五行说探源》。

② 金景芳、吕绍纲认为《甘誓》的五行就是《洪范》的五行，五行为五星不能成立，见《尚书·虞夏书新解》，辽宁古籍出版社 1996 年版，第 445～446 页。

③ 李学勤《帛书〈五行〉与〈尚书·洪范〉》引《叔多父盘》认为《洪范》“肯定是西周时的文字”，见其《简帛佚籍和学术史》，江西教育出版社 2001 年版，第 284 页。

"五行"是说五种事物,同样也是对"五行之学"的举隅。

以上这些都是战国时期"五行之帝"的早期滥觞。《汉书·艺文志》班固在谈数术五行类书籍之源时说:

"五行者,五常之形气也。《书》云'初一曰五行,次二曰羞用五事',言进用五事以顺五行也。貌、言、视、听、思心失,而五行之序乱,五星之变作,皆出于律历之数而分为一者也。其法亦起五德终始,推其极则无不至。而小数家因此以为吉凶,而行于世,浸以相乱。"

"皆出于律历之数"说明了战国五行之学中"数"的推演运用。在战国时期阴阳五行体系通过"数"的推演融合(见上文河图之数在阴阳、五行中的运用部分)的前提下,五行之帝即成为以象数推演为技术支持的"太一"下属神灵。建立在象数推演基础上的五行之帝摆脱了造神的随意和自发想象,假如没有象数推演,五行之帝所达到的水平只能是自发的淫祀,而建立在象数推演基础上的五行,则是阴阳、五行融合形成的完整宇宙模式下五个局部的表现。五行之帝作为神灵,代表着五方、五色、五味等的对应关系,《淮南子·天文训》具体描述了五行之帝与五星、季节、方位、五音等的对应,可用下表表示:

五行	方位	帝	佐	执	季节	神	兽	音	日
木	东方	太皞	句芒	规	春	岁星	苍龙	角	甲乙
火	南方	炎帝	朱明	衡	夏	荧惑	朱鸟	徵	丙丁
土	中央	黄帝	后土	绳	四方	镇星	黄龙	宫	戊己
金	西方	少昊	蓐收	矩	秋	太白	白虎	商	庚辛
水	北方	颛顼	玄冥	权	冬	辰星	玄武	羽	壬癸

《吕氏春秋》十二纪中五行之帝的内容比上表还要丰富(见前文),显示出的是已经成熟的阴阳五行思想。

五行之帝及它们所蕴涵的这种对应关系,显示了它们的神性。《史记·天官书》:"苍帝行德,天门为之开;赤帝行德,天牢为之空;黄帝行德,天夭为之起。……白帝行德,毕、昴为之围。……,黑帝行德,天关为之动",说明天门开、天牢空、天夭起、天关动等天象都是五行之帝神性的显现,这仅仅指天象观测。实际上,当时苍帝、赤帝、黄帝等五行之帝的神性显现并不止于天象方面,在当时人心目中,所有万物中都有五行之帝的显现,它们是因战国数术发展增添出的、既代表秩序，又代表秩序背后冥冥力量的重要神灵。

五行之帝的出现，是三代至战国神灵世界的一个重大变化，它增加了至上神与底下的众多小神之间的中间环节，让古代中国人心目中的神灵系统从此处在更有序的状态下。对于本书要研究的王朝祭礼而言，它是非常重要的，因为秦汉以后的国家祀典中忽然有了太一、五帝这些在三代国家祀典中没有的神灵们的位置，这之中的断层正是由于战国数术阴阳、五行的融合所导致的新神灵格局的出现，刘邦入关后听说天有五帝，并因之立北畤，改变了秦的雍四畤格局，汉文帝立渭阳五帝祠（俱见下一章），原因都可以追溯战国时期五行之帝的产生，所以只有明白了阴阳、五行融合的大致脉络，才能明白五帝、五方神的由来，以及它后来为什么会在王朝祭礼乃至各种数术方技之学中占据稳固的位置。

2. 神将

以上考察了五行之帝。在五行之帝下还有许多再次一级的神灵，它们可被统称为“神将”。“神将”是数术演算中，对应着比五行、五方更具体的各个方位和不同运势的神灵，在战国数术中它们已经出现，它们跟五行之帝一样体现着“太一”在不同状态下显现的属性。战国时期因为数术的发展，神将有青龙、白虎、太阴、天一、朱鸟、玄武等等，它们多半是将原有的一些神灵请入式法而来，如青龙、朱鸟、玄武原为天空二十八宿之东、西、南、北七宿之“象”，太阴为太岁之雌，但因数术的发展，这些神被请进式法，于是就成了神将。又如天一，天一在天空为星，《史记·天官书》：“前列直斗口三星，随北端兑，若见若不，曰阴德，或曰天一。”张守节《史记正义》：“天一一星，疆阊阖外，天帝之神，主战斗，知人吉凶。明而有光，则阴阳和，万物成，人主吉，不然，反是。”在数术中天一则被请入式法，成为神将，《汉书·艺文志》数术五行类有《天一》六卷，此天一，王先谦《补注》引《淮南子·天文训》解释为青龙或太阴。

在不同的式法中，神将的数目不同。《淮南子·天文训》中出现的神将是六位：太阴、朱鸟、句陈、玄武、白虎、苍龙。《天文训》：“凡徙诸神，朱鸟在太阴前一，钩陈在后三，玄武在前五，白虎在后六，虚星乘句陈，而天地袭矣。”

还有的式法神将是五位。《汉书·艺文志》五行类有《泰一》二十九卷。王先谦《补注》引王应麟曰：“《后汉书·高彪传》天有太一五将三门”，“凡举事者皆欲发三门，顺五将”。

还有的式法神将是十二位。《艺文志》五行类有《转位十二神》二十五卷。王先谦补注以《淮南子·天文训》中的建除释这十二神为神将，即式盘中按十二地支分布的神将。今日命理学的四柱、六壬等术中皆有十二神将，六壬之十二神为登明亥、河魁戌、从魁酉、传送申、小吉未、胜光午、太乙巳、天罡辰、太冲卯、功曹寅、大吉丑、神后子，确实跟十二地支有关；十二将则为贵人、螣蛇、朱雀、六合、句陈、青龙、天空、白虎、太常、玄武、太阴、天后①，这类流传至今的数术即为由战国以来的数术不断衍变而成。

还有的式法有十六神将。张守节《史记正义》："太一一星次天一南，亦天帝之神，主司十六神，知风雨、水旱、兵革、饥馑、疾疫。"

神将的出现，说明战国数术的发展使古代中国人造神的思维方式发生了重大变化。象数思维及其具体技艺的发展并没有使古代中国人摆脱有神论，但这些具体推演技艺蕴涵的条理给神灵们安排了井井有条的位置。

神将的来源，除了因数术发展而新造之外，大多数是将上古神话提到的神灵加以改造而成，这一点可以1972年出土的长沙子弹库帛书为例。长沙子弹库帛书以神话的方式描述了楚人心目中的宇宙生成方式②，其中暗藏着太一、北斗的旋转和四维、五行③，帛书提到多位神灵，这些神灵中有的是古代传说中的人神，如伏

---

① 六壬的十二神和十二将，渊源甚古，大致完善于明清。神将的具体内容见曹福倞、张月明：《大六壬精解》，黑龙江人民出版社1995年版，第233～263页。

② 子弹库帛书分八行文、十三行文、边文三部分。饶宗颐、曾宪通、李零、李学勤诸先生已在图片、文字、释文等方面作出了众多卓有成效的贡献，帛书八行文、十三行文追述了宇宙发生的神话，大体内容是在宇宙产生之前，一片混沌，未有日月，伏羲、女娲生下四子，四神相代，形成日月四时。八行文内容可分为三章，第一章是说雹(包)戏(即伏羲)和女娲生下四子，是为"四神"。最初"未又(有)日月"，只能由"四神相戈(代)，步以为岁"，互相代替，用步行表示"四时"。第二章是说过了"千又百岁"，有了日月，但天不宁，地不平，天帝乃命祝融率"四神"降世，奠定"三天"和"四极"，重建宇宙的和谐，然后才有用"日月之行"表示的"四时"。第三章是讲"共攻(工)夸(跨)步十日四寺(时)"，从此除一年分为"四时"(即春夏秋冬四季)，还有了一日之内的"四时"，即"霄、朝、昼、夕"。李零：《考古发现与神化研究》载《李零自选集》。

③ 李零先生认为，子弹库帛书八行文、十三行文互为颠倒，边文书写按顺时针方向，这样的布局暗藏式法，它表示了当时通行的宇宙图式，表现为：(1)太一、北斗的旋转。中宫的甲、乙篇文字方向颠倒代表中宫太一、北斗的运转。这恰能跟至上神太一的地位相对应。(2)四维、五行。子弹库帛书以五木(青木、赤木、黄木、白木、黑木)奠四极，意味着五行的空间分布，从这里可以看出"五行之帝"的一套对应内容影响，五木对五色、五方是具体表现。四角为青赤白黑四色木树冠，皆指向下一个，呈逆时针方向，代表四隅，李零先生认为帛书布局跟式法有关，参见李零：《楚帛书的再认识》，载《李零自选集》。

羲、炎帝、祝融、共工,有的则相当于本书此处所说的"神将",如帛书提到的四神①和帛书周围所绘的十二月神②,人神和神将在楚帛书中融合在一起。其实它们是有区别的,帛书提到的伏羲、祝融、共工等人神反应了楚人对往古历史的追溯,而四神、十二月神则反应了楚人以神话的方式叙述他们心目中已经浮现的宇宙条理,四神、十二月神的性质属于数术发展后所出现的表示宇宙局部的神灵,十二怪神按月份和方位分布,具有"神将"的性质。在楚帛书中,四神、十二怪神跟追述历史时提及的人神夹杂在一起,反应的是楚人神话宇宙格局将时、空综括成一个体系的特点。

总之,通过学者们对子弹库帛书的研究,尤其饶宗颐、李学勤、李零等先生富有启发性的研究和判断,可以从子弹库帛书中直接、间接反映出的神灵世界看出,战国时期因数术的发展,至上神、次一级表示宇宙格局的神灵系统已经形成。

战国时期神将种类很多,还有的跟"八风"联系着。《淮南子·地形训》描述诸天神:

"诸稽、摄提,条风之所生也;通视,明庶风之所生也。赤奋若,清明风之所生也;共工,景风之所生也;诸比,凉风之所生也。皋稽,阊阖风之所生也;隅强,不周风之所生也;穷奇,广莫风之所生也。"

高诱注:"诸稽、摄提、通视,赤奋若等,皆为天神。"这些神中,共工、隅强、穷奇皆为古神话传说中的神③,摄提、赤奋若为岁星纪年法中的岁名,这些神被安排在了八风的有条理系统之下,而且,各种各样的新神按照"条理"本身的需要不断出现,这从后来汉代的纬书中大量造出的神灵可以看出。这一切都说明,战国数术的发展使古人造神从此处在一定的条理之下,并最终反映着条理的终极秩序,这跟原始人头脑中尚未有秩序的多神崇拜有本质差别。

---

① 四神的名字是"长曰青□榦、二曰朱□兽、三曰□黄难、四曰□墨榦",李学勤先生认为神名应各为三字,四神的名字各有一种颜色,即青、朱、黄、黑,这是五行说的体现,四神就是四时春夏秋冬,因而四神之名又表明了五行与四时的相配,见李学勤:《简帛佚籍与学术史》,第49、53页。

② 子弹库帛书四周绘有十二怪神。李零认为帛书周围的十二神即十二月神,李学勤则认为:"子弹库帛书的十二个神名,就是《尔雅·释天》所载十二月名,而十二神的排列位置,是依夏正的斗柄方向安置的",见李学勤:《东周与秦代文明》,文物出版社1984年版,第354~355页。

③ 《山海经·海内经》:"戏器生祝融,祝融降处于江水,生共工",《海外北经》:"北方禺强,人面鸟身,珥两青蛇,践两青蛇",《山海经·海内北经》道:"穷奇状如虎,有翼,食人从首始,所食被发,在蜪犬北。一曰从足。"

以上对战国数术影响下的神灵格局作了简要考察。数术影响下的神灵格局是：至上神（太一）——五行之帝（青赤黄白黑五帝）——神将。它们均以象数推演为显现自身的手段而它们的整体又体现了某种终极秩序。正因为当时阴阳五行体系的成熟及各种数术的存在，五花八门的神灵才在这一时期大量出现——至上的太一神出现，率领着五行之帝，日月五星、二十八宿这些源于观察天象的神灵继续存在于天文占测和式法中；而且因刑德、孤虚、六壬等式法的存在，出现了青龙、白虎、勾陈、太阴等神将，它们无不可以被归到上文所分的神灵等级中。战国时期，它们的出现对民间自古以来就自发产生的保佑生产、生活顺利的神灵产生了深刻的影响，这些神灵的出现跟民间保佑生产、生活顺利的神灵们夹杂在一起，使战国时期的神灵格局蔚为大观，并在驳杂背后凸现出秩序。

（四）民间自发形成的鬼神世界

以上考察了因数术发展而出现的至上神、宇宙局部系统之神的具体内容。除去这两部分之外，当时广泛存在的是民间林林总总的鬼神信仰，它们因某地普通百姓的现实生活需要而产生，数量众多，无处不在。《管子·水地》："庆忌者，其状若人，其长四寸，衣黄衣，冠黄冠，戴黄盖，乘小马，好疾驰，以其名呼之，可使千里外一日反报，此涸泽之精也。涸川之精者，生于蚋，蚋者一头两身，其形若蚍，其长八尺，以其名呼之，可以取鱼鳖，此涸川水之精也"，这是说涸泽、涸川均有精怪。又《庄子·达生》：

> "沈有履、灶有髻，户内之烦坏，雷霆处之，东北方之下者，倍阿、鲑蛮跃之；西北方之下者，则泆阳处之。水有罔象，丘有峷，山有夔，野有彷徨，泽有委蛇。"

这段记载简明而全面地反映了当时人们的鬼神信仰。无论山川野泽还是窗前灶下处处有鬼怪精灵，据郭庆藩《集解》，"履"是水下泥中的鬼，"髻"是状如美女的灶神，朽坏的门户中藏着名叫雷霆的鬼；人宅中东北墙下有鬼叫倍阿；鲑蛮是黑衣赤帻、带剑持戟、状如小儿的鬼；人宅西北墙下是名叫泆阳、豹头马尾的鬼；水里的鬼怪叫罔象，它黑色，赤衣大耳长臂；丘陵的鬼怪叫峷，像狗，身上有纹彩；山的鬼怪叫夔，大如牛，一只脚；野中的鬼怪叫彷徨，像蛇，两头五彩；池泽的鬼怪叫委蛇，委蛇的形状紫衣朱冠，能伤人，《达生》记齐桓公就曾为委蛇伤过。因为大量鬼神的存在，在普通百姓脑海中，梦、妖等都反映了鬼神的意志，因此祝诅、禳祠继续大兴。《汉书·艺文志》有杂占类十八家，三百一十三卷，梦[①]、人鬼精物的变异[②]、喷嚏、耳鸣[③]、各种祯祥[④]都被用来占验吉凶；禳祠[⑤]、除妖[⑥]、请福[⑦]、祈雨[⑧]等巫术行为继续存在。

民间这些鬼神还带有浓厚的地方性色彩，文献记载的战国至汉初祭祀大多数属于这一类，下一节将专门对之进行考察。

结 语

本节对战国数术中象、数的发展对神明思想的影响变化作了考察。战国时期，数术大兴、军争四起，几无宁日。《史记·天官书》："争于攻取，兵革变起，……臣主共忧患，其察机祥候星气尤急。……而皋、唐、甘、石因时务论其书传，故其占验凌杂米盐。"米盐为细碎之意，这可看出原先在王官的星历卜筮之学散入民间，在相当程度上流于数术，为当时的谋略用兵之事服务的情景。《韩非子·饰邪》描述了赵国凿龟攻燕、齐，韩非说：

"……地削兵辱，主不得意而死。又非秦龟神而赵龟欺也。初时者魏数年东乡攻尽陶、卫，数年西乡以失其国，此非丰隆、五行、太一、王相、摄提、六神、五括、天河、殷抢、岁星非数年在西也，又非天缺、弧逆、刑星、荧惑、奎台非数年在东也。故曰：龟策鬼神不足举胜，左右背乡不足以专战。然而恃之，愚莫大焉。"

上文提到了赵、魏等国利用丰隆、五行、太一、王相、摄提、六神、五括、天河、殷抢、天缺、弧逆、刑星、荧惑、奎台等一大串神灵为谋略用兵之事服务的情景。这些神均是在战国时期象数大发展的背景下出现的，对政治生活、普通百姓的生产和生活都产生了重要影响。当时神灵的格局是：象、数的发展导致宇宙生成系

① 《艺文志》有《黄帝长柳占梦》十一卷、《甘德长柳占梦》二十卷。

② 《艺文志》有《人鬼精物六畜变怪》二十一卷。

③ 《艺文志》有《嚏耳鸣杂占》十六卷。

④ 《艺文志》有《祯祥变怪》二十一卷。

⑤ 《艺文志》有《禳祀天文》十八卷。

⑥ 《艺文志》有《执不祥劾鬼物》八卷、《请官除訞祥》十九卷。

⑦ 《艺文志》有《请祷致福》十九卷。

⑧ 《艺文志》有《请雨止雨》二十六卷。

统的成熟和人们心目中至上力量的出现,进而导致了至上神"太一"的出现,它是对古已有之的至上神"帝"和"天"的进一步发展和丰富。象、数技术的发展所导致宇宙系统的精致完备,还使五行之帝、神将等代表至上神之不同侧面的次一级神灵出现,它们有着互为联系的内涵,体现着至上神的高妙。除了这两类神灵外,民间因普通百姓的生产、生活需要而产生的林林总总的鬼神则处于最下层,面貌异常芜杂,这样,数术的发展深刻地改变了宗周以来人们心目中的鬼神世界,可分为三个层次的神灵格局已经出现,如下图:

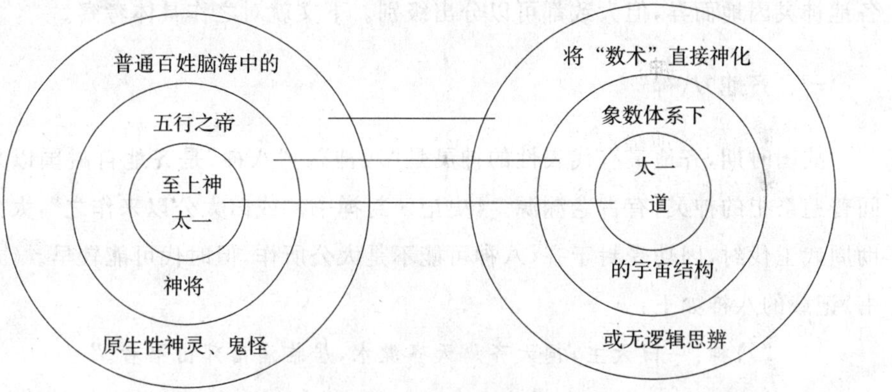

战国数术中的"象"、"数"对战国神灵世界的影响关系图

这三级神灵的形成,使一个庞杂的、有尊卑主次的、跟三代国家祀典不同的神灵世界逐渐浮出水面,秦、汉(直至武帝时期)时期它们前赴后继地进入国家祀典,享受国家提供的牺牲供奉。这一切都是在这个时期奠定的基础。

第三节 战国时期各诸侯国的祭祀

以上两节我们考察了战国时期"治出于二"格局的出现以及战国数术的发展对神灵世界的影响,这两个因素都极大地影响了战国至秦乃至汉初祭祀、信仰的状况和性质。本节的内容,将开始对战国各个诸侯国以及秦王朝的祭祀情况作些具体考察,下面首先考察战国各诸侯国(包括秦国)的部分。

因为前文所述的"治出于一"从春秋时期就开始崩析,作为礼典一部分的、体现着周天子享有天下的王朝祭礼到战国时期彻底湮废，于是，战国各诸侯国的祭祀显示出驳杂而带有各自地方色彩的状况：屈原《楚辞》的《九歌》、《招魂》和其他篇章向我们显示了楚地民间浓厚的巫俗；活跃于燕、齐的海上方士们则开始挟带着各种仙方混迹于宫廷和民间；秦的祭祀则有自己独立发展的地方性特点。然而，数术的发展和大兴是各诸侯国普遍的现象，当我们考察不同诸侯国的祭祀情况时，会发现它们在带有地方性色彩的同时，还普遍带有受数术影响的烙印，上一节考察过的因数术大兴而出现代三级神灵体系，在各诸侯国普遍存在。尽管各地神灵因地而异，但大致都可以分出级别。下文就对之作具体考察。

一、齐地"八神"

战国时期，齐地最有代表性的神灵是"八神"。"八神"是齐地自战国以来民间普遍祭祀的神灵，有古老渊源。《史记·封禅书》"或曰太公以来作之"，太公望助周武王伐纣，因功受封于齐，八神可能不是太公所作，但时代可能较早。《封禅书》记载的八神如下：

"八神：一曰天主，祠天齐。天齐渊水，居临淄南郊山下者。"

"二曰地主，祠泰山梁父。盖天好阴，祠之必于高山之下，小山之上，名曰畤；地贵阳，祭之必于泽中圜丘云。"

"三曰兵主，祠蚩尤。蚩尤在东平陆监乡，齐之西境也。"

"四曰阴主，祠三山。"

"五曰阳主，祠之罘。"

"六曰月主，祠之莱山。皆在齐北，并渤海。"

"七曰日主，祠成山。成山斗入海，最居齐东北隅，以迎日出云。"

"八曰四时主，祠琅邪。琅邪在齐东方。"

"（秦始皇）皆各用一牢具祠，而巫祝所损益，珪璧杂异焉。"

从以上记载看，"八神"受数术影响是显而易见的。下面作逐一考证如下：

（一）天主。"天主"即齐地所祀的天神。其祠处在天齐（水名）。周代国家祀典中有天神，是最尊之神，郊天是周天子的专利（鲁因周公之勋绩亦被赐予能郊天）。周代王朝祭礼湮废之后，其祀典和祭祀法的很多内容散入民间，齐地的"天主”即此类内容。祠天神于天齐水,是因为此水五泉并出,像天之肚脐。脐、齐古通,《说文》四篇下肉部:“凡居中曰脐”,段玉裁《说文解字注》七篇上齐部言“齐”古假借为“脐”,则天齐即天脐。脐居于人体中央,而此水五泉并出,则此天神有人的形象。此外从下文“天好阴,祠之必于高山之下,小山之上,名曰畤”看,祭天的地点还不仅仅只有这一处,在高山之下,小山之上的“畤”还有对天的祭祀。畤,《说文》第十三篇下田部:“天地五帝所基止,祭地也”,这是东汉五行说盛行后的理解,其实“畤”原为峙立之义,民间于田中立石以祭杂神是畤之原意,后来统治者也将其所立的祭祀之处称为“畤”①。此畤为山间平地,用来祭天,跟在五泉并出的天齐祭天不一样,在山间平地祭天更随意,并受阴阳思想影响,尽管此处“天好阴”跟《周礼》和阴阳数术家所云天为阳不同。

从以上对“天主”的考察可以看出,随着周代王朝祭礼的湮废,对“天”的祭祀进入普通百姓的信仰世界。齐地八神中的“天”是带有齐地地方色彩的、民间百姓祭祀的神灵。

(二)地主。“地主”是地神。周代国家祀典中并无地神,只有社神(见第一章第二节),这里却在“高山之下,小山之上”及“泽中圜丘”祀地神,明显有阴阳观念渗入的痕迹,但是这个阴阳观念跟《周礼》或战国阴阳五行系统相比不同——《周礼》和战国阴阳五行系统认为天为阳,祭天用圜丘;地为阴,祭地用方泽,齐地却是用圜丘祭地,这反映了齐地民间祭祀受数术影响,但粗疏且有运用得错误的地方。

(三)兵主。兵主祭蚩尤。蚩尤是上古神话传说中的氏族首领,据说曾作兵器。《太平御览》卷七十二引《世本》云:“蚩尤作兵”,又《山海经·大荒北经》:“蚩尤作兵伐黄帝”;《管子·地数篇》:“葛庐之山发而出水,金从之,蚩尤受而制之以为剑、铠、矛、戟,……雍狐之山发而出水,金从之,蚩尤受而制之以为雍狐之戟、芮戈”,这些都记了民间关于蚩尤善兵的传说。长沙子弹库帛书中也提到蚩尤,蚩尤因败于黄帝,官方祀典并无其稳固位置,但民间一直保留有关他的传说,因此齐地八神祭蚩尤。

(四)阴主、阳主。“阴主”、“阳主”不见于周代祀典。但阴、阳概念萌生极早,

① 晁福林:《战国时期的鬼神观念及其社会影响》,《中国史研究》1998年第2期。

它是《易》的基础性概念，伯阳父曾用阴阳气是否协调解释公元前780年西周发生的地震①。这里的阴、阳主当是的阴阳概念流行后被民间祭祀吸收并加以人格化的结果。

(五)日主、月主。分别是日月之神。日、月因形象直观，许多民族都很早就有对它们的祭祀。周代国家祀典有日、月。战国时期，对日月的崇拜普遍见于各地，楚辞《九歌》中的"东君"即日神。这里的日主、月主为齐地民间祭祀的日月之神。

(六)四时主。为司四时之神，长沙子弹库楚帛书有四时神(见上一节)。此四时主把天文历法跟齐地地理结合。古人认为日由东所升，岁气之运行亦由春开始，春对应的方位是东方，琅邪又在齐地之东，是以齐人把居国内东边之山跟岁时历法运行对应，再加以人格化，为四时主。

此八神为齐地之祠。齐地为太公封地，又是阴阳五行说滥觞较早之地，这些都为齐地的民间祭祀打上了数术色彩较浓这一烙印。天、地、日、月原来都存在于周代祀典，八神保留了这些并加上"主"字，反映出齐地民间信仰对它们的改造，这就使其性质成为民间祭祀。所祠地点皆于齐地之山，大致用齐地地理来迎合这些原来祀典中的神：天齐水祭天主，取其形状象"天"；太山梁父祭地主，取古封禅之一部分(上古封禅，祀天于泰山，祀地于泰山下小山梁父，以后汉武帝封泰山，禅肃然山。此当取上古封禅之意)；日主和四时主，各自以适合迎日和迎四时之首的齐地之山与之相配。

齐地八神跟同期其他地区民间祭祀相比，特点在于阴阳理论对其影响，这与齐地自战国以来盛行各种天人之学，乃至出了邹衍这样的大阴阳家的背景正是一致的。

二、楚地诸神

楚地民间信仰有浓厚的地方色彩，传世诗歌《楚辞》生动体现了这一点。近

---

① 《国语·周语上》：伯阳父言："夫天地之序，不失其序。若过其序，民乱之也。阳伏而不能出，阴迫而不能[烝]，于是有地震。今三川实震，是阳失其所而镇其阴也。"

年随着简帛资料的大量出土，这一点更可得到印证，下文就结合传世文献和出土文献，对楚地诸神作些简要考察。

1.《楚辞·九歌》中的神灵

《楚辞》反映民间信仰的有《九歌》、《招魂》、《大招》等篇，其中人们最熟悉的是《九歌》。《楚辞·天问》："启棘宾商，九辩九歌"，王逸《天问》注："九辩九歌，启所作乐也"；《山海经·大荒西经》："西南海之外，赤水之南，流沙之西，有人珥两青蛇，乘两龙，名曰夏后开（'开'为避汉文帝刘启名讳所改）。开上三嫔于天，得《九辩》与《九歌》以下"，这些都说明了《九歌》渊源古老。《九歌》是楚地祀神的通天之乐大约没有问题，《楚辞》的《九歌》正是继承了流传在民间的这些内容，并由屈原加以文学性再创作而成。从《九歌》中可以看出民间信仰中的众神系统：

东皇太一。《九歌》首篇为《东皇太一》。上一节我们考察了太一神的出现，此"东皇太一"跟上节考察的太一有关。"太"、"一"二字都有至高无上的含义，老子《道德经》下："昔之得一者，天得一以清，地得一以宁，神得一以灵，谷得一以盈，万物得一以生，侯王得一以为天下贞"，老子是春秋末年的陈国苦县人，陈后来亡于楚，《汉书·地理志》叙陈国地方之俗，说："好祭祀，用史巫，故其俗巫鬼"，则老子的"一"被庄子发展为"太一"，再被民间吸收为东皇太一，是完全可能的。洪兴祖注引《汉书·郊祀志》"天神贵者泰一"，但汉文帝时的泰一比东皇太一晚很多，东皇太一应是楚地民间诸神中的最高神灵，"吉日兮辰良，穆将愉兮上皇"，"皇"在早期常用作形容词，为辉煌之意，据顾颉刚《三皇考》，"皇"稍晚用作神界地位最高的神灵之称①，此处"上皇"二字，明确地道出了东皇太一在楚地神界的至高地位。包山楚简天神灵类有"太"，学者认为可能是《九歌》之东皇太一②。

云中君。是云神。洪兴祖注："云神丰隆也，又称屏翳"，甲骨文中有云神，常用尞祭③。湖北天星观1号楚墓所出楚简所祷对象有云君④，则楚地民间信仰中有云神。

---

① 见顾颉刚：《〈三皇考〉皇字的原意》，载《顾颉刚古史论文集》，中华书局1996年版。

② 李零：《考古发现与神化研究》，载《李零自选集》。

③ 陈梦家：《殷虚卜辞综述》，第575页。

④ 湖北省荆州地区博物馆：《江陵天星观1号楚墓》，《考古学报》1982年第1期。

湘君、湘夫人。湘君是湘水之神，湘夫人是其配偶。在较早的原生性祭祀中，山川各有其神，《山海经·五藏山经》便描述了大量形貌各异的山神之状。周代祭祀是允许各地祭祀自己的名山大川的，叫“望”。湘水正是楚国的“望”，其神为湘君、湘夫人。对湘君的祭祀是以玉投于水中，“捐余玦兮江中”，这正是沿袭较早较直观的沉潦之法。

大司命、少司命。司命为主管人的命运和健康之神，各地对之的信仰十分普遍。《礼记·祭法》提到周代祀典中的五祀神，其中就有司命，《庄子·至乐》记庄子与骷髅对话时亦提到司命，湖北天星观1号楚墓所出楚简亦提到司命，该简李学勤先生认为是一种祭祷的记录，简文记载墓主悼在患病期间曾进行贞卜，所祷祠的神有司命①，又甘肃放马滩一号秦墓出土的简牍中提到“司命史”，名叫公孙强，他让名叫“丹”的死人复活②，此地原属楚，入秦较晚，其信仰反映了楚地的特征。则民间对司命的信仰是普遍的。

东君。是日神。日出于东方，加以人格化便成东君。

河伯。是河神。河在古代专指黄河，则此河伯为黄河之神。楚国地处长江流域，若按照周代祭祀“祭不越望”的原则，楚国只能祭祀自己境内的名山大川，这里却祭祀起黄河之神，曾令古代注疏家们倍感费解。其实若了解一下楚国的历史，便不难理解楚国何以祭祀河神。楚的先祖出自中原，是“祝融八姓”之后③，其先祖在夏代时曾居中原，后来因夏、商、周王朝的更迭和不断被征服，才被赶到长江流域的楚地④，从此被周人视作蛮夷。《左传》宣公十二年记晋楚邲之战楚人就曾“祀于河，作先君宫（宗庙），告成事而还”。楚之疆域当时不达于黄河流域，此时已是春秋时期，楚得胜后祀黄河，是其一向祭祀河神的惯例，并且睡虎地秦简《日书》证明了楚国战国时期历法确用夏正⑤。这些都提醒我们，楚在夏代曾处于中原，其文化受夏的影响，以后迁到长江流域时又吸收了当地的土著

---

① 李学勤：《东周与秦代文明》，第339～340页。

② 李学勤：《放马滩简中的志怪故事》，《文物》1990年第4期。

③ 《史记·楚世家》记祝融八姓为己姓昆吾、斟姓参胡、彭姓彭祖、妘姓会人、曹姓安、芈姓季连、董姓豢龙、秃姓舟人。楚为季连之后。

④ 参见李玉洁：《楚史稿》第一章《楚族的起源》，河南大学出版社1988年版。

⑤ 李学勤：《东周与秦代文明》，第354页。

文化。因此,楚的河伯很可能是其处于中原时期,略当夏代时保存下来的。

山鬼。是山神。这个山神是形象美丽的女子,而周代祀典中以天地大神、祖先英烈为主,绝无此类在周统治者看来能惑乱人心的神灵,它只能是楚地的地方神,也表现了楚文化有浪漫主义的特征,不同于周文化的厚重拘谨。

《九歌》中的神灵,数术色彩并不浓重。经过屈原的艺术加工,自然神绚烂缥缈更具有永恒的美丽和超越时空的艺术价值。

2. 出土文献所见的楚地神祀

近年发现的楚简中有不少跟祭祀有关的内容,下文以包山楚简为例分析一下楚地神灵的构成体系。

包山楚简中,出土卜筮和祭祷简共 54 枚(简 197 至 250),可分为二十六组,各组简按贞问或祭祷的时间顺序排列,每组记一事,内容皆是为墓主人贞问吉凶祸福,请求鬼神与先人赐福、保佑。可分为卜筮与祭祷两类①,这些卜筮和祭祷简真实地反映了战国时期楚地普通贵族心目中的神灵世界。简 212 至 215 为一整条,内容较多,在卜筮祭祷简中具有代表性,现列之内容如下:

“东周之客无緹逯(歸)复(作)于蒧(栽)郢之荿(歲),顕(夏)层之月乙丑之日,盬吉以寍冢为左尹旄卣(贞),出内(入)時(侍)王,自顕(夏)层之月以庚寍荿(歲)之顕(夏)层之月,聿(盡)寍(集)荿(歲)窟(躬)身尚毋又(有)咎。占之,死(恒)卣(貞)吉,少又(有)亚于王事,叡又(有)愢于窟(躬)身,以其古(故)敚之。遯古(故)箒,赛祷亼備玉一环,灰土、司命、司禍各一少环,大水备玉一环,二天子各一少环,峉山一珏。遯郿酓(会)之祱,赛祷宫灰土一羖。遯石被裳之祱,至秋(秋)三月,赛祷邵王戠牛,馈之;赛祷文坪夜君、郚公子春、司马子音、鄵(蔡)公子冢各戠豯,馈之。赛祷新母戠豬,馈之。盬吉占之曰:吉。亼、灰土、司命、司禍、大水、二天子、峉山既皆城。”②

此条简提到的神分自然神和祖先神两大类,自然神有:

灰土:整理小组释为后土,可从。灰即“侯”的右半边,通“后”。

① 湖北省荆沙铁路考古队:《包山楚简》,文物出版社 1991 年版,第 12 页。

② 湖北省荆沙铁路考古队:《包山楚简》,第 33～34 页。

司褙：即司祸。

大水：整理小组认为即“天水”，天水见《史记·封禅书》梁巫所祀。

二天子：未详。

峗山：按三代祭祀某地之望的原则，此山应是当地名山。

祖先神：有文坪夜君、郚公子春、司马子音、鄗（蔡）公子冡等。

该条简祭祷的神灵，跟《左传》襄公十一年晋、宋、卫、曹等七国盟誓时载书提到的神灵体系近似。襄公十一年七国盟誓时提到的自然神有“司慎、司盟、名山名川、群神群祀”，包山楚简提到的司褙、大水、峗山即属此类自然神灵，但因为祭祷者本身身份的局限，“名山名川”是包山楚简的祭祷者没有资格祭祀的，只能祭祀当地的峗山，这是自然神。除此之外，《左传》襄公十一年盟誓提到的祖先神有“先王先公、七姓十二国之祖”，包山楚简提到的文坪夜君、郚公子春、司马子音、鄗（蔡）公子冡等即此类祖先神神灵（此外其他简还提到祭祷者的远祖，如老僮、祝融、媸酓、熊绎、武王等）。在祭祷者的近祖中，邵（昭）王列于首位，祭祷的礼遇也最高，其次是文坪夜君、郚公子春、司马子音、蔡公子冡等。楚昭王于公元前515—前489年在位，墓主人为昭氏，按先秦时期有以先王号为氏的习惯，楚昭王当是这一支的始祖。

至于祭祷之法，整理者说：“对这些神灵祭祷的方法有祭祷的种类有罷祷，𦢊祷，赛祷。罷祷的对象只限于墓主邵𠩵本氏的近祖和直系先人，包括楚昭王和墓主的高祖、曾祖、祖父、父等人。𦢊祷即举祷，就是杀牲盛馔举行祭祀。举祷的对象有先祖、父母、兄弟，以及山川各种神祇。一般是同时有多个祭祀对象，个别情况下只祭祀一神或一位先人。赛祷又称塞祷，《韩非子·外储说右下》：‘秦襄王病，百姓为之祷，病愈，杀牛塞祷。’《史记·封禅书》：‘冬赛祷祠’，司马贞：《索隐》：‘赛，今报神福也。’塞祷即对神灵赐予的福佑给予回报。从简文来看，每次赛祷都说明了是对某神的回报，在时间上，总是在第一次祭祷此神灵之后。”①

除了包山楚简外，近年发现的葛陵楚简跟包山楚简一样有卜筮祭祷记录，主要为墓主人平夜君生前的占卜祭祷记录，占卜的内容以求问病情为主。简文格式

---

① 湖北省荆沙铁路考古队：《包山楚简》，第12～13页。

亦与包山楚简非常相似，由前辞、命辞、占辞等部分组成[1]。此外，湖北天星观1号楚墓所出楚简所祷之神有墓主祖先悼公、惠公、司命、司祸、地宇、大水、云君、东城夫人等[2]，它们所祭神灵的类型均跟包山楚简近似，这里就不再一一列举了。

从包山楚简、天星观楚简、葛陵楚简中祭祷简反映的状况看，周代祭祀中按等级祭祀祖先的原则还没有被根本破坏，包山楚简祭祷者为大夫，葛陵楚简墓主为封君，他们所祭为本系先祖，再加上远祖，这反映了宗法制尚未完全破坏，而且，因为祭祀、祷祠是科技不发达的古人在无力把握生产、生活之际本能的需要，在楚地出土文献反映的受祭神灵中，存在着作为一地地望的山川神、保佑人饮食起居的五祀神等，它们是周代国家祀典中允许存在但级别不高的神灵，也反映了按主祭者的身份尊卑祭神的原则仍然尚存。

3. 楚地的数术神灵

除了包山楚简、天星观楚简、葛陵楚简中的祭祷内容外，楚地还有许多因跟数术有关的神灵，这些神灵从近年丰富的楚地出土文献中可以看出。如曾侯乙墓衣箱上的帛书二十八宿。曾侯乙墓帛书E66盖面当中朱书一个大篆文“斗”字，环绕“斗”字，写有二十八宿的名称，字迹清楚，仅个别笔画稍有脱落。二十八宿名称按顺时针方向排列，它们是：角、坠（亢）、氐、方（房）、心、尾、箕、斗、牵牛、婺（?）女、虚、危（?）、西萦、东萦、圭、娄女、胃、矛、此佳、参、东井、与鬼、酉、七星、张（?）、翼、车。在坠宿下还有“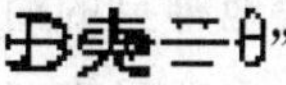”（甲寅三日）四个字。盖顶面两头分别绘青龙、白虎。在青龙之首、尾，盖的边缘处，分别阴刻“止（之）匫”“後匫”，字内填以红漆。与“青龙”相应箱的另一端，绘大蘑菇状云，另有两个“十”字形纹和几个圆点纹；与“白虎”相应箱的一端，绘蟾蜍（?），周围也有一些圆点。箱两侧，一侧绘两兽相对，另有圆点和云彩纹，另一侧没有纹饰……[3]，如下图：

① 河南省文物考古研究所编著：《新蔡葛陵楚墓》，大象出版社2003年版，第173页。
② 湖北省荆州地区博物馆：《江陵天星观1号楚墓》，《考古学报》1982年第1期。
③ 湖北省博物馆：《曾侯乙墓》，第354页。

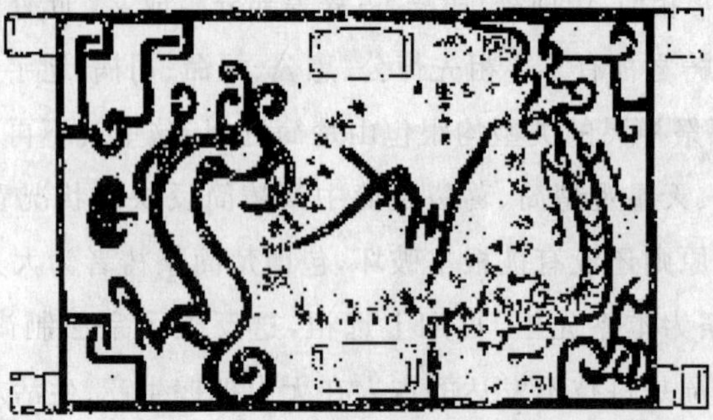

曾侯乙墓帛书 E66 二十八宿图，采自湖北省博物馆：《曾侯乙墓》上册，文物出版社 1989 年版，第 356 页。

上图的帛书是人们将心目中的天象二十八宿摹绘而成，帛书上书写的二十八宿和青龙、白虎不是一般的星宿，青龙、白虎分别代表《史记·天官书》说的东宫苍龙、西宫白虎，它们跟二十八宿诸星在人们心目中都是神灵。除此之外，更典型的数术神灵蕴涵在九店楚简《日书》中，李家浩先生对九店楚简《日书》的文字作了详细考证，从《建除》、《相宅》中可以十分明显地看出有至上神的存在，因九店楚简《日书》跟云梦秦简《日书》甲种提到的建除性质类似①，本书将在下文云梦秦简《日书》部分分析"建除"反映的神灵，这里就不赘述了。

以上是对楚地神灵的简要考察。无论从传世文献还是出土文献看，楚地的神都是大量的。大体说来，战国时期楚地的神灵系统内容有：

1. 楚地自然神，其中的山川神沿袭了祭某地之望的传统，如《九歌》中的湘君、湘夫人，包山楚简中的峉山等。

2. 神话色彩浓重的人神，如子弹库帛书提到的伏羲、女娲、共工等。

3. 五祀神，如包山楚简的户、灶、室（中霤）、门、行；葛陵楚简记载的户、行、门等②。

---

① 九店楚简的《建除》，虽然将建除和丛辰分开，与云梦秦简日书甲种的《除》《秦除》，本质并无区别，具体可参看湖北省文物考古研究所、北京大学中文系：《九店楚简》，中华书局 2000 年，第 46～50 页及李家浩先生释文。

② 杨华先生对楚地的五祀祭祷作过深入研究，见其《五祀祭祷与楚汉文化的继承》，《江汉论坛》2004 年第 9 期。

4.各家族的祖先。这从包山楚简、葛陵楚简可以看出。这方面的祭祀继承了宗法制下“神不歆非族”的传统,各家族只祭祀自己的祖先。

5.跟数术有关的神灵。如九店楚简提到的建除、相宅术背后反映了至上神秘力量的存在,曾侯乙墓衣箱上盖的二十八宿帛画亦可看出青龙、白虎、(北)斗都是时人心目中的神灵。

跟齐地多神仙方术、秦地的神灵世界质朴淳厚相比,楚地神祀的面貌特点是绚丽神秘,富有活力。数术的浸染让这种绚丽神秘的特点更加增益,整个楚地的祭祀和信仰在战国时期都表现得极富浪漫色彩,但这种浪漫并非混乱无序的浪漫,而是多姿多彩,如宏大涡流般既有动感又具有整体统一的灵魂。

下文我们将考察秦国的祭祀与信仰的状况。

三、秦国祀典中的诸神与当时的民间信仰

上文我们考察了齐、楚的民间信仰,这里我们考察秦(诸侯时期)的。秦地民间信仰的情况,除了传世文献之外,因为睡虎地秦简《日书》的出土,资料稍多,下面就从传世文献和出土文献两方面,对秦地从春秋至战国时期的信仰状况作些简要考察。

秦从被立为诸侯到统一天下,经历了春秋、战国五百年的复杂历史进程,秦的祖先,据《史记·秦本纪》记载是“帝颛顼之苗裔”,历夏、商、周三代,西周孝王时,因善于游牧,为孝王养马,孝王使其于秦地作邑,复嬴氏祀。周平王时,秦襄公因以兵护送平王有功,被封为诸侯,赐予岐山以西之地以抵御西戎,从此开始了春秋时期自身的发展。其信仰和神祀带着既受中原影响,又与中原不同的特点。这里先考察秦诸侯时期的信仰,它是以后秦朝国家祭祀的基础。下文便对之作详细考察。

(一)雍四色帝畤和陈宝畤

雍四色帝畤和陈宝畤是秦诸侯时期就建立的、渊源古老的祠所,它们或体现了“诸侯方祀”,或带有浓厚的秦地民间信仰特征,下文便分别考察。

1. 雍四色帝畤

秦从诸侯时期开始就陆续建立了四色帝畤(畤的含义见上文齐地八神部分),秦立畤的情况据《史记·封禅书》记载如下表:

畤名	所祭之帝	建立者	时间	备注
西畤	白帝	秦襄公	襄公7年	用骝驹、黄牛、羝羊各一(《史记·秦本纪》作三)
鄜畤	白帝	秦文公	文公10年	初为畤,用三牢德公元年以牺牲三百牢祠
密畤	青帝	秦宣公	宣公4年	
吴阳上畤	黄帝	秦灵公		
吴阳下畤	炎帝	秦灵公		
栎阳畦畤	白帝	秦献公	献公18年	

这是秦在诸侯时期四色帝畤的大概状况。其中白帝之有三处,对之祭祀也最隆重。《封禅书》记鄜衍立白帝的缘由是:文公梦见黄蛇从天上垂到地下,嘴巴停在鄜衍,文公问史敦,史敦说是上帝显现之征,建议文公立畤祷祀,于是文公作鄜畤,用三牲郊祭白帝。德公时曾用三百牢祭祀白帝,献公时栎阳雨金,加上周太史儋曾经说:"秦始于周合,合而离,五百岁当复合,合十七年而霸王出焉。"于是秦献公自以为得金瑞,便在天上掉金的栎阳立畦畤祭祀白帝。有的学者认为秦祠白帝是僭越祠天①,这是不对的。四色、四方的对应产生很早(《仪礼·觐礼》中的"方明"已十分成熟地反映了这种对应),秦在西方,祠白帝属于诸侯祭祀一方之神,秦蕙田《五礼通考》卷六便认为秦祀白帝和宋人祭祀阏伯一样,是"诸侯方祀"的表现,秦人祀的白帝比周代的至上神"天"要低一级,秦的白帝在其域内是至上神,可以到处显灵。在其显灵的地方作畤,正反映了对白帝的祭祀有随时随地发生的特征。

从襄公七年(公元前770年)立西畤到献公十八年(公元前366年)立栎阳畦畤(《汉书·郊祀志》颜师古注秦献公所立畦畤:"畦畤者,如种韭畦之形而畤于畦中,各为一土封也",则畤为田间之祀,并仍然保留了民间祭祀随地发生的色彩),四色帝畤中西畤、鄜畤、栎阳畦畤祭的都是白帝,是因为白帝对应西方,而秦起自西方。四色帝畤完备,显示了四方说影响的渗入,这使它在体系上开始脱离散漫和无组织的民间祭祀水准。

在秦四色帝畤中,顾颉刚先生认为西、畦两畤,是西汉末年的人为了证明汉为火德,所胜为秦"栎阳雨金"之金德而伪造的②,这一结论似乎过于武断。秦的

① 李申:《关于儒教的几个问题》,《世界宗教研究》1995年第2期。

② 顾颉刚:《五德终始说下的政治和历史》,载《顾颉刚古史论文集》。

四色帝畤并不是作史者的伪造,这从四色帝畤受的是四方影响,尚未受到五德终始说影响可以看出。四方观念甲骨文中就有,比五行影响下的五方要早得多,不能一看见四方,就认为它必跟阴阳五行有关,产生年代晚。四色帝是当时广泛地流传于民间的信仰。《山海经》中有旁证。《山海经》保存了较多的原始资料,据袁珂先生考证成书于从春秋末年到汉代初年这一长时期中,作地是以楚为中心及巴、东及齐[①]。它与卜辞的对应可看出它资料的真实性。《山海经》的四方神如下表:

方位	神名	形象	出处
东方	句芒	鸟身人面,乘两龙	《海外东经》
南方	祝融	兽身人面,乘两龙	《海外南经》
西方	蓐收	左耳有蛇,乘两龙	《海外西经》
北方	禺强	人面鸟身,珥两青蛇	《海外北经》

从卜辞到《山海经》可以看出,四方、四色、四神之间的对应随着人们知识的增加和想象力的提高而变得整齐和丰富。这种对应的思维在当时是普遍的,秦的四色帝畤正是因这种思维建立的。秦献公的时代正值战国中期,在邹衍前[②],到邹衍时五行、五德说才开始糅合[③],此前栎阳雨金与此后秦定自己为水德二者不一致就并不奇怪,正说明秦立四畤时五德、五行说尚未糅合,更不用说对之发生影响。

秦人对雍四畤的祭祀法,亦体现了既受到周代王朝祭礼下正统祭祀方式的影响,但又带有秦地方性色彩的特征。《史记·封禅书》记载秦时祀雍四畤法如下:

"春以为岁祷,因泮冻,秋涸冻,冬赛祠,五月尝驹,及四中之月,月祠[若]陈宝节来一祠。春夏用骍、秋冬用駵。畤驹四匹,木禺龙栾车一驷、木

---

① 袁珂:《山海经全译》前言,贵州人民出版社1991年版。

② 梁惠王在位为公元前370至前319年,秦献公立畦畤在公元前366年,正是这段时间。邹衍时代在梁惠王之后(顾颉刚:《五德终始说下的政治与历史》,载《顾颉刚古史论文集》),则秦献公立畦畤在邹衍以前。

③ 《汉书·艺文志》阴阳家有《邹子终始》五十六篇,《史记·封禅书》"邹衍以阴阳主运显于诸侯",《集解》如淳曰:"今其书有《主运》。五行相次转用事,随方面为服",则《主运》为驺子书篇名,内容为"五行相次转用次",此为宇宙图式的内容。而他的五德终始说,《史记·孟子荀卿列传》云其"称引天地剖判以来,五德转移,治各有宜,而符应若兹",则到邹衍《主运》时,五德、五行说已经融合。

禺车马一驷，各如其帝色。黄犊羔各四，圭币各有数。皆生瘗埋，无俎豆之具。三年一郊。秦以冬十月为岁首，故常以十月上宿郊见（补注云宿曰斋戒），通权火，拜于咸阳之旁，而衣上白。其用如经祠云。”

上文的记载涉及祷祠的几个要素：

1.用牲和供奉制度。用牲有骍（赤色马），骝（赤色黑尾马）。当时季节和色彩的对应（春青、夏赤、秋白、冬黑）已经流行，因此春夏用赤色马，秋冬用赤色黑尾马。木禺（《汉书·郊祀志》作寓）之“禺”据王先谦《汉书·郊祀志》补注引顾炎武云“禺”同“偶”，则木禺马即木偶马。木偶车马是真车马的替代，山西曲沃晋侯墓地发现了西周时期的车马坑，西周末至春秋初的三门峡虢国墓地随葬真车马①，到战国时期以木偶车马代替真车马是节约财力、社会进步的表现，考古发现中多见。秦始皇陵兵马俑形制特大，与真人相仿，汉墓中多彩绘武士俑、歌舞俑等，此为随葬明器。祀四色帝亦用木偶车马，车马颜色跟所祠帝色（白、青、黄、赤）一致。

除了牺牲和木偶车马外，还有圭币，即玉帛。这是从周代祭礼的牺牲供奉制度继承下来的。但祭祀四色帝无俎豆，亦无歆、飨、献之仪，而这些恰是多数宗周礼典最重要的部分，这亦是古典礼乐文明中的祭祀仪节传承走样的结果。

2.祭祀法。祭祀四色帝之法是“通权火”，王先谦《汉书·郊祀志》补注云“权”当为“爟”的假借字，《周礼》有司爟，为火官，又引惠士奇说“通权火盖燔柴之遗法”，即用燔烧祭祀。燔柴是周代牺牲祭天之法，此处以“通权火”祭祀四色帝，是燔柴法之孑遗。

3.祷祠时间。对雍四畤的祭祀是按照季节进行的。每季的中间一个月（四中之月）祭祀四色帝，春天祈祷请予好的收成，冬天赛祠，即以所获报答神灵（《汉书·郊祀志》颜师古注为“报其所祈也”），从用牲之色随帝色和在四季之中月祷祠看，当时对四色帝的祷祠亦受时令影响。

2. 陈宝畤

陈宝畤渊源古老，为秦文公十九年在陈仓北阪城建立，其神或整年不来，或

---

① 中国科学院考古研究所：《上村岭虢国墓地》，科学出版社1959年版。

一年数来,来时常在夜里,从东南来集于祠城,光辉若流星,声音响亮引起野鸡夜鸣,百姓多信之。《汉书·郊祀志》颜师古注引苏林曰:"(陈宝)质如石,似肝",则陈宝畤祭祀的是一块颜色呈深紫红色的石头。以后汉成帝时匡衡改革祭祀,欲废陈宝祠,刘向追溯了汉初陈宝常常显灵的情景(见第三章第一节),刘向笃信神仙说,他是不同意废除陈宝畤的。

关于陈宝的性质,历代学者曾备感费解。马非百《秦集史》认为陈宝为陨星,"光辉若流星"为星初陨之景象,"野鸡夜雊"为星陨有声,野鸡皆惊而鸣,"质如石,似肝"是因为陨石成分多铁①,此说甚有见地。古人不理解陨石现象,将之与迷信联系起来,《史记·封禅书》司马贞《索隐》案引《列异传》:

"陈仓人得异物以献之,道遇二童子,云:'此名为媦,在地下食死人脑。'媦乃言云:'彼二童子名陈宝,得雄者王,得雌者伯。'乃逐童子,化为雉。秦穆公大猎,果获其雌,为立祠。祭,有光,雷电之声。雄止南阳,有赤光长十余丈,来入陈仓祠中……。"

这段记载反映了秦民间祭祀的造神水准。它融入了民间百姓的想象。无论是这则传说还是《封禅书》正文说陈宝神来时"野鸡夜雊",都反映了陈宝是秦地自发产生的祭祀。因其有灵力,才进入秦的国家祭祀。

(二)睡虎地秦简《日书》反映的数术与神灵

20 世纪 70 年代出土的睡虎地秦简《日书》保存了秦人下层百姓信仰的珍贵资料。《日书》是当时百姓以数术择日的书籍,其中保存量多数今人已不知晓的数术占法,这些占测法的前提都是相信神灵的存在。下文便以《日书》中的《除》、《秦除》、《玄戈》、《星》、《诘》等篇为例,说明其中神灵的存在。

1.《除》、《秦除》中的建除法反映的数术神灵

睡虎地秦简《日书》甲种记载了《除》和《秦除》两种不同的建除法,这两种不同建除法可以用上一节所考察的"式"的形式绘图如下:

---

① 马非百:《秦集史》上册,中华书局 1982 年版,第 7～8 页。

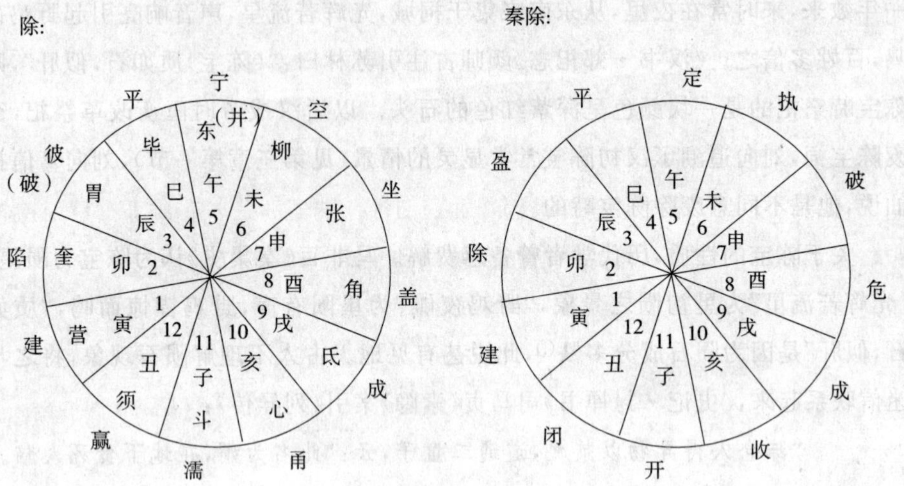

月份:1 2 3 4……

图例: 星宿:斗、须、营……

建除:建、除、盈平……

从简文和上图看,这两种建除法的基础模式是一样的,均以正月建寅,二月建子,依次往下。《除》中有斗、须、营、奎等星宿,《秦除》没有。这两种建除的区别在于描述"建除"状态度词略有差别,正月都为"建",因为正月为始;四月,二者均为"平";五月,《除》为"宁",《秦除》为"定",宁、定意思相同。十一月,《除》为"濡",《秦除》为"开","濡"为浸染之意,与"开"意思相近。不同者有二月,《除》为"陷",《秦除》为"除"。除了这些描述建除状态的词有差异之外,两种建除的差别还在于它们将日子的吉凶休咎所分的类型不同。两种建除都将日子分为十二种,《除》中分为结日、阳日、交日、害日、阴日、达日、【外】阳日、外害日、外阴日、□□日、夬光日、秀日①;《秦除》分的是建日、除日、盈日、平日、定日、执日、破日、危日、成日、收日、开日、闭日,每种日子都对应着能和不能做的事,以及所做事的结果。学者已经指出《除》为楚地建除,《秦除》为秦之建除②。《除》中的建、陷、彼、平等等与《秦除》中的建、除、盈、平,以及《稷辰》中的秀、正阳、敫、禼,都是说

① 睡虎地秦墓竹简整理小组:《睡虎地秦墓竹简》,文物出版社 1990 年版,第 181 页。

② 胡文辉:《〈日书〉起源考——兼论春秋战国时期的历法问题》,《简帛研究》第二辑,法律出版社 1996 年版。

明建除之日的吉凶状态,它们都跟具体日子的干支对应①。

建除的性质属于上一节总结的式法的一种。当时有多种建除法,云梦秦简《日书》中的建除法,即墓主人收藏的两种建除的对照。

云梦秦简《日书·建除》对分析当时人们心目中的神灵世界是有重要意义的。首先它反映了至上神秘力量的存在,《日书·建除》是以某日干支和对应的相应宜忌来推求宜做某事,不宜做某事(这些事的内容都是普通百姓的生产、生活琐事,如出行、入室、娶妻、嫁女、收获稻麦)的手段,反映了普通百姓希望他们的日常生活内容能处在这种至上神秘力量的保护之下。跟直接向神灵献祭的"直接膜拜"(instinctive supplication)比,用建除来推日所采用的手段是积极主动的,但在中国古代下层百姓的脑海中,献祭祈福的直接膜拜和各种数术都是出于对同一种神秘力量的敬畏,这是我们应该看到的。

除了以干支对应宜忌的"建除"之外,《日书》中反映神秘力量存在还有其他种类,见下文。

2.《玄戈》、《星》中的星占术

《玄戈》通篇是以二十八宿分布的位置和"玄戈"(星辰名,在北斗七星之招摇北,见下文)所指占验的文字,简文内容是某月,某星之位大凶,某星之位致死,某星大吉,某星少吉,并记载了招摇、玄戈所系,内容可列成下表:

月份	大凶	致死	大吉	少吉	招摇所系	玄戈所系
十月	心、危、营室	心、尾	毕、此(觜)巂	张、翼	未	尾
十一月	斗、娄、虚	角、房	胃、□	柳、七星	午	心
十二月	须女、斗、牵牛	角、犺(亢)	奎、娄	东井、舆鬼	巳	房
正月	营室、心	张、翼	危、营室	毕、觜巂	辰	翼
二月	奎、氐、房	七星	须女、虚	胃、参	卯	张
三月	胃、矛、亢	东井、舆鬼	斗、牵牛	奎、娄	寅	七星
四月	毕、张、翼	毕、觜巂	心、尾	危、营室	丑	觜巂
五月	东井、七星	胃、参	角、房	须女、虚	子	毕

① "建除"的吉凶状态跟日子干支的对应,是《日书·建除》、《稷辰》等篇简文的主要内容,例《稷辰》:"正月二月,子秀,丑戌正阳,寅酉危阳,卯敫、辰申禼、巳未阴、午徹、亥结",这些日子之秀、正阳等的排列,在正文所绘建除"式"图上基本处于两两相对的位置,其分布有一定规律,当时的数术家就是以此来占验的,这个问题的具体细节,笔者准备日后撰文再叙。

（续表）

六月	柳、东井、舆鬼	奎、娄	角、亢	斗、牵牛	亥	昴
七月	张、毕、觜觿	危、营室	张、翼	心、尾	戌	营室
八月	角、胃、参	须女、虚	柳、七星	角、房	酉	危
九月	氐、奎、娄	斗、牵牛	东井、舆鬼	张、翼	申	虚

以二十八宿的位置占测之术源于王官。“玄戈”为星辰名，《史记·天官书》云其为“天锋”，在北斗斗杓之端，《索隐》晋灼曰：“外，远北斗也。在招摇南，一名玄戈。”《正义》引《星经》：“梗河星为戟剑之星，若星不见或进退不定，锋镝乱起，将为边境之患也。”《日书》的《玄戈》篇与上面的《除》篇所用的分野距星不同，这也暗示了《玄戈》与《除》为不同流派的天文占术。

《玄戈》中值得注意的是招摇所系。《玄戈》中的招摇所系为逆时针（右旋）运行，跟日月星辰左旋运行正好相反，这个“招摇”看样子不是《史记·天官书》所记北斗口端的招摇，而是其相反的影像，因为天空中的招摇运行是左旋，在天穹上按子、丑、寅、卯循序渐进，绝不会像上文的招摇那样十月在未，十一月反倒在午，十二月更在巳，它的运行方向跟实际的招摇是相反的。而且在《玄戈》中，简文关心的是普通百姓的生产生活，离《史记·天官书》关心的军政大事已很远，这反映了《史记·天官书》继承了三代王官的以星占术占测军政大事的一贯传统，而《日书》的《玄戈》则利用三代王官流出并已发生流变（从“玄戈”的方向可以看出）的数术服务于普通百姓的生产、生活。

《日书》甲种中，还有《星》篇内容与《玄戈》相近，《星》完整地提到二十八宿，用它占验娶妻、盖屋、生子等生活事宜，下文试举几条：

斗，利祠及行贾、贾市，吉。取妻，妻为巫。生子，不盈三岁死。可以攻伐。

牵牛，可祠及行，吉。不可杀牛。以结者，不择（释）。以入【牛】，老一，生子，为大夫。

胃，利入禾粟及为囷仓，吉。以取妻，妻爱。生子必使。84

卯，（昴），邋（猎）、贾市，吉。不可食六畜。以生子，喜（斗）斵。85

毕，以邋（猎）置罔（网）及为门，吉。以死，必二人。取妻，必二妻。不可食六畜。生子，痓。亡者，得。86

此（觜）巂，百事凶。可以敫（微）人攻雠。生子，为正。87

东井,百事凶。以死,必五人死;以杀生(牲),必五生(牲)死。取妻,多子。生子,旬而死。可以为土事。89

舆鬼,祠及行,吉。以生子,瘩。可以送鬼。90

【柳】,百事吉。取妻,吉。以生子,肥。可以寇〈冠〉,可请谒,可田猎。91

翼,利行。不可臧(藏)。以祠,必有火起。取妻,必弃。生子,男为见(觋),【女】为巫。94

上文所引《日书·星》中的几例提到行贾(出去做生意)、娶妻、生子、杀牛、起粮仓、打猎、送鬼等,生动地反映了当时普通百姓的生活和他们所关注的内容,这是《日书》中各篇一致关注的。二十八宿被分配在一年时日中,编成《日书》以指导普通百姓的生产生活;这种将二十八宿与历法对应的数术是战国时期广泛存在的知识,它反映了当时普通百姓心目中的二十八宿具有神性。

《日书》甲种中提到的建除,以《玄戈》、《星》为代表的星占、人字等术,是当时数术的几类,《日书》还提到了其他五花八门的数术,这里就不再展开。这些数术反映了当时百姓心目中有鬼神主宰着人的命运。首先,其中有至上神存在。数术中并没有提到它的名字,但从《建除》、《玄戈》等看,这至上神就是主宰建除中建、陷、开、危、闭等状态的神秘力量,它与上一节考察的"太一"处于同一层次。其次,二十八宿,招摇、玄戈,都具有预示吉凶的神性,它们属于次于至上力量的神灵。民间百姓有时还对它们直接立祀膜拜(见下文雍州杂祀部分),反映了它们具有神性。这一点将在下文雍州杂祀部分涉及。

此外,从《日书·诘》还可出在普通百姓心目中有大量鬼存在,见下文。

3.《诘》反映的"鬼"的世界与劾鬼巫术

《诘》为《日书》甲种中一篇劾鬼时的攻说之辞。开篇云:"鬼害民罔(妄)行,为民兵羊(祥),告如诘之","人有思哀也弗忘"(简六三背一)"人毋故而心悲"(简六七背一)都是鬼在作祟。连劭民《云梦秦简〈诘〉篇考述》、刘乐贤《睡虎地秦简日书〈诘咎篇〉研究》,(《考古学报》1993年4期)均已对《诘》的文字和内涵作过详细研究。《诘》篇提到的鬼名有二十种:刺鬼、丘鬼、鬃鬼、哀鬼、棘鬼、句鬼、神狗为鬼、阳鬼、欿鬼、故丘鬼、祷鬼、凶鬼、暴鬼、游鬼、不辜鬼、粲迓之鬼、饿鬼、遽

鬼、哀乳之鬼、疠鬼、夭鬼。鬼名众多,形形色色,有壮者、凶者、有横死者、夭折者,下面列举《诘》中一些鬼的名称及其特性:

刺鬼:即厉鬼,《诘》篇位于首位。放马滩简中的一则志怪故事记载了强死者化为厉鬼的故事。攻法:“以桃为弓,牡棘为矢,羽之鸡羽,见而射之,则已矣。”

丘鬼:“人无故鬼昔(藉)其宫,是为丘鬼。取故丘之土,以为伪人犬,至藕(墙)上,五步一人一犬,睘(環)其宫,鬼来陽(扬)灰毄(擊)箕以喿(譟)之,则止。”按,丘鬼为丘上之鬼。用丘之土攻击之。

誓鬼:“人无故而鬼惑之,是为誓鬼。善戏人。以桑心为丈(杖),鬼来而毄(擊)之,畏死矣。”以桑为杖在巫术中常见。《汉书·息夫躬传》记息夫躬“以桑东南指枝为匕,画北斗七星其上。躬夜自被发,立中庭,向北斗,持匕招指祝盗”,此即为从战国时期以桑为杖劾鬼发展而来。

哀鬼:“人无故而鬼取为膠,是是哀鬼,……,以济椎桃秉(柄)以憙(敲)其心,则不来。”

棘鬼:“一宅中毋(無)故而室人皆疫,或死或病,是是棘鬼在焉,正立而貍(埋),其上旱则淳,水则乾。屈(掘)而去之,则止矣。”

神狗为鬼:“犬恒夜入人室,执丈夫,戏女子,不可得也,是神狗伪为鬼。以桑皮为之,烰(炮)而食之,则止矣。”

幼蛮:“夏大暑,室内(無)故而寒,幼蛮(龍)处之。取牡棘烰(炮)室中,蛮去矣。”幼蛮跟上文的鬼不一样,它是一种怪物。

飘风之气:“野兽若六畜逢人而言,是票(飘)风之气(按,不止一处提到‘气’,是数术家的专业用词,值得注意),毄(擊)以桃丈(杖),绎(釋)郮(屨)而投之,则已矣。”这个“飘风之气”也不是鬼,是怪物。

阳鬼:“灶毋故不可以孰(熟)食,阳鬼取其气。燔豕矢室中,则止矣。”

按,此“阳鬼”连劭民释为神仙,误。神仙跟“鬼”是根本不同的东西(见本章第五节神仙家的产生),此阳鬼,为性质为“阳”的鬼,取灶台之“气”。

饮鬼:“人之六畜毋故而皆死,饮鬼之气入焉。乃疾靡(糜)瓦以还□□□□□已矣。”饮,整理小组引《广雅》释为欲,则饮鬼就作有性欲的鬼理解,不确。按,饮即阴字,刘乐贤已指出这一点。饮鬼即阴鬼,跟上文的阳鬼相对,阴鬼之气侵入人或六畜,则人畜即死。

诗鬼:鬼恒召(诏)人曰:“壐(而)必以枼(某)月日死,是诗鬼伪为鼠,入人醢、酱、滫将(浆)中,求而去之,则已矣。”

大神:“大神,其所不可咼(过)也,善害人,以犬矢(按,即狗屎)为完(丸),操以咼(过)只,见其神以投之,不害人矣。”

按,整理小组释大神为社神,不确。社神为一地的保护神,不可能以狗屎投社神,疑为《礼记·祭法》所云的“大厉”,即大的厉鬼。

神虫:“鬼恒从男女 ,见它人而去,是神虫伪为人,以良剑刺其颈,则不来矣。”

状神:一室人皆无气以息,不能童(动)作,是壮神在其室,屈(掘)遝泉,有赤豖,马尾犬首,享(烹)而食之,美气。按,状神,整理小组释为戕,可从。

以上是《日书·诘》提到的一部分鬼,它们是普通百姓心目中由死去的人、作怪的物等构成的林林总总的非物质存在,能以各种方式作祟于生人。它们也是流传到汉代的《执不祥劾鬼物》八卷(见《汉书·艺文志》)所劾之对象。《日书·诘》篇记载的劾鬼之术很多,或以桃、棘为弓矢(刺鬼、哀鬼),或以犬屎(大神),或以灰土(丘鬼),均属巫术。《史记·封禅书》、《汉书·景十三王传》乃至应劭《风俗通义》中都有内容与之对应,刘乐贤《睡虎地秦简日书〈诘咎篇〉研究》作过仔细考证,可以参看。

除了《诘》篇反映的鬼世界之外,文献记载中还有关于秦地民间祭祀的资料,下文便稍作考察。

(三)《史记·封禅书》所记雍州的民间杂祀

秦都雍州以西有几十处祠,《封禅书》这样记载:

“而雍有日、月、参、辰、南北斗、荧惑、岁星、填星、[辰星]、二十八宿、风伯、雨师、四海、九臣、十四臣、诸布、诸严、诸逑之属,百有余庙。西亦有数十祠。于湖有周天子祠。于下邽有天神。沣、镐有昭明、天子辟池。于(社)[杜]、亳有三社主之祠、寿星祠,而雍菅庙亦有杜主。杜主,故周之右将军,其在秦中,最小鬼之神者。各以岁时奉祠。”

这些雍州附近的杂祀内容驳杂，大体可分为三类：第一类是日月五星、二十八宿等天文诸神；第二类是生产、生活之神和一些杂神；第三类是人鬼，下文将对它们分别作些考察。

1. 日月、五星、二十八宿、南北斗等天文诸神

在分析上文数术神灵的时候，我们已经说过，数术是将神灵的神秘力量加以利用的积极方式，无论哪种数术均反映出其中有各种各样的神灵存在，假如将这些神灵用“直接膜拜”的方式，直接献祭加以讨好，就成了民间林林总总的杂祀，雍州杂祀中的天文诸神大体上都是这一性质，见下文。

日、月：雍州杂祀中有日、月。这一日、月崇拜并不是自然、直观的天体崇拜，跟战国时期其他地区的日月崇拜一样有数术意义。

除了日月外，雍州杂祀中有五星。《史记·封禅书》提到了荧惑（火星）、岁星（木星）、填星（土星）、辰星等。它们分别如下：

荧惑：即火星之祠。荧惑出现在古代是不祥之兆。《天官书》张守节《正义》引《天官占》：“荧惑为执法之星，其行无常，以其舍命国：为残贼，为疾，为丧，为饥，为并。环绕句己，芒角动摇，乍前乍后，其殃逾甚。”王官占验如此，民间也秉承了此精神。为荧惑立祠，旨在讨好它，让它不作祟伤人。

岁星：即木星之祠。木星在天空运行一周约为十二年，古代以此纪年。《天官书》：“察日、月之行，以揆岁星顺逆。”《索隐》姚氏案：“《天官占》云：‘岁星，一曰应星，一曰经星，一曰纪星。’”古人按岁星经行将天区分为十二，岁星纪年的十二年也各有名称。民间以其出没占验祸福。

填（镇）星：即土星之祠。土星二十八年运行一周天①，古人将之与二十八宿区位结合起来占事。《天官书》：“历斗之会以定镇星之位……，岁填一宿，其所居国吉”即填星每年经过二十八宿中的一宿，所经过的国家逢吉。《天官书》：“其所居，五星皆从而聚于一舍，其下之国，可[以]重致天下。礼、德、义、杀、刑尽失，而填星乃为之动摇。”

---

① 《史记·天官书》：“（填星）其一名地侯，主岁。岁行十（二）[三]度百十二分度之五，日行二十八分度之一，二十八岁周天。”

辰星:即水星之祠。《封禅书》文中两处出现辰星之祠,后一处为根据《汉书·郊祀志》增补。有关辰星之占《天官书》亦有记载,《天官书》:“罚出辰星。”《史记正义》引《天文志》:“(辰星)其日壬、癸。四时,冬;五常,智也;五事,听也。人主智亏听失,逆时令,伤水气,则罚见辰星也。”从这段话看,辰星之罚源于将五星、干支、四时、五事糅合成一个系统,认为五事、四时出差错(逆时令、智亏听失),天罚就表现在辰星出乱上。

引文中没有提到五星中的太白(金星),应是太史公没有尽言之故,太白之祠应包含在下文“百有余庙”中,五星不皆受祀是不合数术逻辑的。

二十八宿:二十八宿是天空中二十八群星官的总称,在古代它们被分为东西南北各有七个星群的四部,东部苍龙七宿为角、亢、氐、房、心、尾、箕;南部朱鸟七宿为东井、舆鬼、柳、七星、张、翼、轸;西部白虎七宿为奎、娄、胃、昴、毕、觜、参;北部玄武七宿为斗、牛、女、须、危、营室、壁[①]。这些星辰往往被附会上人事或代表某物,主司某职。而雍州杂祀的二十八宿之祠是一处总祠还是二十八处祠已难以从《封禅书》原文得知。

除了五星外,《封禅书》提到所立之祠还有的是属于二十八宿的单祠。如参即二十八宿中西宫参星之祠,由各有司职的七星构成[②]。参主杀伐。《天官书》正义:“参主斩刈,又为天狱,主杀罚。”这段文字中参与二十八宿分别提,王先谦《汉书·郊祀志》补注指出是因为它们各有专祀,而不是因为有衍文。又如南斗:南斗为二十八宿中北方七宿之一,由六星组成。《史记·天官书》张守节《正义》:“南斗六星为天庙,丞相、大宰之位,主荐贤良,授爵禄;又主兵,一曰天机。南二星:魁、天梁;中央一星,天相;北二星:天府庭也。”这里出现除了二十八宿外的南斗,原因也是因为各有专祀。

北斗:北斗即北斗七星天枢、璇、玑、权、衡、开阳、摇光。《天官书》:“斗为帝车,运于中央,临制四乡。分阴阳,建四时,均五行,移节度,定诸纪,皆系于斗。”

---

① 见《史记·天官书》及《淮南子·天文训》高诱注。

② 《史记·天官书》:“其中三星横列者,三将军。东北曰左肩,主左将;西北曰右肩,主右将;东南曰左足,主后将;西南曰右足,主偏将。故轩辕氏占参应七将也。中央三小星曰伐,天之都尉也,主戎狄之国。”

《封禅书》中这些民间祭祀的天文诸神渊源于上古王官中体系完备的星占之学。战国之际的社会变动使原先在王官的这类知识下移至民间，这一下移使它性质发生了很大变化，由观天象知政事的天人专学变成了功利色彩很强的数术。这从上文考察过的《日书》的《建除》、《岁》、《星》、《玄戈》等篇可以看出。但数术还不足以表达普通百姓企求平安幸福的愿望，于是有了直接将之神化的祭祀和请福。雍州杂祀这部分即源于数术中神灵的存在，它们到了普通百姓的脑海里，就变成了民间祭祀。

2. 生产、生活之神及其他杂神

《封禅书》所记的雍州杂祀中提到的生产、生活之神及一些杂神有以下几位：

风伯、雨师：从二十八宿角度看，风伯为箕，箕是东方七宿之一；雨师为毕，毕是西方七宿之一。它们在星图中处于东西相对的位置[①]，它们被认为主司风、雨，这里有单独的风伯、雨师之祀，是因为风、雨对农业生产有至关重要的意义，因此民间祭祀它们。

四海：四海之祀应出于认为大地环海的概念。这一概念渊源很古老，它是将四方概念（甲骨文中就有）和海的概念结合起来形成的。邹衍的大九州说认为九州外有裨海，又有大瀛海环其外[②]，已是在此基础上形成的更精致的寰宇学说。四海的概念在战国时期是普遍的，并不局限于某一区域。《庄子》中有北海、南海[③]，因此，雍州杂祀中出现四海之祀，正说明这一祭祀的古老和民间性质。

寿星祠：《索隐》云寿星为南极老人星，见则天下理安。《史记·天官书》南极老人星在天之西宫，《正义》："老人一星……，一曰南极，为人主占寿命延长之应。常以秋分之曙见于景，春分之夕见于丁。见，国长命，故谓之寿昌天下安宁。"

诸布：《史记·封禅书》司马贞《索隐》案："《尔雅》'祭星曰布'，或诸布是祭星之处。"即散布的祭星的地方。

---

① 见中国天文学史整理研究小组：《中国天文学史》，科学出版社1987年版，第56页的东汉星图。
② 见《史记·孟子荀卿列传》。
③ 《庄子·应帝王》："南海之帝为悠，北海之帝为忽，中央之帝为浑沌。"

诸严:王先谦补注引叶德辉云“严”当为避汉明帝刘庄讳,应为“诸庄”,《尔雅·释宫》“六达谓之庄”,是诸严应为路神。

诸逑:《汉书·郊祀志》作“诸逐”。王先谦《补注》认为当作“诸遂”,《地官》注遂为王国百里外,皆主道路,是以诸逐亦指路神。

天神:在下邽。按天神是周代国家祀典最高之神,它昭示着宇宙间至高无上的和谐,日月星辰的流布运行是这种和谐的具体体现。但此下邽天神的性质不可能是这样,它是战国时期因社会变动,国家祀典中的一些神流入民间的结果。因为战国时期除了雍州以外的其他地区亦祭天神,齐地八神有天主,汉初高祖时长安祠官管辖的梁巫中有天①,九天巫有九天②,这些天神都是民间将原先国家祀典的天神搬到自己的信仰领域的结果,其神性不再是天文诸神的统领,而是人格化的,并带有地方色彩,这是民间信仰的特点。

昭明:即昭明星之祠。《史记·封禅书》有昭明星,“大而白,无角,乍上乍下,所出国,起兵,多变”;《史记·天官书》司马贞《索隐》案引《春秋合诚图》云其为“赤帝之精,象如太白,七芒”;《天官书》裴骃《集解》引孟康曰其形状“如三足机,机上有九彗向上,荧惑之精。”则昭明星是一种有数条如彗尾般光芒的星辰,它的出现在时人心目中是恶兆,因此民间祭祀它,有辟恶之意。

天子辟池:王先谦《郊祀志》补注引沈钦韩云辟池为西周镐京辟雍故地,所祠者为镐池君。因西周镐京辟雍周围有大水池,水池之神即为镐池君。

3. 人鬼

《封禅书》所记雍州杂祀中提到的人鬼有以下几位:

九臣、十四臣:《史记·封禅书》和《汉书·郊祀志》皆作“九臣十四臣”,王先谦补注引皮锡瑞说九臣十四臣疑为九皇、六十四民之脱误,《周礼·小宗伯》郑玄注:“三皇、五帝、九皇、六十四民,咸祀之。”孔颖达疏:“九皇氏没,六十四民兴,六十四民没,三皇兴。”疑九皇、六十四民皆古传说帝王。九臣当是九皇之臣,六十四臣当是六十四民之臣。

---

① 《史记·封禅书》。

② 同上。

周天子祠：王先谦补注引地理志京兆湖县有周天子祠二所。

杜主、三社主：三社主《汉书·郊祀志》作"五杜主"，按，杜、社形近易混。《汉书·地理志》京兆尹有杜陵县，为故杜伯国，有周右将军杜主祠四所。据《墨子·明鬼》记载，杜伯之鬼曾射死周宣王。至于其"右将军"封号可能是传说。周代文、武不分，将、相分职和分左右是战国开始的事。此可能是战国民间关于杜伯的传说，把他附会上"右将军"之职。杜伯在秦中是最卑微的人鬼。

以上是雍州杂祀中的人鬼，对它们的祷祠是民间自发的祭祀。

在《史记·封禅书》所记载的雍州诸杂祀中，受祀神灵的来源多半已不是最原始的原生神灵，从宗教学角度看可称之为继发性。如下邽的天神来源于周代国家祀典中的天神；诸严、诸逐等路神来源于周代祀典五祀神中的"行"；天子辟池为周王的镐池君，杜主为故周臣杜伯，周天子本身也受到祭祀，从这里可以看出：第一，这些神灵均带有地方性色彩，这是民间信仰地方性[①]的表现；第二，过去的人、物都在不断变成鬼物受祀，这是民间信仰继发性的特点[②]，正是这一特性使民间祭祀在岁月流逝、朝代更迭的背景下总有自己的内容。雍州杂祀中这一内容则反映出战国、秦的时代特点（数术盛行）和地区特点（有一些地方神，如周天子祠、天子辟池、杜伯等）。因此，雍州杂祀在《史记·封禅书》中虽然才短短一百多字，但从民间祭祀这一角度看内容是非常丰富的。

以上是对秦诸侯时期的祭祀考察。学者已指出秦这一阶段的国家祭祀较多地带有原生性和地方色彩[③]。在这个神灵系统中，可以看出仍然存在着三级神灵体系：第一是至上神。渊源古老的雍四畤中的白帝是秦域内的至上神，睡虎地秦简《日书》的《建除》、《岁》、《星》等篇均可看出至上神秘力量的存在；其次是至上神下面的次一级神灵，如雍州杂祀中的日月、五星、二十八宿等；再次是民间因

---

① 乌丙安先生认为，中国民间信仰具有狭隘性，见其《中国民间信仰》，上海人民出版社 1996 年版，第 10 页。而地方性色彩，恰恰的狭隘性的表现之一。

② 中国民间信仰是多层复合信仰，它崇拜不同宗教谱系和来源的神灵，只要于百姓的实际需求有利。因为其多功利性的特点，历史人物等也不断进入他们的崇拜领域。关于民间信仰的多功利性，见乌丙安：《中国民间信仰》，第 8～11 页。

③ 秦人的上帝崇拜，还可参见田静、史党社：《论秦人对天或上帝的崇拜》，《中国史研究》1996 年第 3 期。

生产、生活之需而产生的各种因地而异的杂神和《日书·诘》中的鬼。因此，秦地祭祀虽然跟战国时期其他诸侯国一样面貌芜杂，但其中还是存在秩序的。

结　语

本节对战国时期齐、楚、秦三个较大诸侯国的祭祀和信仰情况作了考察。(其他地区的民间信仰，三晋和燕的因资料较少，还不清楚，较详细记载的只有《史记·封禅书》中的梁巫、晋巫(对之的考察见下一章西汉部分)。从本节考察可以看出，无论齐、楚、秦，在面貌芜杂的各种祷祠和膜拜背后均可看出三级神灵体系的存在。首先，它们中均有至上神的存在。齐地八神，是统一在某个至上力量之下的，楚地神灵中屈原《九歌》所咏的东皇太一即为至上神，而秦简《日书》数术则间接地反映了至上神在人们心目中存在；其次，在至上神之下有大量源于数术的次一级的神灵，齐地八神之天主、地主、日主、月主；楚地的东君、云中君、曾侯乙墓衣箱帛书上的二十八宿、秦地民间祭祀中的日月五星、北斗、二十八宿都是这类至上神之下的神灵；再下一级则是民间百姓因生产生活之需而膜拜的杂神，如《封禅书》所记林林总总杂祀中的诸庄、诸严、天子辟池、杜主等等。包山楚简因墓主为大夫，反映出的神祀则更接近原先周代礼制规定下的面貌——封君祭祀当地的山川和自己的先祖，这合乎周代祭祀按等级进行的原则。在战国时期，这些神灵们日益交融，进入普通百姓的信仰，是当时的大势所趋。在周代礼乐文明盛极而衰之后，各地的地方性祭祀和民间系统的文化显出了勃勃生机，这些原先存在于民间的神灵得到了极好的发展机会，因而大量显现，这是各诸侯国的共同特点。

下文我们考察秦统一以后的祭祀情况。

第四节　法家吏政影响下的秦朝国家祭祀

上节我们考察了战国时期齐、楚、秦这几个较大诸侯国的祭祀和信仰状况，这种因地而异，因需而设的信仰状况是跟战国之际法、律、令大兴、“治出于二”初现同时的。本节将接着考察秦统一后的祭祀和信仰状况。秦统一后建立了高度集权的国家，它沿袭了战国时期官僚政治因变法而脱胎，而后急速发展的倾向，法、律、令的大量制定和执行使整个官僚机构如开足马力的机器一样运转；从出土秦简和文书中可以看出法、律、令的严格和高效。阎步克先生从政治文化发展的视角对秦的"文吏政治"已作了深刻分析①。在笔者看来，这种"文吏政治"正是"治出于二"出现时的状况：礼仪、教化事务都被抛到了角落，它们被抛到角落，是因为法家从根本上对这些事务持冷漠而蔑视的态度，所以，整个秦朝时期，国家祭祀不能被称为"王朝祭礼"，因为"礼"早已崩坏，它只是一种象征秦统一天下，能拥有天下百神之祀的摆设——虽然六国故地的名山大川被请入秦朝的国家祀典，但那只是为了表示宇内的混一，普通百姓仍然按六国时的信仰安排他们的精神生活，而最高统治者秦始皇则热衷于封禅求仙，这些都是跟"以吏为师"的法家政治紧紧联系在一起的，不过秦统一后，因政治名分的需要，改正朔、易服色这一见于战国阴阳家和儒家想象的制度开始走进现实、六国时旧有的朝仪亦仍然被用来尊君抑臣，下文便对秦朝的祭祀和信仰状况作些考察。

一、秦的"治出于二"对礼仪、祭祀事务的影响

1. 商君法家对法、律、令和礼仪的认识

商鞅的法家与以《管子》为代表的齐法家不同，商君法家的内容看不见任何数度之专学的影子，大量是刻薄少恩的言词和措施，这从《商君书》"法"、"律"字义与《管子》的差异可以看出。《管子》的"法"有指工匠之使用手段的意思，字意比商君的早，《商君书》中的"法"均指严峻有效的治国之策，这方面例子极多，兹不枚举。至于"律"，《商君书》中出现五处，已完全没有了音律之含义，全作法则理解。如《徕民》："地，方百里者，山陵处什一，薮泽处什一，溪谷流水处什一，都市蹊道处什一，恶田处什二，良田处什四，以此食作夫五万。其山陵薮泽溪谷可以给其材，都邑蹊道足以处其民，先王制土分民之律也。"这段话又见于《算地》，此"律"为法则之意。又《战法》："兵大律在谨"，此"律"亦指法则。当时作为法律

① 关于秦的文吏政治及"秦政"，可参阅阎步克：《士大夫政治演生史稿》第六章《文吏政治与秦帝国的兴亡》。

的“律”已经制定,如《徕民》:“秦四境之内,陵阪丘隰不起十年征,著於律也”,从这些文字可以看出《商君书》所反映的时代内容比《管子》的要晚。跟《商君书》性质相似的《韩非子》“律”仅出现三处,均为法律或约束之意①。这反映了商君、韩非的法家跟《管子》的法家在时代、学派上均有差别,它们对应着律令已开始大量制定和执行,“律”字的含义已从音律演变成法律的时代。

在商君的心目中,法、律是一套理性的制度,在这种近乎冷酷的理性和清晰逻辑的共同作用下,商君展开了“以吏为师”的设想,这在《商君书·定分》中表现得很充分。《定分》记孝公问商鞅“欲使天下之吏民,皆明知而用之(法),如一而无私,奈何?”商君回答:

“为法令置官吏,朴足以知法令之谓者,以为天下正。……主法令之吏,有迁徙物故,辄使学读法令所谓,为之程式,使日数而知法令之所谓。不中程,为法令以罪之。有敢剟定法令,损益一字以上,罪死不赦。诸官吏及民,有问法令之所谓也,于主法令之吏,皆各以其故所欲问之法令明告之,各为六寸之符,明书年月日时,所问法令之名,以告吏民。”

“主法令之吏,不告吏民之所问法令之所谓,皆以吏民之所问法令之罪,各罪主法令之吏。即以左券,予吏之问法令者,主法令之吏,谨藏其右券木柙,以室藏之,封以法令之长印。即后有物故,以券书从事。”

“法令皆副置:一副天子殿中,为法令为禁室内,有铤钥为禁而以封之,内藏法令,一副禁室中,封以禁印,有擅法禁室印,及入禁室视禁法令,及禁剟一字以上,罪皆死不赦。……天子置三法官:殿中置一法官,御史置一法官及吏,丞相置一法官。诸侯郡县皆各为置一法官及吏。皆此秦一法官。郡县诸侯,一受宝来之法令学问并所谓,吏民知法令者皆问法官。故天下之吏民,无不知法者。吏明知民知法令也,故吏不敢以非法遇民。……如此,天下之吏民,虽有贤良辩慧,不能开一言以枉法,虽有千金,不能以用一铢。故知诈贤能者,皆作而为善,皆务自治奉公。”

---

① 《韩非子·饰邪》:“舍法律而言先王明君之功者”,“当赵之方明国律,从大军之时,人众兵强,辟地齐、燕;及国律慢,用者弱,而国日削矣”,《难四》:“五伯兼并,而以桓律人,则是皆无贞廉也。”

商君这段话，表明了他设想下的法令是公正刚硬的，有敢于改动法令一个字以上的就罪死不赦，它的作用就是要让“知诈贤能”的人跟愚人都服从于这种刚硬的制度，人们无论贤愚皆是这个制度的附庸。在商君设想下，法由法官和吏掌握，公布于天下，吏民欲知法则以吏为师，这种制度在秦统一后得到了推行。云梦秦简《为吏之道》：

“凡为吏之道，必精絜（洁）正直，慎谨见过，审悉毋（无）私，微密韱（纤）察，安静毋苛，审当赏罚。严刚毋暴，廉而毋刖，毋复期胜，毋以忿怒夬（决），宽俗忠信，和平毋怨，……。”

《为吏之道》要求吏秉公执法，做操守的典范。但无论对吏作出怎样的要求，“秦政”本于商君法家，其立足点是如何建立一套保障国家机器有效运转的体制，诸子中其他诸家（如儒、道家）对“人”的本性及对自由状态的追求，在商君法家那里是不被考虑的，不但如此，商君的整套思想都是建立在对“人”本性片面的认识基础上的。他将一切人看作坏蛋，因此教化是多余的；他漠视人的任何心灵需求，人民在他们眼中不过是垦荒种植、缴租服役的牲口，因此任何礼乐都是多余的。如《商君书·更法》：“法者，所以爱民也；礼者，所以便事也。是以圣人苟可以强国，不法其故，苟可以利民，不循其礼”，这里商君直接地提出“不循其礼”，露骨地言明自己的功利企图。虽然商君也承认黄帝尧舜的简朴仁政，但他把周礼曲解为跟自己的法同一性质的“因时而立”的制度，《商君书·更法》：

“伏羲、神农，教而不诛；黄帝尧舜，诛而不怒。及至文武，各当时而立法，因事而制礼，礼、法以时而定，制定各顺其宜。”

文武，即周的文王、武王，商君认为他们是“因事而制礼”，即出于现实需要。而在另一些场合，商君的法家完全反对礼乐。《商君书·农战》：

“诗、书、礼、乐、善、修、仁、廉、辩、慧，国有十者，上无使守战；国以十者治，敌至必削，不至必贫。国去此十者，敌不敢至，虽至必却。”

《说民》：

“辩慧，乱之赞也；礼乐，淫佚之徵也；慈仁，过之母也。任举，奸之鼠也。……八者有群，民胜其政；国无八者，政胜其民。”

这里，礼乐被当作了令国家“削”和“贫”的缘由。法家还把礼乐列入“六虱”

之中，《商君书·靳令》："六虱，曰礼乐、曰诗书、曰修善、曰孝悌、曰诚信、曰贞廉、曰仁义、曰非兵、曰羞战。"并认为"无六虱，必强"；"有六虱，必弱"。在对礼乐教化的这种认识下，因保障官僚政治效益而建立的"治出于二"的政治格局完全不需要有信仰领域的事务存在，更不需要其他道术和"妖言"来蛊惑民心，基于这样的观念而建立的秦王朝，祭祀与政务间几乎没有任何知识基础上的关系，这使得"治出于二"中的律令部分越发以强劲的方式发展，礼乐教化事务与政事更彻底地分离，这与周代"礼治"状况下任何事务都有共同的知识基础——"礼"相比，正是两个极端，它对应着自战国以来，社会进步的必然结果所造就的庞大而空前有力的国家机器和远较周代复杂的政治事务。法、律、令的大量制定所导致的"治出于二"的出现，在处理这些时表现出了高度的严格和效率。这种严格和效率是以官僚机构的出现和完善为前提的。本书的课题不是研究秦的官僚机构，但是，秦行官僚机构中为礼仪事务提供容身之地的那些制度，却是本文不能不注意的，下文便对之作些考察。

2. 博士、待诏制度对礼仪、祭祀事务的吸纳

秦官僚制度的特点是"以吏为师"，它将战国始出现的"治出于二"格局迅速推进到一个高潮。这个"治出于二"中有法、律、令的制定，有官僚机构的组织和运转方式等种种内容，这个庞大的官僚机构的有效组织和正常运转，除了靠法、律、令的制定来保障之外，还以一种有效的方式将它认为有一技之长的人们吸纳进来，在需要时采纳他们的知识，这种有效的方式包括立博士，设待诏等等。这些制度保存了跟礼仪、信仰有关的知识。如博士制度。据王国维先生考证，博士之设并非始于秦，战国已有①，秦沿用了战国就有的博士制度，备掌故咨询。秦博士的构成很复杂，王国维《汉魏博士考》考证秦博士七人，"其中盖不尽经术之士……，殆诸子、诗赋、术数、方技皆立博士，非徒六艺而已"，张汉东《秦汉博士表》②考证秦、两汉博士共计197人，其中秦博士12人，现摘录张汉东《秦汉博士表》中秦博士内容中记录了学派的七人如下：

---

① 王国维：《汉魏博士考》，《观堂集林》卷四。

② 载安作璋、熊铁基：《秦汉官制史稿》上册，齐鲁书社1984年版，第476～491页。

姓名	籍贯	学派
淳于越	齐	儒
李克		儒
伏胜	济南	儒
卢敖	燕	神仙
叔孙通	鲁薛县	儒
羊子		儒
黄疵		名

以上七人中，有儒家，如向始皇建议仿效周代实行分封子弟为诸侯的淳于越、为汉高祖制礼仪的叔孙通、汉初传《尚书》的伏胜等，始皇上泰山封禅也曾经召“鲁之儒生、博士七十人”，这些博士们熟悉包括礼仪教化事务的前代掌故，这体现了秦以博士制度将这些事物保留的努力。但秦博士不限于儒家，只要怀有专门学问，都可以成为博士，而专门的学问除了诸子六艺辞赋之外，还有神仙方术、星历卜筮之学等等。神仙方术如上表所列的博士神仙家卢生，卢生即神仙家卢敖（即《秦始皇本纪》之卢生，《淮南子・道应训》高诱注：“卢敖，燕人。秦始皇召以为博士，使求神仙，亡而不反也。”是以卢生名敖）；星历卜筮之学有占梦博士，《史记・秦始皇本纪》记始皇尝梦与海神战，问占梦博士，占梦博士即对懂得梦占专门知识的人，《左传》有关于占梦的记载①。占梦有专门方法②，秦始皇所问为“占梦博士”，这说明占梦者亦成了博士。又始皇巡游至湘山，逢大风，几乎不得安渡。于是始皇问博士：“湘君何神？”博士回答说是尧女，舜之妻，此博士未必是经术之士，而是明晓前代祀典，备为顾问之人。

除了博士制度的设立保留了跟祭祀、信仰有关的知识之外，秦朝王官还有掌握候星、望气等术者。如侯生、卢生相谋逃亡时提到“候星气者三百人，皆良士”，“候星气者”为掌握星历、望气专学之人，从三百人的数字可以看出规模不小。占

① 《左传》成公十年记晋景公梦见一个大的恶鬼（大厉，为赵氏祖先之幻影）披头散发地跳着入宫寝向自己说得了天帝之力要来索债（晋景公曾杀赵氏之赵义），景公十分恐惧，召桑田（地名）巫，桑田巫把景公做的梦完全说了出来，并说是因为赵氏先祖没有受到尝新之祭之故，此为春秋时期的占梦史实。

② 《周礼・春官・占梦》说要“掌其岁时观天地之会，辨阴阳之气，以日月星辰占六梦之吉凶”，贾公彦疏即引《左传》昭公三十一年例，昭公三十一年记赵简子梦见童子裸而辗转歌舞，第二天早上请史墨占卜，史墨占卜说六年后吴国将攻入楚国郢都，即此种“以日月星辰占六梦之吉凶”的占法。

梦、候星、望气等专学在三代均在王官,在官僚政治脱胎之后,原先在王官的宗、祝、巫、史、卜者,因所掌握知识无益于当时急需的法、律、令的制定和政治效率的提高,他们挟带着这些知识走向民间,博士制度的设置又使他们可以重回政府,利用自己的一技之长找到位置。

总之,秦博士的主要职掌是备顾问,无论经术之士还是拥有一技之长的神仙家、占梦者等,均可成为博士,秦以设博士的方式容纳这些人,以备顾问之需要。它是政府为这些知识的存在打开的一扇大门。秦祚短暂,这些制度的设置尚未看出强大的效果,以后到汉代,博士渐渐变为经术之士,博士制度更成为儒家经学从民间向庙堂渗透的渠道。

二、秦朝的礼仪事务和国家祭祀

(一) 礼仪事务

秦朝政治是在法家思想指导下建立的,虽然法家漠视礼仪,但作为结束分裂,混一宇内的新的统一王朝,秦仍然有对礼仪的起码需要,它需要在古往今来的时间段中找到自己的合法位置,以证明自己取周而代之的理所当然,在这种需要下,邹衍的五德终始说被采用,见下文。

1. 改正朔、易服色

正、朔都是历法概念,《礼记·大传》孔颖达疏:"正朔者,正谓年始,朔谓月初。言王者得政,示从我始改故用新,随寅丑子所损也",即每个王朝建立之后都要更改年始和月初,或以寅始,或以丑始,或以子始。正、朔两个概念均有特定含义,下文稍作介绍。

首先是"正"。文献记载夏、商、周三代有过"三正"(夏人建寅,殷人建丑,周人建子)说,《左传》昭公十七年梓慎言:"火出,于夏为三月,于商为四月,于周为五月",即大火星黄昏中天时,正是夏历三月,殷历四月,周历五月,说明夏、殷、周使用的是三种岁首不同的历法,它们的差别为春秋王官之专职人员所习知。之所以会有"三正"差异,是因为在三代,夏、商、周不同族属的人群居于北半球古华夏的不同地域,所用观象授时的方法和标准星辰是不同的,因此即使他们实测的回归年、朔望月的数值相同,也会因地制宜有不同的年始。科学史专家钱宝琮认为，所谓夏、殷、周三种历法，实际是春秋时代夏、殷、周三个民族地区的历法，而不是三个王朝的历法。夏商周三代王朝更迭之后均以自己的历法为正，这就是“三正”说的最初由来。稍后的文献《尚书·甘誓》追记启征有扈氏时说有扈氏“威侮五行，怠弃三正”，按，启征有扈氏仅为夏初，尚无商、周，哪来的三正？这段文字显然是后人（大约是西周初年的人）追忆，古代注疏家相信三正往复的说法，将三正推到夏以前①，并以之解释此处的“三正”，其实此处的三正只是指天历之意，有扈氏不服夏的统治，因此夏启要讨伐它。不过这说明追忆时的人已经历了夏商周的岁首更迭，因此把“怠弃三正”用在有扈氏身上。到近代，日本的新城新藏等人根据对《春秋》历法的研究，认为三正交替之说，只是春秋战国时宣传改变历法的托词，未必真有其事②，这种结论是对古代典制隔膜的表现。春秋战国的“三正”自有渊源，若无三代岁首更迭的事实，古人无胡编乱造出这些事实的能力和必要。《史记·历书》说：“夏正以正月，殷正以十二月，周正以十一月”，司马迁是掌握“究天人之际”之专学的汉代太史，他对三代王官这一旧事的追忆是有根据的。

其次是“朔”。朔为每月初一。西周春秋时期有告朔之礼（见第一章第五节），由于我国古代使用的是阴阳历，太阳、月亮运行的规律都在历法中有所体现，“正朔”在三代文献中最淳古的含义就是指这种包含了太阳、月亮运行规律，进而显示权威和秩序的历法，《公羊传》在解《春秋》经“日有食之”时三次提到“正朔”，都是这一含义。隐公三年的一条解经较为详细：

“曰某月某日朔，日有食之者，食正朔也。其或日，或不日，或失之前，或失之后。失之前者，朔在前也，失之后者，朔在后也。”

《公羊传》为齐人公羊高所传解《春秋》经的作品，其着眼点多在解《春秋》之笔法和微言大义上，按隐公三年的解释，桓公三年和庄公二十五年《春秋》均书“朔，日有食之”，是因为日食侵蚀了正朔——正朔是古人心目中天安排的秩序。从《公羊传》这三条记载看，《公羊传》所云的正朔有两层含义，一指历法，二指跟

① 《尚书今古文注疏》孙星衍疏：“《宋书·礼志》：‘以前检后，谓轩辕、高辛、夏后氏、汉，皆以十三月为正，少昊、有唐、有殷，皆以十二月为正，高阳、有虞、有周，皆以十一月为正。’又《通典》引《尚书中候》亦有其事。据此，则夏以前有三正。”

② 新城新藏著，沈璇译：《东洋天文学史研究》，中华学艺社 1933 年版，第 10～14 页。

历法联系在一起的该王朝的合法性。朔为月初，月初这天发生日食，反映的是表示不祥的日食侵蚀了该王朝的气运，这是正朔一词较淳古的含义。

总之，夏、商、周三代曾用过岁首不同的历法，这是战国时期改正朔、易服色说的渊源。战国时期因为天人之学得到了极大的发展，正朔说内容被进一步发挥，《礼记·大传》：

“圣人南面而治天下，必自人道始矣。立权度量、考文章、改正朔、易服色、殊徽号、异器械，别衣服，此其所得与民变革者也。”

这里，正朔跟度量、服色、衣服等等结合在了一起，成为一整套象征王朝正统性的标志。战国时期邹衍的五德终始说有这方面的内容，《史记·孟子荀卿列传》：

“先序今以上至黄帝，学者所共术，大并世盛衰，因载其机祥度制，推而远之，至天地之未生，窈冥不可考而原也。先列中国名山大川，通谷禽兽，水土所殖，物类所珍，因而推之，及海外人之所不能睹。称引天地剖判以来，五德转移，治各有所宜，而符应若兹。……。”

邹衍的学说提供了一个完整的时空框架，时间是“今以上至黄帝”，空间是“天下乃八十一分居其一分”，五德终始，即每个王朝受命，均在这个时空框架中拥有自己的位置，一个王朝的正朔（即以何时为年始）、服色就是这种政治上合法性的表现。秦统一后，秦始皇采用了这一说法。《史记·秦始皇本纪》：

“改年始，朝贺皆自十月朔。衣服旄旌节旗皆上黑。数以六为纪，符、法冠皆六寸，而舆六尺，六尺为步，乘六马。更名河曰德水，以为水德之始。刚毅戾深，事皆决于法，刻削毋仁恩和义，然后合五德之数。”

秦始皇以十月为岁首，定色为黑，数为六，德为水德。之所以要采用这些行为，是为了宣称秦朝在古往今来的时间框架中拥有合法的位置，这是因秦统一后政治名分的需要对改正朔、易服色说的采用，也使王朝增加了礼仪方面的内容。以后汉魏时期的历次改正朔均肇始于秦。

2. 朝仪

除了王朝正统性需要的正朔、服色等外，秦还保留有其他礼仪，主要是宗庙礼仪和朝仪。《汉书·百官公卿表》记秦官有奉常，掌宗庙礼仪，汉改奉常为太常，颜师古注：“太常，王者旌旗也，画日月，王有大事则建以行，礼官主奉持之，故曰奉常也”，秦的奉常源于三代，从《周礼·秋官司寇》的《大行人》和《司仪》看，当时举行朝聘会同之礼均需要按所会诸侯的“命”数准备一定数目的旗帜和奉迎人员，“常”为旗帜之意，奉常顾名思义即掌握旗帜的官，其所掌当为《周礼·秋官司寇》中《大行人》和《司仪》中记载的朝聘会盟时所用的礼仪及相关物品。

秦官还有典客。《汉书·百官公卿表》记“典客，秦官，掌诸归义蛮夷，有丞。景帝中六年更名大行令，武帝太初元年更名大鸿胪”，《周礼·秋官》有大行人“以九仪辨诸侯之命，等诸臣之爵，以同邦国之礼，而待其宾客”，这类“九仪”在秦确有，《史记·廉颇蔺相如列传》记秦、赵会晤时，蔺相如要求秦王设九宾之礼，《集解》引韦昭曰：“九宾则《周礼》九仪”，《正义》：“刘伯庄云：九宾者，周王备之礼，天子临轩，九服同会。秦、赵何得九宾？但亦陈设车辂文物耳。”按，秦的九宾之礼应是战国时期诸侯国普遍僭用天子之礼的结果。《秋官司寇·大行人》记周天子九礼中有对待上公之礼：

“执桓圭九寸，缫藉九寸，冕服九章，建常九斿，樊缨九就，贰车九乘，介九人，礼九牢。其朝位，宾主之间九十步，立当车轵，摈者五人，庙中将币，三享王礼。再裸而酢，飨礼九献，食礼九举，出入五积，三问三劳。”

上文云周天子在见上公时冕服九章，矗立有九条流苏的大旗帜（常），从车九乘，这些记载在《左传》、《仪礼》等典籍中有对应。“三问三劳”，即天子三问三劳上公，问、劳是天子、诸侯或诸侯之间相见时的礼节，《左传》昭公五年记鲁昭公逃至晋国，“自郊劳至于赠贿，无失礼”，这让晋侯感叹鲁昭公懂礼（见第一章第一节）；至于“介”，即帮助主人行礼的赞助者，《仪礼》十七篇，无论士礼还是公卿大夫礼均有“介”，此处天子迎接上公的“介”人数多，有九人，若迎接诸侯，“介”为七人，迎接诸子（爵位为子的诸侯）、诸男“介”五人，窃以为蔺相如要求的九宾之礼即以九“介”迎宾，它来源于周代天子接待上公之礼。

因此，在秦朝奉常、典客等官那里，应保留着由三代传下来的、见于《周礼·秋官》的《大行人》、《司仪》记载的会同诸侯、宾客之礼。这些礼仪经历战国时期的社会变动，有所损益是自然的，但战国、秦这些礼仪也还是需要的，因此在庙堂存在，曾任秦博士的叔孙通也正是因袭这些为后来的西汉制作朝仪。

(二)秦统一之后国家祭祀中的山川之祀

以上我们考察了秦朝法家吏政下的礼仪情况,这里我们考察一下秦朝的国家祭祀。这里我们用了"国家祭祀"这个词,而没有用上一章的"王朝祭礼",是因为自周礼崩坏后,系统化的王朝祭礼已经不存在,存于秦朝的国家级的祭祀,跟周代"王朝祭礼"所具有的系统性比已不能相逮。秦朝的国家祭祀,是在原来诸侯时期的国家祭祀基础上发展而来的。秦国在商鞅变法后急速走上了一条法家官僚化的道路,此后秦因为专注于农垦征战,祭祀湮废。《史记·封禅书》也相应出现了"其(作栎阳畦畤祀白帝)后百二十岁而秦灭周,周之九鼎入于秦。或曰宋太丘社亡,而鼎没于泗水彭城之下。其后一百五十年而秦并天下"的记载,《封禅书》中这段长达二百七十年的历史几乎没有内容——国家的祭祀行为居然没有内容可写,以至太史公只能一笔带过,反映的正是这近三百年中,兼并称王的雄图、合纵连横的伎俩和血腥残酷的战争成了历史的主角①。最终结果是秦始皇"续六世之余烈,振长策而御宇内,吞二周而亡诸侯,履至尊而制六合,执捶拊以鞭笞天下"②,并在帝国版图上建立了纯粹吏治的国家。在秦政内苛外严的政治氛围下,君主成了至高无上的独裁者,并合法地把他的独裁推向国家的每一个角落。但法家的吏政绝非毫无理性的暴虐,在具体执行政务中它表现出了严密的组织能力,这种组织能力同样被用于秦统一后对战国以来混乱的祭祀和信仰世界的整理,形成了秦王朝的国家祭祀格局,这将是下文的主要内容。

秦朝的国家祭祀,在沿袭秦诸侯时期祭祀(雍四畤、陈宝畤等)的同时,将六国故地的祭祀也收进了秦的国家祀典,这是秦朝国家祭祀跟秦诸侯时期的祭祀比最大的不同之处。《封禅书》这样记载:

"于是自淆以东,名山五,大川祠二。曰太室。太室,嵩山也。恒山,泰

---

① 《史记·秦本纪》:惠文君七年(十四年时更为元年,是此七年实际上是二十一年,即公元前318年)韩、赵、魏、燕、齐帅匈奴共攻秦。秦派庶长疾在修鱼跟他们作战,"虏其将申差,败赵公子渴,韩太子奂,斩首八万二千";十三年,"庶长章击楚于丹阳,虏其将屈匄,斩首八万,又攻楚汉中,取地六百里,置汉中郡";秦武王四年,拔宜阳,斩首六万;秦昭襄王十四年,白起攻韩、魏于伊阙,斩首二十四万;三十三年,客卿胡伤攻魏卷、蔡阳、长社,取之。击芒卯、华阳,破之,斩首十五万;四十三年,武安君白起攻韩,拔九城,斩首五万。著名的长平之战秦坑杀赵降将士四十万人,也是在这一阶段。

② 《全汉文》卷五十一贾谊《过秦论》。

山,会稽,湘山。水曰济、曰淮。春以脯酒为岁祠,因泮冻,秋涸冻,冬塞祷祠。其牲用牛犊各一,牢具珪币各异。”

“自华以西,名山七,名川四。曰华山,薄山。薄山者,衰山也。岳山,岐山,吴岳,鸿冢,渎山。渎山,蜀之汶山。水曰河,祠临晋;沔,祠汉中;湫渊,祠朝那;江水,祠蜀。亦春秋泮涸祷塞,如东方名山川,而牲牛犊牢具珪璧各异。而四大冢:鸿、岐、吴、越,皆有尝禾。”

以上这些祭祀内容丰富。首先对它们的性质、地望作考证如下:

自淆以东:

会稽:即会稽山。《汉书·郊祀志》王先谦《补注》云会稽山在南长沙国。

湘山:《史记·秦始皇本纪》记始皇曾到湘山祷祠,碰上大风,船几乎不得渡水,始皇问博士湘君是什么神,博士说是舜之妻,始皇大怒,派刑徒三千人尽伐湘山之树。《正义》按:“湘山者,乃青草山,山近湘水,庙在山南,故言湘山祠。”《汉书·地理志》云在长沙国益阳县。

济:即济水,为四渎之一。《索隐》引《风俗通》云济庙在临邑,《汉书·地理志》东郡临邑县有泲庙。

淮:即淮水,亦为四渎之一。《索隐》引《风俗通》淮庙在平氏。《汉书·地理志》南阳郡有平氏县,“《禹贡》桐柏大复山在东南,淮水所出”,按,淮河发源于桐柏山,此淮河祠在平氏县桐柏山淮河发源处,为战国以来民间一直祭祀淮河之所。

自华以西:

华山:即自古以来的西岳华山。《正义》云在华阴县南八里。

薄山:《索隐》云即襄山,“应劭云‘在潼关北十余里。’”《正义》曰此山有十个名字,如衰山、寸棘山、渠山、雷首山、独头山、首阳山、吴山、条山等。在陕西芮县城北十里。此山西起雷山,东至吴阪,但大部分在蒲州。

岳山:《集解》云在武功县。但《汉书·郊祀志》颜师古注:“据《地理志》,武功但有垂山,无岳山也”,未详孰是。

岐山:《汉书·地理志》云在汉右扶风美阳县西北,为周人发祥之岐山。《汉书·郊祀志》颜师古注:“岐山,在今之岐山县,其山两岐,俗呼为箭括岭。”

吴岳:《索隐》云在汧。

鸿冢:《索隐》云黄帝臣大鸿葬雍,鸿冢盖因大鸿葬此得名,如此则为战国上古传说在民间祷祠上的反映。

渎山:即蜀之汶山。《索隐》引郭璞注《汉书·地理志》云在汶阳郡广阳县。《史记·夏本纪》裴骃《索隐》:"汶,一作崏,又作岐。岐山,《封禅书》一云渎山,在蜀都湔氐道西徼",即今之岷山。

河:即黄河,祠所在临晋。

沔:祠所在汉中。《索隐》引《水经》云沔水东南注入汉水,因此祠汉中。

湫渊:祠所在朝那县(汉代属安定郡)。《汉书·郊祀志》颜师古注云在泾州界,"清澈可爱,不容秽俗,或諠污,则兴云雨。土俗亢旱每于此求之,相传云龙之所居也",即朝那县有湫渊,水质清澈,当地百姓以为龙居于此,故立祠。

江水:祠所在蜀。秦时人们认为江水之源在岷山,因此立祠。《索隐》引《风俗通》云:"江出岷山,岷山庙在江都。"《汉书·地理志》云江都有江水祠。《正义》引《括地志》云:"江渎祠在益州成都县南八里。秦并天下,江水祠蜀。"

四大冢之吴:《汉书·郊祀志》颜师古注:吴山在今陇州吴山县。

以上是这些山川神的地望和祠所。从这段记载看,各地均存在林林总总的山川神灵,但《封禅书》的记载以自华以西靠近秦地的祭祀居多。应该看到,《封禅书》中这些祭祀并不是秦朝时忽然出现的,而是沿袭六国旧有,而六国旧有的这些祭祀渊源古老,在三代史籍中,它们不入王官史官们的眼,天子和诸侯的史官著录时对之的记载也很少,随着战国以来的社会变动,这些祭祀进入秦的国家祀典,才见录于太史公笔下。

对"自淆以东"山川的祭祀法,《封禅书》云:"春以脯酒为岁,因泮冻,秋涸冻,冬塞祷祠。其牲用牛犊各一,牢具珪币各异",其中"因泮冻"的"因"令人费解,窃以为此"因"应为"夏"字,那么怎么会夏天才解冻呢?原来秦以十月为岁首,那么十、十一、十二月为春,一、二、三月为夏,此时正是夏历春季,水初解冻,相应地,四、五、六月为秋,正当夏历春夏,水冻尽解,因此称"秋涸冻";七、八、九月为冬,此时正当夏历秋季,为收割季节,因此说"冬塞祷祠",塞祷,即赛祷,为祈报之祷,包山楚简有赛祷(见上一节),此时因谷物新获,所以向山川神报偿。

对“自华以西”山川的祷祠,《封禅书》记载:“亦春秋泮涸祷塞,如东方山川。而牲亦牛、犊、牢具,圭币各异。而四大冢鸿、岐、吴、岳,各有尝禾。”西方名山大川的祀法与东方山川略同,也是用牲牢、圭币春祈秋报。尝禾,孟康于《郊祀志》中注为“以新谷祭之”,周代祭礼有尝、烝等时祭,为以新谷荐于祖先的祭祖礼,山川神受进献的新谷,亦为尝。

以上是《封禅书》记载的秦统一后国家祭祀中的山川之祀。这些只是进入国家祀典中的名山大川,民间祭祀的普通山川,如包山楚简中的峌山之类,当远远多于《封禅书》的记载。《汉书·郊祀志》:“至秦称帝,都咸阳,则五岳四渎并在东方……,名山大川或在诸侯,或在天子,其礼损益,世殊不可胜记。”损益二字,说明从周至秦山川之祀的变化。自崤以东是秦统治中心之外的地方,要巩固在这些地方的统治,除了实行徙民、高压等政策之外,把这些地区的神灵纳入秦的国家祀典是另一种方法。因为普通百姓因生产生活之需而祭祀这些神灵。秦统一后把关东地区的山川神引入秦的国家祀典,正体现了法家用一切手段体现国家的权力和君主的权威这一原则。

山川之祀加上秦诸侯时期的雍四畤、陈宝畤,构成秦朝国家祭祀的主体,值得注意的是,秦朝国家祀典中完全没有了对功臣的祭祀,这是因为在“刻薄少恩”的法家眼中,只有吏务和权力,功劳再大的将相也是君主的鹰犬,不受祭祀。这样,原先周代祀典中的立足于伦理的成分被抛弃,到了秦朝,国家祀典中几乎只剩下自然神的成分。

秦朝的国家祭祀由太常、祝官主管。《封禅书》说:

“诸此祠皆太祝常主,以岁时奉祠之。至如他名山川诸鬼及八神之属,上过则祠,去则已。郡县远方神祠者,民各自奉祠,不领于天子祝官。祝官有祕祝,即有灾祥,辄祝祠移过于下。”

移过,是先秦巫术的一种。即将灾害转嫁他人或他物。由此可见秦的国家祭祀中混杂着大量的巫术和淫祀,这当然使秦朝祀典有自己的特色,但从创立祀典的立意角度,以及祀神的礼仪和复杂程度看,秦的国家祭祀和周代比水平相去甚远。这是秦人“以吏为师”,把所有精力集中到吏政上的结果。

三、秦始皇的封禅和求仙

以上我们考察了秦朝国家祭祀的主要内容。虽然秦帝国重视的首先是吏务,但其统治者却可以因拥有至高无上的权力满足自己的任何需要,这与法家鼓励君主独裁的立场是一致的。法家虽然不顾普通百姓的信仰需要,却赞成君主做任何事,于是在祭祀和信仰方面出现了秦始皇的封禅与求仙。他个人的行为便代表国家意志,这是法家极端专制的表现,下文我们就对秦始皇的封禅与求仙作些考察。

1. 封禅

封禅有古老渊源。《史记·封禅书》开篇太史公就感叹:"自古受命帝王,曷尝不封禅?"《管子·封禅》记载齐桓公会诸侯于葵丘后想到泰山封禅,管仲说古代封泰山禅梁父的有七十二家,自己记得的有无怀氏、伏羲、神农、炎帝、黄帝、颛顼、帝喾、尧、舜、禹、汤、成王十二家,而且古帝王封禅时"东海致比目之鱼,西海致比翼之鸟",现在凤凰麒麟不来,怎么能够进行封禅呢?《史记·封禅书》亦录此事,这段话的内容有"东海致比目之鱼,西海致比翼之鸟",像是战国时期人们的追忆,无论如何它说明封禅渊源的古老。秦始皇统一后封禅,就是在封禅说风行的背景下进行的。《史记·封禅书》记秦始皇统一全国,即帝位后第三年,东巡郡县,这一方面是仿照古帝王巡守,另一方面是为了视察原关东六国地区的政务和民情。此时始皇想封禅,于是征召齐、鲁的儒生、博士七十人,一起到了泰山下。但因为封禅古礼失传,儒生们有的说要用蒲草裹车,因为怕伤了山上的土石草木,并向始皇进献古礼"扫地而祭,席用菹稭",始皇觉得这些建议怪异而难以实行,干脆依着自己的意志率性而为,他命人扫除车道,从南面上泰山立石颂自己的功德,从背面下山,在梁父进行禅礼,"其礼颇采太祝之祀雍上帝所用",即采用了祭祀雍上帝的仪节封禅,后人往往讥之不合古。

始皇在巡游全国时祭祀了很多神,到齐地祭八神,在九疑山望祀虞舜(始皇三十七年十一月),上会稽祭大禹等等。几乎每到一处都祭祀当地大神,这是继承巡狩望祀的上古遗风。

2. 求仙

始皇梦想不死,还屡屡大规模求仙。不过求仙并不始自秦始皇。战国时期燕、齐一带因靠海，或许是受了海市蜃楼一类自然现象的启发，加上当时道家学说中有真人思想（真人住在中原域外的理想国之中），这一思想流播便易把海上的自然现象当作神仙的踪迹，再加上古老的跟海有关的神话地理，燕、齐的方士们造出海上三神山（蓬莱、方丈、瀛洲）的传说：

"此三神山者，其传在勃海中，去人不远，患且至，则船风引而去。盖尝有至者，诸仙人及不死之药皆在焉。其物禽兽尽白，而黄金银为宫阙。未至，望之如云；及到，三神山反居水下。临之，风辄引去，终莫能至云。"①

这里描述的"望之如云"、"莫能至"正是因大气折射把远处的景象折射至天空的水蒸气上形成的海市蜃楼景象。古人因为科学水平的限制，不能正确认识其原理，神仙家们利用这一自然现象添油加醋，说有人去过，里面有黄金银的宫阙、仙人和不死药。这说动了很多梦想成仙的人间君主，如齐威王、宣王，燕昭王等，他们都曾派人入海探求三神山。但战国时期天下混乱，齐威王、燕昭王们的精力主要放在军国大事上，因此他们没有条件大搞求仙。到了秦始皇时就不同了。秦建立的大规模官僚制国家吸收了各种各样有吏能的人，方士们当然也不甘心被排斥在统治阶层之外，等始皇巡游到海边之际，对始皇言神仙说的"不可胜数"，始皇便派人率领童男童女入海求仙。为了求仙，始皇不惜耗费大量钱财，还听从方士们的话装神弄鬼。博士、燕人卢生劝始皇说：

"臣等求芝、奇药、仙者，常弗遇，类物有害之者。方中，人主时为微行以辟恶鬼，恶鬼辟，真人至。人主所居而人臣知之，则害于神。真人者，入水不濡，入火不爇，陵云气，与天地久长。今上治天下，未能恬淡。愿上所居宫毋令人知，然后不死之药殆可得也。"②

这里的"入水不濡，入火不爇，陵云气，与天地久长"完全照抄《庄子·达生》言论（见下一节），劝始皇"恬淡"也来自道家思想，但卢生的建议中混杂着辟鬼巫术，他叫始皇"微行"，即悄无声息地行动，具体便是让自己的寝宫不让人知道，这样就能避开恶鬼，"真人"就能来临。始皇自己也说："吾慕真人"，自称"真人"，不

① 《史记·封禅书》。
② 《史记·秦始皇本纪》。

称“朕”,算是“真人”已经来临了。不仅如此,始皇还听信方士徐市的话:“蓬莱药可得,然常为大鲛鱼所苦,故不得至。愿请善射与俱,见则以连弩射之。”结果派人在之罘射杀一条巨鱼,也并没有得到不死之药。

始皇作了这些努力终究没有得到不死之药。侯生、卢生还因为惧怕秦法的苛严而逃跑。始皇因为此大怒,导致“坑儒”事件。不过始皇对神仙说的笃信仍然没有改变,命令博士为仙真人诗,巡游天下时便命令乐工弦歌。

对比秦的国家祀典和始皇个人的祭神和求仙活动,便可以看出二者之间并无紧密的联系。文献记载中,始皇并不参加国家祀典的祭祀活动,只留意于自己感兴趣的祭神求仙之类,再看秦祀典中的神灵,这些神大多具有超自然的属性和民间自发产生的特征,百姓们祭祀光影唬人的陈宝,他们的皇帝则大耗民财求仙,这二者之间并非没有联系。这正说明了法家吏政对人们信仰世界的需求漠不关心——百姓屈服于高压和独裁之下,对原生性神灵们的祭祀便成为满足他们精神需要的重要方式;而始皇高居于权力的顶峰,他为了自己的不死需求耗费钱财,正说明“以吏为师”的秦政并不关心不同阶层的信仰需求,这并非秦的吏员们没有能力,而是法家学说的片面性对信仰领域的漠视造成的结果。以后,统一全社会的信仰,并把它归拢到一个整体的知识基础之下,这一任务是由后来的汉朝来完成的。

第五节　神仙家的产生

前面的四节考察了宗周礼乐文明崩坏之后,影响祭祀和信仰的诸多因素,以及战国、秦时期祭祀和信仰的大体面貌,本节将考察神仙家的产生。神仙家是一种在战国时期数术方技大发展的背景下出现的、以长生不死为目的的实践流派,在当时,它内容庞杂、包括了服食、炼药、行气、祷祠等多种实践方式,后来在西汉,由神仙方士们主持的祭祀曾热闹地登上国家祭祀的舞台,因此,要想从纵向发展的角度把握中国古代王朝祭礼的演变过程,就不能不注意神仙家在战国至西汉这一历史阶段对古代祭祀和信仰产生的影响。本节就是这一内容。

神仙家的源流，研究思想史和道教的学者多有考述[①]。冯友兰先生是这样说的：

“早期道家注重养生。……在治身方面，这些篇(《老子》、《庄子》、《管子》的《内业》、《白心》篇)的作者认为精、神是一种细微的气，同构成身体的气同是物质性的东西，不过有精粗之别。他又认为精神可以离开形体而独立存在。精神在形体之内，就如同一个人住在房子以内，可以自由出入……这样发展下去，就成为后来所说的神仙家。……无论如何，事实是后期的黄老之学，有一派流为神仙家。”[②]

冯先生论及精神和“气”确是触及了神仙家的实质。不过一直至今，神仙方士们所掌握的知识和实践为我们真正了解的并不多，然而，只有在了解神仙家实践的基础上才谈得上研究它对人们的信仰和祭祀活动产生的影响，因此，本节对神仙家的考察，将兼顾其思想和实践两个层面。

神仙家之所以会在战国时期产生，是因为三代王官之学被突破后，当时的学术(包括技艺)在形而上之“道”和形而下之“器”的各方面都有了长足的发展，与此同时，古人在宇宙万物的物质构成和人的生理变化等方面也提出了与之相应的新的假说，神仙方士们正是综合了当时所有这些知识，将民间原有的长生不死的期望[③]，通过“精”、“气”概念和博物知识，加上数术方技、巫术杂祀等付诸实施的流派。战国时期哲学有了长足的发展——从《老子》、《易传》、郭店简《太一生水》和马王堆帛书《道原》等，我们都可以看出古人思维的清晰，但在“道”、“太极”、“太一”等既表示宇宙的本源，又囊括了万物的秩序和条理的概念产生的同时，并没有排除超自然、非物质的神秘东西于其中存在，不但没有排除，至上概念的出现和宇

① 参见顾颉刚：《秦汉的方士和儒生》，上海古籍出版社1998年版。安居香山著，田人隆译：《纬书与中国古代神秘思想》，河北人民出版社1991年版。目前学术界有的将之称为“方仙道”，并认为它是道教孕育过程中的重要环节，见卿希泰主编：《中国道教史》(修订本)第一卷，四川人民出版社1996年版，第73页。

② 冯友兰：《再论〈楚辞〉中的哲学思想》，载中国社会科学院哲学研究所中国哲学史研究室编：《中国哲学史论》，山西人民出版社1981年版。

③ 战国以前就有幻想不死的记载。《晏子春秋》“景公问古而无死其乐若何晏子谏”记齐景公对古人不死的向往。又《山海经·大荒南经》：“有不死之国，阿姓，甘木是食”；《海外南经》：“不死民在其(三苗国)东，其为人黑色，寿，不死。”

宙生成论的成熟反倒为非物质的神秘事物在这个系统中的存在提供了更有力的理由和更有秩序的位置,这其中的关键就是"神明"、"精"、"气"等概念的产生和它们内涵的逐渐明确。从根本上说,神仙家正是因为吸收了"道"、"太极"、"太一"等至上概念,并以"神明"、"精"、"气"等概念诠释万物的物质构成及其变化,才在产生出种种实践的方法的同时深刻地影响古人的信仰,这将是下文要考察的主要内容。

一、对万物构成的认识——"神明"和"精"、"气"

"神明"、"精"、"气"等概念的产生和明确,在中国古代物质构成方面具有重要意义,这些概念的运用使当时已经初步系统化的草木人民构成知识(见《管子·地员》)既找到了最初之源(精、气),又找到了它们之间普遍联系的缘由("神明"),还为"鬼神"等自古以来就在人们心目中存在的超自然力量提供了物质构成原因——战国时期的中国古人已将他们心目中的超自然神秘因素安排进了一个已经完善的宇宙生成和构成系统中,在这个系统中,草木人民的构成、象数推演的方法等等是基础,"神明"以更高的方式指挥着这一切的发生和发展,这样的宇宙观和物质构成观是神仙家得以产生的基础,下文就稍加考察。

(一)"神明"的概念

战国时期的"神明"概念,跟"道"、"太极"、"太一"等至上哲学概念不一样,也不同于至上神"太一"。《易传》、诸子和出土简帛都提到"神明",《易·系辞下》:"子曰:乾坤其《易》之邪!……阴阳合德,而刚柔有体,以体天地之撰,以通神明之德";《说卦》:"昔者圣人之作《易》也,幽赞于神明而生蓍,参天两地而依数,观变于阴阳而立卦,发挥于刚柔而生爻,和顺于道德而理于义,穷理尽兴性以至于命";郭店楚简《太一生水》也提到神明,有关研究已经很多①。萧汉明先生认为,战国时期的"神明"一词有一层比神灵更重要的含义,这就是它是推动万物发生

---

① 熊铁基先生对《太一生水》的神明的理解作了梳理,熊先生从众多文献具体引用的例证中归结为三种:一为"神[示]","二为无所不知,如神之明","三为与物质对立的精神,首先是人的精神",转引自萧汉明:《论楚简〈太一生水〉的宇宙论与学派属性》,载《楚地出土简帛文献思想研究》(一),湖北教育出版社2002年版。

发展变化的作用力①。无论是《太一生水》还是诸子系统的典籍,它们对“神明”都有着颇为一致的理解——推动宇宙发生,超乎万物生息现象之上的规律。不过就本文要考察的神仙家产生而言,这样抽象地谈“神明”一词的哲学概念并无意义,“神明”跟万物及人身心构成之间的关系才更重要,正是这一认识才促使神仙家产生。从这个意义上说,对神仙思想产生影响的“神明”概念(主要是道家、阴阳家、数术家的“神明”概念)基本上都超出了古来就有的鬼神这个层次。

从诸子系统的文献和出土文献看,道家、阴阳家、数术家的“神明”指宇宙万物及它们之间的联系中恒定、高妙、不朽的部分。《庄子·天道》:“天尊,地卑,神明之位也;春夏先,秋冬后,四时之序也” 说明“神明”是超乎物外的客观存在,反映着恒定的规律。这一规律是高妙的,郭庆藩《庄子集释》解释《天下》中数次出现的“神明”概念:“神者,妙物之名;明者,智周为义”,《易传》神明大体也是这个含义。在道家、阴阳家、数术家看来,“神明”无处不在,《庄子·天下》:“判天地之美,析万物之理,察古人之全,寡能备于天地之美,称神明之容”;《管子·九守》:“高山仰之,不可极也,深渊度之,不可测也。神明之德,正静其极也”;《管子·度地》:“当冬三月,天地闭藏,暑雨止,大寒起,万物实熟,利以填塞空郄,缮边城……,与神明相望”;这几处“神明”是《庄子》和《管子》作者概括出的高于天地万物、高山深渊之存在,它统驭着季节变易、度量衡的产生,是实实在在的存在,从超然万物这一点讲,它是非物质的,这一点跟古来已有的“鬼神”一样,如《管子·五行》:“黄帝得六相而天地治,神明至”,但它又反映了万物之间彼此联系的高妙秩序,这是古来一般性的“鬼神”观念不及的。可以说,诸子典籍中,除了《墨子》之外,“神明”概念都超出了“鬼神”这个层次②。

因此,“神明”是超然万物的、非物质的存在,它是纯精神性的东西。不仅天地万物有神明,人的身心也有神明,人身心中的神明是人思维和生理活动的主宰。《荀子·解蔽》:“心者,形之君也,而神明之主也”,人的孔窍被认为是“神明”出入的窗口,《韩非子·喻老》:“空窍者,神明之户牖也。耳目竭于声色,精神竭

① 萧汉明:《论楚简《太一生水》的宇宙论与学派属性》,载《楚地出土简帛文献思想研究》(一)。

② 《墨子·公孟》。子墨子曰:“古圣王皆以鬼神为神明,而为祸福,执有祥不祥,是以政治而国安也。”此处仍以鬼神为神明。

于外貌,故中无主。"《管子·心术上》对这种关系论述得十分详细:

"天曰虚,地曰静,乃不伐。洁其宫,开其门,去私毋言,神明若存。

"九窍之有职,官之分也。耳目者,视听之官也,心而无与视听之事,则官得守其分矣。夫心有欲者,物过而目不见,声至而耳不闻也,故曰:上离其道,下失其事。故曰:心术者,无为而制窍者也。"

人的身心有神明,是神仙思想的基石之一。《庄子·田子方》:"古之真人,……,其神经乎大山而无介,入乎渊泉而不濡,处卑细而不惫,充满天地,既以与人,己愈有",这个"神"即人身心的神明。这样,人身心的"神明"和躯体就是两回事,神可以脱离形而自由游走,就如一个人可以自由出入他的屋宅,《楚辞·远游》"神悠忽而不反兮,形枯槁而独留"正是这种思想的反映。不过仅有"神明"的理念还不足以产生出神仙家,只有当它跟解释万物构成的"精"、"气"概念结合时,神仙思想才有可能走向实践。下文便对"精"、"气"作些介绍。

(二)"精"和"气"

精和气是古人认识中的宇宙万物构成之原。精、气概念的提出并不始于战国,三代时即有,《左传》昭公十七年记载郑国伯有的鬼魂作祟,国人惊恐,子产解释说:

"人生始化曰魄,既生魄,阳曰魂。用物精多,则魂魄强。是以有精爽,至于神明。匹夫匹妇强死,其魂魄犹能冯依于人,以为淫厉,况良霄。……其取精也多矣,其族又大,所冯厚矣。而强死,能为鬼,不亦宜乎!"

"精"是一个抽象的物质和哲学概念。老子对"精"的概念及其与宇宙万物之间的关系有杰出贡献。《老子》第二十一章:"恍兮惚兮,其中有象,窈兮冥兮,其中有精",这个"精"是万物构成本原的概念。道家认为万物皆由"精"构成,《管子·内业》:"凡物之精,下生五谷,上为列星,流于天地之间,谓之鬼神。藏于胸中,谓之圣人"是说星辰、鬼神、圣人皆由"精"构成,《庄子·知北游》引老聃说的一段话详细地道明了"精"在道家的万物构成论中的重要作用:

"夫昭昭生于冥冥,有伦生于无形,精神生于道,形本生于精,而万物以形相生,故九窍者胎生,八窍者卵生。"

在这里,庄子指出了万物之形皆生于"精",这奠定了万物可以化生的基础。"精"的概念是古代中国人独有的对物质和能量构成的认识,将这一理念跟已经有相当积累的博物学知识和方技知识结合，就能产生出神仙家。后来的《淮南子》即表现出这种倾向（详下文）。

至于“气”的概念，亦始于三代。《左传》昭公二十五年：“则天之明，因地之性，生其六气，气为五味，发为五色，章为五声”，此“六气”杜预注为“阴阳、风雨、晦明”，笔者以为不确，应为天、地、春夏秋冬。古人认为凡物皆有气，《史记·天官书》：“云气各象其山川人民所积聚”，并详记望气之法。望气术渊源古老，《左传》中有鲁君听朔后登灵台望气的记载（见上一章第四节），后来望气被大量应用于军事，如《史记·项羽本纪》范增使人望沛公之气，“皆龙虎”；《秦始皇本纪》“东南有天子气”，始皇因之下令让山坡曲折。汉文帝时的方士新垣平利用望气术对文帝说长安东北有“神气”，五彩缤纷，象人冠冕的样子，这些是被用于各种方术的望气。《汉书·艺文志》数术天文类有《黄帝杂子气》三十三篇，王先谦补注引沈钦韩曰此为黄帝占军气；《艺文志》又有《常从日月星气》二十一卷、《别成子望军气》六篇，图三卷，皆为《史记·天官书》所记望气术之类书籍。这些是说万物之气。人体亦有“气”，《庄子·知北游》：“人之生，气之聚也。聚则为生，散则为死”，气有精粗之别。《管子·内业》：

> “耳目聪明，四枝坚固，可以为精舍。精也者，气之精者也。气道乃生，生乃思，思乃知，知乃止矣。……敬除其舍，精将自来。精想思之，宁念治之。严容畏敬，精将至定，得之而勿舍，耳目不淫，心无他图。正心在中，万物得度。”

人由精气构成，而精气可以养之。《内业》：“精存自生，其外安荣；内藏以为泉源，浩然和平，以气为渊，渊之不涸，四体乃固；泉之不竭，九窍遂通。”

需要指出的是，在后世《道藏》中清晰有别的气、炁二字（炁指先天气，气指后天气）在战国出土文献中并不区分，战国竹简中气写作𤋮，从既，下有火旁，此亦“炁”字，因为上面的“既”可省作“旡”。气、炁不分，说明战国时人们对万物和人的本原认识是一样的，尚未区分出先天炁和后天气。

精、气概念的产生与明确使当时人们找到了包括人在内的宇宙万物的构成本源，山川草木人民鸟虫的构成均可用“精”、“气”来解释。在道家理论中，精、气是与“神明”结合的，《庄子·天下》中关尹老聃之学“以本为精，以物为粗，以有积为不足，澹然独与神明居”即对此的描述。精、气与神明的结合，从微观到宏观地解释了宇宙万物的构成及它们之间的联系，更重要的是，它奠定了人可以通过炼养自身精气，或采撷含有精气的物质让身体长生不死的思想，正是这一思想奠定了神仙家实践的基础。

"精"、"气"与"神明"的结合，是神仙家的实践超越以往的鬼神崇拜的原因。假如没有了这一点，"神明"跟其他国家地区的超自然鬼神崇拜就没有什么差别；也正是因为有"精"、"气"概念跟"神明"的结合，道家才有可能在此基础上提出真人思想和炼养之术，为后世长达数千年的内、外丹术实践奠定基础。下文便对神仙家的真人思想和炼养之术进行简要考察。

二、从"道"的概念到"真人"思想、最早的内丹术

"道"是战国各派学者总结出的"规律"之意，这一点本章第二节已经指出。这个"规律"并不是空洞的形而上概念，它体现在各种具体知识所反映出的结构以及它们之间的联系上，这些具体知识包括了当时所有已知的知识领域，"人"身体、心灵知识也在内。再将已经明晰的"神明"、"精"、"气"等概念运用到对"人"身心结构的了解和设想上，就产生了"真人"思想。关于"真人"，前人从哲学、历史角度多有考察①。这里只就"真人"的身、心与"道"的关系阐述一二。

"真人"是身心皆达到了"道"的层次的人。《庄子·徐无鬼》："古之真人，以天待人，不以人入天。古之真人，得之也生，失之也死；得之也死，失之也生"，"以天待人"即以"道"的方式待人。为什么真人的身心能够达到"道"的层次呢？那是因为"真人"身心的神明和精、气运行达到了"道"的地步。这方面《庄子》、《列子》都有论述。《庄子·知北游》：

"圣人者，原天地之美而达万物之理，是故至人无为，大圣不作，观于天

---

① 哲学角度的描述，如冯友兰《中国哲学史新编》："有这（达到"道"的境界、坐忘）一种境界的人，庄周称为'圣人'或'真人'。这些人实际上是自己创造出一种主管的意境自我陶醉，同时又认为这种主观的意境具有客观的意义，认为所谓宇宙的原则就是这个样子。庄周认为，所谓'圣人''真人'或'至人'是道的体现者"，《中国哲学史新编》第二册，人民出版社 1983 年版，第 123 页。从历史角度的描述，见顾颉刚："《庄子》里所说的真人也颇有仙人的意味"，并认为这种思想的来源一是时代的压迫，二是思想的解放，"个人在政治上取得权力，脱离了 贵族的羁绊，自然会想在生命上获得自由"，《秦汉的方士与儒生》，第 10 页。

地之谓也。今彼神明至精，与彼百化，物已死生方圆，莫知其根也，扁然而万物自古以固存。”

这里的“彼（圣人）神明之精，与彼（万物）百化”是说圣人（跟真人含义近似）的“神明”和“精”早就经历了千百次万物化生之变，已经超脱了物之生死方圆的地步。“化”是庄子哲学的重要概念，《庄子》多处提到“化”，《齐物论》以庄生梦蝶的寓言说“物化”，《在宥》：“汝徒处无为，而物自化。堕尔形体，吐尔聪明，伦与物忘；大同乎涬溟，解心释神，莫然无魂……，”“物化”是万物互相变化的状态，上文的圣人的“精”即已超出了“物化”的层次。

在这样的认识下，“真人”所表现出的身心状况皆与凡人不同，《庄子·逍遥游》记载藐姑射之山的神人，“肌肤若冰雪，绰约若处子，不食五谷，吸风露，乘云气，御飞龙，而游乎四海之外。其神凝，使物不疵疠而年谷熟”，这条记载是学者熟悉的，除此之外《大宗师》中还有一段更详细和内涵更深刻的：

“古之真人，……登高不栗，入水不濡，入火不热。……古之真人，其寝不梦，其觉无忧，其食不甘，其息深深。真人之息以踵，众人之息以喉。屈服者，其嗌言若哇。其耆欲深者，其天机浅。”

“登高不栗，入水不濡，入火不热”等真人的异禀还见于《达生》和《齐物论》等篇①，神仙家卢敖游说秦始皇时也这么说（见上一节）。这些异禀并非全都是《庄子》的想象，联系后世的内丹术看，它们有着一定的实践依据。“不食五谷，吸风露”是辟谷；“其寝不梦”、“其息深深”都是内丹术修行有成时会出现的一些较高层次生理变化。在这一点上，《列子·周穆王》的一段记载堪称“其寝不梦”的注疏：

“觉有八征，梦有六候。奚谓八征？一曰故，二曰为，三曰得，四曰丧，五曰哀，六曰乐，七曰生，八曰死。此者八征，形所接也。奚为六候？一曰正梦，二曰噩梦，三曰思梦，四曰寤梦，五曰喜梦，六曰惧梦。此六者，神所交

---

①《达生》云至人“潜行不窒，蹈火不热，行万物之上而不慄”，《齐物论》感叹“至人神矣！大泽焚而不能热，河汉沍（冻）而不能寒，疾雷破山，风震海而不能惊。若然者，乘云气、骑日月，而游乎四海之外，死生无变乎己，而况利害之端乎！”

也。不识感变之所起者,事至则惑其所由然。识感变之所起者,事至则知其所由然,知其所由然。则无所怛。一体之盈虚消息,皆通于天地,应于物类。故阴气壮,则梦涉大水而恐惧;阳气壮,则梦涉大火而燔。阴阳俱壮,则梦生杀。甚饱则梦与,甚饥则梦取。是以以浮虚为疾者,则梦扬。以沉实为疾者,则梦溺。藉带而寝,则梦蛇,飞鸟衔发则梦飞。将阴梦火,将疾梦食。饮酒者忧,歌舞者哭。子列子曰:"神遇为梦,形接为事。故昼想夜梦,神形所遇。故神凝者想梦自消,信觉不语,信梦不达,物化之往来者也。古之真人,其觉自忘,其寝不梦;几虚语哉?"

这段文字堪称是古人对从三代王官开始就有的、由来久的梦的研究的总结。上文的"六候"与《周礼·春官·占梦》提到的"六梦"(正梦、噩梦、思梦、寤梦、喜梦、惧梦)名称一致,这六梦不是《周礼》袭《列子》,而应是《列子》袭保存三代王官史实的《周礼》。《周礼·春官》记载王官有占梦"掌其岁时,观天地之会,辨阴阳之气。以日月星辰占六梦之吉凶",《列子》则将这些梦产生的原因解释成"神所交也",并将梦的内容跟做梦者的阴阳之气相联系,体现了古人在心理学方面的孜孜探索和深刻造诣。"神凝者梦想自消"则是道家的创造,是说人身体中的"神明"与"精"专合即可达到空寂澄明的境地,自然而然无梦。后世道家在这方面的实践屡屡有征,他们认为人意念专一后,"识神"①退而"元神"②显,思欲之识寂灭,自然无梦。现代道教学者胡孚琛先生在《丹道法诀十二讲》中具体讲述了睡觉无梦的修炼法③,因此,《庄子·大宗师》和《列子·周穆王》中关于真人无梦的记载并不是想象,它反映的是战国时神仙家通过凝精聚气等方法(详下文),在身体修炼方面已获得了初步成就。

---

① "识神"是内丹家术语,内丹家认为,人从脱离胞胎降生啼哭开始,"识神"即随着啼哭进入体内,它掌管着人的思、欲、分析和情感,凡七情六欲皆为识神之动,做梦也是"识神"的活动所致。修行有道的内丹家因"识神"退却,因此可做到睡时无梦。

② "元神"是道家认识中的代表人之真识真性之神,内丹家认为人从由父精母血媾成胞胎开始,"元神"即存在于胞胎体内,它受之于先天,为先天炁所化。内丹家的修炼认为,通过辟谷、呼吸等法让身心俱静,即能让"识神"退却,"识神"退却"元神"即自然显现。

③ 载《武当》2004年第1~7期。

总之,《庄子》、《列子》所提到的真人身心俱达到了“道”的层次,以往的学者较多从哲学角度理解这方面内容,其实,若联系后世内丹家的实践看,《庄子》中的这种描述反映的是当时已有人按身、心俱养的方法修炼,并已有初步成就,这成就可概括为以下两点:

首先,当时已有类似后世存思守一的修身术。《庄子·刻意》:

“纯素之道,唯神是守;守而勿失,与神为一;一之精通,合于天伦。野语有之曰:‘众人重利,廉士重名,贤人尚志,圣人贵精。’故素也者,谓其无所与杂也;纯也者,谓其不亏其神也。能体纯素,谓之真人。”

这段话中,“唯神是守”简直就是对后世道家存思守一术的最好描述。“纯素”是说意念淡泊而专精,这样才能“不亏其神”。《管子·内业》亦有类似描述:

“(君子)正形摄德,天仁地义,则淫然而自至。神明之极照乎知,万物中义守不忒。不以物乱官,不以官乱心,是谓中得,有神自在身,一往一来,莫之能思,失之必乱,得之必治。敬除其舍,精将自来。精想思之,宁念治之。严容畏敬,精将至定,得之而勿舍,耳目不淫,心无他图。”

上文是说在存思时,要意念专精,为了意念专精,存思时还要认为天地间存在神灵,《庄子·刻意》:

“纯粹而不杂,静一而不变,惔而无为,动而以天行,此养神之道也。夫有干、越之剑者,柙而藏之,不敢用也,宝之至也。精神四达并流,无所不极,上际于天,下蟠于地,化育万物,不可为象,其名为同帝。”

这个“帝”即驾驭万物的神灵,《庄子》这段话是说养神时意念要与驾驭万物的“帝”合一。存思守一会出现头脑清晰、身心明朗的状态,《文子·微明》“是故真人托期于灵台,而归居于物之初,视于冥冥,听于无声。冥冥之中,独有晓焉;寂寞之中,独有照焉”,学者认为这是从气功态内景方面的描述①,在这种情况下,意念即可引导“气”的运行,此为后来内丹术的基础。《庄子·在宥》托言广成子的一段话反映了战国道家修行的方式:

“至道之精,窈窈冥冥;至道之极,昏昏默默。无视无听,抱神以静,形将

---

① 李鹏举:《〈淮南子·天文训〉“太昭”说再探》,《自然科学史研究》1996年第2期。

自正。必静必清，无劳女形，无摇女精，乃可以长生。目无所见，耳无所闻，心无所知，女神将守形，形乃长生。慎女内，闭女外，多知为败。我为女遂于大明之上矣，至彼至阳之原也；为女入于窈冥之门矣，至彼至阴之原也。天地有官，阴阳有藏，慎守女身，物将自壮。我守其一以处其和，故我修身千二百岁矣，吾形未常衰。"

"抱神以静""目无所见，耳无所闻，心无所知"是说心要专精无欲，"大明之上"是指"道"之阳，"窈冥之门"是"道"之阴，人身的阴阳与"道"的阴阳相合。这段话其实不仅仅是哲学言辞，还描述了早期的内丹术。因此《庄子》以哲学著作被收入《道藏》也就毫不奇怪了。

其次，当时已有早期的行气、辟谷之术。行气见战国时期的《行气玉佩铭》，①至于辟谷，《庄子·逍遥游》中藐姑射之山的真人"不食五谷，吸风露"描述的即此术。之所以会产生这样在一般人看来不可思议的方术，是因为当时人认为天地间自有精、气，可以通过调息直接吸取。《楚辞·远游》："飡六气而饮沆瀣兮，漱正阳而含朝霞，保神明之清澄兮，精气入而麤秽除"讲的就是辟谷。《远游》作者是否为屈原是有争议的问题，不过它讲的神离开身体远游，食气养神确实跟《庄子》一脉相承。《庄子》中的辟谷术尚粗疏，到后来的汉代，辟谷术有了进一步发展。《汉书·郊祀志》李少君有"谷道方"，颜师古注引李奇曰："谷道，辟谷不食之道也。"又马王堆3号汉墓出土的帛书有两篇佚书，其一整理者定名为《却谷食气》②，《却谷食气》有大量对各种"气"的说明："朝霞者，□□□□□。□□者，

---

① 行气铭是中医史上具有重要意义的文献。有关研究已非常之多。郭沫若、陈邦怀等先生均作过释文。这里限于篇幅，就不展开了。具体可参见张道升：《〈行气玉铭〉古文字研究述评及新解》，《社会科学论坛》2007年第4期。

② 马王堆3号汉墓出土的帛书有《却谷食气》篇："去(却)谷者食石韦。朔日食质，日驾(加)一节，旬五而[止]。[月]大始銚，日[去一]节，至晦而复质，与月进退。为首重、足轻、体轸、呴[呴]炊(吹)之，视利止。食谷者食质而□，食[气]者为本(呴)炊(吹)，则以始卧与始兴。……春食一去浊阳，和以□光、朝暇(霞)，[昏清]可。夏食一去阳风，和以朝暇(霞)、行暨，昏[清可。秋食一去]□□、霜雾，和以输阳銚，昏清可。冬食一去凌阴，[和以沆瀣]、□阳銚光，输阳输阴，[昏清可]。"见《文物》1975年第6期。《却谷食气》的朝霞、沆瀣、阳銚指不同季节的精气，跟《远游》王逸注的朝霞、正阳、沦阴、沆瀣虽文字有小出入，但原理相同。辟谷的同时往往要食气，即吸食天地精气以达到体轻飞升的地步。《却谷食气》下文还有次数"……凡呴(呴)者中息而炊(炊)，年[廿者朝廿暮廿，二日之]莫(暮)二百，年卅者朝卅莫(暮)卅，三日之莫(暮)三百，以此数推之。"

□□□也。输阳者，日出二竿，春为浊。匡光者，云如盖……，沆瀣者，夏昏清风也”[①]，张家山汉简《引书》讲到食气："是以必治八经之引，炊（吹）昫（呴）虖（呼）吸天地之精气，信（伸）复（腹）折腰（要），力信（伸）手┘足，軵踵曲指……以与相求也，故能毋病"，[②]这也是跟《庄子·逍遥游》以来的辟谷术一脉相承。

总之，《庄子》、《列子》对"神明"、"精"、"气"跟人的身心及"道"之间的关系的体会达到了卓越的地步，《庄子》、《列子》中的道家实践包含着后世内丹术渊源中的大部分。因为内丹术以凝神聚气之法修身，因此修炼者本人的直觉体悟和精神方面的自控能力为《庄子》乃至《列子》一再强调。《庄子·大宗师》"其耆欲深者，其天机浅"的天机，指的就是人的直觉能力，这句话认为，自控能力差的人，直觉体悟"天机"的能力必差。在自然环境少扰的古代，古人的直觉体悟能力远远强于现代人，人置身于自然时，体悟到外界和体内精、气的变化，从而产生生理的变化，是内丹家修炼时都会出现的现象。从《庄子》等典籍看，战国时期神仙家们的修炼已开始出现这些神奇的现象。

《庄子》、《列子》等道家典籍描述的人身"精"、"气"与"神明"的结合，不但为后世的内丹术奠定了基础，而且使"道术"（主要是早期的内丹术）从此超越了巫术的水平，这方面《庄子·应帝王》记载的一则故事很有价值。《应帝王》记载郑国有个叫季咸的神巫能知道人的生死存亡、祸福寿夭，列子见了之后颇为心动，回去告诉师父壶子，壶子让列子带着神巫来，第二天列子带着神巫见壶子，神巫对列子说你的老师不出十日将死，列子伤心地将消息告诉老师，壶子让他过几天再看，如此三次后神巫终于承认功力不及壶子，仓皇逃走。这里壶子对列子说了三次话，这三次话的内容恰可显示"道"的内容：

第一次壶子说"向吾示之以地文，萌乎不震不正，是殆见吾杜德机也"，郭庆藩疏："地以无心而宁静，故以不动为地文也"，杜为关闭之意，关闭德机，身心寂然不动，于是神巫误认为壶子将死。

第二次说"向吾示之以天壤，名实不入，而机发于踵，是殆见吾善者机也"，郭

① 马继兴：《马王堆古医书考释》，湖南科学技术出版社 1992 年版，第 844 页。
② 张家山汉简整理组：《张家山汉简〈引书〉释文》，《文物》1990 年第 1 期。

庆藩疏:“壤,地也。天壤谓示以应动之容也,譬彼两仪覆载万物,至人应感其义然也”,即至人身心跟天壤之动合一,“机发于踵”是说生机显现在脚跟,于是神巫又认为壶子有一线生机。

第三次说“吾向示之以太冲莫胜,是殆见吾衡气机也”,疏:“冲,虚也”,太冲即太虚。这里是说显示了体内暗藏于太虚中的气机,最终神巫服输。

这里,德机、善者机、气机是关键词。“机”是道家的重要术语,指一切控制事物并使之产生变化的根源①。德机、善者机说明了“真人”跟品德修行的关系;“气机”则是一直为后世内丹家沿用的术语,它指体内“真气”涌动的感觉。这则故事说明了“道术”修行内容的深广为巫术不及。从本文视角看,“德机”、“气机”的出现说明了古人精神生活中的直觉体悟方式被提升到了一个新的阶段——自觉用之调节生理的阶段,以后的内丹术(包括其中最高深的部分)正是在这个基础上不断形成的。在较早阶段的种种巫术实践中,直觉和想象是巫术的思维和法术构成的主体,而到道家的“真人”思想产生后,修身的主要内容即为提升无欲无念的心境,《庄子》多处都强调“得意忘形”、“得鱼忘筌”,即尽量让大脑简单少思,这不是早期巫术中巫师的直觉和想象所能比的。

从以上考察可以看出,战国道家提出的“真人”思想中包含着早期的内丹实践,这些为神仙家吸收。秦始皇时的方士卢敖向始皇大言“真人”的高妙,让始皇感叹“吾慕真人”,而且从《庄子》、《文子》等典籍的记载看,战国道家——神仙家在身体修行方面已初有成绩,后世内丹术的筑基、炼精化气、炼气化神、炼神还虚、炼虚合道②,是以后各派炼士通过上千年的实践总结出的不同层次的实践,因此内丹术的大兴虽然是在宋以后,其最早渊源可推到战国。

内丹术是至今还未找到科学依据,但确实存在的客观现象,之所以现代科技直至目前对之尚无能为力,根本原因之一就是因为直至目前的现代科技采用的基本手段仍是逻辑分析和线性推理方法,不重视甚至根本不相信“直觉”这种往

① 李志超:《机发论——有为的科学观》,《自然科学史研究》1990年第1期。

② 炼精化气、炼气化神、炼神还虚、炼虚合道是内丹家修行的四种境界,自宋至清的多种内丹著作均提到过。较通俗的解释可参看由洪建林主编的民国丹家陈撄宁先生的作品《仙学解秘——道家养生秘库》(大连出版社1991年版)第352页。

往不可反复出现，也难以为实验所量化证明的体悟方式，在这样的情况下，以目前的现代科技衡量内丹术，未免产生种种"话不投机"的现象，各自存在。我们期待着"科技"这一产生于近代西方的、到目前为止仍然最先进、最精确的人类知识和技艺系统能得到更广更深的发展，让它跟古代各民族知识和技艺系统中的精华最终融会贯通，造福人类，当然，这是跟本书无关的题外话。

三、宇宙地理、博物知识和"药"的构想

上文考察了神明、精气概念及真人思想，这些都是神仙家的渊源，不过这些还只是神仙家渊源中的局部，因为就战国人的思维方式和知识系统而言，成仙并非仅有修身养性一种，还可通过炼药服食，将自然界其他物质的"精气"摄入体内来实现，不过，这类知识和技艺产生的过程十分漫长，战国时期这类知识还处于想象和初试阶段，到汉代才有了比较像样的实践，下面便稍作考察。

在战国之前，人们的知识积累中已经有了比较系统的动植物分类法。《周礼》对动物的分类则是毛、鳞、羽、介、蠃①或羽、蠃、鳞、毛、介、象②，《淮南子·地形训》则总结："鸟鱼皆生于阴，阴属于阳，故鸟鱼皆卵生。鱼游于水，鸟飞于云，故立冬燕雀入海化为蛤，万物之生而各异类，……介鳞者夏食而冬蛰，齿吞者八窍而卵生，嚼咽者九窍而胎生。"这些按鸟、毛、介、鳞的分类法体现了古代中国人将动物按形象归类的特点。此外这一阶段五行说的成熟还使人们开始有条理地安排自己心目中的人民草木构成知识，《管子·水地》："齐之水道燥而复，故其民贪粗而好勇；楚之水淖弱而清，故其民轻果而贼；越之水浊重而洎，故其民愚疾而垢；秦之水泔冣而稽……，故其民贪戾罔而好事；齐鲁之水，枯旱而运……，故其民谄谀葆诈，巧佞而好利……。"《水地》开篇是一大段非常完整的五行五味说，因此下文描述的各地水和人民的特性是春秋至战国时期人们以五行说对人民草木构成的分类总结。

这是战国时的人们以五行概括的动植物、人民草木分类法。五行说下的分

① 《周礼·地官·大司徒》。

② 《周礼·春官》大司乐之职。

类可扩大到自然万物的一切领域，包括对金玉矿石成分的认识，这就为后来的炼丹术中拣选药材之法奠定了基础。同时，战国时期人们关于仙界的想象已经产生，此前既有的宇宙地理和博物知识开始跟这种想象结合，这反映在《尔雅》、《山海经》中记载的宇宙地理和博物学知识状况上。《尔雅》有对草木虫鱼的训诂；而集中了较多民间博物学知识的《山海经》分为海内、海外、大荒三部分，它们均按四方分布，这反映了民间神话中的地理方位概念已有了秩序，《山海经》大量记载了山川的位置和物产，以及草木玉石动植物等的疗效，虽然《山海经》尚没有对这些动植物进行像《周礼》那样的毛、鳞、羽、介、象、鸁分类，但相对于《尔雅》从文字训诂的角度解释草木虫鱼而言，《山海经》在地学、博物学的专业领域有更高的价值，因为它跟战国诸子系统典籍中提到的宇宙地理和博物知识有共同渊源，而且它对宇宙地理和博物知识的记载比旨在著书立言的诸子典籍更加具体而全面。如《庄子》用来构想仙界的地理知识可以看出有《山海经》中地理的影子①；《逍遥游》有北冥、南冥，各有天池；《应帝王》有北海、南海，海上有仙山，这些都是《庄子》吸收了民间神话和地理知识为了说明仙界的存在。到《淮南子·地形训》则做到了既吸收博物学知识，又采纳古老的神话——它一方面吸收并发展了《管子·水地》对人民草木构成的描述②，另一方面吸收了自《山海经》以来的博物学知识和这些知识背后的宇宙地理结构，在这些具体知识之中整理出秩序，并将仙界、人间融为一体。《淮南子·地形训》堪称战国以来宇宙地理和博物知识的集

---

① 《庄子·逍遥游》提到海中有藐姑射山，山上有真人，有隐士，尧曾到藐姑射之山见过王倪、齧缺、被衣、许由四位隐居高士。藐姑射山的名字来源于《山海经》。《山海经·东山经》有北姑射之山，又《海内北经》："列姑射山在海河州中。射姑国（毕沅校本作姑射国，应是）在海中，属列姑射"，还提到朝鲜、蓬莱山、大人之市。《山海经》的姑射之山的环境是"无草木，多石；南姑射之山，无草木，多水"。并没什么特别，也没什么物产。《逍遥游》的藐姑射之山为以《山海经》为蓝本想象而成。

② 《地形训》中有一段对各地人民性状的描述，可列成下表：

方位	人民形貌	窍所通	身体所属	对应色和五脏	物产
东方	兑形小头，隆鼻大口，鸢肩企行	窍通于目	筋气	苍色主肝	其地宜麦，多虎豹
南方	修形兑上，大口决龇	窍通于耳	血脉	赤色主心	其地宜稻，多兕象
西方	面末偻，修颈卬形	窍通于鼻	皮革	白色主肺	其地宜黍，多旄犀
北方	翕形，短颈大肩下尻	窍通于阴	骨干	黑色主肾	其地宜菽，多犬马
中央	大面短颐，美须恶肥	窍通于口	肤肉	黄色主胃	其地宜禾，多牛羊及六畜

大成和扼要概括，在《地形训》中，除了有人民草木的构成之外，还有由金玉琅玕、嘉卉芝草、玉液琼浆、仙阶瑶台组成的仙境，它真实地存在于大地的总格局中：

“禹乃使太章步自东极，至于西极，二亿三万三千五百里七十五步。使竖该步自北极，至于南极，二亿三万三千五百里七十五步。……乃以息土填洪水，以为名山，掘昆仑虚以下地，中有增城九重，其高万一千里百一十四步二尺六寸。上有木禾，其修五寻。珠树、玉树、琁树、不死树、在其西。沙棠琅玕在其东，绛树在其南，碧树瑶树在其北。旁有四百四十门，门间四里，里间九纯，纯丈五尺。旁有九井，玉横维其西北之隅，北门开以内不周之风，倾官、旋室、悬圃、凉风、樊桐，在昆仑阊阖之中，是其疏圃。疏圃之池，浸之黄水，黄水三周复其原，是谓丹水，饮之不死。河水出昆仑东北陬……赤水出其东南陬……，弱水……洋水……，凡四水者，帝之神泉，以和百药，以润万物。昆仑之邱，或上倍之，是谓凉风之山，登之而不死。或上倍之，是谓悬圃，登之乃灵，能使风雨。或上倍之，乃维上天，登之乃神，是谓之太帝之居。”

《地形训》这段记载的来源是《山海经》。跟《山海经》不同的是，《地形训》开头便说到“太岁”的运行，其通篇描述的是盖天说宇宙格局下的大地分布，其中“数度”的成分明显，仙界被纳入了这个格局中。仙界和大地的关系笔者绘简图如下：

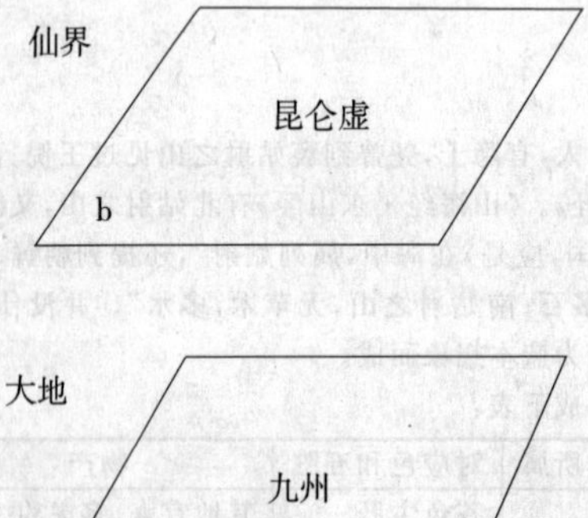

东南神州 农土	正南次州 沃土	西南戎州 滔土
正东扬州 申土	正中冀州 中土	正西弇州 并土
东北薄州 隐土	正北泲州 成土	西北台州 肥土

↑南

a 九州示意图

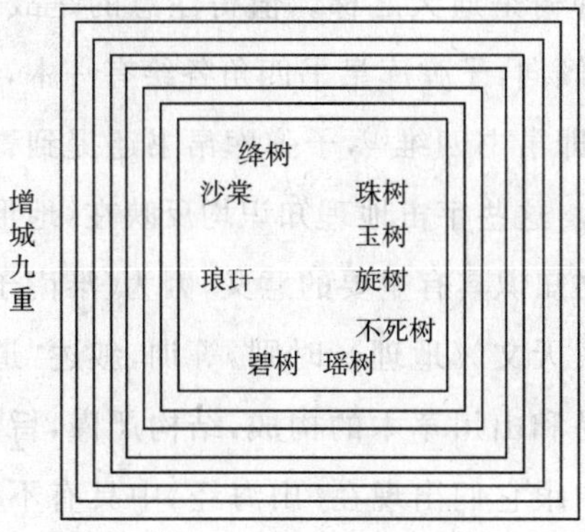

b 昆仑虚示意图

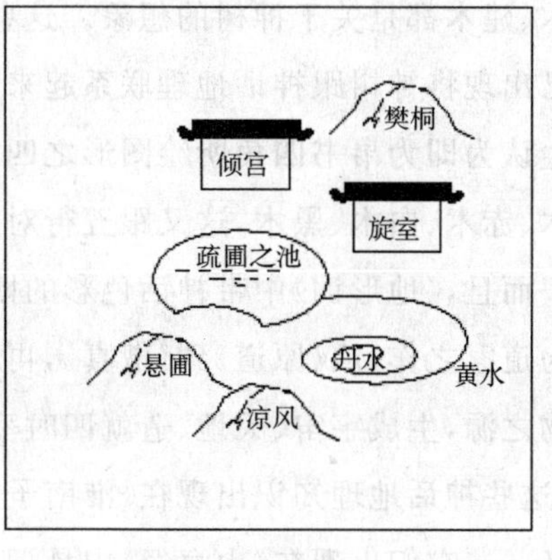

c 昆仑疏圃示意图

《地形训》描述的昆仑虚有增城九重,有九井,跟《山海经》描述的昆仑虚的描述非常相似。《山海经·海内西经》:"海内昆仑之虚,在西北,帝之下都。昆仑之虚,方八百里,高万仞。上有木禾,长五寻,大五围。面有九井,以玉为槛。面有九门,门有开明兽守之,百神之所在。"不过《地形训》跟《山海经》描述比,更多地渗透了数度思想(如昆仑虚城门的间隔度数),又带着描绘(如昆仑疏圃的情状)。仙界中存在着金玉琅玕、神树仙药,这些是《地形训》对《山海经》提到的琅玕、沙棠、不死树等博物知识(包括想象的部分)的吸收①。

《地形训》和《山海经》还都提到神树。《地形训》说:

"扶木在扬州,日之所曊,建木在都广,众帝所自上下。日中无影,呼而无响,盖天地之中也。若木在建木西,……。"

扶木、若木、建木均不是一般的树木,而是神树,它们均见于《山海经》②。扶木、

① 琅玕见《山海经·西山经》槐江之山"多藏琅玕、黄金、玉";沙棠见《西山经》昆仑之丘"有木焉,其状如棠,黄华赤实,其味如李而无核,名曰沙棠,可以御水,食之使人不溺";不死树见《海内西经》"开明北有视肉、珠树、文玉树、玗琪树、不死树"。

② 扶木见《山海经·大荒东经》:"大荒之中,有山名曰孽摇頵羝,上有扶木,柱三百里,其叶如芥,有谷曰温源谷,汤谷上有扶木",郭璞注《山海经》认为扶木即扶桑。又《海外东经》:"汤谷上有扶桑,十日所浴,在黑齿北。居水中,有大木,九日居下枝,一日居上枝。"汤谷为日出之地,在东,扶木即汤谷之神木。郝懿行认为扶木即"榑木",即极东之神树。"若木"见《大荒北经》:"大荒之中,有衡石山、九阴山、洞野之山,上有赤树,青叶、赤华,名曰若木。"若木为西极之木;而"建木"见《海内经》:"有木,青叶紫茎,玄华黄实,名曰建木",又《海内南经》:"有木,其状如牛,引之有皮,若缨、黄蛇。其叶如罗,其实如栾,其木如蓲,其名曰建木","日中无影,呼而无响"是当时人心目中仙物的异禀,《山海经·大荒西经》所描述的神人寿麻即"正立无景,疾呼无响",郭璞注:"言其禀形气有异于人也。"

若木、建木都是关于神树的想象。这些神树是通天之梯。值得注意的是战国时人已出现将神树跟神话地理联系起来的倾向，子弹库帛书四角各绘有一木，李零先生认为即为帛书四角所绘图形之四木即帛书四维[①]，子弹库帛书还提到青木、黄木、赤木、白木、黑木，这又跟五行对应。这些宇宙地理知识均反映在《地形训》中。而且，《地形训》中带神话色彩的博物知识具有重要的意义，因为《淮南子》通篇为道家之作，从《原道》到《俶真》，再到《天文》《地理》《时则》等训，叙述"道"为万物之源，生成宇宙、天地、造就四时变易和山川草木的构成，结构严谨，旨趣混一，这些神话地理知识出现在《淮南子》中跟它们出现在《山海经》中具有不同的意义——它们出现在《山海经》中是记录了当时民间由来已久的想象，而出现在《淮南子》中，则反映了《淮南子》作者已将它们当作"道"的一部分，这些博物知识在虚廓、宇宙、"精"、"气"、"太昭"等物质生成过程中拥有一席之地，这是认识上的飞跃，是由神话走向后来实践的中间环节。

从神话走向实践，还有一个重要环节是关于仙药的想象。"药"的概念是人和疾病作斗争的经验积累到一定地步才可能产生的，甲骨文无"药"字，周代已有药的概念，《周礼·天官》疡医："凡药，以酸养骨，以辛养筋，以咸养脉，以苦养气，以甘养肉，以滑养窍。"《周礼》称药为"毒药"，这表明人们将针对某些病症具有特定功用，能使人体恢复健康的物品称之为"药"。在人们认为健康的最高境界是长生不死观念产生后，人们认为通过"药"来达到这种状况是可能的，于是有了不死之药的想象，而博物学知识的进展则为人们采制不死之药的实践提供了基础。《山海经》中有关于仙药的想象，《山海经·海内西经》："开明东有巫彭、巫抵、巫阳、巫履、巫凡、巫相，夹窫窳之尸，皆操不死之药以拒之"，《大荒西经》："大荒之中，有灵山，巫咸、巫即、巫肦、巫彭、巫姑、巫真、巫礼、巫抵、巫谢、巫罗十巫，从此升降，百药爰在"；《大荒南经》："（云雨之山）有赤石焉，生栾，黄本，赤枝，青叶，群帝焉取药"，这些"药"都是仙药。《淮南子·地形训》则说："凡四水（黄水、丹水、赤水、洋水）者，帝之神泉，以和百药。以润万物。"《山海经》中关于神树神人和"药"的记载虽然未脱离想象的水平，但到了《地形训》，不但将之吸收，还将之跟

---

① 李零：《长沙子弹库帛书研究》，中华书局1985年版，第69页。

草木人民以“气”构成的规律结合在同一篇章中，反映的是战国至汉初的人们在掌握了大量具体的地理和博物知识的同时，尽量想将之系统化的努力，《淮南子》将有关仙药的知识安排在《地形训》中，虽然至此神树、神人和“药”的记载虽然仍是想象，但因为《淮南子》中有“道”和“精气”的概念来解释万物构成，它已经蕴涵着后世服食术和炼丹术的胚胎。有了不死药的概念，有了博物学知识，再跟“道”、“精”、“气”概念的结合，即自然而然地产生出服食和炼丹术。后世服食芝草、炼制仙丹的实践均是这样产生的。

此外，除了关于不死之药理论上可能的想象之外，还要注意到上古三代就有的发达青铜冶炼术为炼丹术提供的技术基础——古代中国人很早就有掌握了高超的青铜冶炼技术，在辨认金属、拣选矿石方面早就有相当基础，此外战国铸造青铜器时盛行鎏金工艺，当时工匠们将金箔片融入水银，水银的挥发使金留在器物表面镌刻的细凹纹中，形成一定花纹。这一技术需要大量的水银，而水银的大量需求使工匠们发现了天然硫化汞（HgS）——丹砂跟水银之间的化学变化关系，后来方士们吸取了这一知识，进而发挥他们关于物质变化的想象，认为丹砂经过化学反应生成的一些黄色合金是黄金，并用之炼丹。《史记·封禅书》记李少君劝武帝“祠灶则致物，致物而丹砂可化为黄金，黄金成以为饮食器则益寿”是中国古代关于炼丹术的最早记载①。这样，有了“药”、“精”、“气”等概念、有了包括矿物构成的系统化博物知识、有了发达的青铜冶铸术造就的丹砂化水银技术，在这三者基础上，炼丹术应运而生。

因此，宇宙地理和博物学知识，及时人关于“药”的想象，是神仙家服食、炼丹等“外养”术产生的渊源。

四、数术、方技知识

上文考察了神仙家渊源中的真人思想和宇宙地理、博物知识，这些还不是神仙家渊源的全部，战国时期知识和技艺中最实用的部分——数术方技，同样被神

① 卢嘉锡总主编，赵匡华、周嘉华：《中国科学技术史·化学卷》，科学出版社1998年版，第235～236页。

仙家用作探寻大自然奥秘、实现他们理想的工具。数术集“原理”和“应用”二者为一身，为古人的生产、生活、军政大事等提供决策，它在战国知识和技艺系统的地位犹如 technology 在近代西方科技中的地位。关于神仙家渊源的数术方面前人尚未作过研究，若从文献记载的西汉方士们的活动看，他们的实践几乎都离不开数术方技，而这些知识的渊源均可追溯到战国时期，下文便作简要考证。

数术为神仙家利用至少有以下例子：

(1)历法。汉武帝时方士公孙卿是历法行家，元封七年曾跟壶遂、司马迁共同要求改正朔，后来公孙卿被派去讨论造汉历。公孙卿曾对武帝说：

> “黄帝得宝鼎，冕候问于鬼臾区。鬼臾区对曰：‘黄帝得宝鼎神策，是岁己酉朔旦冬至，得天之纪，终而复始。’于是黄帝迎日推策，后率二十岁复朔旦冬至，凡二十推，三百八十年，黄帝仙登于天。”①

这段记载中，“迎日推策”是说明神仙方士吸取了历法知识的关键。公孙卿所云的“迎日推策”是计算历法中一年之岁首的方式，纯属于推历技术。该段王先谦补注引沈钦韩曰有鬼臾区答黄帝辞：“太虚廖廓肇基化元，万物资始，五运终天，布气真灵，总统坤元。九星显朗，七曜周旋，曰阴曰阳，曰柔曰刚，幽显既位，寒暑驰张。生生化化”；“天以六为节，地以五为制。周天气者，一期为一备终也。纪者，五岁为一周，……五六相合而七百二十气为一纪，凡三十岁，千四百四十气，凡六十岁而为一周，此所云迎日推策也”，这说明在古人心目中，时间的起始为“太虚”，“六十岁而为一周”是时间不断地以六十岁为基本单位循环。公孙卿是以候神著名的神仙方士②，他擅长历法说明一个重要问题——神仙家有特殊的时间观。当时的神仙家的时空观中，认为时间本身经过每次为若干年的若干次(公孙卿说是“二十推”)进化，人能自然登于仙，这跟现代人熟悉的牛顿力学下均匀分布的时空观完全不同。众所周知神仙的特点就是长生不死，长生不死的“仙人”即超脱了时间束缚的人，这种观念若是在没有产生出清晰的时间观，也没有意识到时间流逝的后进民族那里只能是想象，然而在早就产生出精确的时间

---

① 《汉书·郊祀志》。

② 公孙卿曾在嵩山、缑氏、东莱等地候神，并劝武帝起建章宫，立神明台，起飞廉、桂馆候神，均见《汉书·郊祀志》。

分割术(历法),并且早就能理性地感觉并测量时间流逝的古代中国人那里,“仙人”超脱时间的束缚绝不是神话式的想象,在数术家和神仙方士们心目中,“时间”这一不易被认识的抽象事物被进一步进行抽象——他们在均匀流布的时间基础上想象出一个无始无终,无所谓流逝的终极时间状态,他们认为这个“终极时间状态”经过修改历法和人自己的努力会自然来临,这就是公孙卿所谓黄帝推策二十遍能成仙的原因,因为黄帝推策二十遍,“终极时间状态”来临了,黄帝也自然成了仙。这种时空观不仅对神仙家有影响,在汉代还影响到汉儒心目中的王朝受命,这将在下一章具体论述。

(2)望气和占候。望气是当时历家、兵家大量运用的知识,这一点前文已述。《艺文志》兵技巧家有《鬼容区》三篇,《史记·历书》裴骃《索隐》:“臾区占星气”,臾区即鬼容区,是上文公孙卿提到的黄帝臣子,说明神仙家对占星气的熟悉。又如汉文帝时方士新垣平擅长望气,新垣平对文帝说:“长安东北有神气,成五采,若人冠冕焉”,又暗使人持玉杯,对文帝说自己看见宝玉之气。还说东北汾阴有金气,是周鼎在泗水中(见下一章第二节)。《史记·天官书》“金宝之上,皆有气,不可不察”,则神仙方士们所掌握的方术中亦有望气。至于占候,新垣平亦通类似方术。他对文帝说:“臣侯日再中”,即太阳再次到正午的位置,果真被他言中了。此占候属于天文知识。

(3)五行式法。五行是战国至汉数术的基本结构、天文地理、医学、博物无不应用了五行结构说明事理,神仙家亦利用五行及相关式法为自己的实践服务。《汉书·郊祀志》记羡门高为邹子之徒的“最后”①,擅长“为方仙道”,而《艺文志》五行类有《羡门式法》二十卷,王先谦补注引《周礼·太史》郑司农注:“抱式以知天时”,又引《唐六典》说明“式”的样子:“三式曰雷公、太一、六壬。其局以枫木为天,枣心为地。刻十二神,下布十二辰。”则《羡门式法》是羡门高用五行式法为神

① 马非百以“最后”为人名,见《秦集史》,第359～360页。此说似不确。《汉书·郊祀志》该段颜师古注:“自宋毋忌至最后,皆其人姓名也,凡五人。”而《史记·封禅书》该段《索隐》案:“最后犹言甚后也。服虔说止有四人,是也。小颜云自宋无忌至最后凡五人,刘伯庄亦同此说,非也。”马非百又以羡门高与“最后”皆为佛教徒,亦不甚确切。《汉书·艺文志》五行类有《羡门式法》,式法为邹衍阴阳家学流播,绝非佛教之学(见正文),则羡门高确实是邹子后学,“最后”亦不当作人名理解,《史记索隐》案是正确的。

仙方术服务的作品。此外，汉武帝时有人对武帝说“黄帝时为五城十二楼”，并建议按照此法候神。此候神法从名称看亦吸取了战国以来的式法，因为从战国式法看，五为五色、五方，十二为十二地支，此五城可能是按五行方位起建之城，十二楼为按十二地支方位起建的候神高楼。此外还有：汉成帝时谷永提到方士有“耕耘五德”、“化色五仓”①之术，王莽时以方士苏乐言“种五粱禾于殿中，各顺色”，种植仙谷，这些均渗入了五行。“化形五仓”据颜师古注引李奇曰：“思身中有五色，腹中有五仓神，五色存则不死，五仓存则不饥”，是按体内五方存思的早期的内丹术。苏乐种植仙谷是“种五粱禾于殿中，各顺色置其方面，先鬻鹤髓、毒冒、犀玉二十余物渍种，计粟斛成一金”，即以鹤髓、玳瑁等的汁浸泡种子后再按五行的色、方位播种，认为这样种出的就是仙谷。这些都是吸取了五行方位的方术。

推历、望气、占候等皆属数术，五行则是各种数术均使用的法则。数术是古代中国人独创的抽象思维方式，它代表着古代中国人的数理思维的最高水平。正如数学是一切近代自然科学的基础那样，数术中的数理格局和阴阳五行配伍也是中国古代各种专门技艺的基础。神仙家作为古代专门技艺之一，它吸取数术，是方士们实践时认识自然万物和人身体构成的需要。不过从战国到汉代神仙家的实践看，数术尚未跟方士们所掌握的博物知识以及“气”很好地结合，这是它还粗糙的表现。到东汉魏伯阳《周易参同契》出现，周易六十四卦和月体纳甲说完全融入解释自然物质之变，才标志着道家对自然物质之变的认识提高到了成熟的水平。不过无论如何，数术是战国至汉初神仙家实践的重要工具。

除了数术之外，神仙家的实践渊源中还有方技。《艺文志》：“方技者，皆生生之具，王官之一守也。太古有岐伯、俞拊，中世有扁鹊、秦和……”，这说明神仙家是由早先的王官医学孳生的流派。《艺文志》所云的方技包括经方、房中、神仙三类，其中，经方是传承自上古王官医学的医家，旨在治病，跟神仙家旨在长生不同；房中则跟神仙家有关。从《汉志》房中类典籍的书名看，当时的房中术主要是接阴之术，《容成阴道》、《务成子阴道》、《天一阴道》等书均为托名容成、务成子、

① 见《汉书·郊祀志》。

天一等的接阴之法,接阴之术即按照爱啬精气的原理,将气血健旺的韶龄女子视作补药,采其"气"补己身之术,《后汉书·方术列传》有记载①,唐孙思邈《千金翼方》更有不少内容。接阴之术多被世人目为粗俗猥杂的邪道,但其中亦有上乘的内容,联系后世内丹家的修炼看,宋以后的南宗有双修之术,需寻觅资质功力与己相当的伴侣,互用对方精炁为丹药,身体为炉鼎,这就是由古代房中术中的上乘部分发展而来的。因其术易遭世人误解,而且资质昏昧、嗜欲深厚者被认为不宜传授,所以历代在传授此法时均慎之又慎,不著竹帛,因此要想了解其面貌难之又难,寻常人根本不可能问津,世俗所传往往邪猥混杂,融于下流。因笔者对此了解有限,在此不欲深究。不过后世内丹术中的双修术,是从更古的"接阴"之道辗转发展而来应无问题。

五、巫术和杂祀

以上考察涉及了神仙家渊源中的大部分。这里要涉及神仙家渊源中的最后一部分——古老的巫术和杂祀。神仙家实践中存在巫术和杂祀是方士们实践时对自然和宇宙的具体知识尚不够的必然产物。三代的王朝祭礼作为祈望王政和谐的国家级仪式,其格局中尚且存在巫术和杂祀,更不用说战国、秦汉之际靠简陋的条件和有限的技术追求长生不死的神仙方士们了。可以说,在当时认识水平和技术条件下,神仙家实践中存在巫术和杂祀是极正常的,假如没有这些反倒是不可思议的。下文便对神仙家实践中的巫术和杂祀作些考察。

先看巫术。神仙家的巫术有辟鬼、使物等等。辟鬼见《史记·秦始皇本纪》燕人卢生对始皇说不死之药求不得是因为有恶鬼,还说:"方中,人主时为微行以辟恶鬼,恶鬼辟,真人至",这个"方"即神仙家的仙方,则秦代神仙方士的实践中就有辟鬼术。到汉代,武帝时方士少翁"作画云气车,及各以胜日,驾车辟恶鬼",此为以五行相胜之日驾车辟鬼。"胜日",颜师古注解引服虔曰为"甲乙五行相克之日",因为古代纪日用干支,而干支跟五行配伍后即可推出日子的相胜,如金日

---

① 《后汉书·方术列传》记冷寿光"行容城御妇人法,常屈颈鷮息,须发尽白,而色理如三四十时",此为采女子之气补于己身之术,为东汉养生方术的一种,见本书第五章第五节。

胜木日、火日胜金日等等，这样即可根据五行相胜来判断日子的相胜。驾车为驾云气车，这个云气车也是五色云气之车，王先谦补注："画青车以甲乙，画赤车以丙丁，画元车以壬癸，画白车以庚辛，画黄车以戊己，将有水事，则乘黄车，故云驾车辟恶鬼也。"在五行配伍中，甲乙为东，所以画青车；丙丁为南，所以画赤车。相应地，壬癸画黑车，庚辛画白车，戊己画黄车，此为"驾云气车"之术。卢生和少翁的辟鬼术其实不像我们想象的那么幼稚，秦皇汉武雄才大略，也并非毫无分辨能力的村野匹夫，他们能相信辟鬼术，跟战国以来神仙家在物质变化方面达到了当时其他诸家不及的水平有关系，辟鬼术只是神仙家物质变化之说的附属物，秦皇汉武是在接受了神仙家的物质变化之说的同时，顺便接受他们的辟鬼术的。

辟鬼之说亦为后世丹家继承。后世丹家心目中的"鬼神"即操纵人之命运起落的神秘力量，丹家认为丹术为"逆行造化"，即夺造化而返还人之原本的上乘仙术，为鬼神之所忌，因此要择取无人之处，炼丹前要斋戒，炼丹时要专心祈祷和咒祝，葛洪《抱朴子》和《道藏》其他典籍中多有这样的描述①。这样的祝咒即由战国、秦汉神仙家们辟鬼术经历长期发展而来。

除了辟鬼之外，还有使物，即役使鬼物。《汉书・郊祀志》记李少君能"使物"，如淳曰："物为鬼物也"；《史记・封禅书》记栾大夜里在家中以法下神，"神未至而百鬼集矣，然颇能使之"，这些都是以巫术役鬼的内容，它们并非神仙家的发明，而有古老的渊源。《风俗通义・祀典》引《黄帝书》："上古之时，有荼与郁垒昆弟二人，性能执鬼，度朔山上章桃树下，检阅百鬼……，荼与郁垒缚以苇索，执以食虎"，这是关于早期的役使鬼物的记载，神仙家们役使鬼物即来源于此。在汉代，鬼物有专门之图书记载。《艺文志》杂占类有《人鬼精物六畜变怪》二十一卷，王先谦补注引沈钦韩曰：

"《先天纪》黄帝巡狩东至海……，得白泽神兽，能言，达于万物之情，因问天下鬼神之事。自古精气为物，游魂为变者，凡万一千五百二十种。白泽

---

① 《抱朴子・金丹》记述魏晋炼丹道士需斋戒的情景："合此大药，皆当祭。祭则太乙元君、老君、玄女皆来鉴省，作药者若不绝迹幽僻之地，令俗间愚人得经过见之，则诸神便责作药者之不承经戒，致令恶人有谤毁之言，则不复佑助人，而邪气得进，药不成也。必入名山之中，斋戒百日，不食五辛生鱼，不与俗人相见，尔乃可作大药。作药需成乃解斋。"

言之,帝令以图写之,以示天下。帝乃作祝邪之文以祝之。”

《人鬼精物六畜变怪》是自上古起在人们脑海中大量存在的山川、四时、动植物、居室乃至日常用物之鬼神精怪的图录和文字说明。此外劾鬼之术在汉代亦有专门的书,《艺文志》杂占类有《执不祥劾鬼物》八卷,又有《变怪诰咎》十三卷。诰为《周礼》太祝六辞之三,咎为“自刻责也”(补注引沈钦韩曰)。《云梦秦简》的《诘咎》篇记载了刺(厉)鬼、棘鬼、阳鬼、哀鬼、暴鬼等许多鬼名和披发、呼名等劾鬼法(见上一节),是当时民间的这类书籍。鬼物之图、劾鬼之术的成书反映了渊源古老的巫术在汉代开派传习,神仙家们就要学习这些内容。栾大曾与同样擅长巫方的少翁同师①,就反映了这种状况。

汉代神仙家的一些仪式也吸取了渊源古老的巫术。以栾大受武帝封的具体细节为例:《郊祀志》记栾大受汉武帝“天道将军”印时,派使者“衣羽衣,夜立白茅上”,栾大也穿羽衣站在白茅上受印。茅草自古便是祭祀和巫术时神降临后的凭籍,《山海经·南山经》祠鸟身龙首神之礼:“糈用稌米,一璧、稻米,白菅为席”,郭璞注:“菅,茅属也”,郝懿行笺疏:“席者,籍以依神”,即神降后是要站在席上的。《周礼·春官》司巫在祭祀时要供“蒩馆”,郑玄注:“蒩之言藉也”,即神降后的凭借。汉武帝封禅时用江淮间一茎三脊的茅草,渊源亦在这里。

除了直接控制自然力外,神仙家还运用一些巫术在祷祠过程中充当辅助。汉武帝时有人献祠黄帝方,要用枭破镜,颜师古注此为“解祠”,“谓祠祭以解罪求福”,还引张晏曰:“黄帝,五帝之首也,岁之始也。枭,恶逆之鸟。方士虚诞,云以岁始祓除凶灾,令神仙之帝食恶逆之物,使天下为逆者破灭讫尽,无有遗育也。”王先谦补注亦云此为“解祠”,即祓除。祓除是古已有之的巫术。《左传》昭公十八年郑子产因为火灾之故起社“祓禳於四方”,《襄公》二十五年郑国大夫子产率师入陈,此时陈侯手里抱着社主,郑军入陈,恐触怒其国社神,子产令“祝祛社”,先祛除不祥(见第一章第二节)。包山楚简有解除,称“鬼攻解”,其对象有明祖、不辜、岁、祖、水上、日月等,以消除这些能作祟之物对病中的墓主的影响②。神

① 《汉书·郊祀志》。

② 吴郁芳:《〈包山楚简〉卜祷简牍释读》,《考古与文物》1996年第2期。

仙家的禳祠作为祠黄帝、太一等神的辅助，从方法上跟他们的先辈进行过的祓除是一致的。

除巫术外，杂祀是另一类神秘行为。巫术是企图直接役使自然力，杂祀则是直接对自然力讨好，性质即本文第一章第二节所说的“直接膜拜”（instinctive supplication）。汉武帝时的方士们祠灶、冥羊、马行、皋山山君、武夷君、阴阳使者，武帝祠神君、太一等皆属于杂祀，这些受祀神灵一方面有古老的渊源，另一方面从整个道教发展史看，它们跟后来的道教神灵系统之间有继承关系。首先看它们的古老渊源：

灶神见于《礼记·祭法》周代的五祀神，后来道教神灵中有东厨司命定福灶君即灶王神；

太一神为天神之最贵者。太一的渊源本章第二节已述。后来道教有亦有太一神，《真灵位业图》所列第一神阶之右位中，有玉天太一君、太一玉君，皆居玉清仙境，太一神在后来形象逐渐丰满，反映着道教造神水平的不断提高。

冥羊、马行为神异动物，王先谦《汉书补注》认为它们为《山海经》描述的怪神，以后道教中并无动物神灵，这是因为随着道教理论的发展，对动物的构成有了清晰的认识，并且认为人高于动物，这样，对动物的膜拜自然而然地消除。

皋山山君、武夷君为地方山神。后来的道教神灵中有相当部分的仙真神灵来源于地方神，如泰山的东岳大帝、碧霞元君之类。

由此可见，灶神、太一、冥羊马行、皋山山君、武夷君等多种神灵，均是后来道教神灵系统的早期渊源。后世的道教神灵系统包括至高天尊（元始、灵宝、道德三天尊）、诸天神（玉皇大帝等）、地祇、人鬼、仙真，由它们构成道教神灵庞大而等级森严的整体。李养正先生认为，这些神中，至高之天尊、仙真及人身中之神，是从道教信仰所构想出来的，其余则是承袭古代鬼神崇拜而来①。本节此处列举的汉代神仙家的杂祀，即是承袭古代鬼神崇拜向后来的道教发展的中间环节。总的说来，汉武帝时方士们进献的“杂祀方”中神灵们的神性已经开始跟仙真相联系，这也是它区别于一般民间杂祀所在。不过当时这些神灵尚处于自发零散

---

① 李养正：《道教概况》，中华书局 1989 年版，第 244 页。

的状态,是其远未从一般民间杂祀脱离出来的标志。

以上是战国、秦汉神仙家的巫术、杂祀。它们承袭自古老的巫术和鬼神崇拜,又根据神仙家的需要进行了改造。在发展去向上,在后来它们大多汇入了后来道教的杂方术①中。

以上考察了神仙家的渊源。战国至汉初的神仙家的渊源极其驳杂,有哲学理论,有博物知识,有生理知识,有数术方技,有巫术杂祀。它们几乎包括了古代哲学、物质构成之学乃至其他各种专业知识的全部,此外还要加上相当部分的古人精神生活中的"直觉"成分。神仙家实践是后来道教实践的渊源,后来道教实践的三大部分——内、外丹术和杂方术,无不可以在战国、秦汉神仙家中找到渊源,应该说,神仙家对于中国古代的地学、博物学、生理学、化学等专门知识均作出过贡献。

此外,神仙家的构想和实践对后来汉代王朝祭礼的建设也有很大影响。在经历秦火、民生凋敝、文化凋零的汉初,王朝的祭祀领域先是承秦之故,但秦朝的国家祭祀背后的形上学水准不高,而经过大大发展的战国数术和哲学背后表现出了完整而高超的形上学水准,因此到汉代,沿袭秦朝的那种国家祭祀被更高水准的国家祭祀取代是必然的倾向。在这个过程中,吸收了战国数术的神仙方士们夹带着他们所擅的祷祠、炼养等方术混迹于王侯的宫廷,渗入国家的信仰领域。数术家、神仙家、儒生等纷纷为汉代王朝祭礼的改革出谋划策。可以这么说:归根到底,不仅仅是秦汉的帝王将相的个人需要选择了神仙家,当时秦汉王朝信仰、实践的现需要和因国家祭祀的古板浅陋所形成的空白,是神仙家在后来的汉代能登上国家祭祀的大雅之堂的根本原因。

结　语

本章考察了战国、秦时期祭祀和信仰的状况。战国时期"治出于二"格局初现,一方面法、律、令大量制定,保障着从"礼"中脱胎出来的政治事务的效率;另

---

①　道教方术可分为内丹、外丹、杂方术三大部分。其中,内丹为行气炼养之术,外丹为烧炼金丹之术,杂方术指除了内、外丹之外的画符箓、念咒语、请天师、执鬼魅等术。它们综合构成道教方术的体系。

一方面,“明堂月令”的构想又为“治出于二”的发展趋向描绘了应有的蓝图。就当时现实而言,在谋略用兵事务为急的战国时代,祭祀、信仰事务因“礼”框架的崩塌而失去了依附,民间自发的祭祀则因普通百姓生产、生活的需要而因地制宜地大量涌现。而且在数术大发展的背景下、当时对至上神秘力量的解释水平空前提高,林林总总的神灵世界开始浮现出现三级体系,此外,旨在长生不老的神仙方术从理念、实践上都开始成型。这些就是战国时期政治格局和祭祀、信仰事务发生的变化。

秦的统一建立了空前统一的强大帝国。作为处在“治出于二”发端阶段的统一王朝,秦因国祚短暂,尚未出现跟统一王朝相适应的王朝祭礼,其祭祀、礼仪事务大多是其诸侯时期的沿袭,民间则各种祭祀混杂。这些都是秦处于“治出于二”的发端阶段,以法、律、令为手段的吏政尚未将战国时期经历长足发展和巨大变化的祭祀、信仰内容吸纳的结果,在秦的国家祭祀领域,主要的东西仍然是其诸侯时期的故旧。

秦虽然漠视建立王朝祭礼,仅仅把各地神灵收进国家祀典以表示统一,但以“治出于二”所确立的官僚政治方式已开始吸收民间知识和学术,这表现为建立博士制度以备顾问。虽然秦博士地位不高,所习不一,但毕竟保存了三代以来的候星、占梦等跟祭祀信仰有关的知识。从后来历史发展的脉络来看,不顾人们信仰需求的纯粹吏治并不符合自周代以来已经奠定的有深厚基础的“礼”传统。以后在“治出于二”继续发展的过程中,祭祀、信仰内容便不断地加入了进来,这些内容后来经过清整,祭礼便在形式上又恢复古典礼乐文明的形式,这是在后来的两汉才逐渐做到的。

第三章 渐进和“复古”：西汉——从国家祭祀到系统化王朝祭礼的演变

上一章我们考察了战国、秦时期政治格局的变、祭祀和信仰发生的重大变化种种内容。西汉的王朝祭礼正是在所有这些因素的共同作用下，再加上经学的传承和演进这一背景，一再发生变化的。正如我们都知道的——从蝉蜕数遍到蝴蝶出蛹，是因为它不仅仅从大自然秉承了那么一种成长的特殊形式，还需要各种合适的外因，同样，西汉王朝祭礼一再发生的几次重大变革，也是因为西汉的国家祭祀事务秉承了此前所有与之有关的因素影响——战国数术和神明格局的变化、“治出于一”到“治出于二”的重大政治格局之变、神仙家说、经学变迁种种，所有这些因素都对西汉一朝的祭祀产生了影响，使它一变再变，经过韦玄成改革祭祖礼、匡衡改革郊祀，最终形成形式上复古，内容上跟宗周王朝祭礼比有重大差异的一套新的王朝祭礼，成为以后东汉乃至后代祭礼的渊源。西汉“治出于二”本身的演进、经学、方术等提供的学术基础等因素使这一曲折的变化过程分外复杂，本章要考察的就是西汉王朝祭礼复杂而曲折的演进过程。

西汉初年继承自秦的国家祭祀，跟后来匡衡改革天地之祀后形成的王朝祭礼是性质不同的东西，国家祭祀是由国家的奉常、祝官主管的对天地、山川、先祖的祭祀，它远承自秦诸侯时期的地方性祭祀，其背后的形上学是简单质朴的；而匡衡改革后直到新莽形成的王朝祭礼则不然，它是在西汉的帝王、儒生、公卿、吏民共同努力下，对上古（主要是周代）礼典的恢复，它吸收了战国数术、儒家经学等多方面的成果，在它背后，既有对世界秩序的理解，又有对政治秩序的表达。西汉后期到新莽，有一个儒生心目中的周代古制通过日益高涨的“改制”活动取代承秦而来的国家祭祀的过程，在这个过程中起了指导作用的，是由零碎到缀合、由局部到整体、由繁杂到精博的儒家经学的发展，在儒家经学发展完善的过程中,对祭祀和信仰事务作了规划的天人之学开始出现,并且儒生们以“天人合一”的理想改造汉代政治,古典祭礼在这个过程中得到了恢复,汉初承秦的国家祭祀也被从根本上改造。

下面的章节便是对西汉王朝祭礼及其演变的具体考察。

第一节 继承故秦——西汉初年的国家祭祀

西汉的建立者刘邦原是身份低微的亭长,他凭着过人的政治眼力任用萧何、曹参、韩信、张良等出色将相与楚贵胄之后项羽进行了激烈的争夺,最终赢得了天下。但正如众所周知的那样,王朝的更迭不等于意识形态的立刻更改,汉初相当长的一段时期,意识形态领域都秉承了战国、秦以来的故旧,黄老思想的“无为而治”成为汉初六七十年的主导,这使它在意识形态领域带有放任的色彩,于是,国家和民间的祭祀和信仰事务在很长一段时期保持了战国、秦以来的故旧,本节将对汉初继承故秦的国家祭祀具体内容作些考察。

一、汉初的雍五帝畤和陈宝畤

汉初的国家祭祀几乎完全继承自秦。自秦诸侯时期就有的雍五帝畤和陈宝畤是汉初国家祀典中最尊贵的神灵。不过汉的雍五畤跟秦的雍四畤比增加了北畤,内涵也有所不同,下面便具体作些探讨。

汉初的雍五帝畤,是在秦的四色帝畤基础上增加黑畤而成。增加的过程,《汉书·郊祀志》是这样记载的:高祖二年刘邦入关,问起故秦时祭祀的上帝,都祠哪些神,回答是白、青、黄、赤四色帝。但刘邦对此解释并不满意,他说:“吾闻天有五帝,而有四,何也?”底下人不知如何回答,于是刘邦便认为“乃待我而具五也”,并把自己作为黑帝加入四色帝系统之中,北方对应的色是黑色,因此黑帝祠被命名为北畤。这样,汉的雍五帝畤便完备了。

如果对秦四色帝畤变成汉五色帝畤的过程作些细究,可以发现汉初五色帝畤取代秦的四色帝畤,并不是简单地增加了一处祭祀,而有五行、五德、符运等观念逐渐渗入国家祭祀的烙印。具体说来,秦的四色帝畤与符运、五德说尚未发生联系——秦的四色帝畤始自秦襄公七年立西畤,到献公十八年(公元前366年)立栎阳畦畤,四色帝畤完备(见上一章第三节)。从雍四色帝畤跟秦朝符运的关系看,畦畤建立的缘由是秦献公时“栎阳雨金”,献公自以为得金瑞,便在天上掉金的栎阳立畦畤祭祀白帝,这样,畦畤对应的是金,但秦始皇统一后自认为秦为水德,二者不相符,顾颉刚先生由此认为西、畦两畤是西汉末年的人为了证明汉为火德,所胜为秦“栎阳雨金”之金德而伪造的,这一判断武断了些,其实西、畦两畤并非汉人的伪造,至于这二畤对应的是金,而秦的德为水德,二者不相符,是因为秦献公时期五德终始说和五行相次转用事说尚未融合,更不用说对国家祭祀发生影响(见上一章第三节)。随着战国数术的发达,五德终始说和五行相次转用事说结合在一个体系中。至迟到邹衍,二者已经融合。《汉书·艺文志》阴阳家有《邹子终始》五十六篇,《史记·封禅书》“驺衍以阴阳主运显于诸侯”,裴骃《集解》如淳曰:“今其书有《主运》。五行相次转用事,随方面为服”,则《主运》为邹子书篇名,内容为“五行相次转用次”,此为宇宙图式的内容。而他的五德终始说,《史记·孟子荀卿列传》云其“称引天地剖判以来,五德转移,治各有宜,而符应若兹”,则五德、五行说在邹子学说中已经融合,以后到汉高祖时,他听说天有五帝,是因为在他的时代,融时空于一体的五行说已经深入人心,因此把自己作为黑帝加入,于是秦的四色帝畤到汉初变成了五色帝畤,是五行说对国家祭祀进一步影响的结果。

这还不是所有的变化。汉的雍五畤祭祀跟秦的四色帝畤比另一个不同的地方是:秦的雍四色帝畤跟秦的符运——秦文公获黑龙[1]尚未发生关系,而汉的雍五色帝畤已经跟其符运结合。秦的符运是秦文公获黑龙,跟秦德为水德一致,但跟秦的四色帝畤无关——秦四色帝畤主祀的是白帝,而且四色帝中根本没有黑帝,则黑龙之符跟雍四畤无关,而且,秦献公立畦畤时代在邹衍前,而到邹衍时五行、五德说才开始糅合。秦始皇虽采用五德终始说,但采用的仅是其历史循环论,并没有顾及到五德终始说中秦的水德跟雍五畤中主祀的白帝对应是金不一致,到汉代,高祖刘邦建立北畤,这一矛盾就没有了。《史记·历书》:“汉兴,高祖

① 《汉书·郊祀志》记秦统一后有人对始皇说:“昔文公(腊)[猎],获黑龙,此其水德之瑞。”

曰'北畤待我而起'，亦自以为获水德之瑞"，则北畤（黑帝）之立跟汉初高祖认为自己为水德有关，至于汉的德，汉初袭了秦的德和服色，并定河决金堤为符运，《史记·封禅书》："是时丞相张苍好律历，以为汉乃水德之始，故河决金堤，是其符也"，则河决金堤跟水德、尚黑又联系起来。这样，立北畤跟尚黑、水德、符运便都联系起来，立北畤祠黑帝便不仅仅是简单的对五色帝的祭祀，而蕴涵着跟自己的德、色联系并使之绵祚长久的思想。

北畤的确立使五色畤最终齐备，五色帝从此成了西汉国家祭祀中最尊之神，高祖二年下诏："吾甚重祠而敬祭。今上帝之祭及山川诸神当祠者，各以其时礼祠之如故。""上帝"即指雍五畤。

汉初对雍五畤的祀法继承了秦的故旧（秦时祭祀雍五畤之法见上一章第三节）。汉高祖未曾亲自郊祀雍五畤，文帝即位十四年，因连年五谷丰登而增加雍五畤所供奉的车马驾具，十六年夏因方士公孙臣说"土德之应黄龙见"而亲自郊祀雍五畤（见下一节）。武帝在位期间亲自到雍祭祀一共十次（见第三节），太初之后因为新的神灵如太一、后土不断设置，雍五畤的地位下降，到成帝时匡衡改革国家祭祀，雍五畤因不符合儒家经典之义，终于被清除出国家祭祀的领域。

汉初继承自秦的另一处重要神祠是陈宝畤（陈宝畤渊源见上一章第三节）。成帝时匡衡改革祭祀，刘向追忆汉初陈宝显灵的情景：

> "（陈宝）汉兴世世常来，光色赤黄，长四五丈，直祠而息，音声砰隐，野鸡皆雊。每见雍太祝祠以太牢，遣候者乘一乘传驰诣行在所，以为福祥。高祖时五来，文帝二十六来……。"

从这段记载看，陈宝在汉初常常显灵。显灵时光影响动，野鸡惊鸣，令人心悸。

雍五畤和陈宝是汉初最尊的神灵。这些祠畤中除了北畤是汉高祖所建，其他均继承自秦，因其远承自秦诸侯时期的祭祀，带着明显的当初秦的地方色彩。

二、汉初长安祀官领有之祀

除了雍五畤和陈宝外，高祖六年在长安设立了蚩尤之祠和祠祀官、女巫，领有大量祭祀。这些是汉初祭祀的另一部分重要内容。下文便对之作些考察。

(一)蚩尤

蚩尤之祠在长安设立的由来是高祖在沛起兵时曾祀蚩尤。《汉书·高帝纪》:“高祖乃立为沛公。祠黄帝,祭蚩尤于沛廷,而衅鼓旗。”颜师古注引应劭曰:“黄帝战于阪泉,以定天下。蚩尤亦古天子,好五兵,故祠祭之,求福祥也”,则高祖在沛祭蚩尤为的是出兵取胜。传说中蚩尤曾作兵器。《太平御览》卷七十二引《世本》云:“蚩尤作兵”,又《山海经·大荒北经》:“蚩尤作兵伐黄帝”;《管子·地数篇》:“葛庐之山发而出水,金从之,蚩尤受而制之以为剑、铠、矛、戟,……雍弧之山发而出水,金从之,蚩尤受而制之以为雍弧之戟、芮戈。”于是战国至汉初蚩尤一向被当作主兵之神。战国至秦齐地八神的兵主祠蚩尤(见上一章第三节),高祖则在得天下后将保佑自己的蚩尤立祀于长安。

蚩尤之祀背后具有数术内容,它与兵家、星占术关系密切。《汉书·艺文志》兵形势家有《蚩尤》二篇。“形势者,雷动风举,后发而先至,离合背乡,变化无常,以轻疾制敌者也”,《史记·天官书》:“蚩尤之旗,类彗而后曲,象旗,见则王者征伐四方。”高祖起兵祀蚩尤亦取其制敌之意,由此更可看出,战国以来数术的发展大大丰富了人们造神的想象力。汉初的其他祭祀亦多见这种情况,详下文。

(二)后稷

高祖六年立灵星祠祀后稷,《三辅故事》云长安城东十里有灵星祠。《汉书·郊祀志》王先谦《补助》引《汉旧仪》:

> “五年修复周家旧祠,祀后稷于东南,为民祈农报厥功,夏则龙星见而始雩。龙星左角为天田,右角为天庭。天田为司马,教人种百谷,为稷。灵者,神也。辰之神为灵星,故于壬辰日祠灵星于东南,金胜为土相也。”

“龙见而雩”见于《左传》桓公五年。龙为天空中之东宫苍龙,即东方角、亢、氐、房、心、尾、箕七宿之总称,其角分左角、右角。《史记·天官书》:“左角,李;右角,将。”《索隐》:“李即理,法官也。……又《石氏》云:‘左角为天田,右角为天庭’”,则《汉旧仪》、《史记·天官书》与《石氏》皆以天田、天庭为东方苍龙之不同区域之名称,不过所附会的神不同:《天官书》附会的是理官,《汉旧仪》附会的是后稷。其实此前周代的后稷之祀与星辰尚无关系。《礼记·祭法》:“是故厉山氏之有天下也，其子曰农，能殖百谷，夏之衰也，周弃继之，故祀以为稷。”后稷是周之祖先，因善于播殖受祀，到《汉旧仪》中，后稷与龙之右角天田附会在一起，《天官书》则将理官与天田联系起来，可以看出在战国数术广泛流播后，民间重视生产的星占数术与传自历代王官、重视政治秩序的星占术尚有不同。后稷与龙星的附会是战国天文数术与民间对农业生产的重视结合的结果。

(三) 长安祝官领有的其他祭祀

高祖六年在长安置祠祝官、女巫，分为梁巫、晋巫、秦巫、荆巫、九天巫、河巫、南山巫，各领有一些祭祀。《史记·封禅书》裴骃《集解》引文颖曰：

“巫，掌神位之次者也。范氏世仕于晋，故祠祝者有晋巫。范会支庶留秦为刘氏，故有秦巫。刘氏随魏都大梁，故有梁巫。后徙丰，丰属荆，故有荆巫。”

按上文说法，巫出自晋之范氏，迁徙至各地，这与战国以前王官有巫且身份世袭一致。下文便对他们所领的祭祀分别对之加以考察。

1. 梁巫

梁为战国宋、魏之一部分，《汉书·地理志下》有梁国。梁巫祀神如下：

天：天之祀渊源古老，周代有郊天礼，郊天权为天子专有，战国齐地八神中有天主，此处梁巫中又有天，反映了宗周礼乐文明湮废后，对天的祭祀下移至民间，在民间普遍化，其性质也发生了变化。

地：周代仅有社祠，无地祠(见第一章第二节)。地祠是跟天对应的结果。战国至秦齐地八神有天主、地主，祭地主在太山梁父，此处亦有地祀，则天、地阴阳相对并分别祭祀的概念已经很普遍。

天社：具体内容不详。上文有地，此处有天社，则社与地已经分开。社、地分开是地祠出现，与作为国家、乡里保护神的社神区别的结果。

天水：未详，从上文“天社”应指社神看，有可能指尊隆的某处水神之祠。包山楚简祷有“大水”，整理者释为“天水”，是否为同一祀，尚有待考证。

房中：《汉书·礼乐志》有《安世房中歌》，王先谦《补注》引《后汉书·栾巴传》注房中、堂上为“为房堂而祀”，如此，房中可能为房内之神，性质属于五祀神。

堂上：亦是《礼记·祭法》“王为群姓立七祀”的门、户灶神之类。

2. 晋巫

晋为春秋大国名，此处亦为地名。晋巫所辖之祀有：

五帝：内容应为青赤黄白黑五行之帝。从晋巫有五帝可以看出，因数术的发展所出现的五帝之神已进入了各地的地方性祭祀，而且五行思想对祭祀的影响十分深广，汉雍五畤乃至后来汉文帝立的渭阳五帝都有这一渊源。

东君：《楚辞·九歌》有东君，为日神。日神的渊源非常久远，甲骨文中的“东母”即为日神①。齐地八神有日主，此东君当为此类之日神。长沙子弹库楚帛书提到日，并将其包含在宇宙发生神话中（见上一章第二节）。由此可见对日的祭祀也是战国各地都有的。

云中君：《楚辞·九歌》有云中君，是云神。注见第二章第三节楚地祭祀云中君部分。

巫社、巫祠：颜师古《郊祀志》注皆古巫之神。古书在言及巫时皆云巫某，将巫的名字置在巫字后。《山海经·海内西经》：“开明东有巫彭、巫抵、巫阳、巫履、巫凡、巫相、夹窫窳之尸，皆操不死之药以距之。”此处社、祠在巫字后，是社神有了巫的性质。这是战国以来社神性质变化的结果。

族人、先炊：《汉书·郊祀志》作“族人炊”，应据《史记·封禅书》为“族人、先炊”。颜师古注“族人炊”为古炊母之神，即灶神。战国至汉初灶神信仰普遍且面貌各异，《庄子·达生》“沈有履、灶有髻”，髻为状如美女的灶神。此处灶神据颜师古注为老妇状。至于族人，可能是《礼记·祭法》中五祀神之属，为族人之保护神。

3. 秦巫

秦巫为巫所掌管的秦地祭祀，有：

杜主：《史记·封禅书》作“社主”《汉书·郊祀志》作“杜主”，即秦祀典中的五杜主，《汉书·地理志》杜陵县为故杜伯国，有周右将军杜主祠二所，即此杜主，为人鬼。

巫保、族累：未详。按从名称来看，可能是跟晋巫之巫社、族人一类的神。

---

① 陈梦家：《殷虚卜辞综述》，第574页。

4. 荆巫

荆为战国楚地之称。汉初荆巫所辖的楚地祭祀有以下一些：

堂下：梁巫有堂上，此堂下当与堂上相类，皆五祀神之属。

巫先：巫先为巫之祖先。《集解》引应劭曰："先人所在之国，及有灵施化民人，又贵，悉置祠巫祝，博求神灵之意。"《索隐》："巫先谓古巫之先有灵者，盖巫咸之类也。"梁巫、晋巫、秦巫、荆巫之祖皆出自范氏，则巫先应为晋范氏之有灵于后裔者。

司命：《九歌》有大司命、少司命，《庄子·至乐》中庄子与骷髅对话提到司命，包山楚简祷祠之神有司命（见第二章第三节），是司命乃民间广泛信仰的司人性命之神。颜师古注此司命为文昌第四星，是后来天官家把神灵系统与天文附会的结果。

施糜：《汉书·郊祀志》颜师古注施糜为"其先常施设糜鬻者也"，《索隐》引郑氏云施糜为"主施糜粥之神"，则当是曾有惠于人者，后人祀之。

5. 九天巫

九天：颜师古《汉书·郊祀志》注九天为中央钧天、东方苍天、东北旻天、北方玄天、西北幽天、西方昊天、西南朱天、南方炎天、东南阳天，此与《淮南子·天文训》云"天有九野"基本相同（《淮南子·天文训》为中央钧天、东方苍天、东北变天、东南阳天、北方玄天、西北幽天、西方显天、西南朱天、南方炎天），《淮南子·天文训》堪称集战国数术大成的作品，天分九个方位根据的是盖天说下"天"的格局。到民间，普通百姓将之直接加以祭祀，即成了"九天"。

6. 河巫

祠河于临晋。《汉书·地理志》临晋为故大荔，秦获后更名。有河水祠。祭祀的是黄河之神。此为承袭《封禅书》所云"自华以西"的河水之祀。

7. 南山巫

南山：此南山当为确指之地名。《汉书·地理志》："故秦地于禹贡时跨雍、梁二州，诗风兼秦、豳两国……有鄠、杜竹林 南山檀柘，号称陆海，为九州膏腴。"是南山在秦地。

秦中：所祀为秦二世。

以上这些祭祀亦基本上继承了秦之故有,有的源于数术(如蚩尤、后稷、九天等)、有的是对山川的祭祀(河巫、南山)。许多跟人们的生活有关,如堂上、堂下、灶神等,它们零散而没有系统化,是战国以来各地民间的自发性膜拜祷祠大量暴露的结果,在战国以来形成的三级神灵格局(太一居上,五行之帝和神将居中,其他杂神居下)中,它们属于底层。汉王朝设置长安祝官领有这些祭祀,将这些原先散在各地民间的杂神杂祀开始请入国家祭祀的范围,已显露将对之进行管理的迹象。

三、汉初的社祠

汉初祀畤的最后一个重要内容是社祠。社祠渊源古老,本书第一章第二节考察了周代社祀的面貌。周代天子、诸侯有国社,国社下还有各地零散的民间社祀。战国以降,随着公社瓦解,社神性质也发生了变化。前文有梁巫有天社,晋巫有巫社,皆属于民间之社,它们的面貌因地而异。杨鸿年《汉魏制度丛考》对汉魏的社作了考证,说明汉代社是人们祭祀、集会、避疾、许愿的场所①。从文献记载看,汉初因经历了春秋战国、秦长期的礼崩乐坏,社祠比起《礼记·祭法》的记载来系统尚不完善,性质亦偏重于"淫祀"。周代有过的公社(王社、国社和王、诸侯自立的社),私社的两重体系(见第一章第二节)在汉初(武帝以前)尚未完备。不过汉二年大社已建立。《汉书·萧何曹参传》:"汉二年,汉王与诸侯击楚,(萧)何守关中,……为令约束,立宗庙、社稷、宫室、县邑……",《汉书·郊祀志》王莽要求立官稷时追忆汉初:"……圣汉兴,礼仪稍定,已有官社,未立官稷",颜师古注引臣瓒曰:"高帝除秦社稷,立汉社稷,礼所谓太社也。时又立官社,配以夏禹,所谓王社也,见汉《祀令》。"则汉初所立汉社稷是《礼记·祭法》所说的"太社",官社则是"王社"。其中汉社稷即太社是汉的公社,它是郡县之社的上级,象征国家政权领有天下土地;官社则是私社,象征刘氏领有天下。以夏禹配,则是祭祀先王,象征汉继承古来的正统。

这是最高级别的汉社。诸侯王的国社体系此时尚未完善,要到武帝时才完

① 杨鸿年,《汉魏制度丛考》,武汉大学出版社2005年版,第462~467页。

整地建立[①]。郡县之社的系统则在汉初得以逐渐完善。《汉书·郊祀志》记高祖二年"因令县为公社"，颜师古注引李奇曰："犹官社"，则各县皆置有官社。此前乡、里皆有社。《汉书·郊祀志》记高祖祷丰枌榆社，颜师古注引晋灼曰："枌，白榆也。社在丰东北十五里。"并说"以此树为社神，因立名也"，这是乡社。而《汉书·陈平传》记陈平曾为社宰，则里亦有社。乡社往往是私社。《汉书·五行志》元帝建昭五年，因兖州刺史浩赏禁民私自立之社，吏伐断了山阳橐茅乡社的大槐树，颜师古注引张晏曰："民间三月九月又社，号曰私社。"臣瓒曰："旧制二十五家为社，而民或十家五家共为田社，是私社。"

汉代民间之社有季节尝新之祀。《汉书·食货志》："今一夫挟五口，治百亩，……除社闾尝新春秋之祠………"则春秋祠社之钱要农夫们分担。《汉书·郊祀志》记高祖十年春，"有司请令县官以春二月及(《封禅书》有'时')腊祠(社)[②]稷以羊豕。民里社各自以裁(财)祠"。颜师古注为民间各以丰俭祭祀社神。则从国家到民间的社皆于春、腊及四时祭社，这是将对社的例行祭祀规范化。

不仅中原，匈奴亦有社。《汉书·匈奴传上》记匈奴杀李广利以祭社。从性质看，汉初社祀因地而异，有的甚至有淫祀的色彩。社神多为树，但滨海亦有以石为社的，《汉书·郊祀志》宣帝祠蓬山石社石鼓于临朐，结合《地理志》齐郡临朐有蓬山祠，则祠中之社为石。匈奴杀李广利祭社令人想到《左传》中被宋司马子鱼斥为"淫昏之鬼"的东夷杀人而祭的次睢之社(次睢之社见第一章第二节周代的"社"部分)，这属于有巫俗之社。

此外，还有因祭祀私人所立的社。《汉书·季布栾布田叔传》栾布于文帝时为燕相，"燕齐之间皆为立社，号曰栾公社"，又有巫社，《汉书·刘屈氂传》记载屈氂被内者令告发，罪名是"使巫祠社，祝诅主上，有恶言"，则此社为能作祟于人的淫祀之神。

---

① 《汉书·五行志》昭帝时昌邑王国社有枯树复生枝叶，则王国有国社。《汉书·武五子传》齐怀王刘闳与燕王刘旦、广陵王刘胥同日立，皆赐策。刘闳的策文云："小子闳，受兹青社"，刘旦的册文云："小子旦，受兹玄社，建尔国家，封于北土"，刘胥的册文云："小子胥，受兹赤社建尔国家，封于南土。"张晏曰："王者以五色土为太社，封四方诸侯，各以其方色土与之，苴以白茅，归以立社。"

② 《史记·封禅书》有"社"字。"社"字据王念孙引《初学记·岁时部》，《太平御览·时序部十八》补。

总之,汉初的社祀继承自战国、秦自发性社祀遍布的格局,但太社、县社的确立,标志着汉王朝对社祀的管理已经开始。社的层层相属以及社神淫祀部分日渐被清除是日后社祀发展的大势所趋。

四、《汉书·地理志》所见汉初各地立祠

除了长安祠官和女巫领有的那部分祭祀外,汉初散布在全国还有许多祭祀。《汉书·地理志》有这方面记载。本文将武帝以前的这方面资料梳理如下(与上文梁巫、晋巫、秦巫等重复者从略):

(1)京兆尹:

胡(武帝时更名为湖):有周天子祠二所。《史记·封禅书》“于湖有周天子祠。”

杜陵:有周将军杜主祠四所。与上文秦巫之杜主同。

(2)右扶风:

郁夷:有汧水祠。《史记·封禅书》:“汧……,为小山川,亦皆岁祷塞泮涸祠”,则此祠继承自秦。

隃麋:有黄帝子祠。

陈仓:有上公、明星、黄帝孙、舜妻(盲)[育]冢祠。这些多为古人物祠。明星则见《史记·天官书》:“亢为疏庙,太白庙也。……其他名殷星、太正、营星、观星、宫星、明星……。大司马位谨候此。”则明星为太白。

虢:有黄帝子、周文武祠。

武功:有垂山、斜水、(淮)[褒]水祠三所。

雍:为秦惠公之都。有五畤,太昊、黄帝以下祠三百三所。《汉书·郊祀志》云这些内容有“日、月、参、辰、南北斗、荧惑、太白、岁星、填星、辰星、二十八宿、风伯、雨师、四海、九臣、十四臣、诸布、诸严”等,具体考证见上一章第三节。李零先生《秦汉祠畤通考》[1]有详细列举,亦可以参看。

(3)河东郡:

大阳:有天子庙。

---

① 见《九州》第二辑,商务印书馆 1999 年版。

蒲反：有尧山、首山祠。《史记·伯夷列传》记伯夷、叔齐隐居于首阳山。《集解》马融曰："首阳山在河东蒲阪华山之北"，即此首山。

(4)庐江郡：

灊：天柱山在南，有祠。《史记·伍子胥列传》裴骃《集解》："……灊县有天柱山。"

(5)常山郡：

上曲阳：恒山北谷在西北，有祠。

(6)泰山郡：

博：有泰山庙。

蒙阴：《禹贡》蒙山在西南，有祠。

(7)齐郡：

临朐：有蓬山祠。

(8)东莱郡：

腄：有之罘山祠，应即《史记·封禅书》齐地八神"阳主"所在。

黄：有莱山松林莱君祠。

临朐：有海水祠。

曲成：有参山万里沙祠。《汉书·郊祀志》记武帝曾祷万里沙，颜师古注引应劭曰："万里沙，神祠也，在东莱曲城。"如淳曰："故祷万里沙以为名也。"

㡉：有百支莱王祠。

不夜：有成山日祠。即《史记·封禅书》齐地八神"日主"祠所在。

(9)琅邪郡：

不其：有太一、仙人祠九所，及武帝所起明堂。按太一、仙人之祠于武帝时极盛，但方士对之祭祀当早于此。琅邪郡为齐地，自战国以来方术兴盛，因此将此太一、仙人祠置于汉初。

朱虚：有三山、五帝祠。颜师古注五帝祠在汶水上。

琅邪：有四时祠，即《封禅书》齐地八神"四时主"祠所在。

平昌、长广：有莱山莱王祠，即齐地八神"月主"所在。

昌:有环山祠。

(10)东海郡:

朐:秦始皇立石海上以为东门阙。

(11)临淮郡:

海陵:有江海会祠。

(12)益州郡:

滇池:有黑水祠。

(13)金城郡:

临羌:有西王母石室、仙海。西有须抵池、有弱水、昆仑山祠。按金城郡虽为昭帝始元六年置,但这些祠应在昭帝前就有。成书下限至汉初①的《山海经·大荒西经》记载了昆仑和西王母的传说:“西海之南,流沙之滨,赤水之后,黑水之前,有大山,名曰昆仑之丘。……有人,戴胜、虎齿、有豹尾,穴处,名曰西王母。”西王母石室见《史记·秦本纪》张守节《正义》引《括地志》:“周穆王见西王母,乐而忘归,即谓此(昆仑)山。有石室王母堂,珠玑镂饰,焕若神宫。”因此,这些祠可能汉初就有,至少受战国、汉初神话的影响。

(14)安定郡:

朝那:有端旬祠十五所,胡巫祝。又有湫渊祠。此祠为秦时旧有。《史记·封禅书》将湫渊归入“自华以西”的四名川中。《集解》引苏林曰:“湫渊在安定朝那县,方四十里,停不流;冬夏不增减,不生草木。”

(15)上郡:

阳周:桥山在南,有黄帝冢。武帝曾祠黄帝于桥山,则黄帝冢在武帝前就已存在。《史记·五帝本纪》:“黄帝崩。葬桥山。”《正义》云此桥山在阳周县。

(16)辽西郡:

且虑:有高庙。

---

①　袁珂先生考证成书于从春秋末年到汉代初年,作地是以楚地为中心及巴、东及齐。见《山海经全译》,贵州人民出版社 1991 年版,前言第 1 页。

(17)胶东国：

即墨：有天室山祠。

下密：有三石山祠。

(18)广陵国：

江都：有江水祠。即上一节秦并天下后“自华以西”的江水之祠。

以上是《汉书·地理志》所见汉初(武帝以前)各地的祭祀。其中有些年代不详，从内容看可能始于汉初或此前者，尽量将之列入。从内容看，大部分是民间因地而异的祭祀，祭祀的是各地的山(如右扶风垂山、河东郡尧山、首山；庐江郡天柱山；常山郡恒山；东莱郡之罘山等等)、水(如右扶风汧水、斜水；临淮郡江海会祠；临朐的海水祠；益州郡黑水祠等等)、人物等等。有些是因神仙家说立的祭祀。这些祭祀均带有地方性色彩。

还需要一提的是，在汉初祀畤中，除了辽西郡且虑有高庙外，祭祖的例子微乎其微。而在《礼记》的《祭法》、《祭义》、《祭统》等无不详细记载了周代起凝聚宗族、彰显伦理作用的祭祖礼。汉初祭祖的式微亦是战国以降村社的瓦解，原先的宗族组织被破坏的结果，随着宗族的重建、经学的发展，祭祖礼才重新登入庙堂，见重于乡里，成为逐渐完善的国家祭祀体系中跟祭天地大神一样重要的典礼，这在本章第五节将要涉及。

总之，从本节考察看，汉初的祀畤是相当零散的，且性质驳杂，从国家祭祀到民间祷祠都基本上继承了战国、秦以来的故旧。在这些遍地开花的祀畤中，自发的简单祷祠占了多数，带着因地而异的色彩，反映了各地百姓祈求生产顺利、生活平安的愿望，这是战国、秦以来各地原生性祭祀大量暴露的结果，其中有些还受到战国数术及神仙说的影响。但在秦废墟上重建的汉朝进行文化统一是历史的必然，而对祭祀的清整，并重建一种主流的祭祀是文化统一的重要内容。汉初在政治统一的背景下将各地祀畤收归国有，就是清整和重建王朝祭祀的开端。于是有了雍五畤的完善以及它和五德、符运说的结合，有了长安祀官和太社的建立，许多原先民间自发的祭祀被收归长安祀官统领，太社则是新建汉王朝的保护神。虽然这一时期神灵们的性质并没有发生质变，但随着文化的传承和发展，以及儒生、经师、思想家们辈出的年代到来，以一种新的、与汉王朝政治格局相适应的，适合统治者和主流社会需要的祭祀体系取代汉初祀畤时，就成为必然。

第二节　儒家对古典礼乐的传承、汉初律历、正朔的改作与汉文帝的郊祀

上一节我们考察了汉初的祀畤，它基本上全盘继承了战国、秦以来的面貌，但在汉代政治统一的前提下，思想逐渐嬗变、文化日趋融合是当时大势所趋，西汉王朝祭礼正是在这二者都进行到一定地步时发生了一再的变化，因此本节我们的任务是探讨汉初文化、思想、学术等的嬗变对信仰和祭祀事务产生的影响，以及这一时期零星举行的国家祭祀。总的说来，对汉初信仰和祭祀事务产生影响的因素主要有两方面：一为战国至汉初儒家对古“礼”的传承，一为承袭秦以来律历、正朔的改作。这一阶段的儒家学说尚无力指导国家祭祀，国家祭祀内容除了继承故秦的之外，新增加的部分主要是受神仙方士之说影响。

下文将分别对之进行考察。

一、战国至汉初儒家对古典礼乐的传承

周代的“礼”是包括义、仪、容的整套制度，它同时又是一种寓意深刻、内涵丰富的文化。从春秋以降“礼崩乐坏”开始，作为制度的“礼”便逐渐从实际典章制度的领域退出，但其深刻的文化内涵（乃至相当一部分的典章制度）仍然被战国至汉初的儒家保存，周代的王朝祭礼作为“礼”的一部分，其传承是包含在儒家对“礼”的传承中的，因此，考察战国至汉初儒家对祭礼的传承，必须从考察儒家对礼“义”、“仪”、“容”的传承着手。

儒家对古礼的传承从春秋时期就开始了。孔子眼见当时鲁国季氏当政，王道衰微，十分痛心，毕生致力于实现他心目中的理想。他本人精于“礼”的义、仪、容各方面，他对弟子的教授内容中，礼乐是重要部分，这是学者熟知的。

不过春秋时期礼典大致还没有成书，王朝祭礼也还保存了基本的框架——子贡欲去告朔的饩羊虽被孔子婉责，毕竟还有告朔之礼；鲁国禘祭"灌"后的程序孔子不忍观看，毕竟此祭名义还在；季氏僭越礼仪，用天子的八佾舞于庭以及到泰山封禅都引起孔子的愤怒，但这表明大夫、家臣们还需要礼仪装点自己的门面。到战国时期就不同了，战国时期礼制完全崩坏，但周代"礼"深刻而丰富的文化内涵被保存在儒家编订的几部经书中，《庄子·天下》提到"邹鲁之士、搢绅先生"多能言"诗书礼乐"，而古典贵族文化的精髓正保存在《诗》《书》礼乐这几部书中。大体说来，战国至汉初儒家对礼典、礼乐的传承有两种方式：一为直接传习，如冠昏丧祭等礼典的登将揖让方式、雅乐歌舞的吟哦动作的传承多采取这种方式；一为将礼典撰作成书教授弟子开派传习。在这个过程中，宗周旧礼的义、仪、容终于被部分保存了下来。不过对义、仪、容的记载和陈述散逸在五经中，已非"礼"在古典贵族文化中"义"、"仪"、"容"浑然一体的面貌，不是对之有深刻理解的大儒经师难以理解其整体旨趣。下文便首先考察儒家对古礼"义"的传承。

（一）战国至汉初儒家对古礼"义"的传承

礼"义"是礼的灵魂，它最初来源于古《易》的象数思维以及将"数"与等级差别联系起来的数度思想，由此种思想而订立典制，由典制而反映整体思想，这一状态由西周至春秋保持了数百年。春秋时期开始"礼崩乐坏"，到战国时期，礼"义"是通过儒家编定典籍、开派传习才得以保存的。下文便从儒家传《易》、《诗》、《礼》等典籍考察其中传承礼"义"的情况。

首先是《易》中的礼"义"。《易》是周代礼"义"最初的由来，它通过象数之变所蕴涵的天人秩序，实现着跟蕴涵着上下和谐、自然秩序和社会伦理和谐的"礼"之间的联系与沟通。在三代，《易》象数推演的具体方法掌握于王官巫史手中，而在巫史们看来，卦爻所反映的《易》之精义跟"礼"所蕴涵的政治秩序、社会秩序具有同等层面的意义，这恰反映了《易》与"礼"通过数度之变密切地结合着。但是自《易》学散出王官之后，这种状况发生了变化，巫史所传的《易》之象数在相当程度上与战国时期得到大发展的数术合流，跟战国数术中的其他成分——天文、五行、式法等混合①,与此同时,儒家也得到王官之《易》的写本并开始传习②——廖名春、邢文先生均认为从帛书《周易》的经文、卦、爻辞与今本《周易》基本相同③可以看出它们有共同的祖本,这个祖本应就是当初存于王官的《易》写本。不过从马王堆帛书《易》与今本《易》的不同看,当时《易》经过数代传习,各派理解亦有不同,这反映在卦序的迥异上④。此外,上博简中亦有零星的《易》简,这些都是战国儒家传《易》的流派。

从出土文献和今本《易》看,其中直接述及礼“义”的内容很少,这是因为这些《易》传本的主要内容均撰成于春秋至战国时期,在当时礼崩乐坏、王官的文化和学术濒临失传的形势下,儒家传《易》能将六十四卦的卦名、经文、卦爻辞、卦变等内容传习下来已属不易,至于其背后因文王、周公之忧患而蕴藏的“究天人之际”的深意,即以这种关系厘定典章制度的博大思想,即使是在“礼”还没有完全崩坏的春秋时期也仅贤达之士能理解⑤,战国儒家传《易》更不遑体会这些,他们的注意力主要集中在传习《易》本身的卦爻之变上。从帛书《周易》的《二三子》、《缪

① 帛书《二三子》提到“五行”,如:卦曰:“履霜,坚冰至。”孔子曰:“此言天时潜(?),戒葆常也。岁□田产(?)湿,以□　(乎)始于□之□□□□□□□□□□守之□□□□□□□□□□□□德与天道始,必顺五行,其孙贵而宗不亻威(? 灭)。”《易之义》提到一次,子曰:“五行□□□□□□□□□□□□□□□用,不可学者也,唯其任而已矣”。帛书《易》大抵本于原先的王官写本,此时解释《易》已经开始出现了“五行”的字样,不过此五行尚无数术意义。这种局面在《易》传承的过程中发生变化。《汉书·艺文志》易类有《古五子》十八篇,颜师古注:“自甲子至壬子,说易阴阳”,王先谦补注引齐召南曰:“《易》有先甲后甲,先庚后庚,巳日之文。然古人说《易》未有以甲子配卦爻者,自汉始有律历志曰:‘日有六甲,辰有五子’。注云六甲之中惟甲寅无子,然则后世占《易》以六辰定六爻亦不自京房始也。”《古五子》是以十天干、十二地支配易卦爻的内容,而干支本属于五行之数。战国时期阴阳、五行经由“数”的推演融合,《易》便渗入了以五行之数解释的内容,《古五子》就是这类作品。

② 春秋时期王官之史所掌之《易》已有了经文和卦爻辞大致固定的底本(见上一章第四节),孔子等得到的《易》的传本应该就是保存于王官的这个底本,而后传习。

③ 邢文:《帛书〈周易〉研究》,人民出版社1997年版,第11页。

④ 帛书《周易》的经文与今本不同之处,在于卦序的迥异。邢文先生在《帛书〈周易〉研究》中概括了今本《周易》、帛书《周易》、王家台秦简《归藏》三中《易》卦名的异同。见《帛书〈周易〉研究》,第11页。

⑤ 本书第一章引《左传》昭公二年记韩起到鲁国“观书于太史氏。见《易》象与鲁《春秋》,曰:‘周礼尽在鲁矣。吾乃尽知周公之德与周之所以王也”即可说明这一点。《易》象为《易》之卦象,内容是“天人之际”的专学,鲁《春秋》为编年史,韩起将二者联系在一起,是因为他从两书中看出了周公以《易》象中天人联系的精神为万世开太平、立制度的伟大高远,因此才感慨他懂得了周公之德和周能王天下的原因。从韩起的感叹可看出,当时并不是人人都懂这一点,而是只有贤达之士才懂。

和》、《昭力》、《易之义》等篇的内容看,孔子在教弟子时就各卦之旨不厌其烦地大段陈说,但《二三子》、《缪和》、《昭力》皆为孔子答弟子疑惑之辞,不涉及更抽象高远的《易》之义。至于《系辞》和《易之义》,它们所陈说的内容也集中在解释《易》本身的象数之变上,基本没有涉及《易》象数对人伦之礼的影响这一领域,因此,虽然孔子晚年好《易》至"韦编三绝"的地步,且孔子在《易》方面有卓越的悟性,但《易》中直接提到礼"义"的辞句极少。

此外,从战国儒家传承《易》具体的象数技术看,其中也没有直接涉及它和"礼"的关系。帛书《系辞》与今本《系辞》虽然均有大量内容解释卦爻及其变化,但具体讲"数"的性质、卦爻和"数"的关系以及如何运数的内容并不多,当时掌握《易》的专职人员应掌握着比今本《易》叙述的多得多的象数推演法,今本《易传》有"天一、地二、天三、地四、天五、地六、天七、地八、天九、地十"及"大衍之数五十……"一段,帛书《系辞》则只有"天一、地二、天三、地四、天五、地六、天七、地八、天九、地十"一段,廖名春先生认为是抄手马虎漏写此段①,此说甚确。笔者浅见以为这部分跟《易》有关的"数"之专学及推数之法在王官之史那里口传心授,长期以来并不著于竹帛②,因此儒家在将《易》写定时没有获得这部分内容,也就没有写进去。至于将《易》数运用于礼仪,是更高远的内容——《易》中联系天人之际的"数"之性质和变化是"礼"设计典制时的重要依据,礼"义"正是靠在各方面"数"的变化体现等级隆杀的。战国儒家传承的《易》中少有礼"义"的内容,反映《易》数之性质与礼"义"的关系已并不为当时的传《易》者熟悉。《易》中仅有一些零星的与之相关的句子,如《系辞》:"天尊地卑……,动静有常,"但已不直接跟推数有关。

---

① 廖名春:《论帛书〈系词〉的学派性质》,《哲学研究》1993 年第 7 期。

② 这涉及我国先秦数学的状态,邹大海先生认为从《九章算术》看,先秦时期,我国使用算筹的算法式数学在较高的理论方法方面已初步成型,近年出土的张家山简《算术书》的作者们是在学习了某种后来演变为汉《九章》来源的先秦数学著作或其衍生本后才写成《算术书》中的相应部分的,汉代成书的《九章算术》有一部分内容比《算术书》更显原生态的性质,其内容绝大部分产生于先秦(《出土〈算术书〉初探》,《自然科学史研究》2001 年第 3 期),而使用算筹推数的较高理论方法,在先秦正是掌握在通《易》的史官那里的。很可能的情况是:王官的卜史等专业人员口传心授地掌握算筹之法,这些方法开始并不著于竹帛,后来到战国之际才写下来,汉代继续增减写定。这一设想的具体细节尚待新资料的出现来印证。

以上是战国的情况。到了汉代,因又经历数代传承,且汉初《易》的主流是章句之学,侧重于训诂,抱残守缺,更难以传承以数度彰显伦理的礼“义”。汉《易》始自田何,《汉书·儒林传》“鲁商瞿木受《易》于孔子,……至于田何”,这个师承为孔子以来秉王官《易》之传本讲授之法,侧重章句。丁宽作《易说》三万言,“训故举大谊而已”,丁宽授田王孙,王孙授施雠、孟喜、梁丘贺。而且在这一阶段,卦气说开始出现,孟喜即以卦气说闻名。“卦气”说的核心是顺天时和阴阳而“动”“息”的思想,亦是西汉人讲《易》的主旨,它并不始自孟喜,战国时即有①。就性质而言,卦气说属于纯数术,与以“数”之差别厘定规范社会上下之别的礼“义”离得更远。

综上所述,春秋以降散出王官的《易》,其中直接传承的礼“义”十分有限。可以说,无论是战国儒家所传的《易》还是汉初《易》的章句之学,都没有达到西周“人更三圣”之第二圣(文王、周公)以《易》之象数订立典章制度、垂则后世的水平。而且,当初成为文王、周公订立典制智慧之源的《易》象数在这一阶段开始流于数术,没有成为设计典章制度的主要思想来源。

以上是《易》与礼“义”的关系。除《易》之外,《书》为王官的档案,《诗》为统治者为观民风而采集的歌谣②,二者中《诗》与礼“义”的关系更密切。从《左传》引《诗》的情况看,周代已有基本成型的《诗》的写本③,其整体编排中蕴藏的“诗

---

① 刘大钧先生详细考证了帛书《易》,认为战国时期《易》已有象数和卦气说,《淮南子》九卿师法得其内容,见《帛书〈易传〉中的象数易学思想》,《哲学研究》2001年第1期。

② 周代确实有过采诗观风的制度。《礼记·王制》追忆:“命太师陈其诗以观民风”,《汉书·艺文志》:“古有采诗之官,王者所以观风俗、知得失,自考正也。孔子纯取周诗,上采殷,下取鲁,凡三百五篇。遭秦而全者,以其讽颂,不独在竹帛故也。”

③ 《左传》襄公二十九年记季札至鲁观周乐,鲁国乐工所歌的顺序是《周南》、《召南》、《邶》、《鄘》、《卫》、《王》、《郑》、《齐》、《豳》、《秦》、《魏》、《唐》、《陈》、《鄶》、《小雅》、《大雅》、《颂》,其中,国风部分跟今本毛《诗》出入不大,今本毛《诗》《齐》之后为《魏》、《唐》《秦》、《陈》、《鄶》《曹》《豳》,而后为《小雅》、《大雅》、《颂》,这样的序列在季札观乐时已经有了,孔子后来所删之《诗》,即根据《诗》原先有的排序而定。而且,季札观乐时一一作评,跟《毛诗》序所言之旨基本相合。如评《周南》、《召南》:“美哉!始基之矣,犹未也,然勤而不怨矣。”《毛诗》序则说:“《周南》、《召南》,正始之道,王化之基”,季札能够言中《诗》各篇之旨,是因为当时贵族均要接受诗教,《诗》即为王官乐师施行诗教时所本,因此,周代时,《诗》已有固定次序乃至较粗定的写本,是可以肯定的。

(配乐)教”被用来涵养性情,各级卿大夫正是取诗所言之“志”来讽谏劝诫①。而且在周代,经过编排、整理、润色的《诗》还是表现“礼”的重要手段,这体现在《诗》被各级贵族用来在聘问宴享、诸侯国交往等重要礼典中吟诵赋答,虽然在《左传》的时代即有人说当时“赋诗断章”②,但正因为《诗》所言之志被用于礼典,才赋予了各种礼典以典雅从容的气氛,《诗》所言之志也跟礼“义”联系起来,从诗人之刺变成强调礼“义”、彰显礼“仪容”的工具,这一点在《左传》中有不少记载③。

战国儒家将周代的《诗》保存了下来,这包括保存《诗》写本和传承“诗教”两方面。近年公诸于世的上博简《孔子论诗》为这两方面研究提供了弥足珍贵的资料。首先是《诗》写本的保存。文献记载孔子删《诗》④,从上博简《孔子论诗》看,

---

① 这是《左传》引《诗》的大部分情况,《左传》引《诗》绝大部分是大、小雅,国风和颂都比较少,因为大、小雅多为士大夫作,内容宜于劝谏。而且从《左传》看,当时在礼典或其他正式场合用来讽谏劝诫的《诗》是经过润色的,跟直接采来的《诗》旨趣不同。如《周南·卷耳》:“嗟我怀人,实彼微行”,本为思妇所发,而《左传》襄公十五年《左传》作者赞扬楚国任官得人时引用此诗,即以此诗指思君子、官贤人之意,汉代《诗序》这样解释:“卷耳,后妃之志也。又当辅佐君子,求贤审官,知臣下之勤劳,内有进贤之士”,《左传》作者引用此诗,用的即是经过润色的《卷耳》旨意,汉代的《诗序》解《卷耳》时沿袭了襄公十五年对此诗的理解,基本保持了《左传》的时代士大夫在礼典上引用《卷耳》时它的含意。

② “赋诗断章”见《左传》襄公二十八年齐国卢蒲葵曰:“赋诗断章,余取所求焉”,指当时人在礼典上赋诗多断章取义,取自己所需。

③ 在《左传》引《诗》中,曲解《诗》意迎合自己需要主要在朝聘会盟之际。如襄公八年晋国范宣子至鲁国聘,鲁襄公享之。范宣子赋《摽有梅》,《摽有梅》见《召南》,本意指男女婚姻及时,此处范宣子赋该诗,旨在希望鲁国及时出兵,非《摽有梅》本意思。又襄公二十六年有一段更集中地引《诗》的记载。秋七月,齐侯、郑伯为了给卫侯开脱,均亲自到晋国,晋侯享齐侯、郑伯。晋侯赋《嘉乐》,国景子(齐国臣下)相齐侯,赋《蓼萧》;子展(郑国大夫)相郑伯,赋《缁衣》。经过一番交涉后,国子赋《辔之柔矣》,子展赋《将仲子兮》,最后晋侯终于答应放了卫侯。在此次会盟上,各人引《诗》仅取其中一二句之意,非该诗的原意思。如晋侯《嘉乐》(即《诗·大雅·假乐》),取其“嘉乐君子,显显令德,宜民宜人,受禄于天”之意,显示自己为诸侯之盟主;国景子赋《蓼萧》取其“既见君子,孔燕恺悌”之意;子展赋《将仲子兮》取“岂敢爱之,畏人之多言”即众言可畏之意,意即晋侯拘执卫侯,要遭众人指责。诸侯卿大夫们在礼典上断章取义地引用《诗》是为了婉转表达自己的意思,也赋予了礼典庄重典雅的色彩。

④ 《史记·孔子世家》:“古者《诗》三千余篇,及至孔子,去其重,取可施于礼义,上采契、后稷,中述殷周之盛,至幽厉之缺,始于衽席”,并以《关雎》为国风始,《鹿鸣》为《小雅》始,《文王》为《大雅》始,《清庙》为《颂》始,这样“礼乐自此可得而述,以备王道,成六艺”。

当时《诗》已有了按《风》、《雅》、《颂》编排的、较固定的写本[①]。与此同时,“诗教”也保存了下来。《诗》重在言志,上博简《孔子论诗》提到“诗无隐[②]志”,其重点也是评点各篇之旨[③],今人能目睹的《孔子诗论》只是叙述诗“志”的一小部分。当时的诗“志”中,包括了贤达之士用讽谏的方式陈述礼“义”,如《小雅·十月之交》“日有食之,亦孔亦醜”是说天人感应,《小雅·楚茨》为士一级的祭祖礼,《邶风·柏舟》、《小雅·宾之初筵》记载容礼,《大雅·板》“上帝板板”反映的天人合一,《周颂·昊天有成命》是郊天之颂辞。但这样的内容在整个《诗》中是少数,这是因为“诗教”传承的主要是情感,其内容为对人有七情六欲的认可、规范和约束,这将在下文儒家对古礼“仪”、“容”的传承中还要涉及。

到汉代,汉初有齐、鲁、韩三家诗和毛诗。1977年安徽阜阳双古堆汉墓所出简还有一种《诗经》,此《诗》与汉初楚元王《诗》同时,主要内容是《国风》,与鲁、齐、韩三家皆不同,属于另一流派[④]。其中申公所传的鲁诗侧重章句,《汉书·儒林传》记申公少与楚元王交俱事浮丘伯受诗,“独以《诗经》为训故以教,亡传[⑤],疑者则阙弗传”,至于毛诗据《汉书·艺文志》云“自谓子夏所传”,今本《十三经》中的《诗》即是毛诗,也是战国儒家训诂章句解诗的路子,章句之学抱残守缺,据刘歆《移书让太常博士》,《诗》的传习在文帝时才萌芽,到武帝时,“然后邹鲁梁赵,颇有《诗》、《礼》、《春秋》先师,皆起于建元之间。当此之时,一人不能独尽其

---

① 虽然上博简整理者认为《孔子论诗》之《诗》的编排是按《颂》、《夏》、《邦风》,但许多学者不赞成此意见,认为《诗》的编排还是按《风》、《雅》、《颂》。这一顺序跟周代《诗》原有之序(《左传》襄公二十九年季札观乐)一样,如范毓周《上海博物馆藏楚简〈诗论〉的释文、简序与分章》认为上博《孔子诗论》简第一章总叙《风》、《雅》、《颂》的总体特征,正是和《毛诗》一样按《风》、《雅》、《颂》排列的,整理者的意见值得商榷,见上海大学中国古代文明研究中心、清华大学思想文化研究所编:《上博馆藏战国楚竹书研究》,上海书店出版社2002年版,第185页。廖名春、俞志慧等学者亦是这个意见,具体见杨春梅关于《诗论》简的编联及相关问题研究综述,载《文史哲》2004年1期。马银琴、王小盾:《上博简〈诗论〉与〈诗〉的早期形态》亦考证了上博《诗论》反映的《诗》顺序仍应为《风》、《雅》、《颂》,见《简帛研究》网上首发。

② 该字马承源释为“离”,李学勤、庞朴释为“隐”,廖名春释为“吝”。

③ 如《孔子诗论》第三章“孔子曰:‘诗无隐志,乐无隐情,文无隐言……,《关雎》之妃,《樛木》之时,《汉广》之智,《雀巢》之归宿,《甘棠》之褒,《绿衣》之思,《燕燕》之情曷?曰动而贤于其初者也”,下文是逐一阐述。《孔子诗论》大量都是这些内容。

④ 胡平生、韩自强:《阜阳汉简〈诗经〉简论》,《文物》1985年第8期。

⑤ 一说为“亡传疑,疑者则阙弗传”。

经，或为《雅》、或为《颂》，相合而成。”这种抱残守缺的状况同样不可能很全面地传承礼“义”。而齐、韩诗，其训诂成分少于鲁诗，韩诗更是在解《诗》时羼入了当时通行的阴阳数术内容和灾异说①。这些内容跟《易》的卦气说性质相类，它们在《诗》诠释中出现，说明当时传《诗》的学派对《诗》的理解离周代直接言志、兼述礼“义”的《诗》更远了。

以上是战国至汉初儒家对《诗》的传承。值得注意的是，战国至汉初儒家传《诗》时，周代对《诗》最经典、最高层次的运用——在各种礼典中用《诗》吟诵赋答的形式未能保存下来，这是因为从战国起，各种礼典已经湮废，诗所言之“志”与礼“义”的结合也开始为人所隔膜(但还有此种传承，因为直到汉初，同样传承鲁《诗》的王式与江公斗《诗》，传承《诗》、《礼》之关系的王式被江公辱骂并败下阵来(详下文)，说明了《诗》、《礼》之关系到汉初进一步为人们所隔膜)，这说明周代《诗》与《礼》结合得最完美的部分从战国起就为人们隔膜。

在五经中，保存礼“义”的大宗还是七十子后学所传之《礼》。跟传承其他典籍一样，战国至汉初儒生传《礼》分“经”与“记”，“经”为礼典之原文，“记”为解释“经”义之说，为七十子后学所记。《汉书·艺文志》有《礼古经》五十六卷，其中“经”七十篇，“记”百三十一篇，王先谦补注认为这些“记”即大、小戴所传之《礼记》。今本《礼记》中有《祭义》、《冠义》、《昏义》、《射义》《乡饮酒义》等，所传的正

---

① 韩婴传韩诗，“推诗人之意，而作内外传数万言，其语颇与齐、鲁殊”，因韩婴亦通《易》，其《诗》中有以灾异解《诗》的内容，今本《韩诗外传》中可窥见一斑。《韩诗外传》卷二解《桧风·匪风》“匪风发兮，匪车偈兮。顾瞻周道，中心怛兮”：“国无道，则飘风厉疾，暴雨折木，阴阳错氛，夏寒冬温，春热秋荣，日月无光，星辰错行，民多疾病，……。当成周之时，阴阳调，寒暑平，群生遂，万物宁，故曰：其风治，其乐连，……，其民依依，其行迟迟，其意好好。”又卷二解《周颂·我将》“畏天之威，于时保之”：“有殷之时，谷生于汤之廷，三日而大拱。汤问伊尹：“何物也？”对曰：“谷树也”……“臣闻：妖者，祸之先，祥者，福之先。”汤乃斋戒静处，夙兴夜寐，弔死问疾，赦过赈穷，七日而谷亡，妖孽不见，国家昌。”又《韩诗外传》卷一以当时人们已知的人的生理知识解《静女》：“静女其姝，俟我于城隅……，瞻彼日月，悠悠我思，道之云远，曷云能来”：“天地有合，则生气有精矣；阴阳消息，则变化有时矣；……故人生而不具者五：目无见，不能食品，不能行，不能言，不能施化。三月微的，而后能见；七月而生齿，而后能食；……三年脑合，而后能言，十六精通，而后能施化。阴阳相反，阴以阳变。故不肖者、精化始具，而生气感动，触情动欲，反施化，是以年寿亟夭，而性不长也。……贤者不然，精气阗溢，而后伤时不可过也，不见道端，乃陈情欲，以歌道义”，此为以战国时期开始流行的精、气说和对人生理的解释来解《诗》，而精气说和对人生理的解释属于数术方技内容。《韩诗外传》中以灾异解《诗》的内容不少，兹不枚举。

是祭礼、冠礼、昏礼、射礼等礼典施行之“义”,它们与《仪礼》之《士冠》、《士昏》、《乡射》、《乡饮酒》诸篇记录礼典仪节能对应,此为《礼》之“记”中具体解释各种礼典之“义”的篇章。此外《礼记》中的其他篇章大多在追述具体典制时述及礼“义”,如《玉藻》记述舆服制度,《檀弓》和《曾子问》记述丧服制度,《大传》记录宗法制度,《郊特牲》记载宗周的郊天制度等等,它们均对礼“义”有阐述。而稍晚的《王制》则是对三代以“礼”为表现形式的典章制度作了更凝练的总结,其中保存了非常宝贵的上古政治经验。不过虽然《礼记》中保存了大量礼“义”的内容,但多为抽象高远的阐述,如《礼运》:“古礼义也者,人之大端也,所以讲信修睦而固人之肌肤之会,筋骸之束也;所以养生送死、事鬼神之大端也;所以达天道、顺人情之大窦也”,这样的叙述在《礼记》中比比皆是,所涉及多为修身治国之道,《礼记》中谈及礼“义”时虽然也追述衣服车马、冠昏丧祭等制度,但对于这些各有隆杀的制度是如形成一个体系来反映礼“义”的,整个《礼记》涉及不多。在这方面触及实质的是《周礼》,即汉代见于孔壁的《周官》。从以记载具体典章制度来有机地反映整体礼“义”看,《周礼》是三礼中做得最好的。然而,正因为它内容过于整齐划一,连划分疆土、管理人民的典制都是预设好的方块形投射,因此长期以来,学者对《周礼》的内容、年代一直存在争议,即使目前这个问题也还远远没有解决①。从本书视角看,《周礼》倒的确是将抽象高远的思想与细微的具体典章制度天衣无缝地结合的书,《周礼》作者对礼“义”(尤其是其背后的象数所蕴涵的意义)的理解确实达到了一定高度,否则写不出这样整齐划一、寄寓理想的书著。

以上是战国至汉初儒家传经时对礼“义”的传承情况。总的说来,因社会的

① 何休云《周礼》为“六国阴谋之书”(《周礼》贾公彦疏),张心徵认为《周礼》为伪书,原因是:1. 来历不明;2. 先佚而后详;3. 初出及推行时有反对;4. 所言制度与周初不合;5. 所言与它书不合;6. 三次试验无效。见《伪书通考》,上海书店 1998 年版,第 313～316 页。彭林先生对《周礼》的年代和成书作过非常深入的研究,他认为《周礼》成书于汉初,见其《〈周礼〉主体思想与成书年代研究》,中国社会科学出版社 1991 年版,第 217～255 页。但近年学者们的研究认为《周礼》并非过分晚出之书,如张亚初、刘雨联系金文官制认为“《周礼》在主要内容上,与西周铭文所反映的西周官制,颇多一致或近似的地方”(张亚初、刘雨:《西周金文官制研究·前言》,中华书局 1986 年版)。李学勤认为“《周礼》要早于秦汉律,而且比《逸周书·大聚》似乎也要早一个时期”,见《简帛佚籍与学术史》,第 113 页。

变动和学术的变化，儒家传经时保存的礼“义”是很零散的，它散落在《易》、《诗》、《礼》等典籍中，在当时社会剧变的背景下，《易》能传承卦爻辞和基本的象数推演之法、《诗》能传承原篇之句和所刺之旨、《礼》能传承各种礼典施行的仪节，均已不易，至于周代的礼作为“天之经也，地之行也”，囊括了包涵《易》《诗》《书》《礼》等的博大内涵，战国儒家尚不遑体会。从另外一个角度看，礼“义”的散落，还因为战国至汉初的儒家对礼“义”与保存于《易》中的象数之间的关系理解不深（孔子本人也是晚年才开始习《易》好《易》），也因为跟象数有关的各种知识在王官为世袭的专门之学，不为战国儒家所熟谙，因此，战国儒家对礼“义”的理解和传承尚未达到周公制礼作乐的水平，因此，礼“义”虽然在《易》、《诗》、《礼》等典籍中得到保存，但跟周公制礼作乐时礼“义”旨趣的博大高远比已经发生了走样。

因此，到汉初，在章句尚不完整，礼“义”更是残缺的情况下，汉代经师们开始了孜孜不倦的“穷极真理”的过程，他们一方面训诂文字，缀合断简残篇，皮锡瑞说：“夫汉学重在明经，唐学重在疏注”①，西汉末的刘歆斥责今文经师们“苟因陋就寡，分析文字，烦言碎辞，学者罢（疲）老。且不能究其一艺，信口说而背传记，是末师而非往古。至于国家将有大事，若立辟雍，封禅巡守之仪，则幽冥而莫知其意。犹欲抱残守缺，挟恐见破之私意，而无从善服义之公心”②，这反映了此前章句之说尚处于明经的阶段，无力指导封禅、郊祀等实践。另一方面，他们也在以各种手段寻求经书文字的大义，如汉初跟从伏生传《尚书》的晁错对策有以下的内容：

> “臣闻五帝神圣，其臣莫能及，故自亲事，处于法宫之中，明堂之上，动静上配天，下顺地，中得人。故众生之类亡不覆也；根著之徒亡不载也；烛以光明，亡偏异也，德上及飞鸟，下至水虫，草木诸产，皆被其泽。然后阴阳调，四时节度，日月光，风雨时，膏露降，五谷熟，妖逆灭，贼气息，民不疾役。河出图、洛出书，神龙至，凤鸟翔，德泽满天下，灵光施四海。此谓配天地，治国大体之功也。”③

---

① 皮锡瑞：《经学历史》，中华书局1959年版，第186页。

② 刘歆：《移书让太常博士》，载《汉书·楚元王传》。

③ 《汉书·晁错传》。

这里对怎样施政描述得很不具体,只有"处于法宫之中,明堂之上,动静上配天,下顺地,中得人"一句,尽管如此,已经可以看出儒家吸收阴阳家设计的"法宫"、"明堂"为自己的政治理想所用的趋势,这说明儒生们开始了以这种种手段寻求经义真谛的漫长过程,这个过程,实际上是重建汉代经学中既能统领思想,又指导信仰和祭祀的部分的过程,本章第四节将对之作探讨。

(二)战国至汉初儒生对古礼"仪""容"的传承

以上考察了战国至汉初儒家对礼"义"的传承,这里将考察的是他们对礼"仪""容"的传承。仪、容跟礼义相比,是真实可触摸的。大体说来,战国至汉初儒家对礼"仪""容"的传承有两方面,一为《诗》、《礼》和其他典籍中所保存的仪容之礼,一为直接传习有动作但不著于竹帛的仪容之礼。下文便分别考察。

首先看第一方面。战国至汉初儒家在将保存于三代王官的古典文化记述成《易》、《诗》、《书》、《礼》等典籍之际,在传承了礼"义"的同时也保存了许多礼的"仪"、"容"。这几部典籍中,《易》传承卦爻象数,《书》为记录史事的档案,均不涉及具体的礼之"仪""容",涉及仪容的是《诗》和《礼》。首先看《诗》。《诗》在周代的重要功用之一是涵养性情,因此《诗》跟礼中的情感要素——礼"容"关系密切。《诗》中有些诗篇直接咏颂礼容和威仪,如《宾之初筵》、《板》、《抑》等(见第一章第一节),这些有关"威仪"的部分,战国至汉初儒家传《诗》的学派除了用训诂方法解释之外,还直接传承了礼容的动作,如汉初的鲁诗。鲁诗在齐、鲁、韩三家《诗》中是较淳的,其中即传承容礼。《汉书·儒林传》记王式弟子唐长宾、褚少孙应选博士弟子,"抠衣登堂,颂礼甚严","抠衣",颜师古注为以手内举之,使其离地,《礼记·曲礼上》记客应主人食飧即席时要"两手抠衣",《论语·乡党》云孔子登堂即要抠衣(见下文),至于"颂",其字从页(首),其本义为容,段玉裁认为颂扬之颂为后来的假借①,说明唐长宾、褚少孙的容礼一看上去就显然有师法传承,此师法即为王式所传之鲁《诗》,于是诸博士荐举王式。当时同传鲁《诗》的博士江公嫉妒王式,便在众人持酒肉迎飧王式时以《诗》作难。江公令诸生歌《骊驹》,王式说应该客歌《骊驹》,主人歌《客毋庸归》,并说此为《曲礼》之意。江公粗鲁而轻

---

① 《说文解字注》九篇上页部。

蔑地说:"何狗曲也!"王式羞愤交加,装作醉酒坠车。此段记载反映出鲁诗中有不同师法,其关键在于王式和江公对《骊驹》和《客毋庸归》的理解和运用上。《骊驹》据颜师古注引服虔曰为逸诗,见《大戴礼》,其辞云:"骊驹在门,仆夫具存,骊驹在路,仆夫整驾"①,《客毋庸归》亦为诗句,从该句看其旨为与《诗·小雅·鱼藻》"鱼在在藻,王在在镐"咏燕享之欢,挽留宾客毋庸急归之意。王式云客歌《骊驹》、主人歌《客毋庸归》本于《曲礼》,而今本《礼记·曲礼》大量为周代饮食起居的容礼,由此看出王式对《诗》与《曲礼》之间的关系十分熟悉,这种师法亦应来自于其师承,而江公所传为申公《诗》和《谷梁春秋》,未传礼,他对《诗》与《礼》之间的关系不熟,因此他粗鲁而轻蔑地羞辱王式,反映的是其师法与王式不同。

除了鲁《诗》之外,汉初传韩诗的韩婴亦十分重视容礼,《韩诗外传》卷五第十章:"礼者则天地之体,因人之情而为之节文者也",这个节文即"仪容"。又卷四第二十四章:"爱由情出谓之仁,节爱理宜谓之义,致爱恭谨谓之礼,礼谓之容。"《韩诗外传》卷一解《邶风·旄丘》:

> "衣服容貌者,所以说目也;应对言语者,所以说耳也;好恶去就者,所以说心也。故君子衣服中、容貌得,则民之目悦矣;言语逊、应对给,则民之耳悦矣;就仁去不仁,则民之心悦矣。三者存乎身,虽不在位,谓之素行。故中心存善而日新之,虽独居而乐,德充而形。"

这段话是解《邶风·旄丘》"何其处也?必有与也。何其久也?必有以也"时说的。《旄丘》据《毛诗序》为黎(小国)之臣下刺卫伯所作。当时黎侯被狄人追迫,寓居于卫,卫之君臣道貌岸然,待黎君不善,黎之臣下作此诗讽谏。诗中有"狐裘蒙戎,匪车不东"、"叔兮伯兮,褎如充耳"之辞,是说卫国诸大夫按照大夫的等级穿得很体面,却不救恤同盟,《韩诗》解此诗陈说了君子容止的大义是君子应有其位的意思。这样的内容《韩诗》中还有,如《韩诗外传》卷一解"钟鼓乐之":

> "古者,天子左五钟,将出,则撞黄钟,而右五钟皆应之。马鸣中律,驾者有文,御者有数,立则磬折,拱则抱鼓,行步中规,折旋中矩,然后太师奏升车

① 《汉书·儒林传》颜师古注引服虔曰。

之乐,告出入也;入则撞蕤宾,以治容貌,容貌得则颜色齐,颜色齐则肌肤安,蕤宾有声,鹄震马鸣,及倮介之虫,无不延颈以听,在内者皆玉色,在外者皆金声,然后少师奏升堂之乐,即席告入也。此言音乐有和,物类相感,同声相应之义也。”

这段内容在解“钟鼓乐之”之际追溯了周代合乎音律的天子容礼,不但陈说细节,还阐述容礼背后的大义。《韩诗》保存的这些容礼内容是比较淳的,尚未羼入后来那种阴阳五行之说。

因此,从战国至汉初儒家传《诗》看,师法各异,有的保留了容礼的细节,如王式传的鲁《诗》,有的在追溯容礼时还能陈说容礼背后的大义,如韩《诗》。这是战国至汉初传《诗》中保持的礼之“仪”“容”的情况。

除《诗》之外,《礼》中这方面的内容比《诗》要更多而且直接,而且礼的“仪容”传承有不同的方式,有著于竹帛传承者,有直接传习者。首先看直接著于竹帛传承宗周旧礼的“仪容”。今本《仪礼》和《礼记》中均有大量这部分内容,《仪礼》的主要内容即《汉书·艺文志》所记之《礼古经》,据沈文倬先生考证,《仪礼》中各种礼典的施行在先,《仪礼》书本的撰作在后①。汉初鲁恭王坏孔子宅,得用篆书(六国古文)所写的已亡《仪礼》五十六篇,为古文本②,则战国时期儒家已将《仪礼》用六国古文书写下来,汉初才被发现。今本《仪礼》为郑玄注,兼采今古文。甘肃武威磨咀子所出汉简有《仪礼》③,为战国以来《仪礼》教材的不同传本。《仪礼》十七篇多为士一级贵族的冠婚丧祭礼典的实录,其中有大量仪、容内容,如加冠着服的种类、登降揖让的次数等等。至于《礼记》,即《汉书·艺文志》所云《礼古经》之记,其中《曲礼》言五礼言行举止,《玉藻》言冠带威仪事,《内则》言居处的仪容礼节、《丧服》言服丧的仪容之礼,这些均是将礼典直接著于竹帛,从而保存了礼“仪容”的内容。

此外,战国儒家还直接以行动传承礼的仪容。从《论语·乡党》的记载可看出孔子对仪容之礼十分熟悉:

---

① 沈文倬:《略论礼典的实行和〈仪礼〉书本的撰作》,载《宗周礼乐文明考论》。

②《四库全书总目提要·仪礼注疏》。

③《武威汉简》,《文物出版社》1964年版。

"孔子于乡党，恂恂如也，似不能言者，其在宗庙朝廷，便便言，惟谨尔。朝，与下大夫言，侃侃如也，与上大夫言，訚訚如也，君在，踧踖如也，与与如也，……。"

"入宫门，鞠躬如也，如不容。立在中门，行不履阈，过位，色勃如也，足，躩如也，其言似不足者。摄齐（即抠衣）入堂，鞠躬如也，屏气似不息者。……执圭，鞠躬如也，如不胜。上如揖，下如授，勃如战色，足蹜蹜如有循。享礼，有容色。"

从上文看，孔子对各种场合应有的合乎"礼"的仪容姿态都十分熟悉，因此，他在教授弟子时，除六艺外兼传容礼是无疑的，子路临死还不忘记系好帽缨①，这来自孔门对仪容之礼的格外重视。孔子之后儒家分派，《韩非子·显学》："孔子之后，儒分为八"，这八派是子张氏、子思氏、颜氏、孟氏、漆雕氏、仲良氏、公孙氏、乐正氏之儒，这些学派有的也传承容礼，但到他们那里，礼义、仪容和经籍已不能浑然合一，《荀子·非十二子》说："弟佗其冠，神禫其辞，禹行而舜趋，子张氏之贱儒也；正其衣冠，齐其颜色，嗛然而终日不言，是子夏氏之贱儒也；偷儒惮事，无廉耻而耆饮食，必曰君子固不用力，是子游氏之贱儒也"，由此看出儒家分化出的各学派对容礼的理解和重视程度不同。经历秦火，礼从典籍到仪容更加残缺不全，至西汉，《汉书·儒林传》记有鲁徐生善为《礼》颂（容），颜师古注引苏林说："《汉旧仪》有二郎为此颂貌威仪事。有徐氏，徐氏后有张氏，不知经，但能盘辟为礼容。"盘、辟均为具体动作，盘见于《礼记·曲礼下》："天子穆穆，诸侯皇皇，大夫济济，士跄跄，庶人僬僬"，郑玄注"凡形容，尊者体盘，卑者体蹙"；辟见《礼记·曲礼下》："大夫士见于国君，君若劳之，则还辟，再拜稽首"，孔颖达疏"还辟，逡巡也"，则盘辟为抑扬逡巡之法。徐氏、张氏不知经，能为礼容，说明其师法中就没有经，仅有礼容，这是"礼"传承到汉代时出现的情况。

战国儒家还实际演练礼典。《史记·孔子世家》："鲁世世相传以岁时奉祠孔

① 事见《左传》哀公十六年。当时子路任卫大夫孔悝之邑宰，卷入卫国内乱，受戈击，子路说："君子死，冠不免。"结缨而死。

子家,而诸儒亦讲礼,乡饮、大射于孔子冢。……至于汉二百余年而不绝”,乡饮(酒)、大射都见于今本《仪礼》,是周代大夫一级贵族在乡党论年齿和习射的礼仪,此为儒家直接传习礼典。又《史记·儒林列传》:“及高皇帝诛项籍,举兵围鲁,鲁中诸儒尚讲颂、习礼乐、弦歌之音不绝”,这是儒家传承礼乐。

除了《诗》、《礼》之外,战国至汉初的其他典籍中也屡屡提到周代存在过的容礼。如《荀子·非十二子》:

“士君子之容,其冠进,其衣逢,其容良。俨然壮然,祺然蕼然,恢恢然,广广然,昭昭然,荡荡然,是父兄之容也;其冠进,其衣逢,其容悫,俭然恀然,辅然端然,訾然洞然,缀缀然,瞀瞀然,是子弟之容也。吾语汝学者之嵬容,其冠绕,其缨禁缓,其容简连,填填然,狄狄然,莫莫然,瞡瞡然,瞿瞿然,尽尽然,盱盱然。酒食声色之中,则瞒瞒然,瞑瞑然;礼节之中,则疾疾然,訾訾然;劳苦事业之中,则儢儢然,离离然,偷儒而罔,无廉耻而忍謑詢。是学者之嵬也。”

由此可见,战国儒家传礼,父兄子弟各有其容,“儒分为八”之后,各派对容礼的理解和重视程度也不一样。到汉初,宗周容礼仍有传承。贾谊《新书》有《容经》一篇,十分详细地记载了各种容礼:

“容有四起。朝廷之容,师师然翼翼然,整以敬;祭祀之容,遂遂然粥粥然,敬以婉;军旅之容,湢然肃然固以猛,丧纪之容,怮然慑然若不还。容经也。”

“视有四则,朝廷之视端沂平衡,祭祀之视,视如有将;军旅之视,固植虎张;丧祭之视,下沂(流)垂纲,视经也。

此段下文还记录了“立容”、“行容”、“趋容”、“盘旋之容”、“跪容”、“拜容”、“伏容”、“坐车之容”、“立车之容”、“武容”、“兵车之容”等等①,由此可以看出他对周代确实存在过的宗周贵族饮食起居之容礼极为熟悉,说明容礼到汉初亦有传承。

从以上考察可以看出,仪容之礼为战国至汉初的儒家保存了下来。这一保存基本上是淳厚的,淳的表现在于基本上是按原貌追溯,没有杂掺入后人的作

① 《新书·容经》。

伪。然而跟礼"义"的传承一样，仪容之礼的传承亦十分零散，因为在周代，这些容礼跟人们的社会生活、政治行为是紧密结合的，战国、秦之际的社会变动和人们饮食起居细节的变化致使这些容礼的传承显得琐碎而不合时宜，所以直到司马谈时，传习包括仪容在内的儒学仍然被视为拘泥迂阔和"博而寡要，劳而少功"①，就因为儒家对包含深刻而具体"义"、"仪"、"容"的礼的理解和传承在当时不可能达到宗周礼典最盛时候的水平。

以上是战国至汉初儒家对古典礼乐传承的情况。周代王朝祭礼作为礼典的一部分，对它的保存有的有专篇记载，如《礼记·郊特牲》述宗周郊天礼，《祭法》讲周代主祭者之资格和秩序，《祭义》、《祭统》述及祭祖礼，《文王世子》涉及大学献俘之礼等等，但这些记载同样是零散的，与祭祀有关的记载还有很多跟其他礼典一起混融在《诗》、《礼》乃至其他典籍的记载中，如《仪礼》的《特牲馈食》、《少牢馈食》是大夫岁时祭祖的礼典实录，但它们只记录过程，不涉及大义；《诗》之《采蘋》、《楚茨》言祭祖礼，可跟《特牲馈食礼》《少牢馈食礼》相参看②，但有关记载均不系统。后来汉代的王朝祭礼，正是由保存在经书中的对三代旧祭礼的零星记载拼合而成的，也正由于其零散，以后由于经学的发蒙造就了理解之异，进而造就了对经书记载的周代祭礼典制的不同理解。

以上考察了战国至汉初儒家对古礼传承的情况。此外，还有一个重要方面是这一时期的儒家对古典雅乐的传承情况，这个问题十分复杂，下面将专门对之进行考察，因有关资料很少，笔者的结论许多是根据逻辑推理的蠡测，正确与否，留待方家指正，以及它朝实践的检验。

（三）古乐的亡佚和古典雅乐的传承

儒家对古典雅乐的传承，是传承宗周礼乐文明的重要方面。我们已在上一

---

① 《史记·太史公自序》。

② 《采蘋》言为公侯祭祀准备荐于神灵的蔬食，惠栋《九经古义》卷五《毛诗古义·采蘋》惠栋案："(全诗)皆尝觞亨(享)上帝鬼神。小颜云觞亨，煮而祀之也"；《楚茨》为衰落了的士大夫回忆家国强盛时祭祖礼盛况的诗，因此王应麟《困学记闻》卷五说："《诗》、《礼》相为表里，《宾之初筵》、《行苇》可以见大射仪，《楚茨》可以见少牢馈食礼。"

章第三节对宗周的金石雅乐作了考察。周代金石雅乐的辉煌成就是建立在五音十二律、三分损益法等乐律学的高超水平基础上的，而且五音十二律还包括了对“风”、“和”、人的性情乃至政治吉凶的理解和预测。但是从春秋时期开始，周乐衰微，郑声兴起，原来中正平和的雅乐随之被搞乱了，到战国时期，郑声成为主流，乐成为娱人耳目、供人享受的工具，其原先的教化意义几乎荡然无存，并且经过春秋战国的剧烈社会变动，由乐师掌握的五音十二律、三分损益法、纳音、候气等专精之术失传了，到汉初传承下来的古乐仅是一些由乐工掌握的零星技艺。下面就对此考察一二。

1. 郑声的出现及“和”的破坏

在周代雅乐中，中正平和的雅乐为正声，其余的为过声。《周礼·春官》大司乐“凡建国，禁其淫声、过声，凶声、慢声”，淫声、过声、凶声、慢声均为不合乎“和”的音乐，《韩非子·十过》中记载的一段故事有助于我们了解什么是淫、过、凶、慢之声：卫灵公往晋国去，在濮水之上听到了未曾听过的乐声，令乐师师涓诵习。到了晋国，卫灵公令师涓演奏新习之乐，还没有弹完，晋平公的乐师师旷就制止说：“这是亡国之声，不能听。”并解释此乐的由来——此乐为商纣的乐师师延所作，武王伐纣时师延投濮水，因此此乐在濮水上回响，听到此乐者将亡国，卫灵公听到的就是师延作的亡国之声。但晋平公执意要听，听完后师旷说此为清商之音，晋平公说这大概是最悲的了，师旷说不是，清徵更悲，平公又执意要听，师旷不得已而鼓琴奏清徵，听完平公还要听更悲的清角，听后风雨大作，晋国大旱。

这则故事有助于我们了解周代雅乐的内容和基调。在这些乐曲中，清、浊为三代人形容乐音高下的词，音高为清，音低为浊。笔者浅见认为清商、清徵、清角分别为偏高（相当于现代音乐中的升调）的以商、徵、角为主调的乐曲，因为该曲表现的是末路之悲的心情，运用了升调，所以偏离了“和”，在懂得中和之道的乐师看来为凶声，不能听。因周代雅乐一般均以阳声、阴声相和，如黄钟配以大吕（见第一章第三节），但看来清商、清徵、清角之曲均无与之相调和的音，因此是纯粹的悲音，此为凶声，不合乎“和”的原则。

郑声偏离“和”的情况跟清商、清徵、清角偏离“和”近似。郑声为春秋时期出现的新声，《诗经》中有《郑风》，表现的多是男女私情，用来表现的调律自然跟抒发平和心境的雅乐不同，因此它偏离律吕阴阳调和的原则是必然的。《汉书·礼乐志》说春秋时期“制度遂坏，陵夷而不反，桑间濮上，郑、卫、宋、赵之声并出，内则致疾损寿，外则乱政伤民”，郑、卫之声被目为淫逸，它遭到孔子激烈反对，“恶郑声之乱雅乐”，“郑声”的旋律目前难以得知，但周乐章法之乱确实始于“郑声”的出现。郑声出现之后便跟雅乐相对，雅乐为“正声”，郑声为“变声”，到后来，纯粹抒发喜怒、娱人耳目之音乐均被称为郑声。战国时期郑声是音乐的主流，连以好古著称的魏文侯都对子夏说，“寡人听古乐则欲寐，及闻郑、卫，余不知倦”①，著名的战国铜器水陆攻战纹铜壶纹饰之局部有用乐的情况，如图。图下一列之左为乐工演奏编钟、编磬的情景，右为持干戚的乐舞：

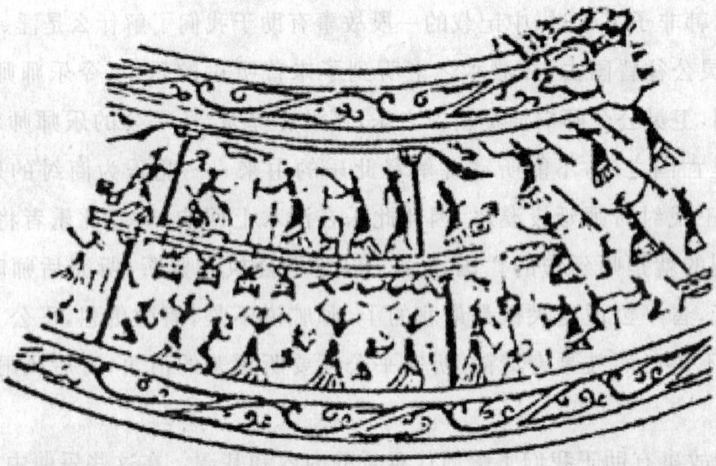

从水陆攻战纹铜壶纹饰看，当时乐器仍然用的是钟磬，但将此场面跟攻战一起镂刻在生活用具上，是西周、春秋时期没有的，此用乐显然是娱乐，而不是为了教化。不过这一时期还是有对“乐”之性质和宗旨的描述，《吕氏春秋·大乐》追溯古乐的渊源：

“万物所出，造于太一，化于阴阳，萌芽始震，凝滞于形，形体有度，莫

①《汉书·礼乐志》。

不有声。声出于和,和出于适,和适,先王定乐由此而生。天下太平,万物安宁,皆化其上,乐乃可成。成乐有具,必节嗜欲。嗜欲不辟,乐乃可务。务乐有术,必由平出。平出于公,公出于道,故惟得道之人其可与言乐乎!亡国戮民非无乐也,罪人非不歌也,狂者非不武也,乱世之乐有似于此。……凡乐,天地之和、阴阳之调也。……大乐,君臣父子长少之所欢欣而说者也,欢欣生于平,平生于道。"

此段对"天地之和"之音乐理论的描述,跟三代王官乐师所掌握的音乐理论是一个意思,而"罪人之歌"、"乱世之乐"均为偏离"和"的乐。在战国,这类偏离"和"的、用于耳目之娱的音乐是当时音乐的主体,乐作为颐养性情和道德教化之手段的功能被大大削弱,基本成为满足人耳目享受的工具。

以上考察的是郑声兴起、雅乐被浸乱的情况。但春秋时期虽然郑声兴起,但以数度出音律之术尚存——即使郑、卫之声也还得按照古乐提供的成律吕法制出,因此乐的技艺还没有遭到根本破坏,周乐遭到根本破坏的环节是五音十二律的出律法和三分损益法等专门技艺失传,笔者以为这些专门知识和技术,是曾经跟乐德、乐教、音乐哲学等内容一起保存在曾经成书的《乐》中的,可惜《乐》在汉初就已亡佚,下面便考证这一内容。

2.《乐》的成书和亡佚

《乐》是六艺之一,有的学者认为《乐》实际上没有存在过①,这一结论似嫌武断。从文献记载看,《乐》一书还是存在过的。笔者以为《乐》的成书情况类似于《易》经传的成书——它们原先都是由王官专人保存和传习的技艺,它们的撰作人均有感于当时古典文化失传的状况,不愿意原先藏于王官、由专门的家族世代相传的专门技艺失传,才毅然写下。可惜二书的命运不同,《易》保存了下来,并在后来成为群经之首,《乐》却因过于专门和远离社会生活,终于在后来失传。

为什么说《乐》的确存在过?因为从文献记载看,《乐》存在过的事实是可信的。《史记·孔子世家》记孔子曾整理过周乐,"吾自卫反鲁,然后乐正,《雅》、

---

① 王葆玹:《今古文经学新论》,中国社会科学出版社1997年版,第43～44页。

《颂》各得其所。"说明当时鲁国的乐在孔子回来之前已经雅、颂混乱,孔子回来后,凭着他对周乐的精通,让雅、颂各回应有之位。孔子精通周乐的结构。《孔子世家》记孔子对鲁国的乐师说:"乐其可知也。始作翕如,从之纯如,皦如,绎如也,以成",《集解》云"翕如"为五音始奏之盛貌,"纯如"为五音既盛,纯而和谐,"皦如"为音阶明朗,"绎如"为结束之际。"翕如"、"纯如"、"皦如"、"绎如",分别为形容乐之不同章节所具有特色的词汇,从中可以看出乐有起始、高潮、结束三变。孔子还深知乐意,《论语·述尔》:"子在齐闻《韶》,三月不知肉味",他对乐中的数度音律之学应也有所了解,因为他曾问乐于苌虹①(据梁涛《孔子行年考》②此时孔子三十一岁),苌虹为周室之史官,《史记·天官书》记三代旧传之史官掌握数术之学就提到苌虹,则苌虹精通数度之学③,作为史官苌虹又被问及乐,所问的应也是乐中数度之学这一专门内容。因为孔子虽为贵族,但并不掌握乐律这门专业技术,他抱着弘扬周道的宗旨,力倡礼乐,才向各种专业人世询问有关知识。

孔子还善于鼓琴。他曾学鼓琴于师襄子(据梁涛《孔子行年考》,此时孔子二十九岁),从习曲目到领会深意,最终让师襄子折服④。他厌恶当时的郑声,力倡雅乐。孔子正是凭着他对雅乐的熟悉而正乐的,孔子正乐之事是在他晚年,当时他周游列国,屡屡碰壁,回来后整理典籍,弘扬文化。梁涛先生《孔子行年考》考证孔子正乐时为公元前483年(周敬王三十七年、鲁哀公十二年),时年六十九岁。孔子正乐的这个"乐"不见得是已经成书的《乐》,但说明当时已经有了《乐》成书的条件——既有礼崩乐坏,让人哀悯的社会条件,又有精通金石雅乐,欲让之传于后世的人,《乐》在孔子之后成书,是完全可能的。

但是成书的《乐》在汉初即已亡佚。目前若从文献考证,可考的仅《乐》中的

---

① 事见《史记·孔子世家》、《礼记·乐记》等。

② 见孔子2000网站梁涛论文集。

③ 《史记·天官书》:"昔之传天数者苌弘",苌弘为周室之史,《汉书·艺文志》有《苌弘》十五篇,王先谦补注引《淮南鸿烈》云:"苌弘,周室之执数者也。天地之气,日月之行,风雨之变,律历之数,无所不通",说明苌弘所传之"数"是天文、历法、律历等多种学术之源。

④ 事见《史记·孔子世家》。

乐教、乐德等理论性内容,《汉书·艺文志》乐类有《乐记》二十三篇,此《乐记》,笔者以为即《乐》经之《记》,汉初儒家传经时皆经、记分立,记是经的解说,正如《诗》、《书》、《礼》皆有经有传、说、记一样,《乐记》即为《乐经》的记,它后来羼入了小戴《礼记》即今本《礼记》。今本《礼记》有《乐记》,孔颖达疏:"郑《目录》云:'名曰《乐记》者,以其记乐之义,此于别录,属《乐记》,盖十一篇合为一篇",这样说来,羼入小戴《礼记》的《乐记》是七十子后学所传关于乐的十一篇理论整合而成,这十一篇的篇名据孔颖达《礼记·乐记》疏为《乐本》、《乐论》、《乐施》、《乐言》、《乐礼》、《乐情》、《乐化》、《乐象》、《宾牟贾》、《师乙》、《魏文侯》,均为言乐之意义、教化、性情的内容。小戴《礼记》之《乐记》的十一篇,王先谦认为即《汉书·艺文志》乐类《乐记》二十三篇之一部分,剩余的十二篇篇名按《艺文志》王先谦补注为:《奏乐》第十二,《乐器》第十三,《乐作》第十四、《意始》第十五、《乐穆》第十六、《说律》第十七、《季札》第十八、《乐道》第十九、《乐义》第二十、《昭本》第二十一、《昭颂》第二十二、《宾公》第二十三。这样,《艺文志》记载的《乐记》二十三篇篇名是:

1.《乐本》、2.《乐论》,3.《乐施》、4.《乐言》、5.《乐礼》、6.《乐情》、7.《乐化》、8.《乐象》、9.《宾牟贾》、10.《师乙》、11.《魏文侯》、12.《奏乐》、13.《乐器》、14.《乐作》、15.《意始》、16.《乐穆》、17.《说律》、18.《季札》19.《乐道》、20.《乐义》、21.《昭本》、22.《昭颂》、23.《宾公》。

从以上二十三篇的篇名看,涉及五音十二律和三分损益法等专门技艺的极少,仅《说律》可能跟其有关,大部分都是言乐意、乐德的内容,这些都是用来解释《乐经》的。那么,《乐经》的内容又是什么呢?笔者以为,《乐经》的内容除了乐教、乐德等音乐哲学外,还应有专业音乐技艺方面的内容,它们有可能跟《周礼·春官·大司乐》相近,并更详细些。因为六国时期魏文侯最为好古,汉文帝时得其乐人窦公(按,年代有误,窦公若活到汉文帝时,年纪该二百七十多岁,见王先谦补注),窦公献书,乃《周官·大司乐》章,《春官·大司乐》中有较专门的音乐理论和音乐技艺内容,正是对古典金石雅乐内容的记录。《乐》汇集各种音乐理论和技艺,内容跟它应大致相同,并更加专门些,主体是后来失传了的专门技艺,它们可能是:

第一，以十二律律管之长短出音律之术和三分损益法，即《春官·大司乐》所说的“成均之法”。这个“成均之法”是三代王官乐师掌握的专业的定音、调音技艺，郑玄引郑众云为均调之法，即成乐律，均调律之法，此法在三代王官即以十二律律管出音律之术和三分损益法。

第二，五音、十二律的相和法及旋宫转调之法。这方面内容《周礼·春官·大司乐》亦有（见第一章第三节），从后来流于数术的旋宫转调之法看，周乐中的旋宫转调之法在战国至汉初仍有传承。《后汉书·律历志》记西汉京房律历学中的旋宫转调内容：“建日冬至之声，以黄钟为宫，太蔟为商，姑洗为角，林钟为徵，南吕为羽，应钟为变宫，蕤宾为变徵。此声气之元，五音之正也。”京房的旋宫转调法是服务于候气说的，但从“五音之正”仍可看出，自周代就有对音之正、偏的认识。乐的旋宫转调之法，就是建立在这些技术基础上的，虽然传到京房，旋宫转调之法流于候气术，但战国至汉初有此类内容传承，才有后来的京房以音律候气之法，它们在当初的《乐》中有保留是完全有可能的。

第三，制作金石丝竹乐器的原则以及对“八音”三大类乐器（金石、丝竹、革木）的使用方法。《周礼·春官》有典同“掌六律六同之和，以辨天地四方阴阳之声，以为乐器”，各种乐器所发调律在周律体系中的位置由乐师掌握，至于具体的青铜编钟铸造则有专门工匠负责（《考工记》有凫氏，掌握铸造编钟的专门技术）。至于“八音”的使用和配合法，伶州鸠论乐中有，这都是掌握在乐师手中的具体技术，《乐经》成书，有可能有这些内容。

第四，周乐的等级体系，即以不同等级的乐（十二律之乐）跟礼典的配伍之法，这方面内容亦见《周礼·春官·大司乐》，具体见本文第一章第三节的考证。

第五，纳音、候气等术的一部分。在三代乐师之技艺中，以数度出音律之法跟候气之法是不区分的，因此三代乐师所掌的律数之术包括了纳音、候气的古法因为乐师精于推数，而五声、八音均可最终化为数，所以乐师们还掌握着以五声八音察“风”之术。《国语·周语》伶州鸠语便说：“铸之金，磨之石，系之丝木，越之匏竹，节之鼓而行之，以遂八风”（见第一章第三节），从文献记载看当时乐师确实通晓音律和八风的关系，《左传》襄公二十八年晋人听说楚师来了，师旷说没有关系，“吾骤歌北风，又歌南风，南风不竟，多死声，楚必无功”。这里师旷通过歌南、北之风,由"风"所反映的势力强弱占测晋、楚师力量的强弱,结论是楚国大军必劳而无功。此占测术为处于滥觞阶段的纳音术,它当时包含在乐师掌握的专门技艺里,这类以五声八音察"风"的技艺保存下来也是有可能的。至于以数推律的具体办法,《汉书·律历志》追忆:"夫推历生律,制器,规圆矩方,权重衡平,准绳嘉量……,其法在算术。宣于天下,小学是则。职在太史,羲和掌之","五声之本,生于黄钟之律"。还有,《后汉书·律历志》中有一条提到《乐经》的重要资料:《后汉书·律历志上》刘昭注引《薛莹书》记建初二十七年太常丞鲍业等上书提到:"《乐经》曰十二月行之,所以宣气丰物也。月开斗建之门,而奏歌其律","月开斗建之门"即正月建寅、二月建卯,每月均对应一个门和十二律中的某一律,此为数术内容,说明东汉初人们尚知道《乐经》中的零星内容。如此,《乐经》中确有对纳音、候气古法的记录。这些技术从战国时开始从"乐"中脱离,流于数术。

第六,成舞之法,六代乐舞的乐名、编排和内容。这方面内容《周礼·春官·大司乐》亦有,成书的《乐经》有可能有这方面内容。

上文是笔者蠡测的《乐经》中可能保存过的专业音乐技艺内容。《乐经》内容之所以有可能跟《周礼·春官·大司乐》相似,因为遍考三代文献,较深地涉及乐律学的,除了《国语·周语》伶州鸠论乐外,只有《周礼·春官·大司乐》具体涉及乐律学。但《国语》是史书,其中记载的伶州鸠言论属于史官的实录,而《周礼》是作者以宗周旧制夹以作者的想象阐述理想之作,其中的典制确有所本。从《大司乐》记载无商音看,它的内容是比较早的,涉及的乐律学知识也更接近一种有较系统理论指导的原生状态。汉初,魏文侯乐人窦公献书,为《周礼·春官·大司乐》章,这个《大司乐》章与后来出于孔壁的《周官》传承不同,它是保存在乐人手里辗转传承的,不是用六国古文写成的《周官》,但这恰说明一个事实:乐人手中辗转传承的《大司乐》与后来出现于孔壁,用六国文字书写的古文《周官》中的《大司乐》内容高度一致,它们有共同的渊源,这渊源就是当初的王官之乐——从窦公献的《大司乐》为当时大多数人所不懂可以看出,《春官·大司乐》保存的是三代旧有的金石雅乐,这些内容并非《周礼》作者的杜撰,因为其中让阴阳律吕相和、再与不同礼典相配的内容既复杂又专门,光凭某个个人是杜撰不出的。

《乐经》的写定和传承情况应跟窦公所传之《周礼·春官·大司乐》近似，它的渊源同样是三代王官乐师所掌的专门技艺及其背后的乐律学理论，不过《乐经》跟《周礼·春官·大司乐》二者侧重不同，《春官·大司乐》侧重的是大司乐之职掌跟整个《周礼》职官制度的统一协调，《乐经》侧重的则是保存王官乐师所掌的专业技艺。但这些技艺因为既难掌握又少人问津，且离当时的社会生活十分遥远，记载这些内容的《乐》一书终于在汉初亡佚，只保留下一些容易理解的乐教、乐德的内容，如后来羼入《礼记·乐记》的那些篇章。

《乐经》之所以亡佚，是因为它的传承比《礼》要难得多。《礼》的传承可以将大义著于竹帛，礼典和动作可以实际演练，但《乐》的传习中，专门的乐律学知识传承起来很困难，能通者寥寥，因此传承下来的大部分都是乐的大义。此外，《乐》的难度还可从儒家对"六经"的排序看出，"六经"排序是《诗》、《书》、《礼》、《易》、《乐》、《春秋》，这个排法比汉代人在《乐》失传后排定的"五经"顺序《易》、《书》、《诗》、《礼》、《春秋》要早，体现了孔门儒者对"六经"的认识，它们按内容的由浅至深排列，入门先习《诗》，而后《书》、《礼》，《乐》在《易》之后，说明它的内容比《易》尚难，因为它涉及专门的乐律学。《乐》不仅难懂，传承又不易，再经历秦燔《诗》《书》，终于在汉初亡佚。《乐记》孔颖达疏："……周衰礼坏，其乐尤微。以音律为节，又为郑卫所乱，故无遗法矣。"

《乐》的亡佚是中国古代文化史上的重要事件，它使萌生很早、成就卓越的音律和数度之间的关系失传，若非曾侯乙编钟的出土，我们难以想见春秋时期乐理和技艺达到了那么高超的水平；它也使礼乐相和的古典文化缺失——后来历代王朝行礼时所用的编钟剖面为圆形，一钟一音，跟先秦时能发正鼓音、侧鼓音双音的合瓦形编钟比，铸造技艺倒退了几近千里，至于所作之雅乐，亦再不可能恢复到三代的水平。

《乐经》失传了，保存下来的跟"乐"有关的内容大体可分为两部分：一为对"乐"的理论性阐述，一为一些零星的雅乐篇章和演奏技艺。首先是对"乐"的理论性阐述，即乐教、乐德的内容。《周礼·春官·大司乐》云乐德有"中、和、祗、庸、孝、友"，这方面的内容不难找，传世文献如《礼记·乐记》、《史记·乐书》等大体都是这些内容,上文所引《艺文志》中《乐记》二十三篇亦主要是这些,这些内容大体言乐的意义。其次是一些零星的雅乐篇章和演奏技艺。关于雅乐篇章,王国维《汉以后所传周乐考》已从篇名角度作了考证①,而演奏技艺的传承,见《汉书·艺文志》:“汉兴,制氏以雅乐、声律世在乐官,颇能记其铿锵鼓舞,而不能言其义”。“制氏”,服虔注为:“鲁人也,善乐事也”,何焯曰:“周乐在鲁,故制氏犹传其声律”,此“制氏”即从前王官的乐工,他们负责鼓琴、演奏编钟等等,《仪礼》、《左传》均有记载。但乐工们并不掌握对整体“乐”的理解和把握,这些知识是掌握在乐师手里的。到汉代,乐师所掌握的专门技艺失传和以数度出音律之术失传,因此制氏传颂的雅乐能记铿锵鼓舞,不能言其意,这是汉代王官保存的演奏技艺。此外武帝时河间献王好儒,“与毛生其采《周官》及诸子言乐事者以作《乐记》,献八佾之舞,与制氏不相远”②,则在周代由乐工传习、士子受教于乐师的雅乐在河间献王国中亦有保存,跟汉朝乐官保存的铿锵鼓舞差不多。

因此,到汉初,儒家传乐者基本上只能言谈乐的意义,不懂乐律学和乐的技巧。不过汉初儒家言述的“乐”的意义基本上是合乎周代实际的,《汉书·礼乐志》追溯古乐说:

> “故曰知礼乐之情者能作,识礼乐之文者能述。作者之谓圣,述者之谓明……。”

上文“作”为谱曲,“述”为阐述乐理。“知礼乐之情者能作”是说王官乐师们因懂得“乐”的性情,所以能谱写;懂得“礼乐之文”者为战国儒家,所以能撰述。春秋战国时期儒家努力传承古乐,孔子曾正乐,让“雅、颂各得其所”,但因儒家并不懂得以数度出音律的专门技术,也不掌握让八音达到“和”的具体方法,他们传承的乐主要是一些乐教、乐德的内容,未能达到周“乐”极盛时“乐”的抑扬回旋和“礼”的登降揖让完全水乳交融的程度。到汉初,儒家传承的乐意更是拘泥死板,《史记·刘敬叔孙通列传》记叔孙通准备为汉高祖刘邦制定礼仪,因他一人人手不够,便征召鲁诸生三十余人,有两个儒生骂叔孙通“面谀以得贵”,这两人虽被

① 《观堂集林》卷二。

② 《汉书·艺文志》。

叔孙通嘲笑为“不知时变”的“鄙儒”，但从他们骂詈的言辞中有“礼乐所由起，积德百年而后可兴也……，公所为不合古”的话却可从中看出当时一般儒生心目中的“礼运”观，礼运未到时是不能制作礼乐的。

因此从战国到汉初，礼、乐的传承已经分开，传礼者撰述礼典、教授仪节；传乐者保存一些雅乐的零篇和古乐的义理的部分，而且雅乐的大部分已失传。于是，乐工保存的零星乐理和演奏技艺和汉代的新生音乐就成为汉初制作礼乐的重要来源。

二、汉初的正朔说和汉文帝的郊祀

以上考察了战国至汉初儒家对古礼的传承，这是汉代王朝祭礼后来能够萌糵的学术背景，不过这还不是唯一的背景，在战国至汉初儒家传承古“礼”的同时，战国数术的发展使人们对时间的性质产生了新的认识，这种认识跟政治需要相结合，就产生出了对王朝正统性进行设计的新典章制度，正朔说就是这种制度，它后来被归入王朝正式礼仪的范围，这里对它们在汉初的由来作些考察。

（一）汉初的正朔说与文帝改正朔、易服色

战国时期出现了“正朔”之说，秦始皇还将之应用到现实中（见上一章第四节秦始皇改正朔部分），这是因为战国时人们对时间性质的认识比此前又有了进步。古代中国人很早就对时间产生了清醒的认识，这反映在精确的历法很早就制定上。但古人对时间性质的认识并不仅仅局限我们今人认识中的可准确分割的、由前往后不可逆的流逝上，在古人认识中，分割时间的“度”跟分割长短、大小、轻重的各种度量单位是存在相互联系的，它们共同构成宇宙的时空框架。正是基于这些衡量万物的“度”在各方面存在联系，后来才产生出将历法、数度、颜色、音律等具有“度”之性质的事物统一在一个体系下的正朔说，见下文。

古代文献中的“正朔”一词之含义指古人心目中某一王朝合法“受命”的一个长时间段。《礼记·大传》孔颖达疏说：“（正朔）言王者得政，示从我始改故用新，随寅丑子所损也。”即新王朝因为“受命”，要从自己开始改变年始和月初，这一年始（一年起始之月）或为寅、或为丑、或为子，这一说法源于对三代有过的“三正”的追忆（三正说见第二章第四节）。完善的正朔说形成于战国，《史记·礼书》：

"王者易姓受命,必慎始初,改正朔,易服色,推本天元,顺承厥意。"该条《索隐》:"言王者易姓而兴,必当推本天之元气行运之所在,以定正朔,以承天意,故云承顺厥意。"《索隐》说"天之元气"涉及了正朔说的核心——"天元"即时空之始,古人认为自此之后时间的流逝、空间的变易都是"气"在变化,而"气"在不同的时空段下有不同的显现,某一王朝认为自己得了正朔,即得了这一时空段的"气"的赋赐。《汉书·律历志》:"自殷周皆创业改制,咸正历纪,服色从之,顺其时气,以应天道","气"的赋赐的外在表现,即为特定岁首的历法和特定颜色的衣服旌旗方式,这就是正朔说的核心内涵,秦始皇曾将之运用(见上一章第四节)。到汉初,对之有研究的各家如儒生、方士、律历家们在历法、服色等方面孜孜以求,不过他们在正朔、服色方面的看法和掌握的技艺有较大差异,这就造成了汉初至武帝太初元年以前,汉王朝在改正朔、易服色之事上的几起几落,下面就对汉初律历家、方士、儒生们的正朔说及它们对汉初改正朔之事的影响作些考察。

1. 律历家的正朔说

正朔说中的最重要内容是厘定历法,汉初律历家在此方面有专长。律历家对推数之学素有研究,《淮南子·天文训》中十二律相生之数的那一段应该就是律历家的作品。律历家所学的特点是擅长律历之"数"乃至万物大小器用之"数"的具体运算,因为音律的确定从三代时就是靠律管长短之数(见第一章第三节五音十二律),《管子·地员》中记载的三分损益法和《淮南子·天文训》记载的十二律相生之数分别是三代王官和战国时期对音律和"数"之间关系的总结。战国时期"数"的技术有了长足发展,"数"既可以用来表述宇宙万物间的联系(见第二章第二节计量数、干支数部分),又可以用来计量万物构成的具体大小长短轻重,近年出土的张家山汉简《算术书》中有积粟、女织、铜耗等算题①,性质即属于后者。《算术书》中的算法有相乘、分乘、加减等,如相乘:

> "寸而乘寸,寸也;乘尺,十分尺一也;乘十尺,一尺也;乘百尺,十尺也……。"

此为算面积的边长相乘之法。邹大海先生已考证算术书中的算法为先秦之

---

① 见《张家山汉墓竹简》,第254、255页。

孑余①,此为解决具体问题时用的算法。除了这种物料的计量外,律吕推算也要用到加减、乘等法。如《史记·律书》记律数:

“九九八十一为宫。三分去一,五十四以为徵。三分益一,七十二为商。三分去一,四十八以为羽。三分益一,六十四以为角。”

二者之中,《算术书》中的算法是用计量数的加减乘除解决问题,代表着“数”在万物具体领域的应用,而律吕的推算是要在正音律的同时获得某种规律,代表着“数”浓缩宇宙万物联系的部分。这就是律历家所习“数”学的大致内容。

在汉初,律历家的代表人是北平侯张苍,从文献记载看,张苍既精通以“数”应用于具体计算之术,又通晓“数”所代表的万物联系。《史记·张丞相列传》记他“明习天下图书计籍”,计籍,即田、户之簿,需要计算。而从他“迁为计相,更以列侯为主计四歲”看,他擅长计算,不过张苍通晓的算术还不仅仅是用一般算法计算户口,他还通晓阴阳律历的算法。《汉书·艺文志》诸子类阴阳家有《张苍》十六篇,王先谦补注引王应麟曰:“本传者书十八篇,言阴阳律历事”,《史记·张丞相列传》记他“吹律调乐,入之音声,及比定律令,若百工,天下作程品”,《集解》如淳曰:“若,顺也。百工为器物皆有尺寸斤两,皆使得宜,此之谓顺。”即张苍定音律之后还用他精通的数度专学为天下物事定下尺度,用这个尺度做样品。

因此,张苍作为律历家,他推汉正朔擅长推定细节及它们之间的联系,对抽象高远的政治教化考虑得较少。《史记·张丞相列传》记他推汉正朔:

“以高祖十月始至霸上,因故秦时本以十月为岁首,弗革。推五德之运,以为汉当水德之时,尚黑如故。吹律调乐,入之音声,及比定律令。若百工,天下作程品。至于为丞相,卒就之,故汉家言律历者,本之张苍。”

张苍以汉为胜周火德的水德,是因为不认为秦在五德中居一德,他还认为黄河决于金堤是天之符命证明水德,这样正朔、服色便沿用了秦朝的。因此,他的正朔说属于算术家之流派,长于数度细节,于宏大之处的名分并不十分注重。

2. 儒家的正朔说

汉初除了律历家之外,儒家亦对正朔有自己的看法,这方面代表人物是贾

① 邹大海:《出土〈算术书〉初探》,《自然科学史研究》,2001年第3期。

谊。贾谊是汉初通晓诸子百家和古典礼乐的著名儒生，从其作品《新书》看，贾谊虽不像张苍那样擅长演算，但他对数度思想有自己的认识。贾谊认为数字“六”反映了天地人的一切规律，声音的六律和政事的六法之间存在关系，《新书·六术》：“六律和五声之调，以发阴阳、天地、人之清声，而内合六法之道”，而六法与人的六行、《诗》、《书》等六艺都结合在一起，《六术》：

“是以先王为天下设教，因人所有，以之为训。……是故内法六法，外体六行，以与《书》、《诗》、《易》、《春秋》、《礼》、《乐》六者之术以为大义，谓之六艺。”

这样，贾谊把数字六跟六艺联系起来，将数度思想运用到人伦领域，文帝即位之初他提出改正朔、易服色，《史记·屈原贾生列传》：

“贾生以为汉兴至孝文二十余年，天下和洽，而固当改正朔，易服色，法制度，定官名，兴礼乐，乃悉草具其事仪法，色尚黄，数用五，为官名，悉更秦之法。”

从上文考察看，贾谊要求改正朔、法制度应是建立在他对数度思想的理解上的，已经有了礼乐制作的要求——新王朝的正朔是“承天之运”的象征，跟制度、服色等在数度思想下统一，并蕴涵着官名、礼乐教化等内容，这是律历家的正朔说所没有的。虽然贾谊为周勃、灌婴之流陷害，此事不了了之。但他的改正朔思想以后被大儒董仲舒这样的来者继承（见本章第四节）。

3. 神仙方士的正朔说

汉初提出正朔说的不仅有儒家，还有神仙方士。这方面的代表人物是公孙臣、新垣平。《汉书·郊祀志》记文帝十四年，鲁国人公孙臣上书说：

“始秦得水德，今汉受之，推终始传，则汉当土德，土德之应黄龙见。宜改正朔、易服色，色上黄。”

公孙臣的正朔说也继承了五德终始说，但是符应（《史记·历书》称之为“瑞”）与张苍的不同。张苍认为汉受命符应是河决金堤，公孙臣认为是黄龙出现，结果第二年夏天，黄龙真的出现在成纪（东郡地名），于是文帝相信了公孙臣的说法，拜他为博士，命他与儒生们草议改正朔、易服色之事，这次黄龙见使公孙臣打败了律历家、丞相张苍，导致张苍自绌。

张苍败于公孙臣，是因为他们的正朔说流派不同。张苍是擅长算术的律历家，公孙臣是擅长占候的神仙家，占测符运属于方术，而方术恰是神仙方士们所长，如文帝时新垣平因望气而贵幸（见上一章第五节），新垣平“侯日再中”应验之后，文帝改十七年为元年（当时还没有年号），算是满足新垣平“改正朔”的要求。《封禅书》则记新垣平说周鼎丢在了泗水之中，而他看见汾阴有金气，大概周鼎就在那里。文帝又相信了他的说法，派人在汾阴临黄河立庙祷祠，想祠出周鼎。《史记集解》徐广曰：“后三十七年，鼎出汾阴”，即后来武帝获鼎，并改年号为元鼎。如此看来新垣平的望气尚不是完全胡诌，他的确有点伎俩。当时方士的伎俩在占了上风，于是张苍自绌。

公孙臣占测黄龙见，新垣平望气、占候这类方术是当时神仙家所持有的，律历家、儒家都不具备这些方术，这类占测有时应验，是方士们的正朔说在当时占了上风的原因。如黄龙见于成纪后公孙臣得到任用，并使文帝怀着惴惴不安的心情在雍五畤举行了湮废已久的郊天礼（见下文）。

总之，当时律历家、儒家、神仙家等皆有自己的正朔说，它们各有侧重，但都希望自己的王朝在“承天之命”方面有最好的表现——律历家希望历法得天之数、器物声音各有其度，儒家希望改正朔的同时制礼作乐，神仙家则用包括推定正朔在内的各种所擅之术谋取功名利禄，他们的技艺在武帝定太初历时都得到了采用，具体见下一节。

（二）汉文帝的郊祀

汉文帝时期进行的礼仪和祭祀活动，主要有立渭阳五帝祠与黄龙显现后郊天两样，此二事均因神仙方士之言而进行。文帝是汉初有名的贤君，“文景之治”正是在他那里奠定的基础，假如仅以“统治者的迷信”之类的词来解释文帝听信神仙方士之语的原因是不足取的，因为文帝的判断能力并非后人想象的那么低下。神仙方士能获得文帝的信任，跟自战国以来礼仪事务长期湮废所形成的国家祭祀在形而上领域的真空有关——虽然汉初继承了秦的雍四畤并将它改成雍五畤，但总的说来，雍五畤远承秦诸侯时期的祭祀，其背后的形上学内涵是粗疏肤浅的，在大一统的汉朝建立之后，当时在形上学领域欲有所建树的流派便纷纷跃动，往主流意识形态的领域渗透，并对国家祭祀产生影响，神仙说就是其中的一种，下面我们就考察一下汉文帝因神仙家言而进行的郊祀。

1. 郊天

文帝曾于十四年夏四月郊天，这个“天”即雍五畤的五色上帝。事情缘由是方士公孙臣说“土德之应黄龙见”，结果黄龙第二年真的出现在成纪，但黄龙出现带给文帝的并不是喜悦，而是担忧，此年夏天文帝下诏：“有异物之神见于成纪，毋害于民，岁以有年。朕几郊祀上帝诸神”，并令礼官商议具体细节。这说明文帝并没有像后世儒家那样把黄龙当作天降祥瑞，而是把它当作“异物”，想郊祀上帝以祛除消灾。有司回答：“古者天子夏亲郊祀上帝于郊，故曰郊。”周代郊天时间是在春分之前，战国以来宗周祭礼的湮废使人们已经不清楚郊天的具体时日，于是出现了各种说法，汉代礼官说是夏季，于是夏四月，文帝在雍郊祀五畤上帝。文帝在礼官指引下把雍五色帝当作天帝，并借用雍五畤的祭坛，穿着颜色是汉代所尚赤色的礼服，选择据说是上古郊天的日子（夏四月），怀着祛除消灾的动机施行由周代保存而来的名目为“郊”的郊天礼，不能不说是一种杂烩。

2. 渭阳、长门五帝祠

渭阳五帝之祠的建立是因为新垣平之辞。《史记·封禅书》这样记载：

> “赵人新垣平以望气见上，言‘长安东北有神气，成五采，若人冠絻焉。或曰东方神明之舍，西方神明之墓也。’天瑞下，宜立祠上帝，以合符应。于是作渭阳五帝庙。”

《集解》张晏曰：“神明，日也。日出东北，舍曰阳谷；日没于西，墓曰濛谷也。”按，阳谷，《山海经》作“汤谷”，为传说中的日出之地①，但张晏释“神明”为日，不确。以“神明”为日，源于《书·尧典》“宅嵎夷，曰暘谷”和《淮南子·天文训》：“日出于暘谷，浴于咸池”，但《封禅书》中的“或曰东方神明之舍”为方士的传言，跟《山海经》的神话传说和《淮南子·天文训》夹杂着神话色彩的天文描述比已发生了流变，这个流变就是“神明”已经不是《山海经·海外东经》“汤谷上有扶桑，十日所浴”和《淮南子·天文训》“日出于暘谷”的日了，它指的是战国数术认识中的超自然的至上力量。新垣平看到的成五彩的“神气”，就是神明显现时的“气”，这

---

① 《山海经·海外东经》：“汤谷上有扶桑，十日所浴，在黑齿北”，袁珂案：“汤谷，或作暘谷；《淮南子·天文篇》：‘日出于暘谷，浴于咸池。’《书·尧典》‘分命羲仲，宅嵎夷，曰暘谷。’《史记·五帝本纪》作暘谷。《索隐》云：‘《史记》旧本作汤谷，又引《淮南子》旧本亦作汤谷……，汤，暘、崵、阳一也，古书无定。”

个“气”出现在长安东北，因此建议作五帝祠。从五帝祠的形制（见下文）看，它祭祀的是作为至上力量副佐的五行之帝，因此，新垣平所谓的这个“神明”即战国数术发展后以“太一”为名的至上力量，并不是日。张晏说神明是日，是以《淮南子·天文训》等解释，并不合乎《封禅书》所记载的方士们所传的、已发生流变的“神明”原意。

渭阳五帝庙地点在“霸渭之会”（《史记·封禅书》，下文不加注明者皆同），即霸水、渭水交会的地方。霸水由南向北注入渭水，“渭阳”为渭水之阳，而长安在渭河之南、霸水之西，因此渭阳五帝庙对于长安来说位置在东北，《正义》：“《括地志》云：‘渭阳五帝庙在雍州咸阳县东三十里。’”

渭阳五帝庙的形制是“同宇，帝一殿，面各五门，各如其帝色”，即五帝共用一庙，庙中每帝一殿，殿门各如五帝之方色，即青帝为青门，赤帝赤门，黄帝黄门，白帝白门，黑帝黑门。《正义》按：“一宇之内而设五帝，各依其方帝别为一殿，而门各如帝色也。”很明显，这五帝所祀是五行之帝，它们是“神明”的辅佐。五帝庙共一宇，说明它们在“神明”的统领之下，每帝一门，亦来源于数术中五色帝对应五方之意。

祠渭阳五帝的礼仪与祠雍五畤同，用的规格是国家祭祀中最高的。因五帝庙处于渭水北岸，“南临渭，北穿蒲池沟水”，蒲池沟水，《汉书·郊祀志》颜师古注“为池而种蒲也”，张守节《正义》按认为《括地志》提到的“兰池”应为“蒲池”，“《括地志》云‘渭北咸阳县有兰池，始皇逢盗兰池者也’，言穿沟引渭水入兰池也，疑兰字误作蒲”，看来渭阳五帝庙居于平旷之地，每次“权火举而祠，若光辉然属天焉”，“权火”又见秦祭祀雍四畤，为燔柴之遗法（见第二章第三节秦雍四畤部分），每次燔柴祭祀渭阳五帝时，火光灼灼，似乎连着天。新垣平由此被封为上大夫，赐予千金。

以上是渭阳五帝之祠的确立。文帝祀渭阳五帝颇为虔诚，十六年夏文帝亲自祀渭阳五帝。

除了渭阳五帝外还有长门五帝。是因为文帝出长门，恍惚看见有五个人站在路北，于是就在那个地方立五帝坛，“祠以五牢具”，《集解》引徐广曰此祠在霸陵。《正义》：“《括地志》云‘久长门故亭在雍州万年县东北苑中，后馆陶公主长门园，武帝以长门名宫，即此”，用五牢及相应器具祭祀，跟雍五畤享受到祭祀近似。

结　语

本节考察了汉初儒家对礼乐的传承、汉初的正朔说与汉文帝的郊祀。在这一时期，儒家对礼乐的传承是蕴涵在儒家传承经学之中的，虽然战国至汉初儒家传授“六艺”五经时尽了极大努力，但因社会的剧烈变动，礼的义、仪、容虽在传授《诗》、《书》、《礼》等典籍时得到了不同程度的保存，但总的说来《诗》、《书》、《礼》中传承的周代古礼是支离破碎的，对礼“义”的理解涣散，对礼“仪容”的回忆零碎断续且有错乱，离周公制礼作乐时旨趣的混一、理想的高远已不能相逮。而宗周金石雅乐，经过战国的社会变动，虽然有过《乐》的成书，但因技艺过于专门，远离当时的社会需要，到汉初几乎完全失传。而且在这一时期，因为知识和技艺系统中较高的指导理论有进一步发展，正朔、服色说逐渐形成，律历家、儒家、神仙家都对此有一定研究，到汉初，大一统王朝重新建立，这些流派纷纷建议改正朔、易服色，并将他们的学说付诸实施。神仙方士们因掌握一定技艺，他们的学说开始跻身于国家祭祀的领域，为统治者所采用。

所有这些因素，都是汉武帝时祭祀、祷祠兴盛、神仙家说盛行的前奏，下一章即考察汉武帝时热闹而繁杂的国家祭祀内容。

第三节　武帝时的礼仪和国家祭祀

以上的两节考察了汉初至武帝之前祭祀活动信仰领域的情况，以及对之产生影响的因素。到汉武帝时，这些因素终于都纷纷登上舞台，对国家祭祀产生了种种影响。汉武帝的时代是汉代文治武功都极盛的时代，这一时期武帝召集英俊，“外事胡越，内兴制度，国家多事”①，几乎王朝社会生活的每个方面都发生了变化。“内兴制度”有许多方面，如颁布“推恩令”继续削弱王国的力量；尚书的权力进一步发展在后期形成中朝官制度，经济上有五均六筦乃至算缗、告缗等，也

① 《汉书·东方朔传》。

正是在这一阶段，王朝的祭祀和礼仪事务发生了重大变化：经书中记载的三代礼制如观风俗、立明堂等开始被搬进现实；正朔经过一再商议而最终改定；击败西南夷后“制礼作乐”；太一、后土之祠因神仙家言而立，许多杂祀也在这一阶段因武帝好鬼神之祀进入国家的祀典，此外武帝还在儒生、方士、吏民的一致拥戴下热热闹闹地到泰山进行了封禅。所有这些的出现是因为此前相当长一段时间，跟礼仪、祭祀有关的背景知识都得到了相当程度的积累——经学经过了经书初出于山岩屋壁的发蒙和数代经师的传述；数术经过战国时期的巨大发展，进一步成为探究“天人之际”各个方面的重要实用手段；神仙说则从山林民间的实践走进王侯的宫廷。在武帝大有作为的时代背景下，它们都开始浮出水面，并影响王朝的礼仪和祭祀事务。于是，武帝时的国家祭祀和礼仪活动呈现出了一派纷繁而热闹的景象，而且内容驳杂、头绪繁多。武帝时代的国家祭祀，学者已从“国家宗教”或“儒教国家化”的角度作了有意义的探讨[①]下文就对武帝时期在祭祀和信仰领域的作为进行考察。

一、兴礼、改正朔

本节首先考察武帝兴礼、改正朔的内容。自西汉建立以来，因为战国以来的社会变动和秦“以吏为师”的影响，三代存在于民间的尚年齿以序人伦的风教也遗失殆尽，武帝对此颇为感慨，他于元朔五年六月下诏：

> “盖闻导民以礼，风之以乐，今礼坏乐崩，朕甚闵焉。故详延天下方闻之士，咸荐诸朝。其令礼官劝学，讲议洽闻，举遗兴礼，以为天下先。太常其议予博士弟子，崇乡党之化，以厉贤才焉。”[②]

在武帝下此诏之前，西经师们已开始在民间传承五经(见上一节)，武帝于建

---

① “国家宗教”的概念见本书序言部分。“儒教国家”的提法见甘怀真《皇权・礼仪与经典诠释：中国古代政治史研究》，第26～28页。甘氏在书中详细介绍了日本等地学者对汉代祭祀礼的研究状况，可以参看。他们的研究是将汉代国家祭祀礼放在政治制度史演变的大背景下进行的，并较多借用了现代社会学的观点。因此颇多新意。本书的任务则是具体考察中国古代王朝祭礼，主要任务是深入剖析其本身，在此基础上分析其性质。因此将把主要精力集中在汉代王朝祭礼本身内容及演进变化上。

② 《汉书・武帝纪》。

元五年春置五经博士①,这一措施为经书中的上古文化积累和政治经验进入汉代政治生活提供了更通畅的渠道。通过五经博士的设置和荐贤良等制度,被荐举的经生们将经书中记载的上古典制和政治经验搬进现实,如建元元年夏四月复老诏:“民年九十以上,已有受鬻法,为复子若孙,令得身帅妻妾遂其供养之事”②,此诏源于《礼记·王制》“七十者复其身,九十者复其家”;又元狩六年六月诏令博士褚大等六人分别循行天下,“存问鳏寡废疾,无以自振业者贷与之。谕三老孝弟以为民师,举独行之君子,征诣行在所”③,这是依《王制》行观察风俗之举;此外还根据董仲舒建议开太学,仿照周代贡士方法实行了察举征辟等等。这些都是直接将经书中记载的古代政治经验付诸实施。

在这样的氛围下,见于经书记载的一些礼制内容也被朝臣跃跃欲试地搬进汉代庙堂,如立明堂、改正朔、郊天地、封禅等等,但此时儒家经学尚“抱残守缺”,就具体典制而言,或语焉不详,或屑屑于细节,刘歆《移书让太常博士》对之作过激烈的批评,于是,武帝时虽然这些礼仪活动轰轰烈烈地展开,但其中成分十分复杂,儒生之言、神仙方士之说均对之起了影响。下文便先考察武帝时的改正朔、易服色之事。

我们在上一节已对战国以来的正朔说作了考察,战国至汉代人认为正朔、服色、音律均彰于“气”。《史记·历书》载武帝下御史诏:

> “……盖闻昔者黄帝合而不死,名察度验,定清浊,起五部,建气物分数。然盖尚矣。书缺乐驰,朕甚闵焉。朕唯未能循明也,紬绩日分,率应水德之胜……。”

“清浊”为音之高下,“分数”为一切跟数度有关的事物,如历法、音律、物体的大小、长短名物制度,古人认为这些均跟气有关(见本章上一节)。“紬绩日分”为非常仔细地计算每日之长短。汉以前所继承的历法为秦颛顼历,秦颛顼历跟古六历(据《汉书·律历志》为黄帝、颛顼、夏、殷、周、鲁历)比“疏阔中最为微近”④,

① 《汉书·武帝纪》。
② 同上。
③ 同上。
④ 《汉书·律历志》。

即跟它们比是相对精确的，但是沿用到汉初仍然有很大误差，《律历志》言“朔晦月见，弦望满亏多非是”，即月相经常不准确。当时人认为历法的误差昭示着王朝的合法性有问题，《史记·礼书》：“天下有道，则不失纪序，无道，则正朔不行于诸侯”；“先王之正时也，履端于始，举正于中，归邪于终”，邪，韦昭注为余分；终，韦昭注为闰月。汉代人认为是因为汉袭用秦的正朔和颛顼历不符合汉的承天受命，因此历法才显出误差，汉代改正朔的由来正是希望在历法的精确性和合法受命两方面进一步努力，因此自汉初至武帝时，改正朔的呼声不断，不同流派的民间异士也挟带着他们的正朔知识或推算方法通过征召等途径为汉王朝确定正朔出力。上一节我们已考察过当时律历家、儒家、神仙家们都对正朔有自己的研究，到汉武帝时，这些专家的知识都被吸收。《汉书·律历志》：

“遂诏（公孙）卿、（壶）遂、（司马）迁与侍郎尊、大典星射姓等，议造汉历。……乃选治历邓平及长乐司马可、酒泉侯宜君、侍郎尊及与民间治历者，凡二十余人，方士唐都、巴郡落下闳与焉。”

其中，公孙卿为著名的候神方士，擅长推历（见上一章第五节），司马迁为“究天人之际”的汉室太史，射姓为人名，从其职“典星”看他精通揆度星历之学，唐都分的是天部，内容据孟康注为观察二十八宿及确定距星①，而唐都的身份是方士，因此这是一批或擅长观星，或擅长运算的专家，因此汉太初历的制定，包括易服色、协音律等，吸收了律历家、神仙家等各派的专业知识。于是，包括邓平、落下闳在内的官方、民间治历者的运算工作使太初历精确度空前提高，《史记·历书》称“日辰之度与夏正同”，经过精确的运算，每天、每时辰运行的分度终于跟“夏正”一样了。

历法校正后，色、数、音律皆随之确定。《汉书·武帝纪》：“（太初元年）夏五月，正历，以正月为岁首，色上黄，数用五，定官名，协音律。”《史记·历书》载武帝下御史诏：

“……今日顺夏至，黄钟为宫，林钟为徵，太蔟为商，南吕为羽，姑洗为角。自是以后，气复正，羽声复清，名复正变，以至子日当冬至，则阴阳离合

---

① 距星就是二十八宿中作为其在天球中位置标记的星，见中国天文学史整理研究小组编：《中国天文学史》，科学出版社 1987 年版，第 47 页。

之道行焉。十一月甲子朔旦冬至已詹,其更以七年为太初元年。年名‘焉逢摄提格’,月名‘毕聚’,日得甲子,夜半朔旦冬至。”

诏书内容首先是定下五音,而后是定下岁首。以冬至那天、恰逢初一、干支又为甲子的那天的清晨(旦)为岁首,从那时起改历,年号改为太初。太初这个年号从字面看就有一种一切重新开始的意思,表示王朝承天之命,一切和谐。

就这样,武帝改正朔在吏民的热情参与下完成。《汉书·司马迁传》记迁与上大夫壶遂的对话:“汉兴以来,至明天子获符瑞,封禅,改正朔,易服色,受命于穆清,泽流罔极,海外殊俗重译款塞,请来献见者,不可胜道”,因为改正朔是让“气”复正,从此王朝的气运在坦荡顺利的道路上运行,所以司马迁将之与获符瑞、封禅并列,当作武帝的勋绩之一。

二、山川河海之祀及雍五畤的衰微

武帝时期,除了沿袭了此前所有的国家祭祀之外,还将许多新祀请进了国家祀典。不过它们的内容有升有降,大体说来,汉初袭秦的那些国家祭祀虽然在武帝时得到继承,但总的说来地位在逐渐下降,新进入国家祀典的那些神灵地位在日益抬升,这里我们就先考察一下汉初袭秦的那些国家祭祀在武帝时的情况。

首先是对山川河海的祭祀。这是三代国家祭祀中就有的内容,秦在统一六国后将天下名山大川之祀均收入秦的国家祀典,表示天下已经统一(见上一章第四节),秦始皇巡游时每到一处亦祭祀当地名山大川,这也是继承三代巡狩望祀的遗风。汉武帝时继承了这一传统。《汉书·武帝纪》建元元年五月诏:“河海润千里,其令祠官修山川之祠,为岁事,曲加礼”,“岁事”颜师古注引孟康说为“为农祈也。于此造之,岁以为常,故曰为岁事也”,即每年都进行山川之祀。此外武帝巡游各地时也继承了巡狩望祀之法,他几乎每到一处都祭祀当地的名山大川,元封元年巡边陲,祠黄帝于桥山;元封五年南巡,望祀虞舜于九嶷;天汉三年,幸北地,瘗埋黑色玉祠常山,《汉书·郊祀志》王先谦《补注》常山即北岳恒山,用黑色玉瘗埋因为北方对应黑色。

以上这些对山川神祇的祷祠是上古三代遗风。《汉书·石奋传》中记黄河决口后武帝下诏:

“间者，河水滔陆，泛滥十余郡。堤防勤劳，弗能陻塞，朕甚忧之。是故巡方州，礼嵩岳，通八神，以合宣房（沟洫名）。济淮江，历山滨海，问百年民所疾苦。……乃者封泰山，皇天嘉况，神物并见。朕方答气应，未能承意，是以切比闾里，知吏奸邪。委任有司。然则官旷民愁，盗贼公行。往年觐见明堂，赦殊死，无禁锢，咸自新，与更始……”

这里将“礼嵩乐、通八神”与“问百年民所疾苦”并提，是古代遗风。

以上是山川河海之祀。除此之外还有雍五畤。武帝即位之初，雍五畤仍然是国家祀典中最高的神灵，武帝时制度仍然是三年一郊。笔者据《汉书·武帝纪》和《郊祀志》统计，武帝在位期间亲自到雍祭祀共十次，其中，元光、元狩、元鼎、元封年间祭祀频繁，太初、天汉年间没有进行，直到太始四年才又进行（见节尾附表），这是因为武帝时国家祀典格局变化较大，新的神灵不断被请进，尤其太一、后土之祀建立后，雍五畤的重要性越来越不如从前，以至于太初二年祠官向武帝报告雍五畤既没有“牢（牺牲）熟（祀神的熟食）具（祀神的用具）”，又没有“芬芳（祀神用的香酒）”，武帝于是命令向雍五畤进献牢具等，但用木偶马代替真的马驹，仅武帝亲自参加时用真马驹，这些都反映了雍五畤受重视的程度在下降。

雍五畤之祀还受到当时儒家经学的影响。元光六年，武帝到雍行郊祀，获一角兽，像麃的样子，有司说：“陛下肃祗郊祀，上帝报享，锡一角兽，盖麟云。”这一事件被认为是大大的祥瑞，因为汉儒熟习《春秋》，而《春秋》结束于鲁哀公十四年西狩获麟，《公羊传》对此事是这样记载的：有人告诉孔子“有麕而角者”，孔子悲伤地说：“它为什么来？它为什么来！”而后又无奈地说：“吾道穷矣！”因为在孔子看来，麟为祥瑞之物，有圣王才会出现，《公羊传》哀公十四年：“麟者，仁兽也，有王者则至，无王者则不至”，但鲁哀公时获麟不是好兆，因为鲁哀公德薄，不至于让天出现祥瑞，此时获麟只能说明新的受命之王又已出现，但不是周家，孔子由此事件感到了自己毕生弘扬周道，然而天也显示出周道彻底衰微，孔子才伤心地说“吾道穷矣”，此时汉武帝郊雍获麟，君臣皆认为是天降祥瑞于汉的表示，于是以所获之兽荐于五畤，每畤加一牛以燎。除此之外武帝还赏赐诸侯“白金”（以鹿皮为之），这样的事只有在汉代提倡经学的背景下才会出现，秦时焚书坑儒，无论如何不会把获麟当作祥瑞。

山川之祠、巡狩望祀和雍五畤都是秦以来的故旧,但这些都不是武帝时国家祭祀中的新宠,武帝时国家祀典中新出现的重要神灵是太一、后土,因为是这二者对后来历代的国家祀典产生了重大影响,下文就考察一下武帝时的太一、后土之祠。

三、太一、后土之祠的建立

太一、后土之祠是武帝时国家祭祀的主角,对之进行考察学者的视角多数是从“国家宗教”的角度,认为它们的出现是汉王朝重建国家宗教的表现①,其实,武帝时祠太一和后土性质十分复杂,对之产生影响的有儒家、神仙家等,但主体是神仙家,当时神仙方术盛行于王侯上层②,方士们向帝王诸侯进献各种“方”③,其中有的是养生术,如辟谷服食、黄白冶炼术④;有的是张羽具、起楼台接神⑤,有的是各种杂祀,有的是巫术。这些“方”的内容就道教史研究而言极具价值⑥,就本文所要考察的武帝时的国家祭祀而言,它们同样产生了重大的影响,太一之祠最初就是因方士之“方”而建立的,下文便对之作些考察。

(一) 太一之祠

汉代的太一(泰一)之祠是民间方士或祠官献上的,不止一种,主要有谬忌祠

---

① 王青:《西汉国家宗教的发展与演变》,《世界宗教研究》1996年第3期。

② 在汉景帝诸子中,胶西于王刘端、赵敬肃王刘彭祖、中山靖王刘胜都多内宠,刘胜更有子百二十余人,可以想见房中术的盛行;广川惠王刘越之孙刘去的内宠们互相争妒,以致用桃木灰、毒药并煮失败了的对方之尸,欲使之“不能神”(类似的巫祝术在马王堆帛书《五十二病方》中可以找到);景帝孙江都王刘建与王后成光令越婢(越人善巫祝,此当为从越来之奴婢)下神祝诅武帝,是以巫祝术谋反的极端例子,事均见《景十三王传》。

③ “方”在中国古代泛指各种法术、技艺,明人缪希雍《神农本草经疏》卷一:“夫方者,法也,所以制物也。”卢嘉锡总主编,廖育群、傅芳、郑金生著《中国科学技术史·医学卷》(科学出版社1998年版)第126页对“方”作了详细解释,可以参看。

④ 《汉书·楚元王传》记武帝时刘向父刘德从淮南王府中得到内容是“神仙使鬼物为金之术,及邹衍重道延命方”,还有《枕中鸿宝苑秘书》,均为早期的黄白冶炼术。

⑤ 接神方主要内容是张羽具、起楼台、设祭具以等神的降临候神,它是区别于养生之道最本质的内容著名方士少翁、公孙卿都主持过候神,见《汉书·郊祀志》。

⑥ 研究道教史的学者认为它是道教孕育过程中的重要环节,见卿希泰主编:《中国道教史》(修订本)第一卷,第73页。

太一方和宽舒祠太一坛，下文就对它们作具体考察。

1. 谬忌祠太一方

太一之祠始于武帝元光年间亳人谬忌进献祭太一之方，《汉书·郊祀志》记载：

“亳人谬忌奏祠泰一方，曰天神贵者泰一，泰一佐曰五帝。古者天子以春秋祭泰一东南郊，日一太牢，七日。为坛，开八通之鬼道。”

该方被武帝采纳。《郊祀志》：“于是天子令太祝立其祠长安城东南郊，常奉祠，如忌方。”这段记载值得仔细研究。首先是该方中的神灵格局。该方认为太一是天神最贵者，五帝是太一的附属，该段《史记索隐》引宋均云：“天一、太一，北极神之别名”，认为此太一即星占家说的北极星，其实这个说法并不全面，“太一”是因战国数术的巨大发展出现的重要至上概念，太一神则是将这一至上概念神化而成的、控制着象数之变和“气”之运行和盛衰的神灵（见上一章第二节），对它的尊奉也并不止于星占家（见上一章第二节）；五帝神则是战国时人根据象数推算术中的五行分布格局想象出的掌管五方、五色的一方之神灵，它们是因战国数术的发展而出现的重要神灵，此前的三代和秦国家祀典既无太一，又无五帝，这里太一祠进入国家祀典，是因战国数术发展出现的神灵开始从民间进入王官的表现。

亳忌太一坛之所以能被汉代王官采用，是因为战国时期儒家系统的典籍亦多处提到“帝”、“上帝”，如《易·说卦》：“帝出乎震，齐乎巽，相见乎离，致役乎坤”，《豫》卦辞之《象》：“豫，先王以作乐崇德，殷荐之上帝，以配祖考”；《鼎》卦彖辞：“鼎，象也。以木巽火，亨饪也。圣人亨以享上帝，而大亨以享圣贤”，《诗》有多篇提到上帝，如《大雅》的《文王》、《板》、《荡》、《云汉》，《周颂》的《清庙》等等；《礼记》的《王制》、《月令》、《郊特牲》也均提到上帝，《礼记·杂记》孟献子曰：“正月日至，可以有事于上帝，七月日至，可以有事于祖。”此时儒家经学尚出于章句发蒙的阶段，对于经书中出现神灵之祠的内容该如何解释似乎无所适从，因此谬忌祠太一方并未见被儒家激烈反对的记载，而是顺利进入庙堂。

从谬忌的祠坛可以看出，战国时期初见端倪的、由象数的大发展而最终形成的至上神终于开始进入国家祀典。祠太一坛的地点和形状,司马彪《续汉书·祭祀志》云“坛有八陛,通道以为门”,坛为圆形,见《淮南子·天文训》:“天道曰圆,地道曰方”。王先谦《补注》引沈钦韩注解引《三辅黄图》:“上帝坛圆八觚,辟神道八通,广各三十步。”“神道八通”为八条供鬼神出入的通道,“开八通之鬼道”,是将方位出入的概念引入了辟鬼术,此坛的地点、八通道之格局及祷祠法有可能已援入当时数术中流行的卦气说。卦气说其实不局限于《易》,战国以来邹衍学说中的“深观阴阳消息之变”性质便与之相近,以后此类推转之术与《易》六十四卦互相援入,才有孟喜、京房的卦气说。

之所以认为谬忌祠太一坛已援入卦气说,理由是因为:首先,地点在东南郊。《淮南子·天文训》“东南为常羊之维”,高诱注:“常羊,不进不退之貌。纯阳用事,不盛不衰”,而春、秋恰是“不盛不衰”的季节,而按卦气说,东南为巽之位,时间为春分、夏至之间,由此可见东南配春夏之间是各种数术之共同点,谬忌太一坛采纳春秋于东南郊祭祀,明显有卦气说的影响。

再有是祷祠法。颜师古注“每日以一太牢,凡七日祭也”,此为借用宗周以太牢祠神旧法。

以上是谬忌祠太一方的情况。不过武帝时祠太一法不止这一家,后来武帝因祠官宽舒言在甘泉宫又立坛祠太一,见下文。

2. 宽舒祠太一坛

除了谬忌太一坛外,还有宽舒祠太一坛,地点在甘泉宫。甘泉本来是地名,秦时即开始在那里造宫室,班固《西都赋》:“其(长安)阴则冠以九嵕,陪以甘泉。乃有灵宫起乎其中,秦汉之所极观。”李善注引《战国策》“范雎说秦王曰:‘大王之国,北有甘泉、谷口’,又引《汉宫阙疏》云甘泉林光宫为秦二世所造,《三辅黄图》卷三载甘泉宫有许多离宫别苑①。武帝元朔四年冬行幸甘泉宫,元鼎元年夏五月五日得鼎汾水上,君臣们认为此为祥瑞,于是四年十一月甲子立后土祠于汾阴脽上,元鼎五年六月又在后土祠旁得了宝鼎,这接二连三的“祥瑞”使武帝十分兴

① 参见陈直:《三辅黄图校证》,陕西人民出版社1985年版。

奋，认为是天神太一在甘泉显灵。《郊祀志》记道："是夜，有美光。及昼，黄气上属天"，太史令司马谈、祠官宽舒等认为这些光和气是天降祥瑞，应该在光和气出现之地立太畤（即太一之畤），"令太祝领，秋及腊间祠，二岁天子一郊见"。武帝采纳了这个建议，同年冬十一月，立泰畤于甘泉，武帝亲自郊祀。这样，在甘泉宫又建了太一之祠。甘泉宫的太一坛据《郊祀志》记载如下：

"令祠官宽舒登具泰一祠坛，祠坛放亳忌泰一坛，三陔，五帝坛环居其下，各如其方，黄帝西南。除八通鬼道。[1] 泰一所用如雍一畤物，而加醴、枣、脯之属，杀一犛牛以为俎豆牢具，而五帝独有俎豆、醴进。其下四方地，为腏，食群神从者及北斗云。已祠，胙余皆燎之。其牛色白，白鹿居其中，彘在鹿中，鹿中水而酒之。祭日以牛，祭月以羊彘特。泰一祝宰则衣紫及绣，五帝各如其色，日赤、月白。"

宽舒其人《郊祀志》记载为"黄锤史"[2]，王先谦补注纠正了孟康注云黄锤与宽舒皆为人名的说法，云黄、锤皆为地名，王鸣盛曰《封禅书》徐广注锤县、黄县皆在东莱，《汉书·地理志》东莱郡有腄、黄，"黄锤史"即黄、腄二县之史，名字叫宽舒。王先谦云："琅邪负海之郡皆黄、腄连称"，则宽舒来自滨海之地，其太一方有数术内容是毫不奇怪的。

宽舒太一坛的内容值得仔细考察。首先是该坛位的神灵格局。该坛共有三层，除了有太一外，还有五帝和"群神从者"之位，中间为太一，五帝环居太一之下，再下面是"群神从者及北斗"的位置，群神在这个坛位中的分布可用下图表示：

---

① 该段中华标点本的标点是："五帝坛环居其下，各如其方。黄帝西南，除八通鬼道，……"，按，正确标点法应是："五帝坛环居其下，各如其方，黄帝西南。除八通鬼道。……"，"五帝坛环居"至"黄帝西南"为一整句，通述五帝在坛位中的分布格局，"各如其方"是说青帝东方、赤帝南方、白帝西方、黑帝北方。但句子到这里并没有完结，还继续说黄帝，黄帝为五帝其一，其位置在西南，因此其前不应断为句号。到"黄帝西南"后，五帝坛位叙述完毕，才可断为句号。"除八通鬼道"为单叙坛位格局的一句话，与前面五帝之位不相干，应断为句号。

② 《郊祀志》记李少君病死，"天子以为化去不死也，使黄锤史宽舒受其方，而海上燕齐怪迂之方士多更来言神事矣"。

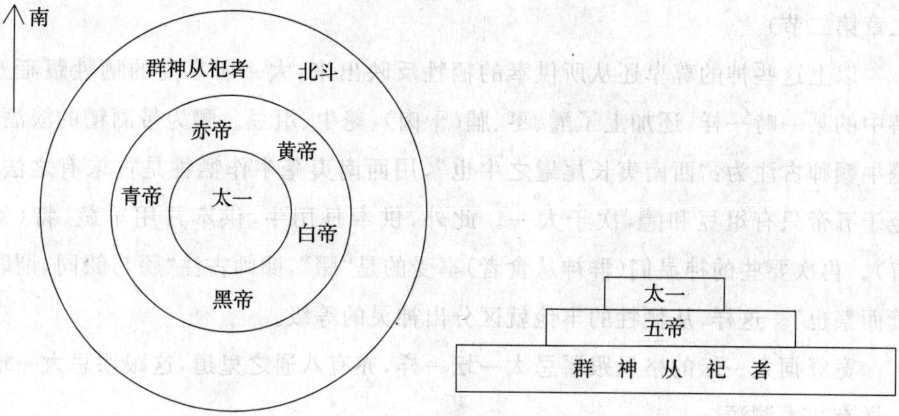

俯视图　　　　剖面图

宽舒太一坛神位示意图

这个坛有“三陔”，颜师古注“陔，重也”，三陔即三重坛。至上神居中，五帝环居其下，其他杂神再处于下一级，这是沿袭了战国时期因象数的发展出现的神灵格局（见第二章第二节），因此该神灵格局是对战国已经出现的三级神灵体系的采纳。

宽舒太一坛与谬忌太一坛皆认为太一的附属是五帝，这源于战国数术下认为五帝为次于太一的神灵的一致格局（见上一章第二节）。照宽舒的此坛，五帝神的分布是“各如其方，黄帝西南”，“各如其方”即青帝东方、赤帝南方、白帝西方、黑帝北方，加上黄帝在西南方。服虔注曰：“坤位在未，黄帝从土位”，西南方为坤位（见上文八卦方位图），为未，而在干支与五行的配伍中，未配土。五帝位置的这种安排的确动了脑子，因为在战国数术中，五行之中黄的位置都在中央，但郊坛建制上将黄帝放在中央显然不合适，因为中央要放太一之位，为了解决黄帝在坛位中的位置，精通数术的专家们没有少想办法，将黄帝放在西南即为一种，东汉的坛位中也有这个问题，采用的是《月令》迎气之法（见下一章第四节）。这些均不是随意的，而有数术推算的根据。

五帝之下是“群神从祀者”，文中提到的有北斗、日、月等，就地位而言是更次要的神灵。在中国古代的郊坛神位上，除了至上神、五帝五方之神外的神基本上都被归入这个档次，这样的分级也源于战国数术的发展对神灵格局的影响（见第二章第二节）。

以上这些神的尊卑还从所供奉的牺牲反映出来：太一所享受的牺牲跟雍五畤中的某一畤一样，还加上了醴、枣、脯（干肉）、犛牛、俎豆。醴为带酒糟的淡酒、犛牛颜师古注为："西南夷长尾髦之牛也"，用西南夷犛牛作牺牲是古未有之法。至于五帝只有俎豆和醴，次于太一。此外，供奉日用牛，供奉月用羊彘、特（幼兽）。再次要些的神灵们（群神从食者）享受的是"腏"，颜师古注"腏与餟同，谓联续而祭也"。这样，从牺牲的丰俭就区分出神灵的等级。

宽舒祠太一坛的格局跟谬忌太一坛一样，亦有八通之鬼道，这跟谬忌太一坛一样有数术渊源。

武帝元鼎五年在甘泉宫第一次祭祀太一。《郊祀志》是这样记载的：

"十一月辛巳朔旦冬至昒爽，天子始郊拜泰一。朝朝日，夕夕月。则揖而见泰一，如雍郊礼。其赞飨曰：'天始以宝鼎神策授皇帝，朔而又朔，终而复始，皇帝敬拜见焉。'而衣上黄，其祠，列（烈）火满坛，坛旁亨炊具。……"

此番祭祀要素有下：

（1）时间。此次祭太一时间在十一月辛巳朔旦冬至，此次祠太一完全是听了公孙卿"黄帝得宝鼎神策推历成仙"的那番话进行的。公孙卿说黄帝得宝鼎神策成仙，武帝在赞飨辞中也说："天以宝鼎神策授皇帝"（此前挖出了宝鼎）；公孙卿说黄帝从朔旦冬至推历，二十年后又逢朔旦冬至，这样推了二十次后成仙，于是武帝赞飨辞中也有"朔而又朔，终而复始"的句子，这是武帝一心希望像黄帝那样推了历、祠了太一就成仙的表现。

（2）祷祠法。祠是清晨开始，武帝亲自郊拜太一，早上朝日，晚上夕月。朝日、夕月为三代古礼（见第一章第四节），此处又开始被采用。祠时烈火满坛，用牺牲供奉。从原文看，对太一、五帝、日月之祭各有祝、宰。祭祀时，太一祝宰穿紫色绣服，五帝祝宰各穿青、赤、黄、白、黑色衣服，日之祝穿红衣，月之祝穿白衣。祭祀完了后，剩余的酒肉（胙）都要燔烧。原文的"其牛色白，白鹿居其中，彘在鹿中，鹿中水而酒之"，王先谦补注认为"白鹿中"三字为衍文，那么此文为："其牛色白，鹿居其中，彘在鹿中，水而酒之。"颜师古注："以鹿内牛中，以彘内鹿中。"

祭祀太一以后成为定制。李延年为之特地配上了乐舞《郊祀歌十九章》,十九章中有《天地》,为祠太一之歌,歌词有“千童罗舞成八溢,合好交欢虞太一”,溢即佾,则用的乐舞是仿古的八佾乐舞。《汉书·礼乐志》记祭太一时“以正月上辛用事甘泉圜丘,使童男女七十人俱歌,昏祠至明”。夜里常有像流星一样的神光集于祠坛,武帝从竹宫中遥望而拜,数百名百官侍祠者都肃然动心。

以上是对宽舒祠太一坛的考察。因为太一是神仙家心目中最尊贵的神灵,少翁候的神中有太一①,武帝在寿宫祠的神君最贵者也是太一②。当时像谬忌祠太一方、宽舒祠太一方之类的祭太一方的应该很多,《汉书·艺文志》神仙家有《太一杂子》十五家,“方”二十二卷,皆是这类内容,谬忌的太一方和宽舒的太一坛只是有幸进入国家祭祀范围的两家而已。从内容看,宽舒的祠太一坛比谬忌的祠太一坛规模宏伟,布局严整,其采纳的数术成分已为凸现神灵尊卑服务,后来系统化王朝祭礼中的国家祀典,即对之增减损益而成。

(二)后土

后土是跟太一相对的地祠。其建立比立甘泉泰畤早。它的由来是因为《郊祀志》(元狩元年)天子郊雍,曰:“今上帝朕亲郊,而后土无祀,则礼不答也”,答为对应之意,于是太史令司马谈、祠官宽舒等商量后认为“天地牲角茧栗,今陛下亲祠后土,后土宜于泽中圜丘,”王先谦《补注》认为此制完全错了:“此与前文天好阴,于高山下畤,地贵阳,于泽中圜丘同谬。《礼器》云因天事天,因地事地。为高必因丘陵,为下必因川泽。郑以圜丘方泽解之,是也。若好阴贵阳,何不夕日朝月?盖当时廷臣鲜有通礼经者。”即后土祠的确立,是因为跟太一畤相对而产生的,但当时朝廷中通礼经的甚少,因此才有在“泽中圜丘”祭祀后土这一缪制(按《周礼》,“泽中圜丘”是祭天之坛的形制)。

虽然司马谈、宽舒等商量了后土坛的形制,但此时后土坛还没有建立。元鼎

---

① 《郊祀志》少翁“作画云气车,及各以胜日驾车辟恶鬼,又作甘泉宫中为台室,画天地太一诸鬼神而置祭具,以致天神”。

② 武帝于鼎湖得病,游水县有个名发根的人说上郡有个能祛病的巫,武帝病好后“置寿宫神君”(《封禅书》作“置酒寿宫神君”,王先谦《补注》引胡三省云“帝置寿宫,以奉神君也”),“神君最贵者曰太一,其佐曰太禁、司命之属,皆从之,非可得见,闻其言与人音等,时去时来……”

元年夏五月五日，得鼎汾水上，君臣皆认为是祥瑞。于是武帝向东到汾阴，汾阴男子公孙滂洋等人看见汾水旁有光如绛，武帝于是于元鼎四年十一月甲子立后土祠于汾阴脽上，其形制就如宽舒等商量的那样。武帝亲自遥拜，如上帝礼。该后土祠的具体形制是，“于泽中圆丘为五坛，坛一黄犊太牢具，已祠，尽瘗。而从祠衣上黄”。此时黄河决口，也是武帝建立后土祷祠的原因之一。

后土之祠据记载也是神光灵异。元封四年冬十月，武帝出巡，一路北出萧关，至代而还，巡行到河东，春三月祠后土，下诏说：“朕躬祭后土地祇，见光集于灵坛，一夜三烛”；元封六年三月又祭后土，诏书又说：“朕礼首山，昆田出珍物，化或为黄金。祭后土，神光三烛”，跟祭祀太一时从昏至明，数百官员怦然心动类似。

以上是武帝时太一、后土之祠的情况。武帝在位期间祭祀太一和后土十分频繁。笔者据《汉书·武帝纪》、《郊祀志》和《史记·封禅书》统计，武帝共七次行幸甘泉，七次祭后土，见节尾附表。

太一、后土之祠的确立具有重大意义，因为从整个中国古代王朝祭礼的发展脉络看，武帝立太一、后土之祠是其中具有关键意义的一笔，因为以太一为天神，以后土当地祇，天地之神从此完备，这正是从汉武帝立太一、后土开始的。原先以雍五畤为天神，但雍五畤始于秦为诸侯时期的“方祀”，汉高祖刘邦加上北畤，也仅使雍五畤在形上学层面上达到“五行之帝”的那个水平。相比之下，太一神跟雍五畤天神比性质更纯粹，其背后的形上学所达到的层次更高，它比雍五畤更适应汉王朝作为统一大帝国的上层建筑的需要。太一、后土之祠的建立，使天、地之祠从此被引入国家祀典。而且宽舒的太一坛中有群神从祀（天文群神），已初见后来王朝祭礼中国家祀典的雏形。

四、其他杂祀与国家祀典的扩大

武帝时受祀的神灵还不止以上考察的那些，还有解祠之神和因仙方所立的杂祀，这些神的出现增加了国家祀典的内容。它们的主要内容有：

（一）因解祠方所立之祠

武帝因谬忌祠太一方立祠太一坛后，纷纷有人进献此道，《郊祀志》记有人献

解祠方:

"古者天子常以春解祠,祠黄帝用一枭破镜;冥羊用羊祠,马行用一青牝马;太一、皋山山君(《史记·封禅书》作"泽山君")地长用牛;武夷君用干鱼;阴阳使者以一牛。"

"解祠"是以祭神为手段的袚除巫术。颜师古注:"解祠者,谓祠祭以解罪求福。"《论衡·解除篇》:"世信祭祀……,又然解除,谓解除必去凶","解逐之法,缘古逐疫之礼也。"这里的解祠是因季节变异祛除上年恶气之法,这一建议得到了武帝的应允。此处解祠方中的受祀之神性质驳杂,多跟神仙家说有关。《汉书·郊祀志》王先谦《补注》认为"冥羊"即《山海经·东山经》人身羊角之神;"武夷君"为神人,王先谦补注:"顾野王谓之(武夷山)地仙之宅,传云昔有神人武夷君居此,故得名";"阴阳使者"为阴阳之神,与《封禅书》齐地八神的阴主、阳主同类。这些杂祀后来多归入道教的神灵系统。

从宗教人类学角度看,解祠完全符合巫术(magic)的特征。在后来的发展中它汇入了道教的杂方术,后来道教炼丹家为祈求仙丹炼成举行的"解斋"即跟"解祠"性质类似①,此处解祠进入国家祭祀的范围,是因为当时国家祭祀正处在一个汇纳百川阶段的表现,但因旨趣尚未昌明,因此尚未对各种神灵的性质及祷祠法有所甄别。

(二)跟仙"方"有关之祠

武帝时方士进献大量的"方",有的"方"由很多环节构成,这些环节中往往有祀神内容。比较典型的是李少君祠灶方,《郊祀志》记载李少君对武帝说:"祠灶可致物,致物而丹沙可化为黄金,黄金成以为饮食器,则益寿,益寿而海中蓬莱仙者乃可见之,以封禅,则不死。"这段"方"内容驳杂,包括炼丹、接神②、巫术(即"致物")、杂祀等多种内容,这里我们关注的是祠灶。在李少君此方中它是致物、丹砂化黄金、见仙、封禅等的第一步。灶神原是周代五祀神之一(见第一章第二

① "解斋"即道士斋戒后炼丹,炼成后解除,具体解释见《抱朴子·金丹》和本书第二章第五节。

② 接神方的主要特点是张羽具、筑楼观、设祭具以等神的降临,李少君所说的封禅实际上是当时接神"方"的一种,见拙作:《汉武杂方与道教渊源》,《学术月刊》2003年第12期。

节)，最初是状若老妇的女性先炊[①]，战国时期灶神的状貌因地而异，《庄子·达生》中的灶神叫“髻”，状如美女(见第二章第三节)，直到东汉时民间还相信祭灶神可以受其福佑[②]。李少君将“致物”说成受灶神保佑的结果，并将它跟早期炼丹术、封禅升仙说结合起来，可以看出神仙说中民间祭祀的渊源。

李少君祠灶方所反映的“方仙道”的实践，是后世道教炼丹实践的早期雏形——李少君祠灶方的核心是用“黄金成以为饮食器”来益寿，而后封禅不死，此时炼制外丹之法尚在滥觞阶段，“黄金成以为饮食器”也仅处在直接服用黄金的水平，在后来(魏晋时期)炼丹术开始成熟之后，杂祀、巫术也并没有消失，而是作为辟鬼(炼丹家认为丹药为夺天地之造化，为鬼神所忌，所以需要辟鬼)的辅助手段存在于炼丹术中[③]。

(三) 其他杂祀

除了因解祠方、李少君祠灶方所立之祀外，武帝时还有一些性质各异的杂祀。《郊祀志》记“其(谬忌献太一方)后人上书言古者天子三年一用太牢祠三一：天一、地一、太一，天子许之，令太祝领祠之于忌太一坛上，如其方”。此神灵格局和谬忌的不同，增加了天一、地一，“一”是战国数术中数之元者(见上一章第二节)，天一、地一分别为天上、地上最尊之神。

此外，武帝后来在对外战争中接连取胜，把周边地区的巫术也当作战利品带回，当时武帝灭了两粤，粤人勇之(人名)对武帝说粤祠很灵验，祠了经常能看见鬼神，以前东瓯王因为祠鬼，寿达一百六十岁。武帝听了便命令粤巫立粤祝祠，其法是“安台无坛，亦祠天神、帝、百鬼，而以鸡卜”，按，起坛祠神为华夏古法，鸡

---

① 任军：《灶神考源》，《中国史研究》1999年第1期。

② 《风俗通义·祀典》引《汉记》：“南阳阴子方积恩好施，喜祀灶。腊日晨炊而灶神见再拜受神，时有黄羊，因以祠之。……家凡二侯，牧守数十，其后子孙常以腊日祀灶，以黄羊。”

③ 葛洪《抱朴子·金丹》云师父郑隐告诉葛洪：“诸小小山，皆不可于其中作金液神丹也。凡小山皆无正神为主，多是木石之精，千岁老物，血食之鬼，此辈皆邪炁，不念为人作福，但能作祸，善试道士。道士需当以术辟身及将从弟子，然或能坏人药也。”葛洪认为“木石之精、千岁老物、血食之鬼”即为“鬼神”的现形，破坏炼丹，因此道士要用术辟之，这些“术”中的相当一部分即由此前“方仙道”中的巫术、杂祀发展而来。

卜为动物骨卜中的一种[1],直到后来亦一直流行于粤地民间[2],于是“越祠鸡卜始用”[3],这样周边地区的祭祀亦被纳入汉朝国家祭祀的范围。

以上是对武帝时杂祀的考察。武帝时杂祀众多,其中多数是因神仙方士之说而立的。这是因为战国以来,吸收了数术、掺杂了杂祀内容的神仙家从民间向王侯上层渗透,最终渗入国家祭祀的领域。武帝时对这些杂祀的管理基本上沿用了汉初以来的制度:太祝领有一部分祭祀,方士们进献的仙方中若有祀神内容,则由他们自己管理,《史记·封禅书》是这样记载的:

“诸所兴,如薄忌泰一及三一,冥羊、马行、赤星、五(床)、宽舒之祠官以岁时致礼。凡六祠,皆太祝领之。至如八神,诸明年、凡山它名祠,行过则祠,去则已。方士所兴祠,各自主,其人终则已,祠官不主。它祠皆如故。”

“诸所兴”为武帝时新立的各种祭祀,它们均由太祝统领。“薄忌太一”即按谬忌献的太一所立之坛;“三一”为天一、地一、太一;冥羊、马行为因解祠方所立之祠;赤星即本章第一节提到高祖时所立的灵星祠(《史记·封禅书》索隐云灵星左角为赤色,因此又为赤星)。此外王先谦《补注》认为《封禅书》的“床”字为衍文,薄祭太一、三一、冥羊、马行、赤星加起来为五,再加太一、后土之祠为六。不过除了太一、后土之祠外的这些杂祀并没有能长期在国家祀典中存在,它们后来被清除出了国家祀典(见下一节),但它们并没有从人们的信仰世界中完全消失,而是在发展过程中逐渐汇入了后来道教的神灵系统。

这些杂神在武帝的时代能进入国家祀典,是“方仙道”向国家祭祀领域进军的表现,但这一努力最终是失败了。司马迁说:“今上封禅,其后十二岁而还。遍于五岳、四渎矣。而方士之侯祠神人,入海求蓬莱,终无有验。而公孙卿之候神

---

① 奥马尔·海亚姆·摩尔在《关于占卜的新观点》中以纳斯卡人运用驯鹿胛骨占卜为主要例子分析了后进民族占卜的动机,他指出:“胛骨占卜是被广泛奉行于北美,并在亚洲、印度和欧洲都有发现的”,“它实质上是一种非常原始的将人类行为随机化的手段”,各民族用于占卜的骨料因所处地禽兽种类不同而异,如纳斯卡人用驯鹿肩胛骨、海狸肩胛骨、鱼颚骨;古代中国人用龟卜,阿赞德人则用毒药和家禽等等,见史宗主编:《20世纪西方宗教人类学文选》。粤人的鸡卜即用家禽骨卜中的一种,为巫术。

② 《汉书·郊祀志》王先谦《补注》详载鸡卜之法:“用鸡一、狗一,生祝愿讫,即杀鸡狗,煮熟又祭,独取鸡两眼,骨上自有孔裂,似人形,则吉,不足,则凶。今岭南犹行此法。”

③ 《史记·封禅书》

者，无有效。"武帝采纳诸"方"、遍祀群神也没能成仙，这样，实践还不成熟、混杂着骗术的方仙道失去了武帝的信任。武帝之后，伴随着经学的昌明，儒风日甚，公卿们对于鬼神之祀的判断能力也大大增强，方仙道遭到他们的强烈反对（见《郊祀志》谷永对成帝言，本章下一节）。此后方仙道只好走向民间，与民间原有的数术方技相结合，再不能登入庙堂。

五、封禅

武帝时的祭祀活动中，还有一项极其重要的内容是封禅。在中国古代历史上，真正进行过封禅的帝王并不多，有秦始皇、汉武帝、光武帝、武则天、宋真宗等，他们的封禅各有特点，汉武帝的封禅是在吏民的拥戴下进行的，武帝心怀着他个人想成仙的动机，整个封禅内容驳杂，下文就加以考察。

封禅是传说中古帝王向上天告成功之事，上古三代可能确有登上高山祭神之礼[①]，后人称之为"封禅"，并将之说成帝王向天告成功之礼。孔子时，鲁大夫季氏曾到泰山进行"旅"祭，已引起孔子的愤怒[②]，可见上泰山祭祀在孔子心目中是极其隆重的事。诸子文献，《管子》有《封禅》篇记录管子回答齐桓公古封禅事，这是战国时人对上古封禅的追忆。到汉代，儒生乃至其他流派都笃信上古曾有封禅，《汉书·艺文志》礼类有《古封禅群祀》二十二篇，为战国至汉人们追忆上古封禅的记录；又有《封禅议对》十九篇，是记录汉武帝时群生商议封禅的作品；《艺文志》小说家还有《封禅方说》十八卷，为武帝时作品。班固云小说家"街谈巷语，道听途说者之所造也"，由此可见，封禅说在汉初为儒家和其他一些流派所普遍相信，这是汉武帝封禅前的背景。

汉武帝的封禅经过了长时间的酝酿。儒生、方士们均积极投身此事。首先儒生们积极性很高。《郊祀志》记载文帝十六年使博士、诸生刺六经中作《王制》，

① 在山上祭天是原生性祭祀之法，先周时期的周人就采用过，因为当时人们认为天神住在山上。王晖：《商周文化比较研究》，第68～75页。

② 《论语·八佾》："季氏旅于泰山。子谓冉有曰：'女弗能救与？'对曰：'不能。'子曰：'呜呼！曾谓泰山不如林放乎！'""旅"为祭祀之名。按周制，诸侯祭祀自己境内的名山，但大夫无此资格，当时冉有身为季氏之臣下，不能劝止，故孔子发出"泰山不如林放"的哀叹，林放尚知道问礼，泰山之神还不如林放。

谋议巡狩封禅事,则文帝时儒生们就有了封禅的要求。汉武帝初即位时天下艾安,“搢绅之属皆望天子封禅改正度也”,且此前得了宝鼎这一事件被渲染成祥瑞,公卿大夫皆认为封禅时机成熟,而且此时济北王已献出泰山,五岳尽在天子之地,于是武帝便与公卿、儒生商量封禅之事。关于此番商量,《艺文志》有《汉封禅群祀》三十六篇、《议奏》三十八篇,大概就是这些内容。但因为封禅古礼湮废已久,儒生们谁也不知道具体环节是怎样,《郊祀志》记儒生“采封禅《尚书》、《周官》、《王制》之望祀射牛之事”,即用经书中记载的其他祭礼的细节来准备封禅仪节,具体说来,“望祀”是周代诸侯国君遥祭境内名山大川之法(见第一章第二节);“射牛”据颜师古注为“天子有事于宗庙,必自射牲,盖示亲杀也”,此节来源于三代祭祖礼——《国语·楚语下》观射父云:“天子禘郊之事,必自射其牲,王后必自舂其粢,诸侯宗庙之事,必自射牛、刲羊,击豕……”,即天子禘祭和诸侯祭祖,均要亲自射牲(用作牺牲的牛)以示郑重,此即“射牲”之意。解释这些细枝末节本为儒生所长,虽然儒生们将这些古祭祀法用在天子封禅上是断章取义,但当时儒生们的学风是“因陋就寡,分析文字,烦言碎辞”①,只能如此。此时齐人丁公已九十多岁,对武帝说了封禅的意义——封禅了就可以不死,秦始皇时碰上了风雨,没能上山顶封(其实秦始皇登上了泰山顶并立石颂德,回来半路上碰上大风雨为儒生所讥),陛下您可一定要上山顶,上了山顶就没有风雨了。武帝听了很赞同,便令博士们演习射牛礼和封禅仪式。演习了数年,但是到快要封禅的时候,方士公孙卿因嬖人上书武帝,于是武帝很快又倒向方士的封禅说那边。

方士们的封禅说为的是登仙不死,《汉书·郊祀志》中数位方士如李少君、公孙卿、公玉带等均提到封禅,他们都说黄帝封禅后成仙。李少君说“祠灶则致物,致物而丹砂可化为黄金,黄金成以为饮食器则益寿,益寿而海中蓬莱仙者乃可见,见之以封禅则不死”,是把传说中上古帝王向天告成功之礼嫁接到神仙说中;公玉带则说黄帝在风后、封钜、岐伯的劝说下封东泰山、禅凡山;其中公孙卿的封禅说最详细,他说:

---

① 《汉书·楚元王传》。

"'汉兴复当黄帝之时。'曰:'汉之胜者,在高祖之孙且曾孙也。宝鼎出而与神通,封禅。封禅七十二王,唯黄帝得上泰山封。'……黄帝且战且学仙。患百姓非其道,乃断斩非鬼神者。百余岁然后得与神通。黄帝郊雍上帝,宿三月。……其后黄帝接万灵明庭。明庭者,甘泉也。所谓寒门者,谷口也。黄帝采首山铜,铸于荆山下。鼎既成,有龙垂须下迎黄帝……。"

由公孙卿的这段陈说可以看出当时神仙说的内容驳杂,它跟接神方(黄帝接万灵明庭)及种种有关黄帝的传说混在一起。黄帝是道家、阴阳家、神仙家等共认的得道之上古帝王,神仙家、兵家、阴阳数术家均将他们的方技托言于黄帝①,神仙方士们则按他们梦想飞升不死的愿望,将封禅说成是黄帝本人成仙的前提,如公孙卿说黄帝因为封禅,"皆致怪物,与神通",武帝一心想效法黄帝,"以接神人蓬莱、高世,比德于九皇",同时武帝想多采纳一些儒家的旧礼,但儒生们拘泥于《诗》、《书》及古文,当武帝把为封禅做的祭祀器物给他们看时,他们又说"不与古同",《汉书·兒宽传》云当时"诸儒对者五十余人,未能有所定",偏偏此时儒生徐偃、周霸又钩心斗角,武帝索性罢诸儒不用。在这种状况下,神仙家的封禅说便占了上风。而且吏民此时都要求封禅,武帝拿了司马相如"颂功德答言符瑞"的遗作问熟习欧阳《尚书》、"以古法义决疑狱"的兒宽,兒宽这样说:

"陛下躬发圣德,统楫群元,宗祀天地,荐礼百神,精神所乡,徵兆必报,天地并应,符瑞昭明。其封泰山,禅梁父,昭姓考瑞,帝王之盛节也。然享荐之义,不著于经,以为封禅告成,合袪于天地神祇,祇戒精专以接神明。总百官之职,各称事宜而为之节文。唯圣主所由,制定其当,非群臣之所能列。今将举大事,优游数年,使群臣得人自尽,终莫能成。唯天子建中和之极,兼总条贯,金声而玉振之,以顺成天庆,垂万世之基。"②

兒宽的话给了武帝以率性而为的信心。武帝于是"自制仪,采儒术以文焉"。《汉书·武帝纪》元封元年(封禅后改的年号,此前为元鼎七年)夏四月癸卯,武帝登封泰山。具体过程是:元封元年三月(《汉书·郊祀志》作一月)出巡,先东巡缑氏

---

① 《汉书·艺文志》托言黄帝的共20家,兵阴阳家有《黄帝》十六篇,天文有《黄帝杂子气》三十三篇;五行家有《黄帝诸子论阴阳》二十五卷等。

② 《汉书·兒宽传》。

(公孙卿在此候神)、上嵩山，而后东上泰山，立石于泰山巅(今泰山玉皇顶庙前的无字碑，据传即是其遗存)，而后东巡海上，礼祠八神，夏四月回到奉高(泰山县)。

乙卯日那天，武帝令侍中儒者着礼服(皮弁缙绅)射牛(《汉书·郊祀志》王先谦《补注》引沈钦韩曰《周礼·夏官》有司射，祭祀赞射牲，则此射牛为射杀作为牺牲的牛)，封禅的“封”(土堆)在泰山下东方，据《郊祀志》记载广一丈二尺，高九尺，其礼如郊祀泰一之礼。下面埋有玉牒书(书于玉上，以石封检，其内容为告天书)。《武帝纪》颜师古注引孟康曰：

“王者功成治定，告成功于天。封，崇也，助天之高也。刻石纪号，有金策石函金泥玉检之封焉。”

这里，用金策、石函、金泥、玉检均源于秦汉用竹简书写文书的制度，此处用金玉显示出告天的慎重。至于封禅之“封”的形制，颜师古注引应劭曰：

“封者，坛广十二丈，高二丈，阶三等，封于其上，示增高也。刻石，纪绩也。立石三丈一尺，其辞曰：‘事天以礼，立身以义。事亲以孝，育民以仁。四守之内莫不为郡县，四夷八蛮咸来贡职，与天无极。人民蕃息，天禄永德。’尚玄酒而俎生鱼。下禅梁父，祀地主，示增广。(比)[此]古制也。武帝封广丈二尺，高九尺，其下则有縢书，祕。”

按应劭所记，广十二丈、高二丈、三层台阶的“封”为“古制”，但武帝的“封”比这小得多，为广一丈二尺、高九尺的“封”，武帝的告天书装在匣中秘而不宣，也不似应劭所谓的“古制”那样昭文于石上。

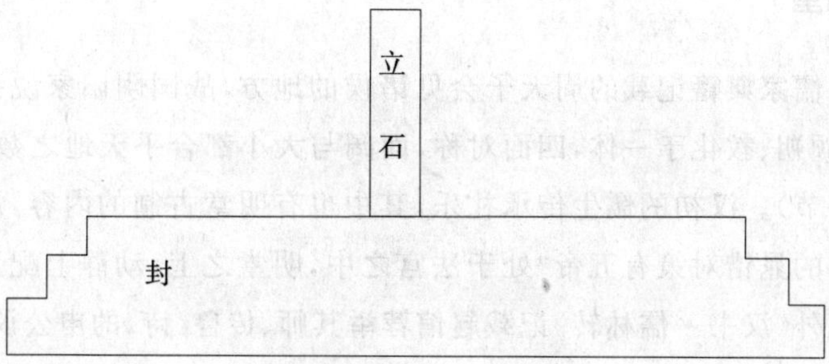

应劭所说的古“封”示意图

武帝在“封”上告天完毕后，又单独与侍中奉车子侯(霍去病之子)上泰山，第二天从山北而下，再到位于泰山下东北方的肃然山祭地，其礼如祭后土之礼，这叫"禅"。齐地八神有地主，祭之在泰山梁父的高山之下，小山之上，武帝的"禅"是用了祭八神"地主"之礼。

武帝封禅其实有自己想成仙的私人目的，因此他听信了方士李少君的话，用了许多奇异的物品，像"江淮间一茅三脊"作为神降临之后的凭借，还有五色土，远方奇兽飞禽及白雉等，这些之中，以茅为神籍源于古代巫术，胡新生先生对中国古代以茅草借助巫术作过研究①；用白雉见《史记·日者列传》宋元王剥龟占卜前"刑白雉"，即相信白雉有灵力；五色土则是神仙家吸收五行思想的产物，此外还用了远方奇兽异虫等，算是合乎"致物"，但武帝并没有因为这样做而成仙。

武帝的这次封禅热闹非常，跟从的有数百人，吏民均认为这是圣明天子向天告成的盛事，太史令司马谈因未随武帝能参加封禅而耿耿于怀，临终前尚对儿子司马迁感叹抱恨，司马迁则感叹道："自古受命帝王，何尝不封禅？"并将《史记》记载古来宗教礼俗事务的这部分命名为《封禅书》，将武帝的封禅载入史册。武帝的封禅性质驳杂。元封元年那次封禅完了后武帝下诏曰：

"朕以渺身承至尊，兢兢焉惟德菲薄，不明于礼乐，故用事八神。遭天地沉施，著见景象，屑然如有闻。震于怪物，欲止不敢，遂登封泰山，至于梁父，然后升襢（禅）肃然。自新，嘉与士大夫更始，其以十月为元封元年。"②

诏书承认是因为"不明于礼乐"才祭祀八神，见了怪物心有触动，才封禅。这是因为当时儒学还没有发展完备，尚无能力直接指导国家祭祀。

六、明堂

明堂是儒家典籍记载的周天子会见诸侯的地方，战国阴阳家说兴起后又有了集布政、颁朔、教化于一体，四面对称，面阔与大小都合乎天地之数的明堂（见第二章第一节）。汉初的儒生传承礼乐，其中也有明堂古制的内容，汉初跟从伏生传《尚书》的晁错对策有五帝"处于法宫之中，明堂之上，动静上配天，下顺地，中得人"；此外《汉书·儒林转》记载赵绾荐举其师、传鲁《诗》的申公议立明堂制，申公传鲁《诗》以训诂长，其说中有明堂内容可以肯定。赵绾荐申公事在建元元

---

① 胡新生：《中国古代巫术》，山东人民出版社1998年版，第128～133页。

② 见《汉书·武帝纪》。此段记载《史记·封禅书》与《汉书·武帝纪》文字稍有出入，今从《武帝纪》。

年,当时是武帝即位之初,赵绾、王臧建议立明堂以朝诸侯,但制度难定,于是安车蒲轮迎已经八十多岁的申公,议明堂事。但当时太皇太后窦氏喜好老子,不喜儒术,便抓了赵、王二人的一些把柄,说他们"欲复为新垣平也",赵、王二人下狱自杀,申公也被遣归。建明堂暂时受挫①。到武帝登封泰山时,武帝看到泰山东北脚有古明堂(王先谦补注引赵岐《孟子》注云此明堂为周天子东巡时朝诸侯的地方),这刺激了武帝欲建明堂的念头,恰好此时有济南人公玉带上黄帝时明堂图,其形制据《史记·封禅书》:

> "明堂图②中有一殿,四面无壁,以茅盖,通水,水环宫垣。为复道,上有楼,从西南入,名曰昆仑。天子从之入,以拜祀上帝焉。"

此为神仙方士心目中的明堂。从上下文看,此"昆仑"二字可能是写在图上,公玉带的图属于战国数术各种图中以图配文的形式,它试图用直观的方式表达明堂的建筑格局和神仙家意念中的方位关系,但此图不像《礼记·月令》的明堂那样注重堂室开间的方位、阶门户牖的象数,它与《淮南子·地形训》描述的昆仑疏圃(见第二章第五节)更为接近。"昆仑"为由下界上天后的极虚之处,在《淮南子·地形训》中它是仙界。《水经注·河水》:"昆仑墟在西北,去嵩高五万里,地之中也。其高万一千里,河水出其东北陬",昆仑、混沌古音同,在后来的纬书中,它成了天之中柱③。在公玉带明堂图中,昆仑居于楼之西南,象征由此通于天。武帝从昆仑进明堂,则可礼拜上帝(在此指的是最高的神仙),这正合乎武帝求仙的愿望。于是命令奉高照图作明堂,在上座祠太一、五帝,在下房祠后土。元封六年,明堂总算是建成了。

公玉带的明堂图实际上是一种接神"方",图中有楼,此楼是天子拜上帝的地方,这是接神方的特征。内容均出自方士关于仙界的想象,这种想象和《淮南子·地形训》关于昆仑仙界的想象旨趣相同。

明堂虽然是按神仙家的说法建的,但在儒家典籍中,明堂是布政之宫,因此武帝同样在明堂中颁历、朝诸侯、祭先祖配天。《汉书·司马迁传》:

---

① 事见《汉书·田蚡传》。

② 中华书局标点本作"明堂中有一殿",《汉书·郊祀志》王先谦《补注》引王念孙云认为该处脱"图"字,《初学记》礼部上引作"明堂图",此图字为根据兹两条补。

③ 《古微书》卷三十四《河图玉板》:"昆仑山,天中柱也。"

"(元封)五年而当太初元年,十一月甲子朔旦冬至,天历始改,建于明堂,诸神受记。"

这是按《礼记·明堂位》"(周公践阼)六年,朝诸侯于明堂,制礼作乐颁度量,而天下大服",张晏注:"以元新改,立明堂,朝诸侯及郡守受正朔,各有山川之祀,故曰诸神受记。"孟康注:"明堂班十二月之政,历纪四时,故改建于明堂。诸神受记,若勾芒祝融之属皆受瑞记。"

武帝还在明堂中接受上计。《汉书·武帝纪》天汉三年三月"行幸泰山,修封,祀明堂,因受计",太始四年春三月"行幸泰山。壬午,祀高祖于明堂,以配上帝,因受计。"这是按天子理政于明堂的经书记载行事。

以上是对武帝封禅和起明堂的考察。李少君、公孙卿等的封禅方和公玉带的明堂图都是神仙方术中接神的方式,但因为封禅、立明堂亦出现于儒家经学中,因此武帝进行的封禅和所立的明堂中,儒家说和神仙说混杂,神仙说的成分还要多些。

武帝进行的封禅和所立的明堂,虽然形式上是将上古存在过的制度引入现实,封禅时告功德,立明堂祭先祖,似乎都是按儒家经书的记载进行的,但究其性质,武帝按方士言进行的封禅和所立的明堂实际上是神仙方术中的接神方式,它们想象荒诞,实践劳民伤财,当时采取这些方式接神跟当时造神水平的低陋有关——当时方士们对神的认识仅是不死,能飞升,能变化形象,能说话(公孙卿说神来往如雉,武帝称寿宫神君之语为"画法"),至于神灵通过怎样的方式能让自身达到这个地步,当时的方士们还没有想到。直到道教形成后,老庄的哲学成了其理论基础,才大大提高了原先方仙道和民间祭祀的造神水平,真正富含思辨的道教尊神才开始出现,道教神灵性格也渐渐形成。随着道教神灵性格的形成,原先这种荒诞起楼台的接神方式被淘汰,以后道教的接神是伴随斋醮等仪式,在存思、守一的意念中进行的①。

---

① 如《云笈七签》卷四十二《存思部》"存大洞真经三十九真法"存思太一尊神:"读《上皇玉虚君道经》,当思太一尊神务犹收,真气紫色焰焰,从兆泥丸中入,下布兆玉枕之下,泥丸之后户。毕,微祝曰:'太一保命,固神定生。为我上招帝真之气,下布紫户之庭……。'"毕,引紫气三咽止,便读《玉经》。毕,又祝曰:"兆身常死关,结胎害百神。百神解胎结……。"存思对内丹家修行而言极其重要,它是改变人日常间杂沓无序的潜意识,将身心潜能集中起来的有效手段,其具体内涵和生理过程尚值得深入研究。

结　语

本节对武帝时的国家祭祀和礼仪活动作了考察。这一阶段在前一阶段各种因素的相互作用基础上,加上武帝本人好鬼神之祀,国家祭祀和礼仪活动是复杂而热闹的。见于经书记载的礼仪有的重新登入庙堂,如改正朔、易服色;新的至上神灵(太一、后土)被请入国家祀典,并取代了原来雍五畤的地位;与此同时,神仙方士们纷纷挟带着仙方,将他们认为应该受祭祀的神灵拉进国家祀典;武帝还在儒生、方士们的共同拥戴下,到泰山进行了封禅,还起建了明堂。这些活动成分复杂,若用宗教人类学方法分析,有的是宗教行为(祷祠雍五畤、太一、后土和一些杂神),有的是仪式(改正朔、封禅、明堂),还有巫术(解祠、周边地区的巫术)。简单称之为“国家宗教”是模糊和不准确的,可以说,在这些由宗教行为、仪式、巫术等组成的国家级祭祀和礼仪活动中,它们的性质各自而异,尚未产生出一种整体的思想将它们统领,真正的主心骨至此还没有凸现。

武帝年间的国家级祭祀和礼仪活动中,祭祀太一、后土和各种杂神属于纯粹的宗教行为,因为从被祀的太一、后土和其他杂神的神性看,它们或为从战国数术中成长起来的至上神灵或它的辅佐,或为方士们继承古老民间祭祀再加以想象而成。太一、后土等神代表了宇宙的完美秩序,掌握着人的命运,具有比人的机算更高妙的力量,用牺牲供奉祭祀太一、后土,正符合“以物品对人们心目中的超自然神灵进行邀宠”这一宗教最重要的特征。跟宗周王朝祭礼中的祭祀天、社相比,宗周祭天和祭社是存在于“礼”的体系之中的局部礼典,它们的施行使用不同等级的牺牲、玉帛、乐舞,而这些牺牲玉帛、乐舞制度是存在于周代严格而具细的物化礼乐制度中的,祭天、祭社最终目的是为了体现“礼”的秩序,正因为宗周王朝祭礼存在于“礼”的整体体系中,其性质才不是宗教,而是礼典。而秦朝祭雍四畤天神和汉武帝祭祀太一、后土则不同,秦朝祭祀雍四畤、汉武帝祭祀太一、后土均为以牲、牢、玉帛等物品向天神、太一邀宠的方式,在这一阶段,那种改变直接膜拜之性质的严格物化礼乐制度以及于数度差别中体现和谐的精神实质已不存在,约束王朝祭礼的整体“礼”的体系消亡,因此,秦汉国家祭祀中对雍畤、太一、后土的祷祠就成了纯粹的宗教行为。摆在它跟前的发展道路有二：一为继续朝更高级宗教的方向发展（神仙方士们在此方面作了大量努力）；一为恢复上古三代那种将祭天融入其他礼典，形成更完整的王朝祭礼格局。事实证明，汉代国家祭祀走的是后一条道路，这个过程及其原因也正是下文要讨论的。

附：汉武帝封禅、郊祀、礼神、求仙活动一览表（资料来源：《汉书·武帝纪》、《郊祀志》，《史记·封禅书》等）

时间	雍五畤	祠山川（包括巡行所祠）	甘泉泰畤汾阴后土	候神、求仙及巫术	封禅、明堂
建元元年		诏修山川祠			议立明堂、征申公
元光二年	雍五畤			求神君，从李少君言祠灶、遣方士入海，炼丹砂为黄金，作太一坛	
六年	雍五畤			以白鹿皮造白金	
元朔四年			幸甘泉		
元狩元年	雍五畤			获白麟，作白麟之歌	
二年	雍五畤			少翁献方，作甘泉宫候神	
元鼎四年	雍五畤				
五年	雍五畤		立泰畤、祭后土		
元封元年		祠黄帝于桥山，祠太室、夏后启母石	幸甘泉	东巡海上求仙	封禅
二年	雍五畤			作甘泉通天台、飞廉桂馆、芝房之歌	
四年	雍五畤		幸甘泉祠后土		

（续表）

五年		九嶷祠舜	祠后土		增封，祠高祖于明堂以配上帝
六年			祠后土		
太初元年			祠后土	望祠蓬莱	禅高里、祠上帝于明堂
二年			祠后土		
三年				作黄帝时五城十二楼	修封泰山
四年				作西极天马之歌	
天汉元年			郊泰畤、祠后土		
三年		祀常山			修封、祀明堂
太始二年				诏改黄金名	
三年		礼日成山	甘泉宫飨外国客	作赤雁之歌	
四年	雍五畤			祠神人于交门，作交门之歌	幸泰山，祀高祖于明堂，修封
征和二年			甘泉		
三年	行幸雍				
四年			甘泉		修封，祀明堂，禅石间

第四节　汉代经学、纬书中的象数之学对礼仪、祭祀事务的影响

上一节我们考察了汉武帝时期的国家祭祀和礼仪活动。虽然有儒生、方士们在改正朔、易服色方面积极建言献策，虽然武帝在位的五十年间扩大了国家祭祀的规模，改了正朔，起建明堂，还去泰山封禅，但总体看来，直到武帝时，西汉国家祭祀的主流都是继承战国、秦那种并不蕴涵深刻形上思辨的简单宗教行为，在这堆庞杂的祭祀中，对各种神灵的祭祀性质各异，像周代那样体系严谨、格局完

备，且处于整体“礼”指导之下的王朝祭礼直到武帝时期还没有凸现。但是在这一阶段，与礼仪、祭祀事务相关的学术背景已经发生了相当的变化，本章第二节已经考察了战国至汉代儒家对古礼传承的情况，汉初的章句之学就是对经书章句进行发蒙和阐释。但与此同时，自战国以来，经过长足发展的、包括了当时人对宇宙自然乃至人自身的探索成就的数术已成为当时通行的知识，它们在当时渗入了包括经学在内的各种学术领域，于是，经学在日渐昌明的同时出现专言“天人之际”的专学，以数术解经之风更是导致了后来纬书的出现（详下文），这一环节对稍后的汉公卿们安排天地百神之祀产生了重要影响，因为汉代公卿们对天地百神性质的认识正蕴涵在五经和纬书中的象数之学中，这种认识是宣、元之后汉代公卿清整天地百神之祀和改革宗庙祭祖礼的由来。因此，本节考察的对象，就是汉代五经和纬书中的象数之学对祭祀、礼仪事务产生的影响。在本节的考察中，董仲舒的灾异说属于公羊《春秋》学的范围，不过因为关于董子灾异说的内容资料较多（除了《汉书》本传外尚有传世文献《春秋繁露》可考），且跟以后言《春秋》灾异的大儒（如眭孟等）比时代较早，所以下文将董子《春秋》学中的礼仪、祭祀内容先单列出来，而后再考察五经、纬书中的象数之学对礼仪、祭祀事务的影响。

一、董仲舒《春秋》学中的礼仪和祭祀

象数之学在五经中均有。《易》之卦气，《书》之五行，《诗》之五际，《礼》之明堂阴阳，《春秋》之三统历数均是象数学内容。它们以象数之学（主要是阴阳五行和数术）来解释诸经中保存的古代典章制度和政治事件，灾异说是它们的主要内容之一。其中，董仲舒《春秋》学中的象数内容主要有三统说、阴阳五行说，正是在此框架下董子提出了他想象中的礼仪、祭祀格局，因此，对董子的三统、阴阳五行说作些基本了解，是讨论董子《春秋》学中礼仪和祭祀内容的前提。

（一）董子《春秋》学中的象数内容——三统说、阴阳五行说、灾异说

董仲舒公羊《春秋》学的出现堪称是儒家改变“博而寡要”状况的标志。他吸收了自战国以来的数术之学，将之贯通到自己对《春秋》的理解中，形成了富有特色的严密的天人感应说，在中国古代思想史上矗立起了一座高峰，这是研究思想史的学者熟知的。董子学说中主要的象数内容是三统说、阴阳五行说。所谓三

统即黑统、白统、赤统,这三个"统"在古往今来的时间过程中往复循环。它的出现跟战国人所传的三代历法之"三正"(夏正建寅、殷正建丑、周正建子)说有关系,三正指三种不同岁首的历法,三统说就是在三正说的基础上加上了统色的更迭形成的,它的主体是对时间的理解。古人将时间理解成由一个个大段落衔接构成的终始循环,这一个个大段落就是一个个受命王朝,三统即认为终始循环的基本段落有三,历法、统色等都在循环中发生的周而复始的规律性变化。董子的三统说除了岁首、统色之外还增加了礼乐服色、冠昏丧祭等的循环变化(详下文),使之成为一个规模宏大、体系严谨的完整理论,其实质是一种时间循环理论,它让人联想到同样推终传始的五德终始说,二者的关系前人就有论述,顾颉刚先生《五德终始说下的政治与历史》站在古史辩派的角度下对三统说、五德终始说作了考证①。苏舆《春秋繁露义证·三代改制质文》:

"董主三统迭用,既以《春秋》当一代正黑统,汉当亲黑统正白统矣。《吕览》应同篇云:'代火者必将水。天且先见水气,水气胜,故其色尚黑,其事用水。水气至而不知数备,将徙于土。'吕意盖以周火德王,七百有余岁,其中间已见水气。后当以土德王也。其后始皇仍用水德,已失吕意。此云《春秋》正黑统,亦与先见于水气略合。殆周秦间有此学说耶?(五德终始之说,邹衍已言之)。惟一主五行生剋,一主三统递用,……。"

与三统说不同的是,五德终始说与五行说是密切结合的,三统说中最初似乎并无五行生剋的内容,只是强调因时间的更迭而产生王朝合法性的嬗替,不过它们二者对时间由大段落构成这一点的认识是一样的,只是不同的流派认识中基本段落的数目不同,三统说为三段,五德终始说为五段,笔者认为它们是战国时期出现的,不是一个流派的王朝合法性推算法,它们都属于象数之专学——战国秦汉之际的数术家推历是因天象的运行,因作为时间之首的某种现象(如朔旦冬至)会重复出现,古人才认为时间由周而复始的大段落构成,如《淮南子·天文训》建寅之法体现了以天象推历的周而复始:

"天一元始,正月建寅。日月俱入营室五度,天一以始建七十六岁,日月

① 顾颉刚:《古史辨》第五册,朴社 1935 年版。

复以正月入营室五度，无余分，名曰一纪。凡二十纪，一千五百二十岁大终。”

此处有一个上元，即“天一元始”，是古人心目中时间的起点。时间从上元开始后推延循环，每次循环，将日月俱入营室到再次出现此象作为一“纪”，这是一个大时间段。类似的推历法在以公孙卿为代表的方士那里也有，公孙卿推历也是“凡二十推”(见第二章第五节神仙家的数术渊源部分)，这反映了当时人们认为古往今来接续不断的时间是由可重复循环的一大段一大段时间构成的。战国、秦汉之际，这种对时间循环的认识被用来推“物”之终始，比如天地之节跟人体生理循环周期的关系等等，都运用这种时间循环的观念来推①。在重视王朝合法性的儒家那里，这类学说被用来推名物制度的变化和王朝的合法性，《三代改制质文》:“王者有不易者，有再而复者，有三而复者，有四而复者，有五而复者，有九而复者，明此通天地、阴阳、四时、星辰、日月、山川、人伦……”，这里，再而复、三而复、四而复、五而复等等，均被用来说明政治伦理，它们都是因三统说的时间循环论而派生的。

三统说为董子的《春秋》学提供了时间框架，阴阳五行说则为董子的学说提供了万物之组织体系。《汉书·礼乐志》引董仲舒《天人三策》:

“天道大者，在于阴阳。阳为德，阴为刑。天使阳常居大夏而以生育长养为事，阴常居大冬而积于空虚不用之处，以此见天之任德不任刑也。阳出布施于上而主岁功，阴入伏藏于下而时出佐阳。阳不得阴之助，亦不能独成岁功。”

类似的说法在《繁露》中还有很多。董子正是通过这万物组织体系中局部的变化来类推灾变的。三统、阴阳五行说是董子《春秋》学中的象数内容，正是它们为董子公羊《春秋》学提供了框架。因为五经之一的《春秋》是史书，而史书的重要着眼点之一就是时间的更迭，董子在解释《春秋》中时间嬗替的内容时大量引

---

① 《黄帝内经》以这种理论解释人的脉象运行与四时变化的关系。《脉要精微论》:“四变(春夏秋冬四时)之动，脉与之上下。以春应中规，夏应中矩，秋应中衡，冬应中权。是故冬至四十五日，阳气微上，阴气微下；夏至四十五日，阴气微上，阳气微下。阴阳有时，与脉为期，期而相失，知脉有所分，分之有期，故知死时。”《内经》中具体论述脉象运行的内容甚多，兹不枚举。

入三统说及其他关于时间更迭的学说，它们为名物制度的变化提供框架，将原先存在于经书中的周代礼典消融，并在这个系统中为它们提供了位置。下文便考察董子三统、阴阳五行说下的礼仪、祭祀内容。

（二）董子三统说下的正朔、礼乐制度

按三统说，夏为黑统，殷为白统，周为赤统，春秋又为黑统，每个统各有与之相应的正朔、服色、名物制度和冠昏丧祭制度。在董子《春秋》三统说下，正朔、服色、礼乐制度均要随着“统”的推移而变化。《春秋繁露·楚庄王》：

“受命之君，天之所大显也。事父者承意，事君者仪志，事天亦然。今天大显已，物袭所代而率与同，则不显不明，非天志。故必徙居处，更称号，改正朔，易服色者，无他焉，不敢不顺天志而明自显也。”

又《汉书·董仲舒传》记董子《天人三策》之《二策》：

“臣闻制度文采玄黄之饰，所以明尊卑，异贵贱，而劝有德也。故《春秋》受命所先制者，改正朔，易服色，所以应天也。然则宫室旌旗之制，有法而然者也。”

董子认为改正朔、易服色为顺应“天之志”，因为天彰显了自己的意志，假如袭用前人的正朔服色，就没有表现出天的意思，因此必须顺应天志而改正朔、易服色。《繁露》中的《三代改制质文》是陈说三统和正朔、礼乐关系的重要文献，《三代改制质文》中有这么一段话：

“王者改制作科奈何？曰：当十二色，历各法而（苏舆疑作“其”）正色，绌三（代）之前曰五帝，帝迭首一色，顺数五而相复，礼乐各以其法象其宜……，咸作国号，迁宫邑，易官名，制礼作乐。”

董子所谓的“制礼作乐”是“统”变化了之后，帝王顺天之命的表现，这便是董子对礼乐性质的认识。在董子心目中它们并非孤立存在的礼典、礼乐，而是跟“统”的更迭结合在一起的，《三代改制质文》记载了礼典、礼乐与“统”之间的关系，可用下表表示：

统	色	冠婚丧祭	荐	历法
黑统（天统）	黑	冠于阼，婚礼逆于庭，殡于东阶之上	肝	正日月朔于营室，斗建寅

（续表）

白统（地统）	白	冠于堂，婚礼逆于堂，丧事殡于楹柱之间	肺	正日月朔于虚，斗建丑
赤统（人统）	赤	冠于房，婚礼逆于户，丧礼殡于西阶之上	心	正日月朔于牵牛，斗建子

此为随着三统更迭时正朔和礼制相应变化。从上表看，董子的《春秋》学吸收了战国以来天文数术的成果，如黑统岁首为寅，白统岁首为丑，赤统岁首为子，此为吸收了三正说的内容，此外还出现了营室、虚、牵牛等星名，云正日月朔于营室、虚、牵牛，也是吸收了《淮南子·天文训》以来的数术而成。

在具体的礼典、礼乐方面，董子将礼典跟"统"的更迭结合。冠、婚、殡都是宗周礼典，董子对之十分熟悉，并将它们举事的方位跟三统变易联系起来。因黑、白、赤三统各尚其色，朝服、车马、旌旗、玉器、牺牲等的颜色也跟统色一致，这之中明显有上古礼制中舆服车马、牺牲玉帛等物化礼乐的内容，如白统"朝正服白，首服藻白，正路舆质白，马白、大节绶帻尚白，旗白，大宝玉白，郊牲白，牺牲角茧"等等。这些记载在战国儒家系统的典籍中有渊源，如《礼记·檀弓上》记载的三代故制：

> "夏后氏尚黑，大事敛用昏，戎事乘骊，牲用玄；殷人尚白，大事敛用日中，戎事乘翰，牲用白；周人尚赤，大事敛用日出，戎事乘騵，牲用骍。"
>
> （孔子云）"夏后氏殡于东阶之上，则犹在阼也，殷人殡于两楹之间，则与宾主夹之也；周人殡于西阶之上，则犹宾之也。"

又《明堂位》："夏后氏骆马黑鬣，殷人白马黑首，周人黄马蕃鬣"；"夏后氏牲尚黑，殷白牡，周骍刚。"董子学说中的物化礼乐部分正是来源于这些，并将之完全融入了三统说中。

除了礼典之外，三代经籍中见于记载的礼仪、乐舞也被董子融入了三统说，这方面记载同样见于《三代改制质文》，可用下表表示：

国号	统	举措	官爵名	宫邑	礼	乐
汤（殷）	白统	亲夏故虞，绌唐谓之帝尧，以神农为赤帝	尹	下洛之阳	质礼	濩
文王（周）	赤统	亲殷故夏，绌虞谓之帝舜，以轩辕为黄帝，推神农以为九皇	宰	丰	文礼	武

（续表）

武王			五等爵	鄗	文礼	象
周公				洛阳		汋
春秋	黑统	绌夏，亲周，故宋	合伯子南为一等	鲁		招武

表中为《三代改制质文》原语，亲又作“新”字，何休注《公羊传》隐公元年作“新周”。绌、亲、故相继，则新旧典礼制度演进俨然。这里关于三代乐舞的安排跟今本传世文献有出入，如这里记载文王作《武》，武王作《象》，而《左传》襄公二十九年则记载《武》为武王之舞，《象》为文王之舞。武王作《象》源于《礼记·文王世子》：“象，周武王伐纣之乐”，这是七十子后学在传承三代礼乐时语焉不详造成的，董子之说与《左传》不同，正反映了他的师承是今文经学，《左氏》尚未大行于世。

从上表看，董子对物化礼乐十分熟悉，礼（质礼、文礼）、乐（濩、武、象、汋（韶）等古典乐舞）与三统、正朔（斗建子、丑、寅）之间有严密的对应关系，这是董子理论严谨完善的表现，礼乐的嬗替彰显了三统的变异，礼乐始终存在则彰显“道”的存在，这是董子对礼乐性质的认识。《天人三策》：

“道者，所繇适于治之路也，仁义礼乐皆其具也。故圣王已没，而子孙长久安宁数百岁，此皆礼乐教化之功也。王者未作乐之时，乃用先王之乐宜于世者，而以深入教化于民。教化之情不得，雅颂之乐不成，故王者功成作乐，乐其德也。乐者，所以变民风、化民俗也，其变民也易，其化人也著。故声发于和而本于情，接于肌肤，臧于骨髓。故王道虽微缺，而筦弦之声未衰也。”

因此，董子的礼乐说是涵盖在其“道”、“三统”说之中的。他的学说使《春秋》成为一个框架，这个框架宏观处表现为时间更迭和重大制度的存在，微观处则是物化礼乐所表现出的三统更迭和上下尊卑，像董子这样既通义理又明制度的大师在当时儒生中是不多见的，因此，董子的出现堪称儒学摆脱零乱破碎状况的标志。

（三）王道、灾异说下的郊天制度

在董子哲学中，“天”是一个重要哲学概念。董子的“天”所处的哲学层面跟战国数术的至上概念“太一”一样，为至高无上的存在，阴阳五行之气的流布运行反映的是天的意志,《春秋繁露》中陈说甚多[①]。学者认为董子继承了上古三代以来的传统天命观但又加以改造,“改造的结果,天命的内容不只是上帝的意旨,也指支配宇宙的道德原理以及气的赋赐”[②],而“气”正是战国数术中解释物质构成的重要概念(见第二章第五节),由此可见董子的天命观吸收了战国数术的重要概念和学术成果,董子认为,帝王接受天命,正者为行“王道”,若不行王道,则天会降灾异。董子对“道”的认识见《天人三策》,在他看来,“道”为不易者,为亘古长存的统治方法。董子的郊天,正是跟他的“王道”观及灾异说结合在一起的。《春秋繁露》有《王道》篇,郊祀天地山川、宗庙祭祖等在董子的学说中是被包含在“王道”中的,《春秋繁露·王道》:

“《春秋》何贵乎元而言之?元者,始页,言正本也。道(苏舆《义证》认为当作‘正’)王道也。王者,人之始也。王正则元气和顺、风雨时、景星见、黄龙下。王不正则上变天,贼气并见。五帝三王之治天下,不敢有君民之心。什一而税。教以爱,使以忠,敬长老,亲亲而尊尊,不夺民时,使民不过岁三日。民家给人足,无怨望忿怒之患,强弱之难,无残贼妬疾之人。……故天为之下甘露,朱草生,风雨时,嘉禾兴,凤凰麒麟游于郊。囹圄空虚,画衣裳而民不犯。民情至朴而不文。郊天祀地,秩山川,以时至,封于泰山,禅于梁父。立明堂,宗祀先帝,以祖配天,天下诸侯各以其职来祭。”

董子认为从“郊祀天地、秩山川”到“天下诸侯各以其职来祭”都是施行王道的结果。这一思想继承了汉初思想家但又有发挥[③],《三代改制质文》回忆古代郊天礼:

“古之王者受命而王,改制称号正月,服色定,然后郊告天地及群神,远追祖祢,然后布天下。诸侯庙受(受天子之朔于庙),以告社稷宗庙山川,然

---

① 举《春秋繁露》中几例。《天辨》:“阴阳之会,一岁再遇,遇于南方者以中夏,遇于北方者以中冬。冬丧物之气也,如金木水火,各奉其所主以从阴阳,……春爱志也,夏乐志也,秋严志也,冬哀志也。……喜怒之祸,哀乐之义,不独在人,亦在于天”;《天道》:“天之常道,相反之物也,不得两起,故谓之一。……天之道,有一出一人,一休一伏……”;类似内容甚多,兹不枚举。

② 金春峰:《汉代思想史》,中国社会科学出版社 1997 年版,第 144 页。

③ 汉初思想家陆贾在《新语·无为》中说:“道莫大于无为,行莫大于谨敬……,周公制作礼乐,郊天地,望山川,师旅不设,刑格法悬,而四海之内,奉供来臻,越裳之君,重译来朝,故无为者乃有为也。”此内容中有汉初的黄老无为思想,但陆贾认为周公制礼作乐、郊天地、望山川是“道”大行之后的结果,此为儒家思想,董子《春秋繁露·王道》中的郊祀天地、秩山川即跟陆贾的一脉相承。

后感应一其司。”

郊祀天地山川是“王道”大兴的吉利表现，这样，董子把郊告天地之事插入自己的受命改制说中，说是帝王受命后郊祀，郊告天地便被融入了他的改制受命说。但若不行王道则有灾异。灾异说在三代就有渊源，《诗·小雅·十月之交》有“烨烨震电，不宁不令”；《毛公鼎》铭文：“敃（旻）天疾畏（威），司（嗣）余小子弗彶（及）”，即上天是威严的；《大雅·荡》有“荡荡上帝”；《书·高宗肜日》记载了殷高宗武丁肜祭成汤的第二天，有雉登于鼎耳而鸣的故事；《春秋》僖公十六年记载六雀退飞过宋都，这些都显示出自三代始人们认为上天威严，异常的自然现象为上天的警示。战国、秦汉之际因数术的大发展，一些由异常现象推知结果的迷信也深深渗入人们的生活，假如这些渗入政治生活领域就是灾异。学者认为灾异说是汉代人将自然科学（如医学）的“信息”观点移植到哲学领域的歪曲和滥用①，董子的灾异说同样也是吸收了战国以来阴阳数术的成果而成。天为百神之大君，不郊天会有灾异。董子在《郊义》、《郊祭》、《郊语》中再三陈说这一点。《郊义》：

> “天者，百神之君也，王者之所最尊也。以最尊天之故，故易始（苏舆《义证》认为“始”是衍字）岁更纪，即以其初郊。郊必以正月上辛者，言以所最尊，首一岁之事。”

《郊祭》：

> “天子每至岁首，必先郊祭以享天，乃敢为地，行子礼也；每将兴师，必先郊祭以告天，乃敢征伐，行子道也。”

此二段陈说天之尊贵。又《郊语》：

> “以郊为百神始，始入岁首，必以正月上辛先享天，乃敢于地，先贵之义也。然所以久弗行者，非灼灼见其当而故弗行也，典礼之官常嫌疑，莫能昭昭名其当也。……今为其天子，而阙然无祭于天，天何必善之？”

从《郊义》、《郊祭》、《郊语》看，董子认为郊天是天子的义务，不郊天就会出现灾异。人间至尊的君主郊天，天才会善待君主。而且从《春秋繁露》这些篇章看，

---

①　金春峰：《汉代思想史》，第128页。

董子上文所说的正月上辛祭天跟《礼记·杂记下》孟献子云“正月日至，可以有事于上帝”一致，此为战国人所传的周代郊天古法（武帝祭太一便用此日），不是《周礼》说的冬至日祭昊天上帝于圆丘。《春秋繁露·郊语》苏舆义证案：“《春秋繁露》郊因新岁之初”，又云“郊因先卜不吉不敢郊，是董不以郊为冬至祭圆丘之明证”，由此可见，董子将当时传承的上古郊天礼典加上他自己对天神性质的认识，郊天礼成了天人感应体系下帝王对天神表示虔敬的必要仪式。

（四）阴阳五行体系下的宗庙祭祀说

董子《春秋》学中还有三代宗庙祭祀的内容，它跟郊天礼一起按岁时之令分插在一年四季中。《春秋繁露·郊义》：“《春秋》之法，王者岁一祭天于郊，四祭于宗庙。宗庙因于四时之易，郊因于新岁之初。”四时宗庙祭祀的礼典被董子安插在他编排的阴阳五行体系中。《春秋繁露·四祭》：

> “古者岁四祭。四祭者，因四时之所生孰，而祭其先祖父母也。故春曰祠、夏曰礿、秋曰尝、冬曰蒸。此言不失其时，以奉祭先祖也。过时不祭，则失为人子之道也。祠者，以正月始食韭也；礿者，以四月食麦也；尝者，以七月尝黍稷也；蒸者，以十月进初稻也。此天之经、地之义也。”

董子认为一年因四时之熟有四祭，春祀、夏礿、秋尝、冬蒸，此四时宗庙祭祀取自《尔雅》等战国儒家系统的文献（见第一章第三节），但对于祭祀月份和所献祭的物品则说得更加具体，祭祀月份为春正月，夏四月，秋七月，冬十月。所献祭为春韭、夏麦，秋黍，冬稻，这种编排亦有其来源。《礼记·王制》记载三代祭祖礼时说：

> “大夫士宗庙之祭，有田则祭，无田则荐。庶人春荐韭，夏荐麦，秋荐黍，冬荐稻。韭以卵，麦以鱼，黍以豚，稻以雁。”

《王制》与《春秋繁露》所云四时祭内容可列成下表：

	春祭	夏祭	秋祭	冬祭
《春秋繁露·四祭》祭名	祠	礿	尝	蒸
《春秋繁露·四祭》时间	正月	四月	七月	十月
《春秋繁露·四祭》进献	韭	麦	黍稷	稻
《王制》庶人之荐	韭	麦	黍	稻

《王制》非七十子后学所作，而是作于汉初[①]，其中保存了大量三代典制，而且尚未大量羼入阴阳五行的内容。但所记典制确有因离宗周岁月久远而讹误之例，如记载的岁时祭和合祭（见第一章第三节）。董子《春秋繁露·四祭》中提到的四时宗庙祭祀在细节上与《王制》的记载一脉相承。但董子的四时宗庙祭祀在整体上是被包含在其阴阳五行体系中的，《春秋繁露·五行顺逆》提到四时宗庙之祭：

"水者冬，藏之阴也。宗庙祭祀之始，敬四时之祭，禘祫昭穆之序。天子祭天，诸侯祭土（社）……恩及于水，则醴泉出；恩及介虫，则鼋鼍大为，灵龟出；如人君简宗庙，不祷祀，废祭祀，执不顺，逆天时，则民病流肿，水张，痿痹，孔窍不通；咎及于水，雾气冥冥，必有大水，水为民害；咎及介虫，则龟深藏，鼋鼍呴。"

上文所引为《春秋繁露·五行顺逆》的片断，《五行顺逆》将五行与季节及每季节应做的事作了整体安排，这种安排可用表格简要表示如下：

五行	季节	所应之事
木	春	劝农事，行十一之税，进经术之士
火	夏	举贤良，……
土	夏中	循宫室……
金	秋	建立旗鼓……
水	冬	宗庙祭祀之始，敬四时之祭，禘祫昭穆之序

在《春秋繁露·五行顺逆》的五行配伍中，冬、介虫、祭祀都属于水，不祭祀就会引起水涨、民病的反应，这样的说法亦见于《月令》等文献。《汉书·五行志》中记载了自董子至刘向、刘歆、眭孟、李寻等人的灾异说，其中亦有类似内容：

"水，北方，终藏万物者也。其于人道，命终而形藏，精神放越，圣人为之宗庙以收魂气，春秋祭祀，以终孝道。王者即位，必郊祀天地，祷祈神祇，望秩山川，怀柔百神，亡不宗事。慎其斋戒，至其严敬，鬼神歆飨，多获福助。此圣

① 关于《王制》撰作时间和内容的考证，见陈苏镇：《汉代政治与〈春秋〉学》，中国广播电视出版社2001年版，第138～139页。

王所以顺事阴气,和神人也。……若乃不敬鬼神,(致)[政]令逆时,则水失其性,雾水暴出,百川逆溢,坏乡邑,溺人民,及淫雨伤稼穑,是为水不润下。”

“水不润下”为解《尚书·洪范》之语,此为汉代《五行传》的内容,可以看出跟董子学说之间的渊源。

于是,在三统说、阴阳五行说融进《春秋》学的前提下,董子在《春秋繁露》中将三代礼乐制度完全融入了三统说和阴阳五行说中,用他理解中的《春秋》故制为汉朝建立典制勾画蓝图。

以上是董子的《春秋》学中关于三代礼乐和祭典的情况。从董子对三代古礼义、仪、容的理解看,董子以三统说、阴阳五行说偷换概念般取代了古礼的“义”,而古礼的仪、容(包括上古郊祭、朝觐、冠婚丧祭等内容)则被消解在他的三统说中。因此儒学到董子那里,已不是战国至汉初斤斤于繁文缛节,“博而寡要,劳而少功”的状况了,相反,这个时代的儒学长足吸收了数术和阴阳五行所长,有了“天人合一”的宏大体系为框架,祭祀礼典即是这个宏大框架中的组成部分。

下文将考察五经羼入数术灾异后的天人之学,因这一时期纬书出现,纬书中的天人之学也一并加以考察。

二、五经、纬书中的象数之学

五经、纬书中的“象数之学”,即战国以来的数术渗入经学,通过师法的变化成为经学本身的一部分。五经中的象数之学,为经书中记载的上古三代典制提供了一种既宏大又具细的框架,这个框架井井有条,大处是古往今来的时间嬗替和九州寰宇的空间分布,小处则是各种“究天人之际”之细节的专学,五经中记载的王朝革命、政治事件、往古礼制就被串起在这个框架中。这些象数之学还使五经乃至纬书本身从整体旨趣上形成一个整体,人们在这个整体中寻觅典制存在的依据(如经书),推测过去将来发生的事情(如纬书)。对于汉代王朝祭礼的嬗变而言,五经、纬书中的象数之学是非常重要的知识背景,正是它的存在使汉代人心目中非物质的至上的概念不但以清晰而有条理的方式存在,而且还通过经学的发蒙成为社会主流的意识形态,正是这种意识形态后来改变了承秦而来的国家祭祀的内容和格局。因此,汉代五经和纬书中的象数之学,是笔者考察西汉王朝祭礼嬗变原因时必须涉及的内容。笔者的着眼点将集中在数术灾异渗入五经，使五经中关于神灵和祭祀的记载明晰这一方面。

汉初的五经全是章句之学。自秦燔《诗》、《书》至汉初，典籍散逸，五经残缺，惠帝二年除《挟书律》，书籍始出。刘歆《移书让太常博士》描述了当时的状况：

“汉兴，去圣帝明王遐远，……时独有一叔孙通略定礼仪，天下唯有《易》卜，未有它书。至孝惠之世，乃除挟书之律，然公卿大臣绛、灌之属咸介胄武夫，莫以为意。至孝文皇帝，始使掌故晁错从伏生受《尚书》。《尚书》初出于屋壁，朽折散绝，今其书见在，时师传读而已。《诗》始萌牙，天下众书往往颇出，皆诸子传说，犹广立于学官，为置博士。在汉朝之儒，唯贾生而已。至孝武皇帝，然后邹、鲁、梁、赵颇有《诗》、《礼》、《春秋》先师，皆起于建元之间。当此之时，一人不能都尽其经，或为雅，或为颂，相合而成。……。”

当时五经篇籍零散，经文多有对三代典制的回忆，但三代典制背后的礼“义”则为汉初传经的人所隔膜，因此当时经学的主要任务是发蒙章句，搞清经义，汉王朝建立了制度对此进行保障和鼓励，建元五年春武帝立五经博士，后来太常孔臧等又建议设博士弟子员，“太常择民年十八以上仪状端正者，补博士弟子……，一岁皆辄课，能通一艺以上，补文学掌故缺，其高第可为郎中”①，虽然“通一艺以上”，跟后来三四代经师之后通五经的大儒间出相比简直别同霄壤，但五经博士及博士弟子员的设置，为五经之义渐渐发蒙后，经书中记载的各种典制“下学而上达”地从民间进入庙堂提供了通畅的渠道，以后郊庙礼仪等制度也正是随着经义渐明由民间进入庙堂的。

考察五经中记载的礼仪郊庙制度逐渐明晰的过程，必须要注意五经羼入灾异的过程及纬书的出现，这是因为汉初以来的章句之学因抱残守缺，不足以系统化地诠释经书中提到的三代典制，尤其是其中的郊庙礼仪制度部分。可以说，纯粹的章句之说无力独自构建完善的郊庙礼仪说体系，而战国至汉代的数术灾异

① 《汉书·儒林传》。

等各种天人之学中确实有卓越的成就①。总的说来,汉代经学、纬书中象数之学的特点,是吸收战国形成的“气”的概念,并使之跟各种具体数术如《易》六十四卦、阴阳五行、纳甲、纳音、分野等紧密结合,水乳交融。在汉代,经师们以这些内容解经,弥补了章句之学专究具细,缺乏形而上思辨的不足,形成了五经中“象数之学”的部分。皮锡瑞说:“经学有正传,有别传。洪范五行,犹齐诗五际,专言术数,皆经学之别传②。”象数之学渗入五经一方面改变了五经章句残缺的状况,使五经中有关礼仪、郊庙制度的内容在数术灾异之学羼入后逐渐完善;另一方面,渗入了数术灾异的五经与渐渐出现的纬书中的有关内容一起,提出了对天地百神性质的重新认识,下文就对《易》、《书》、《诗》、《礼》、《春秋》等五经中的象数及纬书中的数术作些简要考察。

(一)《易》中的象数——卦气说

《易》在三代为卜筮之书,专言象数之变,战国儒家在传《易》时象数内容跟三代比有所缺失(见本章第二节),到汉代,《易》中的象数又得到发展。汉《易》中象数内容的代表是卦气说。这里有必要对此前战国至汉初《易》学的状况作简要交待。姜广辉先生指出“有秘府之《周易》,有方术之《周易》”③,战国至汉初《易》的传承的确是这样。汉《易》本自田何,而据《汉书·儒林传》,田何所受之《易》可上溯到孔子④,他们传的《易》为王官写本(见本章第二节),此为“秘府之《周易》”,这一系传《易》起初均无数术说,《汉书·儒林传》记载田何传王同、周王孙、丁宽、服生,他们都著《易传》数篇,其中丁宽还从周王孙受“古义”,号《周氏传》。“古义”即战国儒家传《易》之义,类似今本《易》的《系辞》或帛书《易》的《要》、《易之义》之类,均无数术。丁宽自己也作《易说》三万言,“训诂

---

① 这方面中医学在汉代正式形成是代表。思维独特、成就卓越的我国传统中医正是在汉代形成,《黄帝内经》在西汉成书,而《黄帝内经》恰是建立在阴阳五行和数术基础上的,这说明战国至汉代通行的数术中多有卓越成就。

② 皮锡瑞:《经学通论》,中华书局1954年版,第64～65页。

③ 姜广辉:《文王演〈易〉新说》,《哲学研究》1997年第3期。

④ 《汉书·儒林传》:“自鲁商瞿子木受《易》于孔子,以授鲁桥庇子庸,子庸授江东馯臂子弓,子弓授燕周醜子家,子家授东武孙虞子乘,子乘授齐田何子庄,及秦燔书,《易》为卜筮之书,独不禁,故传授者不绝。汉兴,田何以齐田徙杜陵,号杜田生。”即《易》的传承自孔子至汉初是师承清晰的。

举大谊而已”,丁宽授田王孙,王孙授施雠、孟喜、梁丘贺。从田何到田王孙,皆无数术。

但汉初传《易》并不仅仅有对王官写本训诂传承的流派,还有数术之《易》。如《汉书·艺文志》易类有《淮南道训》二篇,颜师古注为淮南王刘安聘明《易》者九人,号“九卿法”,此书早已亡佚,今本《淮南子》有《原道》、《俶真》、《天文》、《时则》等训,其中均有大量数术内容,但并无专言《易》占的篇章,则《汉志》易类的《淮南道训》当为以述“道”的数术训《易》,这是数术羼入《易》学的明证。淮南王安为文帝时人,则文帝时就有数术《易》学的流派。而且因战国以来数术之兴的广泛背景,《易》羼入数术是必然的,这一点从张禹习《易》的经历可以看出。张禹为梁丘贺门人,《汉书·张禹传》记载他小时候常跟家人到市场,喜欢观看卜相者布卦,时间长了,居然“颇晓其别蓍布卦意”,还常常从旁边插嘴。市场的卜者所习之《易》显非章句一派,张禹长大后师梁丘贺,但受《易》于施雠,其幼时所习的数术《易》和梁丘贺、施雠传的章句《易》到他那里渐融是必然的,从中可以看出数术和章句《易》的渐融。

汉《易》数术之学主要内容为卦气说,卦气说的核心是以一年三百六十日配六十四卦,从卦爻之变中看岁气的运行。《京房传》颜师古注引孟康曰:

“分卦直日之法,一爻主一日,六十四卦为三百六十日。余四卦,震、离、兑、坎,为方伯监司之官。所以用震、离、兑、坎者,是二至二分用事之日,又四时各专王之气。各卦主时,其占法各以其日观其善恶也。”

此来源于战国数术,孟喜为倡导者。孟喜为田王孙弟子,其师法按理说是章句《易》。但孟喜“好自称誉,得《易》家候阴阳灾变书”[①],并诈言老师田生濒死时只传给自己,“候阴阳灾变”之书即数术作品,与远溯至孔子,近推至田何的汉章句之《易》不同。此外《儒林传》还记蜀人赵宾“好小数书,后为《易》,饰《易》文”,“小数书”即数术书,《史记·天官书》言三代王官的天文之学至战国时期“浸于小数”,“小数”即数术。赵宾以为‘箕子明夷,阴阳气亡箕子,箕子者,万物方荄兹也”,《易·明夷》六五爻爻辞为“箕子之明夷,利贞”,明夷卦象为离下坤上(䷣),

① 《汉书·儒林传》。

象日入地中，于人事，则象闇主在上，明臣在下，不敢显其明智。《易·明夷·彖》解释："内文明而外柔顺，以蒙大难。文王以之，利艰贞，晦其明也。内难而能正其志，箕子以之。"《彖》以此为文王为臣时的处境，"箕子之明夷，利贞"是说当时纣王在上，箕子为臣，难显其智，但不改其志，假如筮得该爻，则"利贞"，只要不改志向则吉。这个箕子，即传《洪范》的箕子(《汉书·儒林传》颜师古注亦如是说)，是人名，但赵宾不这么理解，他认为"箕子"二字不是人名，而是指万物刚刚萌蘖的意思，这是从卦气说的角度理解(春季万物萌蘖生长)，赵宾的师法非孔子以来传《易》之成说，故诸家反对，说"非古法也"，即非战国儒家传承的王官之《易》(《易·明夷·彖》的才是正宗古法)，但赵宾持论巧慧，其他章句之《易》家都不能难倒他。赵宾自称受之孟喜，这样，孟喜一派的师法开始羼入数术。孟喜《易》的具体内容朱伯崑先生在《易学哲学史》第三章第一节中有具体阐述，这里就不赘述了。

又京房。京房是汉《易》卦气说的代表人物，他受易于焦延寿，而延寿曾经从孟喜问《易》。《汉书·儒林传》记成帝时刘向校书，发现诸家《易》说皆本自田何、杨何、丁宽，大谊略同，只有京氏不同，"党焦延寿独得隐士之说"，这"独得隐士之说"即为羼入不知名者的数术师法。《汉书·京房传》记京房之说"长于灾变，分六十四卦，更直日用事，以风雨寒温为候，各有占验，房用之尤精"①。京氏《易》学的主要内容是八宫卦说、纳甲说②、五行六位说③、卦气说④、消息说⑤、飞伏、

---

① 此两句中华标点本标点有误。中华标点本为："以风雨寒温为候：各有占验。房用之尤精"，此冒号与句号皆误，应为："以风雨寒温为候，各有占验，房用之尤精。"

② 京房纳甲说，是将八宫卦配以十干，其各爻又分别配以十二支。甲为十干之首，是称"纳甲"。见朱伯崑：《易学哲学史》第一册，华夏出版社1995年版，第135页。

③ 五行六位说即以五行解周易。具体内容为以五星(土、金、水、木、火五星)配卦，以及五行在八卦诸爻中的位置。并且京房还将五行生克说引进六十四卦，根据一卦中六爻的五行属性断定它们之间的相制、相敌、相安等关系。见朱伯崑：《易学哲学史》第一册，第137～141页。

④ 卦气说始于孟喜。京房的卦气说即将八经卦与十二支、十二月、二十四节气对应起来，见正文图一引朱伯崑：《易学哲学史》第一册，第143页"八卦卦气图"。

⑤ 十二消息说见孟喜卦气说。具体内容是用泰、大壮、夬配春，干、姤、遁配夏，否、观、剥配秋，坤、复、临配冬，以此十二卦表示一年四季阴阳消长，见朱伯崑：《易学哲学史》第二册，第122～123页。

世应说,八宫卦对卦序的排列,显出了逻辑的进步①;飞伏是就卦象的牵引之说;世应说扩大了取象的范围,纳甲则吸收了战国数术中的干支式法内容,这些大多保存在吴陆绩著《京氏易传》中,朱伯崑先生在《易学哲学史》第三章有分析,本书不在这些问题上深入,这里以《汉书·京房传》记载京房至陕西复上封事的资料为例分析京房卦气说在实际应用上的特点:

“乃丙戌小雨,丁亥蒙气去,然少阴并力而乘消息,戊子益盛,到五十分,蒙气复起。此陛下欲正消息,杂卦之党并力而争,消息之气不胜。……己丑夜,有还风,尽辛卯,太阳复侵色,至癸巳,日月相薄,此邪阴同力而太阳为之疑也。……”

此为京氏《易》学应用的实例,在《易》学史研究上具有相当高的学术价值。从此例看,京氏卦气说熟谙“气”的运行,而且从京房对“蒙气”、“还风”的理解和预测看,他的《易》占融入了天文学内容。蒙气为混浊且不祥之气,这种气凌日在汉代人看来是不祥之兆(《艺文志》数术类《汉日旁气占验》即为专门的此类作品),从“乃丙戌小雨”到“消息之气不胜”,丙戌、丁亥、戊子为连续的三天,这三天里蒙气忽聚忽散,在京房看来是“少阴并力而乘消息”、“杂卦之党并力而争”,此按京氏卦气说为臣下凌上之象。“五十分”为一日中的某一时刻,孟康注:

“分一日为八十分,分起夜半,是为戊子之日在己西(按,“西”当为丑字)而蒙也。蒙常以夜晨,今向中而蒙起,是臣党胜君不胜也。”

这是说,以夜半为“分”的起始,一日若为八十分,则五十分为今时制的下午三点,本当在戊子后一日即己丑日的夜间出现“蒙”的现象,古人认为夜间为阴,白昼为阳,而现在白昼正午未尽即出现“蒙”,是臣下侵君的表现。这是京房用其《易》学中的六十四卦消息说跟天文现象结合用来实际占验。下文又提到“还风”,还风孟康注为:“暴风也。风为教令,言正令远也”,这次还风持续了三天(己

① 京房八宫卦说,即将古易六十四卦卦序重新排列,按爻位变动形成的卦象变化将六十四卦分为乾、震、坎、艮、坤、巽、离、兑八组,每组统领八个卦,这八卦的每一卦,若六爻由初爻至上爻发生变化,即形成一世、二世、三世、四世、五世五卦,加上已身为六卦,再加上游魂、归魂二卦,为八种变化,八卦均有八种变化,是为六十四卦。这样排序的依据是卦象上阴阳爻的消长,具体见朱伯崑:《易学哲学史》第一册,第127～129页。从本文角度看,京房的八宫卦卦次说提升了董子以来阴阳五行元气说的数学水平,创造出更复杂精致的宇宙图式。

丑至辛卯),太阳又被阴气侵蚀得变色,到了后天(癸巳),日月相薄,阴阳之气互相交争,京房认为都是"邪阴同力而太阳为之疑",由此可见,京氏卦气说是不局限在《易》之内的,它跟天文学相结合。

此外从京房"好钟律,知音声",还可看出京房擅长纳甲和纳音术,纳音术是先秦古老方术的一种,三代王官的乐师即根据"八风"掌握早期的纳音术,其基本原理是根据五音与数度的关系将音换算成数,或根据十二律与十二月、十二地支的关系将音声换算成干支,再预测吉凶。《淮南子·天文训》有十二律与十二地支的对应[①],京师纳甲说即吸收了这一对应,将声音之变通过数字换化成卦爻之变。这样的内容其实并非京房始创。《艺文志》中《易》类有《古五子》十八篇,颜师古注为自甲子至壬子说《易》阴阳,即将干支引入《易》,此为渊源较早的纳甲说。京房为《易》名家,其《易》已融入纳甲、纳音洞然。

以上是对京氏《易》的简述(除了京氏《易》外,魏相的《易》大量采撷《明堂月令》的内容,将在第六节叙述)。京氏《易》是汉代人利用纳甲、纳音等原先跟六十四卦无涉的数术对《易》中的至上力量——"太极"及其演变现象等的研究,八宫卦的排序、飞伏和阴阳消长表示的都是"太极"之变,这是汉《易》不同于三代王官之《易》的特点。

从以上考察可以看出,从《淮南道训》到孟喜再到京房,《易》中的象数融入了战国以来的阴阳五行、干支纳甲等,以之解六十四卦。这些推算的前提都是承认终极性神秘力量及秩序的存在,并用数学方法对它的出现进行演算。这种象数学同样渗入了其他诸经的师法中,见下文。

(二)《书》中的象数——洪范五行传

除了《易》外,《书》中因有《洪范》专论五行,《洪范》五行是《书》中的象数内容。汉代的《尚书》始传于伏生,伏生曾为故秦博士,文帝时伏生年老,太常掌故晁错往伏生处受《书》。伏生传张生及欧阳生,张生传夏侯都尉,夏侯都尉传夏侯

① 《天文训》十二律配十二月、十二支为:黄钟十一月子,大吕十二月丑,太蔟正月寅,夹钟二月卯,姑洗三月辰,仲吕四月巳,蕤宾五月午,林钟六月未,夷则七月申,南吕八月酉,无射九月戌,应钟十月亥。

始昌,《汉书·夏侯始昌传》记始昌“通五经,以《齐诗》、《尚书》教授。……始昌明于阴阳,先言柏梁台灾日,至期日果灾”,则《书》到始昌时已羼入灾异。《汉书·五行志上》云“孝武时,夏侯始昌通五经,善推《五行传》”,始昌又传夏侯胜(大夏侯),夏侯胜为《尚书》名家,进一步发展了其中的灾异说。夏侯胜“少孤,好学,从始昌受《尚书》及《洪范五行传》,说灾异。后事蔺卿,又从欧阳氏问。为学精孰,所问非一师也”[①],从这段记载看,夏侯胜的《尚书》学兼综章句和灾异,他所问学者有蔺卿、欧阳氏,这二家之学俱出自伏生弟子欧阳生(欧阳和伯)[②],欧阳生所传《尚书》为章句之学,而始昌传之的《洪范五行传》则为灾异,则传到夏侯胜,其学中既有章句,又有灾异之学。

夏侯胜还实际运用《洪范五行传》占验,昌邑王在位时他曾根据《洪范五行传》推断说臣下有人谋事,而此时霍光正与张安世谋议废昌邑王,令霍光大惊。夏侯胜传孔霸,孔霸子孔光亦善说阴阳灾异(见《汉书·孔光传》日蚀上书)《孔光传》记孔光为孔子十四世孙,其先孔安国、孔延年皆治《尚书》为武帝博士,孔光之父孔霸亦治《尚书》,事夏侯胜,昭帝末年为博士。元寿元年正月朔日食,十多日后傅太后崩,是月征光诣公车,问日蚀事。孔光以《五行传》中言及日月乱行的部分应答(详下文)。因《五行传》跟汉人对五行之帝的认识关系密切,下文在述及汉代人对“五帝”的认识时还将涉及。

以上是汉初《书》羼入灾异的状况。《汉书·五行志》即为采撷夏侯胜、董仲舒、刘向等人的《五行传》而成,其方法是以“象”(如木不曲直,狗生角、民间有童谣之类现象)通过五行的相生、相剋推事,这种推算后来亦融入了星历数度之学。如夏侯胜一系中,夏侯胜传周堪,周堪传许商,《汉书·儒林传》记载许商“善为算,著《五行论历》”,而《艺文志》有《许商五行传记》,《沟洫志》:“商治尚书,善为算”。《尚书》纬有《尚书五行传》等,其内容有大量的星历数度之学,亦为以战国以来的数术解《五行传》的结果。

《尚书》中的灾异主要在大夏侯之学中,小夏侯之学起初主要是章句。《汉

---

① 《汉书·夏侯始昌传》。

② 蔺卿为倪宽(欧阳生之徒)门人,欧阳氏世传《尚书》,其先欧阳生为伏生亲传弟子,因此蔺卿、欧阳氏之学均出自欧阳生。

书·夏侯始昌传》记始昌又传《书》予夏侯建（小夏侯），夏侯建为夏侯胜从父之子，“自师事胜及欧阳高，左右采获，又从五经诸儒问《尚书》相出入者，牵引以次章句，具文饰说”，则小夏侯之说注重章句。夏侯胜说他：“建所谓章句小儒，破碎大道”，夏侯建则认为夏侯胜之说“为学疏阔，难以应敌”，这个“敌”即师法不同的其他《书》家，由此可见《书》中章句与灾异师法不同出现的差异。但小夏侯之说在传习中亦非一直严格守着章句之说的师法。夏侯建传张山，张山传李寻，而李寻恰深明象数，是灾异大家，《汉书·李寻传》记寻“治《尚书》，与张孺、郑宽中同师。宽中等守师法教授，寻独好《洪范》灾异，又学天文、月令阴阳。事丞相翟方进，方进亦善为星历，除寻为吏，数为翟侯言事”。李寻的灾异说渊源驳杂，而且认可纬书的权威性，下文讲日月五星的认识时还要涉及。

（三）《诗》中的象数——以“八风”解性情

《诗》在三代是王者观风和士大夫修养性情和讽谏之作，《诗》中的灾异学是通过以数术解释“风”和“性情”来实现的，具体为以“八风”解性情。八风和性情的关系在周代为王官乐师所掌（见第一章第三节五音十二律部分），在史官那里则有八风（八方之风）跟季节、方位对应①，在《淮南子·天文训》中它跟星历、分野说结合（见第二章第二节），这些内容通过诸经师法的渐融进入《诗》中，如传自浮丘伯的鲁诗最初为章句之学，丘伯授楚元王、申公，申公“独以《诗经》为训故以教，亡传，疑者则阙弗传”②，申公的弟子有王臧、赵绾、孔安国、夏宽、鲁赐、许生等多人，许生传韦贤、王式，王式又传张长安、唐长宾、褚少孙等。韦贤、王式二家师法已经出现差异。受王式之学的唐长宾、褚少孙等擅长容礼（见本章第二节），是比较纯粹的章句学派；而韦贤则“兼通《礼》、《尚书》，以《诗》教授，号称邹鲁大儒”③，《尚书》中五行的内容渗入他的《诗》学是很自然的事，因此，鲁《诗》至迟到韦贤已不再是纯粹的章句之学。

再看齐《诗》。因《诗》中有一些篇章云天人关系，如《小雅·十月之交》为以天变刺厉王之诗篇，这样的篇章在齐《诗》中格外受到重视。齐《诗》灾异的内容

① 见《史记·天官书》和本书第二章第二节。
② 《汉书·儒林传》。一说为“亡传疑，疑者则阙弗传”。
③ 同上。

核心是“五际六情”，翼奉上书有“五际之要、《十月之交》”之语[①]，他说“《诗》之为学，情性而已。五性不相害，六情更兴废。观性以历观情以律，明主所宜独用”，[②]颜师古注引晋灼曰这样解释“五性”：

“翼氏五性，肝性静，静行仁，甲己主之；心性躁，躁行礼，丙辛主之，脾性力，力行信，戊癸主之；肺性坚，坚行义，乙庚主之；肾性智，智行敬，丁壬主之也。”

“五际”之内容据《汉书·翼奉传》注有两种，一为颜师古注引应劭曰为“君臣、夫子、兄弟、夫妇、朋友也”，一为孟康曰：“《诗内传》曰‘五际，卯、酉、午、戌、亥也’阴阳终始际会之岁，于此则有变改之政也。”按，应劭云跟六情十二律对应不起来，孟康所云以十天干配五性才是五际的正确内容，这在《诗》纬中有对应（见下文）。至于“六情”，《汉书·翼奉传》这样记载：

“知下之术，在六情十二律而已。北方之情，好也，好行贪狼，申子主之；东方之情，怒也，怒行阴贼，亥卯主之；贪狼必待阴贼而后动，阴贼必待贪狼而后用，二阴并行，是以王者忌子卯也。《礼经》避之，《春秋》讳之。南方之情，恶也，恶行贞廉，寅午主之。西方之情，喜也；喜行宽大，巳酉主之。二阳并行，是以王者吉午酉也。《诗》曰：‘日吉庚午’，上方之情，乐也；乐行奸邪，辰未主之。下方之情，哀也；哀行公正，戌丑主之。辰未属阴，戌丑属阳，万物各以其类应。……乃正月癸日加申，有暴风从西南来。未主奸邪，申主贪狼，风以大阴下抵建前，是人主左右邪臣之气也。”

从此段和颜师古、孟康、张晏等人的注（详下文）可以清晰地看出翼奉的齐《诗》六情长足吸收了战国以来的数术。《诗》为情之所发，翼奉六情即专门以数术研究“情”。翼奉认为情与季节方位的对应是建立在六方五行之气消长的基础上的，这六方五行之气的消长，颜师古注引孟康曰如下：

“北方水，水生于申，盛于子。水性触地而行，触物而润，多所好故，多好

① 《汉书·翼奉传》。
② 同上。

则贪而无厌,故为贪狼也。"

"东方木,木生于亥,盛于卯。木性受水气而生,贯地而出,故为怒;以阴气贼害上,故为贪狼也。"

"南方火,火生于寅,盛于午。火性炎猛,无所(加)【容】受,故为恶,其气精专严整,故为廉贞。"

"西方金,金生于巳,盛于酉。金之为物,喜以利刃加于万物,故为喜,利刃所加,无不宽大,故曰宽大也。"

"上方谓北与东也。阳气所萌生,故为上。辰,穷水也。未,穷木也。翼氏《风角》曰:'木落归本,水流归末',故木利在亥,水利在辰,盛衰各得其所,故乐也。水穷则无隙不入,木上出,穷则旁行,故为奸邪。"

"下方谓南与西也。阴气所萌生,故为下。戌,穷火也。丑,穷金也。翼氏《风角》曰:'金刚火强,各归其乡',故火刑于午,金刑于酉。酉午,金火之盛也。盛时而受刑,至穷无所归,故曰哀也。火性无所私,金性方刚,故曰公正。"

这里的五行之某生于某,盛于某是式法推算的内容,即淮南子《地形训》中五行壮老休囚死之类(见第二章第二节),在这里它渗入了翼奉的《诗》中。唯孟康注上方为北与东,下方为南与西似乎不确,按上方、下方加东西南北,正是六方,即《尧典》便出现的"六宗"。翼奉的六情十二律用干支推算阴阳之气①,并用"辰"占事之吉凶②,这些都是战国数术的重要内容(见第二章第二节式法部分)。

---

① 《汉书·翼奉传》颜师古注引李奇曰:"北方阴也,卯又阴贼,故为二阴,王者忌之,不举乐。《春秋》、《礼记》说皆同。贾氏说:'桀以乙卯亡,纣以甲子丧,恶以为戒。'张晏曰:'子刑卯,卯刑子,相刑之日,故以为忌。而云夏以乙卯亡,殷以甲子亡,不推汤武以兴,此说非也。'"此为汉代人以日的干支推古来兴亡之必然,翼奉的六情十二律吸收了这些内容。

② 《汉书·翼奉传》翼奉云"师法用辰不用日。辰为客,时为主人。……辰正时邪,见者正,侍者邪;辰邪时正,见者邪,侍者正。……辰为常事,时为一行。辰疏而时精,其效同功,必参五观之,然后可知。故曰:'察其所繇,省其进退,参之六合五行,则可见人性,知人情。难用外察,从中甚明,……'",客、主人之占来源于战国至汉初的数术内容,银雀山汉简即有此类内容,兹举二例:"·兵有客之分,有主人之分。客之分众;主人之分少。客负主人半,然可商(敌)也负……"(简 0023 论·一四);"定者也,客者。后定者也,主人。安(按)地抚势,以胥。夫客犯益(隘)逾险而至,夫犯益(隘)……"(简 0026 论·一四,两条俱见吴九龙:《银雀山汉简释文》,文物出版社 1985 年版,第 3 页),此两条为兵阴阳家语。兵阴阳家是战国数术中的重要流派,翼奉之占的客、主人之术,即源于战国数术中流行的占法。

此为将六情及其变化都看作是气的变化所致,并用数术对之进行推算。类似的以数术解“风”的内容在《诗》纬中亦有,《诗含神雾》:

“齐地处孟春之位,海岱之间,土地汙泥,流之所归,利之所聚,律中太蔟,音中宫角。

“陈地处季春之位,土地平夷,无有山谷,律中姑洗,音中宫、徵。

“曹地处季夏之位,土地劲急,音中徵,其声清以急。

“秦地处仲秋之位,男懦弱,女高膫,白色秀身,律中南吕,音中商……。”

“唐地处孟冬之位,得常山。太岳之风,音中羽,其地硗确而收,故其民俭而好畜……。”

“魏地处季冬之位,土地平夷。”

“邶、鄘、卫、王、郑,此五国者,处州之中,名曰地轴……。”①

这段内容可用下表表示:

《国风》	季节	地区和地形	音	律
齐	孟春之位	海岱之间	宫角	
陈	季春之位		徵	律中姑洗
曹	季夏之位	土地劲急	徵	
秦	仲秋之位	男懦弱,女高膫白色	商	
唐	孟冬之位	常山、泰乐	羽	
魏	季冬之位	土地平夷		
邶、庸、卫、王、郑	孟春之位	中州地轴	角	律中太簇

以上的对应是以季节、五音和分野的对应说明“风”的差异,此法远承周代王官乐师提及的八风之术,只是融入了分野说和月令的内容,这种以分野解“风”的方法,跟翼奉以六方五行之气的消长解释六情的差异,在方法上是一致的。

翼奉跟京房一样长于以律历之变占事,《翼奉传》记翼奉奏封事有这样一段:

“今年太阴建于甲戌,律以庚寅初用事,历以甲午从春。历中甲庚,律得参阳,性中仁义,情得公正贞廉,百年之精岁也。正以精岁,本首王位,日临中时接律而地大震,其后连月久阴,虽有大令,犹不能复,阴气盛矣。……”

① 见《通纬》,上海古籍出版社1994年影印《纬书集成》,第1725页。

从上文看翼奉的齐《诗》亦有纳音术。该段孟康注："太阴在甲戌，则太岁在子。十一月庚寅日，黄钟律初起用事也"，太岁所在之位，《淮南子·天文训》有载①，但《天文训》中的太岁之位并没有跟人的性情联系起来，到齐《诗》中则有这种联系，是数术羼入齐《诗》的具体表现。

三家《诗》中的韩《诗》，因韩婴通《易》，从韩婴传《诗》时便有了天人之学的渗入(见本章第二节)，韩婴传赵子，赵子传蔡谊，蔡谊传王吉，而王吉通五经，亦通灾异(见《汉书·王吉传》)，因此韩《诗》中亦有灾异之学，因篇幅关系，这里不再深究。

(四)《礼》中的象数——明堂阴阳

《礼》羼入象数的部分主要是明堂阴阳之说。这个过程亦斑斑可考。战国至汉初儒家所传之《礼》主要是章句之学。汉《礼》传自鲁高堂生，高堂生所传是士礼十七篇，据大戴目录为《冠》、《昏》、《相见》、《士丧》、《既夕》、《士虞》、《特牲》、《乡饮酒》、《乡射》等，冠、昏、丧、乡射、乡饮酒等礼均为宗周旧典，高堂生所传为士一级贵族施行此类礼典的实录。此外《艺文志》有《礼古经》五十六卷，"出于鲁淹中及孔氏，与(高堂生)十七篇文多相似"，这些都是著以竹帛，传承礼典的《礼》学派。当时又有传承容礼的学派，汉初有鲁之徐生擅长容礼，徐生传到其孙徐延、徐襄，徐延能通《礼》经，徐襄善于为颂(容)，但不通经。徐生传容礼可上溯到战国儒家对古礼仪容的传承(见本章第二节)，著于竹帛的礼典实录和开派传习的礼仪、容，传承了零星的礼"义"和片断的"仪"、"容"之礼(见本章第二节)，都没有明堂阴阳的内容。明堂阴阳之说最初并不起于儒家，它始于《管子》，《管子》有《幼官》、《幼官图》(玄宫图)、四时等篇述及天子法宫(见第二章第一节)，到《吕氏春秋·十二纪》中，对明堂月令的构想已经成熟(见第二章第一节)，而《管子》、《吕氏春秋》都不是儒家系统的典籍。秦汉间还有其他类似的单行作品专述明堂阴阳说，《汉书·艺文志》礼家有《明堂阴阳记》三十三篇，班固自注："古明堂之遗事。"王先谦《补注》引王应麟曰：

"隋牛弘曰：案刘向《别录》及马宫、蔡邕等所见当时有古文《明堂礼》、

---

① 《淮南子·天文训》中，太岁与太阴有别，《天文训》中有太阴之位，"太阴在寅，岁名曰摄提格，其雄为岁星，舍斗、牵牛……"，见本文第二章第二节"数术中的'太岁''太阴'"部分。但《天文训》杂记诸家之言，传至汉代，翼奉传齐《诗》六情十二律中亦有太阴之位。

《王居明堂礼》、《明堂图》、《明堂大图》、《明堂阴阳》、《泰山通义》、魏文侯《孝经》传并说古明堂之事,其书皆亡,……。"

从上面引文看,《王居明堂礼》、《明堂图》等皆为单行之书,尚未羼入《礼记》。《王居明堂礼》、《明堂图》跟《管子·玄宫》《玄宫图》内容一脉相承,这些内容在《礼》传承时逐渐渗入《礼》经学。汉《礼》传到大小戴时已经羼入明堂阴阳内容,小戴《礼记》有《月令》,大戴《礼记》有《夏小正》、《明堂》(已佚)。戴德、戴圣均从后仓学礼。据《汉书·儒林传》后仓传闻人通汉、戴德、戴圣、庆普。后仓于宣帝时作《后氏曲台记》,即《艺文志》之《曲台后仓》九篇,主要内容为在曲台行射礼时后仓作的记录,此书有无明堂阴阳内容难以考证,但《经典释文序录疏证·注解传述人》述及大、小戴撰《礼》的过程是这么说的:

"《周礼论序》云:'戴德删古《礼》二百四篇为八十五篇,谓之《大戴礼》;戴圣删《大戴礼》为四十九卷,是为《小戴礼》。(吴承仕疏证:汉刘向《别录》有四十九篇,其篇次与今《礼记》同,名为他家书拾撰所取,不可谓之《小戴礼》)。后汉马融、卢植考诸家同异,附戴圣篇章,去其繁重及所叙略而行于世,即今之《礼记》是也。"

吴承仕认为:二《戴记》所采,一为礼家之《记》,即古文《记》百三十一篇及《明堂阴阳》三十三篇等是①,因此,虽然二戴撰《记》各不相谋,孰先孰后亦难判定,但二戴在撰《礼》时都利用了《明堂阴阳》三十四三篇之类的内容。此类作品在汉代当有不少单行本,魏相的《易》曾采《明堂阴阳》,《汉书·艺文志》礼类有《明堂阴阳说》五篇,为王莽时讲学大夫的作品,王先谦《补注》:

"讲学大夫淳于登说曰:明堂立国之阳丙巳之地,三里之外,七里之内而祀之。就阳位,上圆下方,八窗四闥,布政之宫,故称明堂。明堂盛貌,周公祀文王于明堂以配上帝。上帝,五精之神,太微之庭,中有五帝坐位,盖此类明堂说也。"

此为西汉晚期人们对明堂的认识。这些内容就成为王莽时期起建明堂的依据。因此,《礼》最终羼入了明堂阴阳的内容,并影响到后来的实践。

---

① 吴承仕:《经典释文序录疏证》,中华书局1984年版,第102页。

(五)《春秋》中的象数——三统和历数

《春秋》羼入象数之学的情况，上文探讨董仲舒天人之学中的礼仪和祭祀时已经涉及，这里简要地再涉猎一二。汉代《春秋》有公羊、谷梁、左氏三家，《春秋》是史书，在汉代人看来它在简洁的叙文中蕴涵着微言大义，《汉书·艺文志》：

> “(孔子)以鲁周公之国礼文备物，史官有法，故与左丘明观其史记，据行事，仍人道。因兴以立功，就败以成罚，假日月以定历数，籍朝聘以定礼乐……”

以上这段话中，“假日月以定历数”十分重要，它是数术灾异说进入春秋学的渠道。汉代人以“统”、“世”等概念对《春秋》记录历史、编排时间提出了一个框架，这在上文所析董仲舒《春秋繁露·三代改制质文》的三统说可以看出。《春秋》的灾异说，正蕴涵在由“统”、“世”等时间段构成的王朝更迭以及在一个统、世之中显现的异常现象之中。京房云：“《春秋》纪二百四十二年灾异，以示万世之君。今陛下即位以来，日月失明，星辰逆行，山崩川涌，地震石陨，夏霜冬靁，春凋秋荣，陨霜不杀，水旱螟虫，民人饥疫，盗贼不禁，刑人满市，《春秋》所记灾异尽备。……”，这正反映了汉代《春秋》学以三统说解说二百四十二年历史，以这二百四十二年历史中存在的各种灾异来叙说王朝嬗替。这种认识还反映在公羊《春秋》大家眭孟说灾异上，眭孟师从董仲舒弟子嬴公习《春秋》，“守学不失师法”，《汉书·眭孟传》记昭帝元凤三年正月，泰山莱芜山南有块高丈五尺，大四十八围的大石自立，石立后有白鸟数千下集其旁，同时昌邑王的国社中有枯木复生，上林苑中的大柳树断枯坠地也自立生，有虫食树叶成文字，曰：“公孙病已立”，眭孟根据这一系列现象推《春秋》之意，以为：

> “石柳皆阴类，下民之象，(而)泰山者岱宗之岳，王者易姓告代之处。今大石自立，僵柳复起，非人力所为，此当有匹夫为天子者。……先师董仲舒有言，虽有继体守文之君，不害圣人受命。汉家尧后，有传国之运。汉帝宜谁差天下，求索贤人，禅以帝位，而推自封百里，如殷周二王后，以承顺天命。”

此事《汉书·五行志》亦记载。石、柳皆阴，为下民，是《洪范》取象比事的方法，“有继体守文之君，不害受命”关键词在于“受命”，这正是《春秋》学以为“受命”即“统”、“世”等大时间段一段段更迭的内容。眭孟认为汉家所享有的合法时间段已到终点，新的圣人将受命。眭孟使人上书，被大将军霍光认为是妖言惑众，伏诛。

以上是公羊《春秋》的灾异说。在谷梁《春秋》传承中，翟方进受《谷梁》，据《汉书·翟方进传》：“方进虽受《谷梁》，然好《左氏传》、天文星历，其《左氏》则国师刘歆，星历则长安令田终术师也。厚李寻，以为议曹。”则方进的谷梁学免不了渗入星历灾异之说，具体内容因资料和篇幅的关系，这里就不深究了。

以上对五经中的象数之学作了简单的考察。这个问题其实可另作深究，限于篇幅，本文在这里的考察不可能那么详尽。从经学发展过程看，第一、二代经师主要是阐明经义，探求章句，这表现为《书》出于山岩屋壁，《诗》由《雅》、《颂》合成，《礼》凭记忆撰成写定后词句的意思逐渐发蒙；到第三、四代经师时，由于时人所学往往不限于一经，各经之间的内容互相佐证，再加上对战国以来数术之学既有成果的利用，灾异之学渐渐羼入五经，成为五经的“别传”。《翼奉传》：“《易》有阴阳，《诗》有五际，《春秋》有灾异，皆列终始，推得天，考天心，以言王道之安危也。”五经中的象数之学，都吸收了汉代人认为“气”作为万物原质的概念，并将星历、分野、五行式法等具体数术作为训诂的手段引入经学，以解释五经中的相关内容。《易》卦气说提供了一年阴阳之气的消长与六十四卦的对应关系；《书》的《五行传》以木、火、水、金、土所对应的物象（这些物象已经跟阴阳说结合）占测即将发生的事情；《诗》的五际六情以“气”动情发来解释六方之情的特性，并以分野说来解释八风的差异；《礼》的明堂阴阳则以一年四季阴阳之气的变化和方位的对应来安排政事；《春秋》的三统说则为古往今来的时间嬗替和王朝禅代提供了有条理、有来龙去脉可寻的框架。卦气说、五行说、五际六情、明堂阴阳无不融入了星历分野之说、干支格局之变、时间嬗替之终始这些内容，这些就是五经中的象数之学。

从经学角度看，五经灾异之学将象数之专学作为训诂手段之一引入经学，弥补了单纯章句之学支离破碎的不足，五经由此渐渐从章句破碎到旨趣混一，从各不相干到互为补充。汉代人对经书中记载的天人关系和郊庙礼仪之事的理解正是通过象数之学的渗入而明晰的。但是，考察汉代人对郊庙礼仪事的理解，仅仅注意五经中的象数之学仍然是不够的，因为五经中的象数之学并非汉代象数学的全部，汉代象数学还大量存在于纬书之中，纬书中同样蕴涵着很多汉代人对天人关系和郊庙礼仪之事的理解，因此，下文对纬书中的天人之学亦作些简要考察。

（六）纬书——以数术解经

在汉代，五经、纬书所记载的天人之学是一个整体，纬书是以数术灾异解经而渐次出现的（见下文）。用来解经和后来致使纬书出现的那些数术跟渗入五经的数术是一样的东西，因此，我们考察汉代的天人之学，应注意到同时期的纬书中保存的资料。史籍往往谶纬并提，但前人早已指出谶和纬不一样，谶是配有图的简短预言，纬则与"经"相对，是纯以数术灾异解经的成果。这里涉及汉代人对"经"的认识。经当然是经典之意，学者对五经之所以被称为"经"的过程作过详细考释[1]，但汉代人认识中的五经比这还要神圣。《翼奉传》翼奉奏封事：

"臣闻之于师曰：'天地设位，悬日月，布星辰，分阴阳，定四时，列五行，以视圣人，名之曰道。圣人见道，然后知王治之象，故画州土，建君臣，立律历，陈成败，以视贤者，名之曰经。贤者见经，然后知人道之务，则《诗》、《书》、《易》、《春秋》、《礼》、《乐》是也。"

翼奉是听经师传授这么说的，则经师在传授时将"经"看作圣人阐道之作品，"纬"正是在"道"的前提下，跟"经"相对时出现的。《汉书·李寻传》李寻说"五经六纬，尊术显士"，六纬是指五经纬和《乐》纬，"经"原意为织物的纵线，"纬"指织物的横线，这个织物，在汉代人思想层次上即传翼奉经的经师所言之"道"。战国至汉代以来的数术是被认为是对"道"的研究，以之解经之作则为"纬"，它的兴起年代素有争议，《后汉书·张衡传》认为是在哀、平之际，现代学者钟肇鹏在《谶纬论略》中详细考证了这一点[2]，其实它的出现应该比这早，周予同先生认为它发源于古代的阴阳家，起于嬴秦，出于西汉，而大兴于东汉[3]，这一点台湾学者王令

① 王葆玹：《今古文经学新论》，第31～34页。
② 钟肇鹏：《谶纬论略》，辽宁教育出版社1992年版，第21～26页。
③ 朱维铮主编：《周予同经学史论著选集》增订本，第46页。

樾《纬学探原》第三章《纬之源流》部分已作了详细探讨[①]，《后汉书·张衡传》认为纬书晚出的理由之一是“夏侯胜、眭孟之徒，以道术立名，其所著录，无一谶言。刘向父子领校秘书，阅定九流，亦无谶录。成哀之后，乃始闻之”，这也并不难理解。夏侯胜、眭孟传经，均有师法，且严格遵守，既有师法，即有壁垒，带神怪色彩的数术不易渗入。至于刘向父子，他们校对的是“秘书”，即大内所藏之书，民间晚近出现的较低层次的作品无缘入进宫禁。《四库全书总目提要·古微书》：“考刘向《七略》不著纬书，然民间私相传习，则自秦以来有之，非惟卢生所上见《史记·秦本纪》即吕不韦《十二月纪》称某令失则某灾至，伏生《洪范五行传》称某事失则某征见，皆谶纬之说也。……荀爽谓起自哀平，据其盛行之日言之耳。”这一对纬书年代的判断大致是合乎实际的。大致说来，纬书的出现应与五经传承在一、二代经师之后师法渐融大致同时。以《易纬》为例，《汉书·艺文志》数术类有蓍龟十五家，又有《古杂》八十篇，王先谦补注引沈钦韩曰：“此即《乾凿度》、《稽览图》之类”，《四库全书总目提要》：“其(《易纬稽览图》)书首言卦气，起中孚，而以坎、离、震、兑为四正卦，六十卦主六日七分，又以自复至坤十二卦为消息，余杂卦主公卿、侯、大夫，候风雨寒温以为徵应，盖即孟喜、京房之学所自出”，则内容跟《乾凿度》《稽览图》近似的《古杂》内容是孟喜、京房之说的来源，《古杂》内容应在孟喜之前，因此，《易》纬出现比较早是可信的。其他纬出现可能比《易》纬晚，但绝不会晚到哀、平之际才刚刚出笼，应随着诸经师法的混融自然而然地萌蘖。

纬书与经有密切关系。王葆玹先生认为在汉代，纬书依附于经，权威与“大传”接近[②]，王令樾《纬学探原》则认为纬书“上焉者配合经书旨义，为经之支流；或依傍于经，别阐新义。中焉者推明天道，多陈述灾祥之应验。下焉者只说符命，为帝王兴衰之预言。……其中演绎河图洛书的哲理，与经义相互发明的，大抵为经的佚文，或先儒口耳相传之说，可谓纬之真言。其言灾异一类，大概本阴

① 王令樾《纬学探原》引《四库全书总目提要》、皮锡瑞《经学历史》、陈槃《论早期谶纬及其与邹衍书说之关系》、俞正燮《癸巳类稿·纬书论》、刘师培《谶纬论》等多种作品论证纬书之起早于哀、平之际，搜集详细，可以参看。台湾幼狮文化事业公司1984年版，第61～74页。

② 王葆玹：《今古文经学新论》，第73页。

阳家之说，而与经义时有乖合"①，这段话说出了纬书与经的密切关系。笔者以为纬书之所以与经关系密切，就因为纬书是以数术解经出现的附翼作品，这从纬书的内容亦可看出。现存的纬书主要是明清人的辑佚成果，跟历史上存在过的纬书比数量十不存一，而且零散残缺，其在汉代的原貌当不是如此，从零散的纬书资料可以看出它跟解经的传、说、记有近似的体例，以下试举两例：

1.《春秋元命包》："黄帝受图，立五始。元者，气之始；春者，四时之始；王者，受命之始；正月者，政教之始；公即位者，一国之始"，此为解《春秋》首句"元年春，王正月"之句之语，一个字一个字解释，正是章句训诂之法。

2.《诗推度灾》："十月之交，气之相交。周十月，夏之八月"，此为解《小雅·十月之交》篇首之语，也是训诂式的。

但纬书解经跟章句之学解经不完全一样，它并不死抠每个字眼，而是着重于用数术来解释经书中记载的王朝更迭、典章制度、风土人情种种，再加上一些水平不高的怪诞想象，以至于学者说它"眼光卑下，心灵污浊"，"仅仅是一种恶劣、拙劣的欺骗和愚弄"②，纬书中用来解经的数术有卦气说、星历之学、干支式法、分野说等等，这方面值得撰专文研究，但目前学界对纬书的研究尚少有从该视角进行的，笔者这里简要举诸纬中的一些以数术解经的例子：

1. 卦气说

卦气说的主要内容是以六十四卦配一年"气"运行之法，这类内容在《易》纬中不少，如《易乾凿度》解释宇宙之初和物质构成：

"故曰有太易，有太初，有太始，有太素也。太易者，未见气也；太初者，气之始也；太始者，形之始也，太素者，质之始也。气形质具而未离，故曰混沦。"③

此段解释"气"的构成，是卦气说的基础。又如《易乾凿度》以阴阳数之别解《易经》篇分上下的体例：

"孔子曰：阳三阴四，位之正也。故易卦六十四，分而为上下，象阴阳也。

① 王令樾：《纬学探原》，第75页。

② 金春峰：《汉代思想史》，第367页。

③ 见《七纬》，《纬书集成》上册，第787页。

夫阳道纯而奇,故上篇三十,所以象阳也;阴道不纯而偶,故下篇三十四,所以法阴也。”①

此段以阴阳之数来解释《易》分上下篇的原因,是一种牵强附会的套用“数”的方式。又如《易乾元序制记》中四正卦与八风、二十四气的对应:

“坎:初六,冬至,广莫风。九二,小寒;六三,大寒;六四,立春,条风;九五,雨水;上六,惊蛰。”

“震,初九,春分,明庶风;六二,清明,六三,谷雨。九四,立夏,温风(按,有错漏),六五,小满。上六,芒种。”

“离:初九,夏至,景风,六二,小暑,九三,大暑;九四,立秋,凉风至。六五,处暑;上九,白露。”

“兑,初九,秋分,阊阖风,霜下;九二,寒露;六三,霜降,九四,立冬,始兵,不周风,九五,小雪,上六,大雪也。”②

此为卦气说的具体内容,描述四正卦的六爻与二十四节气的对应方向,其中还有八风。卦气说是推知神明力量及显现之势的具体方法,它所描述的宇宙格局后来有一部分被王朝祭礼安排神明格局吸收。

2. 推数之学

推数之学是战国数术普遍的,如《史记·律书》有以数出音律之法,《汉书·艺文志》也有这类作品,诸子类阴阳家有《张苍》十六篇,王先谦补注引王应麟曰:“本传者书十八篇,言阴阳律历事”,为汉初丞相张苍推算律历度量之法。《艺文志》历谱类有《律历数法》三卷,王先谦补注云可能是落下闳转历之法,这些都属于推数之学,纬书中这些内容很多,这里简要举例如下:

(1)《易乾凿度》以十干十二支、二十八宿之数解《易》大衍之数:

“日十干者五音也,辰十二者六律也,星二十八者七宿也,凡五十,所以大阂物而出之者也。”③

(2)《易乾凿度》求水旱灾之年法:

---

① 见《通纬》,《纬书集成》下册,第1628页。

② 见《通纬》,《纬书集成》下册,1709页。

③ 见《七纬》,《纬书集成》上册,第788页。

"欲求水旱之厄，以位入轨年数，除轨毕尽，则厄所遭也。甲乙为饥，丙丁为旱，戊己为中兴，庚辛为兵，壬癸为水。"①

3. 星历之学

纬书中的星历之学，是天文学的专门内容，如《诗纪历枢》中的星辰记载："左角为天棟，以正纪纲。一曰大角，为火，以其赤明也"；又天区划分术：

"分周天为三十六头，头有十度九十六分度之十四。（按，此为分天区365.25度为36份，每份为10又14/96度），长日分于寅，行二十四头入于戌，行十二头短日分于辰，行十二头入于申，行二十四头（按，此处可能有脱漏），此谓也。"②

此为将周天分三十六个扇形区域（头），以十二地支在式盘上的方位，推一年周天运行之法，为战国至汉代数术家之法。星历之学从战国起即融入了各种式法，此即用之解《诗》的表现。

4. 星土分野说

星土分野说在三代是王官之史所掌的专门技术，这类专门技术纬书中也有，如《春秋元命苞》中的分野说：

"昴、毕间为天街，散为冀州，分为赵国，立为常山；牵牛流为扬州，分为越国，立为扬州。江南之气躁劲，厥性轻扬，亦曰州界多水扬波也……。"

"轸星散为荆州，分为楚国，荆之言强也。阳盛物坚，其气急悍也……。"

"虚、危之精流为青州，分为齐国，立为莱山。"

"天弓星主司弓努，流为徐州，别为鲁国。徐之言舒也，阴收，内安详也。"

"五星流为兖州，兖之为言，端也……。"

"钩钤星别为豫州。豫之为言序也，阴阳分布各得处也……。"

"东井星散为雍州，分为秦国，雍，壅也……，其气险也。"

"觜参流为益州，益之言隘也，谓物类并决，其气急切决烈也……。"

① 见《七纬》，《纬书集成》上册，第796页。

② 见《玉函山房辑佚书》，《纬书集成》下册，第1222页。

“箕星散为幽州，分为燕国，幽之为言窈也，言风出于窈冥，故其其躁急。”

“营室流为并州，分为卫国之镇，立为明山。并之为言诚也，精合交并，其气勇抗抱诚信也。”①

此分野说跟《左传》记载的先秦分野说比，已跟完整的二十八宿结合，并引入“精”的概念，分析各地“气”的异同。

5. 干支式法

干支在中国古代属于“数”，它大量被运用于式法推算中，这种数术在纬书中亦被用来解经，如《诗纪历枢》解齐诗“五际”：

“午亥之际为革命，卯酉之际为改正。辰在天门，出入候听。卯，《天保》也。酉，《祈父》也，午，《采芑》也；亥，《大明》也，然则亥为革命，一际也；亥又为天门出入候听，二际也，卯为阴阳交际，三际也；午为阳谢阴兴，四际也；酉为阴盛阳威，五际也。”②

此为以十二地支和五际解《诗》篇名。这个解释将《诗》的不同篇名安排在辰、卯、酉、午、亥五个方位上，来解释《诗》的“五际”，此即用式法来解《诗》。

以上是对纬书中卦气、律数、分野、干支式法等具体数术的举隅。纬书中此类内容是大量的，上文所引不过是极片断的部分。除了文字书写的这些数术外，纬书还有大量的图，本书在第二章第二节战国数术部分就说过当时数术用大量图和式来表示，纬书也继承了有图的传统。《河图》、《洛书》纬中有大量的图，如《河图》纬有《河图始开图》、《河图握矩纪》，“矩”为丈量揆度之工具，这个“握矩纪”即使用“矩”造就的、古往今来时间流逝的“纪”的具体内容。《易》有《稽览图》、《坤灵图》；《春秋》有《合诚图》、《孔演图》、《握诚图》等。

无论卦气、律数、分野、干支式法等象数推演的方法还是纬书中的图，均是纬书作者解经之词句时的努力，这种努力企图为经书内容提供一个高远而井井有条的时空框架，这个时空框架确实建立起来了，李寻、夏贺良说汉朝要再受命、西

---

① 见《玉函山房辑佚书》，《纬书集成》下册，第1342页

② 见《玉函山房辑佚书》，《纬书集成》下册，第1222页。

汉晚期讹言城中大水，都是因这个时空框架推断汉所占有的合法性即将消失之断言。此外，纬书中的数术内容，还反映了其作者为了寻求经书内容背后的至上形而上存在所作的孜孜不懈的努力，它们是当时中下层知识分子和术者思辨的产物，这种思辨是自发的，并不完全跟王朝的正统性需要结合在一起。其结果——对"神"秩序的思辨一点点增加。不过，因为纬书的作者并非大师巨擘，这些思辨中还夹杂着大量水平不高的怪诞想象，主要反映在造神方面。这里以《尚书璇玑钤》中的两条为例：

"有神人名石年，苍色，大眉，戴玉理，驾六龙，出地辅，号皇神农。"

"人皇氏九头，驾六羽，乘云车，出谷口，分九州。"①

这些怪诞的内容是学者指责它"眼光卑下，心灵污浊"的主要证据。其实这反映了纬书作者将五经中的数术灾异直接赋予神的形象的努力，只是纬书作者多非大师巨擘，这种神化水平不高而已。有学者认为谶纬是神学，努力要造出一种宗教，谶纬在当时确实表现出了宗教化倾向，联系后来纬书的亡佚和道教的出现看，正是后来的早期道教继承了纬书中出现的宗教化倾向，并将那些水平不高的怪诞想象在神学水准上提升，才使纬书在道教出现后失去了存在的价值——纬书的亡佚一方面是因为后来的朝廷认识到它起着妖言惑众的作用，开始禁止②，另一方面是因为纬书中具有学术价值的内容大多汇入了渐趋成熟的道教典籍中，它的存在已无太大价值。《四库全书总目提要》："七纬皆佚于唐，存者独《易》。逮宋末而尽失。"七纬亡佚于唐，而三国魏晋至隋唐正是道教渐渐成熟乃至大兴的时代，此时纬书的内容大量被道教吸收③，至宋代学者精研《易》理，连

---

① 见《通纬》，《纬书集成》下册，第1712页。

② 曹魏代汉时利用过谶纬，《三国志·魏书·文帝纪》记太史丞许芝条陈魏代汉见于谶纬，是利用谶纬为曹魏代汉寻找依据。晋朝统治者意识到谶纬不利于统治，开始禁绝。《晋书·武帝纪》记泰始三年十二月"禁星气谶纬之学"。

③ 道教典籍在东汉至魏晋南北朝时期开始陆续出现并逐渐写定，它们的内容有部分跟谶纬有继承关系，这里举一些细节。葛洪《抱朴子·遐览》提到《樊英石壁文》三卷，而樊英博通纬书，《后汉书·方术列传》有传。此为谶纬内容后来进入道书之证。又《隋书·经籍志》："汉时诸子，道书之流有三十七家……，无上天官符箓之事。其黄帝四篇，老子二篇，最得深旨。故言陶弘景者，隐于句容，好阴阳五行，风角星算，修辟谷导引之法，受道经符箓……，及禅代之际，弘景取图谶之文，合成'景梁'字以献之……"，则陶弘景既通风角星算，又明习谶纬。纬书内容被道教典籍吸收的过程，容日后专文考证。

《易》纬中有价值的内容也被宋《易》吸收,因此《易》纬在宋代也最终亡佚。

以上对五经灾异说和纬书中的数术内容作了简要考证。这些对于研究中国古代王朝祭礼的变迁而言是有价值的——正是因为五经羼入灾异之学,才最终使五经中的祀典、礼仪、郊庙建制之类的内容,从章句之学下那种支离破碎,不明大义的状态下走出,数术之专学的完整形而上体系及具体推演法在这个过程中渗入经学,并被用来解释经学中记载的郊庙礼仪制度,为经学中记载的从祀典建设到礼仪制度到郊庙典制等上古礼仪之事,提供一个完备而能自圆其说的体系(不管这个体系是否符合三代原有的状况),而纬书中的数术则跟五经灾异之学互为补充,它一方面继承了战国数术对终极性神秘力量(及它的各种分支统属)的认可、演算和追求,并且试图在形上学领域对之作进一步的归纳和推想,因此产生出了比经书中更丰富的对天、地、五精之帝性质的阐述;另一方面,它在承认终极神秘力量存在的前提下,将跟“受命”有关的古人神(大禹、尧、舜、孔子等等)跟青、赤、黄、白、黑五行系统的枝节乃至规矩方圆等混杂起来,进行怪诞的想象,由此构成了汉代一般习经者乃至普通士人认识中的神灵世界。这个神灵世界不是普通大众心目中保佑他们顺利生产、平安生活的神灵世界,而是具有一定知识水准的人们(儒生和“方士化了的儒生”如夏贺良等)心目中的神灵世界。

下文便考察一下五经灾异说和纬书的数术对神灵和祭祀事务的具体构想。

三、五经灾异说及纬书数术中的神灵和祭祀

五经灾异说和纬书中的数术,使汉代人对经书中记载的郊庙礼仪之事形成体系。五经灾异说的浑然一体使经书中记载的神灵世界及它们的格局渐渐得以明晰,“帝”、“天”、山川百神都被赋予了清晰的含义,而纬书中的数术则使这些神灵的神性内容更丰富。五经灾异说和纬书中的数术共同凸显出一个神灵世界,这个神灵世界既不同于战国时期因数术发展而形成的分层次的神灵格局(见第二章第二节),又不同于后来东汉时期正统国家祀典中的神灵世界,它是二者之间的中间环节。需要注意的是,经书、纬书在描述和解释神灵存在时,均运用了

"气"和"精"的概念,《易乾凿度》"变易者,其气也"①,"太初者气之始也,太始者形之始也,太素者质之始也"②,这两个概念是战国以来道家和数术家用来解释宇宙万物构成原质的(见第二章第五节),汉代人正是在普遍接受"气"和"精"概念的基础上,试图找出创造"气"和"精"的原初动力,才设想出各种帝、精之存在的,纬书关于神灵和灾异的各种怪诞想象也在这个前提下展开,下面便对这些神灵进行具体考察。

(一) 至上神天或帝

经书、纬书中均出现了至上神。经书中的至上神为天或帝,博通灾异的经师以数术对之进行解释,如习小夏侯《尚书》的李寻解《尚书·皋陶谟》:

"《书》云'天聪明',盖言紫宫极枢,通位帝纪(按,即时间概念),太微四门,广开大道,五经六纬(五经与乐纬),尊术显士,翼张舒布,烛临四海,少微处士,为比为辅,故次帝廷,女宫在后。圣人承天,贤贤易色,取法于此。"③

这段解说显然糅进了数术之学。"紫宫极枢"即北辰之位,在星占家看来即帝廷,"太微四门"为帝廷不同方位的四个门、"翼张"为二十八宿之两宿,李寻以天之"帝"廷显现的这种规律来解释《书·皋陶谟》中的"天聪明",显然,他认为天是紫宫极枢和"通位帝纪"(即往古以来的时间概念,详下文)的共同主宰,它是一种冥冥中存在的不可抗拒的神秘而有秩序的力量,这一思想体现在五经和纬书所有解"天"和自然、宇宙各种秩序的内容中。《河图括地象》描述这种神秘而有秩序的力量:

"天有五行,地有五岳,天有七星,地有七表,天有八气,地有八风,天有九道,地有九州。天有四维,地有四渎;天有九部八纪,地有九州八柱……,昆仑山为柱,气上通天,昆仑者,地之中也。地下有八柱,柱广十万里,有三千六百轴互相牵制,名山大川孔穴相通。"④

---

① 见《通纬》,《纬书集成》下册,1622页。
② 同上书,1626页。
③ 《汉书·李寻传》。
④ 见《通纬》,《纬书集成》下册,第1572～1573页。

这是对《淮南子·地形训》记载的大地分野说(见第二章第五节)的吸收,此处描述的是冥冥之中的有序规律。

除了天之外,纬书中的“帝”是由战国数术之太极、太一等概念发展而来的,《易·说卦》有“帝出乎震”,《易纬乾凿度》有太一行九宫之内容,郑玄注:

“太乙者,北辰之神名也。居其所曰太乙,常行于八卦日辰之间,曰天一,或曰太一。出入所游,息于紫宫之内外,其星因以为名焉。故《星经》曰天一、太乙,主气之神,行犹待也。四正四维以八卦神所居,故亦名之曰宫。天一下行,犹天子出巡狩省方岳之事,……太一下行八卦之宫,每四乃还于中央。中央者北神之所居,故因谓之九宫。”

↑南

巽	离	坤
震	太一	兑
艮	坎	乾

九宫图,见朱伯崑:《易学哲学史》第一册,第172页。

又《易巛(坤)灵图》:

“帝者,天号也。德配天地,不私公位,称之曰帝。天子者,继天治物,改正一统,各得其宜,父天母地以养生人,至尊之号也。大君者,君人之胜也。”①

从《乾凿度》太一行九宫及《坤灵图》对“帝”的描述看,纬书在吸收战国数术成就的基础上又有发展,因此汉代人心目中的“帝”、“天”比起先秦时期内涵更丰富,汉代五经灾异学和纬书数术对天、帝的认识,是吸收战国数术的形而上学和具体思辨达到的最高成就而成,这表现在汉代人在吸收了三统历纪、数术分野等知识的前提上,将“神输”、灾异归于天或帝的意志(董子的“天”即是这个含义)。“神输”即神明输以祥瑞或灾异之意,《汉书·艺文志》易类有《神输》五篇,图一,

① 见《说郛》,《纬书集成》上册,第95页。

颜师古注:“刘向《别录》云《神输》者,王道失,则灾害生,得则四海输之祥瑞”,纬书中有大量这类内容,如《礼稽命微》“天命以黑,故夏有元圭;天命以白,故殷有白狼衔钩;天命以赤,故周有赤雀衔书”;《尚书中候》:“帝尧即政之十载,景星出翼,凤凰止庭,朱草生郊,嘉禾孳连,甘露润液,醴泉出山”;《礼斗威仪》:

“君乘木而王,其政升平,则日黄而青晕,月清明,海夷,草木丰茂,山车垂句,福草生于庙中,松柏为常生……。”

“君乘火而王,其政颂平,则日黄中而赤晕,月赤明,地生朱草,梧桐楸豫章梓为常生,南海输以文狐。……。”

“君乘金而王,其政象平,则日黄中而白晕,月白明,太白扬光,嘉雨时至,芳桂兰芝常生……。”

“君乘水而王,其政和平,则日黄中而黑晕,月黑明,辰扬光,景云见,醴泉出……。”①

此处可见五行说跟异代而王思想的结合,这是一种时间观,其中还夹杂着祥瑞灾异说。纬书中有大量这类内容,兹不枚举。

由此,可见,汉代经学、纬书对天、帝等至上力量的认识,是认为它是时间发生的缘由和各种宇宙格局产生的动因。它是最原初、最终极的力量,昭示着自然现象的变化和政治气运的兴衰,因此,天和帝这一层面的内涵在后来匡衡改革天地之祀后取代汉武帝因祠官和方士所言立的太一的内涵,是很自然的事。

(二) 五人神和五帝

经书、纬书中均提到五人神或五帝。《汉书·五行志》为纠集董仲舒、刘向、刘歆、眭孟、夏侯胜、京房、谷永、李寻等人之说而成,其核心为以水、火、木、金、土五行与貌、言、视、听、思五事推休咎灾异。《五行志》通篇没有出现苍帝、赤帝、黄帝、黑帝、白帝的内容,从这里可以看出,对五帝之认识,最初数术家要长于经师。《史记·天官书》:“苍帝行德,天门为之开。赤帝行德,天牢为之空。黄帝行德天夭为之起。……白帝行德,昴、毕为之围。围三暮,德乃成……,黑帝行德,天关为之动……”,文帝因方士言立渭阳五帝祠,武帝采纳宽舒的祠太一方中所祀也

① 见《玉函山房辑佚书》,《纬书集成》下册,第1237～1239页。

有五帝,这些都是数术家对五帝的认识起初长于经师的表现。后来传经者亦提到五帝,魏相《易》中的五帝之司是“东方之神太昊,乘震执规司春;南方之神炎帝,乘离执衡司夏;西方之神少昊,乘兑执矩司秋;北方之神颛顼,乘坎执权司冬;中央之神黄帝,乘坤艮执绳司下土”①,这个对应是已融进阴阳灾异的《易》学跟五行说融合之后的产物。

纬书中更大量提到五帝,即青、赤、黄、白、黑五色帝,对五行之帝的面貌性格作了更进一步发挥。《礼含文嘉》提到五灵和五方的对应:“古者以五灵配五方。龙,木也;凤,火也;麟,土也;白虎,金也;神龟,水也。……水官修,龙至;木官修,凤至;火官修,麟至;土官修,白虎至,金官修,神龟至”②,这个对应是在五行之帝存在的基础上才实现的。又《尚书帝命验》:

> “帝者承天立府,以尊天重象。五府,五帝之庙。苍曰灵符,赤曰文祖,黄曰神斗,白曰显纪,黑曰元矩。唐虞谓之天府,夏谓之正室,殷谓之重屋,周谓之明堂,皆祀五帝之所也。”③

此为五精之帝,比《汉书·五行传》中的木火水金土五行更提升了一层。关于五精之帝的说法,《龙鱼河图》中也有,为苍帝灵威仰,赤帝赤熛怒,黄帝含枢纽,白帝白招拒,黑则叶(汁)光纪④,郑玄注:

> “王者之先祖皆感太微五帝之精以生,苍则灵威仰,赤则赤熛怒,黄则含枢纽,白则白招拒,黑则汁光纪,皆用正岁之正月郊祭之,盖特尊焉。”

到纬书中出现更明晰的五帝之位,而且跟“精”联系在一起,《尚书帝命验》:“白帝精以星感修纪山行,见流星贯昴,感生姒戎文命乙。”《诗含神雾》:“五精星坐:其东苍帝坐,神名灵威仰,为青龙。”它们均由战国数术中的五行之帝而来。在汉代,五行说渗入各经之师法,《易》之阴阳,《诗》之五际、《礼》之明堂月令,无不用五行说来解释。因此,五行之帝从在武帝宽舒祠坛中做太一的辅佐,到以后在国家祀典中占有稳固的位置,是很自然的事。

---

① 《汉书·魏相传》。
② 见《通纬》,《纬书集成》下册,第 1763 页。
③ 同上书,第 1713 页。
④ 见《纬书》,《纬书集成》上册,第 705 页。

(三) 日月五星

从三代起，古人就认为日月星辰为天之悬象，它们的运行规律昭示着人间的吉凶祸福。三代国家祀典中有日月星辰的位置，继承三代王官之史官传统的《史记·天官书》中记载了用日月星辰之行占事的大量原则，日月星辰也被认为是昭示冥冥意志的神灵。五经之中关于日月星辰的解释吸收了这些内容，《汉书·李寻传》："书曰'历象日月星辰'(《尧典》)，此言仰视天文，俯察地理，观日月消息，候星辰行伍，揆山川变动，参人民繇俗，以治法度，考祸福 。"五经和纬书中有不少这些内容，如日食。《孔光传》元寿元年正月朔日食，十多日后傅太后崩，是月征孔光诣公车，问日蚀事。孔光的回答跟李寻的异曲同工：

"臣闻日者，众阳之宗，人君之表，至尊之象。君德衰微，阴道盛强，侵蔽阳明，则日蚀应之。《书》曰'羞用五事'，'建用皇极'，如貌、言、视、听、思失，大中之道不立，则咎徵荐臻，六极屡降。皇之不极，是为大中不立，其传曰：'时则有日月乱行'，谓朓、侧匿，甚则薄蚀是也。又曰：'六沴之作'，岁立之朝曰三朝，其应至重。乃正月辛丑朔日有蚀之，变见三朝之会。……《书》曰'惟先假王正厥事'，言异变之来，起事有不正也。臣闻师曰，天(右)【左】与王者，故灾异数见，以谴告之。"

从孔光的回答中可以看出《尚书五行传》的师法——孔氏为孔子之后，其先人孔安国、孔延年均以《尚书》为博士。孔光之父孔霸曾从夏侯胜习《尚书》，"时则有日月乱行"为《五行传》之语，孔光继承了《尚书》五行将政事与自然现象归综为互有联系的几类的传统，日被认为是君王的象征。又李寻待诏黄门时对策：

"《易》曰：'悬象著明，莫大于日月'(颜师古注为《上系》之辞)。夫日者，众阳之长，辉光所烛，万里同晷，人君之表也。……日初出，炎以阳，君登朝，佞不行……，日中辉光，君德盛明，大臣奉公。日将入，专以壹，君就房，有常节。君不修道，则日失其度，晻昧亡光。……。"

"月者，众阴之长，消息见伏，百里为品，千里立表，万里连纪，妃后大臣诸侯之象也……。"

"五星者，五行之精，五帝司命，应王者号令为之节度。岁星主岁事，为统首，号令所纪……，填星不避岁星者，后、帝共政，相留于奎、娄，当以义断之。【荧】惑往来无常,周历两宫,作态低卬,入天门,上明堂,贯尾乱宫。太白发越犯库,兵寇之应也。……,辰星主正四时,当效于四仲;四时失序,则星辰作异。今出于岁首之孟,天所以谴告陛下也。……。”

李寻的对策描述了日月五星的本质及它们运行错乱时的昭示内容。他对日月星辰的这种认识在汉儒中具有代表性。李寻“治《尚书》,与张孺、郑宽中同师”,宽中等守师法教授,寻独好《洪范》灾异,又学天文、月令阴阳。因此李寻对天文灾异有很深的造诣。纬书中有类似内容,《尚书考灵曜》“岁星,木精;荧惑,火精;镇星,土精;太白,金精;辰星,水精也”即李寻所云“五星者,五行之精”之意,又《龙鱼河图》:“太白之精,下为风伯之神,主司刑,星辰之精,下为灵星之神,主得土”,只是纬书中描述的太白比李寻说太白是“兵寇之应”更具有神怪色彩。

(四)其他星辰

除了天或帝、五帝、日月五星之外,还有众多的星辰亦被认为是神灵。这方面内容经、纬书中均有。经书中的如《尚书帝命验》释《尧典》“六宗”:“天宗,日月北辰;地宗,岱、河海也。日月为阴阳宗,北辰为星宗,河为水宗,海为泽宗,岱为山宗”,这是汉代诸家解释六宗中的一说。

此外重要的星辰还有二十八宿、风伯、雨师、北斗等。将二十八宿当作神灵源于以二十八宿为基础的星占,纬书中提及二十八宿之处多数仍然是说它的在星占术中的意义,如《春秋元命苞》:

“房四星,心三星,五度。有天子明堂,布政之宫。……钩钤两星,以闲防神……”

“尾九星,箕四星,为后宫之场,列为南宫,其庭太微。”

“织女星主果。”

“须女四星十二度主布帛。”

“危东六星,两两而比,曰司空,主水、金、木。守之天下忧水。”

“营室十星,埏陶精类。始立纪纲,包物为室。”

“奎十二星,十六度,主武库之兵。”

“汉中四星，天骑，一曰天驷。”①

以上这些陈述中的房、心、尾、织女、须女等星宿，它们的角色或为天子明堂，或为司空，或主布帛，或主武库之兵，这些显然是从《淮南子·天文训》为代表的战国相关数术中继承而来。与此同时，二十八宿本身也是神灵，它们的级别低于天、五帝、日月，这在以后的东汉郊坛形制中可以看出。

至于风伯、雨师，纬书中提到的有《龙鱼河图》：“太白之精下为风伯之神，主司刑；辰星之精下为灵星之神，主得土，太白星主兵凶，其精下为雨师之神”，而北斗，纬书中的记载更多。《春秋》纬中有书名为《春秋运斗枢》，《春秋文耀钩》继承了战国数术认为北斗所指有神力的认识：“斗者，天之喉舌，玉衡属杓，魁为璇玑”，又《春秋合诚图》：“天文地理各有所主，北斗有七星，天子有七政也”，总之，北斗的地位是非常重要的，后来王莽篡汉后即著作“威斗”，表示自己的权力得到天的保佑。

天（或帝）、五帝、日月五星等均是在后来的国家祀典中有稳固位置的神灵，而且它们在圆形的郊天坛上各有自己的位置。这些位置的安排正是来源于经学、纬书中对这些神灵秩序进行探索的结果。在古人心目中，这些神灵和它们之间井井有条的秩序体现着超乎一切之上的高妙而神秘的力量，后来它们进入了国家祀典，古人在安排郊坛神位时，一方面对这些神灵献上丰俭有序的牺牲供奉，另一方面，也希望自身的政治和社会秩序跟这种高妙神秘的秩序一样井然而长存。

（五）历数

以上是五经象数之学和纬书中的数术重新构建的神灵体系及它们的内涵。除了重新构建神灵体系并赋予它们内涵之外，五经象数之学和纬书中的数术还建立起了一个古往今来的时间框架，即“历数”，它是汉代人心目中礼乐制作的背景，是王者受命和改朝换代的依据。“历数”是古代中国人独有特色的时间观，在西方经典物理的时空观为我们习惯后，我们对之已十分隔膜，在这里笔者就一己

---

① 按，《古微书》和《通纬》的辑佚本文字有所出入，这里用《通纬》辑本，见《纬书集成》下册，第1838～1839页。

之浅见对汉代人心目中的“历数”略作交待。

首先,汉代人认为时间是一个有终始的长段,《尚书璇玑钤》:“河图,命纪也。图天地帝王终始存亡之期”,《礼斗威仪》:“天运二十九万八百四十岁而反太素冥茎盖乃道之根也”,时间的最初起点被称为“元”,《淮南子·天文训》:“天维建元,常以寅始。起右徙,一岁而移,十二岁而大周天”,“元”可以通过计算推求。《易纬稽览图》卷上有“推易天地人之元术”:“先置天元太初癸巳元年一百九十万八千八百五十三岁,乃始太初元年以来载数,至所求年岁上,以六十除置”,这里,“天元”和“太初元年”的元含义不同,“天元”是时间的起始,“太初元年”是武帝因改正朔而定的时间起始。在这个有始有终的时间段中,如果某个帝王合法地拥有其中的某一段,即为“受命”,受命之始也被称为“元”。太初元年的“元”即这个含义。

因此,对汉代人来说,“元”的概念既是时间段之起点,同时还是一个政治概念,圣王受命,都建立在不以人的意志为转移的“元”的变化上。受命的“元”如果变化到衰微,就是一个大的时间段,董子称为“统”,纬书中则用其他名称称呼这种可以分割的大时间段,纬书中提到上元、中元、下元,《乐动声仪》:“作乐制礼时,五音始于上元戊辰夜半冬至北方子”,郑玄注“戊辰,土位。土为宫,宫为君,故作乐尚之以为始也。夜半子亦天时之始”,“上元”即某个大时间段的起始,因此可以作乐制礼,又《礼稽命微》:

> “起于太素十一月阏逢之月,岁在摄提格之纪,是云作乐制礼。盖作乐则有礼通其文耳。”①

从上面引文提法可以看出,纬书认为,“元”的开始即可制作礼乐,因此礼乐是存在于这个时间框架下的(礼乐见下文)。而因为“元”和“统”是更迭的,所以有王朝禅代,钱穆先生在《国史大纲》“汉儒之政治理想”中对汉儒的这种时间观已有所涉及,钱先生将这个时间表概括为七个步骤:一、圣人受命;二、天降符瑞;三、推德定制;四、封禅告成功;五、王朝德衰,天降灾异;六、禅国让贤;七、新圣人

① 见《玉函山房辑佚书》,《纬书集成》下册,第1235页。

受命①，在这里，从受命到再受命就是一个“元”，假如从受命以来历法失调，灾异频现，被认为是德衰，需要再受命。《汉书·李寻传》：

“初，成帝时齐人甘忠可造《天官历》、《包元太平经》十二卷，以言‘汉家逢天地之大终，当更受命于天’，天帝使真人赤精子，下教我此道。”

“天地之大终”即汉代人认识中的时间本身的终结，看来《天官历》、《包元太平经》中均有推求时间的内容。当时甘忠可教夏贺良等，贺良后来因李寻的关系待诏黄门，数次被召见，对哀帝说：“汉历中衰，当更受命。成帝不应天命，故绝嗣。今陛下久疾，变异屡数，天所以谴告人也。宜急改元易号，乃得延年益寿，皇子生，灾异息矣。”哀帝的再受命不成功，贺良等最终被诛。

五经、纬书中以历数为表现形式的时间框架，是礼乐郊祀事务得以附丽的背景，下面就看一下五经、纬书中的礼乐郊祀是如何存在于这个背景中的。

（六）礼乐

经学、纬书中的象数之学，除了重建起神灵体系并赋予它们以更充实的内涵之外，还在礼乐、郊祀这些已经湮废已久的事务上提出了新的见解。无论经学还是纬书，对礼乐的认识都是在一定时间框架之下的，礼乐是这时间框架中的大时间段变化时必然变化的表征，经学对礼乐性质这一性质的认识以董仲舒、王吉为代表，董仲舒《天人三策·一策》：

“王者未作乐之时，乃用先王之乐宜于世者，而以深入教化于民。教化之情不得，雅颂之乐不成，故王者功成作乐，乐其德也。”

在董子看来，未功成和功成是不同性质的时间段，功成之后作乐，说明他认为乐的性质是很高的东西。武帝灭西南夷后曾命李延年作乐，算采纳董子制礼作乐之说，但李延年所作并非郊庙雅乐，因此后来王吉仍然建议制作礼乐（见本章第七节），这是经学家对礼乐的看法。纬书中对礼乐的看法跟经书比实质是一样的，但纬书用数术（时间段的推算或神灵意志的表现）来具体陈说礼乐作为时间段之表征的特性，并以反映神灵意志的祥瑞来说明礼乐地位的崇高，它象征着王者的受命和功绩。如《礼稽命徵》：“礼之动摇也，与天地同气，四时合信，阴阳

---

① 钱穆：《国史大纲》，商务印书馆 1997 年版，第 150～151 页。

为符,日月为明,上下和洽,则物寿如其性命”,《礼含文嘉》“作乐制礼,得天心则景星见”,《礼稽命徵》“王者得礼制,则泽谷之中有白玉焉”、“王者刑杀当罪,赏赐当功,得礼之仪,则醴泉出”;《春秋元命苞》(《古微书》卷六):“王者不空作乐,乐者,和盈于内,动发于外,应其发时,制礼作乐以成之,是故作乐者必反天下之始”等等,这是有汉一代吏民一直有制礼作乐要求的原因,但因乐的具体技艺失传,直到东汉,象征王朝受命的盛乐终于没有作成(见下一章第一节)。

除此之外,纬书中还相对较多地保存了流传到汉代的乐律学及纳音、候气等数术内容,体现了乐作为“气”和谐运行之象征的思想,这些内容较多地保存在《乐》纬中。因《乐》经失传,《乐》的各种《记》如《史记·乐书》、《礼记·乐记》等又空说《乐》之重要意义而不载具体定乐音之方法,《乐》纬的资料就十分重要,它反映了浸入象数后的汉代学人对乐的认识,这里以《乐叶图徵》记载的合音律之术为例:

“夫圣人之作乐,不可以自娱也。所以观得失之效者也。故圣人不取备于一人,必从八能之士。故撞钟者当知钟,击鼓者当知鼓,吹管者当知管,吹竽者当知竽,击磬者当知磬,鼓琴者当知琴。故八士曰[按,可能有漏文]。或调阴阳,或调律历,或调五音。故撞钟者以知法度,鼓琴者以知四海,击磬者以知民事。钟音调则君道得,则黄钟、蕤宾之律应君道,不得则钟音不调。……鼓音调则臣道得,臣道得则太蔟之律应。管音调则律历正,律历正则夷则之律应。磬音调则民道得,民道得则林钟之律应。竽音调则法度得,法度得则无射之律应。琴音调则四海合,岁气百川以合德,鬼神之道行,祭祀之道得,如此则姑洗之律应,五乐皆得。……八能之士常以日冬至成天文,日夏至成地理,作阴乐以成天文,作阳乐以成地理。阳乐,黄钟也;阴乐,蕤宾也。朔日冬至,圣主厚祚鼓和乐于东郊,致魂灵,下太一之神。”

这段话中,合音律是汉代才有的方术(到东汉时它作为王朝所秉天地之“气”和顺的象征登入庙堂,见下一章第三节),上文的内容大部分描述的是汉代的合音律之术,但亦有对古老乐律学的零星传承,如“阳乐,黄钟也;阴乐,蕤宾也”,是对三代乐律分阴阳的继承。乐的音律相和,体现了处处要合乎“气”的运行的思想,而它们都处在“太一”神秘力量的控制之下。

以上是汉代经学羼入数术灾异后对礼乐的认识。此前五经章句之学保存的礼乐内容残缺不全,而五经象数之学的出现则提出了对礼乐性质的新认识——作为某一王朝受命、合法拥有一个大时间段的表征。《乐》纬中甚至还保存了专门的技术。不过总的说来,经学和纬书中记载的礼乐均不形成一个像周代金石雅乐那样既有高远含义,又以具体的数度之变,一方面能彰显等级差异,另一方面又体现"和"的精神的整体。经学中的训诂和纬书中的数术在解"乐"时并不是没有做出努力,然而因为三代金石雅乐的专门知识已经失传,汉代人能够做到将乐摆在一个大时间段中,认为它是证明王朝受命的表征已经不易。因此,经学象数之学和纬书对礼乐的认识,没有也不可能达到周代礼乐曾有过的高度。

(七) 宗庙、郊祀

除了以上归结的诸点之外,汉代五经象数之学和纬书中的数术还将宗庙郊祀之事摆在他们构建出的时空框架中,经学上这方面的代表是董仲舒的郊祀、宗庙说,上文已作了考察。纬书中亦有对宗庙、郊祀事务的零星记载,一般都以数度来解释,如《乐稽耀嘉》:"郊祀之辞九句,九,阳数也",又《孝经援神契》:"明堂之制,东西九筵,筵常九尺也。明堂东西八十一尺,南北六十三尺,故谓之太室",《礼含文嘉》:

"五祀、南郊、北郊、西郊、东郊,中兆,正谋五者,天子公侯伯子男卿大夫士所以承天也。"

纬书中以数度解释郊庙之事跟周代在不同等级的祭礼中设置数度,彰显尊卑不同,它体现的是阴阳五行灾异的反映,如《礼含文嘉》

"天子灵台,所以观天人之际,阴阳之会也。揆星度之验,徵六气之瑞应,神明之变化,睹日气之所验,为万物获福于无方之原……。"

"明堂,所以通神灵,感天地,正四时,出教化,崇有德,章有道也。"

"祭五岳、四渎,得其宜,则黄雀见。"

又如《礼稽命微》以阴阳气之变化解释禘祫:

"三年一祫,五年一禘。……三年一闰,天气小备,五季再闰,天气大备,故三年一祫,五年一禘。禘之为言,谛定昭穆尊卑之义也。禘祭以夏四月。夏者,阳气在上,阴气在下,故正尊卑之义也。祫祭以冬十月。冬者五谷成熟,物备礼成,故合具饮食也。"①

当时提出汉家宗庙郊祀不合古制的经师,大多懂得以上经、纬书记载的这些礼乐郊祀的含义和制度。如翼奉"以为祭天地于云阳汾阴,及诸寝庙不以亲疏迭毁,皆烦费,违古制"②,贡禹认为"当定(宗庙)迭毁礼"③,最后匡衡当丞相时终于改动了郊祀,这些都是以经学、纬书中的郊庙礼仪内容完备为前提的。

结 语

本节考察了汉代五经中象数之学和纬书中数术的出现,以及它们对神灵和祭祀事务的影响。汉代五经象数之学和纬书中的数术,是在经学断简残篇、数术大行的社会背景下,随着经学章句的发蒙和师法的混融而逐渐出现的,它和此前的五经章句之学都对后来国家祭祀建设作出了贡献——章句之学较多地保存了物化礼乐制度和抑扬盘辟的礼容,而数术之学的羼入为明堂、辟雍的建立和郊庙禘祫制度的完备提供了系统化的可能性。不仅如此,经学中的象数之学和纬书中的数术还重建了神灵体系,并赋予礼乐郊祀等事于一定时间段下彰显受命这一重要意义。可以说,跟周代礼"义"同等层面的东西在汉代开始出现,是离不开五经中的象数之学和纬书以数术为手段对政治秩序和社会伦理作出的安排的,这种安排试图将一切事务——礼乐、郊祀、政治伦理都重新融合在一个有秩序的体系中,虽然西汉时期,这一安排尚未完成,但从信仰层面看,五经中的象数之学和纬书中的影响是深刻的,一种新的、既蕴涵哲学思辨又显示政治伦理的、适合王朝需要的神灵秩序在这种安排下已经呼之欲出,在不久的将来,它终于变成促使西汉国家祭祀发生质变的力量,下面一节就将讨论这一内容。

第五节 元、成、哀、平之际祭祖礼的改革

上一节我们考察了五经象数之学及纬书中的数术对祭祀、礼仪事务的影响。

① 《后汉书·张纯传》引,见《通纬》,《纬书集成》下册,第1757页。
② 《汉书·翼奉传》。
③ 同上。

总的说来，从董子《春秋》学到五经灾异说的完备再到纬书出现，汉代经学中的天人感应学说形成了完善的体系，郊庙礼仪说是这个体系中的组成部分，但这种郊庙礼仪说跟直到汉武帝时的国家祭祀从体系到内容都完全不同，于是从元、成、哀、平直至王莽时期，有了儒生、公卿们大规模地以他们理解的三代郊庙礼仪制度不断废除汉初继承秦的国家祭祀和武帝时立的大量驳杂祭祀的举动，虽然这一过程经历了若干次的反复，但这么做的结果使西汉国家祭祀的格局发生了重大变化，原先国家祭祀中那些取自民间的、零星驳杂、怪诞无序的内容被一点点清除，太一、后土等天地大神的性质也被重新解释，五帝、日月星辰等从属之神与天地大神的关系也更加清晰。这样，国家祀典的格局变得完备，性质变得纯粹，后代那种格局规整、等级森严的王朝祭礼格局已渐渐显出它的轮廓。由于这一过程跌宕起伏，内容较多，本节将先考察这个过程中元、成、哀、平时祭祖礼的改革和变迁。

一、汉初至元帝时祭祖礼简况

韦玄成改革祭祖礼是元帝时礼仪建设方面的重大举措，也是整个汉代王朝祭礼演进中的关键环节。这个改革并不是由韦玄成一个人完成的，从当时公卿上书意见之众看，以经书中记载的三代祭祖礼来改革汉初以来的国家祭祀，是当时的众望所归。元帝从做太子时就仁雅好儒，《汉书·元帝纪》赞云：元帝“少而好儒，及即位，征用儒生”，“宽弘尽下，出于恭俭，号令温雅”，跟公卿们以儒家经学为依据改革祭祖礼的要求一拍即合，因此有了永光年间改革祭祖礼的酝酿和举措。下面就对韦玄成等改革祭祖礼的内容和过程作些考察。

韦玄成为韦贤少子，韦氏从汉初便世传鲁《诗》。但正像前一节考察的那样，因五经灾异之学的渐渐完备，韦氏所传的《诗》到玄成时已不再时汉初那种“一人不能独尽其经，或为雅、或为颂”的零散残缺的状况，玄成父韦贤为申公的再传弟子，兼通《礼》、《尚书》、《诗》，为邹鲁大儒。玄成所倡的祭祖礼改革，是建立在他之前的数代经师不断对经书中的有关章句进行发蒙，灾异之说又使郊庙礼仪之事形成一个完整学术体系的基础上的。经书（当时主要是《礼》的经和记）记载的庙制是周代宗法制度下天子和诸侯的宗族为了明确世系、昭穆和尊卑而定的制度，战国时期因礼乐的完全崩坏，现实之中宗族的瓦解而荡然无存，这种状况一直持续到秦和西汉初年，随着经学的昌明，见于经书零星记载的上古庙制在经师们诠释下明晰，而此时，汉王朝因在祭祖制度方面无章法可循，因年代的久远，世系的繁衍，已出现了世系混乱，供给烦废的情况，这既不利于理清宗室的秩序，又是王朝的沉重经济负担。从汉王朝建立到元帝即位已有150多年的历史①，这150多年以来，政治更张，文化融合，就祭祖礼而言，因宗室蕃衍，世系蔓延，越来越多的祖先亡灵受到供奉，《汉书·韦玄成传》记载高祖至宣帝时期宗庙祭祖礼的状况：

“初，高祖时，令诸侯王都皆立太上皇庙。至惠帝尊高帝庙为太祖庙，景帝尊孝文庙为太宗庙，行所尝幸郡国各立太祖、太宗庙。至宣帝本始二年，复尊孝武庙为世宗庙，行所巡狩亦立焉。凡祖、宗庙在郡国六十八，合百六十七所。而京师自高祖下至宣帝，与太上皇、悼皇考各自居陵旁立庙，并为百七十六。又园中各有寝、便殿。日祭于寝，月祭于庙，时祭于便殿。寝，日四上食；庙，岁二十五祠；便殿，岁四祠。又月一游衣冠。而昭灵后、武哀王、昭哀后、孝文太后、孝昭太后，卫思后、戾太子、戾后各有寝园，与诸帝合，凡三十所。一岁祠，上食二万四千四百五十五，用卫士四万五千一百二十九人，祝、宰、乐人万二千一百四十七人，养牺牲卒不在数中。”

从这段记载可以看出，高祖至宣帝时期，庙祭普遍而芜杂，开支巨大而沉重。这种庞大繁杂的祭祖体系跟经书中记载的严整的三代祭祖礼比有三个大弊端：

第一，受祀范围庞大复杂，无亲疏嫡庶之分。在受祀诸灵中，昭灵后为高祖之母，武哀王为高祖兄伯，昭哀后为高祖姊，卫思后为戾太子母，戾后即史良娣，这些人或从未“入继大统”，或被废黜，均不够在宗庙配食的资格，用民间百姓的眼光看是远亲，用元帝永光四年诏书的话说就是“疏远卑贱，共承尊祀”，他们跟大宗嫡系一起享受祭祀，凸显不出大宗嫡系的尊贵。

第二，既有宗庙、又有园寝存在，且分散于京师和郡国各地，庞杂散乱。《汉书·韦玄成传》载高祖时命令诸侯王的都城皆建立太上皇庙，到惠帝时尊高祖庙

① 汉高祖刘邦于公元前221年建立西汉，元帝刘奭于初元元年（公元前48年）即位，离汉高祖建立汉朝已经158年。

为太祖庙，景帝又尊文帝庙为太宗庙，文帝巡行到过的郡国也各立太上皇、太宗庙。到宣帝本始二年，又尊武帝庙为世宗庙，武帝所巡守过的地方亦都立武帝庙，此时在郡国的各种宗庙有167所，其中祖宗之庙有68处。而京师，从高祖往下到宣帝，再加上太上皇、悼皇考（颜师古注为宣帝之父）等庙，以及各地在陵寝旁立的庙，共176处。关于高祖至宣帝时期郡国所立宗庙的庙数，郭善兵先生作过具体考证①，这里就不再深究。需要注意的是：庙和寝是不同渊源的祭祀场所，庙为宗庙之牌位，渊源古老。庙字（廟）从广朝声，《说文》九篇下广部："先祖皃也"，皃字见《说文》八篇下许慎注为"颂仪也"，段玉裁注"凡容言其内，皃言其外"，则皃为祖先之容的象征。段玉裁注"庙"："古者庙以祀先祖，凡神不为庙也"，则庙为立牌位象祖先之容。立宗庙于郡国，其实也有古老渊源。《左传》庄公二十八年："凡邑，有宗庙先君之主曰都"，杨伯峻注引金鄂云："先君之庙有二，公卿大夫之采邑得立太祖庙，采邑若不废，庙亦不毁；士无太祖，是无先君之庙矣。亲王子弟采邑，有赐之得立王庙者，是亦先君庙也。"因此，先秦时期，非国都的卿大夫之邑亦可立自己所出的先君之庙。汉代继承此传统，因此郡国（一般为诸侯王国）亦有庙。寝则不同，寝为园寝，为墓冢封土堆上的地面建筑发展而来。帝王陵寝规模盛大，上面还有享殿。今十三陵定陵的地面建筑即属此性质。三代无此制，《后汉书·祭祀志》：

> "古不墓祭，汉诸陵皆有园寝，承秦所为也。说者以为古宗庙前制庙，后制寝，以象人之居前有朝，后有寝也。……庙以藏主，以四时祭。寝有衣冠几杖象生之具，以荐新物。秦始出寝，起于墓侧，汉因而弗改，故陵上称寝殿，起居衣服象生人之具，古寝之意也。"

此段说明了庙、寝的差异和渊源。从考古发现看，陵寝为战国始有的建筑，战国时期的赵王陵即发现了地面建筑遗址②。汉代继承了陵寝之制，《汉书·武五子传》记载戾太子、戾后、悼皇考园寝的建立过程，有助于我们了解西汉的园寝制度。元帝之父宣帝为戾太子之孙，因武帝晚年任用江充兴巫蛊之祸，戾太子冤

---

① 郭善兵：《略论西汉元帝永光年间皇帝宗庙礼制改革》，孔子2000网站网上首发。

② 在对周窑村附近的赵王陵从葬墓进行发掘时，封土上有较多的板瓦和筒瓦，表明原来可能也有像固围村那样建有"享堂"一类的木结构建筑。见沈长云等：《赵国史稿》，中华书局2000年版，第547页。

死并牵连多人,其孙因在襁褓中,受丙吉护得脱,成年后取代昏乱的昌邑王为帝,是为宣帝。因戾太子死于京兆附近的湖县,宣帝即位后下诏:"故皇太子在湖,未有号谥,岁时祠,其议谥,置园邑。"有司奏请:

"礼,'为人后者,为之子也',故降其父母不得祭,尊祖之义也。陛下为孝昭帝后,承祖宗之祀,……谨行视孝昭帝所为故皇太子起位在湖,……谥法曰:'谥者,行之迹也',愚以为亲谥宜曰悼,母曰悼后,比诸侯王园,置奉邑三百家。故皇太子谥曰戾,置奉邑三百家。史良娣曰戾夫人,置守冢三十家。园置长、丞,周卫奉守如法。"

按照礼制,宣帝既然继昭帝之后为帝,从皇统上就应算作昭帝的子嗣,但《礼记·丧服小记》有"父为士,子为天子诸侯,则祭以天子诸侯"的记载,所以对自己的亲生父母祭祀也应按照天子诸侯之制。有司建议因为戾太子墓冢在湖,史良娣的在博望苑北,宣帝的亲生父亲史皇孙墓在广明(地名,后改为奉明县,见下文)郭(按,城墙之意)北,因墓冢立园与寝,为陵寝,《武五子传》记载"以湖阌乡邪里聚为戾园,长安白亭东为戾后园,广明成乡为悼园,皆改葬焉。"八年后有司又奏:

"礼,父为士,子为天子,祭以天子。悼园宜称尊号曰皇考,立庙,因园为寝,以时荐享焉。益奉园民满千六百家,以为奉明县。尊戾夫人为戾后,置园奉邑,及益戾园各满三百家。"

由此可见,戾太子、戾后、悼皇考的园寝是因墓冢而立的。园有长、丞,均享受汉朝俸禄。汉代园寝甚多,除了戾太子、戾后、悼皇考外,昭灵后、武哀王、孝文太后、孝昭太后、卫思后等均有园寝,加上历代诸帝的共有30所。陵园中各有寝、便殿。管理园寝的有长、丞,因此开支浩大。

数量众多的园寝和宗庙并存,反映了西汉祭祖礼多头并存的状况。

第三,祭祀名目有日祭、月祭、时祭等,繁多杂乱。《韦玄成传》记载"日祭于寝,月祭于庙,时祭于便殿",上文所述的30处园寝每天要上食四次,便殿每年祭祀四次,宗庙每年祭祀二十五次。这二十五次据如淳曰"月祭朔望,加腊月二十五",即每月的朔、望各祭祀一次,再加上腊(岁末的腊祭,见下一章第三节)共二十五次。晋灼曰:

"汉仪注,宗庙一岁十二祠。五月尝麦,六月、七月、三伏、立秋貙娄,又尝粢；八月、先夕馈飧，皆一太牢酎祭，用九太牢。十月尝稻，又饮蒸，二太牢。十月尝（王先谦《补注》认为是十一月之误），十二月祖、腊，一太牢。又每月一太牢，如闰，加一祀。与此上十二为二十五祀。”

这二十五次中既有四季蒸尝（五月尝麦，立秋尝粢，十月尝稻、饮蒸，十一月尝）等可上溯到宗周时祭的内容，又有貙娄（《后汉书·祭祀志》作“貙刘”）、馈食、腊祭等属于乡俗的内容（见下一章东汉部分），这些祭祀均要用太牢酎祭，算下来一年至少要用十三次太牢，假如碰上闰月要增加一次祭祀，为十四次。用这么多的太牢祭祀要豢养牺牲，又是巨大的人力物力开支，上文《韦玄成传》还没有将这些花费算在里面，所用耗费已经惊人。

除了这些祭祀外，相关礼仪还有“游衣冠”。“游衣冠”见《汉书·叔孙通传》，惠帝时因他要向东到长乐宫朝见太后，为了方便修了一条复道，正经过“游衣冠”必经的高帝寝宫之上，诸家对“游衣冠”均作了解释，服虔注：“持高庙中衣，月旦以游于众庙，已而复之”；应劭曰：“月旦出高帝衣冠，备法驾，名曰游衣冠”；如淳曰：“高祖之衣冠藏在宫中之寝，三月出游，其道正值今之所作复道下，故言乘宗庙道上行也”；颜师古注认为诸家说法都不妥当，他认为“从高帝陵寝出衣冠，游于高庙，每月一为之，汉制则然……”，笔者认为师古说法不见得正确，因为若是衣冠从高帝陵到高帝庙，并不涉及其他园寝，就无警示子孙的意义，或恐是像服虔说的那样游于众庙，否则《韦玄成传》也不会把“月一游衣冠”和园寝繁多并提，因为园寝多，月游衣冠一次要经由众园寝，就会让有司疲于奔命。

总之，嫡庶不分，庙、寝共存，祭祀名目繁多杂乱，造成了祭祀劳民伤财，《韦玄成传》上文说“一岁祠，上食二万四千四百五十五，用卫士四万五千一百二十九人，祝、宰、乐人万二千一百四十七人”，而当时汉王朝的实际情况是当时土地兼并严重、流民四散失所①，因此王朝实有必要削减这份开支。当时不仅开支巨

---

① 《汉书·鲍宣传》记鲍宣上疏云“民有七亡”，为“阴阳不和，水旱为灾，一亡也；县官重责更赋租税，二亡也；贪吏并公，受取不已，三亡也；豪强大姓蚕食亡厌，四亡也；苛吏徭役，失农桑时，五亡也；部落鼓鸣，男女遮 六亡也；盗贼劫掠，取民财物，七亡也”，七死为“酷吏殴杀，一死也；治狱深刻，二死也；冤陷亡辜，三死也，盗贼横发，四死也；怨仇相残，五死也，岁恶饥饿，六死也；时气疾疫，七死也”，这说明了当时现实存在种种亟须治理的弊病，礼仪开支当然需要削减。

大,而且有司从事相关工作时非常不易,《韦贤传》记载韦贤次子、玄成之兄韦弘任太常丞,"职奉宗庙,典诸陵邑,烦剧多罪过",等韦贤病重,韦弘竟因宗庙之事下狱,韦弘的下狱跟他欲谦让,不欲继嗣有关(后来韦玄成继嗣),也说明了宗庙祭祀的工作确实难做,动辄得咎。

以上考察了汉初到元帝永光年间宗庙改革以前宗庙祭祖的状况。随着对经书中记载的祭祖礼有深入了解的经学家们充任公卿,公卿们认为此越来越不合时宜。贡禹曾上书认为,"古者天子七庙,今孝惠、孝景庙皆亲尽,宜毁。及郡国庙不应古礼,宜正定"①,元帝很赞同这个意见,但当时贡禹年迈,还没有来得及施行,贡禹便去世了。韦玄成等改革祭祖礼正是对贡禹未竟事业的继续。玄成是韦贤少子,少传父业,曾任太常,元帝时为相多年。此时经学经过数代经师的发蒙,经义渐明,而且诸经师法渐融,儒生对经学中蕴涵的上古典制有了较明确的了解,完全有能力指导改革祭祖礼。永光年间改革祭祖礼恰是针对汉代祭祖礼存在的上面三个弊端,引进经书中记载的庙制和亲尽迭毁制,并确定合祭之礼,改变了汉初以来宗庙祭祀多头无序、庞杂烦废的状况,下文便具体考证这个过程。

二、韦玄成等改革祭祖礼

(一)罢郡国庙和支庶之祀

韦玄成等改革祭祖礼是由浅入深一步步进行的,首先是确立受祀范围,这方面的内容即清除一些不应存在的祭祀,永光四年元帝下诏令议此事,诏书说:

> "……往者天下初定,远方未宾,因尝所亲以立宗庙,……今赖天地之灵,宗庙之福,四方同轨,蛮貊贡职,久遵而不定,令疏远卑贱共承尊祀,殆非皇天祖宗之意,朕甚惧焉……,其与将军、列侯、中二千石、二千石、诸大夫、博士、议郎议。"

元帝这次征求意见的范围很大,从将军列侯、二千石到博士议郎都在被征求意见的范围内。诏书下了之后,韦玄成(丞相)、郑弘(御史大夫)、严彭祖(太子太

---

① 《汉书·韦玄成传》。

傅)、欧阳地馀(少府)、尹更始(谏大夫)等七十人认为:

“……立庙京师之居,躬亲承事,四海之内各以其职来助祭,尊亲之大义,五帝三王所共,不易之道也。……《春秋》之义,父不祭于支庶之宅,君不祭于臣仆之家,王不祭于下土诸侯。臣等愚以为宗庙在郡国,宜无修,臣等请勿复修。”

这样商量的结果是罢除郡国庙。依据是“父不祭于支庶之宅,君不祭于臣仆之家,王不祭于下土诸侯”,这三句的“祭”均应作受祭理解。“父不祭于支庶之宅”的意思见《礼记·丧服小记》:“庶子不祭祖者,明其宗也”,孔颖达正义:“嫡子、庶子,俱为人子,并宜供养,而嫡子烝尝,庶子独不祭者,正是推本崇嫡,明有所宗,故云明其宗也”,在周代宗法制度下,嫡子继承了大宗,时祭(烝、尝)、合祭(见第一章第三节)都由嫡子主持,庶子则赶去参加嫡子主持的烝尝之礼,在嫡子存在并且继承大宗的情况下,庶子不能作为大宗继承者而祭祀自己所出的大宗先祖,这是宗法制度的根本原则之一,“父不祭于支庶之宅”即作为大宗的父亲不在支庶之宅受祀,“君不祭于臣仆之家”和“王不祭于下土诸侯”都是由此派生出来的。在周代,天子和国君的宗族中,君臣关系由宗法制度决定,大宗嫡子继嗣为国君,余子则为卿、大夫,《左传》桓公二年:“国家之立也,本大而末小,是以能固,天子建国,诸侯立家,卿置侧室,大夫有贰宗,士有隶子弟”,周王封同姓为诸侯,如周武王封弟周公旦于曲阜,封召公奭于燕,周公封武王少弟于卫[①],等等。诸侯国君封子弟为卿、大夫,如鲁三桓季孙、叔孙、孟孙氏同出自鲁桓公,宋襄公为国君,其弟司马子鱼任卿,这样的例子不胜枚举。在宗法制度关系下,国君为嫡子,身份高于支庶,只有继承君位的嫡子才有资格祭先君,庶子任诸侯或臣仆,无资格祭祀同出的大宗先君,因此说“君不祭于臣仆之家”、“王不祭于下土诸侯”,按照这个原则,汉诸侯王受封在郡国,无资格祭祀作为大宗的高祖、文帝、武帝,因此郡国庙均被罢除。

郡国庙被罢除的同时,一些“疏远卑贱”的亡灵也被清除了。永光四年九月,

① 《史记·周本纪》。

昭灵后、武哀王、昭哀后、卫思后、戾太子、戾后的园寝被罢除，并且裁置吏、卒、守①。这些先君均为支庶，在西汉宗室世系中的位置如下：

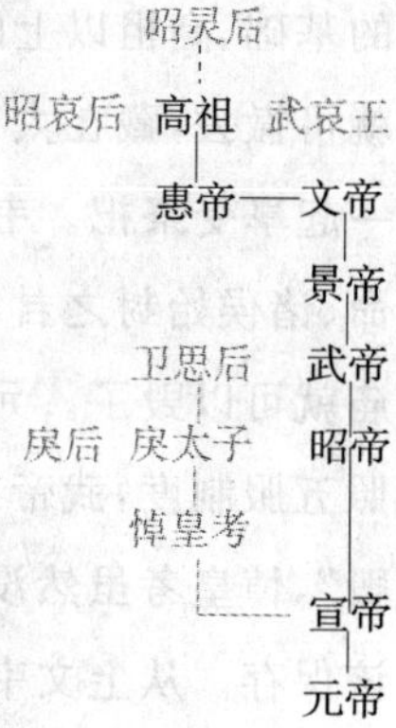

因为是支庶，没有跟大宗比肩受祀的资格，且戾太子、戾后等的园寝不在京师，因此被废除。

郡国庙和支庶之祀被罢除后，世系清楚了很多。下一步就是在已经明确了的大宗系统上确立庙制和亲尽迭毁制度，见下文。

（二）确立庙制和亲尽迭毁制

元帝在罢除郡国庙和支庶的园寝后，并没有停止动作，而是继续将祭祖礼改革推向深入。一个多月后他又下诏：“盖闻明王制礼，立亲庙四，祖宗之庙，万世不毁，所以明尊祖宗，著亲亲也。朕获承祖宗之重，惟大礼未备……，其与将军、列侯、中二千石、二千石、诸大夫、博士议”，韦玄成等四十四人奏议说：

“礼，王者始受命、诸侯始封之君，皆为太祖。以下，五庙而迭毁，毁庙之祖藏于太祖，五年而再殷祭，言一禘一祫也。祫祭者，毁庙与未毁庙之主皆合食于太祖，父为昭，子为穆，孙复为昭，古之正礼也。《祭义》曰：‘王者禘其祖自出，以其祖配之，而立四庙。’言始受命而王，祭天以其祖配，而不为立庙，亲尽也。立亲庙四，亲亲也。亲尽而迭毁，亲疏之杀，示有终也。周之所以七庙者，以后稷始封，文王、武王受命而王，是以三庙不毁，与亲庙四而七。非有以后稷始封，文王、武王受命之功者，皆当亲尽而毁。成王成二圣之业，制礼作乐，功德茂盛，庙犹不世，以行为谥而已。礼，庙在大门之内，不敢远亲也。臣愚以为高帝受命定天下，宜为帝者太祖之庙，世世不毁，承后属尽者宜毁。今宗庙异处，昭穆不序，宜入就太祖庙而序昭穆，如礼。太上皇、孝惠、孝文、孝景庙皆亲尽，宜毁。皇考庙亲未尽，如故。”

韦玄成等四十四人的这段建议涉及庙制、亲尽迭毁制、合祭法等。玄成等所

① 《汉书·元帝纪》永光四年九月“罢卫思后园及戾园。冬十月乙丑，罢祖宗庙在郡国者。诸陵分属三辅”。

说的“太祖以下五庙而迭毁”的制度，五庙制及本人以上的四亲庙，在三代祭祖礼中它是根本的制度和普遍的原则(见第一章第四节)，五庙制也是亲尽迭毁制度的基础，高祖以上的先祖因出了五服，亲属关系就算尽了，其在宗庙之中的牌位就可撤去，藏在太祖(宗族之祖)庙中，按照昭穆序列排好，等大合祭时再拿出来一起享受祭祀。韦玄成等正是这样理解经书中记载的庙制的。他说“王者始受命、诸侯始封之君，皆为太祖。以下，五庙而迭毁”，正是说本人往上五代，再往上庙就可以毁了。元帝之父为宣帝、祖父为悼皇考，曾祖为戾太子，高祖为武帝，按照五服制度，武帝以上亲就尽了，因此玄成等说“孝惠、孝文、孝景庙皆亲尽，宜毁”，悼皇考虽然没有入继大统，但按照五庙制的自然法则，因为没有出五服，应该保存。从上文韦玄成所说看他赞成的是五庙制，他认为七庙制是因为周文王、武王受命而庙不毁，加上始祖后稷和亲庙四便成为七庙，并非普遍的原则。应该说韦玄成对上古庙制的理解是正确的，现代学者通过对甲骨卜辞的研究认为七庙制是在五庙制基础上出现的①，这确实是天子七庙制产生的真实过程。

韦玄成等根据经书记载的上古庙制确立了西汉的庙制，有以下原则：

第一，始祖庙不毁，以后诸帝牌位皆入始祖庙。汉由于高祖受命，因此高祖刘邦为西汉始祖(王先谦认为“太祖”和“以下”之间缺了“继太祖”三字)。但在征求意见的大臣们中有不同意见，大司马、车骑将军许嘉等二十九人认为应在太祖之后根据继承者的功绩酌情立不毁之庙，他们说：

> “孝文皇帝除诽谤，去肉刑，躬节俭，不受献，罪人不帑，不私其刑，出美人，重绝人类，赏赐长老，收恤孤独，德侔天地，泽施四海，宜为帝者太宗之庙。”

廷尉尹忠则认为：

> “孝武皇帝改正朔、易服色、攘四夷，宜为世宗庙。”

这两条建议认为应立不毁庙，这样立出的庙制就不是五庙，而是七庙。韦玄成等认为七庙制是周因后稷始封、文、武受命而加，不是最淳的制度，因此产生了跟许嘉、尹忠意见的分歧。

---

① 王贵民：《商周庙制新考》，《文史》第45辑。

除了五庙和是否该立不毁庙的分歧外,在悼皇考之庙(宣帝之父,元帝祖父)怎样处理上更是有不同意见,尹更始等十八人以为“皇考庙上序于昭穆,非正礼,宜毁”,元帝觉得很为难。因为悼皇考是宣帝之父,于元帝是祖父,按照尹更始等的意见,悼皇考因没有入继大统,不应在昭穆序列之内,这样于元帝的私人感情难以接受。这些不同意见汇合在一起,拖了一年后元帝下诏:

“盖闻王者祖有功而宗有德,尊尊之大义也。存亲庙四,亲亲之至恩也。高皇帝为天下诛暴乱,受命而帝,功莫大焉。孝文皇帝……削乱秦之迹,兴三代之风,……高皇帝为汉太祖,孝文皇帝为太宗,世世承祀,传之无穷,朕甚乐之。孝宣皇帝为孝昭皇帝后,于义一体。孝景皇帝庙及皇考庙皆亲尽,其正礼仪。”

这是一个折衷,既采纳韦玄成等提出的始祖庙加亲庙四构成的亲尽迭毁制度,又采纳许嘉等提出的立文帝为太宗庙的制度,景帝、皇考亲皆尽,庙毁。这样,庙制和亲尽迭毁制度确定了,这是在罢除郡国庙和支庶之祀的基础上的进一步深入。

第二,在庙制的基础上订立昭穆制度。韦玄成等上奏:

“祖宗之庙世世不毁,继祖以下,五庙而迭毁。今高皇帝为太祖,孝文皇帝为太宗,孝景皇帝为昭,孝武皇帝为穆,孝昭皇帝与孝宣皇帝俱为昭。皇考庙亲未尽,太上、孝惠庙皆亲尽,宜毁。太上庙主宜瘗园,孝惠皇帝为穆,主迁于太祖庙,寝园皆无复修。”

这里韦玄成等建立确定昭穆制度,玄成等初次上书就认为“父为昭,子为穆,孙复为昭,古之正礼也”,昭穆制度是周代宗庙内将牌位按左右排序的制度,杨伯峻指出:“昭、穆为古代庙次及墓次。周代以后稷为始祖,后稷以后之第一代为昭,第二代为穆。以后第三、五、七,驯至奇数之代皆为昭,第四、六、八,驯至偶数之代皆为穆。”① 在周代,昭穆制度是褅祭时计算辈分尊卑和祭祀立尸的重要根据,有现实的政治和等级意义,韦玄成将西汉诸帝牌位序上昭穆,景帝、昭帝、宣帝为昭,惠帝、武帝为穆,惠帝的牌位迁到太祖庙中,园寝不修葺,这样,既节省了

---

① 杨伯峻:《春秋左传注》,第307~308页。

开支，又让庙制更严整。

在韦玄成等的建议下，庙制（包括建立文武不毁庙）、亲尽迭毁制、昭穆制的确立，让西汉的庙制最终完善。

（三）裁汰园寝，建立合祭

韦玄成等对祭祖礼名目的改革，基本倾向是重视宗庙合祭，裁汰园寝。因为园寝为三代所无，经书中也没有记载，且开支浩大，而宗庙合祭多见于《礼》的经和记。韦玄成等从罢除郡国庙开始就逐渐罢除园寝，永光四年九月罢除昭灵后、武哀王、昭哀后、卫思后、戾太子、戾后园寝，永光五年十二月毁太上皇、孝惠帝寝、庙、园①，在对园寝祭祀的态度上，上书的公卿们认为《诗·周颂·清庙》描述的祭祖礼肃静雍容，而去园寝祭祖是"衣冠出游，有车骑之众，风雨之气"，不是三代祭祖时庄重清净的意思，因此"应复古礼，四时祭于庙，诸寝园，日月间祀皆可"，但元帝没有听从。建昭元年冬韦玄成又奏：

"古者制礼，别尊卑贵贱，国君之母非适（嫡）不得配食，则荐于寝。陛下躬至孝，承天心，建祖宗，定迭毁，序昭穆，大礼既定，孝文太后、孝昭太后寝、祠、园宜如礼勿复修。"

由此罢文帝太后、昭帝太后寝园②。总之，在祭祖礼改革的过程中，总的倾向是园寝（尤其是疏远者和支庶者的）被不断罢废，只留下最必要的。

在园寝被不断罢废的同时，因宗庙合祭比园寝祭祖更能体现亲亲、尊尊的原则，《礼记·大传》："上治祖祢，尊尊也；下治子孙，亲亲也；旁治昆弟，合族以食，序以昭穆，别以礼义，人道竭矣"，因此宗庙合祭之礼在公卿们的建议下不断完善。玄成等永光四年上书时就曾说："毁庙之主藏于太祖，五年而再殷祭"，此语出自《公羊传》文公二年：

"八月丁卯，大事于大庙。跻僖公。大事者何？大祫也。大祫者何？合祭也。其合祭奈何？毁庙之主，陈于大祖，未毁庙之主，皆升，合食于大祖，五年而再殷祭。"

---

① 《汉书·元帝纪》。

② 同上。

何休注:“毁庙谓亲过高祖,毁其庙,藏其主于大祖庙中”,因汉代庙制已经确立,亲尽迭毁,合祭时再将所有的牌位拿出来按昭穆排列受祀。何休又注“殷”为“盛也,谓三年祫五年禘也”,将祫、禘当作两种不同的合祭,玄成等即持此意,他们于永光四年上书时就认为“毁庙之主藏于太祖,五年而再殷祭,言一禘一祫也。祫祭者,毁庙与未毁庙之主皆合食于太祖”,将禘、祫当作两种不同的祭名,这是因为汉儒之学传自战国儒家,而战国儒家在回忆宗周旧典时已有错乱,才出现将祫、禘当作两种合祭的说法(见第一章第三节),刘向认为祫、禘是一祭二名,堪称有见地,原因是因为刘向好《左氏》,而《左氏》较淳地记载了春秋时的“禘”制,但《左氏》是古文经,在西汉官方尚无地位,因此源于《礼》经和记的禘祫说就成了汉儒对之认识的根据,《公羊》所说的殷祭被解释成一禘一祫,被包括玄成在内的汉儒普遍接受。

三、成、哀、平之际庙、寝、园的罢复和诸家之争

以上考察了永光四年至建昭年间祭祖礼改革的情况。郡国庙被罢除,“疏远卑贱”者被清除,庙制、昭穆制、亲尽迭毁制确立,支庶者的园寝被不断罢废,宗庙合祭则开始建立,这一系列的举措使汉宗庙祭祖的格局发生了根本变化,类似三代祭祖礼的那种整齐的庙制开始凸现。但这个过程并不是一帆风顺的。因为对《礼》(包括其他经书)经、记的理解不同,也因为西汉后期皇帝生病、无子等原因,祖宗之庙和园寝或罢或复,几经反复,下文便对这一阶段宗庙祭祖礼的罢复和诸家争论作些考察。

首先,对罢除哪些庙、园,追尊谁为始祖有争议。《汉书·平当传》记载平当对此提出的异议:

> “今圣汉受命而王,继体承业二百余年,孜孜不怠,政令清矣。然风俗未和,阴阳未调,灾害数见,意者大本有不立与?何德化休征不应之久也!……昔者帝尧南面而治,先‘克明俊德,以亲九族’,而化及万国。《孝经》曰:‘天地之性人为贵,人之行莫大于孝,孝莫大于严父,严父莫大于配天,则周公其人也。’……,周公既成文武之业而制作礼乐,修严父配天之事,知文王不欲以子临父,故推而序之,上极于后稷而以配天。此圣人之德,亡

以加于孝也。高皇帝圣德受命，有天下，尊太上皇，犹周文武之追王太王、王季也。此汉之始祖，后嗣所宜尊奉以广圣德，孝之至也。《书》云：'正稽古建功立事，可以永年，传于无穷。'"

平当认为汉的始祖虽然是高祖，但高祖尊太上皇就像周的文王、武王追尊太王、王季一样，因此应该复太上皇庙，元帝依言恢复了太上皇园寝。平当的不同意见，是因为当时对经书记载的庙制理解不同造成的，平当熟谙经学，"以明经为博士"，"每有灾异，当辄传经术，言得失"，《汉书·平当传》记载他文雅虽然不及萧望之、匡衡，"然指意略同"，"指意略同"就是对经学大旨的理解基本相同，因此才有公卿们集体建议改革祭祖礼，但在细节上，因公卿们所习师法不同，理解有差异是必然的。

此外，被毁庙或罢或复，是因为皇帝生病。韦玄成死后，匡衡继任丞相，此时元帝生病，梦见祖宗谴责罢除郡国庙，元帝的少弟楚孝王也做了同样的梦，当时汉代人迷信地认为生病是先人鬼魂不佑所致，于是元帝问匡衡，想恢复郡国庙。匡衡反对，但元帝病久久不愈，匡衡终于害怕了，便祷告高祖、文帝、武帝庙说：

"嗣曾孙皇帝躬承洪业，夙夜不敢康宁，……今赖宗庙之灵，六合之内，莫不附亲，庙宜一居。京师天子亲奉，郡国庙可止勿修。皇帝祗肃旧礼，尊重神明，即告于祖宗而不敢失。今皇帝有疾不豫，乃梦祖宗见戒以庙，楚王梦亦有其序。皇帝悼惧，即诏臣衡复修立。谨案上世帝王承祖之大(义)[礼]，皆不敢不自亲。郡国吏卑贱，不可使独承。又祭祀之义以民为本，间者岁数不登，百姓困乏，郡国庙无以修立。礼，凶年则岁事不举，以祖祢之意为不乐，是以不敢复。如诚非礼义之中，违祖宗之心，咎尽在臣衡，当受其殃……"①

此段话透出匡衡害怕的心情。匡衡又谢已经毁庙的诸帝曰：

"往者大臣以为在昔帝王承祖宗之休典，取象于天地，天序五行，人亲五属，天子奉天，故率其意而尊其制，是以禘尝之序靡有过五，受命之君躬接于天，万世不堕。继烈以下五庙而迁，上陈太祖，间岁而祫，其道应天，故福禄

---

① 《汉书·韦玄成传》。下面引文不注出处者同

永终。太上皇非受命而属尽,义则当迁,又以为孝莫大于严父,故父之所尊,子不敢不承。……礼,公子不得为母信,为后则于子祭于孙止,尊祖严父之义也。……诚以为迁庙合祭,久长之策。高皇帝之意乃敢不听!即以今日迁太上、孝惠庙,孝文太后、孝昭太后寝,将以昭祖宗之德,顺天人之序,定无穷之业。……如不合高皇帝、孝惠皇帝、孝文皇帝、孝武皇帝、孝昭皇帝、孝宣皇帝、太上皇、孝文太后、孝昭太后之意,罪尽在臣衡等,当受其咎。……臣衡[1]、中朝臣咸复以为天子之祀义有所断,礼有所承,违统背制,不可以奉先祖,皇天不佑,鬼神不飨。六艺所载皆言,不当无所依缘,以其作文[2]。事如失旨,罪在臣衡……。”

这段长长的谢过辞再次陈说了罢免郡国庙的理由:

(1)因为亲属关系不过五,因此“禘尝之序靡过有五”。

(2)按《礼》之记的意思,支庶即位成为大宗后,只能祭自己的父母,不能再上祭自己的祖母,即“公子不得为母信,为后则于子祭于孙则止”,颜师古注引李奇曰:“公子去其所而为大宗后,尚得私祭其母,为孙则止,不得祭公子母也,明祭祖不得顾其私祖母也”,此为罢除悼皇考之妻戾后园寝的依据(宣帝为公子,即位为大宗,不能祭祀祖母王夫人)。

(3)经书(即匡衡说的“六艺”)中皆记载了庙制和迭毁法,而经书不是无所依据地写成的。因此,迭毁之法并无过错。

但匡衡谢毁庙后,元帝的病还是连年不好,干脆全部恢复了罢除的寝、庙、园,包括卫思后、戾太子、戾后的,但最终元帝还是病故了,匡衡对继位的成帝说:“……案卫思后、戾太子、戾后园,亲未尽,孝惠、孝景庙亲尽,宜毁。及太上皇、孝文、孝昭太后、昭灵后、昭哀后、武哀王祠,请悉罢,勿奉。”

匡衡的建议得到允许。但是罢除不久,因成帝无嗣,“河平元年复复太上皇寝、庙、园,世世奉祠。昭灵后、武哀王、昭哀后并食于太上寝庙如故”,成帝崩后

---

① 中华书局标点本此处无顿号,应加顿号断开。

② 这段话中华书局标点本为:“六艺所载,皆言不当,无所依缘,以其作文。”王先谦《补注》本则在“不当”下有师古注。按这样断句甚为牵强,更合适的断句是“六艺所载皆言,不当无所依据,以其作文”,此陈说六艺之言、文的有据,而不是六艺之言不恰当,没有依据地作文的意思。

哀帝即位，丞相孔光、大司空何武奏言请求不顾"擅议宗庙"著令，继续讨论庙制和迭毁礼，得到许可，于是光禄勋彭宣，詹事满昌、博士左咸等五十三人皆以为：

"继祖宗以下五庙而迭毁，后虽有贤君，犹不得与祖宗并列。子孙虽欲褒大显扬而立之，鬼神不飨也。孝武皇帝虽有功烈，亲尽宜毁。"

太仆王舜、中垒校尉刘歆则追述了汉兴以来匈奴侵凌、南越夹攻，百姓荼毒的情景，"郡守连匈奴及百粤以为逆者非一人也"，并认为武帝武功上遣大将军、骠骑、伏波、楼船等南灭百粤，北击匈奴，并东伐朝鲜，西伐大宛，断匈奴之左右肩；文治上则"改正朔，易服色，立天地之祠，建封禅，殊官号，存周后"，为后世定制度，因此中兴的功绩应以武帝为最。刘歆等则提出以下建议：

"高帝建大业为太祖，孝文皇帝德至厚也，为太宗，孝武皇帝功至著也，为武世宗。此孝宣帝所以发德音也。《礼记·王制》及《春秋谷梁传》天子七庙，诸侯五庙，大夫三，士二；天子七日而殡，七月而葬，诸侯五日而殡，五月而葬，此丧事尊卑之序也，与庙数相应。其文曰：'天子三昭三穆，与太祖之庙而七，诸侯二昭二穆，与太祖之庙而五'，故德厚者流光，德薄者流卑。《春秋左氏传》曰：'名位不同，礼亦异数。'自上以下，降杀以两，礼也。七者其正法数，可常数者也，宗不在此数中。宗，变也。苟有功德，则宗之，不可预为设数。故于殷太甲为太宗，太戊曰中宗，武丁曰高宗……，由是言之，宗无数也。然则所以劝帝者之功德博矣。以七庙言之，孝武皇帝未宜毁，以所宗言之，则不可谓无功德。《礼记·祀典》曰：'夫圣王之制祀也，功施于民则祀之，以劳定国则祀之，能救大灾则祀之，'窃观孝武皇帝功德皆兼而有焉，凡在于异姓犹将特祀之，况于先祖！

或说天子五庙，①无见文。又说中宗、高宗者，宗其道而毁其庙，名与实

① 中华书局标点本此处不断开，为"或说天子五庙无见文"。按，正确断法应为"或说天子五庙，无见文"，此为刘歆持天子七庙说反驳他人天子五庙说之语，此句的正确意思是："（刘歆说）有的人说天子五庙，但经书没有记载"，而不是"有的人说：天子五庙之制不见于经书记载"，此"无见文"为刘歆之语，而不是"或说"的宾语，因为从上下文看，刘歆赞成的是七庙制。因此应断句称为"或说天子五庙，无见文"。

异,非尊德显功之意也。……,迭毁之礼自有常法,无殊功异德,固以亲疏相推,及[1]至祖宗之序,多少之数,经传无明文,至尊至众,难以疑文虚说定也。孝宣皇帝举公卿之议,用众儒之谋,既以为世宗之庙,建之万世,宣布天下,臣愚以为孝武皇帝功烈如彼,孝宣皇帝崇之如此,不宜毁。”

刘歆为“达才通人”,从他所引经书看,兼有今古文。《礼记》、《谷梁》为今文,《左传》则为今文。王先谦《补注》引周寿昌曰:西汉奏议内引《左氏传》始见此及翟方进。刘歆对郊庙制度的观点是:

1. 天子七庙,诸侯五庙,大夫三庙,从上往下递减。此与韦玄成认为天子五庙,许嘉等认为应立不毁庙均不同。其依据是《礼记·王制》和《春秋谷梁传》。《王制》:“天子七庙,三昭三穆,与大祖之庙而七;诸侯五庙,二昭二穆,与大祖之庙而五;大夫三庙,一昭一穆,与大祖之庙而三,士一庙,庶人祭于寝”,《王制》为汉文帝博士所作,是对周代典制的追忆。从刘歆的引文看,《王制》已融入《礼记》成为其篇;《谷梁传》僖公十五年:“天子至于士皆有庙。天子七庙,诸侯五庙,大夫三,士二,故德厚者流光,德薄者流卑”,与《王制》的记载相同。刘歆还认为在天子七庙的基础上降杀以两,是古之正制,并在《左传》中找根据。《左传》昭公六年和昭公三十年正义均有“降杀以两”之辞[2],应说刘歆的理解是正确的。

2. 天子七庙不包括所立的“宗”,“宗”不算七庙之中的数字。这个依据是刘歆自己对殷代三宗的理解。刘歆认为宗是变的意思,有功德就为宗,所以“殷太甲为太宗,太戊曰中宗,武丁曰高宗”。

3. 宗无准数,为定功绩所用。其依据为《礼记·祀典》(按,今本《礼记》该篇名为《祭法》)功绩显著者皆可称宗,因此不可预设宗的数目。

刘歆对庙制的理解与韦玄成、许嘉等不同,是因为他们对经书中记载的庙制理解不同。《礼记·丧服小记》所记“亲亲以三为五,以五为九”是普遍的制度和

---

① 中华书局标点本此处为“固以亲疏相推及,至祖宗之序……”,按,笔者以为此“及”应断在下一句,此处“及至”即“至于”之意思,古汉语中的单字“至”多表示到达,少有用一个单字“至”代表“至于”一词的含义的。

② 《左传》昭公三十年孔颖达疏:“三代封建,自上及下降杀以两”,“降杀以两”不仅体现在衣服车马制度上,也体现在庙数的递减上。

根本的原则，在"以三为五"的基础上上推两代即为七庙，但如何推，经师们理解不同。《礼记·祭法》、《王制》与《春秋谷梁传》记载天子七庙为三昭三穆加上太祖而成，《祭法》记更远的庙则迁为祧，再远则为坛、墠，扫地而祭（见下文），王肃在认可这种超迁法的基础上认为"天子七庙者，谓高祖之父及高祖之祖庙为二祧，并始祖及亲庙四，为七"①，但郑玄则认为"七庙，周制也。周所以七者，以文王、武王受命，其庙不毁，以为二祧，并始祖后稷，及高祖以下亲庙四，故为七也"②，即周七庙不是三昭三穆加上太祖，而是始祖后稷、文、武不毁庙加上亲庙四（父、祖、曾祖、高祖）。笔者认为之所以有此不同说法，是因为《礼记·祭法》、《王制》所记的三昭三穆之七庙制度与郑玄理解的文、武不毁庙加上亲庙四的七庙制是周代不同时期的制度，周初立后稷、文、武不毁庙是继承殷代称"宗"的制度，而殷代称"宗"但不以宗为庙数，是因为当时庙制尚未完善（王肃《圣证论》难郑玄：殷之三宗，宗其德而存其庙，亦不以为数）③，因此以宗为不毁，后稷为始祖、文、武不毁，为宗，是周初继承殷制。而后来以太祖与昭穆构成的三、五、七庙之制，是宗周以后的理想化制度，王肃的解释即建立在此基础上。刘歆的理解则是调和二者，一方面承认宗为不毁庙，同时又承认七庙为太祖加上三昭三穆。不管他的庙制建议如何，按他的前提，武帝都应立宗而不该迭毁，此建议被成帝采纳。后来刘歆又以为：

"礼，去事有杀，故《春秋》外传曰：日祭、月祀、时享、岁贡、终王。祖祢则日祭，曾高则月祀，二祧则时享，坛墠则岁贡，远祖也。大禘则终王。德盛而游光，亲亲之杀也；弥远则弥尊，故禘为重矣。孙居王父之处，正昭穆，则孙常与祖相代，此迁庙之杀也。圣人于其祖出于情矣，礼无所不顺，故无毁庙。自贡禹建迭毁之议，惠、景及太上寝、园废而为虚，失礼义矣。"

刘歆这段话的核心在于说明禘的重要性。他认为日祭、月祀、时享、岁贡、终王为不同的祭祖方式，按照庙、祧、坛、墠由近而远进行。庙为牌位，祧为远庙，坛

① 《礼记·王制》孔颖达疏。

② 同上。

③ 同上。

为起土而祭,墠为扫地而祭①,从庙至墠逐渐简易,体现的是亲疏关系的降杀,在亲疏关系降杀的基础上日祭、月祀、时享、岁贡、终王。"日祭、月祀、时享、岁贡、终王"出自《国语·周语上》(即刘歆所云《春秋外传》),但《国语》的这段记载同说五服制度和祭祖②,清代学者王先谦已经指出这一点。刘歆则将"终王"当作大禘,届时所有的牌位都要拿出受祀,所说不涉及五服制度,仅为大禘。他认为废除惠帝、景帝及太上皇园寝,在禘这一点上不合礼制,此为对合祭法的进一步讨论,是对韦玄成三年祫、五年禘的补充。

至平帝元始年间,王莽又认为悼皇考之庙不该立,而且文帝太后和昭帝太后的陵园名字不正。他说:

"臣愚以为皇考庙本不当立,累世奉之,非是。又孝文太后南陵、孝昭太后云陵园,虽前以礼不复修,陵名未正,谨与大司徒晏等百四十七人议,皆曰孝宣皇帝以兄孙继统,为孝昭皇帝后,以数,故孝元世以孝景皇帝及皇考庙亲未尽,不毁。此两统贰父,违于礼制。案义奏,亲谥曰悼,裁置奉邑,皆应经义相奏,悼园称皇考立庙,益民为县,违离祖统,乖谬本义。父为士,子为天子,祭以天子者,乃谓若虞舜、夏禹、殷汤、周文、汉之高祖受命而王者也,非谓继祖统为后者也。臣请皇高祖考庙奉明园毁勿修,罢南陵、云陵为县。"

王莽认为立悼皇考庙是"两统贰父",悼皇考是宣帝之祖父,这是自然的亲统、但是王朝的君位世袭所认是宗统,宗统和亲统有时并不完全一致。王莽认为当亲统跟宗统矛盾时(即支庶入继称为大宗),应以后者为准(即继续认原来的大宗之系,而不是将支庶之父、祖追加进入大宗体系),按照亲统,宣帝为悼皇考孙,

---

① 《礼记·祭法》追忆周代庙、祧、坛、墠之制及逐渐超迁之法:"王立七庙,一坛,一墠……,皆月祭之。远庙为祧,有二祧,享尝乃止。去祧为坛,去坛为墠。坛墠有祷焉祭之,无祷乃止。去墠为鬼。"

② 《国语·周语上》这样记载:"先王之制,邦内甸服,邦外侯服,侯、卫宾服,蛮夷要服,戎狄荒服。甸服者祭,侯服者祀,宾服者享,要服者贡,荒服者王日祭、月祀、时享、岁贡、终王。"这段对周祭祀制度的记载是跟五服制度联系在一起的。周制以京畿为中心,按道里远近划分出五服,最近的是甸服,甸即王田之意,即卿大夫的采地。采地之君因经常可见着天子,必须供给日祭;甸服外是侯服,即诸侯之近者,每年一来朝,必须供给月祀;侯服外是宾服,即诸侯远者(诸家注服制甚多。韦昭注"言自侯圻至卫圻,其间凡五圻,圻五百里,中国之界也。谓之宾服,常以服贡宾见于王也。")其义务为供给时享,诸侯外是蛮夷,即要服,要服的义务是岁贡,最远的荒服一世见一次天子,服虔曰:蛮夷终王,乃入助祭,各以其珍贡以共大禘之祭也。

但按照宗统，宣帝为昭帝后，悼皇考无资格进入大宗体系，因此王莽说"两统贰父，违于礼制"，将史皇孙立谥为"悼"，治园寝都不合礼制，因为史皇孙没有入继大统，不能享受立谥和设园寝，王莽认为悼皇考的奉明园应毁弃勿修，文帝太后南陵、昭帝太后云陵应改置为县，此建议得到了认可。此为在亲统、宗统之别和名分上的进一步深究，反映的是《礼》经学的进一步深入。

上对元、成、哀、平之际庙制和园寝的罢复以及诸家之争作了考察。庙、寝的罢复之中有皇帝生病的偶然因素在起作用，但总的来看，这一阶段的庙、寝制度变化是继承了永光年间裁汰园寝、整齐庙制的倾向继续进行的，匡衡谢毁庙诸帝时陈说毁庙原因，刘歆认为应立武帝庙为世宗庙，同时详述了天子七庙之制和合祭法；王莽则从亲统、宗统之别和名分差异上建议罢除悼皇考园寝和文帝、昭帝太后之陵。这一切都反映了《礼》的经、传中记载的制度不仅深入公卿之心，而且他们都对之有专门而深入的研究。从永光年间元帝改革祭祖礼到平帝时王莽建议罢皇考庙，虽然公卿们因对《礼》经和记的理解不同而产生出不同见解，因此在如何认宗统、立庙多少、如何立不毁庙这些问题上有分歧，《汉书·韦玄成传》赞：

> "汉承亡秦绝学之后，祖宗之制因时施宜。自元、成后，学者(番)[蕃]滋，贡禹毁宗庙，匡衡改郊兆，何武定三公，后皆数复，故纷纷不定。何者？礼文缺微，古今异制，各为一家，未易可偏定也。"

但总体上说，庙制的建立、宗统的完善明晰、合祭法走向具细是大势所趋。公卿们对《礼》经、记中所载的祭祖礼认识分歧是次要的。这种差异正如后来郑玄、王肃对郊天记载理解不同一样，影响到魏晋王朝祭礼的建设①，但这种差异对整个王朝祭礼性质的影响是微乎其微的。

结　语

本节对元、成、哀、平之间祭祖礼的改革与反复过程作了考察。祭祖礼是王朝祭礼中除了郊天礼外最重要的礼典，它对于凸现政治伦理、凝聚宗族，在"孝"的方面为天下作表率等方面起着重要作用。战国以来，宗族瓦

---

① 见拙作：《魏晋郊祀和祭祖礼考》，《北大史学》第九期，北京大学出版社 2002 年版。

解,宗周那种合族而祭的祭祖礼失去了基础,因此从社会上消失。好在儒家传经时对这些内容有所保存,随着经学的昌明,周代祭祖礼中的庙制、昭穆制、合祭法等逐渐明晰,儒家出身的公卿们对之熟谙,而此时,汉代的国家祭祖礼庞杂散乱,既不利于凸现政治伦理,又开支浩大,是国家的沉重经济负担,因此,从元帝时期起,君臣们经过一次次讨论,进行了祭祖礼改革。疏远卑贱的亡灵们被罢除,园寝被逐渐裁汰,庙制确立。虽然这个过程有反复,但基本倾向是:以周代祭祖礼为蓝本的祭祖礼逐渐取代了西汉建立以来那种自发存在的、无一定章法的祭祖方式,西汉的此次祭祖礼改革为后来订立了规范,以后为东汉继承。

第六节 改革天地之祀及王朝祭礼体系的出现

上一节我们考察了自宣帝至王莽时期西汉祭祖礼变动的情况,这一变动始于公卿们的改革,这改革的幅度可以用“大刀阔斧”一词形容。不过,祭祖礼的改革还只是这一阶段整个西汉王朝祭礼格局变化的一部分,另一大宗的变化——天地百神之祀的大规模变动,也在公卿们热切而勇武的建议下于这一阶段进行。正是由于这一阶段的大规模变动,西汉继承秦而来、后来由武帝扩大规模的国家祭祀才终于改变了性质,不合乎经书记载的部分被大量清除,它终于成为严格意义上的王朝祭礼——杂祀大量被清除使国家祀典范围缩小,诸神性质也渐渐统一;神仙方术被清除则使国家的祭祀行为与正处于发展阶段的“方仙道”划出界线(后者移向民间继续发展),这二者的清除,总体上使西汉国家祭祀中的宗教祷祠成分缩减,而与此同时,祭祀仪式和乐舞的程式化、又使西汉国家祭祀转变成纯粹的仪式(rites),在性质上,它终于合乎本书所说的“王朝祭礼”了,自周代礼崩乐坏之后,至此,王朝祭礼格局终于再次出现,当它此番登入庙堂,便再没有下来过,在整个古代史的始终。

本节就将考察西汉宣、元至哀、平之际这次在整个中国古代王朝祭礼发展过程中具有关键意义的环节。

一、王朝祭礼体系的出现

汉初至武帝时的国家祭祀不是严格意义上的王朝祭礼，因为系统化的王朝祭礼是处在“礼”的体系下的，郊天祭地、祭祖、朝日、夕月等体现“天人之际”的礼典跟耕籍、先蚕等仪式同处在“礼”的体系中，这些仪式又跟凶、军、宾、嘉等其他礼典使用同一体系的登降揖让规定和物化礼乐制度（这些登降揖让规定和物化礼乐制度也在“礼”的体系范围内），这跟宗教由神灵观念来产生仪式、进而派生组织是有本质区别的。汉初至武帝时期，因“礼”的整体体系早已荡然无存，登降揖让方式和物化礼乐制度也湮废无闻，因此，从民间登入庙堂的各种祭祀和祷祠便显出它的性质——自发的、目的明确的宗教行为。汉初至武帝时，这种祭祀和祷祠是国家祭祀的主流，在这一阶段，自战国以来大量的神灵络绎不绝地进入国家祀典受祀，国家祀典成分复杂，雍五畤、甘泉太一及从属神灵、汾阴后土、祝官和女巫所掌之祠及太祝、方士领有之祠、还有京师和郡国各地大量杂祀都享受国家提供的牺牲供奉。跟周代国家祀典比，这个格局是芜杂和不够正统的——天神不止一处（雍五畤、甘泉宫太一）且性质有差异，“天”下面该受祀的百神（如江河湖海、有功德者）却不完备，各种杂祀则大量地享受着国家提供的牺牲供奉。这一局面到宣、元、成时期，终于被饱通经学的公卿们看不顺眼，开始了对之进行大规模的改革。这一过程大致始自宣帝时，直至王莽时尚未结束。改革的内容主要是清除国家祭祀中的杂祀和不合经书记载的祷祠法。在这个过程中，五岳、四渎之祀逐渐完备，雍五畤、陈宝畤和一些杂祀被罢除，牺牲供奉的方式和乐舞的名称、内容被改，神仙方术被清除出国家祭祀的领域，下文便一步步考察。

（一）五岳、四渎之祀完备

完整的五岳、四渎之祠在经书中其实是没有的①，五岳、四渎的提法虽然出

① 十三经的经文有三处提到五岳，两处为《周礼》（《春官·大宗伯》“以血祭祭社稷五祀五岳”、《春官·大司乐》“四镇五岳崩……”），一处为《礼记·王制》“五岳视三公”。《周礼》中出现的五岳四渎是《周礼》作者整齐过的制度，它不见于《礼记》和其他文献的记载，《王制》则撰作时间较晚，是对三代典制的追忆。这是十三经的经文。十三经的注疏中多次提到周礼，但是是汉唐人的认识，因此，完整的五岳、四渎之祀在三代并没有形成。

现在秦汉以前,但三代时尚无完整的五岳、四渎的提法。虽然《史记·殷本纪》提到四渎说“东为江,北为济,西为河,南为淮”①,但这不可看作商代的资料,只能说明五岳、四渎之说渊源久远。五岳四渎的提法比较肯定地出现是在战国时期,《周礼·春官》的大宗伯和大司乐提到五岳②,《尔雅·释山》亦提到五座名山:“河南华,河西岳,河东岱、河北恒,江南衡”,但《周礼》渗入阴阳五行思想、整齐划一是学者众所周知的,《尔雅》的写定虽在汉代③,但主要内容也是战国时期的东西。《周礼》和《尔雅》关于天地山川的记载和编排,都反映出天下有中央、有四方的思想,这种思想跟渊源古老的望祀山川结合,即成五岳四渎。望祀山川见《尚书·尧典》:“肆类于上帝,望于山川,遍于群神”,周代国家祀典中有名山大川,《礼记·祭法》记载的周制是天子祭祀天下名山大川,诸侯祭祀境内知名山川(见第一章第二节),战国时期因阴阳五行说的完善,以天下名山大川的重要者配以方位,山为阳数五,水为阴数四,这样就形成了五岳四渎之说。《尔雅·释山》“泰山为东岳,华山为西岳,霍山为南岳,恒山为北岳,嵩高为中岳”,《释水》云江河淮济为四渎。《史记·封禅书》太史公在述及历代山川之祀时采取了五岳四渎之说:

> “昔三代之君[居]皆在河洛之间,故嵩高为中岳,而四岳各如其方。四渎咸在山东。至秦称帝,都咸阳,则五岳、四渎并在东方。自五帝至秦,轶兴轶衰,名山大川或在诸侯,或在天子,其礼损益世殊,不可胜记。”

从上文的“名山大川或在诸侯,或在天子”还可看出古来望祀名山大川是五岳四渎说的渊源。秦统一后继承了周代望祀山川之制,“自淆以东,自华以西”的山川之祠被收归进入国家祀典,但秦仍然无完整的五岳、四渎之祠。到汉代,太史公《史记·封禅书》记武帝时济北王献出泰山,“五岳尽在天子之中矣”,武帝曾到泰山封禅,并且所过之处广祀名山大川,但国家祀典中并无系统的五岳、四渎

---

① 《史记·殷本纪》记载商汤“既绌夏命,还亳,作《汤诰》,……曰:‘古禹、皋陶久劳于外,其有功乎民乃有安。东为江,北为济,西为河,南为淮,四渎已修,万民乃有居。’”

② 《周礼·春官·大宗伯》:“以血祭祭社稷、五祀、五岳”,《大司乐》:“凡日月食,四镇五岳崩,大傀异栽,诸侯薨,令去乐。”

③ 《四库全书总目提要》认为《尔雅》成书在毛公之后,则其成书在汉代。

之祠，说明五岳、四渎直到武帝时还只是通行的说法，对之的祭祀尚未成为制度。这一点宣帝即位后得到了改变。《郊祀志》记载元康四年三月，宣帝幸河东，祠后土，因有神雀集而改元为神爵，而后制诏太常：

"夫江海，百川之大者也，今阙焉无祀，其令礼官以礼为岁事。以四时祠江海洛水，祈为天下丰年焉。自是五岳四渎皆有常礼。东岳泰山于博，中岳泰室于嵩高、南岳灊山于灊，西岳华山于华阴，北岳常山于上曲阳。河于临晋，江于江都，淮于平氏，济于临邑界中。皆使使者持节侍祠。唯泰山与河岁五祠，江水四，余皆一祷而三祠云。"

自此诏书发布后，五岳四渎就有了正规的祭祀。宣帝时的五岳四渎为东岳泰山、西岳华山、北岳常山、南岳灊山、中岳泰室；四渎为江、河、淮、济。其中五岳与《尔雅·释山》及后来人们认识中的五岳略有不同，现考证如下：

五岳

东岳泰山：泰山古来就是东岳。《尔雅·释山》"河东岱"，此为袭旧。《汉书·地理志》泰山郡博县有泰山庙，泰山在该县的西北。

中岳泰室：即嵩山。嵩山位于中原，《尔雅》"嵩高为中岳"，古来便被认为是中岳。《汉书·地理志》作密高，位于颍川县。班注："武帝置以奉太室山，是为中岳。有太室、少室山庙。"

南岳灊山：此南岳与《尔雅》所云南岳霍山不同，《汉书·郊祀志》王先谦《补注》引齐召南曰："南岳衡山也。自元封五年巡南郡至江陵，而东登，礼潜（师古注：'灊与潜同。'）之天柱山，号曰南岳，于是南岳之名移于灊山，而长沙湘南之衡山自古称南岳者，反无祀矣。"则以灊山为南岳是因为武帝巡游至此。此南岳与《尔雅》不同，原因大概是因为三代至秦汉，政治、经济中心均在中原，人们观察地理很自然地以中原为中心，对长江以南的地理并不熟悉。《尔雅》本身所提到的南方名山就有二，一为南岳霍山，一为"江南衡"，与提及东岳为岱、西岳为华山、北岳恒山的确凿无疑比自是有差距。汉代南方仍然属于地理偏远，经济落后的地区，武帝以灊山为南岳，反映的正是当时南岳尚无确指。《汉书·地理志》庐江郡有灊县，天柱山在南，有祠，即为此祠。

西岳华山：华山自古便是西岳。此与《尔雅》所云同。《汉书·地理志》京兆尹有华阴县,太华山在南,有祠。

北岳常山:此常山即为恒山。按,恒为常之意。张晏注:“恒山在西,避文帝讳,故改曰常山。北岳恒山,恒山北谷在上曲阳西北。”上曲阳为常山郡之县名,《地理志》记高帝置常山郡,则北岳常山之祠在常山郡上曲阳县西北。

四渎

河水:祠在临晋。《汉书·地理志》左冯翊有临晋县,河水之祠即在此,师古注在河之西岸。按,高祖在长安置祠官、女巫时所置即有河巫,祠在临晋。宣帝的四渎之河水为袭此而来。

江水:祠在江都。《汉书·地理志》广陵国有江都县,有江水祠。

淮水:祠在平氏。《地理志》南阳郡有平氏县,“《禹贡》桐柏大复山在东南,淮水所出”,按,淮河发源于桐柏山,此淮河祠在平氏县桐柏山淮河发源处。

济水:祠在临邑界中。师古注为东郡之县《地理志》东郡有临邑县,则济水之祠在此。秦统一以后自淆以东的名川即有济,祠所在临邑,宣帝时济水为承袭此而来。

江、河、淮、济均见于《史记·封禅书》记载的秦朝国家祀典(见第二章第四节),此番形成的五岳四渎之祀,跟秦统一后国家祀典中的山川之祀是不同的,秦的山川之祀是古代望祀山川的继续,只不过将原先六国时期的各地山川之祀收归国有,并没有将它们安排上方位,而宣帝时将与方位对应的五岳、四渎之祀请入国家祀典,是阴阳五行格局对国家祀典影响进一步深入的表现。

(二) 太一、后土之祠的迁徙

西汉后期王朝祭礼体系的出现,除了五岳、四渎之祀的设立外,更重要的是在这一时期进行了对天地之祀的改革,使其中“不合于古”的成分被清除。西汉的天地之祀是武帝建立的甘泉泰畤和河东(汾阴)后土。直到宣、元时期,礼敬这二神依然频繁而虔诚,但武帝立的太一、后土之祀性质跟汉代熟谙经学的公卿们心目中的天地之祀性质尚不是一回事,因此,公卿们开始了对之的改革。虽然这一改动在成帝时由匡衡主持进行,但有关呼声从元帝时就开始了。元帝时传齐《诗》的著名学者翼奉以为“祭天地于云阳汾阴,及诸寝庙不以亲疏迭毁,皆烦费,违古制”，并上疏说“汉家郊兆寝庙祭祀之礼多不应古”①，成帝即位后，匡衡、张谭终于开始了对天地之祀的改革。匡衡为东海承人，习《诗》，他师从后苍，而后苍通《诗》、《礼》，并师从通五经的夏侯始昌。匡衡习经的时代，五经师法已经渐融，从下文他建议改革天地之祀的内容看，他熟知五经灾异之学。他上书元帝说：“臣闻天人之际，精祲有以相盪，善恶有以相推，事作乎下者动乎上，阴阳之理各应其感，阴变则静者动，阳蔽则明者晻，水旱之灾随类而至”，这完全是五经灾异说的思维。五经灾异之学是经学中的象数部分，匡衡对这些的熟悉和了解奠定了他对天地百神的性质有自己的看法，这个看法代表的并非匡衡个人，而是当时公卿大儒们看法的代表，因此，以他们心目中的天地大神改动太一、后土之祀的性质，就成了大势所趋。匡衡和御史大夫张谭上疏建议改革天地之祀，他们说：

> “帝王之事莫大于承天之序，承天之序莫重于郊祀，故圣王尽心极虑以建其制。祭天于南郊，就阳之义也；瘗地于北郊，即阴之象也。天之于天子也，因其所都而各飨焉。往者孝武皇帝居甘泉宫，即于云阳立泰畤，祭于宫南。今行常幸长安，郊见皇天反北之泰阴，祠后土反东之少阳，事与古制殊。又至云阳，行谿谷中，阸陕且百里，汾阴则渡大川，有风波舟楫之危，皆非圣主所宜②。数乘郡县，治道共张，吏民困苦，百官烦废。劳所保之民，行危险之地，难以奉神灵而祈福佑，殆未合于承天子民之意。昔者周文、武郊于丰、鄗，成王郊于洛邑，由此观之，天随王者所居而飨之可见也。甘泉泰畤、河东后土之祠宜可徙置长安，合于古帝王。愿与群臣议定。”③

这段上疏反映出匡、张熟悉五经中的天人之学。“祭天于南郊，就阳之义也”，源于《礼记·郊特牲》：“兆于南郊，就阳位也”，这是沿袭周代的内容，但其吸收五经中象数之学更明显的地方在于北郊祭地之说的出现，“瘗地于北郊，即阴

---

① 《汉书·翼奉传》。

② 此处中华标点本断句为“皆非圣主所宜数乘。郡县治道共张，吏民困苦……”，按这样断句不甚妥当。“数乘”二字应断入下一句，为“数乘郡县，治道共张，吏民困苦，百官烦废”，意思为数次烦劳郡县，让郡县疲于供给、吏民困苦，百官烦废。

③ 《汉书·郊祀志》。下文不注出处者同。

之象也"于礼书无载,周代以社为地,并无北郊祭地之礼,匡衡等之所以认为周有北郊祭地之礼,是以地与天相对,天为阳,阳位在南,形状为圆;地为阴,阴位在北,形状为方,此为汉代经学中通行的知识,也为匡衡的上疏采纳。

此外,匡衡上疏中的少阳、太阴之位也反映了匡衡熟悉五经中的象数之学。按匡衡理解,北为太阴,南为太阳,东为少阳,西为少阴。南方太阳之位祭天,北方太阴之位祭地,这也来源于五经中的象数之学。少阴、少阳、太阴、太阳本见于《易》,到汉代,《易》卦跟方位的配伍早就成熟,匡衡在这里引用的不过是当时熟谙经学的公卿们知道的一般知识。匡衡认为当时祭天的甘泉太一畤在云阳,于长安之北,而且前去甘泉宫要穿行数百里溪谷,跟经书记载的南郊祭天说不符合。至于祭地在河东汾阴,在长安的东边,而东为少阳之位,且要度涉大川,吏民、百官一路供应,极其不便。所有这些都反映出匡衡心目中的天地之祀跟现实存在的甘泉宫祭太一、河东祭祀后土之制是完全不同的东西——武帝时确立的太一、后土之祀本来源于数术,但当时立祀尚随意,数术中的象数之学跟政治秩序还没有结合,匡衡心目中的天地之祀则已跟政治秩序结合。而且匡衡等认为"天随王者所居而飨之",理由是"昔者周文、武郊于丰、鄗",其实文王郊于丰并未见于经典,先儒早已指出这一点①。但"因其所都而各飨"即天子因自己建都之地而立南北郊,即郊祀天地之坛可以迁徙。这便是匡衡、张谭建议的大致内容。

此建议引起了争论,大司马、车骑将军许嘉等八人以为甘泉太一畤和汾阴后土由来久远,不宜迁徙,右将军王商、博士师丹、议郎翟方进等五十人以为:

> "《礼记》曰:燔柴于太坛,祭天也;瘗薶于大折,祭地也。兆于南郊,所以定天位也,祭地于大折,在北郊,就阴位也。郊处各在圣王所都之南北。《书》曰'越三日丁巳,用牲于郊。牛二。周公加牲告徙新邑,定郊礼于雒。明王圣主事天明,事地察。天地明察,神明章矣。天地以王者为主,故圣王制祭天地之礼必于国郊。长安,圣主之居,皇天所观视也。甘泉、河东之祠,

① 王先谦《补注》引《三国志·吴志》引《江表传》,臣下建议吴主孙权郊天时说过文王郊于丰,"权曰,文王德性谦让,处诸侯之位,明未郊也。经传无明文。匡衡俗儒意说,非典籍正义,不可用也"。

非神灵所飨，宜徙就正阳大阴之处。违俗复古，循圣制，定天位如礼便。”

此建议跟匡衡、张谭的建议意思相近。“燔柴于太坛，祭天也，瘗薶于大折，祭地也”见《礼记·祭法》，《祭法》是七十子后学对宗周祭天礼的追忆，但《祭法》记周代以瘗埋之法掘坎祭地，即祭社，并未说祭地在北郊，北郊祭地完全是汉代习经者自己的理解，这一理解是从以社祭地变成北郊之地祀的关键处。至于“大折”，《郊祀志》此段颜师古注“折”为曲折之意，方泽之形四边曲折，按，不确。折通圻，为坎之意，坎为掘地祀神之古法，屡见《左传》，考古发现中，出土侯马盟书的地方也有坎，大折为大坎之意。下文的“越三日丁巳，用牲于郊。牛二”见《尚书·召诰》。《伪孔传》云以后稷配，故二牛。《逸周书·作雒解》“乃设丘兆于南郊，以祀上帝，配以后稷。”此为周公郊礼的细节，公卿们引此说明周郊于洛邑。

总的说来，王商、师丹、翟方进等人的意见跟匡衡、张谭一致。于是匡衡、张谭奏议曰：

“陛下圣德，忽明上通，承天之大，典览群下。使各悉心尽虑，议郊祀之处。……今议者五十八人，其五十人言，当徙之。义皆著于经传，同于上世，便于吏民。八人不按经艺考古制，而以为不宜，无法之议，难以定吉凶。《太誓》曰：‘正稽古，立功立事，可以永年。丕天之大律’，《诗》曰：‘毋曰高高在上，陟降厥士，日监在兹’，言天之日监王者之处也。又曰“乃眷西顾，此维予宅”，言天以文王之都为居也。宜于长安定南北郊，为万世基。”

公卿们认为《诗》中对天的理解，是天之监王者，继承了三代对天的理解。五十八人奏议中，五十人赞成，八人反对，堪称以压倒性多数通过。成帝建始元年十二月，太一、后土之祀终于从甘泉宫和汾阴分别迁徙到长安南北郊。

太一、后土之祀迁徙到长安南北郊，并不仅仅是只挪移了地点，它反映了公卿们将武帝时立的源于战国数术的至上神“太一”经过了改造，当作了经书中记载的天神。武帝时谬忌、宽舒立坛之际以太一为天，当时的背景是经学尚未发蒙，战国以来包括天文学在内的数术却得到长足发展，集战国数术大成的《淮南子·天文训》有对天之九野、八风、二十八宿的描述，这些认识加深了人们对“天”的神秘力量的认识，汉代统治者选择了太一神来迎合政治秩序的需要。这样，太一被认为是“天神最贵者”，进入了国家祀典。它是一种抽象的、无处不在的神秘力量,《礼乐志》郊祀歌十九章《惟泰元》歌颂太一:"惟泰元尊,媪神蕃厘,经纬天地,作成四时。精建日月,星辰度理,阴阳五行,周而复始",是它经天纬地、创造四时。随着经学的昌明,有关数术知识被用来解释经书中提到的"天"(见本章第四节),经过这番解释的"天"不仅是至上的神秘力量,还是政治伦理的象征,这一点跟数术家心目中的太一已经不同,汉王朝因政治伦理的需要让它取代当初因数术立的太一是必然的,甘泉宫太一被迁徙到长安南北郊,就是这个取代过程。

"太一"迁徙成为"天"之后,先前宽舒祠坛之"太一"所蕴涵的纯象数思辨的性质开始改变了,它完全被政治格局的需要所左右。这一改变从此停止了王朝祭礼中存在的神学思辨过程,只剩下政治秩序的需要——以神的方位、等秩来说明人间存在着秩序和等级。这样,宗教思辨的过程就从此中断,因为政治秩序的现实需要使对至上力量的继续思辨成为多余。

因此,公卿们将天地之祀挪到长安南北郊,"天"从此取代武帝甘泉宫的"太一",在神学层面上发生了根本的变化,这一变化是使甘泉宫太一、汾阴后土之祠从宗教祷祠变成南北郊祭天地礼典的关键环节——既然神学思辨的核心被扬弃,剩下的因"神"的存在而向之邀宠的献祭、祷祠方式也受到限制。所以匡衡下一步将矛头指向了祭太一的方式。太一、后土之祀迁徙后匡衡又上奏:

"甘泉泰畤紫坛,八觚宣通象八方。五帝坛周环其下,又有群神之坛。以《尚书》禋六宗、望山川、遍群神之义,紫坛有文章采镂黼黻之饰及玉、女乐;石坛、仙人祠[1]瘗鸾路,骍驹、寓龙马,不能得其象于古。臣闻郊紫坛[柴]飨帝之义,扫地而祭,上质也。歌大吕舞《云门》以竢天神,歌太蔟舞咸池以竢地祇,其牲用犊,其席稾稭,其器陶匏,皆因天地之性,贵诚上质,不敢修其文也。以为神祇功德至大,虽修精微而备庶物,犹不足以报功,唯至诚为可(致)[2]。[故]上质不饰,以章天德。紫坛伪饰、女乐、鸾路、骍驹、龙马、石坛之属,宜皆勿修。"

宽舒祠坛和谬忌祠太一都是自然而纯粹的宗教行为,它们是因为对太一神

---

① 中华书局标点本此处有逗号,误。应不断开。

② 中华书局标点本逗号在"为可"后,误,全句应为"唯至诚为可致(天神)"。

至高无上性质的认识油然而生的，如紫坛格局，甘泉宫紫坛为紫宫太一之坛。《史记·天官书》云太一及太一旁三星、后句四星、匡卫十二星为紫宫，《汉书·李寻传》“紫宫极枢，通位帝纪”孟康注紫宫为天之北宫，《春秋元命苞》：“太微为天庭五帝，以合时；紫微宫为大帝，中有五帝座，武帝合明”。紫坛为取天最尊之紫宫之义而来，其形状为紫宫的模拟。《酉阳杂俎》卷十四：“汉竹宫用紫泥为坛，天神下若流火，玉饰器七千枚，舞女三百人。”用紫泥为坛是模拟紫宫之状。这是因神灵之性而筑祷祠场所，是自然的宗教行为。

至于“文章、采镂、黼黻之饰”，是对“太一”这一超人力量的邀宠方式。《汉官旧仪补遗》云甘泉泰畤紫坛之制：“祭天柴坛幄帷。高皇帝配天，居堂下西向，绀帷帐，绀席。祭天，养牛五岁，至三千斤。”①“柴坛”之“柴”，《初学记》卷十三、《艺文类聚》卷三十八、《通典》卷四十二均作“紫”，则当为“紫坛”之误。《汉旧仪》说：“祭天用六彩绮席六重，用玉几玉饰器凡七十”，这些就是匡衡所说的文章、采镂、黼黻之饰。紫坛祭天所用女乐，即《礼乐志》记载的令童男童女歌，从宗教学角度看，这些是很自然、很正常的宗教仪式组成成分。但这些在匡衡看来都是不合经义的，应该铲除，因为经书中没有记载用这些来祭祀天神。

匡衡的建议中，“扫地而祭”见《礼记·郊特牲》“扫地而祭，于其质也”；“歌大吕、舞《云门》以竢天神，歌太蔟舞咸池以竢地祇”见《周礼·春官·大司乐》“乃奏黄钟，歌大吕，舞云门，以祀天神，乃奏大蔟，歌应钟，舞咸池，以祭地示”；“其牲用犊，其席槀稭，其器陶匏”均见《郊特牲》：“器用陶匏，以象天地之性也”，“牲用骍，尚赤也，用犊，贵诚也”。值得注意的是《周礼》之辞的出现。《周礼》是古文经，在汉代官方今文经学系统中一直没有位置，但这不代表它不在民间传习。而且跟《礼记》等其他经籍比，《周礼》所记载的典章制度充满了数度思想的影响，按阴阳五行设官分职并安排包括祭祀在内的人事，是《周礼》作者寄寓的理想。而按阴阳五行安排祭祀，正是汉代五经天人之学对礼仪、祭祀产生影响的关键之处，因此《周礼》中用合乎五音十二律的六代古乐祭祀天地的记载恰是匡衡等公卿改革天地之祀的需要，所以会出现在匡衡的奏议中。

---

① 见孙星衍辑：《汉官六种》，中华书局 1990 年版。

匡衡将采(彩)镂、黼黻、女乐等去掉后,郊祀歌词中提到这些的部分也被改了。《汉书·礼乐志》郊祀歌十九章祭祀太一之歌《惟泰元》有“鸾路龙鳞,罔不肸饰。嘉笾陈列,庶几宴享”,匡衡在去掉鸾路后改“鸾路龙鳞”为“涓选休成”,又《天地》:“天地并况,惟予有慕。爰熙紫檀,思求厥路。……黼绣周张,承神至尊。……”,匡衡将此乐的“黼绣周张”改成“肃若旧典”,以使歌舞跟祭祀内容一致。

因此,匡衡等五十八人将天地之祀迁徙到长安南北郊,是西汉国家祭祀的一次重大变化。它的性质是以见于经书记载的礼典代替了此前自发产生并自然而然进入国家祭祀的宗教行为,以政治秩序之需代替了纯粹的思辨,这些都昭示着后代那种程式化的、神学内涵贫乏的王朝祭礼即将出现。

(三)雍五畤和陈宝畤的罢除和反复

天地之祀被迁徙到长安南北郊,说明了公卿们心目中应有的王朝祭礼格局已经成熟。存在于原先国家祭祀中的宗教祷祠行为,无论它渊源多么久远,都被公卿们认为不合制度,雍五畤和陈宝畤被罢除就是在这种状况下出现的。匡衡在迁徙了天地之祀之后,觉得雍五畤不合礼制,他说:

> “今雍鄜、密、上下畤,本秦侯各以其意所立,非礼之所载术也。汉兴之初,仪制未定,即且因秦故祠,复立北畤。今既稽古,建定天地之大礼,郊见上帝,青赤白黄黑五方之帝皆毕陈,各有位馔,祭祀备具。诸所妄造,王者不当长遵。及北畤,未定时所立,不宜复修。”

“非礼之所载术”即不见于礼书记载。因为雍的鄜畤、密畤、吴阳上下畤都是秦在诸侯时期立的,汉高祖立的北畤是沿着这个格局依样画葫芦,都不合经典,匡衡认为既然按照古制建立郊天地之大礼,青赤白黄黑五方之帝都有了,雍五畤不必再存在。此处关键在于匡衡认为雍五畤祭的五帝跟太一坛中的五行之帝重复,在匡衡心目中,雍五畤祭祀的五帝也就是五行之帝,不是最高的神灵,应该罢除。元帝同意了这个建议。

雍五畤的命运,是渊源古老的民间祭祀在秦汉文化发展的背景下遭际的反映。雍畤最初祭祀的是白帝,是周代“诸侯方祀”的表现,而后四色帝祀完备,再随着阴阳五行说的通行演变成五色帝,又被认为跟太一下属的五行之帝重复,最终被废除。它反映的是随着文化的发展、思辨的进步和国家信仰领域要求的不断提高，源自民间的古老祭祀，因内涵不够深厚而终遭淘汰。

除了雍五畤外，渊源古老的陈宝畤也遭到了同样的命运，被罢除了。

但这一过程并不是一帆风顺的。把甘泉祠迁至南郊的当天，大风吹坏了甘泉竹宫（甘泉宫中皇帝郊天的地方，见《汉书·礼乐志》），折拔了百余棵十围以上的畤中树木，刘向因此说：

“家人尚不欲绝种祠，况于国之神宝旧畤！且甘泉、汾阴及雍五畤，始立皆有神祇感应，然后营之，非苟而已也。武、宣之世奉之，三神礼敬敕备，神光尤著。祖宗所立，神祇旧位，诚未易动。及陈宝祠，自秦文公至今七百余岁矣，汉兴世世常来，光色赤黄，长四五丈，直祠而息。音声砰隐，野鸡皆雊。每见雍太祝祠以太牢，遣候者乘一乘传驰诣行在所，以为福祥。高祖时五来，文帝二十六来，武帝七十五来，宣帝二十五来。初元元年以来亦二十来。此阳气旧祠也。及汉宗庙之礼，不得擅议，皆祖宗之君与贤臣所共定。古今异制，经无明文，至尊至重，难以疑说正也。前始纳贡禹之议，后人相因，多所动摇。《易》大传曰：‘诬神者殃及三世。’恐其咎不独止禹等。”

刘向说甘泉、汾阴及雍五畤都是因有神祇感应才建造的，武帝、宣帝时供奉这三处，神经常显灵，陈宝畤则从秦文公建立到现在已经七百多年了，自汉兴以来几乎每帝在位时神灵都来光顾，因此把陈宝、雍五畤取消是对神灵的大不敬。成帝听了十分后悔。刘向是西汉末的“达才通人”，但他是相信鬼神存在的。他曾因献“淮南枕中洪宝苑秘方”令尚方炼黄金而下狱，从此段刘向的话可看出他相信鬼神。后来果真匡衡被免官，吏民多说是因为他改郊祀触怒神灵所致，加上成帝无嗣，后来皇太后下诏：

“盖闻王者承事天地，交接泰一，尊莫著于祭祀。孝武皇帝大圣通明，始建上下之祀，营泰畤于甘泉，定后土于汾阴，而神祇安之，飨国长久，子孙蕃滋。累世尊业，福流于今。今皇帝宽仁孝顺，奉循圣绪，靡有大衍而久无继嗣，思其咎职，殆在南北郊违先帝之制，改神祇旧位，失天地之心，以妨继嗣之福。……其复甘泉泰畤、汾阴后土如故。及雍五畤、陈宝祠在陈仓者。”

这样，雍五畤、陈宝祠又恢复了，成帝还亲自按先前之礼郊祀，长安、雍及郡国的著名祀祠也恢复了一半。这些祀畤的罢复，跟祖宗庙寝的罢复一样，是前进

路中的反复。后来成都侯王商辅政,杜邺进言说:

“……古者坛场有常处,尞禋有常用,赞见有常礼。牺牲玉帛虽备而财不匮,车舆臣役虽动而用不劳。……今甘泉、河东天地郊祀,咸失方位,违阴阳之宜。及雍五畤皆旷远,奉尊之役休而复起,缮治共张无解已时,皇天著象殆可略知。前上甘泉,先驱失道,……祠后土还,临河当渡,疾风起波,船不可御。……祥瑞未著,咎徵仍臻。……宜如异时公卿之议,复还长安南北郊。”

数年后成帝崩,皇太后诏令复长安南北郊。平帝元始五年,王莽在奏议复长安南北郊时追忆了西汉以来天地之祀的订立和罢复过程:

“孝文十六年用新垣平,初起渭阳五帝庙,祭泰一、地祇,以太祖高皇帝配。日冬至祠泰一,夏至祠地祇,皆并祠五帝,而共一牲,上亲郊拜。后平伏诛,乃不复亲,而使有司行事。孝武皇帝祠雍,曰:‘今上帝朕亲郊,而后土无祠,则礼不答也。’于是元鼎四年十一月甲子始立后土祠于汾阴。或曰,五帝,泰一之佐,宜立泰一,五年十一月癸未始立泰一祠于甘泉,二岁一郊,与雍更祠,亦以高祖配,不岁事天,皆未应古制。建始元年,徙甘泉泰畤、河东后土于长安南北郊。永始元年三月,以未有皇孙,复甘泉、河东祠。绥和二年,以卒不获佑,复长安南北郊。建平三年,惧孝哀皇帝之疾未瘳,复甘泉、汾阴祠,竟复无福。”

王莽奏议后南北郊又恢复了成帝时匡衡改动的位置,从此固定下来。

经过五岳、四渎之祀完备、迁徙太一、后土之祀到南北郊,罢除雍五畤和陈宝畤,武帝以来的国家祭祀面貌发生了重大变化。太一、后土之祀的迁徙标志着天、地之神的神性发生了根本变化;文章、彩镂、黼黻、女乐的去除又使其中宗教祷祠的成分削减;雍五畤、陈宝的罢除将国家祭祀中渊源古老的宗教膜拜行为去除,这些使国家祭祀格局中的宗教祷祠行为变成了以祷祠、膜拜为形式的祭祀礼典,而五岳、四渎的完备则增加了有功德、合乎格局神灵们的位置,它们从属于天地之祀,王朝祭礼的体系开始显现。

宣、元至王莽时期王朝祭礼格局的出现,是在此时经学已经昌明的背景下进行的。经学的昌明使它指导了上文所考察的国家祭祀出现的重大变化,除此之外,它还带来了史籍中祥瑞纷呈的记载,相应地,国家祭祀中不合经书记载的方术和杂祀成分开始被清除，这一点见下文的考察。

二、宣、元时期的祥瑞、杂祀和神仙方术

宣、元至王莽时期，除了国家祭祀改革，系统化王朝祭礼体系开始出现外，国家祭祀和礼仪事务还有许多承上启下的内容，这些内容可分为祥瑞、杂祀和神仙方术三类。祥瑞的纷呈昭示着儒风的炽盛，杂祀和神仙方术在国家祭祀领域的存在，则说明直至此时，王朝祭礼和方术的分野尚没有最终完成，下面我们就对宣、元时期的祥瑞、杂祀和神仙方术作些考察。

1. 祥瑞

我们首先考察祥瑞。祥瑞即相信天的神秘力量——“天”的意志让人间出现凤凰、麒麟、醴泉、紫芝、嘉禾、神爵（即神雀。晋灼曰：“《汉注》大如鷃爵，黄喉，白颈，黑背，腹斑文也。”）、甘露等美兆，说明现实政治嘉美祥和。祥瑞在武帝时就有，武帝郊雍获一足兽、汾阴获鼎等在当时都被认为是祥瑞，不过祥瑞的大量出现是在宣帝时期。见于《汉书·宣帝纪》的祥瑞记载有以下一些：

本始元年五月，凤凰集胶东、千乘。

本始三年夏五月，凤凰集北海安丘、淳于。

地节元年，凤凰集鲁郡，群鸟从之。

神爵四年冬十一月，凤凰十一集于杜陵；十二月，凤凰集于上林。

凤凰五至，改元为五凤元年。

宣帝时的诏书多次提到祥瑞，下面举几个例子：

元康元年三月诏：

“乃者凤凰集泰山、陈留，甘露降未央宫……。”

元康二年三月诏：

“以凤凰甘露集，赐天下吏爵二级，民一级，女子百户牛酒，鳏寡孤独高年帛。”

元康三年春，神爵数集泰山。夏，下诏：

“前年夏，神爵集雍今春，五色鸟以万数飞过属县，翱翔而舞，欲集未下。其令三辅毋得以春夏擿巢探卵，弹射飞鸟，具为令。”

此为西汉时期《月令》顺应时气的精神首次见于诏书（《月令》内容进入西汉政治见本章第七节）。又元康四年三月诏：

“乃者，神爵五采以万数集长乐、未央、北宫、高寝、甘泉泰畤殿中及上林苑……。”

神爵元年（应劭曰：“前年神爵集于长乐宫，故改年”）春三月行幸河东，祠后土。诏曰：

“……乃元康四年嘉谷玄稷降于郡国，神爵仍集，金芝九茎产于函德殿铜池中，九真献奇兽（晋灼曰：“《汉注》驹形，(鳞)[麟]色，牛角，仁而爱人”），南郡获白虎威凤为宝。……其以五年为神爵元年。”

神爵二年春二月诏：

“乃者正月乙丑，凤凰甘露降集京师，群鸟从以万数……。”

神爵四年春二月诏：

“乃者凤凰甘露降集京师，嘉瑞并见。修兴泰一、五帝、后土之祠，祈为百姓蒙祉福。鸾凤万举，蜚览翱翔，集止于旁。斋戒之暮，神光显著……。”

五凤三年行幸河东、祠后土诏：

“……朕饬躬斋戒，郊上帝，祠后土，神光并见，或兴于谷，烛灼齐宫，十有余刻。甘露降，神爵集。已诏有司告祠上帝、宗庙。三月辛丑，鸾凤又集长乐宫东阙中树上，飞下止地，文章五色，留十余刻，吏民并观。”

甘露二年诏：

“乃者凤凰甘露降集，黄龙登兴，醴泉滂流，枯槁荣茂，神光并见，咸受祯祥……。”

甘露三年春诏：

“乃者凤凰集新蔡，群鸟四面行列，皆向凤凰立，以万数……。”

除了诏书之外，《汉书·郊祀志》亦有记载：

“宣帝即位，由武帝正统兴，故立三年，尊孝武庙为世宗……，告祠世宗庙日，有白鹤集后庭。以立世宗庙告祠孝昭寝，有雁五色集殿前。西河筑世宗庙，神光兴于殿旁，有鸟如白鹤，前赤后青。神光又兴于房中，如烛状。广川国世宗庙殿上有钟音，门户大开，夜有光，殿上尽明。”

“上自幸河东之明年正月，凤凰集祋祤，于所集处得玉宝，起步寿宫，乃下诏赦天下。后间岁（王先谦补注云神爵四年），凤凰、神爵、甘露降集京师，赦天下。其冬，凤凰集上林，乃作凤凰殿，以答祥瑞。明年正月复幸甘泉，郊泰畤，改元曰五凤。……后间岁，改元为甘露。正月上幸甘泉，郊泰畤。其夏，黄龙见新丰。建章、未央、长乐宫钟虡铜人①皆生毛，长一寸所。时以为美祥。后间岁正月，上郊泰畤，因朝单于于甘泉宫。后间岁，改元为黄龙。……凤凰下郡国凡五十所。”

以上是宣帝时的祥瑞。这些祥瑞记载离奇，究其原因，是因为当时经学已由发蒙走向炽盛，而且经学、纬书中的天人之学已经完善。纬书中有大量关于祥瑞的记载，如《尚书考灵曜》：“通天文者，明审地理者，昌明者，天之时也。昌者，地之财也。明王之治，凤凰下之”；又《尚书中候》：

“黄帝时，麒麟在囿，鸾鸟来仪。”

“帝尧即政之十载，景星出翼，凤凰止庭，朱草生郊，嘉禾孳连，甘露润液，醴泉出山。”

“尧即政七十载，稷为大司马，舜为大尉，德政清平，比隆伏羲，凤凰巢于阿阁驩林。”

“尧祇德匪懈，醴泉出。文命盛德，俊乂在官，醴泉出山。”

“周公旦即摄七年，鸾凤见，蓂荚生……。”②

纬书中的这些想象，是认为黄帝、尧、周公等得道之君实现了天下太平，天以麒麟、鸾凤、醴泉等美祥嘉奖之。宣帝时大量祥瑞见于记载也是这样一种思路，它是跟当时经学传承状况相关的——经学传承到宣帝时，已经经过了数代经师的发蒙，以数术解经的内容已经出现，后来它们渐渐流行，宣帝时的凤凰（可能是五色羽毛的禽鸟）、神雀、金芝、醴泉等现象即这些现象在经学传承的这一阶段被当作美兆而受到格外的注意，于是，自然间出现的五色鸟飞、芝草丛生等现象，即激发了人们关于经书、纬书中记载的祥瑞的想象，所以这一时期的祥瑞才会史不绝书。

---

① 即托挂编钟的架子，颜师古注，虡，神兽名也。悬钟之木，刻饰为之，因名曰虡也。上为铜人以手托之，下为神兽。今有实物，曾侯乙编钟的钟虡即是铜人手托。

② 《古微书》卷四，文渊阁《四库全书》本。

不过,对于当时大肆渲染的这些现象,有识之士还是对之有鉴别能力的。如宣帝时美阳得鼎,有司多以为像汉武帝得鼎于汾阴那样,将该鼎荐于宗庙,当时张敞对古文字有研究,他仔细校对了鼎上的铭文后说郊(即岐山)、梁、丰、镐之间是周人发祥之地,所以屡屡有祭祀之器被发现,现在这鼎出于岐东,上面刻着“王命尸臣,官此栒邑,赐尔旂鸾,黼黻琱戈,尸臣拜手稽首曰敢对扬天子丕显休命”的铭文,因此这鼎是周代大臣受赏赐后,其子孙做以铭刻功绩的。当初武帝于汾阴得的鼎大八尺一寸,高三尺六寸,殊异于众鼎。现在这鼎既小又有铭文,不该荐于宗庙。张敞的意见被认可。这说明有识之士能鉴别出各种祥瑞背后的虚妄成分。

以后元、成、哀、平时期,帝纪中没有再出现祥瑞的记载,是因为儒家出身的公卿们多有见识,如成帝时谷永劝成帝毋耽溺于车马玩好、神仙方术(见下文),王莽时这些祥瑞又开始出现了,如塞外献白雉,哀章献金匮等,此时的祥瑞,已完全成为王莽为说明天命在己,一步步篡汉玩弄的政治骗术(见本章第八节),与宣帝时期见于史书记载的大量神雀、金芝、醴泉、甘露等已经不同。

2. 杂祀

除了祥瑞之外,在宣、元、成、哀之际的国家祭祀发展变化中,值得注意的还有就是杂祀和神仙方术的大量被清除。这里首先探讨杂祀的情况。汉代林林总总的杂祀大部分都是战国时期开始出现的,从汉初至武帝时,它们络绎不绝地进入国家祀典,直到宣帝时期,这一倾向都没有停止,因为宣帝跟武帝一样好立这些杂祀,宣帝时的这些杂祀《汉书·郊祀志》是这样记载的:

“时南郡获白虎,献其皮、牙、爪。上之立祠。又以方士言,为随侯①、剑宝、玉宝璧、周康宝鼎立四祀于未央宫中。又祠太室山于即墨,三户山于下密,祠天封苑火井于鸿门。又立岁星、辰星、太白、荧惑、南斗祠于长安城旁。又祠参山八神于曲城、蓬山、石社、石鼓于临朐,之罘山于腄,成山于不夜,莱山于黄,成山祠日,莱山祠月,又祠四时于琅邪,蚩尤于寿良。京师近县鄠则有劳谷、五床山、日、月、五帝、仙人、玉女祠云阳有径路神,祠祭休屠王也。

① 王先谦《补注》引陈浩曰“刘敞注古本下有珠字”,则“随侯”指随侯珠。

又立五龙山仙人祠，及黄帝、天神帝、[1]原水，凡四祠于肤施。或言益州有金马碧鸡之神可醮祭而致。于是遣谏大夫王褒使持节而求之。”

这些杂祀内容丰富驳杂，下文首先对它们作些考证：

（1）随侯珠、剑宝、玉宝璧、周康宝鼎

这些是宣帝于未央宫立的四祀，《汉书·郊祀志》王先谦补注：“随侯珠一也，剑宝即斩蛇剑，二也；玉宝璧即受命宝，和氏璧，三也；三物皆汉天子世传者，并周康宝鼎为四。”随侯珠、玉宝璧即司马迁《报任少卿书》“才怀随、和”的随侯珠、和氏璧[2]，剑宝即汉高祖斩白蛇用的宝剑；周康宝鼎，王先谦补注引刘敞注认为是汾上所获宝鼎，但周寿昌认为不是，按，周康宝鼎即西周康王时期的宝鼎，是不是汾上得鼎，因史籍未详载汾上得鼎是否周康王时期的，难以断言。

（2）祠太室山于即墨，三户山于下密

即在即墨立太室山祠，在下密立三户山祠。即墨为胶东之县，王先谦补注引多种地志证明此太室山非中岳嵩山，而是即墨的天室山。而“三户山”实为下密的“三石山”之误。

（3）祠天封苑火井于鸿门

即在西河鸿门县立火井之祠。《汉书·地理志》西河鸿门县有天封苑火井祠，火从地中出。按，此祠位于西陲，从今日地质情况看，可能是因地底有石油，遇合适的气候条件会燃烧，才有火从地出。古人因不了解此情况，迷信而立祀。

（4）立岁星、辰星、太白、荧惑、南斗祠于长安城旁

岁星、辰星、太白、荧惑为古有的五星之祀，战国以来一直见祀于民间，在秦雍州杂祀中具有（见第二章第三节）。这些祠是因方士之言所立，此为星辰之祠融入神仙方术之证。

（5）祠参山八神于曲城

即在曲城立参山八神之祀。八神渊源古老，战国时期于齐地甚兴（见第二章第三节），曲城据颜师古注为东莱郡之县，参山据王先谦补注引钱大昕说即三山，

---

① 中华书局标点本此处为“黄帝、天神、帝原水”，误。据王先谦补注，应为“天神帝、原水”，详正文。

② 《文选》卷四十一司马迁《报任少卿书》：“虽才怀随、和，行若由、夷”，李善注：“随，随侯珠也；和，和氏璧也。”

二者皆为齐之故地。但此处所祠有变化。齐地八神中有三山,所祠为八神之一阴主,这里的参山祭了八神而非阴主一神,是齐地八神之祀自战国以来的沿革。

(6)蓬山、石社、石鼓于临朐

即在临朐立蓬山、石社、石鼓三祠。临朐为齐郡之县,蓬山为山名,石社据颜师古注为以石为社神、石鼓为水蜿蜒流经山麓时所立之神。王先谦《补注》引沈钦韩曰:“《水经注》云:洋水出石膏山西北石涧口,东南迳蓬山祠西。洋水又东南历蓬山下,即石膏山。山麓三成,壁立直上,山上有石鼓,鸣则年凶”;则蓬山有专祠,石鼓则为洋水流经石膏山、蓬山时数折,壁立直上处有会鸣之石而立祠,这些都是齐地的地方性祭祀。

(7)之罘山于腄,成山于不夜,莱山于黄,成山祠日,莱山祠月,祠四时于琅邪,蚩尤于寿良

按,这些均为齐地故有之祠。腄、不夜、黄在西汉皆为东莱郡县名。之罘在齐地八神中为第五,所祠为阳主。

成山在不夜。《史记·封禅书》裴骃《集解》韦昭曰:“成山在东莱不夜,斗入海”,《索隐》:“不夜,县名,属东莱”,司马贞案:“解道彪《齐记》云‘不夜城盖古有日夜出见于境,故莱子立城以不夜为名,斗入海,谓斗绝曲入海也。”因成山陡入海,是齐最东北的地方,能看日出,齐地八神之日主祠在成山,此为对之的继承。

莱山为月主,宣帝时莱山之祠在东莱郡黄县,亦为对齐地八神之月主的继承。

齐地八神中,琅邪为四时主,汉琅邪郡有琅邪县,《汉书·地理志》:“琅邪,越王句践尝治此,起馆台。有四时祠。”

蚩尤为兵主,战国时齐地的蚩尤之祠在东平郡陆监乡,此处蚩尤在寿良,《汉书·地理志》东郡有寿良,“蚩尤祠在西北泲上”,《史记·五帝本纪》裴骃《集解》:“《皇览》曰:‘蚩尤冢在东平郡寿张县阚乡城中,高七丈,民常十月祀之,有赤气出,如匹绛帛,民名为蚩尤旗’”,《史记·天官书》提到蚩尤之旗(见本章第一节),民间以蚩尤冢上的赤气为蚩尤旗,是齐地民间祭祀蚩尤渗入了数术的表现。

以上这些祭祀均在渤海之滨。齐的海滨为神仙家最早发祥之地,齐地八神是战国乃至更早时期风行于齐地民间的祀,有明显的数术渗入痕迹。此处八神

和蚩尤之祀辗转到宣帝时仍然存在，可以看出当时神仙方术与民间数术之间彼此交融、互相吸收的复杂关系。

(8)京师近县鄠则有劳谷、五床山、日、月、五帝、仙人、玉女祠

劳谷：王先谦《补注》：沈钦韩引《水经注》渭水篇：甘水又东，得涝水口。水出南山涝谷。《上林赋》作潦，《文选》李善注潦水即涝水，亦作涝谷。

五床山：王先谦《补注》：《长安志》五床山在鄠县境。

玉女：王先谦《补注》以扶风陈仓明星祠为玉女祠："《地理志》冯翊谷口有五床山、仙人、五帝祠，扶风陈仓有明星祠，即玉女祠也"，明星见《真诰》："明星、玉女者居华山，服玉浆"，《说文》引《甘氏星经》云："太白上公妻曰女媊，居南斗，食厉天下，祀之曰明星。"此祠亦跟当时兴盛的方仙道有关。

(9)云阳有径路神，祠祭休屠王也

径路神本为五祀神中的路神，但此径路神祠的是休屠王。颜师古注："休屠，匈奴王号也。径路神，本匈奴之祠也。"

(10)又立五龙山仙人祠，及黄帝、天神帝、原水，凡四祠于肤施

肤施为上郡之县。《地理志》王先谦《补注》上郡肤施有五龙山帝、原水、黄帝祠四所，其中五龙山仙人祠、黄帝均跟神仙方术有关。

(11)或言益州有金马碧鸡之神，可醮祭而致。于是遣谏大夫王褒使持节而求之

金马碧鸡之神，如淳注："金形似马，碧形似鸡。"王先谦《补注》引胡三省云："《水经注》曰禺同山神有金马碧鸡，光景倏忽"，亦为因神异之物所立之祠。

以上这些杂祀中，有相当一部分跟神仙方术有关，如仙人、玉女、黄帝等。战国时期，跟神仙方术有关的杂祀尚未深入到长安附近，秦统一后始皇东巡，也是到海滨才闻得神仙家说。汉代由于国家统一，神仙方术到处流播。八神继续存在于齐地，京师附近又有了大量神仙方术之祀，受祀的象仙人、玉女、黄帝均为神仙。除了因神仙方术所立的杂祀之外，便是各地因地而异的杂神，像临朐的石社、石鼓；云阳的径路神、鸿门的天封苑火井，益州的金马碧鸡等等，这些祷祠因一些当时人不理解的神怪现象而立，因宣帝颇好神仙方术，它们当时亦颇有市

场。《郊祀志》所列这些杂祀并未殆尽，若翻检《地理志》，会发现还有一些因此而异的杂祀，以下举几例：

右扶风：陈仓县，据王先谦《补注》：“县有陈仓山，山下有陈宝鸡鸣祠。”

河东郡：蒲反：有尧首山祠。王先谦《补注》引钱坫云：尧山在今蒲舟府城东南十五里，首山在府城南三十里。马融云首阳山在蒲反华山之北，河曲之中，伯夷所隐也。古之首阳山地望有数说（据王先谦《补注》，一为在陇西，一曰在洛阳东北），若按郦道元《水经注》说：“尧山、首山连麓异名……，首山盖祠夷、齐，尧山即祠尧矣。”

琅邪郡：不其，有太一、仙人祠九所，及明堂，武帝所起。

朱虚：东泰山，汶水所出。有三山、五帝祠。

金城郡：临羌：西北至塞外，有西王母石室、仙海、盐池。……西有须抵池，有弱水、昆仑山祠。

以上这些见于《汉书·地理志》的各地杂祀，有的很难考证它们出现的确切年代，如陈仓的陈宝鸡鸣祠，因陈宝祠建立在秦诸侯时期，所以它有可能在秦以前就有；又如蒲反的尧首山祠，祭祀“不食周黍”的古之贤臣伯夷、叔齐，亦为在汉代以前就有的祭祀。从这些各地的祭祀中，可以看出当时民间百姓生活在一个天高皇帝远的淳朴信仰世界里，一地的名山大川、古来的功臣贤人、神异的自然现象都受到祭祀，百姓们献祭时单纯地请求福佑，让他们那易于知足的简单生活维持下去。

这些杂祀和宣帝时立的各种杂祀一起，构成了一个既生生不息，又不断推陈出新的神灵世界，这些不断发展着的神祀从汉初到武帝、宣帝时，有相当一部分进入了国家祭祀，并享受国家提供的牺牲供奉（从下文被罢祭祀数目之多可以看出），但是，这一阶段经学亦在逐渐昌明，吸收了数术灾异之说的儒家经学完全能够引导国家祭祀，于是，不合乎经书记载的神祀开始被深谙儒家经学的公卿们看不顺眼，终于开始了对这些杂祀的清除。匡衡、张谭在改革天地之祀之际，认为大量杂神的于国家祀典中存在不合乎经书记载的原则，开始了对它们的清除。《郊祀志》记载：

“是岁（成帝建始二年），衡、谭复条奏长安厨官、县官给祠郡国候神方士、使者所祠凡六百八十三所,其二百八所应礼,及疑无明文,可奉祠如故。其余四百七十五所,不应礼,或复重,请皆罢。”

匡衡、张谭认为,在郡国候神方士、使者们立的683所神祀中(这些神祀由国家提供牺牲供奉),208所合乎礼制(这208所中包括一些存疑的),其余475所不合礼制或重复祭祀,应该罢除。这个建议得到了许可,而后继续清整杂祀。《郊祀志》记:

“本雍旧祠二百三所,唯山川、诸星十五所为应礼云。若诸布、诸逐,皆罢。杜主,有五祠,置其一。又罢高祖所立梁、晋、秦、荆巫,九天、南山、莱中之属,及孝文渭阳、孝武薄忌泰一、三一、黄帝、冥羊、马行、泰一、皋山山君、武夷、夏侯启母石、万里沙、八神、延年之属,及孝宣参山、蓬山、之罘、成山、莱山、四时、蚩尤、劳谷、五床、仙人、玉女、径路、黄帝、天神、原水之属皆罢。”

这些被罢除的杂祀亦皆有源流,它们是:

(1)战国以来的秦旧地之祀。其中雍旧祠二百三所,《地理志》右扶风“雍有五畤、太昊、黄帝以下祠三百三所”,两处记载的数目有出入,总之很多。其中只有山川和诸星十六所合乎礼制,其余的皆应罢除。被罢除的诸布、诸逐、杜主见第二章第三节。(京兆尹有杜陵,故杜伯国,有周右将军杜主祠四所)

(2)高祖时立:梁、晋、秦、荆巫、九天、南山、莱(秦)中,这些祭祀是高祖时将原先散见于民间的祭祀收归国有的结果,对它们的考证见本章第一节。

(3)文帝渭阳五帝祠,是文帝因方士新垣平言所立之祀,考证见本章第二节。

(4)武帝时所立:

薄忌太一、三一(天一、地一、太一)、黄帝、冥羊、马行、太一、皋山山君、武夷君,均为武帝因方士言所立之祀,考证见本章第三节。

夏后启母石:相传为禹之妻、夏后启之母涂山氏所化的石头。《汉书·武帝纪》颜师古注引文颖曰:“在嵩高山下。”颜师古曰:“启,夏禹子也。其母涂山氏女也。禹治鸿水,通轩辕山,化为熊,谓涂山氏曰:‘欲饷,闻鼓声乃来。’禹跳石,误中鼓。涂山氏往,见禹方作熊,惭而去,至嵩高山下化为石,方生启。禹曰:‘归我子。’”石破北方而启生。此为因民间传说所立之神。

万里沙:《史记·河渠书》记载武帝时河决瓠子,武帝一方面令汲仁、郭昌发卒数万人塞黄河决口,另一方面还祷告万里沙。《正义》引《括地志》云:“万里沙在华州郑县东北二十里也”,按,此注误。华州郑县在汉代属雍州刺史部,离东莱的曲成相去万里,武帝所祷告的绝非远在雍州的万里沙,而是在瓠子决口附近的万里沙,即《汉书·郊祀志》应劭曰所云的在东莱曲城的万里沙。孟康曰:“沙径三百里。”《汉书·地理志》“东莱郡曲成,有参山万里沙祠”。

八神:即齐地八神。

延年:所祀为乐师李延年。《周礼·春官·大司乐》:“凡有道者,有德者,使教焉,死则为乐祖,祭于瞽宗。”李延年精通音乐并多有创造,祭祀他合乎“祭于瞽宗”之义。

(5)宣帝时立:参山、蓬山、之罘、成山、莱山、四时、蚩尤、劳谷、五床、仙人、玉女、径路、黄帝、天神、原水,这些祀祠的考证见上文。

以上杂祀均在匡衡罢除的范围之内。从被罢除的杂祀数目之多看,清除这些杂祀力度不可谓不大。这些中大部分是各地因地而异的祭祀,像雍的二三百所祭祀,高祖时的梁、晋、秦、荆、九天巫等等,有一些是因方士所言立的怪诞之祀,像冥羊、马行,皋山山君、武夷君等。经过匡衡的清理,它们都被清除出了国家祭祀的领域。

3. 宣、元、成帝时的神仙方术

除了清除国家祭祀中的杂祀之外,其中的神仙方术内容在这一阶段也被大量清除。神仙方术兴于战国,到西汉,方士们挟带着异术和仙方混迹于王侯的宫廷,并尝试进入庙堂,因此文帝、武帝以来,神仙家一直很活跃。宣、元时期仍然如此。京兆尹张敞上疏谏宣帝:“愿明主时忘车马之好,斥远方士之虚语,游心帝王之术,太平庶几可兴也。”后来尚方待诏皆罢。成帝时匡衡罢除了汉初至宣帝的各种杂祀后,又让“候神方士使者、[①]副佐、本草待诏(以方药之术待诏)七十余人皆归家”,这是进一步清除神仙方术。但成帝末年因为没有子嗣,颇好鬼神,于是当时有很多人上书言祭祀方术,成帝都让他们在上林苑或长安城旁待诏祠祭,

① 中华标点本此处没有断开,从文意看应该断开,使者与副佐是从属于候神方士的两类人,而非一类。

费用甚多,但没有像武帝时的栾大那样大富大贵的。谷永见状劝成帝道:

"臣闻明于天地之性,不可或以神怪;知万物之性,不可罔以非类。诸背仁义之正道,不遵五经之法言,而盛称奇怪鬼神,广崇祭祀之方,求报无福之祠,及言世有仙人,服食不终之药,遥兴轻举,登遐倒景,览观悬圃,浮游蓬莱,耕耘五德,朝种暮获。与山石无极,黄冶变化,坚冰淖溺,化色五仓之术者,皆奸人惑众,挟左道、怀诈伪、以欺罔世主。听其言,洋洋满耳,若将可遇,求之,荡荡如系风捕影,终不可得。是以明王距而不听,圣人绝而不语。"

谷永这段话集中反映了西汉当时神仙方术的状况,其中蕴涵着多种方术:

(1)"遥兴轻举,登遐倒景,览观悬圃,浮游蓬莱"即想象自己身体能飞,这是早期的乘蹻术。"登遐倒景"如淳曰:"在日月之上,反从下照",即方士用意念想象自己在天之上,因为古人认识中的天是平面的盖天,方士认为人在天之上,日月就反而从自己身下往上照;"览观悬圃",即人在天上往下看昆仑之仙境悬圃(悬圃见《淮南子·地形训》和本书第二章第五节),这些都是想象的内容,此时西汉方士们对飞的期望还处于幻想阶段,晋代葛洪《抱朴子》描述的晋代民间道教中存在的乘蹻之术跟谷永说的西汉方士们的早期乘蹻术有继承关系,葛洪《抱朴子·杂应》描述的乘蹻十分神奇,能涉山河:

"能乘蹻者,可以周流天下,不拘山河。凡乘蹻道有三法,一曰龙蹻,二曰虎蹻,三曰鹿庐蹻。或服符精思。若欲行千里,则以一时精思之,若昼夜十二时思之,则可以一日一夕行万二千里。亦不能过此,过此当更思之,如前法。或用枣心木为飞车,以牛革结环剑以引其机,或存念作五蛇六龙三牛交罡而成之,上升四十里,名为太清。太清之中,其气甚罡,能胜人也。师言鸢飞转高,则但直舒两翅,了不复扇摇之而自进者,渐乘罡炁故也。……又乘蹻须长斋绝荤菜,断血食一年之后,乃可乘此三蹻耳。"

葛洪所说的乘蹻术需要有存思、服符、斋戒(断血食)等的配合,这是后来道教理论发展后对实践指导的结果。西汉方仙道中乘蹻术的滥觞尚无周备理论的指导。葛洪还认为乘蹻是因乘高空太清之炁而行,已经区分出先天炁和后天气,无论理论还是实践都远比谷永描述的"登遐倒景,览观悬圃,浮游蓬莱"要进步,但它是从西汉关于飞翔的幻想发展而来的。

(2)“耕耘五德，朝种暮获”为耕耘仙谷的方术。“耕耘五德”颜师古注引晋灼曰：“《翼氏风角》五德：东方甲，南方丙，西方庚，北方壬，中央戊。种五色禾于北(或作此)地而耕耘也”，即按五行方位种植五色之禾，期望种出朝种暮获的仙谷。

(3)“黄白变化”是早期的外丹术。李少君对武帝说“丹砂化为黄金”是史籍中关于冶炼之术的最早明文记载。宣帝时大夫刘更生(刘向)献淮南枕中洪宝苑秘之方(见《汉书·楚元王传》)，令尚方铸作。事不验，更生坐论。黄白变化之术《后汉书·方术列传》中亦有记载(见下一章第四节)，是后来隋唐大兴的外丹术的前身。

(4)“坚冰淖溺”是一种小骗术。晋灼曰：“方士诈以药石若陷冰丸，投之冰上，冰即消液，因假为神仙道使然也”，即以药石投于冰上使冰消解之术。此药石为生石灰之类，因生石灰遇水时发生化学反应并产生大量热量，将之做成小丸投于冰上，其产生的热量足能使生冰融化，在今人看来其中的化学反应很简单，因古代科技尚昧，所以方士以之骗人说是神仙力量使然。

(5)“化色五仓之术”是辟谷术的一种。李奇曰：“思身中有五色，腹中有五仓神，五色存则不死，五仓存则不饥。”此亦将身体引入五行方位，存思身体中有五色仓，以不饥，此为汉武帝时方士李少君辟谷术之类的发展。

谷永罗列的以上这些方术基本上比较全面地描述了当时神仙方术的实践情况。从谷永描述的这些方术实践看，西汉方士的实践是战国以来神仙家的实践的继续发展，当时各种神仙方术五花八门，尚未像后代道教那样分出内、外丹和杂方术的流派区别，而且正因为完善的道教理论还远未形成，所以内、外丹的实践仍然仅处于滥觞阶段，并和杂方术远未分家。但因为经学已经昌明，对鬼神之事已有了自己的认识，所以这些在谷永看来都是“奸人惑众，挟左道，怀诈伪，以欺罔世主”，并将之清除出国家祭祀的领域。这样，神仙方术跻身于国家祭祀的努力终于失败，以后在民间继续着它们的发展。

西汉的神仙方术兴盛。从诸侯王到雄才大略的汉武帝都相信，士大夫亦多有信者。如《汉书·王吉传》记王吉“少(时)[好]学明经，以郡吏举孝廉为郎”，任昌邑中尉时上书劝王：“……休则俛仰詘信以利形，进退步趋以实下，吸新吐故以练臧，专意积精以适神，于以养生，岂不长哉！”从“吸新吐故”和“专意积精”等词看，王吉是信神仙之说的。汉代文物习见的仙山、羽人令人不难想见当时王侯上层普兴此风。但神仙方术跟国家祭祀需要的尊君抑臣、崇隆风教旨趣并不一致，它不能进入国家祭祀范围是必然的。以后王莽乃至后代的帝王因好方术而将道士请入宫廷屡有其事，但像武帝时那样，神仙方士所立之祠大量享受国家提供的牺牲供奉这一状况却一去不返，帝王们迷信方术也纯属他们的个人行为。

结　语

本节考察了宣、元、成时期王朝祭礼体系出现的过程。这一体系的出现经过了雍五畤、陈宝畤被罢除，太一、后土之祠被迁徙，杂祀被清整，神仙方术被赶出国家祭祀的领域等大手笔的举措，这些举措使西汉的国家祭祀发生了重大而深刻的变化——公卿们对经学中记载的周代王朝祭礼深刻领悟后，便以之为模式来改造西汉的国家祭祀。经过他们的改造，国家祭祀中的宗教行为被大量删除，但膜拜仪节则被按经书的记载得到规范和充实，这样，在宗教学内涵方面跟周代王朝祭礼性质一致的礼典开始出现。

回顾西汉从汉初承秦而来的国家祭祀到匡衡改动天地之祀后王朝祭礼的出现过程，可以看出西汉从国家祭祀到王朝祭礼，不是按一般宗教的发展轨迹而发展的。一般宗教的发展轨迹是：宗教神学的渐次完备（这是宗教演进的核心内容），在此基础上渐有宗教行为的规范化和各种戒律的形成，与此同时，宗教情感也日渐脱离非理性的激动，变得纯正和理性，宗教组织也渐次完善，这是宗教发展的一般轨迹。但是，西汉继承自秦的国家祭祀在渐次发展中没有也不可能走这条道路，这是因为在此前的周代，高度发达、体现天人关系的“礼”将宗教、伦理、政治等因素都消融在一个无所不包的体系中，按“神道设教”的原则订立的王朝祭礼是作为“礼”的一部分而存在的，虽然战国时期这些完全湮废，但到西汉，随着经学的昌明，人们对经书中记载的周代“礼”的性质和格局逐渐认识清楚，于是，按周代有过的格局重建“礼”的体系就成为必然（这个过程在西汉远未完成，它经由了两汉魏晋南北朝数百年），战国时期虽然宗教因素有所发展（主要表现为民间祭祀和神仙家们的杂祀），并试图进入国家祭祀的领域，但终因它们当时思辨简单、哲学层次肤浅,实践方式亦粗浅怪诞,难以跟经学中记载的“礼”的思想和实践抗衡,在经学昌明之后,它们终于被清除出国家祭祀的领域,国家祭祀中存在的仍然是类似宗周王朝祭礼的那套礼仪。

第七节　西汉的“治出于二”与礼乐制作

一、西汉“治出于二”的变化

前面的内容我们考察了从汉初至宣、元时期各种祭祀的内容,以及经学、谶纬等各种对礼仪和祭祀事务能产生影响的因素,不过这些因素还不是影响西汉王朝祭礼的全部,这里我们要涉及影响西汉王朝祭礼变化的又一个重要因素——西汉“治出于二”格局的变化。在西汉,正因为“治出于二”的发展决定了包括王朝祭礼在内的礼乐制作只能流于形式,不能像周代那样承担重大的实际政治功能,因此我们必须对西汉“治出于二”的变化作些交待。这是一个可另写专著的问题,本书在这里不可能对之进行深入研究,而是将它作为西汉礼乐制作和祭祀事务演变的背景来考察。

(一)律令、经义、诏书中“礼”的内容简考

西汉的“治出于二”是继承战国、秦而来的。战国时期出现的“治出于二”中最初毫无礼乐制作的内容,李悝《法经》中无礼仪事务,秦律脱胎于《法经》,基本格局跟《法经》大同小异。当时是法、律、令大量制定的时代,从出土的《秦律十八种》看,律令的主要内容是刑法和田、仓、金布等涉及王官取予民财、管理政务的各项规定,它内容的广泛证明了因行政的发达和无所不包产生的各种需要,它的苛严又证明了效率是当时首当其冲的追求。虽然《秦律十八种》与《法经》六篇体系之间的关系尚不清楚,但可以肯定的是,律令的大量制定使“治出于二”格局在初始阶段就显出了在处理政务上的出色效率。汉代秦后,随着时间推移,因律令大量制定而造就的“治出于二”的格局在发生着变化,这一变化表现在西汉“治出于二”中保障行政效率的那部分并不仅仅局限于用制定律令来完成,因为到西汉,政治上实现了统一,礼仪、风俗、教化等事务仍然是必须由汉王朝用政治手段

处理的领域，而当时制定的律令（包括傍章、令甲、令乙、决事比、科条等法律形式，见下文）尚不及涵盖所有这些领域，所以在处理这些领域事务时，经"义"、皇帝发布的诏书等在律令体系尚不完备的情况下起着调整和补充的作用，因此"治出于二"是靠律令、经义、诏书等共同维系的。相应地，西汉的礼仪内容也经历了从久废不兴到因需要而制定，并存在于律令、诏书等载体中的过程，下文便对之进行考察。

首先是律令。本书此处所指的律令，包括汉代的律、各种令、科等各种法律形式。先看律，西汉初年萧何作《九章律》，《九章律》为在沿袭李悝《法经》的秦律基础上加《户》、《兴》、《厩》三篇而成，户律以下三篇，因为主要内容是行政事务的处理，所以"总谓之事律"[①]，没有礼仪内容。后来叔孙通作《傍章》，为汉律中有礼仪内容之始。张建国先生曾从张家山汉简《二年律令》内容着手，认为叔孙通制定的只是包括朝仪、仪品等的汉礼仪，没有制定《傍章》[②]，他认为从《二年律令》毫无礼仪内容可反推叔孙通《傍章》并不存在。《二年律令》记载的汉律有二十七种，内容可分为：

1. 贼盗捕亡之类：贼律、盗律、具律、告律、捕律、亡律；

2. 各种行政事务的处理：襍律、钱律、置吏律、均输律、传食律、田律、□市律、行书律、复律、赐律、户律、效律、传律、置后律、兴律、徭律、金布律、津关令；

3. 跟礼仪有关系的律：爵律、秩律、史律。

以上是《二年律令》的内容。张建国先生认为《傍章》是指上述诸律中不在《九章律》中的部分，而不是指叔孙通制定的汉仪品，这一结论的得出稍嫌武断，因为他得出这样的结论是建立在他认为《傍章》是法律，而朝仪、仪品是礼仪，二者性质不同这一观点基础上的。这里，对《傍章》和朝仪、仪品等性质的理解是问题的关键，其实在汉代，朝仪、礼仪和法律的关系并不像张先生认识的那样差别迥异，事实情况是，汉初的《傍章》即"旁章"，为依附于《九章律》的篇章，之所以将

---

① 程树德：《九朝律考》，中华书局 2003 年版，第 17 页。

② 张建国：《叔孙通定〈傍章〉质疑——兼析张家山汉简所载律篇名》，《北京大学学报》1997 年第 6 期。

朝仪、仪品之类归为《傍章》,是因为从西汉时期开始以"律"这一形式对因需要而产生的礼仪事务进行规范,程树德《九朝律考》已从文献角度对《傍章》的存在作了考证[①]。徐世虹先生亦作考证认为《傍章》还是在汉律体系之内的[②],笔者以为《傍章》的内容,应就是所制定的朝仪、仪品的有关内容,程树德的考证还是站得住的。

从《二年律令》内容看,绝大多数是贼盗捕亡之类和各种行政事务的处理,勉强跟礼仪有关的是《爵律》、《秩律》、《史律》。但这三类律的内容均为以量化手段确定爵、秩的高低和卜史们业绩的优劣,尚不是专门的仪品内容,因此,叔孙通所作《傍章》依附于《九章律》的旧说依旧是难以推翻的。《傍章》以制定律令的形式制定了礼仪规范。除了《傍章》外,当时有可能涉及礼仪的律还有:

1.《越宫律》、《朝律》:《越宫律》27 篇为张汤所作,是涉及警卫宫禁的法律规定;《朝律》6 篇为赵禹所作。《越宫律》、《朝律》内容已无存,徐世虹先生在《汉代法律载体考述》中作了条分缕析的精彩考证,可以参看。它们跟《傍章》一样在《九章律》之外,具体内容为诸侯百官朝会制度的法律规定,亦为以量化的手段对相关事宜进行明文规定。

2.《酎金律》:为对诸侯王参加助祭时所献酎金成色进行规定之律。程树德《九朝律考》[③]、徐世虹《汉代法律载体考述》均对之作了具体考证,本书此处不再重复他们的工作。

3.《大乐律》。此为涉及宗庙祭祀与任官仪式的律。《周礼·春官·大胥》郑玄注有引用:"汉《大乐律》曰:卑者之子,不得舞宗庙之酎。除吏二千石到六百石,及关内侯到五大夫子,先取适子,高七尺以上,年十二到三十,颜色和顺,身体修治者以为舞人。"此为《大乐律》律文,亦以量化的方式对宗庙舞人的挑选条件作了规定。

以上是西汉"律"中跟礼仪有关的部分。《傍章》、《朝律》主要内容皆为仪品,

---

① 程树德:《九朝律考》,第 18 页。

② 徐世虹:《汉代法律载体考述》,载杨一凡总主编、高旭晨主编:《中国法制史考证》第三卷甲编,中国社会科学出版社 2003 年版,第 135 页。

③ 程树德:《九朝律考》,第 19 页。

而仪品内容的来源，是先秦时期“礼”义、仪、容中的仪容部分，仪容之礼在先秦时期内容繁复而严格（见第一章第一节），属于“礼”的形而下层面。叔孙通曾为秦博士，精通这些掌故，并以之为汉制仪品，这也是“礼”的仪、容内容到汉代入律的表现。

除了律之外，西汉时期同样重要的是令，当时律、令性质几无差异[1]。《史记》、《汉书》中屡见“著令”一词，这个“著”最初是动词，如《史记·惠景间诸侯年表》：“长沙王者，著令甲，称其忠焉”，《集解》引邓展曰：“汉约，非刘氏不王。如芮（长沙王吴芮）王，故著令使特王”（“令甲”见下文），又《史记·平准书》记武帝令塞卒六十万人戍卫上郡、朔方、西河、河西等地，因马匹少，又难以买得，“乃著令，令封君一下至三百石以上吏，以差出牝马天下亭，亭有畜牸马，岁课息”，这个“著令”的“著”也是动词。但“著令”也指既撰的汉令体系[2]，日本学者大庭修对“著令”、“著为令”、“具为令”等作过考释，认为“著令”是皇帝在直接行使立法权的情况下使用的[3]，大体说来，诏书若合适，往往定为著令[4]。汉令沿袭了自战国以来令具有的权威、机动、高效的特点，将合理措施下诏、著定于令，汇集成篇，即为汉令。汉令有令甲、令乙、令丙、金布令、功令、关津令、禄秩令等，涉及行政事务处理的各个领域。汉令中有祀祠内容，见于文献记载的有祠令、祀令、斋令，这些程树德均作过考释。程树德将祀令、祠令分开，但依据并不充足，从文献看，找不出汉令中《祀令》和《祠令》分别为篇的证据。《祀令》确实为汉令实有，见《汉书·郊

---

① 徐世虹认为在汉代，令与律同存，而令又是比律更灵活甚至随意的法律载体，统治者的意志随时可以通过不定时的令得以实现，见高旭晨主编：《中国法制史考证》第三卷甲编，第146页。

② 如《汉书·景帝纪》景帝元年秋七月诏：“吏所受监临，以饮食免，重；受财物，贱买贵卖，论轻。廷尉与丞相更议著令。”当时景帝觉得若因所受饮食任免官吏太重，若因受贿和贱买贵卖又太轻，因此令廷尉和丞相议定著令。

③ 大庭修著，林剑鸣等译：《秦汉法制史研究》，上海人民出版社1991年版，第185～188页。

④ 如《汉书·刑法志》记景帝后三年下诏：“其著令：年八十以上，八岁一下，及孕者未乳，师、朱儒当鞠系者，颂系之”，颂为容之意，即宽容地收系他们。平帝年间王莽当政，《平帝纪》元始四年诏：“妇女非身犯法，及男子年八十以上七岁以下，家非坐不道，诏所名捕，它皆无得系。其当验者，即验问。定著令。”即妇女只要不是亲自犯法，以及年龄在八十以上、七岁以下的男子，其家不是因为“不道”而连坐，不要拘捕，该审问的就审问，这一内容写入著令。又如王莽为笼络人心，下诏令选举贡士时有司不得将所贡之士大赦以前的事上奏，“有不如诏书为亏恩，以不道论。定著令，布告天下”，这个著令指的就是既有的汉令体系，将此诏的恩举写进著令中去。

祀志》下臣瓒注，其中有如何祭社的内容①，但《祀令》全文《史记》、《汉书》不载，有可能是将《礼记·祭法》"王为群姓立七社"那样的内容以令的方式确定下来。

《史记》、《汉书》中还有几条跟祠祀有关的令，下面胪列几条：

1.《史记·高祖功臣侯者年表》："元封四年，寿成（萧何玄孙酂侯寿成，见《史记·三王世家》裴骃《集解》徐广曰）为太常，牺牲不如令，国除"，事又见《汉书·百官公卿表下》："酂侯萧寿成为太常，坐牺牲不如令免。"

从该条可看出，祭祀时所用牺牲如何，祀令有规定。

2.《史记·高祖功臣侯者年表》"元封四年，侯相夫坐为太常与乐令无可当郑舞人擅繇不如令，阑出函谷关，国除"。

从该条可看出，舞人应如何使用，祀令亦有规定。

3.《史记·高祖功臣侯者年表》："元狩六年，侯贲（栾布之后，景帝中五年祀）坐为太常庙（《汉书·景武昭宣元功臣表》作'太常雍'，颜师古注：'雍，右扶风县也，五畤祠在焉'）牺牲不如令，有罪，国除。"《汉书·百官公卿表下》亦载此事："俞侯栾贲为太常，坐牺牲不如令免。"

从此二处记载可看出，雍五畤所用牺牲如何，祀令有规定。

4.《汉书·外戚恩泽侯表》："太初三年，侯（石）德嗣，二年，天汉元年，坐为太常失法罔上，祠不如令，完为城旦。"

还有斋令，亦是以令的形式对王侯斋戒时应有的肃静行为作了量化规定，程树德《九朝律考》已作了考证，本书此处不再重复。

因本书的任务并非专门考察律令，所以上文的胪列可能并不详尽。总的说来，无论文献记载还是从目前的出土文献看，汉代律令中礼仪方面的内容均很少，而且律令中的礼仪内容或者是用量化的方式规定祠祀细节，或者旨在通过祀祠的等级规定彰显政治身份的差别，基本不是周代体现"王道"的那种礼仪内容。这一情况出现的原因是：律令这一方式在西汉仍然处于保障官僚政治具体环节有效运转的阶段，虽然律令也开始被用来制定仪品和形式化的礼乐，但从整个汉

---

① 《郊祀志》记王莽追忆汉初有官社，此处臣瓒注："高帝除秦社稷，立汉社稷，礼所谓太社也。时又立官社，配以夏禹，所谓王社也。见汉祀令。"

律体系看，当时尚不及以成熟的形式来吸收礼仪、教化等所具有的深层次精神内涵，在这种情况下，经“义”、皇帝的诏书等就作为“律”的补充来处理有关礼仪、教化的事务，保障着西汉“治出于二”的格局以简朴而有效的方式存在。其表现是经“义”渐渐进入汉“令”，下文便对之作简要考察。

经“义”即经书之“义”，它在汉代人（尤其是西汉文、景之后）心目中具有崇高地位，在具体执行中它往往具有权威（这种权威可能是临时性的），如胡母生弟子吕步舒以《春秋》之义断淮南王狱①。在当时律令体系尚不完备的背景下，《春秋》对于汉代决狱和重大政策的制定、把握有重大影响。《汉书·司马迁传》：“《春秋》上明三王之道，下辨人事之经纪，别嫌疑，明是非，定犹与，善善恶恶，贤贤贱不肖，存亡国，继绝世，补敝起废，王道之大者也”，以《春秋》决狱是经义具有类似法律效力的良好例子②，当时以春秋决狱形成的决事比，是后来古代中国的律令体系向着魏晋法律儒家化，逐渐宽简、周备的累进阶梯③，法制史学者对此多有具体研究。但是需要指出的是，经义作为处理问题的手段直接干政是很少的，更多的例子是经义由臣下的上疏进入皇帝的诏书，再编定成令。经“义”中蕴藏的礼仪和祭祀内容就是通过这种途径进入汉令的，汉代的“养老令”和后来成

---

① 《史记·儒林列传》记传公羊《春秋》的胡母生弟子吕步舒“持节使决淮南狱，于诸侯擅专断，不报，以《春秋》之义正之，天子以为是”。

② 汉廷尉诸卿如张汤、隽不疑、于定国等多明习《春秋》。《汉书·张汤传》：“汤决大狱，欲傅古义，乃请博士弟子治《尚书》、《春秋》，补廷尉史，平亭疑法”；又隽不疑“治《春秋》”，始元五年，有一男子乘黄犊车，衣黄襜服，著黄帽，诣北阙，自谓卫太子，被隽不疑按《春秋》经义拿下，受到大将军霍光的嘉奖，“公卿大臣当用经术明于大谊”；又路温舒“求为狱小吏，因学律令，转为狱史，……又受《春秋》，通大义”；又于定国，“少学法于父，后定国亦为狱吏，郡决曹，补廷尉吏”，“乃迎师学《春秋》，身执经，北面备弟子礼。为人谦恭，尤重经术士”，《春秋》经“义”通过类推具有法律效力，即为“春秋决狱”。据《后汉书·应劭传》记载“故胶东相董仲舒，老病致仕，朝廷每有政议，数遣廷尉张汤亲至陋巷问得失。于是作《春秋决狱》二百三十二事。动以经对，言之详矣”。

③ 决事比就是可以引为审判依据的案例和成事等等，在司法活动中起着重要的作用，汉代决事比的情况可从《汉书》窥见。《汉书·应劭传》：汉有“《春秋》决狱二百三十二事”，《汉书·刑法志》：孝武时“死罪决事比万三千四百七十二事”。《汉书·陈忠传》：陈忠“奏上二十三条为决事比”，事皆施行。在汉代，由于律令体系尚不完善，决事比（判例）与法典体系（律令）的关系不清楚，因此决事比在应用中弊端丛生，班固在《汉书·刑法志》中指出：“其后奸猾巧法，转相比况，禁网寝密。律令凡三百五十九章，大辟四百九条，千八百八十二事；死罪决事比万三千四百七十二事。文书盈于几阁，典者不能遍睹。是以郡国承用者驳，或罪同而论异。奸吏因缘而市，所欲生则傅生议，所欲陷则予死比，议者咸冤伤之。”以后魏晋法律的宽简、周备就是在归纳、总结两汉决事比所体现的法律原则基础上，完善法典（律令体系）本身而形成的。

为皇帝诏条的"月令"是经"义"中蕴涵的礼仪内容进入"治出于二"的良好例子。先看养老令。养老令在西汉初年就有颁布,《汉书·文帝纪》记文帝元年三月诏:

"老者非帛不煖,非肉不饱。今岁首,不时使人存问长老,又无布帛酒肉之赐,将何以佐天下子孙孝养其亲?今闻吏禀当受鬻者,或以陈粟,岂称养老之意哉!具为令。有司请令县道,年八十以上,赐米人月一石,肉二十斤,酒五斗。其年九十以上,又赐帛人二疋,絮三斤。赐物及当禀鬻米者,长吏阅视,丞若尉致。不满九十,啬夫、令史致。"

此为汉文帝元年将赐老者粟、帛、肉具为令的记载。其中,春季赐老者粟并非汉代才有,它在汉以前就有了(见下文),但所赐限于米谷,尚无赐帛和肉的,自文帝起赐老者米的内容具为令,并按时赐老者帛和肉。而"老者非帛不暖、非肉不饱"见于《孟子》对周文王养老的回忆[①]。这样的内容进入诏书,再成为令,是西汉礼仪、祭祀内容进入"令"的一般方式。

文帝时期的养老令是养老内容由经义进入"令"的开始。而西汉晚期至东汉的《王杖十简》[②]和《王杖诏书令》,其思想内容几乎全是经书的翻版。

《王杖十简》部分内容如下:

(3)制诏丞相、御史:高皇帝以来,至本(始)二年,胜(朕)甚哀(怜)老小,高年受王杖,上有鸠,使百姓望见之(4)比于节;有敢妄骂詈、殴之者,比逆不道;得出入官府郎(节)第、行驰道旁道;市卖复毋所与,(5)如山东复。有旁人养谨者常养扶持,复除之,明在兰台石室之中。王杖不鲜明,(6)得更缮治之。

(1)制诏御史曰:年七十受王杖者,比六百石,入宫廷不趋;犯罪耐以上,毋二尺告劾;有敢征召侵辱(2)者,比大不道。建始二年九月甲辰下。[③]

---

① 《孟子·尽心上》孟子云:"所谓西伯善养老者,制其田里,教之树畜,导其妻子,使其养老。五十非帛不煖,七十非肉不饱……"

② 1959年秋,甘肃省武威磨咀子第十八号墓中出土木简十枚,史学家称为《王杖十简》,实为一法令集,其中包括两道有关尊老的诏令和一则案例。简上原有署名"《兰台令》第卌三"和"《御史令》第卌三"。

③ 《王杖十简》的简序排列学界有争议,《考古》1960年第9期排法为(1)(2)(3)(4)(5)(6),不尽合理。崔永东先生对《王杖十简》的简序作了调整,见杨一凡总主编,高旭晨主编:《中国法制史考证》第三卷甲编,第308页,今从。

《王杖十简》中《本始令》规定，年满七十、受王杖[①]的老人有许多礼遇，待遇比照六百石的官吏、入宫廷不用趋（卑躬低首地快步行走，是面见尊者时的礼节），若有对受杖老人谩骂、殴打者，则比照大逆不道罪论处。王杖主人可以自由出入官府或行于天子驰道旁等等。比照六百石官吏。谩骂殴打王杖主人者比逆、不道则是汉代的时代特点。但这些内容跟《汉书·刑法志》记载的景帝后三年定著令对老、弱、小的宽容在内容上有继承关系，而对老、弱、小的宽容，来源于经义，《礼记·内则》与《王制》均言：“凡三王养老皆引年。八十者，一子不从政，九十者，其家不从政”因此《王杖十简》和《王杖诏书令》是西汉晚期因经义的渗透而生的令，是显而易见的。

以上是对汉律令中礼仪、祭祀内容的简单考证。总的说来，汉律令体系中的礼仪内容很少，《晋书·刑法志》是这样追溯汉代法律的总体情况的：

> “汉承秦制，萧何定律，除参夷连坐之罪，增部主见知之条，益事律兴、厩、户三篇，合为九篇。叔孙通益律所不及，傍章十八篇，张汤越宫律二十七篇，赵禹朝律六篇，合六十篇。又汉时决事，集为令甲以下三百余篇，及司徒鲍公撰嫁娶辞讼决为法比都目，凡九百六卷。”

以上内容中，主要是贼盗捕亡和行政事务的处理，以及案例的判决原则，《傍章》、《朝律》为礼仪内容，但这些内容在汉律中的分量跟九章律、大量的决事比相比是微小的。随着经“义”入令，这方面内容有所增加，反映在体现“王道”的养老等内容开始进入著令，不过总的说来，这些内容在庞杂的西汉律令中仍是微乎其微的。而且从整个中国古代律令的发展看，礼仪在后来的发展中虽然逐渐入律，但它们并没有大量进入逐渐完备的律令体系，而是渐渐集结成被法制史学者们称为“礼仪法”的篇章，跟律令体系共存，到后来的唐代，《唐律》和《大唐开元礼》分开并行，就是这个表现。

---

① 老人受王杖为三代旧有之制。《礼记·内则》：“五十杖于家，六十杖于乡，七十杖于国，八十杖于朝，九十者，天子欲有问焉，则就其室”，王杖上饰有鸠。但赐老人王杖不始自汉代，郭店楚墓主即随葬有两根鸠杖，杖首鸠形，鸠卧状，圆眼，勾喙，曲颈，回首，啄背，通体饰错金银羽状纹及卷云纹，见湖北省荆门市博物馆：《荆门郭店一号楚墓》，《文物》1997 年第 7 期。有的学者认为郭店墓出的鸠杖不是手杖而是兵器（周建忠：《荆门郭店一号楚墓墓主考论——兼论屈原生平研究的困惑》，《历史研究》2000 年第 5 期），此问题尚有待进一步讨论，无论如何，考古发掘可证明《礼记》记载的三代赐杖之制不虚。

经义渗入律令,使汉代的“治出于二”发生着潜移默化的变化。对本书研究的王朝祭礼而言,值得格外注意的有两点:一为经义中体现天人合一思想的内容——“明堂月令”到西汉中期以后进入诏令,为“治出于二”增加了按时令理政的内容,后来东汉王朝祭礼中的相关仪式就是在此基础上形成的,二为体现经“义”的礼的仪、容细节(如朝仪)和物化礼乐内容(如车制、服制)到后来集结为“礼仪法”,成为具有约束力的规范。这两部分内容逐渐改变了汉初继承战国、秦而来的那种纯粹靠律令的大量制定保障政治效率的“治出于二”初期方式,出现了一套粗具规模的礼仪成为实际政治运行的表征。后来成熟的“治出于二”中所具有的国家礼仪内容,就是因这两部分内容的渐增而汇集成体系的(表现为“五礼”体系),下面的章节首先对其中的第一点——经义中“明堂月令”的内容羼入汉代的“治出于二”作些考察。

(二)“明堂月令”羼入诏令的过程及其对“治出于二”的影响

“明堂月令”是对渊源古老的天人合一思想的发展,到《吕氏春秋·十二纪》时,它已将天文历法物候等象数之专学、天子按月随方面为服并施行不同的礼仪、按时令安排生产和理政三方面内容的完全融合(见第二章第一节)。在西汉,这些内容入逐渐经、成为经义的一部分,而后对“治出于二”产生了相当大的影响。现在有一个问题是:近年发现的一些出土文献,如银雀山汉简《阴阳时令占候类》、青川郝家坪木椟、云梦秦简《田律》、尹湾汉简东海郡集簿、敦煌悬泉置壁书《月令》诏条等等,都提到按时令安排生产和生活,但这些出土文献内容残缺零散,时代有先有后,它们跟传世《月令》之间的关系究竟如何?这个问题涉及对出土文献中按时令安排生产、生活内容所及程度的理解,下文就先考察这个问题。

1. 出土文献中的“按时令理政”内容跟传世《月令》的关系

目前的出土文献中有不少内容涉及按时令安排生产和生活,如银雀山汉简《阴阳时令占候类》、青川郝家坪木椟、云梦秦简《田律》、尹湾汉简东海郡集簿等等,学者们对它们跟传世《月令》之间的关系作了积极有益的探讨[①]。笔者以为,在这些出土文献中,有的是流行于民间的、当时跟“月令”(当时流行的时历书,非

① 杨振红:《〈月令〉与秦汉政治再探讨——兼论〈月令〉源流》,《历史研究》2004年第3期。

《礼记·月令》)有关的通行知识,如银雀山汉简《阴阳时令占候类》;有的是按时令安排农事的“令”,如青川木椟、云梦秦简《田律》等,这类按时令安排农事的内容影响汉代农桑树艺之事是比较早的,并不一定受《礼记·月令》即《吕氏春秋·十二纪》的影响(详下文),而《礼记·月令》的核心内容——随方面为服和按时令安排礼仪羼入西汉诏令是比较晚的事,弄清楚这一点,对于我们了解跟弄清楚“月令”有关的出土文献资料的来陇去脉,进而弄清楚《月令》作为经“义”中“天人合一”部分的渊源羼入汉诏令的过程具有重要意义,下面便对这些内容作些考察。

首先看临沂银雀山汉简《阴阳时令占候类》。《阴阳时令占候类》内容驳杂,整理者将之分为十二种:一、曹氏阴阳;二、阴阳散;三、禁;四、[三十时](加方括号的为整理者所定名);五[迎四时];六[四时令];七[五令];八[不时之应];九[为政不善之应];一〇[人君不善之应];一一[天地八风五行客主五音之居];一二[占书]①。这十二种内容中均无《月令》中人君按时令随方面为服及施行相关礼仪的内容,主要是天文物候时令等的宜忌,其中有些内容跟《月令》中的天文物候等数术内容近似,下面试举几例:

0290 出。其音大而数,其罚乃大而极,其音小而秫,其罚乃小而久。春羸会旦,为大襄,为乱,为役(阴·一二)②

按,此处“大襄”之“襄”为“禳”,不祥之意,“为役”之“役”同疫,即瘟疫,此条讲的是音大音小时相关的赏罚,为纳音数术,性质跟《月令》中行为不合时宜有赏罚相近。又:

0305……可祷祠入之=③日奏应钟,天戴圜,天不阴雨,主人不吉。雗(鹑)鸣帛覔(智)民人入室,执(蛰)虫求穴,可筑不可(阴·四)

0305 条简文意残缺不全,联系上下文和下条简 0306 看,其主题是说不该奏

---

① 吴九龙:《银雀山汉简释文》,文物出版社 1985 年版,第 242～243 页。

② 本文此处所引银雀山汉简均见吴九龙:《银雀山汉简释文》,文物出版社 1985 年版,下同。

③ 此处的重文号有可能是“二”的讹误,下一简 0306 有类似的句式:“……之,可以嫁女,不可取(按,此缺重文号)妇=蚤(早)操令下六可为宫室、嫁女、取妇祷祠入六畜,入之三日,奏林钟,天必……”,该条简文有“入之三日,奏林钟”,由此,正文所引简当为“……可祷祠。入之二日,奏应钟,天戴圜……。”

时奏应钟之律可能出现"天戴圜、天不阴雨"等灾异,《月令》有每月之音及每月对应的律,应钟对应孟冬之月,林钟对应季夏之月,这种对应跟银雀山简 0290、0305 提到的奏音律不当有罚具有共同渊源,它们同出于纳音数术中十二律对应十二月的内容。

除了纳音数术外,银雀山汉简《阴阳时令占候类》还有建立在分野、刑德数术上的宜忌:

> 0232 天德羍钧侵(祲)恙(祥),件而倍(背)众,侍(恃)强以幸,殆于天下者,虽胜其民,不有其土。郑受角、亢、抵(氐),其日(阴·一二)

羍疑即羼,渗入之意,跟后面的祲文意相对,整条简文亦云灾祥。这里提到郑国的分野是角、亢、氐,此为分野术。《淮南子·天文训》中有详细的分野说,《礼记·月令》中虽有天文物候内容,但无分野说。从简文跟《淮南子·天文训》、《礼记·月令》的关系看,它们都有战国天文数术这一共同渊源,但因目的不同,取舍亦有差别——战国天文历法物候知识是当时通行的知识(《淮南子·天文训》是这些知识的集大成),银雀山简中的数术内容吸收了这些知识,并以之指导人们的生产、生活;而《月令》及与其有继承关系的《淮南子·时则训》虽然吸收了一部分数术内容,但侧重点并不在数术上,它们的核心则是对《管子》以来"时令"内容的丰富和扩充。"时令"是战国以来政令的一种,"令"是战国时期具有权威性的、机动的、上行下达地推行命令的手段,因战国时期阴阳四时的思想乃至相关技术得到发展,这些"令"中内容为"从时"的政令即时令。《管子·四时》:

> "管子曰:令有时,无时则必视天之所以来。五漫漫,六惛惛,孰知之哉!唯圣人知四时,不知四时,乃失国之基。……故天曰信明,地曰信圣,四时曰正。"

> "是故阴阳者,天地之大理也;四时者,阴阳之大经也;刑德者,四时之合也。刑德合于时,则生福,诡则生祸……。"

上文的"令有时"即时令。它是战国时期因阴阳四时思想及有关技术的发达而产生的相关政令,它不一定通过王者之令颁布,但在构思者心目中它的性质是"令",侧重点在安排农事和生产生活方面,这继承了三代时期天子颁历安排天下生产、生活的古老传统。子弹库帛书边文均为此类宜忌,举春正月、春二月两条为例：

取于下

曰：取，乙(鳦)则至，不可以叹杀。壬子，酉(丙)子凶，乍(作)☐北征，衠(帅)又(有)咎，武☐☐亓(其)。

女(如)此武

曰：女(如)，可以出帀(师)籔(筑)邑，不可以豦(嫁)女取臣妾，不夾(兼)(得)不戚(憾)。①

上文两条，第一条是说春正月燕来，不可以杀生，壬子、丙子之日凶，若用兵北征，则其帅有咎，出师不利。第二条是说春二月若可以出师则不可以嫁女、取臣妾，二者不可兼得。子弹库帛书暗藏式法，其边文中的宜忌内容是统一在其式法运行图式中的，它表示了每月的宜忌内容，指导的是当时一般百姓的生产。

时令在战国时期大多还仅是一种构想，从《管子·四时》到《淮南子·时则训》和《吕氏春秋·十二纪》，体现了关于时令的构想逐渐完善的过程。但时令和因时节变化而进行的礼仪是两回事，这从《管子》的《四时》、《幼官》分别为篇中可以看出。《四时》提到春夏秋冬五德(东方星德、南方日德、中央岁德、西方辰德、北方月德)，应时而施行不同政令的思想主要体现在《四时》中，《幼官》则提到天子在不同季节随方面为服和进行相应的礼仪，《四时》和《幼官》是不同的两篇，这反映了在《管子》的时代，《幼官》中的礼仪内容还没有羼入《四时》中的时“令”内容中去。到《淮南子·时则训》已经实现了这两种内容的融合，而《吕氏春秋·十二纪》(《礼记·月令》)这种融合更是跟按时令安排农业生产的内容水乳交融，《礼记·月令》的性质也是时令。因为是“令”，所以其侧重点在安排礼仪事务和天下百姓生产生活方面，所以其中言天象的部分很简略，仅言每月太阳的位置及昏、旦所见之星宿的距度，当时流行的天文数术中的其他内容如星土分野说则没有涉及，这是因它的“令”的性质决定的，跟《淮南子·天文训》总汇战国以来的天文数术不同。

至此我们终于可以回答第一个问题：银雀山汉简《阴阳时令占候类》和《月

① 此段文字隶定和解释均从李零先生释文。见李零：《长沙子弹库战国楚帛书研究》，第75页。

令》的关系——银雀山简《阴阳时令》中的天文历法数术知识是当时通行的知识，这些数术知识被用来占测生产、生活之事；《月令》则是对战国时期由来已久的“时令”思想和内容的充实和发展，虽然二者中都有违背时令所遭之咎的内容，但二者侧重不同，因此，它们是各有渊源的作品，谈不上谁受谁的影响。

下面我们要考察第二个问题，青川郝家坪木椟、云梦秦简《田律》、尹湾汉简东海集簿等出土文献跟《月令》的关系。青川木椟中有一段文字如下：

“……道广三步。封高四尺，大称其高。捋（埒）高尺，下厚二尺。以秋八月修封捋（埒），正彊（疆）畔，及登（发）千（阡）百（陌）之大草。九月（二行），大除道及阪险。十月，为桥，修波（陂）隄，利津梁（梁），鲜草离。”①

此处说的是秋八月修田野之封疆，跟《月令》云孟春之月修封疆不同。笔者以为这是两种不同的传统，《月令》春日修封疆应是三代旧有的古老传统，《管子·四时》有关于这一传统的记载：“春三月以甲乙之日发五政……，四政曰：端险阻，修封疆，正千百”，而秋季修田沟，是另外一种做法，银雀山简《阴阳时令占候类》有这样的内容：

0240……时卌（四十）八日凉风，杀气也，以战客胜，可始脩（修）田野沟，可始入人之地。不可亟＝刃＝有央（殃）。壹得而三其央（殃），利奋甲于外以嫁女（阴·四）

按，凉风为《史记·律书》所记八风之一，此处“四十八日凉风”是一种将八风于一年中分摊的数术②，凉风据《史记·律书》对应的方位是西南，月份为夏正六月、七月，周正以十一月为岁首，周正八月是夏正的六月，正是凉风所至之际，简文认为此时可以开始修田沟（田沟有排水功能，但作为田间的划界标志，性质跟封疆一样），这跟青川木椟所记修封疆在秋八月正合，反映的是秋日修封疆的传统，这说明青川木椟所按的时令，是跟《管子·四时》、《月令》不同源流的其他“月

① 于豪亮：《释青川秦墓木椟》，《文物》1982年第1期。

② 这里的将八风分摊入一年的数术，因该简残无上下文，难以尽知。但八风的每一段之间的间隔肯定不都是48日，因为48×8＝384，多于一年365日的数字。《管子·幼官》中有一段提到上卯、中卯、下卯的内容可给我们提示，该段以一年为360日，并将之分割成30段，每段12日。若以一年为360日，八风在一年中的分配可能是：48×6＋36×2＝360，即八风中有六段的时段间隔为48日，其余两段间隔为36日。它们一为12的4倍，一为12的3倍，这样跟《管子·幼官》提到的年时分割法能对应。

令"体系的记载。

此外,云梦秦简《田律》七:

"春二月,毋敢伐材木山林及雍(壅)隄水。不夏月,毋敢夜草为灰,取生荔、麛。"

这条简中,李学勤先生认为"不夏月"的"不"应为"泉"字,断入上句,而且夏下面缺"三"字[1],这样简文就成了"春二月,毋敢伐材木山林及雍(壅)隄水泉。夏三月,毋敢夜草为灰……",这样的内容跟《月令》仲春之月"毋竭川泽,毋漉陂池,毋焚山林"精神是一致的,说明云梦秦简《田律》继承的"月令"跟《管子·四时》、传世《月令》在时日上一致,但它并不能说明秦简《田律》是受了传世《月令》的影响,只能说明不违农时、人与自然协调发展的古老传统在秦简《田律》和《礼记·月令》中均得到了体现。同样,尹湾东海集簿提到"以春令成户",此"令"字可有二解,一为皇帝的诏令,一为《月令》中的春令。从上下文看应为后者,这一点邢义田、杨振红先生均已指出[2]。此为东海郡的文书,像抚恤孤独这样的事,不必皇帝下诏令,郡守有权直接按惯例处理。而这样的惯例可以上溯到三代,《礼记·郊特牲》就追忆周代"春养孤子,秋食耆老",《管子·轻重》则云:

"民生而无父母,谓之孤子;无妻无子,谓之老鳏;无夫无子,谓之老寡;此三人者,皆就官而众,可事者,不可事者,食如言而勿遗。多者为功,寡者为罪,是以路无行乞者也。路有行乞者,则相之罪也,天子之春令也。"

虽然《轻重》篇有些内容反映的是汉代的情况,但其中所云的春养孤老,完全可能而且应该是《郊特牲》追忆的从周代就有的传统,只是《轻重》作者将之作为天子春令的内容而已。因此,我们再看尹湾集簿的内容时,就能体会到在汉初,各地官员在指导实际农事操作时,沿用了战国以来流行的"时令"内容,这些内容跟后来经"义"具有约束力一样,影响着各地官员的实际操作。

以上我们对银雀山汉简《阴阳时令占候类》、青川木椟、云梦秦简《田律》、尹湾集簿、等出土文献跟提到"月令"的传世文献的关系作了简要考察。通过这一

---

① 李学勤:《简帛佚籍与学术史》,第112页。

② 邢义田:《〈月令〉与西汉政治——从尹湾集簿中的"以春令成户"说起》,《新史学》九卷一期,1998年3月。杨振红:《〈月令〉与西汉政治再探讨——兼论〈月令〉的渊源》,《历史研究》2004年第3期。

考察,我们可以看出从它们都对三代王官按时令安排生产生活的古老传统有所继承。这种古老传统到后来形成不同的“时令”体系,战国到秦汉,按时令宜忌安排生产和生活的惯例起初既存在于民间数术中,又存在于影响当时人们的生产生活的“时令”中,青川木椟、秦简《田律》、尹湾集簿等提到按时令安排农事的内容,它们继承的“时令”有不同的渊源,有的跟《管子·四时》和传世《月令》相合,如秦简《田律》和尹湾东海集簿;有的不相合,如青川木椟。这说明,有按时令理政内容的出土文献跟传世《月令》之间的关系很复杂,不能仅看内容的近似就说谁受了谁的影响,可以这么说,青川木牍、秦简《田律》、尹湾集簿中按时令理政的内容并不是受了传世《月令》的影响,它们是按古老的按时令行政(见第二章第一节)的惯例行事的结果(这一古老的惯例在三代就有渊源,战国时期形成不同流派,对人们的生产生活产生着影响)。而文献中有西汉初年就进行春季树艺、抚恤孤独的内容(详下文),这同样不能作为传世《月令》从西汉初就对政治生活产生了影响的证据,因为传世《月令》是作者以王政为中心,有选择地采撷天文历法物候知识,将不违农时、天文历法、礼仪活动等综合提升而成,它包含了以上出土文献中按时令安排农事的部分,但又将它们跟阴阳五行、四时礼仪内容融合在一起,其思想体系的混一、内容的完善,不是青川木椟、秦简《田律》等的断简残篇可比的,《月令》篇的思想体系有着其他文献如《淮南子·天文训》、《管子》的《幼官》、《四时》等不及的全面性,正是因为这一点,《月令》才被用来解《礼古经》,并逐渐羼入大小戴《礼记》(具体内容见本章第四节),从原先的阴阳家作品成为儒家经义的一部分。

2. 传世《月令》的内容见于西汉诏令的过程

《月令》羼入《礼记》,标志着它入经的完成。而《月令》羼入《礼记》的过程正是五经羼入象数内容、形成灾异说的过程(见本章第四节)。灾异说完备之后,按时令理政的古老惯例也有了更强有力的理论基础。《汉书·翼奉传》有一段文字是对这种理论简明而恰当的阐述:

> “臣闻人气内逆,则感动天地,天变见星气日蚀,地变见奇物震动。所以然者,阳用其精,阴用其形,犹人之有五臧六体,五臧象天,六体象地,故臧病则气发于面,体病则欠申动于貌……。”

又《汉书·匡衡传》日蚀地震上疏：

“臣闻天人之际，精祲有以相荡，善恶有以相推，事作乎下者象动乎上，阴阳之理各应其感，阴变则静者动，阳蔽则明者晦，水旱之灾随类而至。……宜遂减宫室之度，省靡丽之饰，考制度，修外内，近忠正，远巧佞，……。”

类似的论调在两《汉书》中不胜枚举，这种灾异理论将按时令理政的古老传统囊括其中，并融入了更周备的阴阳五行理论。在当时“气”的学说风行的大背景下，它随着经学的昌明进入臣下的上疏，最终成为王朝施政的指导，对“治出于二”产生相当大的影响。相应地，《月令》中按时令理政的内容也渐渐进入诏令。不过《月令》中按时令理政的内容十分广泛，时代有先有后，它们进入诏令的时代是不一样的，下面便对之进行考察。

首先是《月令》中按时令安排生产和救济孤老的内容。这种内容汉初诏令中就有。文帝时曾以二月存孤老，文帝二年三月将赐老人粟、帛、肉具为令，文帝元年后三月诏：“方春和时，草木群生之物皆有以自乐，而吾百姓鳏寡孤独穷困之人或阽于死亡，……其议所以赈贷之。”（见上文“养老令”部分）但严格说来，这方面内容见于西汉初的诏令，并不能认为《月令》在西汉初就对现实政治产生了影响，跟尹湾东海郡集簿“以春令成户”一样，文帝时期的养老令是沿用三代以来的旧有传统，并以“令”的方式将之肯定下来，并不是采撷《月令》的精神而来。

其次是《月令》中不伤及岁“气”运行的内容。这方面内容进入诏令比前一种晚，它是随着灾异说影响的日甚而进入诏令的。这方面较早的记载是宣帝时魏相的奏议。魏相“明《易经》，有师法，好观汉故事及便宜章奏，以为古今异制，方今务在奉行故事而已”①，他还采用《易阴阳》及《明堂月令》上奏，他说：

“……天地变化，必繇阴阳，阴阳之分，以日为纪。日冬夏至，则八风之序立，万物之性成，各有常职，不得相干。东方之神太昊，乘震执规司春；南方之神炎帝，乘离执衡司夏；西方之神少昊，乘兑执矩司秋，北方之神颛顼，乘坎执权司冬；中央之神黄帝，乘坤艮执绳司下土，兹五帝所司，各有时

---

① 《汉书·魏相传》。

也。……春兴兑治则饥，秋兴震治则华，冬兴离治则泄，夏兴坎治则雹。明王谨于尊天，慎于养人，故立羲和之官以乘四时，节授民事。君动静以道，奉顺阴阳，则日月光明，风雨时节，寒暑调和。三者得序，则灾害不生，五谷熟，丝麻遂，草木茂，鸟兽蕃，民不夭疾，衣食有馀。若是，则君尊民说，上下亡怨，政教不违，礼让可兴。”

上文所引魏相的奏议中有丰富的内容。第一，到魏相那里，《易阴阳》与《明堂月令》的内容已按照“气”的运行融合。春夏秋冬对应震、离、兑、坎四正卦，这四正卦反映的是“气”萌动、极暑、渐衰、极寒四种状况，这是汉代《易》学中阴阳消息的内容。相应地，四季必须按“气”运行的分别状态行事，春天以“兑”卦的措施行事则五谷不实，夏天以“坎”(为水，对应冬天)的措施行事则会产生冰雹之灾等等，这又是《明堂月令》的内容，不过这个《明堂月令》不是传世《月令》，因为它已融进了《易》和传世《月令》没有的阴阳消息说，《汉书·艺文志》礼类有《明堂阴阳》三十三篇，叙古朝堂遗事，又有《明堂阴阳说》五篇，王先谦《补注》认为“魏相所论，大致源于此”，《艺文志》数术类还有蓍龟十五家，《周易明堂》二十二卷，王先谦《后汉书补注》引沈钦韩曰“盖即明堂阴阳之说，类魏相所采者”，说明当时内容为明堂、月令的书有多种，魏相所采便是其中的作品。它们在魏相以前就大量存在，惠栋《明堂大道录》卷三则认为魏相所论述的皆三代之遗，“盖其所述者，《古五子》书及《明堂阴阳》，犹是西汉师法也。”因此魏相论述的《明堂月令》内容跟今本《月令》是同一种性质的东西。魏相之所以要上疏，就因为《月令》的内容并没有完全进入诏令。

在魏相上疏这样的背景下，《月令》中奉顺时气的内容开始进入诏书。宣帝元康三年夏诏：

“前年夏，神爵①集雍。今春，五色鸟以万数飞过属县，翱翔而舞，欲集未下。其令三辅毋得以春夏擿巢探卵，弹射飞鸟，具为令。”

这条诏书的内容是命令三辅春夏不许弹射飞鸟、摘鸟巢、取鸟卵。从现实生产角度看，这样的事跟救济孤老比，显然是微不足道的，但它进入了诏书，并具为

① 即神雀。晋灼曰：“《汉注》大如鷃爵，黄喉，白颈，黑背，腹斑文也。”

令，就是因为顺应时气、毋伤害之的观念已深入了统治者的头脑，它直接本自《礼记·月令》孟春之月“禁止伐木，毋覆巢，毋杀孩虫、胎夭飞鸟，毋麛毋卵”这一思想，又经由魏相等公卿的上疏进入诏令。

宣帝之后，这种奉顺时气的诏令屡见记载。《汉书·元帝纪》初元三年六月求贤诏：“……有司勉之，毋犯四时之禁。丞相御史，举天下明阴阳者三人……”，哀帝时多灾异，王根辅政，李寻上书劝谏时说：

“……间者春三月治大狱，时贼阴立逆，恐岁小收；季夏举兵法，时寒气应，恐后有霜雹之灾；秋月行封爵，其月土湿奥，恐后有雷雹之变。……故古之王者，尊天地，重阴阳，敬四时，严月令。顺之以善政，则和气可立致，犹枹鼓之相应也。”

李寻所传为小夏侯《尚书》，又学过“天文月令阴阳”①，善于占验灾异。李寻引《月令》，说明当时在实际政务的处理中，顺应时气理政尚未完全成为惯例，春三月阳气萌动时治理狱案，季夏阳气正盛时举兵，秋季封爵，这都跟“月令”精神不合，因此李寻才要上疏。到成帝时，《成帝纪》阳朔二年春顺时令诏：

“昔在帝尧，立羲和之官，命以四时之事，令不失其序，……明以阴阳为本也。今公卿大夫，或不信阴阳，薄而小之，所奏请多违时政……而欲望阴阳调和，岂不难哉！其务顺四时月令。”

按时“气”安排生活细节和处理政事，也是在公卿们感觉到时“气”存在之后才有的。在此之前感觉不到时“气”的存在，如春季杀飞鸟、行刑、秋季封爵等等，对生产生活和政治效率并不至于产生灾害性影响。因人们认识中有时气的存在，才将不伤及时气运行的内容具为令。而且诏书出现“顺四时月令”的内容，标志着到这一时期，西汉的“治出于二”已经发生了重要变化。跟战国、秦那种依靠律令的大量制定和有效执行来保障政治效率的、初始阶段的“治出于二”相比，“月令”内容羼入诏令之后，律令体系有了顺应天地时气以安排政事的内容，这标志着精神层面的礼仪、教化之事羼入诏令，“治出于二”显示出新的、日趋温和的面貌。

---

① 《汉书·李寻传》。

平帝元始五年的敦煌悬泉置壁书《月令》诏条反映了西汉晚期《月令》中不伤时气的内容进入诏书处于更为全面的状态。于振波先生对悬泉置壁书与《月令》的关系作了考察①。悬泉置壁书是一篇平帝元始五年的完整诏令,当时正是王莽当政,儒学炽盛。悬泉《月令》中,孟春月令十一条,仲春月令五条,季春月令四条,孟夏月令六条,季夏月令一条,孟秋月令三条,中(仲)秋月令三条,季秋月令二条,孟冬四条,仲冬五条,季冬一条,其中大部分是按时令安排生产生活的内容,尤其春季三个月的月令,孟春月令:“禁止伐木”,“毋杀□虫”,“毋杀孡”,“毋夭蜚鸟”,“毋聚大众”,“毋筑城郭”,“瘗骼貍骴”等等,跟《礼记·月令》基本相合,它们是宣帝时将毋在春季弹射飞鸟具为令之后的继续,只是内容要广泛得多,其主旨均是人事安排要顺应天地之气。

从文帝年间的救济孤老诏令,到宣帝时将春季毋弹射飞鸟具为令,再到悬泉置壁书《四时月令五十条》,我们可以看出,西汉在继承三代按时令救济孤老的古老传统基础上,在受“明堂月令”思想影响之下,一步步将传世《月令》中的内容写进诏令,不过值得注意的是,这些诏令中并不见有按时令施行相关礼仪的内容。《四时月令五十条》能称得上跟礼仪有关的只有季冬月令一条:“告有司□□旁磔[出土牛]以送寒气”,而且出土牛送寒严格说来性质属于“乡俗”(见下一章第三节),还不是国家礼典,当然,我们可以这样理解:从文帝初年到敦煌悬泉置壁书《月令》诏条,均是帝王颁赐给地方郡守的命令,国家大礼并不在下达给地方郡守的诏令中体现。但事实是:直到西汉晚期,传世《月令》中记载的先蚕、耕籍、郊天、五时迎气等礼仪内容也的确尚未完全进入政治生活。汉初诏令中曾有过天子四季随方面为服的内容,《汉书·魏相传》记魏相引汉初奏议:

“高皇帝所述书《天子所服第八》曰:‘大谒者臣章受诏长乐宫。’曰:‘令群臣议天子所服,以安治天下。’相国臣何、御史大夫臣昌谨与将军臣陵、太子太傅臣通等议:‘春夏秋冬天子所服,当法天地之数,中得人和。故自天子王侯、有土之君,下及兆民,能法天地,顺四时,以治国家,身亡无祸,年寿永究,是奉宗庙安天下之大礼也。臣请法之。中谒者赵尧举春,李舜举夏,兒

---

① 于振波:《从悬泉置壁书看〈月令〉对汉代法律的影响》,《湖南大学学报》2002 年第 5 期。

汤举秋，贡禹举冬，四人各职一时。’大谒者襄章奏，制曰：‘可’。”

上文魏相引用了高祖时的奏议，记载了汉初曾讨论过天子春夏秋冬所服的内容，为“奉宗庙、安天下”的大礼。文中的《天子所服第八》据如淳注为“第八，天子衣服之制也，于施行诏书第八”，即此为当时诏令汇编中的第八篇，该篇记载了高祖时的大谒者襄章记录的高祖年间曾令群臣议天子所服的往事，当时相国萧何、御史大夫周昌、将军王陵、太子太傅叔孙通等议认为应法天地，顺四时，并建议让赵尧举春，李舜举夏，兒汤举秋，贡禹(此为高祖时的贡禹)举冬，四人各职一时，大谒者襄章将这些意见记录下来上奏，得到了高祖的许可，这是在礼仪方面奉顺时令的内容。不过这仅仅是说天子春夏秋冬所穿之衣服，还没有穿着它们施行四时礼仪。整个西汉时期，虽然耕籍、先蚕等礼初见端倪，王莽时也曾于五时在五郊举行过祭祀，但总的说来，《月令》中记载的礼仪在西汉时尚刚刚发轫，远未形成制度，它们制度化并成为国家大礼的一部分要到东汉，具体内容将在下一章讨论。

上文考察了“治出于二”发生的变化对西汉礼仪事务的影响。“治出于二”发生的变化，对西汉礼仪事务的影响是重大的。正是因为经义、律令、诏书在共同维系着“治出于二”，而“明堂月令”的思想又逐渐渗入了这渐变的“治出于二”格局中，西汉的诏令体系才逐渐渗入了具体礼仪事务内容，“明堂月令”进而从一种文化背景逐渐变成对政治生活起指导作用的制度，当初《管子》和《吕氏春秋》设想的天子居法宫明堂颁布政令，礼仪、祭祀、教化事务随着时令的变化而有条不紊地施行的状况，才逐渐变成现实(西汉时期这个过程尚未完成)。而且，正因为“明堂月令”之事渗入诏令，以后诏令中不断渗入的礼仪、教化事务才能跟“治出于二”中首当其冲的兵刑钱谷等行政事务日益达成较好的协调，以后的东汉王朝祭礼(包括其他礼仪活动)正是沿着这个倾向继续发展的。

下文我们将具体考察在西汉渐变的“治出于二”背景下，礼典和礼乐各自的状况。

二、“治出于二”与西汉的礼典之兴

西汉礼典的制定始于汉初，这是因为“治出于二”发展到一定阶段，王朝对郊庙礼仪事务产生了需要——战国时期是"治出于二"格局的初始阶段,律令的大量制定保障着政治事务的效率,各国都无这方面的需要(偶需的傧相之礼是对此前西周至春秋时期朝觐会盟时相见礼仪的沿用),到了秦,采取其中尊君抑臣的部分,增减损益,成为秦的朝仪,秦制定这类礼仪跟它制定律令的方式是一样的,严格而具有约束力。汉初的礼仪制作,沿着这个趋势,即像制定律令一样制定礼仪。这样制定出的礼仪是一种"式",它的权威跟"治出于二"格局出现后大量制定的律令处于同等水平,汉初叔孙通制定的礼仪,到东汉时期跟律令一起放在理官那里,《礼乐志》班固说"今叔孙通所撰礼仪与律令同录,臧于理官",礼仪与律令同放在理官处,正说明礼仪与律令都是范式,只是它们内容不同而已。律令被用来处理现实政务,礼仪则离现实政务和百姓的生活很远,是一种必须得存在的,于需要时投入使用的范式。

高祖时期,礼仪的主要内容主要是叔孙通制作的《仪品》,它的主要内容是君臣朝仪,宋杨晨《西汉会要》将之编入嘉礼类,《汉书·礼乐志》和《叔孙通传》均记载叔孙通制礼仪之事,王先谦《补注》引王充《论衡》曰高祖诏叔孙通制作《仪品》十六篇,《礼乐志》记叔孙通制礼仪后高祖感叹:"吾乃今日知为天子之贵也",后来高祖以叔孙通为奉常,但还没有将汉仪制作完备,叔孙通就去世了。叔孙通《仪品》具体内容史籍无载,但可以肯定有许多与古制不同,《陈书·儒林沈文阿传》云:"秦烧经典,威仪散灭。叔孙通定礼,尤失前宪。奠贽不珪,致享无帛,公王同璧,鸿胪奏贺。若此数事,未闻于古",说明南朝名儒尚知叔孙通制礼的大致内容,并认为叔孙通制定的礼仪奠执环节和使用的物化礼乐都不对,颠覆了三代古礼的格局。

以上是汉初由国家制定的"仪"。西汉时期,除了国家制定的"仪"之外,地方郡守亦有用古礼之"仪"来治理民间的。《汉书·韩延寿传》记宣帝时颍川多豪强,难治,国家常选良二千石,韩延寿为颍川太守时:

> "教以礼让,恐百姓不从,乃历召郡中长老为乡里所信向者数十人,设酒具食,亲与相对,接以礼意,人人问以谣俗,民所疾苦,为陈和睦亲爱销除怨咎之路。长老皆以为便,可施行,因与议论定嫁娶丧祭仪品,略依古礼,不得过法。延寿于是令文学校官诸生皮弁执俎豆,为吏民行丧嫁娶礼。……延

寿为吏，上(尚)礼仪，好古教化，所至必聘其贤士，以礼待用，广谋议，纳谏争；举行丧让财，表孝弟有行，修治学官。"

"皮弁"为周代冠服中用皮做的帽子，韩延寿所用的这些"婚丧嫁娶仪品"来源是"略依古礼"，这是汉代循吏利用古礼"仪"的内容淳化民间风俗的记载。

叔孙通制作的庙堂朝仪和韩延寿治民所用的"婚丧嫁娶仪品"，均来源于三代旧礼中"仪"的层面。叔孙通制礼大抵因秦之故，而秦的朝仪为采撷六国旧有、增减损益而成，《史记·礼书》："至秦有天下，悉内六国礼仪，采择其善，虽不合圣制，其尊君抑臣，朝廷济济，依古以来……"，从《礼书》这段记载可以看出秦朝仪跟六国礼仪的继承关系，而六国礼仪又继承自春秋。三代时期，礼乐达于天下，民间直至庶人，其行为一直在"礼 "的规范之内，婚丧嫁娶仪品存在于乡野是完全可能的，此时战国以来的儒家又将周代礼典和物化礼乐制度根据记忆著录于竹帛，韩延寿"略依古礼"所定的婚丧嫁娶仪品，正来源于这些内容。不过总的说来，西汉一朝的仪品、礼典内容是不完善的。仪品方面，叔孙通制作汉仪未竟便逝，婚丧嫁娶仪品要到王莽时期才订立(见下一节)，礼典方面，文帝时始行耕籍、先蚕礼[①]，武帝时曾行大射礼(河间献王献的金石雅乐就在行大射礼时使用)，还曾祠高禖，行亲耕(俱见下一章第三节)，但尚未形成经常化的制度，地方官员韩延寿依古礼"定嫁娶丧祭仪品"也是偶然的个案，这些都说明，礼典、仪品的制作尚未成为国家(包括地方)政治生活经常性的需要。这是跟当时"治出于二"的发展状况有关的。在汉初继承战国、秦初始阶段的"治出于二"之际，仪品的制作采用了跟律令制作一样的方式，随着"治出于二"本身的变化(即经义对之的渗透)，存于经书中的礼典渐渐从书本登入庙堂，但总的说来，西汉的"治出于二"还未发展到需要整套仪式来象征实际政治事务顺利运行的地步。

宣帝时，通五经的琅邪王吉上疏：

"欲治之主不世出，公卿幸得遭遇其时，未有建万世之长策，举明主于三

① 《汉书·文帝纪》记文帝十三年春二月甲寅，诏曰："朕亲率天下农耕以供粢盛，皇后亲桑以奉祭服，其具礼仪。"

代之隆者也。其务在于簿书断狱听讼而已。今俗吏所以牧民者，非有礼义科旨可世世通行者也。以意穿凿，各取一切。是以诈伪萌生，刑罚无极。……愿与大臣延及儒生述旧礼，明《王制》，驱一世之民，济之仁寿之域。则俗何以不若成、康，寿何以不若高宗……。”

上文王吉上疏中的“务在于簿书断狱听讼”正是战国以来“治出于二”崛起后律令大量制定所侧重的范围，“非有礼义科旨可世世通行”，即当时律令的制定根据的是行政效率的原则，礼“义”尚未入律。至于三代古“礼”本身的细节，更难以入律。王吉有感于这一状况，在上疏中说：“……王者未制礼之时，引先王礼宜于今者而用之。臣原陛下承天心，发大业，与公卿大臣延及儒生，述旧礼，明王制，临一世之民济之仁寿之域，……”他希望通过兴礼达到礼“义”入律，制止俗吏穿凿，礼典、礼乐又通过自上而下的制作风行于世的境界，但这个目的还是没有达到。

到王莽当政时期，礼乐的制作忽地蓬勃起来，原因既有王莽本人效法周公“制礼作乐”的野心，也有此前经学长期发展造就的基础积累。王莽时期物化礼乐的普及、三雍的起建（见下一节）都反映了“治出于二”本身的变化使礼仪事务在其中有了越来越受重视的位置，以后的东汉王朝祭礼（乃至整体的王朝礼仪），正是在西汉后期和新莽时期的基础上，礼仪事务和政治事务在“治出于二”的框架下不断调适形成的。

下面的内容我们将考察西汉时期雅乐的制定及其变化，因为这方面内容既多又专门，下文将专门对之进行考察。

三、西汉“乐”的制作

在西汉制定礼乐之“式”的过程中，汉乐的制作是重要而专门的内容，这里所云的汉乐，既包括汉初以来朝廷制作的宗庙雅乐，也包括宣、元之后因经学的普及而兴起的一些“颂声”。这些“颂声”被王朝统治者欢喜地接纳进了雅乐的体系，但并没有兴起一场随之而来的礼乐革命，让颂声和雅乐像三代那样达于天下，这之中的根本原因正是上文所探讨的西汉“治出于二”的发展对“乐”的制作的影响，下文便对整个西汉时期的“乐”的制作作些考察。

(一) 高祖、文帝时的宗庙雅乐

西汉建立之初就由叔孙通等制作了宗庙雅乐，它的制定是由于王朝的现实需要。不过西汉初年，周代雅乐的组织体系、工技、灵魂已几乎完全失传，礼乐水乳交融的格局也因乐的缺失而永不可能再现。三代时，各种雅乐形成一个由乐师掌握要义的完整体系，作为一代受命的颂声雅乐跟民间所采之乐以及用于宴享、祭祀等乐在这个体系中各有位置，由乐师掌握它们之间的要义，并施以乐教（见第一章第三节、本章第二节），它们跟各种礼典的实施水乳交融。在战国之际的社会变动中，儒家对礼乐的传承跟宗周礼乐的原貌比本身就有缺失，乐师所掌的技艺和"乐教"失传，宗周的雅乐体系散亡，作为受命的乐舞和用于宴享、祭祀的乐舞之间的关系已不为人们明了，汉初宗庙雅乐的制作就是在这样的背景下进行的。《汉书·艺文志》："周衰俱（礼乐）坏，乐尤微眇，以音律为节，又为郑卫所乱，故无遗法。汉兴，制氏以雅乐声律世在乐官"，制氏所掌之乐只是周乐的零星片断，在汉初宗庙雅乐的制作中，当时各种的乐，如三代乃至更古远的黄帝、尧舜的古乐、战国在民间流传的古典雅乐、秦汉民间的新声都是它的渊源，下面便对高祖时的宗庙雅乐作些考察。

1. 行步、动作所用金石雅乐

《汉书·礼乐志》记载高祖时因秦乐人制宗庙乐，宗庙乐的构成从头至尾为《嘉至》、《永至》、《登歌》、《休成》、《永安》五部分，这五部分是皇帝进行宗庙祭祀时行步动作所用，现考证如下：

(1)《嘉至》，为"大祝迎神于庙门"所奏。《汉书·礼乐志》云"犹古降神之乐也"，《周礼·春官·大司乐》所记降神之乐有六等，享先祖之乐为"奏无射，歌夹钟，舞大武"，无射、夹钟均为音律名，意即奏以无射为主音的音乐，唱以夹钟为主音的歌曲，无射、夹钟均为周乐体系中的某一等，但因汉初周乐体系已经失传，此《嘉至》看来是叔孙通因秦宗庙人新作的雅乐，以《嘉至》为乐曲名，是对《诗经》中《宾之初筵》等有某一主题的篇名的模仿，为模仿雅、颂之篇的格局所作。

(2)《永至》，为皇帝入庙门后奏。《汉书·礼乐志》云："以为行步之节，犹古《采荠》、《肆夏》也。"《采荠》为逸诗，《肆夏》则不是采诗所得的乐，而是乐师所掌的、有调律但并无具体篇名的周乐（考证见第一章第三节）。这里以《永至》奏于皇帝入庙门之后,说明古乐《肆夏》、《采茅》已经失传,而且《肆夏》、《采茅》一为雅乐,一为乐工所歌,二者之别汉代人已经不知晓。王先谦补注引沈钦韩曰“人君行步以《肆夏》为节,趋疾于步则以《采茅》为节”,行步、趋步为古礼中不同的步态,行步缓而正常,趋步疾,面见尊者往往用趋步。在礼、乐水乳交融之时代,行步、趋步均须合乐拍,此处以《永至》之乐,配皇帝入宗庙后的步伐,相当于以《肆夏》和《采茅》配天子、国君行步。

(3)《登歌》,此为皇帝坐定,祭祀俎豆上毕后所奏。登,在周代文献中只是一个动词,登《仪礼》均作“升”,因从庭院上厅堂有阼阶,因此叫“升”,如《燕礼》云奏乐开始之前“小臣纳工,工四人,二瑟,小臣左,何瑟,面鼓、执越,内弦,右手相,入,升自西阶”,登歌即乐工登入堂上而歌之意,《周礼·春官·大师》作“登”,(大师)“大祭祀,帅瞽登歌,令奏击拊”,郭茂倩《乐府诗集·郊庙歌辞》第三:“登歌者,祭祀燕飨堂上所奏之歌也。”由汉开始,以“登歌”为乐曲名,亦是周乐失传的表现。汉《登歌》为人声所唱,没有管弦配乐,类似《诗·周颂·清庙》,《汉书·礼乐志》记:“独上歌,不以筦弦乱人声。欲在位者遍闻之,犹古《清庙》之歌也。”

(4)《休成》,《汉书·礼乐志》记:“《登歌》再,[①]终。下奏《休成》之乐。”即《登歌》再唱一遍结束,皇帝走下,此时奏《休成》之乐。《休成》为叔孙通所作。从篇名看,“成”是表示古乐一个乐章的词,“箫韶九成”即说《韶》由九个段落构成,“休成”即表示到此乐完成了一部分,《汉书·礼乐志》云:“美神明既飨也。”

(5)《永安》,“皇帝就酒东厢。坐定,奏《永安》之乐,美礼已成也”。《永安》为神明已飨后皇帝坐定所奏之乐,是叔孙通所制宗庙乐的最后一章。

以上是叔孙通因秦乐人所作的宗庙之乐。宗庙乐的旋律已不可闻,从这些乐篇的篇名看,它们的制作借鉴了三代金石雅乐的结构和乐意,但是,汉初的宗庙乐全是新创作的,而且各部分的歌曲都有了按曲意赋予的名字,如《嘉至》、《永至》、《永安》之类,这跟三代金石雅乐除了采诗而得的之外多无具体乐曲名(见第一章第三节)不同。而且《登歌》成了乐名,跟三代用乐的“登歌”作为动词也不一样,这些都表现出汉乐是照着周乐的样子画葫芦,但因周乐内容基本失传,因此

---

① 中华书局标点本《汉书·礼乐志》断句为“登歌再终”,按,这样不确,应为“登歌再,终”。

走样甚多。

2. 颂诸庙先祖功德之舞

以上是宗庙中行步、动作所配之乐。除此之外宗庙乐中还有用来歌颂不同皇帝功德的乐舞,《汉书·礼乐志》记:

"高祖庙奏《武德》、《文始》、《五行》之舞;孝文庙奏《昭德》、《文始》、《四时》、《五行》之舞;孝武庙奏《盛德》、《文始》、《四时》、《五行》之舞。"

这些舞《汉书·礼乐志》均有所解释:

《武德》:高祖四年作,"以象天下乐己行武,以除乱也",此仿效周武王作《大武》,歌颂其灭商的功绩。

《文始》:据说是舜的《招》舞,高祖六年更名《文始》,表示改朝换代,礼乐不相因袭。

《五行》:也是原来的周舞,秦始皇二十六年更名曰《五行》。

《四时》:舞为文帝所作,表示天下安和。

后来景帝为了尊太宗(文帝)庙,采《武德》舞以为《昭德》,宣帝为了尊世宗(武帝)庙,采《昭德》舞为《盛德》。其余诸帝宗庙皆常奏《文始》、《四时》、《五行》舞。

汉代的舞为继承三代而来,为手拿干、戚或羽毛,以一定队列和姿势歌颂功德的舞蹈。但汉代的舞有一个特点,即以专门作的"乐"作为舞的先奏,高祖六年作《昭容》、《礼容》乐,《昭容》类似古《昭夏》,《周礼·春官·磬师》提到"昭夏",据郑玄注为宗庙祭祖时牺牲出入时所奏,《昭夏》"主出《武德》之舞",即为《武德》舞的前奏,《礼容》则是《文始》、《五行》舞的前奏,此种以乐引出舞是汉代人的安排。按照汉代制度,乐舞为本朝所作,因此《礼乐志》说"已所自作,明有制也",即使沿袭前代的,也改了名字,如《文始》,表示改朝换代,礼乐不相袭。

经过此番礼乐制作,宗庙雅乐基本齐备。《汉书·礼乐志》:"无人,无乐者,将至至尊之前,[1]不敢以乐也。出用乐者,言、舞[2]不失节,能以乐终也。"即在没

---

① 中华书局标点本《汉书·礼乐志》断句为"无人无乐者,将至至尊之前不敢以乐也",这样断句不妥,"无人"和"无乐者"应断开,因为表述的是两回事。

② 中华书局标点本《汉书·礼乐志》断句为"言舞不失节,能以乐终也",不确,"言"与"舞"亦应断开。

有乐人和乐工的情况下,到皇帝跟前是不敢随便用乐的。皇帝出来用乐人,乐人的歌、舞不失节度,可以以雅乐从头演用到尾。这是对汉初宗庙雅乐制作齐备的描述。近年的考古发现能证明这一点。章丘洛庄汉墓出土了的西汉编钟,洛庄汉墓第14号坑中出土了149件乐器,有编钟一套19件,编磬6套107件,其他还有錞于、钲、铃、串铃、瑟、建鼓、小扁鼓、悬鼓和笙(未确定)十余种,洛庄编钟形制和纹饰所体现的是西汉初期编钟的特征①,洛庄编钟的每个钟的正、侧鼓音,均可发出构成大三度或小三度音程的两个音,音程相当准确,双音各自的独立性也很好。全套编钟的正、侧鼓音组成的音阶很准确,音阶齐全,音域较宽,音色优美。洛庄编钟可以证明,以双音技术为核心的先秦编钟铸造技术在汉初尚未完全失传。不过应该看到,洛庄编钟无论从数量、形制、做工方面,跟曾侯乙编钟比都相去甚远,曾侯乙编钟一套65件,洛庄编钟一套16件,曾侯乙编钟钟体最大的达1米以上,洛庄编钟要小得多;曾侯乙编钟做工精细,纹饰优美生动,洛庄编钟相比之下明显地粗糙生硬,这些都反映了青铜编钟铸造工艺大大地衰落了,但这样一套编钟的存在,可以满足演奏金石雅乐这一需要了,研究者认为洛庄编钟的存在,反映了西汉统治者也曾制过礼,作过乐②。

洛庄汉墓的主人为诸侯王,能拥有这样的编钟,汉朝皇廷的编钟规模当在其上。从洛庄汉墓出土编钟完全能满足实际演奏需要看,叔孙通作的宗庙雅乐在当时也是有完整的金石乐器演奏的。

3.《安世房中歌》

以上是西汉仿照周代雅乐制作的宗庙乐和雅舞。它们所用乐器是金石丝竹,但这些乐实在不是汉乐的主流,汉初宗庙乐最富时代特点的是《安世房中歌》。《安世房中歌》是“房中祠乐”,这里“房中”二字的含义很重要,这一点从汉代以来的学者就多有解释,前人解释为燕乐。《汉书·礼乐志》追忆“周有房中乐”,《仪礼·燕

---

①　首先,洛庄汉墓编钟的纹饰为完全图案化了的几何纹,方格内为三角雷纹构成的米字纹(这比起曾侯乙编钟来,纹饰简单,工艺落后),钟的腔体仍保留了先秦的合瓦形,但这种合瓦形的“瓦”,弧曲明显加大,使编钟的腔体显得特别浑圆,其两铣也呈现明显的弧曲,跟西周春秋编钟形状已经不同。见王子初:《中国音乐考古学》,福建教育出版社2003年版,第355页。

②　王子初:《中国音乐考古学》,第356页。

礼》记国君的傧相对所宴请的宾客致辞时，谦称国君用来飨宾客的用乐为“房中之乐”，《燕礼》据郑玄注为“诸侯无事，若卿大夫有勤劳之功，与群臣燕饮以乐之”，所用之乐有《鱼丽》、《南有嘉鱼》、《南山有台》、《关雎》、《葛覃》、《卷耳》、《鹊巢》、《采蘩》、《采蘋》等，因此贾公彦疏认为《周南》、《召南》之乐为房中之乐。又《周礼·春官·磬师》“燕乐”郑玄注：“燕乐，房中之乐，所谓阴声也”，孔颖达疏：“燕乐，房中之乐，此即关雎、二南也”，即后妃之声。因女子不出门，在房中，女子之音又为阴声，为房中乐，此为房中乐的古意。宋人郭茂倩《乐府诗集》卷十五总结道：

“《仪礼》曰燕歌乡乐，《周南·关雎》、《葛覃》、《卷耳》、《召南·雀巢》、《采蘩》、《采蘋》。郑康成云：王后、国君夫人房中之乐歌也。《周南》、《召南》风化之本，故谓之乡乐，用之房中以及朝廷飨燕、乡射、饮酒也。《周官·磬师》‘教燕乐之钟磬’传曰：‘燕乐，房中之乐。所谓阴声也。’《诗》传曰‘国君有房中之乐，天子以《周南》，诸侯以《召南》。’”

郭氏认为燕乐为房中乐，在天子为《周南》，在诸侯为《召南》，萧涤非《汉魏六朝乐府文学史》继承了燕乐为房中乐的说法①，笔者认为郑玄、郭茂倩等前人的说法并没有错，但尚未完全描述出房中之乐和燕乐的关系——浅见以为房中之乐初为后妃所作，但只是吟哦之音，将之配以金石雅乐是后来的事，而且不是由后妃们自己去配，要经过专业的乐师之手。在周代礼乐发达的状况下，乐师掌握周乐的调律体系和配乐原则，他们为后妃们作的歌配的金石雅乐有可能有专门的调律和内容，调律为阴，因此称为阴声。这虽然是笔者臆测，但这一臆测并非毫无根据。在周代，祭神有乐、军中有乐、宴享有乐，这些不同场合的乐各有不同的阴、阳、刚、柔调律。虽然后来周乐失传，《乐》也亡佚了，但从《周礼·春官·大司乐》看，祭神用乐根据神的不同等级确有不同的调律，那么，房中之乐为阴声，有相应调律是完全可能的。

房中之乐调律既定后，后来才将之用于燕礼。正如以《驺虞》配大射礼之乐，而《驺虞》之诗是从民间采来，并经过乐师改造之后那样，用配以金石丝竹的《周南》、《召南》宴享宾客，是更后来的事，因此不能笼统说周代的燕乐都是房中之

---

① 萧涤非：《汉魏六朝乐府文学史》，人民文学出版社 1984 年版，第 34～35 页。

乐,燕乐应是王、诸侯在宫中燕居的雅乐,《礼记》有《仲尼燕居》篇,“燕”的地点在厅堂,而不是在内房。“燕乐”是燕居的雅乐,内闱之乐因表达颂声,随着时间流逝登入厅堂是有可能的,但并非房中之乐开始就作为燕乐。真正的描绘燕居的如《诗·小雅·鱼藻》:“鱼在在藻,有颁其首,王在在镐,岂乐饮酒。鱼在在藻,有莘其尾,王在在镐,饮酒乐止”,这描绘了幽王在镐京享乐的情景(含有讽谏意味),为真正的燕乐,跟房中之乐是不同的,而且《仪礼·燕礼》提到的用乐也并不止《周南》、《召南》,还有《鱼丽》、《南有嘉鱼》、《南山有台》等等,因此房中之乐只是燕乐的一部分,它被用于燕礼应是后来的事情(《仪礼》十七篇是西周中晚期施行过的礼典实录),因此,《周南》、《召南》可用作房中之乐,但并不是说房中之乐就只是《周南》、《召南》,也不能因为《周南》、《召南》可以用来宴享宾客,就说房中之乐一概可以用来宴享宾客。

以上是房中之乐的古义及房中之乐被用作燕乐的过程。因为房中又是男女交接,体现夫妇之义的场所,最初的房中之乐,是不太可能出内闱,登入厅堂的。《左传》襄公二十七年:“床第之言不逾阈”,这体现了古人对内外之别的严谨认真。但古人质朴,以此为返本归真之根源,因此虔诚立祀,祭祀司男女之事的神灵“房中”(汉初梁巫即有房中,见本章第一节),据《汉书·礼乐志》记载为“乐其所生,礼不忘本”,秦改名曰《寿人》,这恰合乎古人对房中之事纯朴无邪的认识。《安世房中歌》通篇内容侧重于孝道,正沿袭了古房中乐返乎始的本义。

以上是《安世房中歌》中“房中”二字的来历,这来历说明了它跟周乐的渊源继承关系。《安世房中歌》十七章为高祖妃唐山夫人作,此远承后妃作阴声的古意。因高祖好楚声,《安世房中歌》为楚声。笔者以为《安世房中歌》为楚声还不完全是高祖个人所好,因为楚文化在汉初有重要影响,楚地歌舞绚丽缥缈,独树一帜,加上高祖所好,才能按楚声作《安世房中歌》。从《汉书·礼乐志》记载的《安世房中歌》十七章(王先谦《补注》以为是十二章)看,其中四言、五言、七言均有,这说明了它体例的复杂——大体可以这么认为,四言诗为继承周代雅乐而来,其他则为楚声。文学史学者从句法、言体角度对《安世房中歌》作过考察,认为它的三言、七言为继承《楚辞》之《山鬼》、《国殇》等带"兮"字的七言诗而来①，此为言体方面。从章节看，《安世房中歌》继承了《楚辞·九歌》以来的楚乐结构，可分若干"成"，有起、升、盛、持、微几个阶段，限于篇幅，这里就不再深究了。

《安世房中歌》跟周的房中之乐——《诗》的《周南》、《召南》内容完全不同，它是新近撰作的、让子孙铭记功德的乐曲，跟周《周南》、《召南》怀有忧思之意，后妃歌功颂德不同。《安世房中歌》初作时是楚声吟唱，不是以管弦配雅乐的形式。惠帝二年令乐府令夏侯宽备其箫管（王先谦认为此乐府令为大乐令），更名曰《安世乐》。则原先没有箫管，仅是吟唱而已。

除了汉初的宗庙雅乐和《安世房中歌》之外，汉乐中还有类似周代"国风"的当时民间之声，高祖曾作《风起》之诗，令沛中一百二十儿童习而歌之。到惠帝时，《风起》成为沛宫原庙的宗庙乐，"皆令歌儿习吹以相和，常以百二十人为员"，"文景之间，礼官继承此制，肄业而已。"

以上是汉初宗庙雅乐制作的情况。从它们的成分看，既有新作的宗庙雅乐，此为金石雅乐的孑遗，又有楚声《安世房中歌》，还有民间的"风"《风起》。它们的内容是驳杂的，这是因为周代金石雅乐几乎失传，统治者要想制礼作乐，必须从不同来源和社会层次的音乐中汲取养分，到武帝时李延年制作《郊祀歌十九章》时，汉乐的驳杂更加明显，详下文。

（二）武帝时"乐"的制作——雅乐、鼓吹和李延年《郊祀歌十九章》

汉初叔孙通制作了礼乐，但这并没有满足后来儒生们制礼作乐的要求——因为自战国以来，儒家心目中的礼乐是存于饮食起居之间，并能教化天下的东西，它跟等制作的宗庙雅乐是不同的，儒生们希望制作的并不是用途狭隘的庙堂礼乐，而是希望制作一种像三代礼乐一样既能反映王朝的功德，又能风化天下的礼乐，就如舜的《韶》、汤的《濩》、周武王的《大武》那样，从文帝时的贾谊到武帝时董仲舒，再到后来的王吉，前仆后继地提出关于制礼作乐的建议，首先看贾谊。《汉书·礼乐志》记载贾谊要求兴礼乐事：

"至文帝时，贾谊以为'汉承秦之败俗，废礼义，捐廉耻，……至于风俗流

① 萧涤非：《汉魏六朝乐府文学史》，第36～41页。

溢，恬而不怪，以为是适然耳。夫移风易俗，使天下回心而乡道，类非俗吏之所能为也。夫立君臣，等上下，使纲纪有序，六亲和睦，此非天之所为，人之所设也。人之所设，不为不立，不修则坏。汉兴至今二十余年，宜定制度，兴礼乐，然后诸侯轨道，百姓素朴，狱讼衰息’。”

贾谊认为礼乐是移风易俗的工具，《汉书·贾谊传》这样说：“谊以为汉兴二十余年，天下和洽，宜当改正朔、易肤色制度，定官名，兴礼乐……，文帝谦让未皇也”，贾谊的礼乐是被包括在正朔、服色说之中的，而文帝的“谦让未皇（遑）”，是因为文帝清楚当时汉代承秦而来的“治出于二”，簿讼兵刑之事仍然是首当其冲的要务，这一格局一时难以改变，至于贾谊心目中那种礼乐制作，因为具体制度（雅乐的制作法）的缺失，在当时根本不现实，因此遭到文帝的婉拒。此为汉初的情况。

到武帝时，董仲舒上疏又要求制作礼乐，他说“王者未作乐之时，乃用先王之乐宜于世者，而以深入教化于民。教化之情不得，雅颂之乐不成，故王者功成作乐，乐其德也”①，这种礼乐仍然是贾谊认识中的那种礼乐，董子对三代礼乐制度有相当专门的了解（见本章第四节），这样的建议被武帝采纳了。汉武帝的时代文治武功极盛，武帝也热衷于歌颂自己的功德并制礼作乐，灭西南夷后，武帝命李延年制作礼乐，算是合乎功成制礼作乐之说。但武帝时期的礼乐制作所采更为驳杂，当时民间的新声，以及塞外传进的鼓吹等新的音乐形式都被用来制作郊庙音乐，其代表有《郊祀歌十九章》、乐府和鼓吹，下面就对它们略考一二。

1. 雅乐、鼓吹、新声

武帝时期，各种乐的情况更加混杂。金石雅乐仍然仅保存一线。武帝时河间献王好古，其国中有雅乐，《汉书·艺文志》“武帝时，河间献王好儒，与毛生等共采《周官》及诸子言乐事者，以作《乐记》，献八佾之舞，与制氏不相远”，这样，献王制作雅乐的主要依据之一就是《周官》，而从现存文献看，《周官》中言乐的地方主要是《春官·大司乐》和《乐师》，《大司乐》中有五音十二律的配伍法，献王要根据《大司乐》制作雅乐，根据的应就是这个。至于《乐师》，其中记载了各代乐舞的

---

①　《汉书·董仲舒传》所记《天人三策》一策之对。

情况。这样，献王根据竹帛记载复原了雅乐，这个复原的雅乐与“制氏”即出自鲁国的懂得演奏金石雅乐的汉朝乐人所掌握的差不多。献王将雅乐献于朝廷，武帝将之保存在乐官，但不常使用。因此《礼乐志》云：“常御即郊庙皆非雅声。……今汉郊庙诗歌，未有祖宗之事，八音调均，又不协于钟律，而内有掖庭材人，外有上林乐府，皆以郑声施于朝廷。”献王将这些进献朝廷，但并没有改变当时郑声、变声风行宫廷的状况。因此，武帝时“乐”的内容，更重要的是各种“新声”的出现。

首先是鼓吹。鼓吹原为北方少数民族音乐，少数民族音乐因使用鼓和角为乐器，被称为“鼓吹”。因秦汉北击匈奴开疆拓土，带回北地音乐，《汉书·叙传》记班氏先祖班壹于始皇之末年“避地于楼烦，致马牛羊数千群。值汉初定，与民无禁，当孝惠、高后时，以财雄边，出入弋猎，旌旗鼓吹”，这鼓吹不是中原华夏古有的八音，“乃夷乐，非中土旧有之声调”①。因当时北地民族骑马，其音乐用号角，因此所吹之乐有骑吹，有鼓吹。骑吹、鼓吹俱传到中原，反映在汉乐上，《礼乐志》哀帝罢乐府时提到有“骑吹鼓员”三人，又《乐府诗集》卷十五：“汉《远如期》曲辞有雅乐陈，及增寿万年等语，马上奏乐之意，则远期（即《远如期》）又非骑吹曲也”，则当时吸取胡乐的汉乐尚有骑吹、鼓吹之别，因此“鼓吹”最初只是对胡乐的一种泛称，以区别于华夏八音。

鼓吹传入汉后，形式、内容均有变化。《乐府诗集·鼓吹曲辞》：

> “鼓吹，汉享宴食举乐十三曲，与魏世鼓吹长箫同。长箫、短箫，伎籙并云，丝竹合作，执节者歌。”

此处的鼓吹已成为汉的宴享食举乐，地位相当于周代金石雅乐中的宴享之乐，而且用长箫、短箫、丝竹配之，则鼓吹后来又配上华夏的乐器，此为鼓吹变化了之后的情况。

鼓吹又跟民间新声结合在一起，孕育出新的音乐形式。这又涉及当时民间新声的兴起。武帝时立乐府采诗，“有赵、代、秦、楚之讴”②，从现存汉乐府诗内

① 萧涤非：《汉魏六朝乐府文学史》，第48页。

② 《汉书·礼乐志》。

容看,乐府中有短箫铙歌、鼓吹。《铙歌》内容不尽是后来所云的军乐,有的来自民间,刚健清新,如传颂千古的文学作品《上邪》、《战城南》,萧涤非引陈本礼云:“案《铙歌》不尽军中乐,其诗有讽,有颂,有祭祀乐章;其名不见于《史记》、《汉书》,惟《宋书》有之”,萧涤非认为《铙歌》似汉杂曲,历魏晋传讹,《宋书》搜罗遗佚,将各种音乐统归之于《铙歌》①,此说甚确,概括了乐府跟《铙歌》的关系。至于乐府中有鼓吹,从乐府中歌功颂德的《上之回》《巫山高》均被称为“鼓吹”可以看出。笔者以为西汉的鼓吹之乐,有的以短箫配之,有的以铙配之,有的兼有,其内容则为各地之风,慷慨激昂,因此萧涤非云“《铙歌》既为一种新兴之胡曲,故汉时特见风行。”②

因此,到武帝立乐府后,西汉各种乐的种类更加混杂,有雅乐、楚声、新声、鼓吹等等,它们可被分为四言体和非四言体,大致说来,四言诗为古老的雅乐,非四言诗为楚声、新声、鼓吹。民间音乐、鼓吹多为五言、七言或不甚规则的言体,李延年《郊祀歌十九章》就是借鉴了多种音乐形式而创作的,下文就对之进行简要考察。

2.《郊祀歌十九章》

《郊祀歌十九章》为著名乐师李延年因当时的雅乐、楚声、新声而新创作的歌颂诸神的祀神音乐。《汉书·礼乐志》记载:

> “乃立乐府,采诗夜诵,有赵代秦楚之讴,以李延年为协律都尉,多举司马相如等数十人造为诗赋,略论律吕,以合八音之调,作十九章之歌,以正月上辛用事甘泉圜丘,使童男童女七十人俱歌,昏祠至明。”

《郊祀歌》的歌词非李延年所作。《礼仪志》:“多举司马相如等数十人造为诗赋,作十九章之歌”,乐曲则为李延年所作。李延年事迹见《汉书·佞幸传》:“身及父母兄弟皆故倡也”,这个“倡”颜师古注为乐人,则延年出生于世为汉朝官奴婢的乐工世家。《郊祀歌十九章》中心为祀神。从《练时日》一篇有“灵之斿”、“灵之车”、“灵之下”、“灵之来”、“灵之至”、“灵已坐”、“灵安留”等,以“灵”的踪迹为

① 萧涤非:《汉魏六朝乐府文学史》,第49页。
② 同上。

核心可以看出。其他几篇如《帝临》、《青阳》、《朱明》、《西颢》、《玄冥》、《惟泰元》等无不是颂神之作，又《五神》："五神相，包四邻，土地广，扬浮云"，如淳曰："五帝为太一之相也"，因此，《郊祀歌十九章》的性质属于宗教音乐。

从言体看，《郊祀歌十九章》中四言、五言、三言、七言均有。四言诗有《帝临》、《青阳》、《朱明》、《西颢》、《玄冥》、《惟泰元》、《景星》、《齐房》、《后皇》，占将近一半，四言体是雅乐，是继承古老的《诗经》雅、颂格式而来。从内容看，《帝临》是歌颂天神降临的歌，《青阳》、《朱明》、《西颢》、《玄冥》分别为歌颂东、南、西、北四方神的歌，《惟泰元》咏太一，《齐房》咏芝草，《后皇》咏后土，从它们的言体均为四言看，所谱的声调应为雅乐。其中《惟泰元》在言体、思想内容上有代表性：

> "惟泰元尊，媪神蕃厘，经纬天地，作成四时。精建日月，星辰度理，阴阳五行，周而复始。云风雷电，降甘露雨，百姓蕃滋，咸循厥绪。继统共勤，顺皇之德，鸾路龙鳞，罔不肸饰。嘉笾陈列，庶几宴享，灭除凶灾，(列)[烈]腾八荒。钟鼓竽笙，云舞翔翔，招摇灵旗，九夷宾将。"

《惟泰元》为四言诗，是对《诗经》雅、颂格式的继承，中心思想为咏颂太一神，"经天纬地，作成四时"是歌颂太一神至上的力量。除了四言诗外，《郊祀歌十九章》中，《景星》、《天地》为四言、七言并，以七言为主，是在《诗》开创的四言诗基础上加以变化而成，为新声。除了这些之外，《郊祀歌十九章》其他均为三言、七言、五言诗。三言诗有《练时日》、《天马》、《华烨烨》、《五神》、《朝陇首》、《象载瑜》、《赤蛟》；七言诗有《天马辞》、《灵芝歌》，其中《灵芝歌》为×××兮×××的句式，直承楚辞，《天马辞》则是新声。《郊祀歌十九章》中的三言体是将×××兮×××的楚声七言体去掉"兮"发展而来，它们之间有相互继承关系①。五言为新出现的民间乐府新声，但《郊祀歌十九章》中的诗没有纯的五言体，《天马歌》为五言、七言并，是文人采纳楚体和民间新声而作。此外《日出入》为民歌体，较自由，而且带着汉诗特有的悲怆格调，如"故春非我春，夏非我夏，秋非我秋，冬非我冬。泊如四海之池，遍观是邪谓何？吾知所乐，独乐六龙，六龙之调，使我心若。訾黄其何

---

① 萧涤非先生考证，《楚辞》句式多有"兮"字，汉代人原有一种省略"兮"字以创为三言之办法，唐山夫人作《安世房中歌》即可见此法，因此，三言诗跟楚声七言体有继承关系，见其《汉魏六朝乐府文学史》，第36～39页。

不徕下！”体现了汉诗特有的风貌和高超的艺术水平。

以上是《郊祀歌十九章》的言体和内容状况。《郊祀歌十九章》中除了四言体之外，三言、七言、五言诗均非继承自《诗》的雅乐之体，或为楚声，或为民间新声，其中楚声是大部分。言体的各异反映的是所配调律的各异，因为四言、五言、七言诗配的调律是不同的，大致说来，四言诗配雅乐，三言、七言诗配楚声，五言诗配新声不会错，李延年为这些诗歌配上了不同的音乐，即为《郊祀歌十九章》。

李延年创作的音乐，《汉书》称之为“新变声”。《佞幸李延年传》“延年坐法腐刑，给事狗监中……，延年善歌，为新变声。是时上方兴天地诸祠，欲造乐，令司马相如等作诗颂。延年辄承意弦歌所造诗，为之新声曲”。之所以称李延年所造之乐为“新变声”，是因为春秋时期的郑、卫之声相对于雅乐正声比为“变声”，到汉代，雅乐几乎失传，又有边地乐器如箛、角、琵琶等传入，李延年创作的新声利用了这些新的音乐形式，它既抒发忧思欢怡之情，又从整体上偏离了古板的雅乐，所以叫“新变声”。“新变声”成为郊庙音乐，反映的是旧有的音乐既大部失传，又陈腐僵化，自由而有活力的新音乐便自然而然地进入庙堂。

以上是对《郊祀歌十九章》的考察。总的说来，《郊祀歌十九章》措辞典雅，句式自由，意境高远，具有高超的艺术价值。从音乐史角度看，它兼有雅乐、楚声、新声，反映了在当时雅乐失传、楚声和民间音乐兴起后为郊庙歌注入了新的活力。

（三）宣、元至王莽时期的颂声和雅乐

以上是汉武帝时“乐”的情况。武帝虽然立了乐府，又命李延年作《郊祀歌十九章》，但乐府中多为新声，《郊祀歌十九章》为“新变声”，它们的形式、内容均与三代雅乐无关，因此在后来的儒生们看来，象征有汉一朝承天受命的盛德之乐还是没有制作，这是王官之乐的情况。不过这并不等于三代以来的雅乐一无保存。在西汉，虽然《乐》经亡佚，金石雅乐的工技也因过分专门而几近失传，但在汉代，周代“八音”中的中下级——琴瑟之乐，仍有传承。琴瑟在三代为士大夫吟咏讽谏之声，《诗》的雅乐多为以琴瑟配歌，如《小雅·鹿鸣》：“呦呦鹿鸣，食野之芩，我有嘉宾，鼓瑟鼓琴”，这些内容《诗》经学中有所保存。《汉书·韦贤传》记韦氏世传鲁《诗》，韦氏之先韦孟和后来的韦玄成都曾作诗讽颂[1]，这说明仿周代以诗配乐讽颂之风尚通过《诗》的师法有所传承，此外，《汉书·艺文志》有《乐》六家165篇，虽然数量少（比起《礼》十三家555篇、《诗》六家416卷、《书》九家412篇，《易》十三家294篇都少），而且无《乐》经，仅有《乐记》和雅琴之篇，但毕竟周代“八音”没有完全失传。这些雅琴之篇内容有：

1.《雅歌诗》四篇，王先谦《补注》引王应麟曰：“《文选》注《七略》云：汉兴，鲁人虞公善雅歌，发声尽动梁上尘。《晋书·礼志》杜夔传旧雅乐四曲，一曰《鹿鸣》、二曰《驺虞》、三曰《伐檀》、四曰《文王》”，王先谦疑《雅歌诗》即此《鹿鸣》《驺虞》《伐檀》《文王》四篇，杜夔传的四篇中，《伐檀》为魏风，《驺虞》为《召南》，《鹿鸣》为小雅，《文王》为大雅，而大、小雅在《诗》中均以琴瑟所配之歌，因此，《雅歌诗》的内容为传自三代的雅琴之乐。

2.《雅琴赵氏》七篇，此为渤海人赵定所传，宣帝时丞相魏相所奏。王先谦补注云：“王应麟曰刘向《别录》宣帝元康、神爵间，丞相奏能鼓琴者渤海赵定，梁国龙德，皆召入，见温室，使鼓琴待诏。定为人尚清静，少言语，善琴瑟。时闲燕为散操。”

3.《雅琴师氏》八篇。颜师古注师氏名字叫师中，东海人，据说是师旷之后。

4.《雅琴龙氏》九十九篇。注，此人名德，梁人。师古曰刘向《别录》云亦魏相所奏也，与赵定俱召见待诏，《后汉书·儒林传》注引刘向《七略》云：“雅琴之意，皆出龙德（《王褒传》作龚德）诸琴杂事中。”

上面4条中，《雅琴赵氏》、《雅琴师氏》、《雅琴龙氏》均未记载具体内容。琴瑟为萌蘖极早的古华夏乐器，到周代，琴瑟之乐的内容、工技均已形成一定章法，而且因为演奏琴瑟远比演奏编钟简单，一般士大夫亦多有传习，孔子即擅鼓琴。因此，琴瑟之乐的内容和演奏法能经过战国时期激烈的社会变动传承到汉代，宣帝时期，它们成为自下而上的“颂声”兴起的渊源。《汉书·王褒传》云宣帝神爵、五凤年间，天下殷富，祥瑞纷呈，“上颇作歌诗，欲兴协律之事，丞相魏相奏言知音

---

[1] 韦贤五世祖韦孟曾为楚元王及其子、孙师傅，为谏楚元王孙荒淫无道曾作诗讽谏，韦玄成亦曾作诗自劾，事俱见《汉书·韦贤传》。

善鼓雅琴者渤海赵定、梁国龚德，皆召见待诏”，赵定即《雅琴赵氏》的作者，当时宣帝颇想制作雅乐。此外，民间尚有传承的雅乐被统治者当作了兴起的“颂声”，《汉书·王褒传》记益州刺史王襄使王褒作《中和》、《乐职》、《宣布》诗，选好事者令依《鹿鸣》之声习而歌之，这三首《诗》据颜师古注：“《中和》者，言政治和平也；《乐职》者，言百官各得其职也；《宣布》者，风化普洽，无所不被”，这几首诗的词是新作的，曲则按《诗·小雅》的《鹿鸣》篇，因此这几首诗均为雅琴之声，当时何武被选在颂歌的童子中，后何武游学长安，在太学中歌，辗转被宣帝得知，宣帝赞之为“盛德之事”，之所以得到宣帝的称赞，是因为它在形式上颇似《诗》中的颂声，歌颂太平，当然统治者大为欢悦。

但这几首颂声的兴起，根本不可能让三代雅乐完全恢复，这是因为这几首颂声是依仅存的《小雅·鹿鸣》的旋律所谱，而金石雅乐的核心内容——钟磬的制作、演奏法在汉代几乎完全失传，河间献王保存的金石雅乐是三代金石雅乐到汉代的最后遗声，但最后连这些都没人懂了，《汉书·礼乐志》记成帝时谒者常山王禹世受河间献王的雅乐，其弟子宋晔等上书言之，此事到了平当等那里考核，平当的意见是：

“汉承秦灭道之后，赖先帝圣德，……河间献王聘求幽隐，修兴雅乐以助化。时大儒公孙弘、董仲舒等皆以为音中雅正，立之大乐。春秋乡射，作于学官，希阔不讲。故自公卿大夫观德者，但闻(鑑)[铿]铃，不晓其意，而欲以风谕众庶，其道无由。是以行之百有余年，德化至今未成。今晔等习守孤学，大旨归于兴助教化。……宜领属雅乐，以继绝表征……。”

平当的意见显然是认为应该兴作雅乐的，他追溯了河间献王当初进献于武帝的雅乐的情况，认为公卿大夫听见的只是铿锵之声，并不懂得其含义，更提不上让天下人听见并受到教化，因此宋晔等所学虽然是“孤学”，但应该提倡，此时事下公卿，公卿们以为时代久远，难以分明，此事便作罢，这反映了献王所作的金石雅乐到成帝时跟一般人的隔膜越发深厚。成帝时犍为郡于水滨得古磬十六枚，有司认为是祥瑞，刘向因此劝成帝：“宜兴辟雍，设庠序，陈礼乐，隆雅颂之声，盛揖让之容，以风化天下”，虽然有的人认为“不能具礼”，刘向则认为：

“礼以养人为本，如有过差，是过而养人也。刑罚之过或致死伤，今之刑非皋陶之法也，而有司请定法，削则削，笔则笔，救时务也。至于礼乐，则曰不敢是。敢于杀人，不敢于养人也。为其俎豆筦弦之间小不备，因是绝而不为，是去小不备而就大不备。大不备或莫甚焉。夫教化之比于刑法，刑法轻，是舍所重而急所轻也。且教化所恃以为治也，刑法所以助治也。今废所恃而独立其所助，非所以致太平也。……夫承千岁之衰周，继暴秦之余敝，民渐渍恶俗，贪饕险诐，不闲义理……。初，叔孙通将定礼仪，见非于齐鲁之士，然卒为汉儒宗，业垂后嗣，斯成法也。”①

这段话十分清晰地反映出了刘向心目中“礼”与“法”的关系，他的认识也可代表当时公卿们一般的认识——“法”指的是律令诏书之类的东西，“削则削，笔则笔”是说它可以随时改动，而“礼”则是轻易不能改动的东西，若因俎豆管弦等制度已绝而不闻就不制作礼乐，那一代礼乐就因此空缺，这就是“大不备”，“礼”作为教化，意义比刑法要重大，因此不应因为礼仪细节已难明了就不去制作礼乐，成帝将刘向的意见下公卿讨论，恰逢刘向病逝，此事便不了了之。

犍为古磬无人认识反映了音律之术失传，此时人们即使面对古物且有心恢复，也难以恢复古乐，因为到西汉宣、元、成之际，三代“八音”中仅有雅琴的传承，原先周代那种掌握在乐师手中的、整体雅乐的音调格局已因周乐体系和三代以数度出音律的乐律学技艺失传而永不可能再现，更别说做到什么等级的场合用什么级别的乐来教化天下人，这样，雅乐的教化功能从此寝灭，它在汉乐中占的分量是微不足道的，虽然从贾谊、董仲舒到王吉，汉代儒生一再要求制礼作乐，他们对礼乐性质的理解并没有错，但是因为周乐的灵魂——乐律学技艺已经失传，所以终西汉一世，既象征本朝受命，又能风化天下人的盛德之乐终于没有制作出来，因此制作这样的乐已经没有条件。

上文对西汉“乐”的制作情况作了考察。应该说，西汉王朝不是没有制作礼乐的需要，叔孙通制作的宗庙雅乐就是因这种需要而制定的。然而因为战国、秦以来古礼湮废无闻，三代雅乐几乎失传，这方面的兴作要么长期停留在幻想阶段，要么制作出来不合乎古制——贾谊、董仲舒、王吉等一再上疏要求

① 《汉书·礼乐志》。

制作礼乐,反映了这样的理想一直存于汉代儒生心目中,可他们面临的事实是:三代雅乐的具体内容和乐律学技艺经由战国时期的激烈社会变动已经失传,保存下来的仅是一些知其然不知其所以然的演奏法,在这样的条件下显然不可能创作出一代盛乐。而且汉初到武帝时,新声、变声大量出现,统治者制作庙堂音乐也不得不采撷这些,宣、元之后,儒生们制作礼乐的热情越来越高,民间传习的雅琴之乐也被统治者当作“颂声”,然而金石雅乐失传的局面并没有改变,象征一代受命的汉乐仍然没有制定。从汉初高祖时制作的仪品和宗庙礼乐(行步动作的雅乐、歌功颂德的乐舞和《安世房中歌》)到武帝时李延年制作的《郊祀歌十九章》,都不是儒生心目中那种像舜之《韶》、周武王之《大武》那样既象征本朝受命,又能风化天下的一代盛乐,这样的“乐”终西汉一朝一直没有制作出来。

结　语

本节对西汉“治出于二”与礼乐制作的关系作了考察。西汉时期的礼乐制作是跟“治出于二”的发展状况密切相关的。“治出于二”发展到西汉,已跟战国、秦那种初始阶段的“治出于二”比发生了相当大的变化,包括“明堂月令”在内的经“义”不断地渗入诏书和律令,使“治出于二”逐渐增加了礼仪、教化事务的内容,以后到东汉,养老、耕籍、先蚕、大蜡等见于《月令》记载的礼仪终于走进现实政治生活。至于“乐”,其发展过程跟“礼”类似,汉初制定的宗庙雅乐跟宗庙礼仪一样属于一种范式,但因“乐”在政治生活实际需要之末,三代金石雅乐又已基本失传,西汉始终没有制作出像三代那样彰显盛德的雅乐来。

西汉在“治出于二”渐变的背景下开展的礼乐制作,还奠定了三代古礼“义”、“仪”、“容”等内容的去向——由礼“义”、礼“仪”、礼“容”构成的三代古“礼”,到西汉时期,一小部分进入了律和诏令,其余的大部分(主要是经书记载的礼“义”和“仪容”等对实际政务的干预和普通百姓的生活影响不大的部分)随着礼学的发展,进入了历代编撰的正统礼典,即有的学者所谓的“礼仪法”。西汉时期制作的礼典、雅乐正是脱胎于三代之礼,但在秦汉“治出于二”的发展过程中一时不可能完全融入律、令的部分比如衣服的款式、用乐的节度等，它们的发展趋向是成为一种“式”，即礼仪之“式”，后代的正统礼典，正是由许多成熟的礼仪之“式”汇总而成的。

第八节 元始、新莽时期的礼仪和郊祀

前面的七个小节考察了西汉从国家祭祀到王朝祭礼演变的状况，这一过程迂回曲折，源流众多，在韦玄成定庙制、匡衡改郊兆之后，西汉的王朝祭礼终于显出了它的轮廓。但是，就如急速前驰的车有巨大的惯性那样，西汉王朝祭礼的发展并没有到此打住，而是继续前进。成、哀、平之际，随着“汉政”理想色彩的日渐浓厚，包括礼乐在内的王朝祭礼的发展亦如云雾蒸腾一样升入半空，形成一座规模宏大、光怪陆离的空中楼阁，它们跟儒生们因希望“太平盛世”降临而制作的多种典制交织在一起。本书此节，就对这“空中楼阁”作些具体的考察。

元始到新莽时期王朝祭礼的建设，是跟其各种“改制”同步的。王莽本人的很多特点堪称汉儒的代表，他早年恭俭好礼，完全是一副理想的贤儒姿态①。身任公卿后曾出钱百万，献田三十顷，付大司农助给贫民②。他的矫情饰行和沽名钓誉使他的声誉和地位都如愿日隆，成了众望所归的人物，因他不受新野田，上书吏民为之说情的有“四十八万七千五百七十二人”人，而后他乘势代汉，进行改制，班固认为这是“亦天时，非人力之致矣”③。他的改制集中体现了汉儒的许多理想——在他改制期间，湮废千年，只保存于竹帛的古井田制被用来限制土地兼

① 《汉书·王莽传》记王莽“受礼经，师事裴郡陈参，勤身博学，被服如儒生。……聘诸贤良以为掾史，赏赐邑钱悉以享士，愈为俭约”。

② 《汉书·平帝纪》：“(元始二年)郡国大旱，蝗，青州尤盛，民流亡。安汉公、四辅、三公、卿大夫、吏民为百姓困乏献其宅者二百三十人，以口赋平民。”

③ 《汉书·王莽传》班固赞曰。

并①,地名、职官被大量更改②,币制数次改易③,连平帝名字都改了④,这些涉及国计民生的“空想社会主义”式行径造成了社会的混乱和民生的凋敝,许多学者分析过这方面的原因⑤,但是,从元始年间到新莽代汉,礼乐制作却颇有成绩,有相当部分为后代继承,本文就将研究元始到新莽时期礼乐郊祀内容。

一、元始年间的礼仪和郊祀

西汉元、成、哀、平之际,经学已经昌明,天人之学日渐渗入政治生活,汉政的发展走上了以理想代替现实的道路。在当时,从公卿头脑到吏民心间,都充满了对现实的不满⑥和对经书中记载的太平盛世的向往,王莽就是在这样的背景下身任公卿之位的。平帝时王莽居摄,他一心想把自己打扮成当代周公,元始元年正月,他“风益州令塞外献白雉”,于是太后下诏以白雉献宗庙,群臣乃盛称“莽功德致周成白雉之瑞,千载同符……宜赐号曰安汉公,益户,畴爵邑,上应古制,下准行事,以顺天心”⑦。于是王莽顺利地走上一人之下,万人之上的位置,此时全社会笼罩着古代和当今、理想与现实不加区分的气氛,公卿们屡屡上疏“风雨时,

---

① 《汉书·王莽传》始建国元年四月王莽实行王田制,“今更名天下田曰‘王田’,奴婢曰‘私属’,皆不得买卖。其男口不盈八,而田过一井者,分余田于九族邻里乡党。故无田今当受田者,如制度。敢有非井田圣制,无法惑众者,投诸四裔,以御魑魅……”。王田制完全照搬儒生想象中的井田制而成。

② 《汉书·平帝纪》元始四年春,更公卿、大夫、八十一元士官名位次及十二州名。

③ 王莽铸大钱、错刀、契刀等币。《汉书·食货志下》“王莽居摄,变汉制,以周钱有子母相权,于是更造大钱,径寸二分,重十二铢,文曰‘大钱五十’。又造契刀、错刀、契刀,其环如大钱,身形如刀,长二寸,文曰‘契刀五百’。错刀,以黄金错其文,曰‘一刀直五千’,与五铢钱凡四品,并行”,《汉书·王莽传中》记王莽乃更铸小钱,径六分,重一铢,文曰“小钱直一,与前‘大钱五十’者为二品,并行”,币制屡变造成了紊乱。

④ 《汉书·平帝纪》孟康注:平帝原名箕子,因“通于器物,更名为衎”。

⑤ 见阎步克:《士大夫政治演生史稿》第九章“奉天法古的王莽‘新政’”,北京大学出版社 1996 年版。

⑥ 这种对现实的不满《汉书》中记载甚多,本章第五节小注 4 引《汉书·鲍宣传》云当时民有“七亡七死”即公卿不满现实的例子之一。《王莽传》始建国元年四月王莽改王田制时则说:“汉氏减轻田租,三十而税一,常有更赋,罢(疲)癃咸出,而豪民侵陵,分田劫假。厥民三十税一,实什税五也。父子夫妇终年耕耘,所得不足以自存。故富者犬马余菽粟,骄而为邪,贫者不厌糟糠,穷而为奸,俱陷于辜,刑用不错”,描述的是当时的社会现实,王莽正因利用了公卿吏民对汉政的种种不满,才获得拥戴,实行改制。

⑦ 《汉书·王莽传》。

甘露降,神芝、朱草、嘉禾、休徵并至”①,儒生心目中那种根据经书记载的、能让太平盛世立刻降临的制度设计也逐渐被搬进现实。元始元年二月,“置羲和官,秩二千石。外史、闾师,秩六百石。班教化,禁淫祀,放郑声②”,此为根据《尚书》、《周礼》所置③。官制的日渐复古、礼乐的不断兴作,都是王莽心目中制度设计的组成部分,在当时它们得到吏民的支持。陈崇上书称颂王莽大量引用周公故事:

> “是故成王之于周公也,度百里之限,越九锡之检,开七百里之宇,兼商、奄之民,赐以附庸殷民六族,大路大旂,封父之繁弱,夏后之璜,祝宗卜史,备物典册,官司彝器,白牡之牲,郊望之礼。”

在儒生吏民心目中,制作礼乐是王莽辅政的重要功绩,王莽因为这个威望继续提高。元始年间王莽在礼乐郊祀方面的兴作可分为礼仪制作和元始郊祀两部分,下文分别考察。

(一) 礼仪和物化礼乐制度

元始年间的礼仪兴作有定婚丧嫁娶之礼、定物化礼乐、起明堂、辟雍、灵台等,见下文。

1. 定婚娶之礼

王莽定婚丧嫁娶之礼的契机是平帝纳皇后。平帝即位时年九岁,元始三年平帝十一岁,公卿考虑要为之纳皇后,王莽使用伎俩让自己的女儿被定为皇后,之后王莽上奏,“请考论五经,定取礼,正十二女之义,以广继嗣”④,十二女为汉儒心目中的天子所用之数,《礼记·郊特牲》所记天子之冕有十二旒,衣裳花纹有十二种(见下一章第一节)等等,按此数,天子纳女应为十二位。定下自己女儿为皇后之后,还让刘歆等定婚礼,《汉书·平帝纪》元始三年春“诏有司为皇帝纳采安汉公莽女。……又诏光禄大夫刘歆等杂定婚礼。四辅、公卿、大夫、博士、郎、

---

① 《汉书·王莽传》。

② 《汉书·平帝纪》。

③ “羲和”见《书·尧典》:“乃命羲和,钦若昊天,历象日月星辰”,“外史”见《周礼·春官》“外史掌书外令,掌四方之志,掌三皇五帝之书,掌达书名于四方”;“闾师”见《周礼·地官》“闾师掌国中及四郊之人民六畜之数,以任其力,以待其政令,以时征其赋”。

④ 《汉书·王莽传》。

吏家属皆以礼娶,亲迎立轺併焉”,此次杂定的婚礼并不限于为平帝纳后,而是为天下吏民定婚礼等级,公卿、大夫、博士、郎、吏诸等行婚礼均按此进行。在汉代,婚礼的核心是新郎以轺车亲迎,服虔注:“轺,立乘小车也。併马,骊驾也”,轺车是汉代双辕马车的一种,在汉代使用很广,较轻便,为一般的官吏所乘用,因车体较小,又叫小车①。併马即两马并排拉车,汉代轺车是双辕,需要两马系驾,因此叫“轺车併马”。颜师古云:“新定此制也”,即此前汉代婚礼尚无以关于轺车迎亲的等级规定。刘歆等杂定的婚礼,推行天下,从此之后公卿吏民均要按礼嫁娶。

2. 物化礼乐制度和“九命之锡”

除了婚礼之外,王莽时期又增加了一些物化礼乐制度。王莽本人通《礼经》,师事沛郡陈参,他本身又“勤身博学”,于礼方面应有相当造诣。《礼经》即礼古经,今之《仪礼》。王莽之师陈参不见《汉书·儒林传》和《经典释文序录疏证》,但汉代沛地确实传礼,宣帝时“于《礼》最明”的后苍所传弟子中除了戴德、戴胜外,闻人通汉和庆普均为沛人,陈参亦为沛人,所学可能与闻人通汉、庆普相近。东汉传庆氏礼的曹褒曾撰《汉礼》,主要内容就是“冠婚吉凶终始”,侧重于礼典,王莽所学之《礼》传自沛郡,有可能也侧重于此,再加上他身为安汉公,有条件将自己的旨意推行天下,因此他辅政之后在礼仪方面颇有创造。《汉书·平帝纪》元始三年夏天:

> “安汉公奏车服制度,吏民养生、送终、嫁娶、奴婢、田宅、器械之品。立官稷及学官。郡国曰学,县、道、邑、侯国曰校。校、学置经师一人。乡曰庠,聚曰序。序、庠置《孝经》师一人。”

王莽制定的车服制度和“吏民养生、送终、嫁娶、奴婢、田宅、器械之品”的具体内容,史书没有记载,后来东汉时期的曹褒制礼实际是对这一趋势的继承。王莽此次关于物化礼乐的制定涉及范围甚广,真有将上古三代那种具细的物化礼乐制度全搬进现实之势,这也是他仿效周公订立制度,认为典章制度的厘定能令天下太平的表现。

此外还有九锡之礼。九锡之礼为元始四年所议,此前汉代无此礼。武帝元

① 王振铎:《东汉车制复原研究》,科学出版社 1997 年版,第 42 页。

朔元年冬十一月下诏察举，有司奏议云古代"三谓之有功，乃加九锡"，这是当时人对曾有过的九锡之礼的回忆。元始年间随着王莽声望日隆，公卿认为王莽地位应在诸侯王之上，元始五年公卿大夫、博士、议郎、列侯人建议加九锡王莽："圣帝明王招贤劝能，德盛者位高，功大者赏厚。故宗臣有九命上公之尊，则有九锡登等之宠。今九族亲睦，……谨以六艺通义，经文所见，《周官》、《礼记》宜于今者，为九命之锡。"[①]九命之锡是周代享有九命的诸侯所赐，《周礼·春官·大宗伯》："壹命受职，再命受服，三命受位，四命受器，五命赐则，六命赐官，七命赐国，八命作牧，九命作伯。"《春官·典命》："上公九命为伯，其国家、宫室、车、旗、衣服、礼仪皆以九为节"，周代确有锡命之礼，《左传》襄公二十六年记郑国子展、产受国君之赐，"（郑国国君）享子展，赐之先路三命之服，先八邑，赐子产次路再命之服，先六邑"，受赐臣下往往作铜器记载受赐之事，陈汉平《周代册命制度研究》对见于金文的周代册命情况作了研究，可以参看。但从文献记载看，即使齐桓、晋文受赐亦未尽备九锡[②]，汉代加于王莽的"九命之锡"就是将《周礼》《礼记·王制》等记载的册命制度搬入现实。《汉书·王莽传上》记王莽受赐：

"于是莽稽首再拜，受绿韨衮冕衣裳，瑒琫瑒珌，句履，鸾路乘马，龙旂九旒，皮弁素积，戎路乘马，彤弓矢，卢弓矢，左建朱钺，右建金戚，甲胄一具，秬鬯二卣，圭瓒二，九命青玉珪二，朱户纳陛。"

以上是所赐物品的内容。颜师古注引《礼含文嘉》云九锡有车马、衣服、乐悬、朱户、纳陛、武贲、铁钺、弓矢、秬鬯九种，《毛诗·大雅·旱麓》、《礼记·曲礼》孔颖达疏均对"九锡"作了解释，这里稍释如下：

(1)车马：王莽受的是"鸾路乘马，龙旂九旒"，此鸾路为根据《周礼·春官·巾车》天子五路（玉路、金路、象路、革路、木路）所定制之金路；"龙旂九旒"《国语·齐语》韦昭注"龙旗，画交龙于縿也，正幅为縿，旁属为旒"，九旒即旗帜侧面

---

① 《汉书·王莽传》。

② 《国语·齐语》记周襄王赐齐桓公"赏服大辂，龙旗九旒，渠门（韦昭注为两军牙帐之门）赤旂"；《左传》僖公二十八年晋楚城濮之战后晋文公献俘于周王，周王册命晋侯为侯伯，"赐之大辂之服，戎辂之服，彤弓一、彤矢百，玈弓矢千，秬鬯一卣，虎贲三百人"，均未尽九锡。

的飘带有九根。蚤通“爪”,《汉书·王莽传下》记王莽曾作车“金瑵羽葆”,颜师古注:“瑵读曰爪。谓盖弓头为爪形”,即车伞盖的伞骨末端为爪形(汉代车盖的形制具体见下一章第一节)。

(2)衣服:王莽受的是“绿韨衮冕衣裳”、“句履”、“皮弁”、“瑒琫瑒珌”、“九命青玉珪二”。“衮冕”为周代服制中的一种,衮为衣裳之饰,冕为前后垂有串珠的平天冠。《周礼·春官·司服》记周王之服有大裘而冕、衮冕、鷩冕、毳冕、希冕、玄冕六种,衮冕为九命上公所能服,上衣为衣,下衣为裳,据《春官·司服》郑玄注,上衣上画有龙、山、华虫、火、宗彝五种图案,下裳上绣有藻、粉米、黼、黻四种图案,合起来叫“九章”。韨为下裳前的蔽膝,颜师古《汉书·王莽传》注“韨谓蔽膝盖也,或谓韨韠”;瑒,孟康注为:“玉名也,佩刀之饰。上曰琫,下曰珌。”句履为顶端有饰的鞋,孟康曰:“今齐祀履舄头饰也,出履三寸”,即鞋头的饰伸出鞋三寸。

(3)乐悬:九锡之中有乐悬。按文献记载的周代乐悬之制,天子为宫悬,悬乐四面;诸侯为轩悬,悬三面;卿大夫两面,为判悬。此处王莽受赐未提到乐悬,因为周乐和乐悬制度到汉代已经失传,难以恢复,只好阙如。

(4)朱户、纳陛。此为宫室之制。即以朱涂户门,门之台阶有左、中、右三部分,登阶时从中而升以显尊隆。《春秋谷梁传》庄公元年杨士勋疏:“四曰朱户,谓所居之室朱其户也;五曰纳陛,谓从中阶而升也”,《礼记·曲礼》孔颖达疏引宋均注:“动作有礼,赐之纳陛,以安其体;长于教诲,内怀至仁,赐以乐,则以教化其民,居处修理房内不泄,赐以朱户,以明其别。”

(5)武贲:《周礼·夏官》有虎贲氏,掌“先后王而趋”,守王宫。按周制,九命所赐武贲为三百人,见《左传》僖公二十八年晋文公受赐。上文所云王莽受九锡中未提虎贲,应为没有尽言之故。

(6)𫓧钺,即大斧。王莽受“左建朱钺,右建金戚”,即镢钺,象征有权杀伐。《王制》:“诸侯赐弓矢,然后征;赐𫓧钺,然后杀;赐圭瓒然后为鬯。”

(7)弓矢。王莽受赐有“彤弓矢,卢弓矢”,《诗·小雅》有《彤弓》篇,孔颖达疏:“诸侯有征伐之功,王以弓矢赐之也”,《左传》僖公二十八年周王赐晋文公“大辂之服,戎辂之服,彤弓一,彤矢百,玈弓矢千,秬鬯一卣,虎贲三百人”,弓矢中,以赤为尊，以黑为次，赤色为彤弓矢，黑色为兹(黸)弓矢，王莽所受的“卢弓矢”是黑色的，弓矢是跟戎路(兵车)一起赐的，因此王莽受赐有“戎路乘马”。

(8)矩鬯：九锡最后为矩鬯，即用黑小米酿造并捣香草合煮所成之酒，其色金黄，其味芬芳。《谷梁传》庄公元年疏“孝道备者，赐矩鬯”，王莽受赐有“矩鬯二卣”。

以上为王莽受的九锡之礼的具体内容，它是周代礼乐衰微后九锡之赐登入庙堂的首次，此前西汉赏赐臣下尚无此制，随着《礼》经内容的逐渐明晰，九锡之礼为汉儒知晓并搬进现实。王莽所受的九锡中，乐悬因周乐失传而缺失，主要是衣服车马之赐。此九锡之制后来为东汉魏晋继承，成为位极人臣的象征。后来的曹操、司马昭、桓温等均曾受九锡，此制亦为王莽元始年间所创。

3. 起明堂、辟雍、灵台

元始年间所定的礼仪中，起建明堂、辟雍、灵台是重要的部分。西汉武帝时赵绾、王臧曾建议立明堂以朝诸侯，以安车蒲轮请来申公，但申公被请来之际明堂之制还很模糊，再加上武帝好神仙方术，所以武帝起建的明堂是按方士公玉带进献的“黄帝时明堂图”起建的，跟儒家无关。随着阴阳五行之学羼入经学，这种局面逐渐改变。明堂的形制虽然众说纷纭，但诸经都有解说，而且明堂之制及其中布政和宗祀先祖的内容已成为汉儒的向往，《汉书·艺文志》礼类有《明堂阴阳说》五篇，为王莽时讲学大夫淳于登的作品，其中关于明堂之制的描述已十分详细。《艺文志》礼类《明堂阴阳说》王先谦《补注》：

> “讲学大夫淳于登说曰：明堂立国之阳丙巳之地，三里之外，七里之内而祀之。就阳位，上圆下方，八窗四闥，布政之宫，故称明堂。明堂盛貌，周公祀文王于明堂以配上帝。上帝，五精之神，太微之庭，中有五帝坐位，盖此类明堂说也。”

在这样具体的描述下，明堂终于有条件起建了。但淳于登所说的只是其中一家之言，明堂之制失传千年，究竟如何众说纷纭，为调和众说，王莽于元始四年“征天下通一艺教授十一人以上，及有逸《礼》、古《书》、《毛诗》、《周官》、《尔雅》，天文、图谶、钟律、月令、兵法、《史篇》文字，通知其意者，皆诣公车。网罗天下异能之士,至者前后千数,皆令记说廷中,将令正乖谬,壹异说云"[1],因明堂之制牵涉到礼学和专门的天人之学,王莽此番大规模征召,大有要将明堂一举建成之势。元始五年春,王莽令羲和刘歆等四人使治明堂、辟雍,"令汉与文王灵台、周公作洛同符",师古注:"文王筑灵台,周公成洛邑,言与之符合",即将自己起建明堂、辟雍当作"符",这符跟文王筑灵台,周公成洛邑性质相同,实际上是为了篡汉作准备。

起建明堂、辟雍、灵台在公卿们心目中又成为王莽功绩的一部分,群臣上书称颂王莽说周公定制度还用了七年,王莽辅政四年功绩灿然,率领儒生庶民十万人两个月就把废弃千年的明堂、辟雍建成了,一片歌功颂德之声。

王莽的明堂、辟雍、灵台已为考古发现所证实。1958 年,考古工作者在西安西郊属于汉长安城安门和西安门南出的平行线内发现了八处建筑形制完全相同的遗址,其中第三遗址中心建筑是个形的高大台基,中间的可能是"太室",为方形,每边长 27.5 米,四周则可能是"夹室",亦为方形,每边长 7.3 米。太室的四面各有一个"厅堂",内部结构完全相同。"厅堂"的右边(从外向里看)有一个"厢房",左边有一堵"隔墙"[2]。其形制如下图:

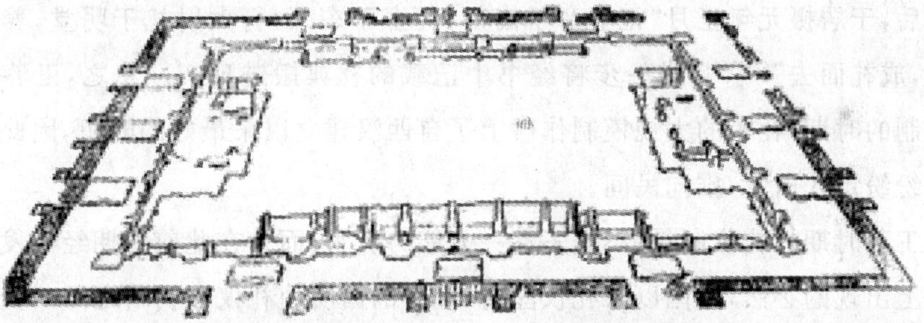

王莽极力要把自己打扮成"当代周公",明堂起建之后还开展过诸侯助祭的活动,《平帝纪》元始四年春,"郊祀高祖以配天,宗祀孝文皇帝以配上帝",将《孝经》说的先祖配天礼付诸实施;同年夏,"尊孝宣庙为中宗,孝元庙为高宗,天子世世献祭";《平帝纪》元始五年春正月,祫祭明堂,诸侯王二十八人,列侯百二十人、

① 《汉书·王莽传》。

② 考古研究所汉城发掘队:《汉长安城南郊礼制建筑遗址群发掘简报》,《考古》1960 年第 7 期。

宗室子孙九百余人徵助祭，此为仿效《尚书·洛诰》的祭祖实施祫祭。汉儒认为《洛诰》此次祫祭在明堂，王莽便一切仿效；助祭本见于《书·洛诰》，是周初利用祭祖礼增强凝聚力、控制诸侯的方式（见第一章），王莽时将它们当作太平盛世的表征统统加以实施。

以上是元始年间的礼仪兴作。在这样大规模的兴作下，古代与当今、理想与现实的界限开始模糊。当时，嘉瑞丛生，符命遍地，太平盛世似乎立刻就要降临。平帝加王莽九锡之策文：

> "……《诗》之灵台，《书》之作洛，镐京之制，商邑之度，于今复兴。昭章先帝之元功，明著祖宗之令德，推显严父配天之义，修立郊禘宗祀之礼，以光大孝。是以四海雍雍，万国慕义，蛮夷殊俗，不召自至，渐化端冕，奉珍助祭祀。……天符乃臻，元气大同。麟凤龟龙，众祥之瑞，七百有余。遂制礼作乐，有绥靖宗庙社稷之大勋。……"①

这种虚幻而热情的气氛保持了相当长的时间，从王莽辅政、居摄到代汉称帝。在元始年间，王莽是众望所归的人物，他亦步亦趋地模仿周公。元始五年王莽上书说现在大礼已行，助祭者都走了，自己想效法周公专心制礼作乐②，等他摄政后，于居摄元年正月"祀上帝于南郊，迎春于东郊，行大射礼于明堂，养三老五更，成礼而去"③。是进一步将经书中记载的礼典搬进现实。总之，王莽辅政和改制的时期，礼乐的大规模制作碰上了自西汉建立以来最好的时机，因此各种礼仪纷纷走入庙堂，推向民间。

王莽时期的礼仪制作，不是王莽一人能力所为，而是在此前长期经学发展的基础上出现的必然，战国以来礼仪湮废，经学的昌明使礼仪在明晰之际一步步由民间登入庙堂。婚丧嫁娶之礼的制定，是汉代循吏在民间定婚娶之礼波及庙堂的继续；九锡和公卿吏民物化礼乐的制定，是王莽把礼制的制定当作处理政务、淳化风俗的手段；明堂、辟雍、灵台的起建，则表现了以王莽为首的吏民将顺应天

---

① 《汉书·王莽传》。

② 《汉书·王莽传》记元始五年王莽上书有"……今大礼已行，助祭者毕辞，不胜至愿，愿诸章下议者皆寝勿上，使臣莽得尽力毕制礼作乐事……"。

③ 《汉书·王莽传》。

意当作让太平盛世降临的手段。然而在王莽称帝后施行了一系列令民生凋敝的措施后,这种认为制作礼乐能让太平盛世降临的热情终于涤荡殆尽,但王莽元始年间制作的礼仪仍然许多方面为后来东汉继承。跟元始年间的礼仪发展过程一样,元始郊祀也是如此,下文就具体考察。

(二) 元始郊祀

王莽曾受《礼经》,且"勤身博学",于礼仪方面颇有见地。无论是祀典、郊坛神位还是祭祀的时日和方法,他都能提出自己的见解。元始郊祀正是在王莽的见解下建设的,跟此前成帝时匡衡改动过的郊祀比,元始郊祀从祀典到郊坛格式、祭祀方式都继续有改动,见下文。

祀典

元始时期的国家祀典,跟此前匡衡清整过的比,新增的并不多,但根据经义,祀典中群神的内涵和尊卑关系被进一步理清,这些含义为后代继承。下文便对王莽时期的祀典作些考察。

1. 天、地

王莽对天、地之性的认识,完全代表了儒生对儒家经典中天地之性的认识,元始五年王莽与孔光、平晏、左咸、刘歆等六十七人议,认为应恢复匡衡改动过的南北郊,得到许可。王莽对天地之祀最大的一点改动是以先妣配地。他认为应天地是阴阳相对的至上神,先祖配天,先妣配地。《汉书·郊祀志》:

> "平帝元始五年,大司马莽奏言:王者父事天,故爵称天子。孔子曰:人之行莫大于孝,孝莫大于严父,严父莫大于配天。(按,此为《孝经》载孔子之言)。王者尊其考,欲以配天,缘考之意,欲尊祖,推而上之,遂及始祖。是以周公郊祀后稷以配天,宗祀文王于明堂以配上帝。《礼记》天子祭天地及山川,岁遍。《春秋谷梁传》以十二月下辛卜,正月上辛郊。高皇帝受命,因雍四畤起北畤,而备五帝,未共天地之祀。"

先妣配地是王莽根据《孝经》先祖配天和阴阳相对进行的发明,不见于礼经,但此制一经确定即为后代继承。《五礼通考》卷六秦蕙田案"以妣配地,魏晋以下皆行之,不知其莽礼也",《后汉书·祭祀志》王先谦《集解》引黄山曰:"……成帝用匡衡之议,定长安南北郊,郊礼始正。乃成帝定而旋改,哀帝复而又废,平帝元始五年，莽请复如衡议，复南北郊，乃议以孟春亲郊天地，高帝高后并配，冬夏二至遣有司分郊天地，高帝高后分配。古郊礼，后、夫人不侍祠，安有先后配郊之礼？二至帝不亲往，何名为郊？附会古文，遂成奇谬……”，亦指出先妣配地是来源于王莽的创造。

除了以先妣配地之外，在元始郊祀中，天、地之神均有了正式的名字，《汉书·郊祀志》王莽等八十九人议“称天神曰皇天上帝，泰一兆曰泰畤，而称地祇曰后土，与中央黄灵同。又兆北郊未有尊称，宜令地祇称曰皇地后祇，兆曰广畤”。此前天地之神均无这样正式的名字。

2. *五帝和五郊兆*

除了北郊先妣配地之外，王莽时祀典格局的一大变化，是在长安城四方及中央建立郊兆（《周礼·春官·大宗伯》郑玄注“兆为坛之营域”，即郊坛之意），将五帝和一些神按方位分布在这五处郊坛中。从《后汉书·祭祀志》光武帝时引用“元始故事”立五郊，后来用迎气看，王莽的五处郊坛分布在长安城的五个方位，它们离长安的道里远近是按照河图之数，东八里，南七里，西九里，北六里，中央五里（见下一章第三节），立郊坛分别祭祀青、赤、白、黑、黄五帝。《郊祀志》王莽认为“《周官》兆五帝于四郊，山川各因其方，今五帝兆居在雍五畤，不合于古”，便在长安五郊立坛祭祀。在此基础上，天地群神的从属也按方位分为五部，《郊祀志》：

> “分群神以类相从为五部，兆天地之别神：中央帝黄灵、后土畤及日庙、北辰、北斗、填星，中宿中宫于长安之未地兆；东方帝太昊，青灵句芒畤及雷公、风伯庙、岁星，东宿东宫于东郊兆；南方炎帝赤灵祝融畤及荧惑星，南宿南宫于南郊兆；西方帝少昊，白灵蓐收畤及太白星，西宿西宫于西郊兆；北方帝颛顼，黑灵玄冥畤，及月庙、雨师庙、辰星，北宿北宫于北郊兆。”

从上文看，王莽分群神为五部，各按方位归于所立的五帝之郊坛，它们是：

①未地兆：之所以将中央之坛称作“未地兆”，是因为黄色对应的地支方位为“未”，从宽舒祠太一坛时五帝中黄帝的方位即在未（见第三节）。未地兆对应的是天空中央部分的星宿，因此叫“中宿中宫”，所祀主神是即五行之帝中的中央黄帝，此外因为王莽等认为后土的性质跟五行帝中的黄帝一致，后土畤亦在此受

祀。此外还有以下一些神被摆在中央未地兆:

日庙:因为日为众阳之长,尊于其他星辰;

北辰、北斗:即北极星和北斗。按《史记·天官书》,北极星为太一所居之位,北斗是"帝"之车,它们在天空中的位置均尊于其他星辰,因此被摆放在中央之位。

填星:即土星。因土星对应的五行为土,被安排在中央未地兆。

②东郊兆:主神是东方青帝太昊,其畤名曰句芒畤。此外还有以下诸神:

雷公:雷在八卦中为震☳,对应东方春季,因此雷公在东郊兆。

风伯:风在八卦中为巽☴,巽为木,木对应也是东方,因此风伯也在东郊兆。

岁星:即木星,其对应的五行为木,所以被安排在东郊兆。

③南郊兆:其主神是南方炎帝祝融,畤名曰祝融畤,此外,五行为火的荧惑(火星)也被安排在南郊兆。

④西郊兆:主神是西方白帝少昊,畤名曰蓐收畤,五行为金的太白星也被安排在西郊兆。

⑤北郊兆:主神是北方黑帝玄冥,畤名曰玄冥畤。此外还有以下诸神:

月:月为众阴之长,北方为阴,因此月庙在北郊兆。

雨师:雨师为水,水为阴,为北方;

辰星:辰星所属五行是水,因此在北郊兆。

至此,五行之帝终于跟五星、日月、雷公、风伯、雨师等杂神通过五行和八卦方位的对应完全实现了位置的井井有条,这是吸收了汉代象数学长足发展的成果。而且王莽立的五郊之兆跟其天地之祀的郊坛格局在主旨上是一致的,它们都体现了在天地日月诸神井然有序的基础上,人间的天子公侯卿大夫亦按等级守本分的思想。

3. 六宗

王莽时期还按《尚书》确立了六宗之祀。此前西汉国家祀典中无六宗之祀。平帝元始五年王莽等议:

"《书曰》:'类于上帝,禋于六宗',欧阳、大小夏侯三家说六宗皆曰'上不及天,下不及地,旁不及四方,在六者之间,助阴阳变化,实一而名六',名实不相应。《礼记》祀典(按即《祭法》):功施于民则祀之,天文日月星辰所昭仰也,地理山川海泽,所生殖也。《易》有八卦,乾坤六子:水火不相逮,雷风不相悖,山泽通气,然后能变化,既成万物也。……日月雷风山泽,《易》卦六子之尊气,所谓六宗也。星辰水火沟渎,皆六宗之属也。今或未特祀,或无兆居,……”

六宗见《尚书·尧典》“禋于六宗”,但对于何为六宗,西汉的经师们存在争议。伏生始传的《尚书大传》释六宗为上下四方,欧阳、大小夏侯等今文经师则说是“上不及天,下不及地,傍不及四时,居中央,恍惚无有,神助阴阳变化,有益于人”,已有了一些发挥;古文尚书说是“天宗(日、月、星辰)三,地宗(岱山,河、海)三。日、月为阴阳宗,北辰为星宗,岱为山宗,河为水宗,海为泽宗。祀天则天文从,祀地则地理从”[①]。皮锡瑞说“古文后出,异说尤多。……刘歆以六宗为水、火、风、雷、山、泽;贾、马、许以为日、月、星、河、海、岱;郑以为星辰、司中、司命、风师、雨师,皆背伏生上下四方之说七矣……[②]”,则皮氏认为今文说正确。从今天的研究角度看,汉代今古文经师对六宗的解释都不很确切,这当然不是因为汉代经师们硬要穿凿附会,而是因为他们经历了秦燔诗书,到汉代,在《书》出于山岩屋壁,断简残篇的状况下发蒙经义,实属不易。假如他们得以目睹十九世纪末发现的甲骨文,就能对“六宗”的真实含义明了洞然。六宗源于上古的方位之祀,为上、下、左、右、前、后之祀,卜辞中就有对上下四方之祀的记载[③],卜辞“帝”字的象形即是四方四维之状,商周人认为上下四方方位是“帝”居于一方时的表现(见第一章第二节),《周礼·春官》大宗伯“掌玉作六器,以礼天地四方”并非完全无稽之谈。到汉代经师那里,由于年代久远,再加又有战国以来阴阳家的影响,因此对“六宗”出现了以上各种解释。王莽确定的六宗是《易》乾坤六子:日月雷风山泽,星辰水火沟渎为其附属。这反映了汉代五经混融后,王莽所习《礼》经跟《易》卦气相通,日月雷风山泽各表一种“气”的状态,将之祀为六宗,体现了汉代祀典在“气”运行思想下的影响。以后东汉国家祀典中的六宗之祀是接着王莽的

① 孙星衍:《尚书今古文注疏·尧典》,中华书局1986年版,第39页。

② 皮锡瑞:《经学通论》,第56页。

③ 陈梦家:《殷虚卜辞综述》,第589页。

六宗稍有变易而成的。

4. 社稷

王莽在辅政期间还改造了社稷之祀。他说:

“帝王建立社稷,百王不易。社者,土也。宗庙,王者所居。稷者,百谷之主,所以奉宗庙,共粢盛,人所以食生活也。王者莫不尊重亲祭,自为之主,礼如宗庙。《诗》曰‘乃立冢土’,……,《礼记》曰唯祭宗庙社稷,为越绋而行事。圣汉兴,礼仪稍定,已有官社,未有官稷。”①

从上文看,王莽对社、稷性质的理解是正确的。但在周代,只有社神,立社神为五土之总神,并无专门的稷神之祀,汉代社有太社即官社,诸侯王有王社,郡国亦有社(见本章第一节),官稷是跟官社相对之祀。王莽将社(土神)、稷(谷神)分了开来,并用官稷与官社相对,这是他自己的理解。王莽的建议被采纳,在官社后立官稷,以夏禹配食官社,后稷配食官稷。在官稷边种谷树(颜师古注:谷数,楮树也。其子类谷,故种于稷),徐州牧岁贡五色土各一斗。保存至今的清社稷坛(即今劳动人民文化宫,位于北京中山公园之内)亦为五色土,其形制远承汉代。

以上是王莽对国家祀典的改动。从他改动的内容看,无论天地之祀还是五帝各有郊兆,还是立六宗,改社稷,都体现了阴阳对应、五方分别的思想,这些正是王莽和其他公卿们吸收了此前汉代经学、纬书中象数之学发展的成就,对神灵格局进行改造而成。其中,阴阳五行的方位是核心,王莽对祀典的改动,正是按此完成的,经过此番改造的神灵世界位置更加清楚有序。

(二) 郊坛和仪式

除了祀典的增加外,王莽还改动了郊坛性质和郊天礼的仪式,他的改动几乎涉及郊天的所有环节,下面就从郊坛和神位、牺牲供奉、仪式细节等方面加以考察。

1. 郊坛和神位

在王莽改动的天地郊坛中,天、地同坛于南郊,高帝、高后亦在该坛配食。理

① 《汉书·郊祀志》。

由是“天地合精”,《汉书・郊祀志》这样记载:

“天地合祭,先祖配天,先妣配地,其谊一也。天地合精、夫妇判合。祭天南郊,则以地配,一体之谊也。天地位皆南乡,同席,地在东,共牢而食。高帝、高后配于坛上,西乡,后在北,亦同席共牢。”

坛的形制见《后汉书・祭祀志》刘昭注引《黄图》原文如下:

“上帝坛圆八觚,径五丈,高九尺。茅营去坛十步,竹宫去坛三百步[①]。土营径五百步,神灵坛各于其方面三丈,去茅营二十步,广(坐)[三]十五步。

合祀神灵以璧琮,用辟神道(以)[八]通,广各三十步。竹宫内道广三丈,有阙,各九十一步。坛方三丈,拜位坛亦如之。

为周道郊营之外,广九步。营六:甘泉[②]北辰于南门之外,日、月、海东门之外,河北门之外,岱宗西门之外。为周道前望之外,广九步。列望(遂)[道]乃近前望道外,径六十二步。坛方二丈五尺,高三尺五寸。为周道列望之外,径九步。卿望亚列望之外,径四十步。坛广三丈,高二尺。为周道卿望之外,径九步。大夫望亚卿望道外,径二十步。坛广一丈五尺,高一尺五寸。为周道大夫望之外,径九步,士望亚大夫望道外,径十五步。坛广一丈,高一尺。为周道士望之外,径九步。庶望亚士望道外,径九步。坛广五尺,高五寸。为周道庶望之外,径九步。”

这段记载内容丰富,且可以跟《后汉书・祭祀志》所记载的东汉光武帝建武年间援引“元始故事”所言的郊坛形制相对应,下文便逐句对之作考察:

上帝坛圆八觚,径五丈,高九尺

上帝坛为最里面一层坛,直径五丈,高九尺,“圆八觚”为继承宽舒泰一坛以来的格式,上面所供为天、地和高帝、高后。

茅营去坛十步,竹宫去坛三百步。土营径五百步

茅营、土营分别为以茅草和土所盖的神灵营垒。“营”《说文》七篇下宫部释

---

① 中华书局标点本此处为逗号,误。上帝坛、茅营、竹宫为礼拜上帝的一组建筑,与下文土营、神灵坛为礼拜神灵的另一组建筑不同,因此中间应为句号,以示文意结束。

② 中华书局标点本为“营(六甘泉)”,这样标点不确切。根据上下文意思,应为“营六:……”,即有六处坛营,下文为一一说明。

为"市居也",即围绕而居之意,军垒称营,天空的一组星官及其区域也称营,《后汉书·祭祀志》:"营即壝也","壝"为矮墙,则茅营、土营分别为以茅和土构筑的圆形矮墙区域,以安排神灵牌位。茅营离上帝坛十步,以茅草盖,笔者以为它指的是上帝坛之外,以茅草盖的圆形矮墙之内的环形区域。以茅草盖是上古以来一些祀神之所的格局,如周代的太社,即无墙,有顶,以茅草盖,公玉带献的"黄帝时明堂图"亦以茅草盖顶,茅营为继承此而来。

土营指茅营之外到以土墙垒的矮墙之内的环形区域,土营直径五百步,它是包裹上帝坛、茅营的同心圆。

神灵坛各于其方面三丈,去茅营二十步,广(坐)[三]十五步

这句话描述了神灵坛的位置。但言辞过于简略,令人费解。笔者以为"各于其方面"的"其"字很重要,它既不指茅营,也不指土营,而应指五行方位。"三丈"则指离最中央的上帝坛三丈。因为王莽订立的这个郊坛中神灵跟长安附近的五郊兆一样,都是按照《周礼》"兆五帝于五郊"的原则订立的。《汉书·郊祀志》说王莽"分群神以类相从为五部,兆天地之别神",这五部神灵分属于五个各安其方的神灵坛,神灵坛各宽三十五步,离茅草垒的矮墙二十步。

茅营、土营、神灵坛的大概位置关系如下图:

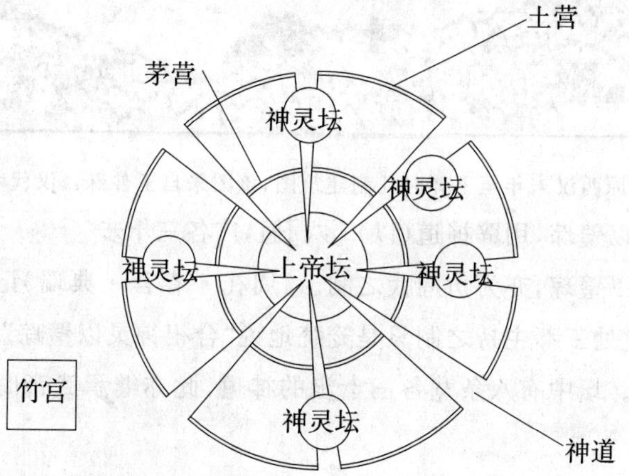

元始郊营示意图

从《后汉书·祭祀志》记载的光武年间对元始郊祀的继承看,茅营、土营内的

众神应为天、地、五帝之下的星辰海岱沟渎之类。

竹宫为遥拜祭祀之所，离坛三百步。汉武帝于甘泉宫郊太一畤即有竹宫，以竹为之(见本章第三节)武帝从竹宫中拜，韦昭注“以竹为之，天子居中”，颜师古引《汉旧仪》“竹宫去坛三里”，此竹宫去坛三百步，比起武帝竹宫离上帝坛近。

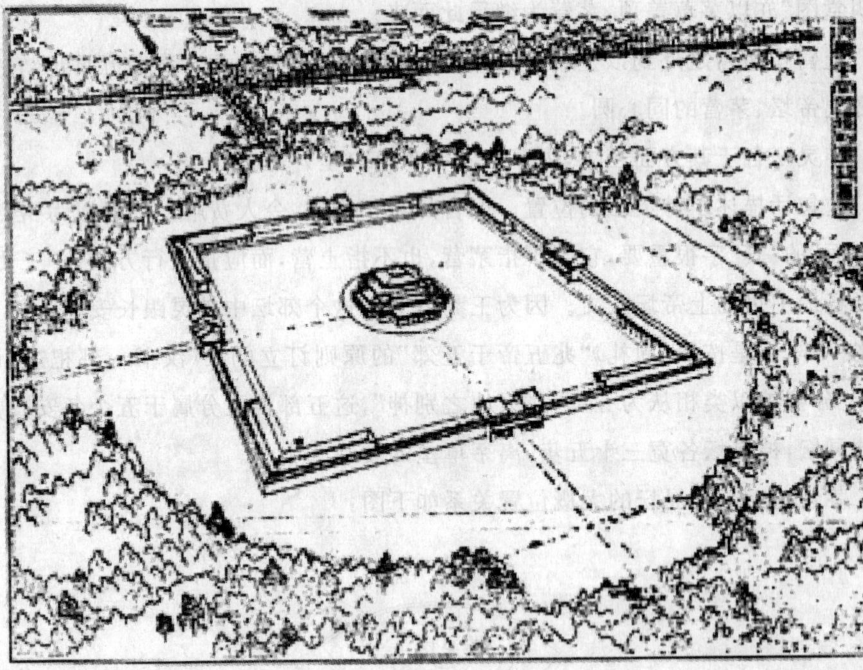

考古学者复原西汉末年至王莽时礼制建筑图，该图采自王仲殊：《汉代考古学概说》

合祀神灵以璧琮，用辟神道(以)［八］通，广各三十步

合祀神灵以璧琮，亦为仿周代之制。《周礼·春官·典瑞》记载了周代祀神用玉的原则，此处王莽主持之制只是笼统地说“合祀神灵以璧琮”，未尽言如何以玉礼神灵之制。坛中有八条宽各三十步的神道，此亦继承武帝时宽舒泰一坛而来。

竹宫内道广三丈，有阙，各九十一步。坛方三丈，拜位坛亦如之

竹宫为遥拜之坛。亦有坛，有数阙。

以上是元始郊坛的郊营，它由上帝坛、茅营、土营构成。郊营之外，是从天子

到庶人各自祭拜的地方,天子祭拜之处为"竹宫",离圆心上帝坛最近,而后往外依次是列望、卿望、大夫望、士望、庶望,这方面《后汉书·祭祀上》刘昭注引《黄图》同样有详细记载:

为周道郊营之外,广九步。营六:甘泉北辰于南门之外,日、月、海东门之外,河北门之外,岱宗西门之外

郊营外有一圈宽九步的"周道",此周道表示郊营到此为边缘。

郊营营垒有六:南门外是北辰,东门外是日、月、海,北门外是河,西门外是岱宗,这六处营垒是在茅营的四门外还是土营的四门外,典籍没有明言,但联系《后汉书·祭祀上》看,此六神为众神中之较尊者,因此应在茅营四门之外。这一格局后来为东汉光武年间的郊坛采纳"元始故事"所继承,惟一些神灵位置有异(见下一章第四节)。

为周道前望之外,广九步。列望(遂)[道]乃近前望道外,径六十二步。坛方二丈五尺,高三尺五寸

此为列望,是郊营外诸"望"中最里面的一圈。竹宫为天子祭拜之处,列望为上公祭拜之处,径六十二步,坛比竹宫的小,为二丈五尺。

为周道列望之外,径九步。卿望亚列望之外,径四十步。坛广三丈(按,此处可能为"二"之误),高二尺

此为卿望之道,在列望之外,宽四十步。正文云"坛广三丈"可能有误,因为从竹宫之坛到庶望之坛,高度是按等级降低的,卿望之坛不可能比列望的大,应比上文列望的小,因此不应为三丈,应为二丈。高度也比列望的低,为二尺。

为周道卿望之外,径九步。大夫望亚卿望道外,径二十步。坛广一丈五尺,高一尺五寸

此为大夫望之道,在卿望之外。坛比卿望的小而低,广一丈五尺,高一尺五寸。

为周道大夫望之外,径九步,士望亚大夫望道外,径十五步。坛广一丈,高一尺

此为士望之道,在大夫望之外,坛更低小,广一丈,高一尺。

为周道士望之外,径九步。庶望亚士望道外,径九步。坛广五尺,高五寸

此为庶人之望,在士望之外,坛最为低小,广五尺,高五寸。

为周道庶望之外,径九步

庶人之望外面是一圈宽九步的周道,表示是郊坛的边缘。

元始年间的郊坛,是根据纬书所云的天人关系设计的。《礼·含文嘉》:“五祀,南北郊、东西郊、中兆正谋五者,天子公侯伯子男卿大夫士所以承天也”①周道宽九步,取的是老阳之数,跟下文后土坛外的周道宽六步取老阴之数相对应。以上是郊天坛。后土坛的形制如下:

“后土坛方五丈六尺。茅营去坛十步,外土营②,方二百步限之。其五零坛(土)[去]茅营,如上帝五神去营步数,神道四通,广各十步。宫内道广各二丈,有阙。为周道后土宫外,径九(按:此九当为六之误)步。营岱宗西门之外,河北门之外,海东门之外,径各六十步。坛方二丈,高二尺。为周道前望之外,径六步,列望亚前望道外,[径]三十六步。坛广一丈五尺,高一尺五寸。为周道列望之外,径六步。卿望亚列望道外,径三十五步。坛广[一]丈,高一尺。为周道卿望之外,径六步。大夫望亚卿望道外,径十二步。坛广六尺,高六寸。为周道士望之外,径六步。凡地宗后土宫坛营,方二里,周八里。营再重,道四通。”

后土因为性质属于“阴”,因此坛、营、望的宽窄高矮用的都是阴数。

“五零坛”为五色土之分坛,其距离后土坛的步数跟上帝坛中五神离上帝坛步数一样,都是十步。其中有四条各宽十步的神道,还有后土宫,为天子祭拜后土之处,宫内有阙。后土宫外是一圈方的“周道”,表示是后土坛的边缘。周道外是一圈圈列望、卿望、大夫望、士望,排列跟天宗坛一致,只是没有庶人之望。后土坛郊营形制可简单绘成下图:

① 《纬书集成》,第753页。

② 中华书局标点本《后汉书·祭祀》作“茅营去坛十步外,土营方二百步限之”,王先谦《集解》作“茅营去坛十步,外土营,方二百步限之”,今从。

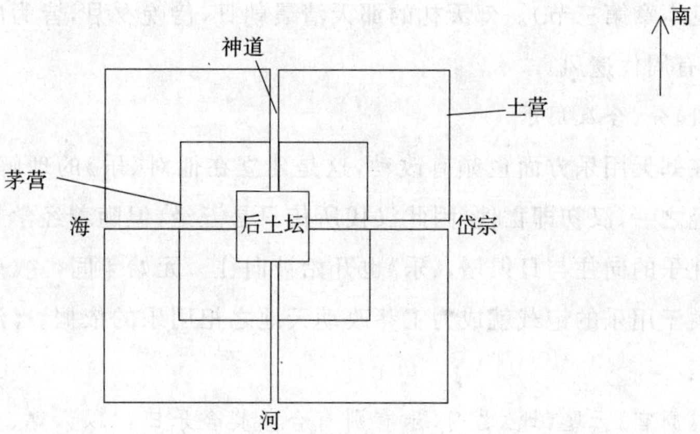

元始后土坛示意图

以上是经过王莽改动的元始天、地之郊坛形制，它跟匡衡改定的南北郊比，规模宏大，天坛有三里，地坛方圆二里，周长八里。内容丰富而严谨，神灵们各有其位，体现了以王莽为代表的汉儒经天纬地的宏阔理想。

2. 牺牲供奉

王莽对天地百神所受的牺牲供奉也进行了改动，主要是增加了粢盛。《汉书·郊祀志》王莽言：

> 牲用茧栗，玄酒陶匏。《礼记》曰天子籍田千亩以事天地，由是言之，宜有黍稷。天地用牲一，燔燎瘗埋用牲一，高帝、高后用牲一。天用牲左，及黍稷燔燎南郊；地用牲右，及黍稷瘗于北郊。

“牲用茧栗，玄酒陶匏”见《礼记·郊特牲》。玄酒即水，陶匏即陶器，《郊特牲》:“器用陶匏，贵其质也”，匡衡曾引用此段来反对甘泉太一畤用金银器和女乐。此外王莽据《礼记·祭统》云祭天地应有黍稷，这一理解是正确的。由此看来王莽在《礼》方面确实有一定素养。

3. 加上朝日、夕月

王莽改动的郊天礼中还加上了朝日、夕月。《汉书·郊祀志》王莽云：

> 其旦，东乡再拜朝日；其夕，西乡再拜夕月。然后孝弟之道备，而神祇嘉享，万福降辑。此天地合祀，以祖配者也。

郊天时朝日、夕月其实不是王莽的发明，汉武帝于甘泉宫祀太一时就曾朝日、夕月(见本章第三节)。郊天礼的那天清晨朝日，傍晚夕月，皆为向日月行揖拜之礼，此有周代遗风。

4. 阴阳分、合及用乐

王莽在郊天用乐方面也颇有改动，这是建立在他对《乐》的理解基础上的。《乐》为六经之一，汉初即亡佚，因此汉代所传只是五经，但随着经学日渐昌明和儒生们对礼乐的向往与日俱增，《乐》也开始被向往。元始年间，立《乐经》博士，《周礼》中关于用乐的记载就成为王莽改动天地之祀用乐的依据。《汉书·郊祀志》王莽云：

“《周官》天坠(地)之祠，乐有别有合。其合乐曰：‘以六律、六钟、五声、八音、六舞大合乐’祀天神，祭地祇，祀四望，祭山川，享先妣先祖。凡六乐，奏六歌，而天地神祇之物皆至。四望，盖谓日月星海也。三光高而不可得亲，海广大无限界，故其乐同。祀天则天文从，祭地则地理从。三光，天文也。山川，地理也。天地合祭，先祖配天，先妣配地，其谊一也。”

“其别乐曰：冬日至，以地上之圆丘奏乐之六变，则天神皆降；夏日至，于泽中之方丘奏乐八变，则地祇皆出。天地有常位，不得常合，此其各特祀者也。阴阳之别于日冬夏至，其会也以孟春正月上辛若丁。天子亲合祀天地于南郊，以高帝、高后配。阴阳有离合，……，以日冬至使有司奉祠南郊，高帝配而望群阳，日夏至使有司奉祭北郊，高后配而望群阴，皆以助致微气，通道幽弱。”

以上是王莽对阴阳分、合之祀的认识。他认为阴、阳大部分时间是分开的，一年中只有孟春正月上辛若丁二者相合(按，孟春正月上辛为周代历法中的春分前后，周正正月为夏正三月，周代于春分日郊天渊源最古，因为要用辛日，所以要占卜，到战国时期，天文历法知识的发展，对郊天性质的认识产生分歧，《月令》：“天子乃以元日祈谷于上帝”，郑玄注谓以上辛日郊祭天，辛日为“先甲三日”，见第一章第四节)，这是王莽作为儒生，对礼学中郊祀内容的新理解。

王莽“以日冬至使有司奉祠南郊高帝配而望群阳，夏至使有司奉祠北郊高后配而望群阴”①。其他时间，阴阳分开，因此天地之祀分别进行。这样的认识是以阴阳“气”的运行为基础的。合乐，即阴阳之气合，天地合祀时所用之乐；别乐，即阴阳之气分，天地别祀时所用之乐。从这段记载看，王莽对《周礼·春官·大司乐》是有研究的，但因周代王官乐师所掌技艺的失传，他对具体的雅乐技艺也无法深究，他对“乐”的理解主要是将“乐”按天、地和时令的阴阳来运用，王莽认为《春官·大司乐》用来祭祀天神、地祇、四望、山川、先妣先祖的“乐”是相同的，天地合祭时先祖配天，先妣配地，此为“合乐”；“别乐”则是说冬至日祭天、夏至日祭地用不同的乐，颜师古注：

> “天神之乐：圜钟为宫，黄钟为角，太蔟为徵，姑洗为羽，雷鼓为鼗，孤竹之管，云和之琴瑟，《云门》之舞。地祇之乐，函钟为宫，太蔟为角，姑洗为徵，南吕为羽，灵鼓灵鼗，孙竹之管，空桑之琴瑟，《咸池》之舞。先奏是乐，以致天神，礼之以玉，然后合乐而祭。”

上文中从“天神之乐”到“咸池之舞”，为引《春官·大司乐》之文，“先奏是乐”到“合乐而祭”，是师古注元始郊祀用乐的程序。

以上是元始年间王莽辅政时的礼仪和郊祀情况。这一阶段礼仪和郊祀的特点是根据五经（尤其是古文经《周礼》开始发生影响）记载，增加了一些礼仪，并对郊祀细节作了许多改动。这样，西汉的南北郊到此是第三次变了，第一次是武帝设甘泉太一畤祭天，汾阴祭后土，第二次是将它们迁入长安南北郊，第三次便是此次改动。《后汉书·祭祀志》王先谦《集解》引黄山曰总结道：

> “西京郊祀紊滥，按前书《郊祀志》高帝初因秦雍四畤增北畤而备五帝，文帝复起渭阳五帝庙，始合祀泰一、地祇，武帝又增汾阴后土、甘泉泰一，皆名曰郊。盖以泰一为天，后土为地。讫于元帝，祠泰一必之甘泉，祠后土必之汾阴，皆远逾百里，至不能往，则遣有司告祠，尤悖亲郊之义。成帝用匡衡之议，定长安南北郊，郊礼始正。乃成帝定而旋改，哀帝复而又废，平帝元始五年，莽请复如衡议，复南北郊，……中兴，于大祭祀，动称元始中故事，实则皆莽之乱制，讳之，故曰元始耳。”

---

① 《汉书·郊祀志》。

从此段总结可以看出,元始郊祀是中国古代王朝祭礼发展过程中承上启下的重要环节。"元始故事"很大程度上为东汉继承,而东汉的王朝祭礼已为后世奠定了基本格局乃至细节,因此,元始郊祀对后世是有深刻影响的。

二、新莽代汉后的礼仪

元始之后,王莽作为众望所归的"当代周公"顺利地代汉。代汉后他进行了改制,试图在人间建立一个如经书记载的那样嘉瑞丛生、休征遍地,均平富足、以古为今,以天堂为人间的理想国家。在王莽代汉的始建国、天凤、地皇年间,"天"的旨意变得更加神秘和不可抗拒,各种符命此遍地开花般出现,哀章的金匮成了代汉的依据,卖饼者和门吏因姓名令王莽称心,被按符命擢拔为公卿①,热衷封侯的人纷纷说自己有符命以讨取利禄,在这样的氛围下,经书中描述的阴阳五行格局,也作为"天"之秩序的体现深入到王莽建立的各项制度中。王莽代汉后的官制、礼仪、祭祀都是按他们心目中"天"之旨意安排的,以其四辅官制为例。始建国元年王莽策群司:

"岁星司肃,东(狱)[岳]太师典致时雨,青炜登平,考景以晷。荧惑司悊,南岳太傅典致时奥,赤炜颂平,考声以律。太白司艾,西岳国师典致时阳,白炜象平,考量以铨。辰星司谋,北岳国将典致时寒,玄炜和平,考星以漏。月刑元股左,司马典制武应,考方法矩,主司天文,钦若昊天,敬授民时,力来农事,以丰年谷。日德元厷右,司徒典制文瑞,考圜合规,主司人道。五教是辅,帅民承上,宣美风俗,五品乃训。斗平元心中,司空典致物图,考度以绳,主司地里,平治水土,掌名山川,众殖鸟兽,番茂草木。各册命以其职,如典诰之文。"②

四辅和司马、司徒、司空为新莽重臣核心。当时四辅为太师(安阳侯王舜),太傅(就德侯平晏),国师(羲和刘歆),国将(梓潼人哀章,曾献金匮),大司马为承阳侯甄邯、大司徒为丕进侯王寻、大司空为成都侯王邑。这些重臣中,四岳是取

① 《汉书·王莽传》记王莽按照符命搜求到姓名为王兴、王盛的十来个人,其中原为城门令史的王兴和原来卖饼的王盛容貌合乎卜筮所得之相,便直接从布衣登用,以示敬从神灵。

② 《汉书·王莽传》,下文不出注者同。

《尧典》四岳十二牧之意,他们的职掌跟汉代流行的四方、五行之司(魏相之《易》曾提到,见本章第四节)对应,这种官制跟具体政务的需要其实没有什么关系,因为四辅所掌的时雨、时燠、时阳、时寒跟兵刑钱谷等实际政务所需并不密切,它只是体现了阴阳时气的运行规律,是天地之司在人间的重设。同样的特点反映在司徒、司马、司空职掌对应中。司马应月,司徒应日,分别对应刑德,司空应斗,斗是王莽认识中具有神威之物,王莽天凤四年曾铸“威斗”,“以五石铜为之,(李奇曰:‘以五色药石及铜为之’),若北斗,长二尺五寸,欲以厌胜众兵。既成,令司命负之,莽出在前,入在御旁”,反映了天的意旨。

官名	方岳	对应星辰	职掌	所应	对应工具
太师	东岳	岁星	时雨	青炜	晷
太傅	南岳	荧惑	时奥(燠)	赤炜	律
国师	西岳	太白	时阳	白炜	铨
国将	北岳	辰星	时寒	玄炜	漏
司马		月	武应	刑	矩
司徒		日	文瑞	德	规
司空		斗	图物	平	绳

按这样的格局设置官制,是王莽建立太平盛世努力的一部分,相应地还有井田、爵禄、州郡、币制等的推行,在王莽看来,制度本身自然具有处理兵刑钱谷等实际政务的力量,《汉书·王莽传》:“莽意以为制定则天下自平,故锐思于地里,制礼作乐,讲合六经之说。公卿旦入暮出,议论连年不决,不暇省狱讼冤结民之急务。县宰缺者,数年守兼,一切贪残日甚。”在这样的认识下,公卿们旦入暮出,大量的精力被用来改定地名,制作礼乐,处处要跟六经相合,至于实际的狱讼等“民之急务”,反倒被搁置一边,行政效率遭到了破坏,这反映了西汉儒生在治国之术方面的虚幻和无知,结果是民生凋敝。然而,同样在“天”的意旨下进行的、复古色彩浓重的新莽礼仪建设,其成功之处比官制、地名、井田、币制等多得多,虽然其中有些(如正朔服色)因新莽政权的垮台而被扫进垃圾堆,但大多数礼仪的名目,如巡狩、庙制、大射、养老等,由后来的东汉王朝继承,见后文。

1. 正朔服色

王莽改制,是按照经、纬中的儒生理想亦步亦趋进行的。王莽改国号为新之后:

“改正朔，易服色，变牺牲，殊徵帜，异器制。以十二月朔癸酉为建国元年正月之朔，以鸡鸣为时。服色配德上皇，牺牲应正用白，使节之旄旛皆纯黄，其署曰‘新使五威节’，以承皇天上帝威命也。”

改正朔是承接汉武帝时改元太初的举动。但汉武帝改元太初，一方面固然是应吏民的需要，另一方面是因为此前沿用的秦颛顼历误差太大，确实有必要改进历法的精度。王莽时期的改正朔、易服色则纯粹出于儒生们对正朔、服色性质的认识——既然正朔、服色均为“气”之所彰，而“气”运行已经过了汉，到了新莽，正朔、服色也应该改成新的，以承接“皇天上帝”的旨意。不过新莽改正朔跟后来曹魏改汉正朔还不一样，曹魏改汉正朔纯粹是为了说明自己代替了汉的政治正统，并没有拿改正朔当作处理实际政务的手段，新莽则不同。天凤六年春，王莽见盗贼众多，

“乃令太史推三万六千岁历纪，六岁一改元，布天下。下书曰：‘《紫阁图》曰：太一、黄帝皆仙上天，张乐昆仑虔山之上。后世圣主得瑞者，当张乐秦终南山之上。’予之不敏，奉行不明，乃今谕矣。复以宁始将军为更始将军，以顺符命。”

这里，王莽将改元当作能让盗贼平息的手段来运用，这样的思维固然荒唐，在当时它来自纬书。纬书的一大特点便是理想与现实不加区分。《紫阁图》为一种纬书，王莽将这样的思维方式搬来指导现实，反映的是儒生的虚幻和无知，他们对礼仪、信仰的滥用已经超过了战国、秦以来既定的“治出于二”格局的许可，走到了另一个极端，结果是必然失败。

2. 物化礼乐

王莽代汉之后，因新建一朝，又有一些跟此有关的礼仪方面的兴作。《王莽传》：“五威将军乘乾文车，驾坤六马，……每一将各置左右前后中帅，凡五帅。衣冠车服驾马，各如其方面色数。将持节，称太一之使，帅持幢，称五帝之使。”

王莽还作了乐。天凤六年，初献新乐于明堂、太庙。群臣始冠麟韦之弁（李奇曰：“鹿皮冠”）。或闻其乐声，曰：“清厉而哀，非兴国之声也。”说王莽作的乐听上去既凄厉又哀伤，不是能发达兴旺的祥和之声。

3. 巡守

巡守是传说中古代帝王巡视国土,考察政务,体察民情的古礼。《礼记·王制》郑玄注虞夏五年一巡守,周为十二年一巡守。据说帝尧的时候就有了巡守礼,《尚书·尧典》:“岁二月,东巡守,至于岱宗,柴,望秩于山川,肆觐东后。”巡守时要观察风俗、聆听时政、访贫问苦、祭祀山川,因此是集处理政务、祭祀于一体的礼仪活动。《尧典》记载的巡守在《左传》中有对应,庄公二十七年:“天子非展义不巡守,诸侯非民事不举,卿非君命不越竟”;僖公四年齐国伐楚,齐人责问楚时提到“昭王南征而不复”,《史记·周本纪》则说:“昭王南巡守不返,卒于江上”,《左传》记载的是周代巡狩之制,到了《礼记·祭义》:“天子巡守,诸侯待于竟,”《墨子》则云,“尧北教乎八狄道,死葬蛩山之阴,舜西教乎七戎道,死葬南巳之市,禹东教乎九夷道,死葬会稽之山”是战国人对周代巡守的追忆。汉初博士作的《王制》对这些说法作了综合:

“天子五年一巡狩。岁二月,东巡狩,至于岱宗,柴而望祀山川。觐诸侯,问百年者就见之。命大师陈诗以观民风,命市纳贾,以观民之所好恶,志淫好辟,命典礼考时月,定日同律,礼乐制度衣服正之。山川神祇有不举者为不敬,不敬者君削以地;宗庙有不顺者为不孝,不孝者君绌以爵;变礼易乐者为不从,不从者君流;革制度衣服者为畔,畔者君讨。有功德于民者加地进律。五月,南巡狩,至于南岳,如东巡狩之礼。八月,西巡狩,至于西岳,如南巡狩之礼。十有一月,北巡狩,至于北岳,如西巡狩之礼。归,假于祖祢,用特。”

巡守的名义给予统治者亲自到各地视察乃至征讨的机会。王莽代汉后亦进行巡守。但他“以为四夷不足吞灭,专念稽古之事”,他下书:“伏念予之皇始祖考虞帝,受终文祖,在璇玑玉衡以齐七政,遂类于上帝,禋于六宗,望秩于山川,遍于群神,巡守五岳,群后四朝,……予以受命即真,到建国五年,已五载矣……,其以此年二月建寅之节东巡狩,具礼仪调度。……”这次没有实行。后来王莽又恢复了《王制》记载的。一岁四巡之制。天凤元年,莽曰:

“予以二月建寅之节行巡狩之礼,……。予以东巡,必躬载耒,每县则耕,以劝东作。予以南巡,必躬载耨,每县则薅,以劝南伪。予以西巡,必躬载铚,每县则穫,以劝西成。予以北巡,必躬载拂,每县则粟,以劝盖藏。毕北巡之礼，即于中土居洛阳之都焉。”

看样子，王莽的巡守主要内容不是了解各地政治情况和访贫问苦，而是到各个方位施行耕作礼仪，如东巡载耒躬耕，南巡载耨锄草，西巡载铚收割之类。他的巡守完全是教条主义地照搬《王制》，似乎将经书中记载的巡守制搬进现实，农业生产自然就五谷丰登了。

新莽年间的改正朔、易服色，作新乐，定庙制、巡守各地，是儒生们按想象建立“理想国家”之后，将经、纬书中的礼仪事务全盘搬进现实的实践。因为经书中的礼仪经过了纬书在时空方面增加内涵的加工，理想色彩浓重，它们被当作能让太平盛世降临的制度来执行，王莽将时间和心思都花在了这些事上，处理实际政务反而无能、荒疏和怠惰。当这些不切实际的措施对行政效率和社会生产的破坏达到一定程度时，王莽改制也就失败了，此后，礼乐制作便跟实际政务需要开始协调，当然，这一任务是由后来的东汉来完成的。

三、新莽年间的祷祠

王莽对“天”是笃信不疑的。这种笃信不疑完全能用迷信和盲从来形容，它一方面表现为郊坛的夸大和郊礼的繁盛，另一方面表现为符命的泛滥。地皇四年大势已去时，王莽还率群臣到南郊，陈说其符命本末，仰天道：“皇天既受命于臣莽，何不殄灭众贼？即令臣莽非是，愿下雷霆诛臣莽！”而后捶胸顿足地大哭到气绝，再伏下磕头，又“作告天策，自陈功劳千余言”，这反映了王莽在空虚绝望之际仍然迷信“天”的力量并对之进行哀求。

此外，王莽还颇好方术，天凤六年，“又博募有奇技术可以攻匈奴者，将待以不次之位。言便宜者以万数：或言能度水不用舟楫，连马接骑，济百万师，或言不持斗粮，服食药物，三军不饥，或言能飞，一日千里，可窥匈奴。莽辄视之，取大鸟翮为两翼，头与身皆著毛，通引环纽，飞数百步坠。莽知其不可用，苟欲获其名，皆拜为理军，赐以车马，待发。”这反映了王莽虽好儒术，仍不能摆脱西汉一朝兴盛的神仙方术的影响，而且为了成就个人的野心，他还特别喜好这些。

王莽还以万金之费起八风台，还崇鬼神淫祠，至其末年，或许是内外交困导致他的绝望以至于乞灵于神灵，“自天地六宗以下至诸小鬼神，凡千七百所，用三牲鸟兽三千余种。后不能备,乃以鸡当鹜雁,犬当麋鹿。”

新莽年间的祷祠,是战国以来数术方技兴盛,欲登入庙堂的继续、它们伴随着王莽忽而浮夸虚妄,忽而空虚绝望的心情起落。在国家祭祀的洪流中激起几朵浑浊的浪花。然而,随着新莽政权的倒台这些方术也被扫进了垃圾堆,消无声迹地回归到民间方术中。

结　语

西汉一朝的国家祭祀是最复杂繁乱的,这跟整个西汉王朝的时代特征有关。在中国历史上,西汉王朝奠定了大一统的政治格局,形成了汉族,统一了思想和文化,从祭祀、礼仪的角度看,汉初几乎完全继承了秦朝由其诸侯时期的地方祭祀发展而来的国家祭祀,其形上学水准仍然处于战国民间祭祀的水平,这大概跟黄老无为而治在信仰领域的放任不无关系。自文帝以来,社会的安定为各种信仰的浮现提供了基础,此后儒生、方士们纷纷设计着他们心目中的信仰,并不断将之献于王庭。汉武帝的时代是文治武功都鼎盛的时代,他本人的热衷礼乐祭祀之事为帝国从上到下的人们跻身于这个领域提供了时代的机遇,于是新增加了很多神灵之祀,神仙方术充斥于宫廷和别苑,封禅在热闹非凡的状况下进行,礼乐制作虽然不合古,毕竟为庙堂中增加了初战国、秦以来的继发性神灵祷祠以外的其他内容。此时,西汉经学的发展使上古文化从五经的断简残片中不断缀合,礼典和礼乐都还在不绝如缕地传承。由于自战国以来象数之专学的渗入,五经从传载上古文化的纯章句之学到逐渐蕴涵了象数内容,这种象数内容集宇宙观和历史观于一体,表达着汉儒的理想。于是,以经书所说的上古礼典改动战国、秦以来的国家祭祀便成了必然,后者终于被废除,虽然西汉时尚不彻底。

于是,宣元以后,西汉的国家祭祀从一种低水平的粗陋宗教重新被改造成了礼典,其他礼典和礼乐也不断进入王朝政治生活领域。王莽时期,兴明堂、立辟雍、起灵台,改郊祀、立六宗、制礼作乐,好不热闹。但仔细观察便可看出,这些文化和信仰的建设和当时儒生们的理想一样,是一堆随时可能消散的泡沫,《王制》所记六礼的礼典,仍然没有跟公卿士民的婚丧嫁娶、饮食起居联系起来,这和新莽的短命当然不无关系。更重要的原因是,上古礼典在施行时能处理实际政务,但这种功能从战国以来便被官僚政治兴起后所奠定的“治出于二”取代了，实际政治事务的需要直接制约着礼典可能施行的范围，它必须存在于这些得到实施之后。东汉在意识形态上继承了新莽时的既有成果，也有人梦想让它下及百姓，像三代那样，最终还是没有成功，这将转入下一章的叙述。

第四章　定型：东汉"治出于二"的新格局下王朝祭礼的定型

上一章节我们考察了西汉的王朝祭礼。在周秦两汉王朝祭礼的发展过程中，西汉的王朝祭礼是最复杂散乱的，它一波三折，如同发源于高山的长河在进入平川后，接纳了众多来自不同地域的支流之水，激荡、汇合着朝前涌进，经过若干次反复，基本的走向和水势、水质均已确定，下面的步骤就是继续浩荡而平静地前进。如果说西汉的王朝祭礼演进犹如冲出峡谷，一再彭湃的激流，东汉的王朝祭礼则犹如水阔岸宽，浩荡平静的大江，此时，诸多的支流已经汇入，平静地在广袤的原野上流淌。这就是东汉时期王朝祭礼的基本景象，本章将对它进行考察。

本章对东汉王朝祭礼的考察仍然要立足于"治出于二"和礼乐制作之间的关系，因为东汉时期的"治出于二"经历西汉王朝二百年的政治稳定、文化发展，礼"义"已平静而悄然地融入了文书簿记、司法断狱和种种行政事务之中，礼仪事务的融入以及它们跟兵刑钱谷等实际政务的逐渐协调，使东汉的"治出于二"产生许多变化，最终形成跟战国、西汉的"治出于二"颇多不同的格局。就中国古代王朝祭礼在东汉时期的发展而言，主要内容就是：东汉王朝祭礼继续着它自身跟"治出于二"之间的协调过程。这个过程的内容大致有三方面：第一，自西汉就开始的礼乐之"式"的制定，到东汉时期最终确定了它影响力所及的程度；第二，在西汉"治出于二"变化的基础上，《礼记·月令》所载的礼仪到东汉时期被全盘搬进现实，郊祀天地百神之礼也被纳入了《月令》按一年时气变化运行的体系；第三，此前经历长期发展的民间宗教和各种方术，到东汉时期终于汇集成早期道教，它已经形成一种理念、制度、实践足能跟王朝祭礼分庭抗礼的整套信仰体系，王朝的统治者们已不可能像此前历代的公卿们那样漠视它（民间信仰）的存在了，因此，到东汉，王朝祭礼在最终定型的同时，跟民间宗教在理念、制度、实践等方面最终分流。

本章的几个小节就对这些内容进行具体考察。

第一节　东汉的礼乐制作与“治出于二”的关系

东汉的礼乐制作跟“治出于二”的关系，在西汉和新莽基础上进一步发展。西汉因“治出于二”的出现开创了以制定律令的方式来制定礼乐的先河——西汉最初制定的礼乐之“式”内容主要是宗庙乐舞，其性质跟“治出于二”格局下大量制定的律、令近似，并具有同等的权威性。将之收入《傍章》，并跟律令同藏于理官就是这一表现（见上一章第七节）。到王莽当政时，礼乐方面的内容更是顺应着吏民的热情大量制定（见上一章第八节），但王莽改制最终失败了，西汉和新莽时期儒生那种大规模制礼作乐的热情也不复存在。到东汉，现实政治领域中像王莽改制那样迂阔和不切实际的部分被大量清除，礼仪制度的建设也相应地失去了点石成金、立竿见影地让太平盛世降临的神力，但它的神圣性并未在很多大儒心目中降低，因为在东汉，要求制作礼乐的士大夫们仍然将它看作一种很高层次的、象征着盛世太平的表征，并希望让它下达于庶人。这种礼乐制作的要求和努力跟东汉“治出于二”之需要之间的调适点，最终形成了礼乐下达的范围所在，本节便对此作些考察。

一、曹褒、张奋的制礼和失败——对“治出于二”原则的偏离

（一）东汉的礼经学和儒生们对“制礼作乐”的认识

要考察东汉的礼乐制作，必须注意到这一时期的经学背景，尤其是官方的今文经学。据《后汉书·儒林传》东汉官方的十四博士是施、孟、梁丘、京氏《易》；欧阳、大小夏侯《尚书》；齐、鲁、韩《诗》；大小戴《礼》；颜严《春秋》。在西汉经学昌明的基础上，东汉经学继续着诸经混融的过程，而且今文经学跟谶纬混融，古文经学兴起。总的说来，此时东汉的今文经章句之学已由极盛而衰，虽然章句、典籍浩繁众多，光武帝还至洛阳时“其经牒祕书载之两千余两（辆），自此之

后，参倍于前”[①]，并且求学者人数甚多，《后汉书·儒林传》说当时“学者猥众”，但今文经学平庸而缺乏创意，本初元年梁太后下诏后“游学增盛，至三万余生。然章句渐疏，而多以浮华相尚，儒者之风盖衰矣”[②]，这是当时经学的整体状况。礼学作为经学的一部分也是如此，东汉的礼学总体上是平庸无绩的，这从载入《后汉书·儒林传》的《礼》学者人数之少可见一斑，《后汉书·儒林传》习礼者仅传庆氏礼的董均一人入传[③]，跟习《易》、《诗》、《尚书》、《春秋》者均有多人跻身列传[④]相比相去甚远。这并不是因为当时学《礼》的人少，而是因为没有出色到可以入传的，《后汉书·儒林传》说大小戴礼“虽相传不绝，然未有显于儒林者”，章帝时想要制作礼乐，问班固怎么办，班固说：“京师诸儒，多能说礼，宜广招集，共议得失”，章帝回答：“会礼之家，名为聚讼，互生疑异，笔不得下”，最后召传庆氏礼的曹褒制作《汉礼》（详下文），这些都说明了当时在礼学方面卓有成就的学者不多。

东汉礼学的平庸，是因为构成礼学的诸内容到东汉时期能进一步发蒙阐明者已经不多。在西汉，构成礼学的内容主要有两部分，一部分是各种礼典及登降揖让的细节，这存在于《礼经》及有关章句之学中，这些已经过西汉经师们（高堂生、欧阳千乘、后仓等）的发蒙，有关大义则在《传》、《说》、《记》中，到东汉时期这部分内容均到了无可再牵引发挥的地步；另一部分是“礼”中的天人合一思想和制度，这存在于《月令》中。《月令》从大小戴时已羼入《礼记》，以解说“礼”的要义，但从西汉时期开始，天人之学最高深的部分就已不在经学中，而在阴阳数术和谶纬中，东汉继承了这一倾向——当时的谶纬中保存了不少天人之专学的内容，连光武帝这样的中兴之主、郑玄这样的学术大师都信谶

① 《后汉书·儒林传》。

② 同上。

③ 《后汉书·儒林传》记董均“习庆氏礼。事大鸿胪王临。元始中，举明经，迁廪牺令”，“钧博通古今，数言政事。永平初，为博士。时草创五郊祭祀，及宗庙礼乐，威仪章服，辄令均参议，多见从用，当世称为通儒”。

④ 据《后汉书·儒林传》，习《易》者有范升、任安（孟氏《易》），杨政、张兴（梁丘《易》），戴凭（京氏《易》），陈元、郑众（费氏《易》）；习欧阳《尚书》者有欧阳歙、曹曾、陈弇、宋登等；习韩《诗》者有薛汉、杜抚、召驯、杨仁、赵晔等；习毛《诗》者有卫弘、郑众、贾逵、马融等，均有多位学者入传，相比以上诸经，《礼》学者人数少且成就平庸。

纬，东汉时期的谶纬内容尚不完全是一团沆瀣（见本章第五节），而且东汉的礼学受谶纬影响亦很深。至于在三代礼乐文明中存在过的各种礼典和金石雅乐的关系，早在汉初儒家传《礼》时就没能保存下来，东汉的礼学更没有这方面内容。

因此，今文经的《礼》学传至东汉，其学术内容中留有发展的余地已经不多，这是造成东汉礼学平庸最根本的原因。此外在西汉中后期就开始的五经混融的基础上，到东汉，《礼》跟其他经、跟谶纬等进一步混融。如《后汉书·儒林传》记景鸾“少随师学经，涉七州之地。能理齐《诗》、施氏《易》，兼受河洛图纬，作《易说》及《诗解》，文句兼取河、洛，以类相从，名为《交集》，又撰《礼内外记》，号曰《礼略》。又抄风角杂书，列其占验，作《兴道》一篇。及作《月令章句》”，景鸾在《儒林传》中是作为《诗》学者列入列传的，所学涉及《诗》、《易》、《礼》和河洛图纬，从他所学可以看出礼经学跟其他经学以及谶纬的混融，这是当时经学的普遍状况。又《后汉书·儒林传》记宋登“少传欧阳《尚书》，教授数千人。……顺帝以登明识礼乐，使持节临太学，奏定典律，转拜侍中”，宋登所传为欧阳《尚书》，由他定礼典，而不是由习大小戴的礼博士来“持节太学，奏定典律”，这一方面反映了当时大小戴礼学博士水平不高，另一方面反映了东汉的礼学内容进一步跟《尚书》等其他经混融。又《后汉书·儒林传》记载刘昆事迹：

> “（刘昆）少习容礼。平帝时，受施氏《易》于沛人戴宾。能弹雅琴，知清角之操。王莽世，教授弟子恒五百余人。每春秋乡射，常备列典仪，以素木瓠叶为俎豆，桑弧蒿矢，以射‘菟首’。每有行礼，县宰辄率吏属而观之。王莽以昆多聚徒众，私行大礼，……光武帝时除为江陵令，时县连年火灾，昆辄向火叩头，多能降雨止风。”

上文所云的“容礼”在西汉初即有传承，属纯礼仪的范畴，而“弹雅琴，知清角之操”属于传承“乐”的内容。清角为三代古乐中的至悲之音，见《晏子春秋》记师旷事迹。师旷曾为晋平公奏“清角”，晋国大旱三年（见第二章第二节），刘昆知清角即懂得古音。至于以素木瓠叶行乡射礼，为西汉时期礼学者传承古礼礼典的继续。章怀注引《诗·小雅·瓠叶》诗序：“昆惧礼之废，故引以瓠叶为俎实，射则歌'菟首'之诗以为节也。"刘昆的习礼和习《易》并非毫不相干的两种,相反,从他所习的《易》和礼看,他对《易》中蕴涵的天人之学和礼、乐中蕴涵的数度思想同样精通,这些内容跟官方的礼学博士所习是不同的,反映了当时官方的礼学——无论纯粹的章句之礼学还是羼入天人之学的明堂阴阳之礼学,均已走到尽头,另有生命力的礼的内容在民间。

曹充、张纯父子正是在这种经学背景下出现的出色的礼学学者。《后汉书·曹褒传》记载曹褒之父曹充"持庆氏礼",庆氏礼即西汉庆普所传之礼学,庆普为后仓弟子,其学从西汉开始即未立于学官,而且从汉初高堂生开始,所传之礼即为一些礼典,跟古典雅乐无涉,以后的西汉礼学均如此。庆普之师后仓著《后氏曲台记》,为在曲台行射礼的记录;大、小戴以《月令》羼入说《礼》之《记》,则西汉高堂生所传的礼学走的是单研登降揖让的路子,并没有跟雅乐的内容结合起来。庆氏礼传至曹充,沿袭了单研礼典的传统。曹充"建武中为博士,从巡狩岱宗,定封禅礼,还,受诏议立七郊(南北郊加上五时迎气之郊)、三雍、大射、养老礼仪",由此可见曹充擅长是礼典的订立,而且在当时风气下,曹充所习礼学已羼入谶纬,曹充在明帝即位后进言:"汉再受命,仍有封禅之事,而礼乐崩阙,不可为后嗣法。五帝不相沿乐,三王不相袭礼,大汉[当]自制礼,以示百世。""再受命"即指光武复汉,曹充认为既然再受命就该再度制作礼乐,明帝听说此言后问根据,曹充说:"《河图括地象》'有汉世礼乐文雅出'、《尚书璇玑钤》'有帝汉出,德洽作乐,名予'",从他所引有谶纬看,他传的庆氏礼已非西汉庆普之学的原貌。当时经学、纬书已经融合,纬书中蕴涵的象数之专学的内容甚于经学,它对王朝的受命有事先的预言,对礼乐的性质有自己的解释,礼乐被认为是在时空流逝的框架中体现王朝受命的至高存在(上一章第五节)。曹充引纬书就是为了说明礼乐的意义,明帝认为很对,于是根据《尚书璇玑钤》"有帝汉出,德洽作乐,名予"改太乐官为太予乐,并拜曹充为侍中,传庆氏之礼。

曹充所习之庆氏学承自西汉,所擅是礼典,另一位东汉大儒张纯所擅的礼学大致也是这样,张纯"在朝历世,明习故事",建武初年"自郊庙婚冠丧纪礼仪,多所正定”①，说明张纯所擅的是礼典的仪式，这是礼。至于乐，在东汉儒生看来仍是地位很高的、象征一代王朝受命的东西，张纯之子张奋要求制礼作乐，继续着西汉贾谊、董仲舒、王吉以来儒生们的愿望，《后汉书·张奋传》记张奋在家时上疏：

“圣人所美，政道至要，本在礼乐。五经同归，而礼乐之用尤急。……臣以为汉当制作礼乐，是以先帝圣德，数下诏书，愍伤崩缺，而众儒不达，议多驳异。臣累世台辅，而大典未定，私窃惟忧，不忘寝食。臣犬马齿尽，诚冀先死见礼乐之定。”

“五经同归，礼乐之用尤急”跟贾谊要求汉文帝制礼作乐如出一辙，体现了张奋仍然将礼乐看作一朝受命象征那么一种认识。永元十三年，张奋被拜为太常后又上疏：

“汉当改作礼乐，图书著明。王者化定制礼，功成作乐。谨条礼乐异议三事，愿下有司，以时考定。昔者孝武皇帝、光武皇帝封禅告成，而礼乐不定，事不相副。先帝已诏曹褒，今陛下但奉而成之，犹周公斟酌文武之道，非自为制，诚无所疑。久执谦谦，令大汉之业不以时成，非所以章显祖宗功德，建太平之基，为后世法。”

“图书”即谶纬，此处他跟曹充一样提到了谶纬，是因为想说明东汉应该改作礼乐。张奋认为光武帝已进行了封禅，此前曹褒也制作了汉仪（见下文），但东汉一朝的礼乐仍然阙如，这不合乎一朝受命应制作礼乐的原则。张奋的两次上疏要求制作的礼乐不是一般的郊祀或宗庙乐舞，而是如舜之《韶》，汤之《濩》，武王之《大武》那样性质为颂声的、体现一朝受命的乐舞。当时东汉郊祀有《云翘》、《育命》乐舞，宗庙祭祖有《文始》、《五行》等乐舞，但两汉均没有制作像周武王《大武》那样既歌功颂德又象征王朝嬗替的乐舞，张奋的上疏就是要求东汉制作这样的礼乐。他认为礼乐是“化定”“功成”的象征，这是继承了贾谊、董仲舒、王吉以来的儒生们对礼乐的看法，但三代古礼是礼乐水乳交融的，它深深植根于“治出于一”的土壤中，三代的各种雅乐则形成一个由乐师掌握要义的完整体系，作为

① 《后汉书·张纯传》。

一代受命的颂声雅乐跟民间所采之乐以及用于宴享、祭祀等乐在这个体系中各有位置（见第一章第三节）。在战国之际的社会变动中，乐师所掌的技艺和“乐教”失传，宗周的雅乐体系散亡，象征王朝受命的乐舞和用于宴享、祭祀的乐舞之间的关系已不为汉代人明了，因此，尽管两汉代儒生一再要求制礼作乐，但是因为周乐体系和相关技术已基本失传，制作这样的代表一朝受命的雅乐已经没有条件。何况东汉的礼经学内容平庸，乐律技艺又几乎完全失传（三代的乐律古法到汉代变成了候气和合音律，不能再用于音乐创作，见本章第三节）的情况下，要制作像三代那样既歌功颂德、又表示王朝嬗替的雅乐已不再可能，张奋的愿望落空是必然的。

因此，东汉的“乐”大部分沿用了西汉的，而车马衣服等物化礼乐的制作就性质而言仍然是礼乐之“式”（见下文）。

剩下的就是曹褒制礼。下面我们就对曹褒制礼作些考察。

（二）曹褒制礼及其失败

曹褒为曹充之子，他自幼就传曹充之业，“博雅疏通，尤好礼事。常感朝廷制度未备，慕叔孙通为汉礼仪，昼夜研精，沈吟专思，寝则怀抱笔札，行则颂习文书，当其念至，忘其所适”①，曹褒认识中的礼乐是能淳化风俗的东西，《后汉书·曹褒传》记曹褒“初举孝廉，再迁圉令，以礼理人，以德化俗”，有一个故事可说明他是怎么“以德化俗”的，曹褒为圉令时有五个盗贼从其他郡入圉地界，郡吏抓获后被陈留太守马严得知，马严十分厌恶，让县令曹褒杀了这五个盗贼。曹褒劝郡吏说：“皋陶不为盗制死刑，管仲遇盗而升诸公。今承旨而杀之，是逆天心……，如得全此人命而身坐之，吾所愿也”，马严认为曹褒柔弱，上奏，曹褒因此免官归郡。曹褒为非亲非故的盗贼开脱，跟他对“礼”的理解有关。但这样的“以德化俗”跟“治出于二”对的吏治要求是不相容的，也是他制作的《汉礼》最终被束之高阁的原因，这一点下文还要分析。

曹褒制定《汉礼》是他所任的地方官被罢免之后的事。他免官后被拜为博士，当时章帝想制作礼乐，于元和二年下诏：

① 《后汉书·曹褒传》。

“《河图》称‘赤九(光武)会昌,十世(明帝)以光,十一(章帝)以兴。’《尚书璇玑钤》曰‘述尧理世,平制礼乐,放唐之文。’予末小子,托于数终,曷以缵兴,崇弘祖宗,仁济元元?《帝命验》曰:‘顺尧考德,题期立象。’且三五步骤,优劣殊轨,……每见图书,中心恧焉。”①

章帝诏书引有《河图》和《尚书》的《璇玑钤》、《帝命验》,谶纬的主要内容之一就是将一些事件安排在古往今来的时间体系中,章帝的诏书引用谶纬,就是暗示到自己的时候(第十一世)应该制礼作乐了。曹褒领会了这个意思,再加上他早就希望重作汉礼,于是上疏说:

“昔圣人受命而王,莫不制礼作乐,以著功德。功成作乐,化定制礼,所以救世俗,致祯祥,为万姓获福于皇天者也。今皇天降祉,夹瑞并臻,制作之符,甚于言语。宜定文制,著成汉礼,否显祖宗盛德之美。”②

“定文制”即制作礼乐。曹褒希望制作的礼是类似《仪礼》那样能下达于天下的礼仪,不是用作装点门面的宗庙礼乐。此事下太常议。太常巢堪以为一世大典,不是曹褒一人所能定的,不许可,这反映的正是东汉礼学家水平和见识的平庸。章帝知道众臣拘谨,在此领域难有兴作,第二年又下诏:

“……朕夙夜祗畏,上无以彰于先功,下无以克称灵物(祥瑞)。汉遭秦余,礼坏乐崩,且因循故事,未可观省,有知其说者,各尽所能。”

此次下诏之后,曹褒更有底气了,他再上疏“具陈礼乐之本,制改之意”,此时他被拜为侍中,跟从章帝南巡,回来后章帝将欲制作礼仪之事下三公讨论,班固建议多召集诸儒讨,章帝嫌诸儒聚诵无果,说“昔尧作《大章》,一夔足矣”,而后章和元年正月诏曹褒诣嘉德门,令小黄门拿着班固所上的叔孙通《汉仪》十二篇,并说叔孙通汉仪“多不合经,今宜依礼修正”,叫曹褒在南宫、东观认真撰作。曹褒接受诏令后:

“乃次序礼事,依凭旧典,杂以五经谶记之文,撰次天子至于庶人冠婚吉凶终始制度,以为百五十篇,写以二尺四寸简,其年十二月奏上。”③

---

① 《后汉书·曹褒传》。
② 同上。
③ 同上。

曹褒撰作的汉礼是冠、昏、吉、凶礼典，从天子到庶人的都有。“次序礼事”即将冠昏吉凶礼典按顺序罗列，“依凭旧典”即以西汉以来的《礼》经为根据，再加上五经和谶纬的内容，从以上的记载看，他制作的《汉礼》内容丰富，有一百五十篇，用的简长二尺四寸，比一般律令简要短一些①。

曹褒撰作的《汉礼》是纯礼典和登降揖让的内容，他希望通过这个《汉礼》，东汉能实现像周代那样的礼乐下达于庶人，并通过礼乐的施行实现从天子往下各等级礼秩分明，社会秩序井然。但他的这个愿望最终没有实现。《汉礼》制成之后，章帝“但纳之”，并不施行。和帝即位后曹褒又作《礼》之章句，和帝行冠礼便是按照曹褒作的《新礼》二篇进行的。永元年间，太尉张酺、尚书张敏等又奏曹褒“擅制汉礼，破乱圣术”②，这更影响了曹褒《汉礼》的施行。张酺、张敏等反对曹褒制作《汉礼》，跟太常巢堪认为曹褒不足以订一代礼典一样，是章帝所说的诸儒拘泥的表现。

曹褒制作的《汉礼》屡遭非议不是偶然的，这跟当时儒者对制礼作乐的认识有关。《礼记》等均记载周公制礼作乐，但周公是圣人，在功成之后制作礼乐体现的是改朝换代的天意，在东汉儒生的心目中，曹褒当然不能跟周公相比，因此他们屡屡非议曹褒制作《汉礼》。其实诸儒认为曹褒不足以制定礼乐，正因为他们将礼乐看得极高，而且礼乐的具体制度从西汉以来就缺废。不过，这还不是曹褒的《汉礼》不能推行的最根本的原因——假如王朝统治者觉得确实有必要让它推行于天下，完全可以通过制定诏书颁布并令百官执行的形式，就像战国商鞅变法，秦汉制定律令那样。但章帝、和帝均没有这样做。其实东汉王朝不是没有礼乐制作的需要，光武帝建武年间就诏定“明习故事”的张纯定郊庙昏冠丧祭礼仪，而且王朝将《月令》中的祭礼多数都按照时令推行，但曹褒等大儒们制作的礼乐却最终束之高阁，细细品味期间的差别，会发现耐人寻味的结果。《后汉书·张纯曹褒列传》论：

---

① 汉代律令书写在三尺简上，故有“三尺律令”之谓。而经文礼仪则书于二尺四寸简之上，曹褒制定的汉礼即书写于此种简上。徐世虹先生认为汉代律令简的形制也有吸收了二尺四寸之制的可能性，见高旭晨主编：《中国法制史考证》第三卷甲编，第135页。

② 《后汉书·曹褒传》。

“汉初天下创定，朝制无文，叔孙通颇采经礼，参酌秦法，虽适物观时，有救崩敝，然先王之容典盖多阙矣，是以贾谊、仲舒、王吉、刘向之徒，怀愤叹息所不能已也。……孝章永言前王，明发兴作，专命礼臣，撰定国宪，洋洋乎盛德之事焉。而业绝天算，议黜异端，斯道竟复坠矣。”

范晔将汉仪最终不行的原因归为“业绝天算”的偶然性，并没有触及问题的实质。根本原因在于曹褒制作的《汉礼》内容跟西汉以来的“治出于二”格局不协调，它不能保证“治出于二”的格局下首当其冲的行政事务的效率，而且曹褒、张奋的礼学跟周初周公凭借对象数之学的熟悉厘定典章制度、制作礼乐相比，在立意的高远上已完全不能相逮。曹褒所传之礼，充其量只相当于三代古礼中物化礼乐的层面，张奋向往的礼乐则是跟一定的历史观联系着的物化礼乐。这当然不是曹褒、张奋的过错，而是自战国以降《乐》成书后又失传，至汉初高堂生传《礼》，周公制作礼乐时立意的高远及其中的专学就为后人所不及，传至曹褒、张奋，更是离之遥远，这是曹褒的《汉礼》无法跟周公制礼作乐相比的原因之一。

其二，周公所制定的礼乐是“治出于一”格局下，政治、征伐、伦理、教化一切均从“礼”出的产物，礼乐中蕴涵的数度等级差别起着非常现实的、跟秦汉制定的律令一样有效的约束力。到“治出于二”的时代，有律令的制定来保障政治事务的效率，礼乐中的数度等级之别除了形式外并无多大现实意义，因此繁琐的古典仪、容之礼已经失去了存在的社会基础，汉王朝并不想把登降揖让的容礼推广到全社会，而只是需要建立一套既代表王政实施的目的，又能稳固统治、加强教化的那些礼仪，章帝对制礼作乐的矛盾态度——既想有所撰作，又怕“众论难一”，既叫曹褒撰作，又将它束之高阁，本身就是王朝有礼仪需要，但又不想推之于全社会的反映。

二、东汉物化礼乐制度的齐备

东汉时期跟曹褒制礼相应的还有物化礼乐制度的齐备。这亦是“治出于二”在两汉发生变化中值得注意的内容。物化礼乐制度是周代礼乐文明中以物来表现各级人们等级的形式和规定。在周代，贵族们饮食用列鼎，衣裳冠冕各有定制，因此物化礼乐制度是建立在当时人们生活方式的基础上的。到汉代，人们饮食起居方式发生了变化，这些古代的衣服车马制度都被遗忘了。秦、西汉有冠服制度，但不是三代之制，当时礼仪、祭祀用的是秦汉服制（见下文）。随着经学日盛，车马衣服制度又开始复古，它们之间存在的等级制也渐渐恢复。光武帝建立东汉，灭公孙述后就因公孙述之郊庙乐器建立东汉的礼乐制度，《后汉书·光武帝纪下》记建武十三年夏“益州传送公孙述瞽师、郊庙乐器、葆车、舆辇，于是法物始备”，刘昭注：“瞽，无目之人也。为乐师，取其无所建，于音声审也。郊庙之器，罇彝之属也。乐器，钟磬之属。葆车谓上建羽葆也。合聚五采羽名为葆。舆者，车之总名也。辇者，驾人以行。法物谓大驾卤簿仪式也”，说明车舆法驾等东汉以前就有，为公孙述所用。东汉时期，礼乐、法物等物化礼乐跟西汉比进一步完备，以至于《续汉书》出现了《舆服志》专门记载物化礼乐，用于庙堂的物化礼乐制度出现了专门的形制，它们是自西汉叔孙通定仪品以来最高端的表现。

东汉的物化礼乐制度可分为两大类：东汉的舆服制度和“乐”，下文试分别考察。

（一）舆服制度的建立

舆服制度指衣服车马制度，主要内容是车制、服制。在周代，它是物化礼乐中的重要内容，周代舆服制度内容极其丰富，自汉至清的经学家们对经书中记载的周代舆服制度作过非常详细的考证，成就卓著。自 20 世纪初以来，考古发掘又发现了不少相关实物，这方面的研究条件更为充分。但考古发现中的周代实物主要限于车马，衣服因年代久远不易保存，尚未发现完整实例。自周代礼乐文明湮废之后，贯穿着等级思想的衣服车马定制亦被废弃，加上战国、秦汉社会生活方式的变化，车马、冠服形制跟周代比亦有明显差别。西汉一朝，尚未形成被包融在“礼”框架下的舆服制度，东汉因为“礼”的完善，舆服制度最终确立，这使得周代存在过的物化礼乐制度在湮废千年之后又以新的形式（主要是根据经书记载制定）进入庙堂。

东汉车制、服制内容均继承自西汉。光武帝封禅告天文书中就有“修五礼，五玉、三帛、二牲、一死、执”的内容[①]，此“五礼”明显承自西汉，但用于祭祀的物化礼乐制度，是在明帝永平年间完善的。《后汉书·舆服志》刘昭注引蔡邕《表志》：“永平初，诏书下车服制度，中宫皇太子亲服重缯厚练，浣已复御，……诸侯王以下至于士庶，嫁娶被服，各有秩品”，永平年间是东汉风教纯朴、礼乐和洽的时代，也是物化礼乐制度成型的主要时期，下面我们就对东汉物化礼乐制度的主要内容——车制和服制作些考察。本文主要交待车制和服制的前后变化，在车服形制的相关细节上不过分纠缠。

1. 车制和帝王车驾制度

车制

从《后汉书·舆服志》看，东汉车制已形成了严格而鲜明的等级制度，这种等级通过车之形制和雕饰的俭侈来体现。东汉车制中的车类主要可分为礼仪用车和各级官吏处理行政事务的实用车（二者有一定交叉，如二千石、中二千石等大吏乘坐的安车，既可用于礼仪，又用作处理实际行政事务），前者身份尊隆，雕饰繁复，后者（尤其是中下级官吏的政务用车）朴实简单。下面就以礼仪用车为主探讨一下东汉车制的主要内容和特点。已故著名文物专家王振铎先生《东汉车制复原研究》对东汉车的构造和使用作过详细考述，并绘有详备而明了的图，下文对王先生的成果多有引用。

汉代礼仪用车主要有乘舆、金根、安车、立车等，它们的基础形制都是驷马安车，而驷马安车又承自先秦，秦灭六国后将三代车制加以变动，《后汉书·舆服志》“秦并天下，阅三代之礼，或曰殷瑞山车，金根之色。汉承秦制，御为乘舆，所谓孔子乘殷之路者也”，刘昭注：“殷人以为大路，于是始皇作金根之车”，因此，秦车制是直接继承三代而来。汉承秦制，汉代驷马安车的基本形制跟先秦相比并无重大变化，它由车的轮、舆、辕系驾四匹马构成，辐、毂、辖、軎、銮铃等细部结构亦承自先秦[②]，惟辕的弯曲度变大（因为系驾之马由

① 《后汉书·祭祀》。

② 这从考古发现所见的先秦车马可看出。朱凤翰《古代中国青铜器》（南开大学出版社 1995 年版）上编第四章对先秦车制及车马器作了综述，可以参看。

较矮的蒙古马变成了高大的西域马)。《后汉书·舆服志》记载作为物化礼乐的汉车之制:

“乘舆、金根、安车、立车,轮皆朱班重牙,贰毂两辖,金薄缪龙,为舆倚较,文虎服轼,龙首衔轭,左右吉阳筩,鸾雀立衡,槭文画輈,羽盖画蚤,建大旂,十有二斿,画日月升龙,驾六马,象镳镂锡,金(鋄)鋄方釳,插翟尾,朱兼樊缨,赤罽易茸,金就十有二,左纛以氂牛尾为之,在左骓马轭上,大如斗,是为德车。五时车,安、立亦如之。各如方色,马亦如之。白马者,朱其髦尾为朱鬣云。所御驾六,余皆驾四,后从为副车。”

以上记载详细地描述了汉车的雕饰原则,主要是车的许多具体部位的雕饰原则,下文对这些部位逐一作解释:

班:王先谦《集解》引惠栋曰班一作斑,朱班即车轮上绘有朱红色的斑纹。

牙:车轮的弯曲部分,刘昭注般郑众曰:“牙谓轮輮也,世间或谓之辋”。见驷马安车图一。

毂:车轴外向外突起的部分。《楚辞·国殇》“车毂错兮短兵接”。王先谦《集解》认为,乘舆、安车均在毂外再套一毂施辖,再套的毂上还有一辖,所以叫“二毂两辖”,但清人未见过周代车的实物,从考古发现看,先秦车从无一端二毂的,“二毂两辖”是指车轴两端各套一毂,毂上各施一辖。

辖:插在毂上,防止车軎(车毂外面所包的铜箍)脱落的竖贯之铜条或木条。

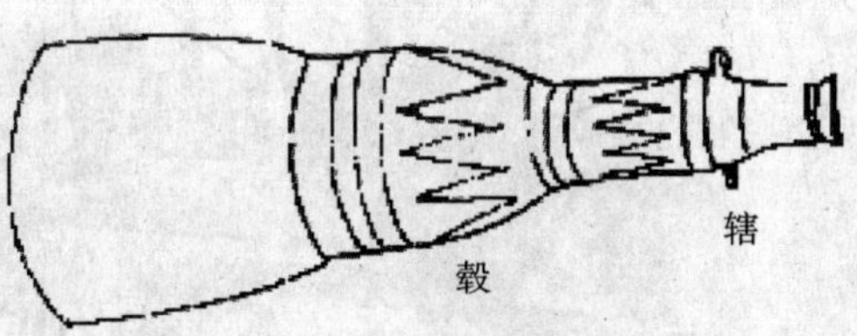

车毂、车辖示意图,采自王振铎:《东汉车制复原研究》。

以上是车轮部分。下面是车舆部分:

较:车厢两侧的可凭依手肘的部分上端的横木。东汉乘舆、金根、安车上的“较”均绘有形状交错的金色龙为饰。(刘昭注引徐广曰:“缪,交错之形也。较在箱上。”）

轼：车厢的前侧面板（汉车厢的前侧面板有曲面、有直面）上的横木，乘舆、金根、安车的“轼”上均绘有伏虎。

轭：驾在马身上的驾具可统称为轭，狭义的轭主要指夹马脖子的部分。乘舆、金根、安车之轭的首端为龙首所衔之形。

箭：刘昭注和王先谦《集解》均未作解释。箭通筒，为辕首、衡端的铜套，辕首、衡端上均套着有吉祥图案的铜套。

衡：车辕前端的横于系驾车辕的马颈上的横木，与车辕相连，上有左右车轭。乘舆、金根、安车的衡上均饰有站立的鸾雀。

輈：即车辕，先秦两汉的车辕均稍有“之”字弯曲，但先秦车辕弯曲幅度小，到汉代，车辕弯曲幅度变大。汉乘舆、金根、安车均为独辕，车辕与车衡相缚，车衡上用两匹马系驾，外面两匹马系驾套在轴上。乘舆、金根、安车的輈上绘着虡纹，按，悬挂编钟的架子称虡，虡纹即虡上绘的花纹，即绘着钟虡之纹。

东汉驷马安车复原模型背面（见王振铎：《东汉车制复原研究》凸版陆捌）

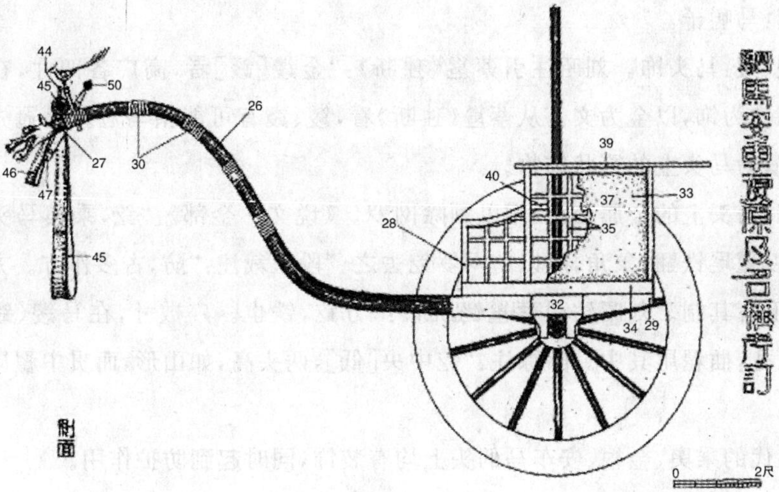

26.辀　27.颈　28.軓　29.踵　30.桊　32.伏兔　33.舆　34.轸　47.轭　50.銮
35.铃　37.輢　39.钣　40.轼　43.衡　44.钗　45.鞎　46.鞅

驷马安车图二

以上是车体的雕饰。除此之外,伞盖的装饰是"羽盖画蚤",刘昭注引徐广曰:"翠羽盖黄里,所谓黄屋车也。金华施橑末,有二十八枚,即盖弓也","黄屋"是车盖的一种,为帝王所乘之车,其盖外施翠羽,内缀黄缯①,伞盖的伞骨称为"橑",即《后汉书·舆服》所谓的"盖弓",末端饰有金华(按,华即花,呈花形),即铜铸的花形装饰。《后汉书·舆服志》注引薛综曰:"树翠羽为盖,如云龙矣。金作华形,茎皆低曲",即伞骨末端的铜套为金花之形,因伞盖为覆盘形,因此橑(即花茎)均向下弯曲。

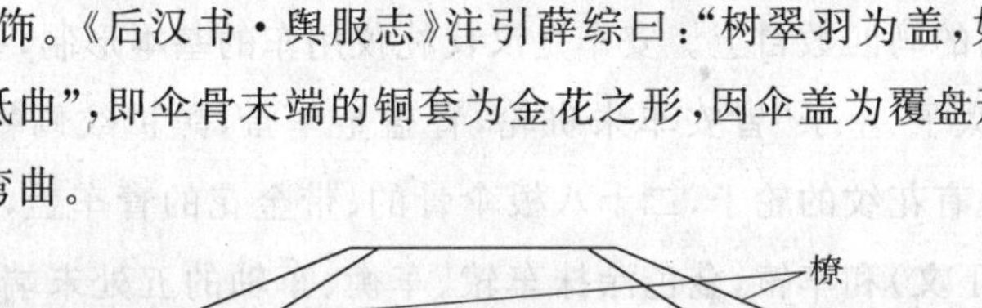

东汉车盖示意图

此外还有一些附属物:

旂:旌旗。

斿:即旒,旌旗末端飘带之类的饰物。

① 王振铎:《东汉车制复原研究》,第114页。

镳：马嚼子。

鍐、鍐：马头饰。刘昭注引蔡邕《独断》：“金鍐[鍐]者，高广各四寸，在马髦前。以铁为饰，以金为文。”从蔡邕《独断》看，鍐、鍐有可能指马冠。马冠先秦时期就有，为马头上的冠状饰物。

鉈：马头上的金属装饰，用以割除网罗。《说文·金部》：“鉈，乘舆马头上防鉈，插以翟尾铁翮，象角，所以防网罗鉈去之。”段玉裁注：“防，古多作方。方鉈者其名，下言其制。”刘昭注引蔡邕《独断》：“方鉈，铁也。广数寸，在马鍐(鍐)后。后有三孔，插翟尾其中。”薛综注：“鉈中央[低]，两头高，如山形，而贯中翟尾结著之。”

汉代的乘舆、金根、安车马的头上均有装饰，同时起到防护作用。

以上为礼仪用车系驾之马身上的饰品。

罽：为毛毡织物。《尔雅·释言》：“氂，罽也。”郭璞注：“毛氂所以为罽。”刑昺疏：“罽者，织毛为之”，是上等的毛织物。汉代车内常铺设茵席，此赤罽即红颜色的毛毡织物。

纛：大旗帜。

这些车中，天子所乘坐的驾六马，别的车驾四马。

以上是乘舆、金根、安车的形制和雕饰方式。乘舆、金根与安车主要的不同在雕饰和系驾的马匹数目上。安车是汉代礼仪用车的基本形制，皇太子、皇子均乘坐安车，皇太子、皇子“皆安车朱班轮，青盖金华蚤，黑樜纹画轓文輈，金涂五末”，即朱红色有花纹的轮子，二十八根伞骨的、带金花的青车盖，用黑色的虡纹绘画车轓(见下文)和车辕，金色涂抹车辕、车衡、车轴的五处末端。皇子被封为王时被赐予此车，所以这种车又叫“王青盖车”。

此外用于礼仪的还有耕车，即皇帝亲耕用的车。亲耕之车又称为芝车，上面放了韊、耒耜之箙。韊：同琕，王先谦《后汉书·舆服志》集解引惠栋曰：“皮箧盛弩也”，箙：《说文》：“箙，矢器也。藏弩箭为箙。”即用竹、木或兽皮等做成的盛箭器具。耕车上的箙和韊是用来放耒耜等耕作用具的，刘昭注引桓谭《新论》桓谭谓扬雄曰：“君之为黄门郎，居殿中，数见舆辇，玉蚤、华芝及凤凰、三盖之属，皆玄黄五色，饰以金玉、翠羽、珠络、锦绣、茵席者也。”王先谦集解引黄山曰：“吴淑据卤簿令,耕根车,青质盖三重,是三盖乃三重盖也。”

东汉车制中,贵妇出游的“法驾”亦用正式的金根车,但为了屏蔽容仪,妇女用车时要加上交结的缨络和屏蔽的帷裳,刘昭注引徐广曰:“青交路,青帷裳”,路即络,缨络之意;帷裳为车的帷幕,因女子不便抛头露面,所乘之车有帷幕,先秦时期即如此,《诗·卫风·氓》:“淇水汤汤,渐车帷裳”,到汉代亦如此。汉代的一些礼仪活动是需要由妇女主持的,如先蚕。先蚕礼时各级贵妇乘坐的也是施以帷幕的安车,“公、列侯、中二千石、二千石夫人,会朝若蚕,各乘其夫之安车,右騑,加交(路)[络]帷裳,皆皁”,即将其夫使用的安车加上帷幕。但安车是公务所用,妇女“非公会,不得乘朝车”,平时她们按等级乘坐軿车,軿车是一种屏蔽得十分严实的车,为汉代所特有。刘昭注引《释名》“軿,屏也。四屏蔽,妇人乘牛车也”。按,法驾所用车为郑重的金根车,此为仿古之制,妇女平时所用为軿车,亦有等级,这等级也体现在雕饰上。太皇太后、皇太后的軿车为紫罽,长公主的为赤罽,大贵人、贵人、公主、王妃、封君(有封地的女主)乘坐油画軿车。

除了乘舆、金根、安车、耕车外,汉车之中还有用于征伐的戎车,用于狩猎的猎车等。因它们跟礼仪事务关系较远,这里就不介绍了。

汉车按使用者的身份等级不同,有不同的雕饰。《后汉书·舆服志》:

“中二千石、二千石,皆皁盖,朱两轓,其千石、六百石,朱左轓。轓长六尺,下屈广八寸,上业广尺二寸。九文十二初,后谦一寸,若月初生,示不敢自满也。景帝中元五年,始诏六百石以上施车轓,得铜五末,轭有吉阳筩。中二千石以上右骈(按,可能有脱漏),三百石以上皁布盖,千石以上皁缯覆盖,二百石以下白布盖,皆有四维杠衣。贾人不得乘马车。”

此处的车是轺车,非驷马安车。但安车亦可有轓,见皇太子乘坐安车之制。轓字从车、番,即“藩”,即车厢侧面的藩屏,为轻薄宽广的板状物①,如图:

---

① 王振铎:《东汉车制复原研究》,第 46 页。

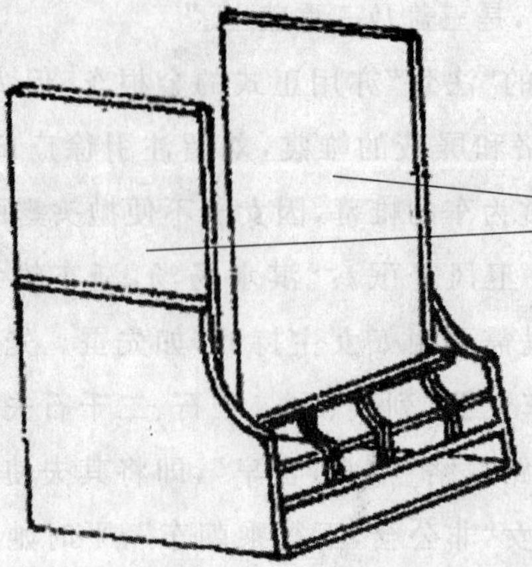

汉代车轓示意图(采自王振铎:《东汉车制复原研究》)

二千石以上的两侧车轓均涂成朱红色，千石、六百石涂一侧车轓，此为西汉景帝中元五年之令，此外车盖之布的颜色和质地亦因官品而不同。由此可见，东汉车制为沿袭西汉的而来。

此外还有轻车、大使车、小使车等，均不是礼仪用车，这里就不介绍了。

帝王车驾制度

帝王车驾即皇帝的车队出行时的组合原则。汉代的帝王车驾分大驾、法驾、小驾几种，按《后汉书·舆服志》记载，大驾由公卿奉引，太仆驾车，从属之车有八十一乘，据说古代诸侯从车九乘，秦始皇并天下后兼用天下诸侯车服，因此从车有八十一乘，后有千乘万骑。此制草备于西汉武帝去甘泉宫祀天之际。新莽时期礼仪事务亦用过大驾，《汉书·王莽传》地皇三年正月，九庙盖成，王莽谒见时“大驾乘六马，以五采毛为龙文衣，著角，长三尺。华盖车，元戎十乘在前”，到东汉，惟皇帝正式出行才用大驾。跟大驾相比，法驾不用公卿奉引，用河南尹、执金吾、洛阳令(洛阳为当时都城)奉引，奉车郎驾车，侍中参乘，从车有三十六乘。大驾、法驾之车队皆可分为前驱、中间、殿后三部分，前驱相当于今日仪仗车队的开道部分，主要是各种旌旗仪仗;中间为帝王乘舆诸车，乘舆最后一车上挂着豹尾，表示此前的诸车相当于宫禁之中;殿后之车上面载着金钲(乐器)黄钺，黄门鼓吹。在汉代，皇帝郊天用法驾，祭地、明堂宗祀将仪仗和从车省去十分之三，宗庙祭祖时尤其从简，叫小驾。春、秋上陵时的车队比小驾还轻简，跟从的令使只有直事尚书（即值事尚书）一个人。由此可见，汉代的大驾、法驾主要是摆设，平时不轻用。

以上是东汉车制和帝王车驾制度，下面我们考察东汉的冠服制度。

2. 冠服制度

（1）汉初郊庙所用冠服形制简述

跟车的形制沿袭先秦比，东汉的冠服制度变化较大，这是因为西周、春秋礼乐的湮废造成了周代服制淡出历史舞台，而战国、秦之际人们的冠服方式又发生了很大变化。以冠为例。《后汉书·舆服志》：“古者有冠无帻，其戴也，加首有頍，所以安物。……三代之世，法制滋彰，下至战国，文武并用。秦雄诸侯，乃加其武将首饰为绛帕，以表贵贱，其后稍作颜题。汉兴，续其颜，却摞之，施巾连题，……，名之曰帻。”这段话说明了先秦至汉代冠制的变化。先秦时无帻（包头的巾帕），冠一般为贵族所戴。秦时兴起了帻，汉代延续秦制。从考古资料看，汉代文官所戴的冠的基本冠制如下图：

汉代文官的基本冠制，见孙机：《汉代物质文化资料图说》，文物出版社 1991 年版。

上图之冠内有巾帻，巾帻外有“颜题”①，“颜题”上面再加冠，这是汉冠区别于周冠的关键。汉代文官的进贤冠、通天冠、高山冠、诸王所戴的远游冠，宗庙乐

① 颜题是帻的下部接额环脑处增加的一圈介壁，这是帻脱离其“韬发之巾”的原始状态之关键步骤。见孙机：《汉代物质文化资料图说》，第 230 页。

舞的乐人所戴的方山冠，都是在这种有帻之冠是的基础上稍作变化而成。进贤冠上的梁数体现等级①，若进贤冠前的颜题上装有高起的金博山，则称为通天冠②，这类冠的形制是汉代百官冠制的基础，但本节限于篇幅，不以这类汉冠形制为重点，下文主要探讨汉代用于郊庙礼仪活动的祭服的形制。

西汉时期，因为战国、秦时期，宗周文物典章制度废弃殆尽，当时祭祀用的是长冠袀玄之制。长冠是高祖微贱时戴的冠，形为楚冠，高七寸，宽三寸，以促漆纚为之，以竹为里，整个像一块板子，其形制与马王堆1号墓出土之“冠人”俑所戴之却非冠（下图）近。袀玄为秦以来的常服，《后汉书·舆服志》“秦以战国即天子位，灭去礼学，郊祀之服皆以袀玄，汉承秦故”，袀同“均”，即纯之意，均玄为纯黑。袀玄的领袖绔袜有变化，祭祀所用的袀玄“绛缘领袖为中衣，绛绔袜，示其赤心奉神也。”以深红边为领袖，深红绔袜，表示赤心奉神。至于五郊之祀，衣、巾帻、绔袜均如其方色。汉初以长冠袀玄为祭服，一方面是因为长冠为高祖所造，另一方面袀玄为承秦之故。

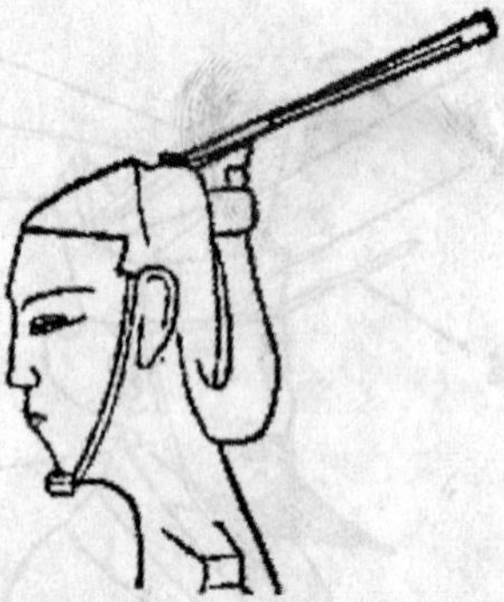

汉代却非冠（孙机：《汉代物质文化资料图说》）

汉代的冠制有多种，据《后汉书·舆服志》有冕旒、长冠、委貌、皮弁、爵弁、建华、法冠、方山、巧士多种，这些冠服中，“旒冕、长冠、委貌、皮弁、爵弁、建华、方山、巧士、衣裳文绣，赤舄，服絇履，大佩，皆为祭服，其余悉为常用朝服”，以上这些可用作祭服的冠服中，旒冕最尊，为帝王诸侯所服，其余为参加祭祀的官员所

① 《后汉书·舆服志》：“公侯三梁，中二千石以下至博士两梁，自博士以下至小史私学弟子，皆一梁。”

② 孙机：《汉代物质文化资料图说》，第230页。

服。汉代祭祀服制是东汉明帝永平二年定下,见下文。

(2)明帝永平二年所定的冕服制度

在汉明帝制作冕服以前,汉已有等级分明的冠服之制。《后汉书·明帝纪》李贤注引《汉官仪》:"天子冠通天,诸侯王冠远游,三公、诸侯冠进贤三梁,卿、大夫、尚书、二千石、博士冠两梁,千石已下至小吏冠一梁",但通天、远游、进贤均为汉代冠制,明帝认为郊祀冠服用汉制不足以仿古,于是永平二年诏令有司采《周官》、《礼记》、《尚书·皋陶篇》(即《皋陶谟》)等创立冕服之制,此次冕服之制,乘舆(皇帝的冕服)从欧阳氏说,公卿以下从大、小夏侯氏说。冕服制的内容由冠冕、衣裳、佩玉、絇履(鞋)四部分组成,具体见下文:

冕

冕的形制为一块前后均有垂旒的狭长的板,垂旒的长度、串珠的颜色随服者等级不同而异。冕在周代为高级贵族所戴,《礼记·玉藻》郑玄注:"天子以五采藻为旒,旒十有二。前后邃延者,言皆出冕前后而垂也",《玉藻》孔颖达疏记载天子、诸侯所服之冕的差异:

"天子之旒十有二就,每一就贯以玉,就间相去一寸,则旒长尺二寸,故垂而齐肩也。言天子齐肩,则诸侯以下各有差降。则九玉者九寸,七玉者七寸,以下依旒数垂而长短为差。旒垂五采玉,……初以朱,次白,次苍,次黄,次玄。……汉明帝时用曹褒之说,皆用白旒珠,与古异也。"

此为孔颖达疏的周代冕制,天子之冕有十二旒,每根旒上的串珠有十二粒,诸侯、卿大夫的冕旒的长度、所用串珠的颜色依次递减。永平二年的冕制基本上按此复古。《后汉书·舆服志》记载永平二年的冕制:

"冕皆广七寸,长尺二寸,前圆后方,朱绿里,玄上,前垂四寸,系白玉珠为十二旒,以其绶采色为组缨。三公诸侯七旒,青玉为珠,卿大夫五旒,黑玉为珠。皆有前无后,各以其绶采色为组缨,旁垂黈纩。郊天地,宗祀、明堂,则冠之。衣裳佩玉备章采,乘舆刺(史)[绣],公侯九卿以下皆织成,陈留襄邑献之云。"

永平二年的冕制与《玉藻》孔颖达疏记的周代冕制基本上一致,但"白玉珠"为曹褒之说,为东汉所创。此外,"前圆后方"应是汉制,象天圆地方。《后汉书·

明帝纪》章怀注引《三礼图》曰：“冕以三十升布漆而为之，广八寸，长尺六寸，前圜后方，前下后高，有俛伏之形，故谓之之冕。欲人之位弥高而志弥下，故以名焉。”三公、诸侯的冕有前旒无后旒。“组缨”为冕两侧的带子，可系于下颔。《礼记·玉藻》：“玄冠朱组缨，天子之冠也……，玄冠丹组缨，诸侯之齐冠也。玄冠綦组缨，士之齐冠也。”

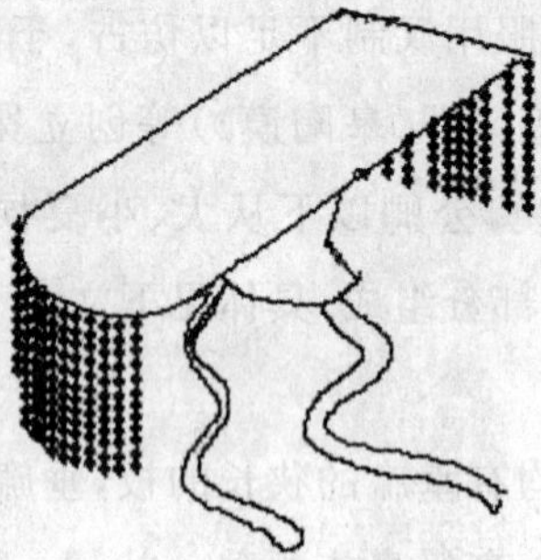

东汉天子之冕示意图

衣裳

衣裳靠颜色和身上的花纹来显示等级。《后汉书·舆服志》追忆三代服制：

“黄帝尧舜，垂衣裳而天下治，盖取诸乾巛（坤）。乾巛有文，故上衣玄，下裳黄。日月星辰、山龙华虫作续宗彝，藻火粉米，黼黻絺绣，以五采章施于五色作服。天子备章，公自山以下，侯伯自华虫以下，子男自藻火以下，卿大夫自粉米以下。”

经汉至清的经学家们考证，周代衣裳上的花纹有日、月、星辰、山、龙、华虫（雉）、宗彝（宗庙彝尊）、藻、火、粉米、黼（黑白纹）、黻（黑青纹）等十二种，天子之服十二种图案具备，爵位为公诸侯的无日月星辰，侯伯从华虫以下，子男从藻、火、粉、米以下。明帝永平二年冕服制度中的衣裳亦采取此制，《后汉书·明帝纪》章怀注引董巴《舆服志》：“显宗初服冕衣裳以祀天地。衣裳以玄上纁下，乘舆备文日月星辰十二章，三公、诸侯用山龙九章，卿已下用华虫七章，皆五色采。乘舆刺绣，公卿已下皆织成。陈留襄邑献之。”又引徐广《车服注》曰：“汉明帝案古礼备其服章，天子郊庙衣皁上绛下，前三幅，后四幅，衣画而裳绣。”《后汉书·舆服志》与之基本相同：

“天子、三公、九卿、特进侯、侍祠侯、祀天地明堂,皆冠旒冕,衣裳玄上纁下。乘舆备文,日月星辰十二章,三公、诸侯用山龙九章,九卿以下用华虫七章,皆备五采……。”

此完全为仿周之制。天子具备十二种图案,三公、诸侯用九种(无日月星辰),卿以下用七种,上衣皁色(即玄,为黑色),下裳深红色(即绛、纁色),衣画裳绣,亦为古法;下裳的前三幅、后四幅亦为古裳之制。

赤舄絇履

赤舄为与冕服相配的红色鞋子,因下裳为深红,舄则为赤色。絇履为鞋顶端的装饰。《周礼·履人》“掌王赤舄青絇”,郑玄注云:“赤舄,为上冕服之舄也,絇屦,鼻头以青綵饰之。”周天子着赤舄青絇,明帝永平二年冕服之制也是“赤舄絇履”,完全照《周礼·履人》安排。

佩玉

佩玉在三代十分普遍,三代服制中有配玉之制,《礼记·玉藻》曰:“古之君子必佩玉,君子于玉比德焉,天子佩白玉,公侯佩山玄玉,大夫佩水苍玉,世子佩瑜玉。”因玉撞击会有铿锵之声,古人认为不同等级的人配不同质地的玉,能发出音高不同的声音,《玉藻》:“右徵角,左宫羽,进则揖之,退则扬之。然后玉玱鸣焉。”这段文字没有提到商音,内容应比较早。但从战国时期开始,所佩渐渐非玉而为兵器,从秦开始,采取原先结带的方式表示身份,即“绶”,汉承秦制,并在绶上加双印、佩刀。明帝时在此方面的改革是“为大佩,衝牙双瑀璜,皆以白玉。乘舆落以白珠,公卿诸侯以采丝,其[玉]视冕旒,为祭服云。”按,大佩,意为完备的佩玉之制,包括佩玉和杂佩饰(衝牙、瑀、璜)。刘昭注引《月令章句》:“佩,上有双衡,下有双璜,琚瑀以杂之。衝牙、缤珠以纳其间”,王先谦《集解》:“《三礼图》曰:‘衡长五寸,博一寸,下有双璜。璜径三寸。’又云:‘上下为衡,半璧为璜,璜中横以衝牙,以苍珠为瑀。’按此制,衡形似玉牌,在佩玉之上;璜为半璧之形,在佩玉之下。衡、璜、衝牙、瑀璜因杂而小,为杂佩饰,衬托所佩之玉。”天子的衝牙、瑀璜等杂佩以白玉,诸侯公卿的以彩色丝线。至于大佩之玉,颜色跟冕旒的一样,穿祭服时佩戴。

以上是明帝永平二年的冕服之制,冠冕衣裳玉佩鞋履之制均是仿古而制。

东汉冕服之制初创后先用以祭五帝和明堂宗庙，后被用来郊祀天地。《后汉书·舆服志》刘昭注引《东观书》(《东观汉记》)曰：

“永平二年正月，公卿议春南北郊，东平王苍议曰：孔子曰：行夏之时，乘殷之路，服周之冕。为汉制法。高皇帝始受命创业，制长冠以入宗庙。光武受命中兴，建明堂，立辟雍。陛下以圣明奉遵，以礼服龙衮，祭五帝。久无祭天地冕服之制。(接)[按]遵事神(礼)[祇]，絜斋盛服，敬之至也。日月星辰，山龙华藻，天王衮冕十有二旒，以则天数；旂有龙章日月，以备其文。今祭明堂宗庙，圆以法天，方以则地，服以华文，象其物宜，以降神[明]，肃雍备意，博其类也。天地之礼，冕冠裳衣，宜如明堂之制。”

据上文，明堂宗祀着冠冕是在郊祀天地之前，东平王苍的此建议是希望郊祀天地也着冠冕。后被采纳。

冕服制度是东汉物化礼乐制度中的重要内容，但冕服仅限于帝王、诸侯王、三公，其他百官参加郊祀的仍然戴长官，服袀玄。

此外东汉的礼服之制还包括了皇后命妇的礼服。周代王后命妇的正式服饰文献记载较少，因此汉代皇后贵妇的礼服大多是汉制。

首先是妇女入宗庙之服。《后汉书·舆服志》：“太皇太后、皇太后入庙服，绀上皁下，青上缥下，皆深衣制，隐领袖缘以绦。翦氂蔮，簪珥”，绀为微呈红色的深青色，《说文·系部》：“绀，帛深青扬赤色”；缥为青白色。深衣制承自周代，交领右衽。蔮据王先谦《集解》同帼，氂蔮即毛质的帼，另有簪子和耳坠。簪为玳瑁所制，顶端为花形，上以翡翠为凤凰羽毛，下有白珠，垂着黄金之饰。

以上为太皇太后、皇太后之服。皇后命妇则以先蚕礼服为正式朝服。皇后朝服为深衣之制，青上缥下，发型为“假结”，结通髻，即《周礼·天官·追师》所谓“副编”之编。《追师》郑玄注：“编，编列发为之，其遗象若今之假紒矣”，“假紒”即假结，即假发髻。步摇、簪珥为首饰，步摇为鬓上的钗，《后汉书·舆服志》记皇后礼服相配的步摇之制：

“以黄金为山题，贯白珠为桂枝相缪，一爵九华。熊、虎、赤罴、天鹿、辟邪、南山丰大特六兽，《诗》所谓‘副笄六珈’者。诸爵兽皆翡翠为毛羽，金题、白珠、珰，绕以翡翠为华云。”

此为仿古的副笄六珈之制。首先是“副”。《周礼·天官·追师》注:“副之言覆,所以覆首为之饰,其遗象若今步摇矣。服之从王祭祀”,“副”的正中是“山题”,题为前额,山题即为山形之题,为首饰戴上后位于额上方的正面。山题两侧连着用白珠做成的交缠桂枝之形,“爵”通雀,即一只鸟九朵花,此为步摇之制。至于“六珈”,郑玄认为珈即加,是以笄盘髻,再戴上“副”后所加的首饰,汉代六珈为熊虎等六兽。此为汉的“副笄六珈”之制,六珈之六兽可能是三代有过的古制,但有山题、有雀有花的步摇似非三代古制而是汉制。《后汉书·舆服志》刘昭注:“《毛诗传》:副者,后、夫人之首饰。编发为之笄,衡笄也。珈,笄饰之最盛者,所以别尊卑。郑玄曰珈之言加也。副既笄而加饰。如今步摇上饰,古之制所未闻。”

皇后朝服为妇女礼服之最尊者,其他命妇的朝服为在此基础上递减而成。贵人助蚕的朝服无“副笄六珈”之首饰,但有玳瑁、簪珥,长公主的有步摇、簪珥,这样就构成了皇后命妇的朝服之制。

以上是东汉的车制、服制。它是“礼”最外在、最显眼的表现,它的完备,标志着“礼”到东汉,从思想到典制,从内到外地再次重生,如再生的凤凰般连羽翼都细致入微。舆服制度在东汉完善不是偶然的。在中国古代,车制、服饰除了驾驭使用和修饰御寒外还蕴涵着深刻的寓意,它体现了“礼”无处不在的等级差别,随着周代古典贵族文化的湮废和人们生活方式的变化,三代车服之制(尤其是服制)湮废无闻。但是,随着经学尤其是其中的章句之学的发蒙,三代车服制度的内容又被经师们晓谕一二,到东汉时期,郊庙礼仪有了对物化礼乐的现实需要,在诸经混融、经学完备的基础上,加上现实需要,就有了明帝制作冕服制度之举,以及百官、命妇服制的完备。

下文就考察东汉物化礼乐的另一重要内容——东汉的乐。

(二) 东汉乐品的完善

东汉有古传的六代之乐。《后汉书·孔僖传》:“元和二年春,帝东巡守,还过鲁,幸阙里,以太牢祠孔子及七十二弟子,作六代之乐,大会孔氏男子二十以上者六十三人”,但“六代之乐”不是东汉乐的主体。东汉乐的主体是蔡邕所云的“汉乐四品”。东汉统治者自认为是继承了汉家之祚,因此乐继承西汉的,基本上没有大的兴作。东汉的乐跟西汉比最明显的差别就是东汉的乐按使用场合的高下已经分出了品级，蔡邕《乐意》描述的东汉乐分四品：

"汉乐四品。一曰大予乐，典郊庙，上陵殿诸食举之乐。郊曰，《易》所谓先王以作乐崇德，殷荐上帝。《周官》'若乐六变，则天神皆降，可得而礼也。宗庙乐，《虞书》所谓'琴瑟以咏，祖考来假'；《诗》云……，食举乐，《王制》谓天子食举以乐，《周官》大食，则命奏钟鼓。"

"二曰周颂雅乐。典辟雍、乡射、六宗、社稷之乐。辟雍乡射，孝经所谓'移风易俗，莫善于乐'；《礼记》曰'登降揖让而治天下者，礼乐之谓也。社稷所谓琴瑟击鼓，以御田祖者也。'《礼记》曰'夫乐，施于金石，越于声音，用乎宗庙社稷，事乎山川鬼神，此之谓也'。"

"三曰黄门鼓吹。天子所以宴乐群臣，《诗》所谓坎坎鼓我，蹲蹲舞我者也，其短箫铙歌、军乐也。其《传》曰：'黄帝岐伯所作，以建威扬德，风劝士也。盖周官所谓'王大捷则令凯乐，军大献则令凯歌也。'孝章帝亲著歌诗四章，列在食举。又制《云台十二门》新诗，下太予乐官习诵被声，与旧诗并行者，皆当撰录，以成《乐志》。"①

《乐意》的这段描述是东汉"乐"的构成已经体系化的表现。若按蔡邕的提法，所提到的汉乐实际上是三大类。之所以说"汉乐四品"，是将"短箫铙歌"从黄门鼓吹中别列出来成为一品②但从短箫铙歌和鼓吹的关系看，短箫铙歌可以被包括在黄门鼓吹中。这四品（实际提到的是三品）乐构成一个整体的乐"式"体系，下面便对这三品汉乐作些考察。

1. 大予乐

首先是大予乐。大予乐即朝廷大乐官所掌之乐，"大予乐"之名是明帝根据曹褒引《尚书璇玑钤》所改，包括郊庙之乐、上陵之乐、食举之乐。这些乐中有雅乐，有鼓吹（鼓吹见上一章第七节），其中大部分承自西汉，如宗庙乐舞和《安世乐》、郊祀歌，唯一增添的是祭祀光武帝的乐舞。《后汉书·祭祀志》刘昭注引《东

① 《续汉书·礼仪志》中刘昭注补引蔡邕《礼乐志》。

② 《乐府诗集》卷十六《鼓吹曲辞一》引蔡邕《礼乐志》："汉乐四品，其四曰短箫铙歌，军乐也。黄帝岐伯所作……。"

观书》记永平三年八月丁卯,东平王苍上书:

“……高皇帝受命诛暴,元元各得其所。万国咸熙,作《武德》之舞。孝文皇帝恭行节俭,除诽谤、去肉刑、泽施四海,孝景皇帝制《昭德》之舞。孝武皇帝功德茂盛,威震海外,开地置郡,传之无穷,孝宣皇帝制《盛德》之舞。光武皇帝受命中兴,拨乱反正,武畅方外,震服百蛮,戎狄奉贡,宇内治平,登封告成,修建三雍,肃穆典祀,功德巍巍,比隆前代。以兵平乱,武功盛大。歌所以咏德,舞所以象功,世祖庙乐名宜曰《大武》之舞。……依书《文始》、《五行》、《武德》、《昭真》修[①]之舞,节损益前后之宜,六十四节为舞,曲副八佾之数。十月烝祭始御,用其《文始》、《五行》之舞如故。”

上文中《武德》、《昭德》、《盛德》、《文始》、《五行》俱为西汉所制,均见于《汉书·礼乐志》,但《大武》是因东平王苍建议新定的祀世祖光武皇帝的乐舞,用八佾六十四人。《大武》为根据祀高祖的《武德》稍改而成,歌词为:

“于穆世庙,肃雍显清,俊乂翼翼,秉文之成。越序上帝,骏奔来宁,建立三雍,封禅泰山,章明图谶,放唐之文。休矣惟德,罔射协同,本支百世,永保厥功。”[②]

以上是郊庙用乐。大予乐中还有食举乐。周代天子和诸侯国君食举均有乐(见第一章第三节),东汉有食举乐,《后汉书·律历志》刘昭注引《薛莹书》记建初二十七年太常丞鲍业等上书:“王者饮食,必道须四时五味,故有食举之乐,所以顺天地,养神明,求福应也”,《后汉书·礼仪志》记载君臣上陵时拜谒神主后太官上食,飨用时即奏食举乐(见本章第三节上陵部分),但汉代的食举乐已不是金石雅乐,其中有鼓吹,《乐府诗集·鼓吹曲辞》:“鼓吹,汉享宴食举乐十三曲,与魏世鼓吹长箫同”,又:“《古今乐录》曰汉章帝元和中,有宗庙食举六曲,加重来上陵二曲,为上陵食举。”但《乐府诗集》中的《上陵》言神仙事,不知是不是所奏的食举乐。食举乐被收入《鼓吹曲辞》,可见属于鼓吹一类新声,不是金石雅乐。

---

①　中华书局标点本此处为“《文始》、《五行》、《武德》、《昭真修》之舞”,按不确,此处《昭真修》之“修”应断在下划线之后,《昭真》疑为《昭容》之误,《昭容》为高祖六年所修,类似古《昭夏》,为《武德》舞之前奏,见上一章第七节。

②　《后汉书·祭祀志》刘昭注引《东观书》(《东观汉记》)记永平三年八月丁卯,东平王苍上书。

2. 周颂雅乐

蔡邕《乐意》中的周颂雅乐即辟雍、乡射、六宗、社稷所用之乐，这些所用是金石雅乐。辟雍王莽时曾立，光武帝时又立，是行养老礼的地方（见下一节），乡射礼用的乐据《汉书·礼乐志》记载为河间献王献于武帝时保存在太乐官的雅乐，六宗为王莽改郊祀所立，东汉国家祀典中沿袭了六宗（见第四节），社神西汉初就有，王莽时又立官稷，东汉沿袭。

东汉的周颂雅乐是继承西汉而来，在汉乐中所占分量极少，西汉成帝时平当称世传河间雅乐的王禹所学为“孤学”，到东汉时亦仅聊备一格，能演奏而已。在这种状况下，张奋要求的制礼作乐当然不能进行。

3. 黄门鼓吹

蔡邕所列的三品乐中，黄门鼓吹毫无三代雅乐的渊源，是承自西汉的鼓吹而来（见上一章第七节），鼓吹在西汉用途较杂，或用于食举，或用于郊祀，《西京杂记》“汉大驾祠甘泉、汾阴，备千乘万骑，有黄门前后部鼓吹，则不独列于殿庭者名鼓吹也”这里是说皇帝出行大驾使用鼓吹。鼓吹因慷慨激昂，后来多用为军乐。《乐府诗集》卷十五：《晋中兴书》曰：“汉武帝时南越加置交趾、九真、日南、合浦、南海、郁林、苍梧七郡，皆假鼓吹”，《东观汉记》曰建初中，班超拜长史，假鼓吹麾幢，则短箫铙歌汉时已名鼓吹。

至于“短箫铙歌”，在西汉时是起自民间的新音乐，武帝立乐府所采之歌中即有（见上一章第七节）。“鼓吹”是一大类乐之名，“短箫铙歌”则指其中一些乐的配器法，因此蔡邕《乐意》才说：“其短箫铙歌”，这个“其”即鼓吹。说明东汉时，作为军乐的短箫铙歌被包括在黄门鼓吹中。

汉的鼓吹还包括了后来所谓的横吹。《乐府诗集·横吹曲辞》：

“横吹曲，其始亦谓之鼓吹，马上奏之，盖军中之乐也。北狄诸国皆马上作乐，故自汉已来北狄乐总归鼓吹属。其后分为二部，有箫笳者为鼓吹，用之朝会道路亦以给赐。汉武帝时南越七郡皆给鼓吹是也；有鼓角者为横吹，用之军中，马上所奏者是也。《晋书·乐志》曰：‘横吹有鼓角，又有胡角。’……横吹有双角，即胡乐也。汉博望侯张骞入西域，传其法于西京。惟得《摩坷兜勒》一曲，李延年因胡曲更造新声二十八解，乘舆以为武乐，后汉以给边将。

和帝时万人将军得用之,魏晋以来二十八解不复具存。"

从以上记载看,横吹起初被包括在鼓吹中,亦由西域传入,东汉时鼓吹品格渐高,一方面用于食举,另一方面用作军乐,和帝时万人将军才能被赐横吹,这样,鼓吹就像上文蔡邕《乐意》说的那样成为天子宴乐群臣之乐和军乐。

在两汉,鼓吹这起初来自边地,取自民间的音乐形式,为僵化和毫无生气的庙堂音乐带来了活力。汉的郊庙雅乐吸纳鼓吹后,开始脱离三代金石雅乐的框架,随着时间的推移,鼓吹本身也逐渐成为雅颂之乐,又填补了汉乐因周代雅乐大量失传而形成的空缺,从形式上补齐了郊庙雅乐不可或缺的那些内容。

以上是蔡邕提到的汉乐。从以上三品乐的内容看,东汉的乐已经基本上形成了一个包括了从郊庙到食举到行各种礼典,从宴乐到军乐的完整体系,乐的形式则有雅乐、有鼓吹。这个体系是在西汉基础上加以规范化而形成的。

东汉乐品的完善使王朝祭礼的各项内容在形式上都日渐恢复礼乐相合。从整个中国古代王朝祭礼用乐看,宗庙雅乐乐品的完善是随着王朝祭礼体系的完善而完善的,《乐府诗集》卷一《郊庙歌辞》:"按郊祀明堂,自汉以来,有夕牲、迎神、登歌等曲。宋、齐以后,又加祼地、迎牲、饮福酒",《南齐书·乐志》有齐雩祭歌、籍田乐歌,到隋,有雩祭歌,朝日夕月歌,蜡祭歌等等,祈社、报社、先农先师无不配有乐歌,这些仪式在汉代本不用乐。魏晋隋唐的郊庙礼乐体系,就是在东汉乐品的基础上进一步充实而成的。

东汉乐品的完备还进一步实现了宗教音乐和礼仪用乐的混融。李延年的《郊祀歌十九章》就性质而言是真正的宗教音乐,到东汉,该乐属于大予乐之内,跟周颂雅乐、黄门鼓吹一起形成汉乐体系,这个过程跟王朝祭礼本身由西汉礼拜太一、后土的宗教行为逐渐演变成礼典是一致的。

东汉乐品中各"乐"的性质均是王朝于需要时拿出来使用的范式,它们是在"治出于二"格局下,以制定范式的方式制作的满足王朝礼仪需要的东西,再也没有下达庶人。

结　语

本节考察了东汉的“治出于二”与礼乐制作的关系以及东汉物化礼乐完备的过程。在礼乐制作方面，张奋要求作乐的希望如石沉大海，曹褒制作的汉礼则最终被束之高阁。然而，物化礼乐制度却在东汉时完善——东汉的乐品基本形成体系，车制和服制严格而完备，并且明帝时还制作了用于郊庙祭祀的冕服制度，这些都体现了东汉时期的“治出于二”对礼仪事务不是没有需要，但这种需要仅仅是装点门面而已，因为律令的制定已足以保障行政事务的效率，礼仪的制定已难在这一领域显出它的约束力。因此，章帝时曹褒制作汉礼是在礼乐制作领域的继续兴作，但礼仪存在的范围就是“治出于二”的需要所许可的范围，曹褒制礼超出了“治出于二”的需要，不再具有像周代礼仪那样实际的功能，这是它被束之高阁的根本原因。

从东汉的乐品和车服制度内容看，东汉物化礼乐制度是完备的，不过这种物化礼乐制度的普及程度跟周代比仍然相去甚远。周代的物化礼乐制度内容涵盖当时人们社会生活的所有细节，除了车服外还包括城墙宫室的高度、列鼎铺簋的个数和鼎簋中所盛食物的等级、相见交接时登降揖让的次数等等，东汉物化礼乐制度内容远没有周代物化礼乐制度那样广泛，只限于乐品和车制、服制，而且在“乐”中，鼓吹和雅乐只是聊备礼仪之需，未能像三代之乐那样通过金石雅乐的演奏体现等秩以及和谐，至于周代物化礼乐中蕴涵的车服等级跟雅乐音阶体现“和”的寓意，东汉的物化礼乐制度中更是阙如，而且歌功颂德的一朝盛乐一直没有制作，这都是东汉物化礼乐制度在典章之盛和寓意之深方面不及周代物化礼乐的表现。

因此东汉制作的物化礼乐，其性质只是礼乐之“式”，在郊庙礼仪有需要时示于庙堂，天下人老死不睹。这个倾向从西汉制礼作乐时便开始了，在“治出于二”定型的东汉时期完备。但毕竟物化礼乐制度从战国时湮废无闻之后，至此又以新的内容登入庙堂，以后魏晋隋唐历朝礼典中的物化礼乐内容在东汉基础上逐渐增加，形成更为完善的物化礼乐制度，其初成体系的阶段就是在东汉。

第二节 三雍的起建和《王制》中的礼仪入政

上一节对东汉“治出于二”背景下的礼乐制作作了考察,本节我们开始考察东汉“治出于二”下王朝祭礼的具体内容,这里我们将首先着眼于三雍(明堂、辟雍、灵台)中举行的礼仪(包括宗祀先祖、养老、大射、候气等内容)及封禅、巡守等仿古之礼,这些礼仪跟王朝祭礼的核心——郊天、祭祖礼一起构成一个整体,这个整体体现了东汉“治出于二”发展到一个新阶段时,礼仪事务已成为实际政治事务顺利实施的表征。这标志着礼仪事务和行政事务二者已达成较好的协调,也是它跟战国、秦乃至西汉前期的“治出于二”最大的不同之处。战国、秦乃至西汉前期的“治出于二”是因为官僚政治从“礼”中脱胎,律令的大量制定形成了保障行政效率的体系,在这个体系日渐凸现的阶段,还没有十分急迫的必要制定礼仪,用它们来表达让这些行政事务顺利实施的愿望,而东汉时期的“治出于二”,在行政事务靠日益完善的律令体系保障的同时,还建立了一整套礼仪象征着这些行政事务顺利施行,这一过程始自西汉,西汉时经“义”对律令的渗透和礼乐之“式”的制定使“治出于二”格局中开始越来越多地出现礼仪内容,这些礼仪内容原先见于经书,而后日渐走进现实,“治出于二”中的礼仪事务日渐增加,新莽时期这些古礼乘着儒生们的热情大量走进现实,东汉则在此基础上进一步删选,最终这些礼仪形成了完整的体系,成为企望实际政治事务顺利运转的一套象征,本节要考察的就这礼仪体系中企望王政顺利运行的部分,如养老、巡狩、封禅等等。

新莽至东汉时期渐次走入现实的宗祀、养老、巡狩、封禅等礼仪,绝大部分都见于《王制》和《月令》的记载,《礼记》中这两篇撰成较晚的篇章较集中地体现了经“义”对礼仪事务的认识——西汉博士作的《王制》完整扼要地总结了虞夏商周四代典制,比之《礼记》其他篇章回忆礼仪时内容的断续和零散来是更凝练的概括;而战国至秦阴阳家所作的《月令》则通篇贯穿了按时气变化运行来安排政事的思想,礼仪事务的施行是按时气理政的一部分。随着阴阳五行等象数之专学渗入五经,按时令理政的思想成为经“义”的重要部分,深刻地影响着汉代的政治生活。所以，这两篇撰作较晚但内容凝练的、总括经“义”的《礼记》篇章保存了大量在三代存在过的如宗祀明堂、养老、大射、巡守、迎时气、郊祀等旧礼，加上汉代“治出于二”发展到新阶段的需要，它们便登入庙堂，成为行政事务顺利运转的象征——养老礼体现了尚年重齿的伦理意义；巡守则在帝王视察天下之土时完成实际政治任务；耕籍、先蚕体现的是对天下苍生生计的重视，迎时气、合音律则反映了人们对岁“气”运行规律的重视和虔诚。这些礼仪中有许多是按时气运行来安排的，它们多见于《月令》，下一节将专门讨论，本节先讨论明堂宗祀、养老、大射等内容，这些礼仪多是在三雍（明堂、辟雍、灵台）中进行的，下面我们就联系三雍的起建，考察一下这些礼仪在东汉付诸实施的情况。

一、明堂及宗祀先帝之礼

东汉有明堂宗祀之礼，但明堂宗祀不始自东汉，西汉武帝时曾于汶上明堂进行过宗祀，王莽于元始年间辅政时亦举行过明堂宗祀（见上一章第八节），东汉的明堂及其中的相关礼仪活动就是在继承西汉、新莽有过的基础上进行的。东汉明堂的最初起建在光武帝中元元年（公元 56 年），其形制据《后汉书·光武帝纪下》章怀注引《汉官仪》：“明堂四面起土作壍，上作桥，壍中无水。明堂去平城门二里所，天子出，从平城门，先历明堂，乃至郊祀。”《文选》卷三《东京赋》亦记东汉明堂之制：“乃营三宫，布教颁常，复庙重屋，八达九房。规天矩地，授时顺乡。造舟清池，惟水泱泱，左置辟雍，右立灵台”，“规天矩地”是说明堂上圆下方，这一点已被考古发现证实。东汉明堂在开阳门外大路的西侧、平城门外大路的东侧，东距辟雍 150 米。遗址平面为正方形，四面筑有围墙，每面长约 400 米。在大院的正中，有一直径 62 米的圆形台基，应是其主体建筑的基础。它与《水经注》记载“寻其（东汉明堂）基构，上圆下方”是相符的①。由此看来东汉明堂确实是上圆下方。除此之外，《后汉书·祭祀中》刘昭注引薛综注“八闼曰室有八窻也。堂后有九室，所以异于周制也。”刘昭注下文又引胡广曰“古之清庙，以茅盖屋，所以示俭也。今之明堂，茅盖之，乃加瓦其上，不忘古也”，则东汉的明堂为四面有沟，沟

① 中国科学院考古研究所洛阳工作队：《汉魏洛阳城初步勘察》，《考古》1973 年第 4 期。

中无水，沟上有桥，下方上圆，共有九室，每室有八窗，屋顶上以茅草盖，上面加覆瓦。

东汉明堂这种分散对称的形制依据的是经义。从西汉起，源于战国数术的象数之学被当作训诂的一种手段来解经，于是有关明堂形制的内容羼入大小戴《礼记》。《大戴礼记·盛德篇》说明堂“九室，三十六户，七十二牖”，《小戴礼记》有《月令》篇详说天子颁布月令之事，这些均被诸儒接受。《礼·含文嘉》：“明堂，所以通神灵、感天地、正四时、出教令、章有道、褒有行。”①蔡邕《明堂论》更具体地认为明堂建制取法于天，他说：

“其（明堂、辟雍、灵台等）制度之数，各有所依……。八闼以象八卦，九室以象九州，十二宫以应十二辰，三十六户七十二牖，以四户八牖乘九室之数也。”②

《后汉书·祭祀中》刘昭注遍引《礼记》诸篇等说明明堂来源后说：

“凡此皆明堂、太室、辟雍、太学事通[文]合之义也。其制度数各有所法。堂方百四十四尺，坤之策也。屋圆屋径二百一十六尺，乾之策也。太庙明堂方三十六丈，通天屋径九丈，阴阳九六之变（且）[也]。圆盖方载，（六）九[六]之道也。八闼以象八卦，九室以象九州，十二宫以应辰。三十六户七十二牖，以四户（九）[八]牖乘九室之数也。户皆外设而不闭，示天下不藏也。通天屋高八十一尺，黄钟九九之实也。二十八柱列于四方，亦七宿之象也。堂高三尺，（亦）[以]应三统。四乡五色者，象其行。外广二十四丈，应一岁二十四气。四周以水，象四海。王者之大礼也。”

上文刘昭注所云的明堂是跟辟雍、灵台合一的，其高、宽各应天之数，但从文献记载和考古发现看，东汉的明堂跟辟雍、灵台是分开的，并不是蔡邕《明堂月令》和刘昭注说的那样合一，这反映了东汉时期诸儒对明堂形制的认识并不一致，其实那种分散对称的明堂本来就没有在三代存在过，对东汉统治者而言，对明堂形制的不同意见是次要的枝节问题，统治者只是根据自己的现实需要将明

① 《纬书集成》上册，第752页。

② 《全后汉文》卷八十。

堂之制请入现实，派上实际用场而已。

东汉的明堂是颁布月令，宗祀先祖和祭祀感生帝的地方。明堂宗祀先祖最先见于《孝经·圣治》(见第一章第四节战国人追忆的合祭部分)，自汉代起，因经学发蒙，诸经内容逐渐混融，诸儒对“宗祀”的认识越来越具体。“宗祀”之“宗”是诸儒认识中先祖配天的一种方法，《礼记·祭法》：“有虞氏禘黄帝而郊喾，祖颛顼而宗尧，……周人禘喾而郊稷，祖文王而宗武王”，“宗”是禘郊祖宗之祀的一种，郑玄注：“禘郊祖宗，谓祭祀以配食也。禘谓祭昊天于圜丘也，祭上帝于南郊曰郊，祭五帝五神于明堂曰祖宗。”《祭法》这段记载是七十子后学对周代祭祀制度的追忆，他们对周代禘郊祖宗之制的理解其实并不完全正确，汉代经师继承了这些，并用这一说法解经。《诗·周颂·我将》汉代人所传的《毛诗序》“祀文王于明堂也”孔颖达疏：

“《我将》诗者，祀文王于明堂之乐歌也。谓祭五帝之于明堂，以文王配而祀之，……此言祀文王于明堂，即《孝经》所谓宗祀文王于明堂以配上帝是也。文王之配明堂，其祀非一，此言祀文王于明堂，谓大享五帝于明堂也。《曲礼》曰大飨不问上，注云大飨者，遍祭五帝……，是以明堂有总祭五帝之礼。但郑以《月令》为秦世之书，秦法自季秋，周法不必然矣。故《杂问志》云：不审周以何月，于《月令》则季秋正可，不审祭月必有大享之礼，明堂是祀天之处，知大享当在明堂。又以《孝经》言之，明堂之祀必以文王为配，故知祀文王于明堂是大享五帝之时也，其余明堂之祀则法小于此矣。”

到孔颖达疏中，《孝经》、《礼记》的《月令》、《曲礼》这些不同时代、不同渊源作品中提到的有关祭祀部分被调和，明堂成了宗祀先祖和感生帝的地方，郑玄释五感生帝为苍帝灵威仰、赤帝赤熛怒、黄帝含枢纽、白帝白招矩、黑帝汁光纪，明堂祭祖，即以本朝先祖配五帝祭祀，这就是汉代人理解的宗祀。

东汉明堂中受祀的是光武帝和青赤黄白黑五帝。《后汉书·祭祀志》记载明堂中光武帝和五帝坛位：

“明帝即位，永平二年正月辛未，初祀五帝于明堂，光武帝配。五帝坐位堂上，各处其方，黄帝在未，皆如南郊之位。光武帝在青帝之南，少退西面。牲各一犊，奏乐如南郊。卒事，遂升灵台，以望云物。”

此坛五帝方位中，黄帝位于西南，跟西汉宽舒祠坛一样。光武帝在东方青帝之南，是因为东方为少阳之位，为春，为“气”的始生之地，《白虎通·五行》：“少阳见于寅，寅者，演也”，光武帝为东汉始祖，开创一朝基业，因此放在始生之地东方。

东汉宗祀明堂的次数，据《后汉书》记载一共七次，分别为明帝永平二年正月辛未、章帝建初三年正月己酉、章帝元和二年二月壬申、和帝永元五年正月乙亥、安帝延光三年二月壬辰、顺帝永和元年正月己巳、顺帝汉安元年正月癸巳。其中章帝元和二年二月壬申与安帝延光三年二月壬辰的两次均不在洛阳，而在汉武帝时建的汶上明堂，是东巡到泰山时（见下文巡守）顺便进行的，余者均在洛阳。洛阳明堂宗祀的时间均在正月，采纳了诸儒将明堂宗祀跟郊天同月之说。《礼记·杂记》孟献子云“正月至日，可有事于上帝”，此为云郊天之语。汶上明堂宗祀的时间则在二月。

在七次明堂宗祀中，最详细的一条记载是明帝永平二年正月辛未的那一条，《后汉书·明帝纪》这样记载：

> “二年春正月辛未，宗祀光武皇帝于明堂，帝及列侯始服冠冕、衣裳、玉佩、絇履以行事。礼毕，登灵台。使尚书令持节诏骠骑将军、三公曰：今令月吉日，宗祀光武皇帝于明堂，以配五帝。礼备法物，乐和八音，咏祉福，舞功德，（其）班时令，敕群后。事毕，升灵台，望元气，吹时律，观物变。群僚藩辅，宗室子孙，众郡奉计，百蛮贡职，乌桓、濊貊咸来助祭……，百僚师尹，其勉修厥职，顺行时令，敬若昊天，以绥兆人。”

永平年间是东汉政通人和、礼乐和洽的时代。此次明帝和列侯都按品级穿着冕服行礼（冕服制度见前一节），“礼备法物”的“法物”是指乐器、舆辇等仪式用品，“乐和八音”是指使用了金石雅乐，此外还有很多臣属如群僚臣属、宗室子孙、百蛮、乌桓等参加了助祭。

永平二年正月的这次明堂宗祀是东汉明堂宗祀中最隆盛的一次，为后来的东汉宗祀确立了典范。以后章、和、安、顺诸帝时举行的明堂宗祀大同小异。章帝元和二年壬申宗祀于汶上明堂，以光武帝配，仪式“如洛阳之礼”，而后还以太牢告二祖(高祖、世祖)三宗(太宗西汉文帝、世宗西汉武帝、中宗西汉宣帝[①]);安帝延光三年二月宗祀五帝于汶上明堂后也“告祀二祖、六宗(六宗据李贤注为西汉太宗文帝、代宗武帝、中宗宣帝、高宗元帝、东汉显宗明帝、肃宗章帝)”[②],永平二年的明堂祭有群臣百僚、宗室子孙、乌桓、濊貊助祭,安帝延光三年宗祀于汶上明堂后发布诏书云:“朕巡狩岱宗,柴望山川,告祀明堂,以章先勋。其二王之后,先圣之胤,东后蕃卫,伯父伯兄,仲叔季弟,幼子童孙,百僚从臣,宗室众子,要荒四裔,沙漠之北,葱岭之西,……,咸来助祭。”跟永平二年诏书之意大同小异;永平二年明堂祭后明帝登灵台望云气,顺帝永和元年、和帝永元五年宗祀明堂后亦均登灵台望云物。班固《两都赋》中《明堂诗》赞许东汉明堂助祭的盛况:“于昭明堂,明堂孔阳,圣皇宗祀 ,穆穆煌煌。上帝宴飨,五位时序,谁其配之,世祖光武。普天率土,各以其职……”《后汉书・儒林列传》:“中元元年,初建三雍,明帝即位,亲行其礼。天子始冠通天,衣日月,备法物之驾,盛清道之仪,坐明堂而朝群后,登灵台以望云物,袒割辟雍之上,尊养三老五更。……济济乎,洋洋乎,盛于永平矣!”

明堂宗祀的活动顺帝往后没有再进行过,因为此后即位帝王年幼,外戚、宦官专政,政治黑暗,不遑顾及这些。

二、辟雍及养老、大射之礼

辟雍在周代确曾有过,文献记载和金文资料都可以证明这一点[③]。汉初儒生对周代辟雍的追忆也基本可信,《礼记・王制》:“天子命之教,然后为学,小学在公宫南之左,大学在郊。天子曰辟雍,诸侯曰頖宫。”周代辟雍后来荒废,《史记・封

---

① 《后汉书・丁鸿传》刘昭注引《东观记》云是“四宗”,《后汉书・丁鸿传》刘昭注引《东观记》曰:“元和二年,车驾东巡守,鸿以少府从。上奏曰:‘臣闻古之帝王,统治天下,五载巡狩,至于岱宗,柴祭于天,望秩山川,协时月正日,同斗斛权衡,使人不争。陛下尊履蒸蒸,奉承弘业,祀五帝于明堂,配以光武,二祖四宗,咸有告祀。……。”

② 《后汉书・安帝纪》。

③ 《诗・大雅・文王有声》:“镐京辟雍,自西至东,自南至北,无不思服”;《作册麦方尊》:“(周天子)雩若竭(翌)日,才(在)璧(辟)雝(雍),王承于舟为大丰(禮)”,杨宽先生结合文献和金文资料,对周代辟雍作了详细考证。他认为周代辟雍就是大学,建设在郊区,四周有水池环绕,中间高地建有厅堂式的草屋,附近有广大的园林。“明堂”即辟雍中高地上的厅堂建筑的又一名称,见杨宽:《西周史》,台湾商务印书馆1999年版,第633页。

禅书》所记的秦雍州杂祀中有天子辟池，王先谦《郊祀志》补注引沈钦韩云辟池为周镐京辟雍故地，所祠者为镐池君。

到汉代，随着经学的发蒙乃至昌明，辟雍之建日益成为吏民需要。新莽时期吏民兴礼的热情高涨，辟雍三个月就建成了，但王莽后来成了人们心目中“窃取神器”的大奸臣，其辟雍也不被承认，《汉书·礼乐志》：“及王莽为宰衡，欲耀众庶，遂兴辟雍，因以篡位，海内畔之。”到东汉，政治稳定之后，辟雍的建立是王朝施行礼仪的需要，《后汉书·张纯传》记明帝时期南单于及乌桓来降，边境无事，百姓新去兵革，岁仍有年，家给人足，“纯以圣王之建辟雍，所以尊崇礼义，既富而教者也。乃案七经谶、《明堂图》、《河间古辟雍纪》、孝武太山明堂制度，及平帝时议，欲具奏之”，还没有来得及上奏，博士桓荣也上疏认为应该建立辟雍、明堂，于是奏章下到三公和太常那里讨论这个问题，张纯的意见跟桓荣一样，明帝同意了这个建议。于是起建辟雍。

东汉辟雍是根据汉代人对周代辟雍的理解和追忆建筑的。《后汉书·光武帝纪》刘昭注引《汉官仪》又曰：“辟雍去明堂三百步。车驾临辟雍，从北门入。三月、九月，皆于中行乡射礼。辟雍以水周其外，以节观者。诸侯曰泮宫。东西南有水，北无，下天子也。”此制是按经“义”所建。东汉的经学师法进一步混融，内容也逐渐固定，《白虎通·辟雍》：

> “天子立辟雍何？辟雍所以行礼乐，宣德化也。辟者，璧也。象璧圆，以法天也。雍者，壅之以水，象教化流行也。辟之言积也。积天下之道德。雍之言壅也。天下之仪则，故谓之辟雍也。《王制》曰：天子曰辟雍，诸侯曰泮宫。外圆者，欲使观者均平也。又欲言外圆内方，明德当圆，行当方也。”

考古发现的东汉辟雍在开阳门外大路的东侧，遗址平面呈正方形，四面筑有围墙，每面长约170米，大院内匀称地配置着四组建筑物，每组各由3座房屋组成①。看来它的形制确实跟《月令》所说的天子之宫类似，四面为青阳、明堂、总章、玄堂，每面各有左、右个和太庙，中间为太室。

辟雍的重建，为许多礼书记载的上古礼典的实施提供了地点。自西汉以来

---

① 王仲殊：《汉代考古学概说》，中华书局1984年版，第26页。

贾谊、申公等儒生就向往的让一些上古礼典重新实施的愿望有了实施的可能。在东汉，辟雍中举行的礼仪主要是养老和大射礼。下面就对这两种在辟雍中举行的礼典作些具体探讨。

1. 养老

东汉时期，仲秋之月，郡县给七十岁的老人授以王杖并馈赠糜粥，还要祀老人星于国都南郊老人庙，这继承了西汉后期经义渐明，老人逐渐得到尊敬的风气。王莽时期曾举行过养老礼。《汉书·王莽传》："居摄元年正月，莽祀上帝于南郊，迎春于东郊，行大射礼于明堂，养三老五更，成礼而去。"

东汉的养老礼即为继承新莽这一趋势而来。具体细节则根据经书中的周代制度复原。养老礼见载于《礼记》的《文王世子》、《祭义》等篇和《王制》。《礼记·祭义》：

"食三老五更于大学，天子袒而割牲，执酱而馈，执爵而酳，冕而揔干，所以教诸侯之弟也。是故乡里有齿，而老穷不遗。"

《内则》：

"凡养老，有虞氏以燕礼，夏后氏以飨礼，殷人以食礼，周人修而兼用之。凡五十养于乡，六十养于国，七十养于学。"

燕礼、飨礼、食礼均是以宴飨为主的礼典，则养老礼的核心是宴飨。《文王世子》具体记载了周代养老礼的过程：

"始之养也，适东序。释奠于先老。遂设三老五更群老之席位焉。适馔省醴养老之珍具，遂发咏焉。退修之，以孝养也。反，登歌《清庙》，既歌而语，以成之也。言夫子君臣长幼之道，合德音之致，礼之大者也。下管《象》，舞《大武》，大合众以事，达有神，兴有德也。"

根据这些文献记载可复原周代养老礼的程序：天子到辟雍（大学）的东序，首先在先老（故去的德高老者）跟前释奠（释菜奠币之意），而后设三老、五更等的席位，三老五更进来后要"发咏"，孔颖达疏："迎三老五更将入门之时，遂作乐声，发其歌咏，以乐纳之也"，即国君要亲自咏唱。而后天子以莱肴酒醴馈飨三老，天子要跟行祭祖礼一样"袒而割牲"，拿着酱和酒亲自进献给三老，完了之后拿起"干"（文舞所用的带羽毛的器械）带领乐舞。东汉的养老礼即是根据经书复原的。明帝永平二年冬十月初行养老礼。诏曰：

> “光武皇帝建三朝之礼，而未及临飨。眇眇小子，属当圣业。閒暮春吉辰，初行大射；令月元日，复践辟雍。尊事三老，兄事五更，安车輭轮，供绥执授。侯王设酱，公卿馔珍，朕亲袒割，执爵而酳。祝哽在前，祝咽在后。升歌《鹿鸣》，下管《新宫》，八佾具修，万舞于庭。……”

从这段记载看，明帝永平二年冬十月的这次养老礼仪式基本沿用了《文王世子》、《祭义》中的记载。“朕亲袒割，执爵而酳”是采纳了《祭义》“天子袒而割牲，执酱而馈，执爵而酳”，“升歌《鹿鸣》，下管《新宫》”是说用了《鹿鸣》、《新宫》之乐（均为金石雅乐）。《后汉书·礼仪志》详细地记载了养老礼的程序，可以分为以下三步：

（1）事先准备、迎接。先一日选有德年高者为三老，另一人为五更，《后汉书·礼仪》“养三老、五更之仪，先吉日，司徒上太傅若讲师故三公人名，用其德行年耆高者一人为老，次一人为更也”，刘昭注引卢植《礼记注》：“选三公老者为三老，卿大夫中之老者为五更，亦参（叁）五也。”永平二年的这次养老礼，三老为李恭，五更为桓荣。他们都穿礼服（都紵大袍单衣、皂缘领袖中衣、进贤冠。此非祭服，为燕居之服），然后斋戒于太学讲堂。第二天，天子先到辟雍礼殿，坐在东厢，遣使者用安车迎接三老、五更，天子在门屏迎接，互相行礼后三老走上台阶，天子揖让，三老在东面站定后，三公设几，九卿站定位置。此段完全按照《礼记·文王世子》：“始之养也，适东序，释奠于先老，遂设三老五更群老之席位焉”进行。

（2）劳飨。天子亲自将熟牲割成一定形制，配上酱、酒进献给三老五更，即“天子亲袒割牲”，见《礼记·祭义》：“食三老五更于大学，天子袒而割牲，执酱而馈，执爵而酳”，永平二年这次养老礼，由公卿、侯王在一边布让献菜。

（3）乐舞。歌用《诗·小雅·鹿鸣》（《小雅》首篇，为迎宾曲）、《新宫》（刘昭注为小雅逸篇，见《仪礼·燕礼》），舞用八佾舞天子万舞。永平二年此次行养老礼时东汉礼乐尚未作成，《后汉书·礼乐志》：“显宗因[宗]祀光武皇帝于明堂，养三老、五更于辟雍，威仪既盛矣；德化未流洽者，以其礼乐未具，群下无所诵说，而庠序尚未设之故也。”则乐舞用《鹿鸣》、《新宫》等古乐，是因为东汉当时尚未制作自己的礼乐。

永平八年冬十月丙子又施行过养老礼。

总之,东汉养老礼几乎完全照搬经书记载,但亦有变通,如三老五更受天子拜礼,这曾引起群臣的不安,《后汉书·祭祀志》刘昭注引谯周《五经然否》:"汉中兴,定礼仪,群臣欲令三老答拜。城门校尉董钧驳曰:'养三老,所以教事父之道也'",于是三老五更当时受了天子的拜礼,第二天再拜谢天子的隆遇。

东汉养老礼几乎完全照搬了经书中记载的周代养老礼仪式,因此颇受时人褒奖。《后汉书·班彪传》中《辟雍诗》:"乃流辟雍,辟雍汤汤,圣皇莅止,造舟为梁。皤皤国老,乃父乃兄,抑抑威仪,孝友光明。于赫太上,示我汉行;鸿化惟神,永观厥成。"

以上是国家的养老礼。郡国亦行养老礼,主要是赐予七十岁以上老人玉杖,并请用糜粥。《后汉书·礼仪志》:"仲秋之月,县道皆案户比民,年始七十者,授之以玉杖,餔之以糜粥,八十九十礼有加。赐玉杖,长尺,端以鸠鸟为饰,鸠者,不噎之鸟也,欲老人不噎。"赐鸠杖之礼先秦就有,《吕氏春秋》八月纪提到养衰老,授几杖,行糜粥饮食,是对周代有过旧礼的追忆和总结。到西汉,甘肃武威磨咀子第十八号墓中出土的西汉晚期的"王杖十简"规定七十岁以上的老人受王杖(见上一章第七节),东汉永平年间的养老礼,正是在敬老传统没有废弃和经书记载的养老礼二者基础上登入庙堂的。

2. 大射和乡射

东汉在辟雍举行的另一种重要礼典是大射礼。在周代,大射礼是天子举行的级别最高的射礼,为周代天子于辟雍举行的有选拔人才意义的礼典[①],乡党举行的较低级别的则为乡射礼。《仪礼》的《大射》、《乡射》分别记载了它们的过程。在东汉,确有非帝王主持的乡射礼,《后汉书·鲍永传》记鲍永曾主持进行过乡射礼,不过不是常事。东汉文献所谓的"乡射"就是于辟雍进行的大射礼。《后汉书·儒林列传》记安帝本初元年梁太后诏:"大将军下至六百石,悉遣子就学,每岁辄于乡射月一飨会之",刘昭注引《汉官仪》:"春三月,秋九月,习乡射礼,礼生皆使

---

① 杨宽:《西周史》,第690～693页。

太学学生",即洛阳太学的学生在乡射之际要到辟雍实习礼仪细节。《白虎通·乡射》:"天子所以亲射者何?助阳气达万物也。春,阳气微弱,恐物有窒不能自达者。夫射自内发外,贯坚入刚,象物之生,故以射达之也。"

和帝永元十四年临辟雍行乡射礼,此乡射即大射礼,并不像周代乡射为乡党举行,大射为公侯举行那样。《光武帝纪》刘昭注引《汉官仪》:"辟雍去明堂三百步,车驾临辟雍,从北门入。三月、九月,皆于中行乡射礼",至于仪式,《后汉书》没有具体记载。《明帝纪》永平二年三月"临辟雍,初行大射礼"刘昭注:

"《仪礼》(曰)大射之礼,王将祭射官,择士以助祭也。张虎侯、熊侯、豹侯,其制若今之射的矣。谓之为侯者,天子射中之,可以服诸侯也。天子侯中一丈八尺,画以云气焉。王以六耦射三侯,乐以《驺虞》九节;诸侯以四耦射二侯,乐以《貍首》七节;孤卿、大夫以三耦射一侯,乐以《采蘋》五节;士以二耦射豻侯,乐以《采蘩》三节。"

从刘昭注看,东汉大射礼的细节应跟《仪礼·大射》同。《仪礼》为汉初高堂生所传,是汉代传《礼》最早、最淳的作品,其训诂内容和经传说记甚多。东汉根据《仪礼·大射》来行大射礼,条件完全成熟。

以上是东汉辟雍的形制及于其中举行的养老、乡射等礼典。在三雍中,辟雍强调天人和谐的意义要淡一些,它更多强调的是教化天下,于辟雍中行养老、大射之礼,意义都在于此。

三、灵台及观云物、候气之法

1. 东汉灵台形制

灵台在周代是观天象的地方,天子的称灵台,《诗·大雅·灵台》,诸侯的称观台,《左传》僖公五年春正月鲁僖公曾于视朔后登观台以望,《左传》作者评价是"礼也",杨伯峻注:观台即观象之台,又称灵台。古礼,国君于二分二至及四立之日,必登台以望天象(或日旁云气之色),占其吉凶而书之。东汉灵台的建立继承了古意,灵台是观天象和候气的地方。《后汉书·祭祀志》刘昭注引《礼含文嘉》:

"礼,天子灵台,所以观天人之际,阴阳之会也。揆星度之验,徵六气之瑞,应神明之变化,覩日气之所验,为万物获福于无方之原,招太极之清泉,以兴稼穑之根。……天子得灵台之[礼],则五车三牲,明制可行,不失其常。水泉山流,无滞寒暴暑之灾,陆泽山陵,禾尽丰穰。”

此为灵台起建的意义,统治者希望通过观天象来观察天人之变,希望实现“水泉山流,无滞寒暴暑之灾,陆泽山陵,禾尽丰穰”的太平图景。

东汉灵台的形制《后汉书》有载。《光武帝纪》章怀注引《汉官阁疏》曰:“灵台高三丈,十二门”,灵台之所以有十二门是要跟十二月和十二律之气对应,《后汉书·律历志》刘昭注引《薛莹书》记马防上奏:

“……今乐官但有太蔟,皆不应(日)[月]律。可作十二月均,各应其月气,乃能顺天地,和气宜应。明帝始令灵台六律候,而未设其门。《乐经》曰十二月行之,所以宣气丰物也。月开斗建之门,而奏歌其律。诚宜施行。”

十二律被认为是十二月之气所应,按礼,应每月开相应之门,奏相应之律,但东汉未实行(见下一节合音律部分),灵台十二门,是因为灵台是观象候气的地方,每门对应十二月的相应时气,《后汉书·祭祀志》记章帝元和二年二月东巡泰山回洛阳后为灵台十二门作诗,“各以其月祀而奏之”。灵台上面放着浑仪,《明帝纪》章怀注:“仪谓浑仪,以铜为之,置于灵台,王者正天文之器也”,考古发现的东汉灵台在平城门外大路的西侧,东距明堂约80米。遗址平面也呈正方形,四面筑有围墙,东墙和西墙各长220米,南墙和北墙各长200米。在大院的正中,有一座平面为正方形的高台,根基部分约50米见方,残高8米。据《后汉书》记载,当时是“上平无屋”。房屋建在高台的四周,可分为上下两层,上层比下层高出1.86米,有坡道可以升登。下层的房屋实际上是回廊,廊外有用河卵石铺砌的“散水”。上层房屋每面各5间,屋内地面用长砖铺砌,墙壁上涂有色彩。东屋涂青色,西屋涂白色,南屋涂红色,北屋涂黑色,显然是按“四神”——青龙、白虎、朱雀、玄武分别代表四方而设计的。尤其是西面的五间房屋,都设有深入到土台内的暗室,室内有方砖铺地。这与《晋书·天文志》中说的“张平子”(张衡)作浑天仪于密室中吻合①。这暗室可能是候气用的,因为“律管吹灰”之术(详下文)需要用暗室才能进行。

① 中国科学院考古研究所洛阳工作队:《汉魏洛阳城南郊的灵台遗址》,《考古》1978年第1期。

2. 东汉灵台的观云物、候气活动

东汉帝王屡次在灵台观云物,明帝永平二年春正月辛未,在明堂祭完五帝之后,“卒事,遂升灵台,以望云物”,章帝建初三年春正月:“宗祀明堂。礼毕,登灵台,望云物,大赦天下”,顺帝永和元年春,“宗祀明堂,登灵台,改元永和,大赦天下”,由此看来,宗祀明堂之后登灵台望气再大赦已成通例。

东汉时期在灵台进行的是一些天文观测和候气,《后汉书·百官志》太常:“太史令一人,六百石,……,明堂及灵台丞一人,二百石。”本注曰:“二丞,掌守明堂、灵台。灵台掌候日月星气,皆属太史。”刘昭注引《汉官》曰:“灵台待诏四十一人,其十四人候星,二人候日,三人候风,十二人候气,三人候晷景,七人候钟律,一人舍人。”候气属于古代的实验活动,它是下一节我们要讨论的合音律之礼的基础,这里我们就对东汉的灵台候气稍作研究。

东汉候气之法《后汉书·律历志》有载。候气法渊源古老,在周代,其具体技术掌握在王官乐师手中,因乐师精于音律数度,候气内容为以八风候“气”之强弱灾祥,但战国以来的社会变动使周代乐师的技艺几乎无存。西汉京房精通律历,其候气法保存了数度和音律之间的关系(见《后汉书·律历志》即《续汉书·律历志》),《续汉书·律历志》的资料来源主要是京房的律历之学,《续汉书·律历志》:“房言律详于刘歆所奏,其术施于史官,候部用之”,而京房的律历之学传自焦延寿,是战国到汉代候气术的大成。但京房的候气法主要侧重点还不在六十音律和数度的关系上,而在岁气和数度差别之间的关系上。因此,到京房时,候气术中跟乐律有关的古法进一步失落。再到东汉,更是如此。为什么呢?原因有二:

首先,周代乐师所掌的以数度出音律之术到东汉失落了。在周代,乐师多为耳聪过人的神瞽,不同律管的长度之差是建立在乐师以耳力辨别细微的音差基础上的,《晋书·律历志》追忆:“神瞽作律,用写钟声”,汉代人的耳力已达不到那样的水平,《后汉书·律历志》刘昭注引《月令章句》曰:

“古之为钟律者,以耳齐其声。后不能,则假数以正其度,度数正则音亦正矣。钟以斤两尺寸中所容受升斗之为数法,律亦以分长短为度。故曰黄钟之管长九寸,[孔]径三分,围九分,其余皆(补)[渐]短,(虽)[惟]大小围数无增减。以度量者可以文载口传,与众共知,然不如耳决之明也。”

“后不能”说明汉代人已经不能将律管的长度之别建立在凭耳力定音之高下的基础上。“假数以正其度”即先定下一定的数值，再以这个数值校正音之高下。这个数值，各容器是不一样的，钟以一定所受升斗的数量为准，律以长短分寸为准。所定下的标准数值是：黄钟之管长九寸，口径三分，口的周长为九分，其余的律管大小口径不变，但长度依次缩短。刘昭认为这样做之后，虽然度量的数值可以写下来让众人知晓，但随着时间流逝众人渐渐不明其理，到底不如三代那样乐师用耳决断，道理掌握在手中。因此在周代，定律管的数值靠的是神瞽的耳力，到汉代，定律管靠的已是写于竹帛的数值，不过候气实验是需要经常进行的，传承的数值在这时只是参考，然而因为汉代人们的耳力已经不及，定律管之长又确实需要标准器，这就出现了“准”。《后汉书·律历志》：

“截管为律，吹以考声，列以物气，道之本也。术家以其声微而体难知，其分数不明，故作准以代之。准之声，明畅易达，分寸又粗。然弦以缓急清浊，非管无以正也。”

案，“准”是定律管之长的测音器，为京房所作。《晋书·律历志》：“准之状如瑟，而长丈，十三弦，隐间九尺，以应黄钟之律九寸。中央一弦，下有画分寸，以为六十律清浊之节。”“准”的功能是为六十律（十二律中每律各有五音，合为六十个音程）定音，性质跟周代有过的均钟类似。从《后汉书》的以上记载看，三代是没有“准”的，“准”是“术家”的发明，而且所定调律不是那么精确。《后汉书·律历志》记待诏、候钟律殷肜上言说王官没有人通晓用“准”定六十律之音的方法，曾为待诏的严崇（严崇为东汉通乐律的待诏，见《后汉书·律历志》刘昭注引《薛莹书》记马防上奏）以此法教子严宣，殷肜请让严宣主调乐器，诏书让太史丞先测试一下严宣的水平，结果严宣定的十二律，二中，四不中，六不知何律，严宣因此被罢，这说明传其术的父亲严崇所学以“准”调音之术已不精确。严宣被罢后，东汉律家再也不能够以“准”调音了。

从以耳力定音进而定律管长度，到以“准”调音，再到连以“准”调音都不能，说明三代以数度出音律法先是走了样，而后干脆失传。三代以数度出音律，所制的律管长度均有恒值，根据律管的长度再以一定方法铸造编钟，这样造出的编钟在音高一定的情况下，重量是基本恒定的，因此在三代，重量单位也被称为“钟”。

到汉代,律管长度和六十律的音高都要靠"准"制定,而"准"只是定音高,跟重量单位已经没有关系。此为以数度出音律之法失传的表现之一,到东汉,连"准"定的音都不准确,周代王官的以数度出音律法终于失传。

再有,即使纯粹的候气之法,东汉的跟三代比也有所差异。《续汉书·律历志》记载传至东汉的候气之术:

"候气之法,为室三重,户闭,涂衅必周,密布缇缦。室中以木为案,每律各一,内庳外高,从其方位,加律其上,以葭莩灰抑其内端,案历而候之。气至者灰(灰)[动]。其为气所动者其灰散,人及风所动者其灰聚。殿中候,用玉律十二。惟二至乃候灵台,用竹律六十。候日如其历。"

候气要在有三层外围的屋里,门要关闭,而且要将缝隙周密地涂上,密布缇缦。室内每个律管准备一个里低外高的桌子,律管就放在桌上。桌子的摆设方位要按每个律管对应的方位。律管里面放上葭莩灰(芦苇膜之灰),候气者看着日子注意律管中灰的变化。一定季节的"气"来临的时候,相应律管中的灰就动了,葭莩灰应是蓬散开来,而不是像人动或风吹的那样团聚在一起。假如在殿中候气就用十二根玉制律管,但冬、夏至在灵台候气,用六十根竹制的律管。

候气之所以要在密闭的屋里,是要使屋里的"气"处于最安静无扰的状态。晋代干宝著《搜神记》卷三《韩友》记载的一则道教方术能帮助我们理解为什么要这么做。韩友"行京房厌胜之术",他为一名鬼魅附体的女子治病时作法,"命作布囊,俟女发时,张囊著窗牖间",即布囊将窗户封住,然后韩友关闭门户"作气,若有所驱",这里韩友封闭门窗即为了使屋里"气"与外界隔绝,而后再调动自身的"气"逼令鬼怪现形,此为魏晋时期的方术,它对"气"的理解跟东汉候气术的"气"是一脉相承的,东汉的候气术之所以要在密室进行,就因为要排除风雨气流等干扰。此外,以葭莩灰置于律管中候气之法,笔者以为非三代古法,而是战国至汉代术家的发明。《后汉书·律历志》:"冬至阳气应,则乐均清,景长极,黄钟通,土灰[炭]轻而衡仰。夏至阴气应,则乐均浊,景短极,蕤宾通,土灰[炭]重而衡低。"(刘昭注引《淮南子》:"水胜故夏至湿,火胜故冬至燥。燥故(灰)[炭]轻,湿故(灰)[炭]重。")《淮南子》提到的尚只是土炭,说明当时古人发现了土炭冬至重，夏至轻，而使用葭莩灰是比土炭更精细的技术，它至少应在《淮南子》之后，为汉代的技术。

以上是东汉的候气之法，以律管置葭莩灰候气虽然已跟三代古法不同，毕竟继承了“气”运行的观念。东汉时期只有二至在灵台候气，这是因为冬、夏至要举行合音律之礼（见下一节），而候气是合音律之礼的基础。

东汉灵台的起建，标志着统治者心目中希望人事运行跟天象运行一致的愿望成为正式的礼仪，它继承了古华夏特有的“天人合一”的思维方式，在这一基础上发展而来的礼仪，观天象、候时气等活动的进行，反映了统治者希望政治有序、五谷丰登的愿望。《后汉书·班彪传》记《两都赋》中《灵台诗》：“乃经灵台，灵台既崇；帝勤时登，爰考休征。三光宣精，五行布序；习习祥风，祁祁甘雨。百谷溱溱，庶卉蕃芜，屡惟丰年，于皇乐胥。”

此外，汉制每有日食，太史要登灵台伐鼓。这是周制，《左传》就有记载（见第一章第二节），东汉继承了此形式，仪式跟周制基本相同。

以上是三雍及其中的相关礼仪，此外还有太学的起建。《王制》“天子命之教然后为学，小学在公宫南之左，大学在郊”，西汉武帝时董子便建议开太学，但西汉太学的礼仪功能并不显著，东汉就不同了。光武帝建武五年初起太学，顺帝永建六年秋九月又修缮起建，在太学中除了进行教学外，还进行祭祀先贤（孔子和七十二弟子）等礼仪活动。考古发现的东汉洛阳太学遗址范围很大，有一部分在辟雍之北，其范围略呈长方形，东西长约 200 米，南北宽约 100 米，从前许多的石经残块多出于此，是东汉太学的主要部分[1]。

东汉时期，太学的礼仪意义确立，使它不再是单单的教学机构，而赋予了如三雍一样的施行礼仪的功能。

三雍的起建及宗祀、养老、大射等礼仪的实施，标志着东汉王朝祭礼的结构跟西汉比发生了重要变化。东汉起建三雍，为王朝祭礼增加了宗祀先祖、养老、大射、候气等礼仪，这样，王朝祭礼到了东汉，除了其骨干——郊天礼和祭祖礼之外，又增加了一些旨在希望天人秩序和谐、人伦教化和洽的礼仪，而且，因东

---

① 文物编辑委员会编：《文物考古工作十年》，文物出版社 1990 年版，第 184 页。

汉时《月令》的施行,这些礼仪跟郊天礼、祭祖礼,再加上一些乡俗和残存的巫术一起,形成一个以《月令》为框架,强调政治和谐的一个整体,这一点我们将在下一节讨论。

下文将探讨《王制》中另外两样重要的礼仪——巡守和封禅,在东汉的实际施行情况。

四、封禅和巡守

《王制》是今本《礼记》中的一篇,它撰作较晚,跟《月令》一样是后来才羼入《礼记》的。《礼记·王制》孔颖达疏引郑玄《三礼目录》云:“名《王制》者,以其记先王班爵授禄祭祀养老之法度,此于《别录》属制度。《王制》之作,盖在秦汉之际”,《别录》即西汉刘向之《别录》,西汉文帝曾“使博士诸生刺六经中作《王制》”,陈苏镇先生认为文帝博士所作的《王制》在刘向《别录》中曾有著录,因没有材料可证明《别录》中有两种《王制》,因此《礼记·王制》就是文帝博士作的王制①。《王制》汇集了虞夏商周四代之爵禄、井田、造士、刑罚、养老、分封等制,其中有许多跟礼仪有关,如巡守、郊天、大射、养老、天子视学、释奠祭先圣先师等。随着《王制》羼入《礼记》,其中的各项制度也渐渐成为经“义”,在儒生复古热情高涨的新莽时期它便被用来改造现实,《后汉书·隗嚣传》李贤注:“莽以《周官》《王制》之文,置卒正、连率、大尹”,到东汉,见于《王制》记载的古礼大多走进庙堂付诸实施。《后汉书·班彪列传》记班固《两都赋》:“若乃顺时而蒐狩,简车徒以讲武,则必临之以《王制》,考之以《风》《雅》”,因此,封禅、巡守等见于《王制》的古礼也得到施行,见下文。

(一) 封禅

封禅是传说中古代帝王向天告成功之礼,秦皇汉武都曾进行过封禅,但秦始皇的封禅被儒生讥为不合于古,汉武帝的封禅也因制度旷失已久,神仙家的封禅说在当时占了上风(见上一章第三节)。到东汉,因为儒生公卿们心目中对本朝受命并平定全国的自信依然存在,吏民仍有封禅的要求。《后汉书·祭祀志》记

① 陈苏镇:《汉代政治与〈春秋〉学》,中国广播电视出版社2001年版,第139页。

建武三十年二月，群臣上言应封禅泰山，这些上奏的臣子中有当时的大儒张纯，《后汉书·张纯传》记张纯于建武三十年上奏：

“自古受命而帝，治世之隆，必有封禅，以告成功焉。《乐动声仪》曰：以《雅》治人，《风》成于《颂》。有周之盛，成康之间，郊配封禅，皆可见也。……臣伏见陛下受中兴之命，平海内之乱……，今摄提之岁，仓龙甲寅，德在东宫。宜及嘉时，尊唐帝之典，继孝武之业，以二月东巡狩，封于岱宗，明中兴，勒功勋，复祖统，报天神，禅梁父，祀地祇，传祚子孙，万世之基也。”

张纯的这段上疏反映了当时儒家出身的公卿们对封禅的普遍认识，他认为周代成、康之际是太平盛世，作为太平盛世的象征，当时郊天、先祖配天、封禅都进行了，而东汉既然接受上天受命，也应该封禅。而且张纯认为建武三十年太岁在甲寅，是“摄提之岁”，《淮南子·天文训》：“太阴在寅，岁名曰摄提格。其雄为岁星，舍斗、牵牛，以十一月与之晨出东方”，太阴为战国数术中的太岁之雌（见第二章第二节），但东汉人已不辨太岁、太阴之别，张纯这句话的意思就是，冥冥中具有神力的太岁恰好于建武三十年在寅之位，而寅为夏正斗建之始，说明东汉一朝的受命伊始是天之意，所以应该在二月份东巡守，顺便封禅告天（二月份东巡守并封禅是《王制》的记载，东汉儒生笃信）。当时提出封禅建议的不止张纯，《后汉书·赵熹传》云“（建武）三十年，熹上言宜封禅，正三雍之礼”，光武帝一开始坚决不同意，他下诏说：“即位三十年，百姓怨气满腹，吾谁欺，欺天乎？曾谓泰山不如林放，何事污七十二代之编录！”“泰山不如林放”是孔子感叹季氏僭越行封禅礼说的话，光武引此言说明自己不敢像季氏那么胡作非为，玷污了七十二代曾经封禅的君主的英名。后来促使光武帝封禅的原因有二，一为建武三十年光武帝巡行到鲁，经过泰山，告诉当地太守皇帝来了，要祭泰山和梁父。虎贲中郎将梁松等说：

“《记》曰‘齐将有事泰山，先有事配林’，盖诸侯之礼也。河岳视公侯，王者察也。宜无即事之渐，不祭配林。”

此《记》即《礼记》，该段刘昭注引卢植注云：“配林，小山林麓配泰山者也。谓诸侯不郊天，泰山巡省所考五岳之宗，故有事将祭之，先及其渐。天子则否矣。”按卢植的解释，诸侯因无资格郊天，而泰山又是五岳之宗，齐侯将祀泰山要先祀林麓小山，此为诸侯之礼。但梁松等认为天子巡守到此不能采用诸侯之礼，不必从林麓、梁父等小山开始祭祀，这跟光武帝想象的祭泰山之礼不合，于是作罢。

第二个原因，也是更重要的原因，是因为光武帝崇信谶纬，而建武三十二年他恰读到了谶书《河图会昌符》，内容有“赤刘之九，会命岱宗。不慎克用，何益于承”，即赤帝的九世孙应在泰山受命，而光武帝恰是高祖的九世孙，这就应了“赤刘之九”之语，光武帝大受感动，认为这是天意让自己封禅，于是下诏令梁松等搜集谶纬中有关赤帝的九世孙封禅的事。《后汉书》刘昭注引《东观书》增补了此事的细节：

“群臣奏言：‘登封告成，为民报德，百王所同。陛下则拒绝不许，臣下不敢讼功述德业。河洛谶书，赤汉九世，当巡封泰山，凡三十六事，傅奏左帷。陛下遂以仲月（二月）令辰，遵岱岳之正礼，奉《图》《雒》之明文，以和灵瑞，以为兆民。’”

群臣认为要求封禅有河图洛书等谶纬作为依据（梁松等搜集了谶纬中云封禅的有三十六事），要求进行封禅。光武帝说：“至泰山乃复议。国家德薄，灾异仍至，图谶盖如此！”言词似乎无奈——自己德薄，居然图谶还要求自己封禅！但也答应了。光武帝命梁松等搜集汉武帝封禅的故事以备用，并作准备。

封禅前的重要准备工作有写告天书、起告天坛，准备玉牒书、石检等等。这些内容不但重要，而且带着汉代特有的时代特点，下面考察一二。

1. 封禅告天书所引谶纬

《后汉书·祭祀志》建武三十二年二月，光武帝到了奉高，先令侍御史、兰台令史等带领工匠上山刻石。刻石文很长，主要内容是引用谶书说明封禅的原因，并向上天禀告自己的功绩，“年二十八载兴兵，（起是）以（中）诛讨，十有余年”，“书同文，车同轨，人同伦”“建明堂、立辟雍，起灵台，设庠序，同律、度、量、衡，修五礼，五玉、三帛、二牲、一死、执。”等等，引用的谶书有：

《河图赤伏符》：

“刘秀发兵捕不道，四夷云集龙斗野，四七之际火为主”

《河图会昌符》：

“赤帝九世，巡省得中，治平则封，诚合帝道孔矩，则天文灵出，地祇瑞兴。帝刘之九，会命岱宗，诚善用之，奸伪不萌。赤汉得兴，九世会昌，巡岱皆当。天地扶九，崇经之常。汉大兴之，道在九世之王。封于泰山，刻石著记，禅于梁父，退省考五。”（按：《光武帝纪下》中元元年《集解》所引《会昌符》作“退省考功”，似乎后者更为确切）

此外还有：《河图合古今》：“帝刘之秀，九名之世，帝行德，封刻政。”

《河图提刘予》：“九世之帝，方明圣，持衡矩，九州平，天下予。”

《洛书甄耀度》：“赤三德，昌九世，会修符，合帝际，勉刻封。”

《孝经钩命决》：“予谁行，赤刘用帝，三建孝，九会修……”

值得注意的是：上文所引的谶纬大多数是《河图》《洛书》纬，笔者以为这是因为《河图》、《洛书》纬晚于五经之纬①，《后汉书·祭祀志》王先谦《集解》：“《文选·思元赋》旧注引苍颉篇：‘谶书，河洛书也。’《一切经音义》引三苍谶祕书也，出河洛。其言河洛者，谓河图洛书之学，七经皆有谶，而以河洛为宗。河洛五九，六艺四九，凡八十一篇”。作为谶纬，河图、洛书纬的内容比与经书相副翼的五经之纬更多从象数的角度专谈古今变异之种种必然。之所以河洛之纬会出现这些内容，是因为汉代数术羼入经学后，直到东汉，人们对帝世的推算和对符命的孜孜追求一如既往地虔诚，就像西汉建立之初张苍、公孙臣争论西汉受命的符是什么一样。而五经之纬因为有经文的内容作为既定框架，不那么容易将现代人物牵引进来，于是，《河图》《洛书》之纬就出现了这些编排历代受命的内容。

谶纬的记载给了光武帝十足的底气，他终于在吏民的拥戴下封禅了。

2. 封禅告天文书的形制和封缄方式

封禅的告天文书和封检方式采用了当时官文书通行的封缄方式，但所用材质不同。汉代的普通文书书写于竹简之上，形制或为简，或为牍；告天书则用玉为牒，使工匠刻书于其上（一开始找的工匠不能刻书于玉上，群臣无奈想要用丹

---

① 在西汉李寻之际是称“五经六纬”，“六纬”为五经之纬和《乐》纬，到东汉樊英时则是“七纬”，为《易》、《书》、《诗》、《礼》、《乐》、《孝经》、《春秋》纬（《后汉书·方术列传》刘昭注），此时尚未提到河图、洛书之纬。河图、洛书纬比五经之纬晚是可以肯定的。

漆书写,后来找着了能在玉上刻字的工匠),这是借用当时流行的官文书的形式;普通文书书写完后一般用绳索捆扎成卷,再在绳索之末端打上封泥,封泥上盖有印,外面还有囊或匣;告天玉牒则用两层方石累成(相当于装文书的匣),也有检,只是检是石头的,检上刻有凹处,用金绕五圈,用水银和金为封泥。总之,告天文书因神秘尊贵,采用的是比当时官文书的封检更为隆重的形式,而且形制材质有所不同,下面稍作考证。

(1)玉牒书。即告天文书。《后汉书·祭祀志》记载牒“厚五寸,长尺三寸,广五寸,有玉检”,跟官文书形制内容相比,玉牒书相当于写内容的官府文书,检为古代书写木牍等毕加在上面的盖子,《急就篇》第十三章“简札检署椠牍家”,颜师古注:“检之言禁也。削木施于物上所以禁闭之,使不得辄开露也”,古代木牍书写时上面加盖,为封书的题签,此处玉牒书的检以玉为之。

(2)玺。告天书的玉玺方一寸二分,此外还有一枚玉玺方五寸,为在封泥上盖印所用。封禅时在玉牒书上盖印的是一寸二分的那方玉玺。

(3)方石、石检、封泥。方石均为“方五尺,厚一尺”,用两层方石垒起置于坛上,是用来藏玉牒书的,其作用相当于装文书的囊或匣。《后汉书》王先谦《集解》引黄山曰:“《旧唐书·礼仪志》房玄龄等奏封禅仪‘请方石三枚,以为再累’,是再累乃用方石三枚也”,《汉书·王莽传》记梓潼人哀章作铜匮,为两检,署一曰“天帝行玺金匮图”,其一署“赤帝行玺某传予黄帝金策书”,亦将神秘文书放置在匮中,此以方石再垒,相当于匮。

此外还有十枚石检,《后汉书·祭祀志》云“列于石旁,东西各三,南北各二,皆长三尺,广一尺,厚七寸”,按此形制,此石检是一个长方形的石片,《后汉书·祭祀志》刘昭注引马第伯《封禅仪记》云马第伯等登泰山的故祭山坛(当为武帝封禅时的坛),发现“检石长三尺,广六寸,状如封箧”,因告天书不是普通的官府文书,所以在以石为匣后外面还有石检。[①] 王先谦《集解》:“玉牒之检,是为单简,覆牒而封之,是检即盖矣。其石检又加盖者,玉检并牒,封置石下,石覆其上,自

① 此制亦为袭用官文书封缄制度而来。汉代凡极重要极特殊的文书必盛以囊,然后在囊外施检约束。具体考证见汪桂海:《汉代官文书制度》,广西教育出版社 1999 年版,第 132 页。

不外露，石检以封，方石不加盖，则封不固也。”

石检上用金绕了五圈，这相当于捆绑文书的绳索，再以水银和金为封泥。石检中刻了三处深四寸，方五寸的凹处，此方五寸的凹处是为了放置封泥和盖印所用，上文所云的玺有一块就是方五寸，即为于此石检上盖印所用。王先谦《集解》：“刻三处，深四寸，方五寸者，亦专就石检言，即印齿也。”

(4)距石和枚。方石的四角又有距石，也是垒成两层。此距石的作用相当于第二层匣，枚长一丈，厚一尺，广二尺，也是一个长大石片，相当于又一道检。联系《后汉书·祭祀上》刘昭注引马第伯《封禅仪记》记武帝时封禅坛的距石分布于四维看①，此距石也是分布于四维，四维的距石按制应按方位用五色石，但因时间离东二月巡守封禅太紧，需要琢刻的石太多，来不及，于是就用青石。

以上是告天文书及其附属物的形制及封缄方式。玉牒书由帝王封缄后置于方石中，再加上石检、距石、枚等层层包裹，体现了古人封禅时礼节的隆重、心思的虔诚。这些还只是放在坛上的，坛下还有十八块高三尺、厚一尺、广二尺，像小碑一样的距石环着坛，每块距石下都有一块入地四寸的石跗（矮石）。刻石的石碑离坛三丈以外，高九尺，广三尺五寸，厚一尺二寸，立在丙巳之地。

3. 封禅过程

《后汉书·祭祀志》记建武三十二年春二月辛卯，柴望岱宗，登封太山，甲午，禅于梁父。具体过程是：君臣提前数日斋戒，到辛卯那天早上登山。因封禅隆重，登山前先举行了仪式——先在泰山下南方“燎”（燔烧）祭天，“群神从祀，用乐如南郊”，此燔燎为晨祭。刘昭注引《封禅仪》曰：“晨祭也。日高三丈所，燔燎烟正北也。”随从助祭祀的有诸王、王者后二公、孔子后褒成君。燎祭完了要登封，有人说皇帝亲自来封禅，应该先用礼敬泰山，于是光武帝派谒者以一特牲在常祀泰山的地方告祠泰山，跟亲耕、貙刘、先祠、先农等礼仪相同。

而后光武帝车驾登泰山。早饭时在封禅坛前站好，皇帝面朝北，群臣站于其后。尚书令奉上玉牒书的检，光武帝用一寸二分的那方玺亲自封上，完

---

① 《后汉书·祭祀志》刘昭注引马第伯《封禅仪记》云马第伯等七十人登泰山的祭山坛及故明堂宫郎官等郊肆处，“四维距石长丈二[尺]，广二尺，厚尺半所，四枚”。

了之后太常下令把坛上封藏玉牒的方石打开,尚书令把封好的玉牒藏进去,再把方石盖好,用五寸的那方印封石检。王先谦《集解》:“十石检亦缠以金绳,泥以金泥,杂用四方土色,各依其色。”完了之后皇帝再拜,群臣呼万岁。命人立所刻石碑,于是“封”就算完成了,群臣次第下山。刘昭注引马第伯《封禅仪记》详细描述了上山时道路遥远险峻,君臣备受辛苦的状况。此次封禅参加的人很多,据《后汉书》注引《封禅仪记》:“封禅有顷,诏百官以次下,国家随后。数百人维持行,相逢推,百官连延二十余里。”当时名臣如张纯、曹褒、赵熹等都参加了。

到二十五日甲午,在梁阴祭地,为“禅”,“高后配山川,群神从,如元始中北郊故事。”其实高后配山川跟封禅原来无关,王先谦《集解》:“黄山曰:元始五年,莽议北郊配后,本与封禅无涉,盗国后,屡议巡守,亦未实行。是以高后配飨梁阴,实当时无识诸臣,以意为之耳。”

封禅是国家的吉礼,它表示着国泰民安足以向上天汇报。于是大赦天下,在吉日刻玉牒书函藏于金匮,用玺印封了之后派太尉拿着金匮,以特牲把此事告知先祖,藏在庙室西壁石室高祖室之下。

光武帝的封禅跟汉武帝比已完全不同。因为这次封禅是在经义昌明的背景下进行的,程序也很严谨,跟汉武帝信方士言,用白雉和一茎三脊的茅草“致物”判然有别。

(二) 巡守

东汉时期帝王举行多次巡守,此为在王莽时期巡守基础上而来。但王莽的巡守教条地生搬硬套《礼记·王制》,一年四次,劳而无功(见上一章第八节)。东汉人对巡守的理解充斥了以之进行道德教化的意味,《白虎通·巡狩》:

> “王者所以巡狩者何?巡者,循也。狩者,牧也。为天下巡行守牧民也。……考礼义,正法度,同律历,叶时月,皆为民也。……巡狩所以四时出何?当承宗庙故不踰也。以夏之仲月者,同律度量衡得其中也。”

东汉诸帝的巡守确是按照《王制》进行的,东汉诸帝的巡守可列表如下:

帝王	时间	方向	所到地点	内容
光武帝	建武十七年四月	南巡	颍川	皇太子、右翊公辅、楚公英、东海公阳、济南公康、东平公苍等跟从
	建武十九年	南巡	南阳汝南、南顿	复南顿田租，查看豪强的动静
	建武十八年二月	西巡	长安	高庙，祭奠西汉先帝之陵
	建武二十年十月	东巡		
	建武三十二年	东巡		
	中元元年正月	东巡	泰山	二月进行了封禅
明帝	永平二年	西巡	长安	亦祠高庙和祭奠西汉十一陵，“历览馆邑，会郡县吏，劳赐作乐”
	永平十年	南巡	南阳	祠章陵，又祠旧宅。礼毕，“召校官子弟作雅乐，奏《鹿鸣》，”明帝亲自吹埙篃伴奏。到南阳又劳飨三老
章帝	建初七年十月	西巡		
	元和元年八月	南巡		
	元和二年正月	东巡	泰山	柴，告岱宗，进幸奉高，宗祀五帝于汶上明堂。幸鲁，祠孔子于阙里
	元和三年	北巡	常山	诏告郡太守、相：“朕惟巡狩之制，以宣声教，考同遐迩，解释结冤也。……今将礼常山，遂徂北土。升践[堤]防，咨访耆老，肥田尚多，以赋贫民。”
	章和元年八月	南巡	彭城	
和帝	永元十五年九月	南巡		赐所过二千石长吏以下三老官属及民百年者钱布各有差
安帝	延广三年	东巡	泰山	柴，告岱宗，宗祀五帝于汶上明堂

从上表看，东汉帝王巡守并未按《王制》说的那样一年四次，而是按需要进行。上表中，东巡五次，西巡两次，南巡六次，北巡一次，当时巡守带有实际的政治目的，南阳、颍川多豪强，又是光武帝的故乡，因此光武、明帝南巡南阳，实际是

为了加强对豪强的监督控制，即使巡守“颇有古义”，它也只是将东汉王政披上了一层仿古的外衣，而王政的核心，已经不在祭祀事务上。

因此《宋书·礼志》沈约评价东汉巡守：“古者天子巡狩之礼，布在方策。至秦、汉巡幸，或以厌望气之祥（《史记·秦始皇本纪》‘东南有天子气’），或以希神仙之应，烦扰之役，多非旧典。唯后汉诸帝，颇有古礼焉。”

结　语

本节考察了东汉明堂、辟雍、灵台等的起建及其中施行的礼仪，以及《王制》中存在过的封禅、巡守在东汉施行的情况。这样，经书记载的上古礼典从此点缀于庙堂，昭示着统治者向往天人和谐的心情。因此，虽然东汉后期以外戚、宦官专政和水旱灾害频繁著称整个东汉仍然风俗淳厚。顾炎武《日知录》卷十三两汉风俗：“三代以下风俗之美，无尚于东京者”，节义、孝友、贞廉等美德，跟王朝郊庙礼典的隆盛在经学大昌后粲然而存，成为东汉特有的时代特征。《后汉书·樊准传》记樊准给和帝的上书中追述明帝时风俗淳厚，礼仪典雅的情形：

> “每乡射礼毕，正坐自讲，诸儒并听，四方欣欣。……又多征名儒，以充礼官，如沛国赵孝、琅邪承宫等，或安车结驷，告归乡里；或丰衣博带，从见宗庙。其余以经术见优者，布在廊庙……”

永平年间的礼乐相和，皮锡瑞认为是“千载一世，后世莫逮”①。《后汉书·儒林传》范晔追述了永平年间明帝亲行明堂宗祀、登灵台、养老等礼后说：“济济乎，洋洋乎，盛于永平矣！”《后汉书·班彪列传》班固《两都赋》：“至于永平之际，重熙而累洽，盛三雍之上仪，修衮龙之法服，敷洪藻，信景铄，扬世庙，正予乐。人神之和允洽，君臣之序既肃”，在他“建章甘泉，馆御列仙，孰与灵台明堂，统和天人？太液昆明，鸟兽之囿，曷若辟雍海流，道德之富？”的问难中，不难体会出他对东汉“统和天人”“道德之富”的欣赏和褒扬。东汉见于《王制》的这些礼仪的实施，正体现了“治出于二”新阶段下礼仪之事已成为实际政务运转的表征，这为后世订立了典范。

---

① 皮锡瑞：《经学历史》，第114页。

第三节　东汉《月令》礼典中的礼仪、乡俗和巫术

上一节我们考察了作为“治出于二”中礼仪部分的其中一部分——三雍中的相关礼仪及见于《王制》的封禅、巡守等古礼的施行，本节我们将考察另外一部分——《月令》礼仪的施行。

《月令》中的礼仪若按现代文化人类学眼光看可分三大类：一为历法和时令礼仪，二为生产礼仪，三为乡俗和巫术。无论是反映“气”流布运行的历法和时令礼仪，还是反映重视生产的耕籍、先蚕礼，还是因古代生活方式特点存在的乡俗，或因古代科技条件限制而存在巫术，用文化人类学眼光看，其性质均属于“仪式”(rites)。关于仪式的研究，西方学者作出了出色成绩。罗伊·A·拉帕波特《仪式、神圣性、控制论》这样定义仪式：“我们把仪式，动物的和人的，定义为因袭的展示行为，通过这种行为一个或多个参加者把关于他们的身体的、心理的或社会学的状态告诉自己或其他参加者。”[①]在公共仪式过程中，关于社会安排的信息被表现(传达)。仪式有三个方面：(1)仪式是由因袭的，甚至陈规老套的运动或姿势组成的；(2)仪式是“有规律地”执行的(按时钟、日历或特定的环境所确定的时间)；(3)仪式具有感情或情绪上的价值。[②]

仪式一词不仅指宗教仪式，还包括生产、生活等仪式。源于初民质朴生活的各种仪式包括象征生老病死的各阶段、衣食住行的各环节，并体现着他们对渔猎、生产、收割等经济生活所获成果的关切。正是因为这个原因，带着古老生活方式烙印的《月令》礼仪绝不限于宗教信仰的范围，而是包括农业生产因时“气”的不同而产生变化的各个环节，以及对时“气”运行本身的关心。其中，历法和时令礼仪跟渊源古老的象数思维关系密切，其基础是在汉代得到流传并有所发展的一些方术；生产礼仪、乡俗和巫术则更密切地跟古代社会的生产和生活需要相关。这三类礼仪均起源于古老的乡俗。在周代，礼对乡俗进行选择性改造(见第

---

① 史宗主编，金泽、宋立道、徐大建等译：《20世纪西方宗教人类学文选》，第559页。

② 同上书，第558页。

一章第一节)完成之后,它们便各有位置地统一在“礼”的庞大体系中。这些性质和渊源不同的仪式在《月令》最为核心的内容——岁气运行及变化的时间框架下融合成为一个整体,成为东汉王朝祭礼的基本框架。本节就将具体讨论这些仪式。

《月令》是今本《礼记》第六篇,本书第二章第一节已考述了《月令》的源流及它对西汉政治的影响情况。总的说来,从汉初到西汉晚期和新莽时期,《月令》因对生产具有直接的指导作用,在经“义”日渐入政的背景下日渐被诏书引用,这反映了它的影响日益加强,元始五年的悬泉置壁书就是具体的表现。这种广泛的影响为东汉继承,具体表现有:

首先,东汉秉承了西汉以来于春季养幼小、存孤独的传统。《后汉书·明帝纪》记永平三年明帝下诏:“夫春者,岁之始也,始得其正,则三时有成。比者水旱不节,边人食寡,政失于上,人受其咎。有司其勉顺时气,劝督农桑,……以称朕意”;此外东汉诏书还直接引用《月令》,《后汉书·安帝纪》元初四年秋七月雨水成灾下诏:

> “……又《月令》:‘仲秋养衰老,授几杖,行麋粥。’方今案比之时,郡县多不奉行。虽有糜粥,糠秕相半,长吏怠事,莫有躬亲,甚违诏书养老之意。其务崇仁恕,赈护寡独,称朕意焉。”

又元初六年春二月乙卯诏:

> “……《月令》仲春‘养幼小,存诸孤’,季春‘赐贫穷,赈乏绝,省妇使,表贞女’,所以顺阳气,崇生长也……。”

又质帝本初元年二月诏:

> “……方春戒节,赈济乏厄,掩骼埋胔之时,其调比郡见谷,出廪穷弱,务加埋恤,以称朕意。”

该条章怀注引《月令》:“孟春之月,行庆施惠,下及兆人。”这几条都是春季养幼孤的记载,跟西汉初的尹湾集簿“春种树”、王莽时期的悬泉置《月令》诏条等一脉相承,反映的是自西汉以来的春季养赐孤弱、赈贷贫穷已经成为制度。

但《月令》对东汉政治的影响要比西汉深刻得多,因为在西汉尹湾集簿“春种树”直至王莽悬泉置《月令》的时代，除了春种树和养幼孤之类外，《月令》中的其他施政内容如按时令安排礼仪等的施行十分有限，而东汉在西汉二百年经学发展的基础上，《月令》被认为是周代所作，有着无可动摇的崇高地位①。蔡邕《月令篇名》：

“因天时，制人事，天子发号施令，祀神受职，每月异礼，故谓之月令。所以顺阴阳，奉四时，効气物，行王政也。成法具备，各从时月，藏之明堂，所以示承祖考神明明不敢泄渎之义，故以明堂冠月令，以名其篇。”②

上文体现了东汉人对《月令》中反映的“气”的运行和王政的关系的理解已经深入人心。又《后汉书·律历志》：

“夫历有圣人之德六焉。以本气者尚其体，以综数者尚其文，以考类者尚其象，以作事者尚其时，以占往者尚其源，以知来者尚其流。大业载之，吉凶生焉。是以君子将有兴焉，咨焉而以从事，受命而莫之违也。若夫用天因地，揆时施教，颁诸明堂，莫大于《月令》。”

在这样已经根深蒂固的对“气”和政治关系认识的基础上，东汉《月令》施行并不限于春种树和养幼孤，还涉及政治生活的其他方面，如章帝元和二年冬十一月壬辰“日南至，初闭关梁”，是将《月令》中跟“气”运行的礼仪付诸实施；又东汉行刑的时间亦按《月令》安排在秋季，《后汉书·鲁恭传》记为鲁诗博士鲁恭上书和帝：“旧制立秋乃行薄刑，自永元十五年以来，改用孟夏……，上逆时气，下伤农业”，又引《月令》说：“孟夏断薄刑，出轻系。行秋令则苦雨数来，五谷不熟。”他还上书邓太后：“《月令》，周世所造，而所据皆夏之时也……其立春在十二月中者，勿以报囚如故事。”这一建议被采纳，章帝元和二年秋七月诏：

“《春秋》于春每月书王者，重三正，慎三微也。律十二月立春，不以报囚。《月令》冬至之后，有顺阳助生之文，而无鞠狱断刑之政。朕咨访儒

---

① 鲁诗博士鲁恭上书邓太后即云“《月令》，周世所造”。

② 《全后汉文》卷八十。

雅，稽之典籍，以为王者生杀，宜顺时气。其定律，无以十一月、十二月报囚。”

将行刑安排在秋季是因为古人认为秋季之气肃杀，属金，可以行刑和动刀兵。这属于《月令》作为经“义”的影响。

其次，《月令》对东汉王政影响的另一个重要方面，就是《月令》中记载的礼仪在东汉几乎完全被搬进现实(这个过程从西汉晚期就开始了，详下文)。顾颉刚《礼典的改定和〈月令〉的实行》详细阐述了东汉将《月令》推行的情况①。《月令》中的礼仪事务走进政治生活，恰是《月令》对东汉政治的影响远大于对西汉政治影响的表现。《月令》中礼仪事务到东汉的施行，体现了东汉“治出于二”的变化已经到了自然而然地将相关仪式作为外在表征的阶段，这样，《月令》中蕴涵的礼仪、教化事务及它们所体现的精神，终于在以律令制定为保障的“治出于二”格局中稳固地占有一席之地，并与之达成了较好协调。

下文的内容就是考察一下这些礼仪事务的具体内容，以及它们是如何跟东汉的“治出于二”达成协调的。

一、《月令》中跟岁“气”运行有关的礼仪

东汉施行的《月令》礼仪是按“气”运行安排的，其中有些礼仪直接体现着岁气的运行，这部分礼仪在东汉施行的《月令》礼仪属于层次最高、蕴涵的思辨内容最为深厚的，它们体现了当时人们希望通过自己的行为让王政随着“气”的运行变化而和谐无碍的愿望，下文就对这些礼仪作些具体考察。

(一) 合朔、读令

《后汉书·礼仪志》记载读令之礼：

“每月朔旦，太史上其月历，有司、侍郎、尚书见读其令，奉行其政。朔前后各二日，皆牵羊酒至社下以祭日。日有变，割羊以祠社，用救日变。”

---

① 顾颉刚:《秦汉的方士与儒生》第十八章《祀典的改定和月令的实行》。

此段记载了读令及伐鼓救日之礼。读令源于先秦的颁朔、告朔(告朔见第一章第五节)。读令后按时令奉行王政,相当于诸侯告朔后理一月政事,用羊、酒祭日,则渊源于周代告朔时用饩羊。朔是每月初一,合朔是太阳、月亮、地球运行在同一直线上的情况,或日掩月,或月掩日,东汉时的科技尚不明白合朔有此两种情况,发生日食割羊祠社神。曹魏时才将合朔时这两种情况区分开①。至于伐鼓救日,是性质为巫术的礼典,见下文巫术部分。

(二)五时迎气

迎时气是东汉施行的《月令》礼仪中的重要部分。东汉时期,人们将一岁按五行分为五时(春夏秋冬四时加长夏十八日),因为五时的"气"不同,所以每时的"气"来之际,帝王公卿要到相应的郊坛迎接。《后汉书·祭祀志》:

"迎时气,五郊之兆,自永平中以礼谶及《月令》有五郊迎气服色,因采元始中故事,兆五郊于洛阳四方,中兆在未坛,皆三尺,阶无等。"

上文的"五郊"即五时迎气之郊兆。此为继承平帝元始年间王莽辅政立五郊而来。东方青郊对应春季,南方赤郊对应夏季;西方白郊对应秋季;北方黑郊对应冬季,中央黄郊对应《月令》中的"先立秋十八日",因西南为未之地,所以中兆在未坛,跟元始年间称中央为"未地兆"原因一致。这五郊离都城中心的远近有一定数值,《后汉书·祭祀志》王先谦《集解》:"《礼纬含文嘉》曰:'南郊、北郊、东郊、西郊、中郊,兆正谋也。注云:东郊去都城八里,南郊九里,西郊七里,北郊六里,中郊西南,去城五里",它们的方位跟离都城的远近如下图:

---

① 《宋书·礼志》记载魏高贵乡公正元二年三月朔,太史奏应日食但日食没有发生,司马师要追究史官的责任,史官说:"合朔之时,或有日掩月,或有月掩日。月掩日,则蔽障日体,使光景有亏,故谓之日食。日掩月,则日于月上过,谓之阴不侵阳,虽交无变。日月相掩必食之理,无术以知,是以尝禘郊社,日蚀则接祭,是以前代史官不能审蚀也。自汉故事,以为日蚀必当于交。每至其时,申警百官,以备日变。故甲寅诏有备蚀之制,无考负之法。古来黄帝、颛顼、夏、殷、周、鲁六历,皆无推日蚀法,但有考课疏密而已。负坐之条,由本无术可课,非司事之罪也。"史官科学地解释了合朔的原因。即合朔包括月侵日,此时为日食,也包括日遮月,此时日月虽交,日阳胜过月阴,因此没有灾变。汉代因科技水平有限,只认识到月侵日的日食,没有认识到合朔还有日遮月现象的存在,曹魏时已经能将二者区分开。

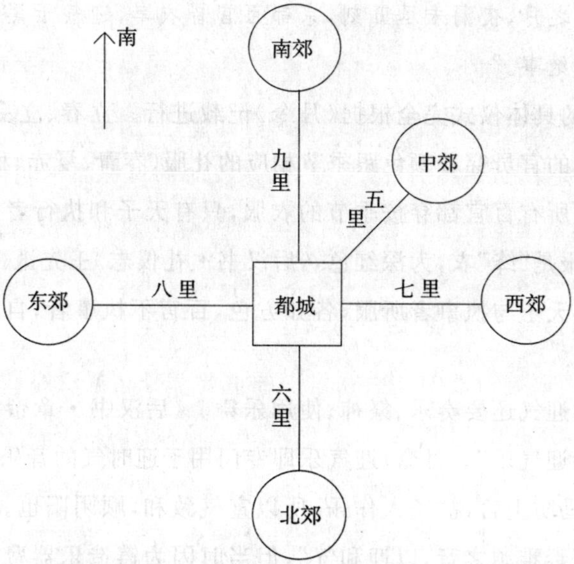

按，这个道里远近用的是东八、西七、南九、北六、中五的河图之数，是按“礼谶”（即上文的《礼含文嘉》，当时礼谶应不止《含文嘉》一种）决定的。至于“以元始故事”，因为元始年间曾起过五郊之坛（见上一章第八节），王先谦《集解》引黄山云：“前书十二纪无五郊迎气之事，《郊祀志》载莽议群望，虽及五郊，有祀无迎，惟莽传居摄元年迎春于东郊，始创为之，则固非元始中所有也。”即新莽时期，五时迎气刚开始走入国家礼典，到东汉时期终于成为制度化的礼仪。

五时迎气的仪式，《后汉书·礼仪志》有具体记载：

“立春之日，夜漏未尽五刻，京师百官皆衣青衣，郡国县道官下至斗食吏，皆服青帻，立青幡，施土牛耕人于门外，以示兆民，至立夏。”

“立夏之日，夜漏未尽五刻，京都百官皆衣赤，至季夏衣黄，郊。其礼持特，祭灶。”

“先立秋十八日，郊黄帝，是日，夜漏未尽五刻，京都百官皆衣黄，至立秋，迎气于黄郊，乐奏黄钟之宫，歌《帝临》。冕而执干戚，舞《云翘》《育命》之舞，所以养时训也。”

“立秋之日，夜漏未尽五刻，京都百官皆衣白，施皁领缘中衣，迎气于白郊。礼毕，皆衣绛，至立冬。”

“立冬之月，夜漏未尽五刻，京都百官皆衣皁，迎气于黑郊。礼毕，皆衣绛，至冬至绝事。”

五时迎气的具体仪式完全根据《月令》记载进行。立春、立夏、立秋、立冬之际，天子和执事的官员穿着颜色跟季节相应的礼服（春青、夏赤、秋白、冬黑，季夏黄）。不过不是所有百官都穿按季节的衣服，只有天子和执行者穿，其他百官穿常服。东汉常服是“绛”衣，为深红色，《后汉书·礼仪志》王先谦《集解》引徐广云“汉制，祀五郊，天子与执事者所服，各如方色，百官不执事者，自服常服，常绛衣也。”

此外，五时迎气还要奏乐、祭神、使用乐舞。《后汉书·章帝纪》记建初五年冬“始行《月令》迎气乐”，《月令》迎气乐即专门用于迎时气的音乐，该条章怀注引《东观记》记载马防上言说“圣人作乐，所以宣气致和，顺阴阳也。臣愚以为可因岁首太蔟之律，奏雅颂之音，以迎和气”，但当时因为铸造乐器费用繁多，所以起初只是正月（即跟太蔟对应的月）迎气（见下文合音律部分）。

迎时气时要祭祀五时之神灵，此五时之神灵即五行之神，《后汉书·祭祀志》所记的五时迎气祭神和使用乐舞如下表：

时令	地点	所祭之神	歌	舞
立春	东郊	青帝句芒	青阳	云翘之舞
立夏	南郊	赤帝祝融	朱明	云翘之舞
先立秋十八日	中兆	黄帝后土	朱明	云翘、育命之舞
立秋	西郊	白帝蓐收	西皓	育命之舞
立冬	北郊	黑帝玄冥	玄冥	育命之舞

以上祭祀的神灵也完全按照《月令》关于五行之神的安排。句芒、祝融、蓐收、后土、玄冥为上古就有过的人神（见第一章第五节引《左传》昭公二十九年蔡墨述），在五行出现后，它们被安排在五行系统之中，成为五行之帝的名字。本书第二章第二节对五行之帝的出现作过考证，它们是战国时期出现的，地位处于至上神“太一”之下的神灵，古人认为它们体现的是“气”在某一季节或方位的状态。西汉时高祖立的雍五畤、文帝的渭阳五帝都可看出它的影响，到宽舒太一祠坛时，五行之帝正式走入了王朝祭礼的祀典体系，但直到匡衡废雍五畤，迁徙太一坛，五行之帝还没有跟“气”的运行结合起来。到东汉，于五时迎气时祭祀五行之

帝，反映了东汉人们对五行之帝与“气”运行的关系认识得更加清晰，五时迎气时祭祀五行之帝，成为国家的礼典。

五时迎气使用的歌青阳、朱明、西皓、玄冥，俱见西汉李延年作《郊祀歌十九章》（见上一章第七节），这些是沿袭西汉旧有的；至于乐舞，采用了南郊祭天的云翘、育命乐舞。云翘、育命之舞不见于《汉书》，《后汉书·祭祀志》刘昭注引《魏氏缪袭议》：“汉有云翘、育命之舞，不知所出。旧以祀天，今可兼以云翘祀圆丘，兼以育命祀方泽。”

以上是五时迎气的仪式。五时迎气到东汉从《月令》见于竹帛的记载走入现实生活，是东汉王朝祭礼中重要的礼典，它表达的是生产、政事、生活都按照“气”的运行顺利无碍的愿望。到东汉晚期，礼仪亏缺，蔡邕上书表示不满，他说“明堂月令，天子以四立及季夏之节，迎五帝于郊，所以导致神气，祈福丰年”，但东汉中后期帝王年幼，政治黑暗，太史频频替换，“忘礼敬之大，任禁忌之书，拘信小故，以亏大典”，礼仪事务被忽视。但这种忽视跟西汉时期该礼仪根本不存在有本质区别，它是东汉的行政事务受黑暗政治影响降低质量的表现。

（三）合音律

合音律之礼不见于《礼记·月令》，它是东汉时期进入王朝礼典体系的。这是因为在《月令》即《吕氏春秋·十二纪》的年代，还没有像《后汉书·律历志》记载的那种以葭莩灰置于律管中候气之术，此术是西汉方术家的发明，到东汉时期随着人们对“气”的运行完美结果的追求，合音律之礼才进入王朝祭礼的体系，在东汉王朝祭礼体系中，它是除了五时迎气之外又一项跟“气”有关的重要内容，其基础是西汉以来掌握在数术家手中的候气术，合音律之礼的内容十分专门，我们下文便先考察一下它的由来。

合音律之礼的基础有二，一是候气术，因古人认为声音为气动所致，音律的差别昭示着“气”的差别；二是奏乐（金石雅乐）中的有关音律技艺，合音律之礼是按“气”的运行原理将这二者结合在一起形成的。《汉书·礼乐志》记汉武帝所置乐府中有“听工以律知日冬夏至一人”，即专门凭耳朵听律音判断冬夏至的人员，此以耳音听律，进而判断“气”的变化，此尚秉承三代古意，但武帝时的乐府中，听律知“气”（即候气）尚未跟协音律结合起来，这从李延年协律可以看出。李延年时为协律都尉，但他协律的事纯属音乐学范围，跟候气无关。

到京房时，候气术成熟。《后汉书・律历志》的主要内容即京房的六十律相生之书，详细记载了一年中六十律的变化，及六十律的分寸，六十律相生跟六十四卦卦气变化之间的关系，“六十律相生之法：以上生下，皆三生二，以下生上，皆三生四。……夫十二律之变至于六十，犹八卦之变至于六十四也”，“以六十律分期之日，黄钟自冬至始，及冬至而复，阴阳寒燠风雨之占兴焉”，因此，京房的六十律是跟“气”的运行变化联系在一起的。而且京房“善钟律，知音声”，《风俗通义》卷六《声音》记“京君明（京房）贤识音律，故本四孔，加以一，君明所加孔后出，是谓商声五音”，因此到京房那里才实现了音律与“气”的结合，候气理论初步完善。

候气理论的完善为合音律之礼提供了基础，但合音律之礼的产生还有一个条件，那就是汉代人对钟磬琴瑟等三代传承下来的“八音”发音技术及它们性质的掌握。西汉时期，钟磬雅乐的演奏技术尚有传承，《汉书・礼乐志》记乐府有“钟工、磬工、箫工员各一人”、“竽工员三人”、“琴工员五人”，但是，三代金石雅乐的灵魂——以律管的数度之别铸青铜编钟、磨石制编磬之术已经失传，这就使律管的数度长短跟钟磬的重量及所发之音之间最根本的联系中断了，乐工们只是会演奏钟磬，但对钟磬所发之音的性质及它们跟“气”的关系几乎一无所知。在这种情况下，已经完善的候气理论就浸入了乐律学领域，并影响到具体的雅乐乐器制作。这表现为“作乐器随律”之事，即所制作乐器要在反映“律”之高下的基础上反映“气”的运行。东汉时期开始这么做。《后汉书・律历志》刘昭注引《薛莹书》记太常丞鲍邺等上乐事，下车骑将军马防。马防上奏：

> “建初二十七年太常丞鲍业等上书：‘王者饮食，必道须四时五味，故有食举之乐，所以顺天地，养神明，求福应也。……今乐官但有太蔟，皆不应（日）[月]律。可作十二月均，各应其月气，乃能顺天地，和气宜应。明帝始令灵台六律候，而未设其门。《乐经》曰十二月行之，所以宣气丰物也。月开斗建之门，而奏歌其律。诚宜施行。愿与待诏严崇及能作乐器者共作治，考工给所当。’”

这段记载说明了鲍业认为应作乐器，迎合每月的时气变化，而当时只有太蔟

(按太蔟之律所作的乐器),不能反映"气"的运行变化。此事下太常议。太常说作乐器的钱要一百四十六万,结果事情不了了之。马防引用了这则"故事"后说:"臣愚以为可顺上天之明(待)时,因岁首令正,发太蔟之律,奏雅颂之音,以立太平,以迎和气。其条实甚备",即用现有的太蔟之器在正月演奏(因为太蔟对应的是正月之气)。后来"作乐器随律"在东汉继续完备。《后汉书·顺帝冲帝质帝纪》记阳嘉二年"冬十月庚午,行礼辟雍,奏应钟,始复黄钟,作乐器随乐律。"章怀注:

"子为黄钟,律长九寸,声有轻重长短,度量皆出黄钟。随月律谓《月令》'正月律中太蔟,二月律中夹钟,三月律中姑洗,四月律中仲吕,五月律中蕤宾,六月律中林钟,七月律中夷则,八月律中南吕,九月律中无射,十月律中应钟,十一月律中黄钟,十二月律中大吕。'《东观记》曰:'元和以来,音律不调,修复如旧典。"

即顺帝阳嘉二年,作乐器随律开始完善。所作乐器象征"气"的运行,为仪式用品。

以上对合音律之礼的基础——按律候气术和作乐器随律作了考察。东汉的合音律之礼,正是在完备的候气说和"作乐器随律"的思想下产生的。其实关于合音律之礼的构想在源出西汉的纬书中已经有了,《乐叶图徵》:

"夫圣人之作乐,不可以自娱也。所以观得失之效者也。故圣人不取备于一人,必从八能之士。……故八士或调阴阳,或调律历,或调五音。……八能之士常以日冬至成天文,日夏至成地理,作阴乐以成天文,作阳乐以成地理。"①

此外,《易通卦验》亦云冬至始,人主致八能之士,或调黄钟,或调六律,或调五行,或调律历,或调阴阳,或调正德。郑玄注云:"致八能之士者,言选于众人之中,取习晓者,使之调焉,皆调和之也。"《后汉书》王先谦《集解》曰:"八能谓撞钟、击鼓磬、吹管、竽、鼓琴之士,钟调,则黄钟、蕤宾之律应;鼓调,则太蔟、夷则之律应,磬调,则林钟之律应;竽调,则无射之律应;琴调则姑洗之律应。五乐皆得则

① 《古微书》卷二十,《纬书集成》上。

应钟之律应。以六器应八音,故曰八能”,纬书中说的八能之士,以八音协律之法,是以八音形成一个阴阳和谐的整体之努力,但非周代王官所传之术。因为周代王官乐师掌握着相当精确的以三分损益法定音高之术,钟鼓陶匏丝竹之音都在这个音高谱系中有自己的位置,它们之间还存在调律转换和应用时的具体配置关系,而八能之士调音之法,只是象征性地表示宫、商、角、徵、羽五音和谐,并不用这五音及十二律演奏音乐,因此它非战国左近《乐经》所载之古法。

到东汉,因为"气"学说的完备为王朝政治生活的形式化所需要,合音律之礼终于登入了庙堂。《后汉书·律历志》:

"夫五音生于阴阳,分为十二律,转生六十,皆所以纪斗气,效物类也。天效以景,地效以响,阴阳和则影至,律历应则灰除。是故天子常以冬夏至御前殿,合八能之士,陈八音,听乐均,度晷景,候钟律,权土(灰)[炭],(放)[效]阴阳。"

东汉合音律之礼的主体内容是冬、夏至日,以八能之士撞钟、击鼓、鼓瑟、吹竽等等,再向皇帝汇报宫、商、角、徵、羽五音皆清,象征着君、臣、民、物、事皆有秩序且万物和谐。《后汉书·礼仪志》是这样记载的:

"日冬至、夏至,阴阳晷景长短之极,微气之所生也。故使八能之士八人,或吹黄钟之律间竽;或撞黄钟之钟;或度晷景,权水轻重,冬重十三两;或击黄钟之磬,或鼓黄钟之瑟,轸间九尺,二十五弦,宫处于中,左右为商、徵、角、羽;或击黄钟之鼓。"

用八能之士八人,是用八之数取八方、八风之意。八能之士于阴、阳"气"分别运行极盛的冬、夏至撞钟、击鼓、吹竽、鼓瑟之礼,象征这些乐器所发之音皆中某律,跟冬、夏至的"气"相应。撞钟、吹竽、鼓瑟等细节均源于西汉音律和候气术家,下文对它们作些考察:

(1)吹黄钟之律,间竽。即用竽吹黄钟之律。竽为渊源古老的管乐器,和笙一样都是靠簧管发音的竹制多管吹奏乐器,竽的形制比笙长大一些,在后世发展中,竽被笙同化[①]。在三代"八音"中,笙竽和琴瑟是中下级贵族使用的主要乐

① 王子初:《中国音乐考古学》,第232页。

器,笙竽的形制为用多根竹管按长短有序捆扎或固定于笙斗(安插笙管的底座)中而成,考古发现中春秋战国的笙竽类乐器不少,尤其曾侯乙墓的六件笙,均为楚式,以匏(葫芦)为笙斗,凿孔插入笙笛(吹奏的笙管,均为芦、竹竿制成,竹竿下部嵌有发音的笙簧)而成,曾侯乙墓笙斗形状如下图:

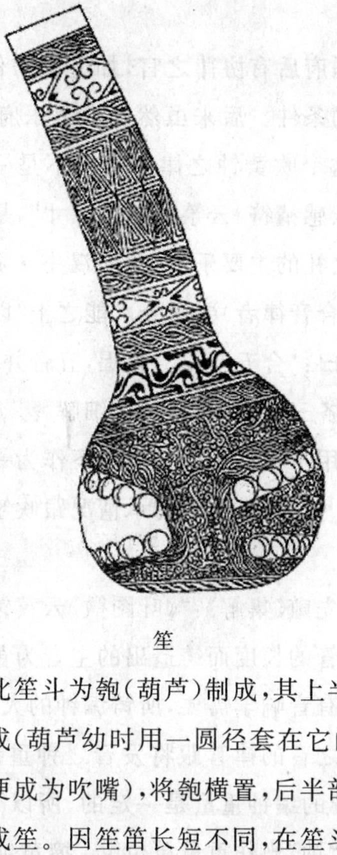

笙

上图如瓶者是笙斗,此笙斗为匏(葫芦)制成,其上半部分如瓶颈处是笙的吹嘴,为用匏的前半部分制成(葫芦幼时用一圆径套在它的前半部分外部,使之长成后称为规范的管状,以便成为吹嘴),将匏横置,后半部分的圆体被平削掉一部分后掏去瓤,插入笙笛即成笙。因笙笛长短不同,在笙斗中的排列之后像鸟的双翅,《后汉书·礼仪志》王先谦《集解》引黄山曰:“《韩非子》竽者,五声之长”,又陈氏《乐书》“昔女娲氏使随裁匏竹为竽,其形参差,以像鸟翼,火类也。冬至吹黄钟之律而间以竽,即言汉制也。考《周官》笙师掌教吹竽笙,竽即笙类”,即云竽的形状像鸟翅,因竽属于火类,而汉为火德,所以重视竽不重视笙,据《汉书·礼乐志》,西汉所立乐府中有“竽工员三人”,颜师古注:“竽,笙类也。三十六簧”,说明吹竽之技艺在西汉尚存于乐府,将它跟候气说结合,即可产生出用竽吹黄钟之律之术。《后汉书·礼仪志》王先谦《集解》考察了此术在汉代的由来过程：

“西京自孝武置协律之官，肇开乐府，至孝元时，京房作准，而后候气之法备。乐府设置听工以律知日，冬夏至，乐工惟有竽工员，而不及笙，见前书《礼乐志》。哀帝罢乐府，独有存者，迨王莽时遂并废八能之选，备于临时，乃东都权宜之制也。”

上文说明了西汉开乐府后有协律之官，加上京房作准，候气术备，以竽吹黄钟之律之术就有了产生的条件。后来虽然哀帝罢乐府，但此术尚存。东汉此术即继承西汉孑遗而来。这个吹黄钟之律的竽应不是一般的竽，《后汉书·礼仪志》王先谦《集解》：“《春秋感精符》云竽长四尺二寸”，是专门用来吹律的竽。

竽是东汉行合音律之礼的主要乐器。《后汉书·礼仪中》记合音律之际，正德（指挥八能之士并主持合音律者）要命令八能之士“以次行事，间音以竽。”而后“五音各三十为阕。正德曰：‘合五音律。’先唱，五音并作，二十五阕，皆音以竽。”考该段先人并未对“五音各三十为阕”作出仔细解释。窃以为不是像三代那样用金石钟磬演奏五音，而是用竽吹奏五音各三十下作为一个段落。

以上是吹竽的情况。撞钟、鼓瑟的传承情况跟吹竽之术的产生大同小异，见下文。

（2）撞黄钟之钟。王先谦《集解》：“《叶图徵》云黄钟生一，一生万物”，按，“黄钟之钟”即为根据黄钟律管的长度而铸造出的主音为黄钟的钟。在三代，以律管造编钟有专门的技术，因有音响学需要，所铸编钟的大小轻重厚薄是有严格要求的，依据的应是该钟所发之音的律管跟将发音之钟重量之间的比值。因以一定长度的律管造出的发该音的编钟重量是一定的，所以“钟”在三代人们看来为重量的均准所出，人们又将“钟”当作重量单位①。撞黄钟之钟，即撞响主音为黄钟的钟。刘昭注引《乐叶图徵》：“钟音调，则君道得；君道得，则黄钟、蕤宾之律应。”

（3）击黄钟之磬。击黄钟之磬的原理跟撞黄钟之钟一样，只是所用乐器一为

① 钟的繁体有鍾鐘两字，鐘指青铜编钟，鍾指重量单位。鍾如[illegible]（虘鍾），[illegible]（王孙诰鍾）。锺如[illegible]（已侯锺），锺、鍾亦可混用，如[illegible]（邾公牼锺）。笔者以为较早的时候无锺字，锺字是由鐘衍生出来的，之所以会由鐘字衍生出锺，正因为以数度出音律之法在三代青铜编钟铸造技术中的存在。因为在器形一定的情况下，一定重量的编钟所发音基本相同，古代乐师掌握了这个规律，所以当时人又以“鐘”作为重量单位。

钟，一为磬。《周礼·考工记》有磬氏，记造磬之法和磬各部位的比例，黄钟之磬亦根据黄钟律管所出，以石磨制，《后汉书·礼仪志》王先谦《集解》：“阮谌《三礼图》引《乐经》云：‘黄钟磬前长三，律二尺七寸，后长二，律一尺八寸。’”

(4)鼓黄钟之瑟。瑟为跟琴同类的弦乐器。《后汉书·礼仪志》所记合音律之瑟的形制是“轸间九尺，二十五弦，宫处于中，左右为商、徵、角、羽”，王先谦《集解》：“《春秋感精符》云，瑟用槐木，长八尺二寸。”此见于纬书的也是术家之法。按，在三代，瑟音之高下也是跟律管联系着的，二十五弦之瑟似是汉制(李延年所创)。此黄钟之瑟，有可能是汉代术家使用的候气乐器而不是演奏乐器。

(5)击黄钟之鼓。王先谦《集解》引《易通卦验》云：“冬至鼓用马革，圆径八尺一寸；夏至鼓用牛皮，圆径五尺七寸。郑玄注：‘马，坎类；牛，离类。’”按，此处用马皮、牛皮对应冬夏之分亦为汉代术家之法。在三代，鼓于八音中属于“革木一声”，不分清浊的乐器，因为一面鼓只发一个音，无所谓音之高下。把鼓分出阴阳尺寸，是汉代术家根据他们认识中的“气”的变化搞出的发明。“黄钟之鼓”，为所发之律中黄钟的鼓。

以上的吹律、撞钟、击磬、鼓瑟、击鼓，所中之律均为黄钟，是因为古人认为黄钟为十二律之首，黄钟律管的长度、容量为度量衡等均准所出。《汉书·律历志》：

“度者，分、寸、尺、丈、引也，所以度长短也。本起于黄钟之长。

“量者，龠、合、升、斗、斛也，所以量多少也。本起于黄钟之龠。

“权者，铢、两、斤、钧、石也，所以物平施，知轻重也。本起于黄钟之重。”

但夏商周三代时期无合音律之礼，更无将吹律、撞钟、鼓瑟、击鼓分开以之跟“气”相合的做法，因为在三代，耳聪过人的乐师掌握着完整的五音十二律之音高和出音技巧，钟磬、琴瑟、鼓铎等乐器所发之音均可在这个音高体系中找着自己的位置，律管是为钟磬琴瑟等八音定音高的最根本器械，钟磬琴瑟等“八音”演奏时本身就体现了“和”的境界。到汉代，“气”的运行及其在一年之中的消长变化之说有了长足进展，所以，东汉的合音律之礼，一方面尚保存了律管跟钟磬琴瑟之音关系这一古意，另一方面，钟磬琴瑟之音均须在冬至合乎黄钟之律，反映了人们对“气”的运行跟“律”之间存在关系的刻意追求。

(6)度晷影，权水轻重。之所以在撞钟、击磬、吹竽之际还要量晷影，称水重，是因为冬至之时，阴气极盛，晷影极长，古人认为这表示了冬至阴气极而阳气始生，称水的轻重是同样的道理——古人认为阴阳之气的消长会影响水的分量变化，因此《后汉书·礼仪志》说水在冬天重十三两。

以上是合音律之礼的大致内容。合音律之礼的具体程序据《后汉书·礼仪志》记载，在行该礼的前三天，太史到实地考察。冬至（或夏至）"气"来临前五刻，太史跟选好的八能之士坐在端门的左塾，乐官（大予乐令）放置乐器，夏至是赤色的，冬至是黑色的。放在前殿的西面，钟放在最头上。守宫令在乐器南设席，正德（指挥八能之士者）入席，鼓放在南面，面朝西，晷、仪面朝东。还差三刻的时候，中黄门引领太史令和八能之士进入端门就位。还差两刻之时，侍中、尚书、御史、谒者皆就位，还差一刻之际，皇帝亲自临位，静静等待"气"的来临。太史令上前跪奏："八能之士已经准备好了，请开始。"皇帝说："可以。"太史令遵诺后退后对正德说："可以开始了。"正德应诺后回归原位，命令八能之士依次行事，主音用竽。八能之士遵诺后即开始以钟、磬、鼓、瑟发五音。完毕之后正德说："八能之士上书言事。"八能之士各以一板上书：

"臣某言，今月若干日甲乙日冬至，黄钟之音调，君道得，孝道褒。"

此为宫调之报。宫调象征天子。其余商象征大臣，角象征百姓，徵象征诸事，羽象征万物，分别各书于一板上奏。而后太史令将这些板书用皁囊（汉代装文书的布口袋。王先谦《集解》引《独断》云，凡章、表皆启封，其言密事，得皁囊盛）①封上，送到西陛尚书那里，尚书再给侍中、中常侍，太史令说："礼毕。"皇帝许可之后，太史令命八能之士到太官那里领赏赐，侍中、尚书、御史等站在台阶边的也依次领赏。合音律之礼就结束了。

以上是东汉合音律之礼的过程。合音律之礼的构想在西汉纬书中就有，东汉时登入庙堂。这一过程是耐人寻味的——三代王官乐师所掌握的技艺和《乐》在西汉初就失传了，然而因为"气"的理论的成熟，音律之说也成为"气"的理论下诸技艺中的一部分，合音律之礼就是在这样的知识背景下产生，到东汉时期它登

① 皁囊是汉代用黑色丝织物制盛的盛文书的口袋，马怡：《皁囊与汉简所见皁纬书》有具体考证，见《文史》第69辑。

入庙堂，反映了统治者孜孜以求的让政治和生产均跟“气”的运行一致的思想。

五时迎气、合音律之礼，是东汉按《月令》施行的王朝祭礼体系中，对“气”的运行体现得最明显、最精确的两种礼仪。《月令》中其他得到实施的其他生产礼仪乃至乡俗、巫术，也都是按岁“气”运行安排的，但它们都不直接体现“气”的运行，下文就对这些生产礼仪和乡俗、巫术作具体考察。

二、东汉《月令》中的生产礼仪

东汉施行《月令》的礼仪中，有相当部分是围绕着农业生产进行的。农业生产是古代农耕生活的经济命脉，中国古代统治者对之十分重视。耕籍、先蚕等礼仪，正是此类国家大礼。在礼对乡俗改造的过程中，因耕织是古代农业社会的经济命脉，因此它们登入庙堂，没有像民间节日和歌谣那样因统治者的漠视而默默无闻。在“治出于一”的时代，耕籍、先蚕等礼仪的实施昭示着统治者对农业生产的重视，在“治出于二”初现的时代，律令中开始有《田律》的制定保障农业生产，随着“治出于二”的变化，上古存在过的有关农业生产的礼仪重新进入王朝的礼典体系，下文就对这些礼仪作些考察。

（一）耕籍

耕籍是周代有过的古礼。甲骨文就有耤字，象人执耒以耕之形（乙四〇五七），金文加昔声，（令彝）（弭伯簋）。《国语・周语上》记“宣王即位，不籍千亩”，卿士虢文公谏道：

“不可。夫民之大事在农，上帝之粢盛于是乎出，民之蕃庶于是乎生，事之供给于是乎在，和协辑睦于是乎兴，财用蕃殖于是乎始，敦庞纯固于是乎成，是故稷为大官……”“稷”为古农官，地位十分重要。周人远祖弃在夏代曾任“稷”，其先祖后稷正因为善于播殖被称为“稷”。据《国语・周语上》韦昭注，西周诸王到厉王才怠弃了籍田礼，“自厉王之流，籍田礼废，宣王即位，不复遵古也”，宣王的不籍千亩在虢文公看来表示着对天下生计的漠视，他追忆了渊源古老的籍田礼：

“古者，太史顺时覛，阳瘅愤盈，土气震发，农祥晨正，日月底于天庙，土乃脉发。先时九日，太史告稷曰：‘自今至于初吉，（二月朔日），阳气俱蒸，土膏其动。弗震弗渝,脉其满眚,谷乃不殖。'稷以告王曰:'史帅阳官以命我司事曰:"距今九日,土其俱动,王其祗袚,监农不易。"'王乃使司徒戒公卿、百吏、庶民,司空除坛于籍,命农大夫咸戒农用(田器)。先时五日,瞽告有协风至,王即斋宫,百官御事,各即其斋三日。王乃濯飨醴,及期,郁人荐鬯,牺人荐醴,王祼鬯,飨礼乃行。百吏、庶民毕从。及籍,后稷监之,膳夫、农正陈籍礼,太史赞王,王敬从之。王耕一坺,毕,班三之,庶民终于千亩。其后稷省功,太史监之;司徒省民,太师监之;毕,宰夫陈飨,膳宰监之。膳夫赞王,王歆大牢,班尝之,庶人终食。

是日也,瞽师、音官以风土(以音律省风土,风气和则土气发也)。廪于籍东南,钟而藏之(廪,御廪也,一名神仓。东南,生长之处。钟,聚也。谓为廪以藏王所籍田,以奉粢盛也),而时布之于农。稷则遍诫百姓,纪农协功。曰:'阴阳分布,雷电出滞。'土不不备耕,辟在司寇。乃命其旅曰:'徇,农师一之,农正再之,后稷三之,司空四之,司徒五之,太保六之,太师七之,太史八之,宗伯九之,王则大徇。耨获亦如之。'民用莫不震动,恪恭于农,修其疆畔,日服其镈(锄属),不懈于时,财用不乏,民用和同。"

从文辞看,这段关于周代籍田礼的记载应是可信的。"初吉"为月初,其辞常见于金文;而提到的许多职官如郁人、膳夫、宰夫均见于《周礼》①,农大夫(田畯)见于《诗·豳风·七月》"田畯至喜";而以瞽师、音官听音律、察风气正是三代乐师所擅之术。"瞽师、音官以风土"韦昭注:"瞽,乐太师,知风声者也。协,和也,风气和,时候至也。立春日融风也",从这段记载看,周代的籍田礼是在春分之日阴阳气交和相当之际进行,在立春之际,农祥(即东方七宿中的房星)在早晨出现,日月居于天庙(营室),即《礼记·月令》说的"日在营室",当时人们认为此时是"土气震发"之际,适合播殖百谷。具体仪式是周王亲耕,后稷、膳夫、农正、太史等辅佐,周王耕一坺,韦昭注:"王耕一坺,一耦之发也。耜广五寸,二耜为耦,一耦之发,广尺深尺",即周王耕种一耦(每耦两耜,每耜宽五寸),而后周王的随从按次第耕,三公耕三坺,卿耕九坺,大夫耕二十七坺,庶人(据韦昭注为"甸师氏

① 郁人见《春官·肆师》"郁人掌祼器";膳夫、宰夫则见于《天官》。

所掌之民也,主耕耨王之籍田者”)一直耕种完毕。耕完后,宰夫献上劳飨百官的食品,周王尝一下太牢,三公、卿、大夫依次尝,庶人最后将之食用完毕。

籍田中收获的粮食为祭祀充作供品。《礼记·表记》:“天子亲耕,粢盛秬鬯以事上帝,”不仅周天子有耕籍之礼,诸侯亦有。《礼记·祭义》:“昔者天子为籍千亩,冕而朱纮,躬秉耒,诸侯为籍百亩,冕而青纮,躬秉耒,以事天地山川社稷先古,以为醴酪齐盛于是乎取之,敬之至也。”《祭统》:“天子亲耕于南郊以供粢盛”,“诸侯耕于东郊亦以供粢盛”,到《月令》中,耕籍被安排在孟春之月。“乃择元辰,天子亲载耒耜,措之于参保之御间,帅三公九卿诸侯大夫躬耕帝藉。天子三推,三公五推,诸侯九推”,细节跟《国语·周语》记载的有出入。

西汉时就已行籍田之礼。《汉书·食货志》记文帝即位后贾谊上书劝积贮重农,文帝“始开籍田,躬耕以劝百姓”,武帝时《郊祀歌十九章》之《玄冥》有“籍敛之时,掩收嘉谷”的句子,颜师古注:“籍敛,谓收籍田也”,武帝的籍田在长安城东南,《汉书·东方朔传》记载爰盎兄子爰叔对窦太主(馆陶公主)的幸臣董偃说顾城庙远无宿宫,又有萩竹籍田,你为什么不劝公主把长门园献给皇上呢?长门园即窦太主的私园,如淳注:“窦太主园在长门。长门在长安城东南。”颜师古注:“有楸树(即萩)及竹林可游玩,而籍田所在,上又须躬亲行事,当有宿宫,故宜献此园。”《汉书·百官公卿表》中大农令下属有籍田令丞,即西汉就行籍田之礼。《汉旧仪》曰:“春始东耕于籍田,官祠先农,先农即神农炎帝也。祠以一太牢,百官皆从。大赐三辅二百里孝、悌、力田、三老帛、种百谷万斛,为立籍田仓,置令丞,谷皆以给祭天地宗庙群神之祀,以为粢盛。皇帝躬秉耒耜而耕”,但西汉时期,整体的王朝祭礼尚在恢复和初兴阶段,籍田礼尚未跟其他礼仪成为一个整体。到东汉,《月令》的推行改变了这种状况。东汉籍田按《月令》安排在孟春之月。《明帝纪》永平四年举行了耕籍之礼,春二月下的诏书中有“朕亲耕籍田,以祈农事”的句子,顺帝之后不行籍田礼,黄琼上疏谏道:

“自古圣帝哲王,莫不敬恭明祀,增致福祥,故必躬郊庙之礼,亲籍田之勤,以先群萌,率劝农功。昔周宣王不籍千亩,虢文公以为大讥……,今庙祀适阕,而祈谷絜斋之事,近在明日。臣恐左右之新,不欲屡动圣躬,以为亲耕之礼,可得而废。臣闻先王制典,籍田有日,司徒咸戒,司空除坛。先时五日，有协风之应，王即斋宫，飨礼载禾，诚重之也。自癸巳以来，仍西北风，甘泽不集，寒粱尚结。迎春东郊，既不躬亲，先农之礼，所宜自勉，以逆和气，以致时风。"①

上文中，"先时五日，有协风之应，王即斋宫"完全承袭自《国语·周语上》记载的周代籍田礼，说明东汉儒生对经书中记载的周代籍田礼是十分熟悉的。

东汉籍田礼的具体仪式据《后汉书·礼仪志》记载：

"正月始耕，昼漏上水初纳，执事告祠先农，已享，耕时，有司请行事就耕位，天子、三公、九卿、诸侯、百官以次耕。力田种各耰讫，有司告事毕。"

上文的有司先祠先农，刘昭注引贺循《籍田仪》："汉耕日，以太牢祭先农于田所"，《汉官旧仪补遗》云先农为神农炎帝，王先谦《后汉书集解》认为是先耕籍田再祠先农，恐不确。应为先祠后耕，耕毕赏赐。耕时天子、三公、九卿、诸侯、百官相次耕种，《汉官旧仪补遗》云"天子三推，三公五，孤卿大夫十二，庶人终亩，乃至籍田令，置令丞，以给祭天地宗庙，以为粢盛。"应劭《风俗通义》第八卷《祀典》同。此处从天子往下依次耕种，是承袭《国语·周语上》所云周代籍田时天子一墢，三公三墢，卿九墢，大夫二十七墢，庶人终亩之制。但所推的数字按《月令》进行。《汉官仪》亦记籍田之礼："天子坛田，公卿耕讫，啬夫下种。凡称籍田为千亩，亦曰帝籍，亦曰耕籍，亦曰东耕，亦曰亲耕，亦曰玉籍。"耕完后下该月的月令，《后汉书·礼仪》云"郡国守相皆劝民始耕，如仪。"则郡国亦有耕籍田之礼。不止郡国，县邑亦有耕籍礼，《晋书·礼志》："汉仪，县邑常以乙未日祠先农，乃耕于乙地；以丙戌日祠风伯于戌地，以己丑日祠雨师于丑地，牲用羊豕。"

以上是东汉的籍田礼。总的说来，东汉的籍田礼承自西汉，而西汉自文帝时开始恢复的籍田礼又远承周代。但东汉的籍田礼是其《月令》礼仪系统中的一部分，比起西汉籍田礼来更明显地反映着农业生产跟"气"的运行要和谐一致的思想。

东汉颁行《月令》，三代式的淳古之风几乎再现。在立春之日，郡国、县、道、官乃至斗食令史都要"服青帻，立青幡，施土牛、耕人于门外，以示兆民"，土牛、耕人要一直摆到立夏，这都是按《月令》顺时而行的结果。

---

① 《后汉书·黄琼传》。

(二) 先蚕

养蚕是我国古代劳动人民的发明,用蚕缫丝织成丝绸,可满足衣需。它起源极早,据说黄帝之妻嫘祖发明养蚕,河姆渡文化即发现蚕的形状。商代青铜器上即发现覆盖丝织品的印迹,到周代,诸侯的夫人、卿大夫的家族妇女均要亲自参加养蚕劳作,《礼记·祭义》有对这方面的追忆:

> “古者天子诸侯必有公桑蚕室,近川而为之。筑宫仞有三尺,棘墙而外闭之,及大昕之朝,君皮弁素积,卜三宫之夫人、世妇之吉者,使入蚕于蚕室,奉种浴于川,桑于公桑……岁既单矣,世妇卒蚕室,奉茧以示于君,遂献蚕于夫人,夫人曰:‘此所以为君服与。’遂副袆而受之,因少牢以礼之。……及良日,夫人缫,三盆手,遂布于三宫夫人世妇之吉者,使缫,遂朱绿之,玄黄之,以为黼黻文章。服既成,君服以祀先王先公,敬之至也。”

此段追溯了天子、诸侯的“公桑”有蚕室养蚕的情景。公桑即公家的桑树林,为养蚕所用,性质跟“公田”相似。蚕室在河边,为一仞三尺高的宫室。在古代,丝绸昂贵,为贵族所服(普通百姓服麻布),因此即使是诸侯卿大夫的夫人也要参加养蚕,所获之茧为国君作祭服所用。天子要在“大昕”(郑玄注为季春朔日之朝)的早上卜选后妃之吉利者采桑饲蚕,然后世妇(卜选出的后妃)一直待在蚕室照料蚕,等蚕茧成后将蚕茧献于夫人,夫人穿上正式礼服(副袆)接受,祠以少牢。等到良日,夫人缫丝,手拿着丝淹到盆里三次,再递给三宫夫人、世妇让她们缫丝,并且染上朱绿玄黄等颜色,画上花纹,用该丝做成的衣服供天子国君祭祀先王先公用。

《礼记·祭义》的这段记载是《礼记·月令》关于蚕事记载的渊源。《月令》先蚕在季春之月,内容也并没有过分远离《礼记·祭义》追述的周代后妃世妇从事蚕事之礼,“后妃斋戒亲东乡躬桑。……蚕事既登,分茧称丝,效功以供郊庙之服”,东汉的先蚕礼正是按《月令》记载进行的。《后汉书·礼仪志》记载了东汉的先蚕礼:“是月,皇后帅公卿诸侯夫人蚕。祠先蚕,礼以少牢。”刘昭注引丁孚《汉仪》:

> “皇后出,乘鸾辂,青羽盖,驾驷马,龙旂九旒,大将军妻参乘,太仆妻御……,公、卿、五营校尉、司隶校尉、河南尹妻皆乘其官车,带夫官绶,从其官属导从皇后……桑于蚕宫,手三盆于茧馆,还宫。”

此皇后和各级命妇们乘车到蚕宫行先蚕之礼，所乘车均为其夫相应等级之安车。“手三盆”跟《礼记·祭义》“三盆手”一样。《汉官旧仪》记载了先蚕礼的具体程序：

“皇后春桑，皆衣青，手采桑，以缫三瓮茧，群臣妾从。春桑生而皇后亲桑，于苑中蚕室，养蚕千薄以上。祠以中牢、羊豕，祭蚕神曰苑窳妇人，寓氏公主，凡二神。群臣妾从桑还，献于茧观，皆赐从采桑者乐。皇后自行。凡蚕丝絮，织室以作祭服。祭服者，冕服也。天地宗庙群神五时之服。皇帝得以作缕缝衣，皇后得以作巾絮而已。置蚕官令、丞。”

皇后穿着正式朝服——青衣参加先蚕礼（皇后朝服见本章第一节），汉代亦有专门养蚕的蚕室，为皇后和群臣妾养蚕的地方。此处出现蚕神苑窳妇人、寓氏公主，先秦不见记载，应是汉代才出现的。皇后亲蚕以其丝作祭服跟《礼记·祭统》所说的“王后蚕于北郊以供纯服”，“夫人蚕于北郊以供冕服”之古义一致，跟周代蚕礼一脉相承。

(三) 高禖

祠高禖为求子之礼。《史记·殷本纪》云有娀氏女简狄见玄鸟坠其卵，取而吞之，怀孕生契，《诗·商颂·玄鸟》：“天命玄鸟，降而生商，宅殷土芒芒”，郑玄笺：“春分玄鸟降，汤之先祖有娀氏女简狄配高辛氏帝，帝率与之祈于高禖而生契”，《诗·大雅·生民》：“克禋克祀，以弗无子”毛苌传：“弗，去无子求有子。古者必立郊禖焉。玄鸟至之日，以太牢祀于郊禖，天子亲往，后妃帅九嫔御，乃礼天子所御，带以弓韣，授以弓矢，于高禖之前。”汉代人认为高禖古就有之，但《太平御览》卷五二九《礼仪部》引《五经异义》王权与谯乔的问答这样解释高禖求子的由来：

“……王权问曰：‘以注言之，先商之时，未有高禖，《生民》诗曰“克禋克祀，以祓无子”传以为古者必以郊禖焉。姜嫄禋祀上帝而生稷，是则郊禖之祀非以生契之后立也。’谯乔答曰：‘先商之时，自必有禖氏祓除之祀，位在南郊，盖亦以玄鸟至之日。然其所禋，乃于上帝。娀简狄吞乙子之后，王以为禖官嘉祥，祀之以配帝，谓之高禖。’”

从这两条记载看，祠高禖求子是商代始有的习俗。《后汉书·礼仪志》刘昭注又引卢植注《礼记》曰:“玄鸟至时,阴阳中,万物生,故于是以三牲请子于高禖之神。居明显之处,故谓之高。因其求子,故谓之禖。以为古者有媒氏之官,因以为神。”将高禖跟春季时气又联系起来。

《月令》将高禖安排在仲春之月:“是月也,玄鸟至,至之日,以大牢祠于高禖。天子亲往。后妃帅九嫔御,乃礼天子所御,带以弓韣,授以弓矢,于高禖之前。”郑玄注:“玄鸟,燕也。燕以施生时来,巢人堂宇而孚乳,嫁娶之象也。”

西汉时期即有祠高禖之礼。《汉书·戾太子》传:“初,上年二十九始得太子,甚喜,为立禖祀,使东方朔、枚皋作禖祝”,《枚皋传》颜师古注:“高禖,求子之神也。武帝晚得太子,喜而立此禖祠,而令皋作祭祀之文也。”但此时高禖礼尚未制度化。《后汉书·礼仪志》王先谦《集解》:“武帝皇子已生,乃肇禖祀报也,非祈也,明非用《月令》之文矣。后汉虽有举不废,然帝后本纪亦讫无祀禖祈子之事,盖以时使有司祠之,故其礼略不著耳。”

东汉时有高禖之礼。《后汉书·礼仪志》:“仲春之月,立高禖,祠于城南,祀以特牲。”天子要在玄鸟(燕子)至之日以太牢祠高禖,“后妃率九嫔御,乃礼天子所御,带以弓韣,授以弓矢,于高禖之前。”东汉的高禖祠在城南,祀以特牲。

耕籍、先蚕、高禖是东汉《月令》礼仪中三种跟社会生产关系最密切的仪式。耕与织是古代社会最重要的生产劳动,高禖求子则意味着人丁的繁衍。耕籍、先蚕是周代有过的,高禖亦是有三代渊源的古俗。到此成为王朝礼典的组成部分,反映了王朝的礼仪正是古代生活方式的最集中象征。

三、《月令》礼典中的乡俗

除了跟“气”运行有关的岁时礼仪、生产礼仪之外,《月令》中还有一些礼仪的性质属于乡俗。乡俗的含义和性质本文第一章第一节已作了考述,在摆脱了原始状况的国家和地区,乡俗在整个社会的文化构成中均处于底层,它质朴淳厚,跟普通百姓的生活方式紧密联系着,若论精致典雅,它跟精英们创造的文化不在同一层次,政治权力中心发生的重大事件也影响不到它,社会的重大变革对之亦少有波及,因此它的传承极其富有生命力。在中国古代,“礼”对乡俗的选择性改造完成了大、小传统的分野,周代的“礼”成熟后,因政治、文化、风教一切均由

"礼"出，乡俗也被包融在"治出于一"的体系中——乡俗中的礼节部分融入了数度思想，被改造成"礼"登降揖让的各种细节，而乡俗中的节日、禁忌内容则仍然自发地存在。不过在"礼"的体系中，它们属于下层，因为"礼"最核心的部分仍是贵族创造的精致文化，乡俗的根仍在民间。

尽管如此，周代"礼"的宏大体系中仍然存在一些性质属于乡俗的礼仪，如祓禊、大傩、大蜡。除了普通百姓的参与之外，宫廷中也存在一些来自民间的、性质属于乡俗的礼仪（见下文）。在春秋战国激烈的社会变动中，因为乡俗中的节日或禁忌内容跟普通百姓的生产生活密切相关，它们所具有的社会维系、情感寄托功能仍被需要，而且人们的生活方式（饮食起居、生产生活）并没有发生像古代到近代那种剧烈的变化，因此秦汉时期，源于民间、植根民间的乡俗仍然大量存在。而且，在贵族创造的"礼"因日渐死板而失去活力之后，乡俗却因它的质朴和生命力渐渐浸入社会上层，秦汉时期的宫廷贵族亦参与其中（见下文）。到东汉，这些乡俗中有的内容跟"月令"的时间表融合，就形成了东汉王朝祭礼中性质属于"乡俗"的礼仪，祓禊、大傩、大蜡就是它们的主要内容。它们跟前面的历法时令礼仪、生产礼仪均不同——它们不像迎时气、合音律那样建立在束之高阁的专门技术基础之上，也不像庙堂中作点缀的耕籍、先蚕礼那样古板而形式化，而是在质朴的形式中具有蓬勃的生命力，体现着民间文化的刚健清新。在生活简单、娱乐方式短缺的古代民间，乡俗（其中有些后来形成各种节日）能带给人们极大的兴奋和欢欣，集中地抒发着人们对美好生活的向往。下面就对东汉王朝祭礼中的乡俗部分作些考察。

（一）祓禊

祓禊是一种起自民间的乡俗，它渊源古老，先秦即有。《诗·郑风·溱洧》"溱与洧，方涣涣兮，士与女，方秉蕳兮"描述的是春季郑国的溱、洧水滨，郑国的青年男女手持兰花（即"蕳"），于春季在水边祓禊之际互示好感的情景。又《论语·先进》孔子门生曾点对孔子说："莫春者，春服既成，冠者五六人，童子六七人，浴于沂，风乎舞雩，咏而归。""浴乎沂"即春季在沂水洗浴祓禊。从文献记载看，三代的祓禊不见宫廷贵族参加，而见于民间。这是因为祓禊不合乎贵族的礼，当时贵族有各种礼约束着，跟民间判然有别，鲁庄公到齐国观看民间结社尚且被《左传》

作者讥为“非礼也”，[1]因此，记载规划三代天子按时令活动、但确有三代事实影子的《礼记·月令》中无祓禊。但两汉均有祓禊，而且帝王贵族均参加。西汉的祓禊之俗见《西京杂记》“高祖与戚夫人正月上辰，出百子池边灌濯，以祓妖邪。三月上巳，张乐于流水”，又《汉书·五行传》中之上：“高后八年三月，祓霸上，还过枳道，见物如苍狗……卜之，赵王如意为祟”；《汉书·外戚传》记载武帝即位，数年无子，祓霸上后路过平阳公主府得卫子夫，师古注引孟康曰：“祓，除也。于霸水上自祓除，今三月上巳祓禊也。”此为西汉祓禊。东汉的祓禊就是从西汉沿袭下来的，但因《月令》的施行，东汉的祓禊被安排在仲春之月。《后汉书·礼仪志》：

“是月（仲春之月）上巳，官民皆絜于东流水上。曰洗濯祓除，去宿垢疢，为大絜。絜者，阳气布畅，万物讫出，始絜之矣。”

刘昭注引《论语·先进》说明祓禊之源后说：“自商及下，古有此礼。今三月上巳祓絜于水滨，盖出于此。”王先谦《集解》在考订《后汉书·礼仪志》的这段文字的同时交代了两汉祓禊相袭的情况：

“钱大昕曰：絜，古禊字。……黄山曰《续汉书》三月上巳，官人皆絜于东流水上，自洗濯祓除，为大絜也。文与此同，而官民作官人，案作官人是也。《志》为朝廷明礼仪，不当仅载官民之事。……《元后传》春幸茧馆，率皇后列侯夫人桑，尊霸水而祓除，皆其故事。汉祓除之礼，自天子及官民，固皆行之。……足知官民相沿，汉末未废。”

在汉代，帝王、宫人、百姓都参加祓禊，是因为祓禊之俗此前便由来已久，“小传统”在春秋战国之际作为大传统的“礼”湮废之际，以它特有的质朴淳厚对逐渐废弃的“大传统”产生影响。汉代人甚至以当时风俗解释祓禊的来源，《后汉书·礼仪志》刘昭注说汉代有个叫郭虞的人，三月上巳生了两个女儿，两天中就都死了，民间认为此是大忌，这一天都忌讳停留在家里，到东流水上祈禳，叫做禊祠。又《后汉书·礼仪志》王先谦《集解》引黄山曰：“……挚虞言汉章帝时，徐肇以三月初生三女，至三日俱亡，一村以为怪，乃携酒就水，洗涤去灾。帝曰：‘如是，此

---

① 《左传》庄公二十三年：“二十三年夏，公如齐观社，非礼也。”

便非佳节。'……又说：秦昭王置酒于河曲，有金人自泉而出，捧水心剑曰：'令君制有西夏，及秦霸，乃因此处立曲水祠，二汉相沿为盛事。'"这几条均是汉代人的解释。总之，汉代帝王、宫人、官民均参加祓禊，是春秋战国之际因"礼"的崩坏，乡俗由底层向上产生影响并被接受的结果。

《全后汉文》卷七十九蔡邕《祓禊文》描述了东汉祓禊的情景："洋洋暮春，厥日除巳。尊卑烟骛，惟女与士。自求多福，在洛之涘。"巳对应阴，除巳意味着春天来临。此文描述的是青年男女春天在洛水边不分贵贱洗濯祛恶气的情景，与春秋时期的《诗·郑风·溱洧》"溱与洧，方涣涣兮；士与女，方秉兰兮"描述的祓禊时纯朴、烂漫而欢快的气氛如出一辙。

除了春季祓禊之外，汉代又有秋季祓禊。《全后汉文》卷六十五刘桢《鲁都赋》："素秋二七，天汉指隅，民胥祓禊，国于水嬉。"秋季有祓禊，为祓禊之俗在东汉演变的结果。

（二）大傩

东汉施行的《月令》礼仪中有大傩，亦来源于先秦。《周礼·夏官》方相氏"掌蒙熊皮，黄金四目，玄衣朱裳，执戈扬盾，帅百隶而时难（傩），以索室驱疫"。《论语·乡党》记载孔子在"乡人傩"时朝服立于阼阶，《礼记·月令》追忆三代制度时记载一年中有三次傩，季春之月"命国难（傩），九门磔攘以毕春气"，郑玄注"此难（傩），难阴气也。阴寒至此不止，害将及人。所以及人者，阴气右行。此月之中，日行历昴，昴有大陵积尸之气，气佚则为厉鬼"；仲秋之月"天子乃难（傩）以达秋气"，季冬之月，（天子）"命有司大难（傩），旁磔，出土牛以送寒"，先儒对此多深信不疑，《论语·乡党》"乡人傩"条刘宝楠《正义》认为季春为国家之傩，仲秋为天子之傩，仲冬之傩下及庶人，故称大傩，方相氏兼有三时之傩，而季冬为大傩，并进而认为《论语》的傩在季冬，是大傩。《太平御览》卷五百三十引《礼记外传》与此见解相同："方相氏之官，岁有三时，率领群隶驱，索疠疫之气于宫室之中，亦攘送之义也。天以一气化万物，五帝各行其德，余气留滞，则伤后时，谓之不和，而灾疫兴焉。大傩者，贵贱至于邑里，皆得驱疫。命国傩者，但于国城中进行耳。"

《后汉书·礼仪志》并未一年三傩，而只有大傩，在先腊日，目的是为了逐疫。其仪式是由事先选好的一百二十位十岁以上，十二岁以下的中黄门子弟为侲子，红头巾黑衣服，手拿大鼓。方相氏戴着“黄金四目”的面具，蒙熊皮，黑衣红裳，执戈扬盾，此跟《周礼·夏官》的方相氏“黄金四目，蒙熊皮，玄衣朱裳，执戈扬盾”完全相同。此外，十二兽有衣，有毛角，中黄门引领，从宫中驱逐恶鬼。参加者有侍中、尚书、御史、谒者、虎贲、羽林郎将执事等，天子也亲自到前殿。黄门令上奏：“侲子备，请逐疫。”于是中黄门唱，侲子和，歌词是：

“甲作食殈，胇胃食虎，雄伯食魅，腾简食不详，揽诸食咎，伯奇食梦，强梁、祖明共食磔死寄生，委随食观，错断食巨，穷奇、腾根共食蛊。凡使十二神追恶凶，赫女躯，节解女肉，抽女肺肠。女不急去，后者为粮！”

此处共有十二神，神名为甲作、胇胃、雄伯、腾简、揽诸、伯奇、强梁、祖明、委随、错断、穷奇、腾根，为逐疫之神，其中大多数神难以考证为何物，但确有古老渊源。穷奇见《左传》文公十八年，为所追述的帝尧流放的四凶之一，到《淮南子·地形训》则说：“穷奇，广莫风所生也”，它们的性质应跟战国数术发达后形成的跟数术格局有关的“神将”相似。王先谦《集解》：“《论衡》云除客者，除宅中客鬼也。宅中主神有十二焉，青龙、白虎列十二位，有十二神舍之，宅主驱逐，名为去十二神之客。”而被食的十种鬼怪中，殈，王先谦《集解》：“汉隶殈即古文诩字，……《说文》无此字，司马光音虚容切，恶也，象地穿交陷其中。”魅，刘昭注引《东京赋》注魑魅为山泽之神魅为鬼之所归，梦为噩梦，“磔死寄生”据王先谦《集解》为磔死、伤死之鬼，蛊为毒虫，观、巨之怪不详。这些奇怪的名字大概跟《山海经》所记的民间传说有关。“节解女肉，抽女肺肠。女不急去，后者为粮”为祝诅之辞，整段唱词性质属于《周礼·春官·大祝》掌攻说之辞的攻、说之辞。周代巫、祝逐疫时用攻祷之辞，此为延续。

中黄门等唱完后，还要作方相与十二兽舞，前前后后地查三遍，手持火炬，送疫出端门，门外车骑把火炬传出宫，最后丢弃在洛水中，表示瘟疫被逐走。百官官府各以木面兽象能为傩舞的舞师，设桃梗、郁儡、苇茭以辟邪。公、卿、将军、特侯、诸侯们还收到天子赐的苇戟、桃杖等物。

大傩的同月要立土牛六头于国都县城外丑地，以送大寒。牛对应丑和土，《汉书·五行志》：“思心之不睿，是谓不圣，厥咎霿，厥罚恒风，厥极凶短折。时则有脂夜之妖，……时则有牛祸……时则有金木水火沴土。”立土牛六头，六为阴数，其性质为有厌胜性质的巫术。

（三）大蜡

蜡为猎字的假借。它是从人们于岁末农闲之际田猎并休养生息演变而来的，是后来中国人最重要的节日——春节的前身。它渊源古老，《风俗通》云："礼传，夏曰嘉平，殷曰清祀，周曰大蜡"，《礼记·郊特牲》则记蜡为伊耆氏始创。伊耆氏《郊特牲》孔颖达疏认为即神农，"以其初为田事，故为蜡祭，以报天也。"《郊特牲》详细追忆了周代的大蜡礼的过程：

"天子大蜡八。伊耆氏始为蜡。蜡也者，索也。岁十二月合聚万物而索飨之也。蜡之祭也，主先啬而祭司啬也。祭百种，以报啬也；飨农及邮表畷、禽兽，仁之至，义之尽也。古之君子，使之必报之。迎猫，为其食田鼠也；迎虎，为其食田豕也。迎而祭之。祭坊与水庸，事也。曰：'土反其宅，水归其壑，昆虫毋作，草木归其泽。'皮弁素服而祭。素服，以送终也；葛带榛杖，丧杀也。蜡之祭，仁之至，义之尽也。黄衣黄冠而祭，息田夫也。野夫黄冠。黄冠，草服也'。"

"大罗氏，天子之掌鸟兽者也。诸侯贡属焉。草笠而至，尊野服也。罗氏致鹿与女而诏客告也，以戒诸侯曰：'好田好女者亡其国。'天子树瓜华，不敛藏之种也。"

"八蜡以祭四方。四方年不顺成，八蜡不通，以谨民财也。顺成之方，其蜡乃通，以移民也。既蜡而收，民息已。故既蜡，君子不兴功。"

从上文看，蜡的主题有二，一为乘岁末农闲猎取禽兽，祭祀先祖；二为祭祀与农业生产有关的诸神以报答万物。周天子举行大蜡当然不用他亲自去猎取禽兽，而有大罗氏掌管猎取鸟兽之事。《周礼·夏官》有罗氏"掌罗乌鸟。蜡，则作罗襦"，襦为细密之罗，大罗氏要于蜡之前作襦网罗飞鸟。此外大罗氏还掌管各地诸侯进贡的天子大蜡所需之物，通过所贡的物品可看出各地收成的丰歉，即"八蜡以记四方"——一旦某方的年谷不熟，则该方诸侯进贡的八蜡之物不通于天子王庭。具体进贡是这样的：诸侯进贡八蜡之物时，派去贡献鸟兽的使者头戴草笠（草笠是农人所戴，使者戴草笠体现的是对农人的尊重）到天子王庭，大罗氏以鹿与女子赐予使者，并宣天子之诏，让使者回国告诫其君，说"沉湎于田猎和女色的必将亡国,天子种植瓜果,从来不私自敛藏种子。”

以上进贡禽兽之节。除此之外,大蜡还要祭祀与农业生产有关的诸神以报答万物。《郊特牲》记载周代大蜡要祭祀八种神灵,它们是:先啬、司啬、农、邮表畷、猫虎、坊、水庸、昆虫。孔颖达疏认为先啬、司啬是一神,有益于人;农即《诗·豳风·七月》提到的“田畯”,为管理农业生产的基层田官;邮表畷据孔疏是田畯于井间所舍之处,“邮若邮亭,屋宇处所表田畔。畷者,谓井畔相连畷之所,造此邮舍,田畯处焉”,即田畯在井田相连之处起的邮亭般的小屋。坊和水庸均为水利设施,坊为蓄水之设施,水庸郑玄注为水沟,既可蓄水,又可排水。此处祭的是坊与水庸之神。

祭祀八蜡之神体现了古人使物必报的质朴思想。《郊特牲》称之为“仁之至,义之尽也”,祭猫,因为猫食田鼠;祭虎,因为虎食野猪;坊、水庸都是有益于农业生产的设施。孔颖达疏认为大蜡是“合聚万物而索飨之,但以此八神为主。蜡云大者,是天子之蜡,对诸侯为大。天子既有八神,则诸侯之蜡未必八也”,即八蜡的八种神是万物的代表,天子祭祀八种神,诸侯所祭应依次递减。

在大蜡中,主祭者(应为周天子的大罗氏)祝辞:“土反其宅,水归其壑,昆虫毋作,草木归其泽。”而后先皮弁素服而祭,再黄衣黄冠而祭。之所以如此,是因为在周代,皮弁素服、葛带榛杖,是送终之意,因为一年将尽,且所使的物品皆成老物,皮弁素服而祭是为之送终之意。而后着黄衣黄冠,是因为黄冠为野夫所服的草服,大罗氏服野夫之服,意思是让田夫岁末休息。

以上是《郊特牲》记载的周代大蜡。它缘起于民间古老的乡俗。周代大蜡犹如节日,气氛热烈。春秋时期鲁国有蜡,《礼记·杂记》有这么一段关于蜡的记载:

> “子贡观于蜡。孔子曰:‘赐也乐乎?对曰:一国之人皆若狂,赐未知其乐也。’子曰:‘百日之蜡,一日之泽,非尔所知也。张而不弛,文武弗能也。弛而不张,文武弗为也。一张一弛,文武之道也。”

从“一国之人皆若狂”和“百日之蜡”可看出春秋时期岁末的蜡持续了相当长的时间,气氛欢快。

蜡从“昔”,清人段玉裁认为“昔”为蜡的本义。《说文》十三篇上虫部段玉裁注:“《礼记·郊特牲》借为八蜡字。寻八蜡本当作昔,昔,老物也”,段氏之说是有道理的。甲骨、金文均无蜡字，文献用“蜡”指代岁末劳农合飨并祭神之礼，是因为蜡本义是“昔”，因一岁已末，且所用之物到岁末均成老物，所以用蜡字指代。

除了蜡外，文献中又有“腊”，为岁末之祭。《左传》僖公五年虞大夫宫之奇劝虞君时说“虞不腊矣”，此腊指岁末之祭。宫之奇认为虞若借道给晋，将不过腊祭就被灭亡。此腊在夏正十月。又《礼记·月令》孟冬之月有‘腊先祖五祀’，孔颖达疏：“腊，猎也。谓猎取禽兽以祭先祖五祀也”，云所祭祀为五祀神。

从文献记载看，《郊特牲》记载的蜡与《月令》记载的腊略有区别，后来“腊”渐渐代替了“蜡”。《史记·秦本纪》秦惠文王“十二年，初腊”，《正义》：“十二月腊日也。秦惠文王始效中国为之，故云初腊。猎禽兽以岁终祭先祖，因此立日也”。因为秦以十月为岁首，故将腊改在夏正十二月。十二月为丑月，因此丑月又被称为腊月。《秦始皇本纪》秦始皇三十一年十二月，“更名腊曰‘嘉平’”，《说文》四篇下肉部腊字段玉裁注交代了蜡、腊的沿革：

“腊本祭名。因呼腊月、腊日耳。……腊即蜡也。皇侃曰：夏殷蜡在已之岁终。皇说是也。《秦本纪》惠王十二年初蜡，记秦始行周正，亥月大蜡之礼也。始皇三十一年十二月更名腊曰嘉平。十二月者，丑月也。始皇始建亥，而不敢谓亥月为春正月，但谓之十月朔而已。……更名腊为嘉平者，改腊在丑月，用夏制。因用夏名也。腊在丑月，因谓丑月为腊月，《陈胜传》书腊月是也。汉仍秦制，亦在腊月，而用戌日，则汉所独也。《风俗通》曰：‘腊者，接也。新故交接，大祭以报功也。汉家火行，火衰于戌，故曰腊也。’”

从上文可看出汉代的蜡因秦而来，且腊、蜡已经合一，腊用戌日为汉所独有。《后汉书·礼仪志》刘昭注引高堂隆曰：“帝王各以其行之盛而祖，以其终而腊。火生于寅，盛于午，终于戌，故火家以午祖，以戌腊。”秦静曰：“古礼，出行有祖祭，岁终有腊祭，无正月必祖之祀。汉氏以午祖，以戌腊。午南方，故以祖。冬者，岁以终，物毕成，故以戌腊。而小数之学者，因为之说，非典文也。”

《月令》腊在孟冬之月，东汉腊在季冬之月。《后汉书·礼仪志》王先谦《集解》详细考察了秦汉腊祭演变的过程：

“《独断》四代腊之别名，夏曰嘉平，殷曰清祀，周曰大蜡，汉曰腊。五帝腊祖之别名，青帝以未腊，卯祖；赤帝以戌腊，午祖；白帝以丑腊，酉祖；黑帝以辰腊、子祖；黄帝以辰腊，未祖。盖本纬说，而(高堂)隆因之，非小数也。《吕览·孟冬纪》'飨先祖五祀，劳农夫以休息之'。《月令》飨作腊，此固秦令，其成书在始皇八年。《史记》载始皇三十一年，始更名腊曰嘉平，则飨是更名后所易，当以《月令》作腊为正。《通典》载汉复嘉平曰腊，知汉腊即沿秦制。《独断》腊不记秦，汉不以秦当一运耳。后儒据《左传》'虞不腊矣'之文，谓周以前蜡以息老，腊以劳农，同月两祭。蔡邕捉之，然《左氏》古文，汉初所不尚，秦腊后改嘉平，明即以代大蜡，汉复腊不用蜡，非蔡捉之也。王者礼有因革，秦劳农不息劳，养壮佼及亟耕战者所尚，汉之所因也。秦以前五祀冬祀行，汉冬祀并而行别为祖、腊，以季冬不以孟冬，大享腊，天子以祖配帝，官民皆祭其祖，不闻复及五祀，又其所革也。"

汉代的腊所用之日、所祀之神跟阴阳五行联系在一起。

东汉王朝祭礼体系中的蜡，为沿袭秦、西汉的而来。《后汉书·礼仪志》："季冬之月，星迴岁终，阴阳以交，劳农大享腊"，此处已作"腊"而非"蜡"。

先秦两汉的大蜡(腊)是后来中国人最重要的传统节日——春节的前身。春节作为集多种乡俗于一体的重要民俗，是劳动人民在千百年传承中不断加工的结果，而岁末劳农大蜡，则是后来春节的源头。

以上对东汉王朝祭礼中存在的祓禊、大傩、大蜡等乡俗进行了考察。它们均渊源古老，在周代"礼"对乡俗进行改造之后，因它们的社会维系功能、心理安慰功能为"礼"所不及，何况在周代"礼不下庶人"，普通百姓的生活中多数时候仍靠乡俗来安排生产和生活，并使生活有声有色。《礼记》等典籍对周代存在过的这些乡俗进行了断简残篇的追忆，这些存在于《礼记》等之中的乡俗，在经历战国、秦汉之际的社会变动之际，因离社会上层的政治核心较远，仍然保留了下来，并随着两汉经学的发蒙，被许可进入庙堂，于是东汉王朝祭礼中仍然有祓禊、大傩、大蜡这些乡俗的内容，它们在王朝祭礼的体系中处于下层，但正因为有这些乡俗的存在，王朝礼典才不完全是古板庄重乃至陈规老套的内容，它们的存在为王朝礼典抹上了淳古而有生命力的色彩。

四、东汉《月令》施行中的巫术

巫术(magic)，是远古时期就有的，因人们头脑中错误的因果联系而产生的行为，在古代社会因生产生活的需要长期大量地存在。中国古代王朝祭礼体系中性质为巫术的礼典主要有伐鼓救日和大雩，伐鼓救日是因为日食在古人看来反映了政治秩序的错乱，大雩则因农业生产对雨水的需要（见第一章第二节），这两种礼典在汉代仍然存在。下文便对东汉王朝祭礼中的伐鼓救日和大雩作些考察。

（一）伐鼓救日

东汉伐鼓救日之礼继承自周代（周代伐鼓救日之礼见本书第一章第二节），《后汉书·礼仪志》记东汉发生日食时"割羊以祠社，用救日变。"刘昭注引《公羊传》："日有食之，鼓，用牲于社，求乎阴之道也。以朱丝萦社，或曰胁之，或曰为闇。恐人犯之，故萦之也"；胁为《周礼·春官·大祝》的攻、说之法[①]，救日时用朱丝萦绕社主，朱为红色，为阳，以朱丝绕社主为助阳之意。除此之外太史还要登灵台击鼓，《白虎通·灾变》曰：

"日食必救之何？阴侵阳也。鼓攻之，以阳责阴也。故《春秋传》曰：'日食，鼓，用牲于社'。所以必用牲者，社，地别神也。尊之，故不敢虚责也。日食、大水则鼓，用牲于社，大旱则雩祭求雨，非苟虚也。助阳责下求阴之道也。"

东汉伐鼓救日几乎完全亦步亦趋地照搬了《公羊传》庄公二十五年及何休注的说法。伐鼓时的仪式，《后汉书·礼仪志》刘昭注引《决疑要注》：

"凡救日食，皆著赤帻，以助阳也。日将食，天子素服避正殿，内外严。日有变，伐鼓闻音，侍臣著赤帻，带剑入侍，三台令史已（下）[上]皆持剑立其户前，卫尉卿驱驰绕宫，察巡守备，周而复始。日复常，乃皆罢之。"

则东汉伐鼓救日时，参加者均戴红色头巾（红色为阳，此为助阳之义），日食开始之际，天子着素服避于正殿，内外戒严。太史伐鼓，卫尉骑马绕宫殿驱驰，等日食结束，一切才恢复正常。

（二）雩求雨

大雩为周代即有的求雨巫术（见第一章第二节）。周代王朝祭礼湮废之后，因农业生产对雨水的需要，雩在民间仍然存在。西汉有雩。董仲舒《春秋繁露·求雨》记载西汉民间的求雨仪式：

---

① 《周礼·春官》大祝"掌六祈，以同鬼神示"，"六祈"中有攻、说。郑玄注为"以辞责之"，即用言辞谴责天变。

"春旱求雨，令县邑以水日祷社稷山川，家人祀户。无伐名木，无斩山林。八日。于邑东门外为四通之坛，方四尺，植苍缯八。其神共工，祭之以生鱼八，玄酒，具清酒、膊脯。择巫之洁清辩利者以为祝，祝斋三日，服苍衣，先再拜，乃跪陈，陈已，复再拜，乃起。祝曰：'昊天生五谷以养人，今五谷病旱，恐不成实，敬进清酒、膊脯，再拜请雨，雨幸大澍。即奉牲祷，以甲乙日为大苍龙，长八丈，居中央。为小龙七，各长四丈，于东方。皆东乡，其间相去八尺。小童八人，皆斋三日，服青衣而舞之。田啬夫亦斋三日，服青衣而立之。凿社通之于闾外之沟，取五蛤蟆，错置社之中。池方八尺，深一尺，置水蛤蟆焉。具清酒、膊脯。祝斋三日，服苍衣，拜跪，陈祝如初。取三岁雄鸡与三岁豭猪，皆燔之于四通神宇。令民阖邑里南门，置水其外。开邑里北门，具老豭猪一，置之于里北门之外。市中亦置豭猪一，闻鼓声，皆烧豭猪尾。取死人骨埋之。开山渊，积薪而燔之。通道桥之壅塞不行者，决渎之。幸而得雨，报之以豚一，酒、盐，黍财足。"

上文的核心环节是为坛祭神和祝祷。所筑之坛为方形，为阴，方四尺和用生鱼八，为阴数。以甲乙日为大苍龙，甲乙日为东方，为小龙七，取东宫苍龙七宿之意。用生鱼祭共工（水神）。设坛、祠日、用牺牲的数目皆为阴数，扎大小苍龙长度亦为阴数，令小童服青衣舞龙。蛤蟆属于介虫，对应的是北方和阴；雄鸡与豭猪属阳，燔烧之是抑阳助阴；关邑里南门，开北门是因为南对应阳，北对应阴，通道桥壅塞是为了气行无阻。祈雨时因男子为阳，要退避。《后汉书·礼仪志》王先谦《集解》：

"董仲舒云，广陵女子诸巫毋大小皆相聚其郭门外，为小坛，以脯酒祭，便移市，室使门者无内丈夫，丈夫无得相从饮食，又令吏妻各往视其夫，皆到。即起雨澍而已。江都相仲舒下内史丞书从事，其都间吏家在百里内，皆令人故行书告县，遣妻视夫，赐巫一月租，使巫求雨，复使巫相推，择洁净易教者，祭跪祝曰：'天生五谷以养人，今五谷病旱，恐不成，谨进酒、甘羞，再拜请雨。"

以上是西汉时期郡国县邑的雩求雨之术，这是一套运用阴阳五行的厌胜巫术。东汉的雩就是继承西汉而来的。《后汉书·礼仪志》"自立春至立夏尽立秋，郡国上雨泽若少，府、郡县各扫除社稷（郡国的社、稷）。其旱也，公卿官长以次行雩礼求雨。”方法是“闭诸阳，衣皂，兴土龙，立土人、舞童二佾，七日一变如故事。反拘朱丝禜社，伐朱鼓。祷赛以少牢如礼。”皂为黑色，对应北方和阴，儿童、土人皆属阴，二佾为阴数，朱丝禜社为救日助阳之术，求雨应助阴，因此抑制之。兴土龙之俗，刘昭注引《山海经》：“大荒东经北隅有山，名曰凶犁土丘。应龙处南极，杀蚩尤与夸父，不得复上，故下数旱。旱而为应龙之状，乃得大雨。”这些细节跟西汉的求雨有继承关系。

东汉郡县和王朝的求雨仍然不出“抑阳助阴”的思路。《汉官旧仪补遗》记求雨，“太常祷天地、宗庙、社稷、山川以赛，各如其常牢，礼也。”四月立夏如果旱就求雨祷雨，以后还旱就重复祷祠，到立秋，虽然旱也不能求雨，是因为古人认为立秋后阴气始盛，而祷雨要抑阳助阴，秋日祷雨助阴就破坏了时令阴阳之气的运行。

除了雩外，东汉求雨还要祭祀山川河海，这亦源于周代。《诗·大雅·云汉》为求雨之诗，“靡爱斯牲”体现了求雨时用牺牲祭祀神灵之举，《后汉书·顺帝冲帝质帝纪》阳嘉元年，“京师旱。庚申，敕郡国二千石各祷名山岳渎，遣大夫、谒者诣嵩高、首阳山，并祠河、洛，请雨。戊辰，雩。”甲戌，诏曰：“政失厥和，阴阳隔并，冬鲜宿雪，春无澍雨。分祷祈请，靡神不禜，深恐在所慢违‘如在’之义，今遣侍中王辅等，持节分诣岱山、东海、荥阳、河、洛，尽心祈焉。”

阳嘉三年又发生大旱，《后汉书·周举传》：“是岁河南、三辅大旱，五谷灾伤，天子亲自露坐德阳殿东厢请雨，又下司隶、河南祷祠河神、名山、大泽。”

东汉水旱灾害频繁，无论雩还是祭祀山川都经常进行。安帝永初七年春二月，京师大雩；顺帝阳嘉元年二月京师旱。庚申，命令郡国二千石各祷名山岳渎，“遣大夫、谒者诣嵩高、首阳山，并祠河、洛，请雨。戊辰，雩。”甲戌诏：“政失厥和，阴阳隔并，冬鲜无雪，春无澍雨。分祷祈请，靡神不禜”，还派遣侍中王辅等，持节分别到岱山、东海、荥阳、河、洛代表天子尽心祈祷。质帝永熹元年（当时尚未改元）五月又诏令“郡国有名山大泽能兴云雨者，二千石长吏各洁斋请祷”①，桓帝延熹元年春三月丙申又大雩。《汉官旧仪补遗》：“求雨，太常祷天地、宗庙、社稷、山川以赛，各如其常牢，礼也。则东汉求雨确实是仿效周代祷祠山川大神等（见

① 《后汉书·顺冲质帝纪》。

《诗经·大雅·云汉》)和雩并用。

(三)桃印、其他时俗

除了伐鼓救日和大雩之外,东汉因阴阳五行思想的盛行,还有一些性质属于巫术的时俗。《后汉书·礼仪志》:“仲夏之月,万物方盛,日夏至,阴气萌作,恐物不茂,其礼以朱索连荤菜,弥牟朴蛊钟。”王先谦《集解》:“钱大昕曰弥牟五字未详。……”《后汉书·礼仪志》王先谦《集解》案:“牟朴蛊钟对文,盖指虫生之处而名之。弥者,以荤烈之气避之,御使不得萌生耳。《秋官》庶民除蛊,以攻说襘之,嘉草攻之。翦氏掌除蠹物,以攻禜攻之,以莽草熏之。荤菜即嘉草、莽草之属。礼,致膳则用荤,桃茢以辟凶邪。膳于君亦有荤、桃茢,用桃必兼用荤也。”

除此之外,《后汉书·礼仪志》记载五月五日要用长六寸,方三寸、上面写了五色文的桃木印挂在门上当装饰,以祛除恶气:

> “以桃印长六寸,方三寸,五色书文,如法,以施门户,代以所尚为饰。夏后氏金行,作苇茭,言气交也。殷人水德,以螺首慎其闭塞,使如螺也。周人木德,以桃为更,言气相更也。汉兼用之,故以五月五日,朱索五色印为门户饰,以难止恶气。”

应劭《风俗通义》卷八《祀典》解释用桃印的原因时说上古时有荼与郁垒兄弟二人,性能执鬼,到朔山上章桃树下简阅百鬼,并把他们用苇索捆起来喂虎,此当为东汉的民间传说。于是官府和民间都在腊日、除夕把桃人和苇茭挂在门上,并在门上画虎。

在一定时令祛恶气是东汉风俗,此外,到夏至日,因为阳气最盛,禁止放火,鼓铸炼铁的炉子也停止,一直到立秋。立秋要疏浚井眼,称为“改水”,冬至日要用钻燧重新取火,称为“改火”。这些习俗更多存留在当时的民间。

以上是东汉王朝礼典中的巫术。其中,伐鼓救日体现了对天人秩序的关切,大雩体现了农业生产对水的需要。其余如桃印等时俗,零星地存在于民间,它体现了普通百姓对按岁气运行那种和谐顺利的生活的向往,在王朝的礼典体系中不占主要地位。之所以在王朝礼典体系中还存在一些巫术,是因为东汉时期,生产尚受自然条件的限制,在岁“气”运行的思想指导下,既可产生礼仪,又可产生巫术。东汉的王朝礼典以《月令》为纲,《月令》中保存的礼仪中本就有巫术存在,如大傩、大雩等，这些在经书中有记载。桃印、改水火等时俗不见于《月令》，但也是跟岁气运行有关的，它们在王朝祭礼中的存在使东汉王朝祭礼在整体仿古的同时，不能和民间的时俗和巫术完全划清界限，这也是整个东汉民间原生性和继发性的祷祠及巫术盛行的表现。著名的怀疑论者，杰出的唯物主义思想家王充在《论衡》中著有《奇怪》、《订鬼》、《解除》、《卜筮》等篇，力驳当时泛滥的鬼神论和神秘主义。到魏晋时期，由于王朝对淫祀的不断清整，这部分巫术性质的礼仪才被排除出王朝礼仪的范围。

结　语

本节对东汉《月令》中的时令和生产礼仪、乡俗、巫术作了考察。它们的性质均是“仪式”。至此，东汉的王朝礼典体系恢复了如周代那样融礼典、乡俗、巫术于一体的结构。其中，时令生产礼仪和巫术均有上古宗教的渊源，乡俗则在周代“礼”对原始宗教、信仰、社会风俗等进行改造之后融入了礼的体系。这些礼仪均在作为“天人之际”具体表现的《月令》中形成一个整体框架，按照岁“气”的运行过程，用程序固定的仪式来体现时“气”的沓至、时气交接和播种、收割等的进行过程（耕籍、先蚕、大雩均是围绕之进行的）。在这些仪式中，岁“气”和谐、生产顺利、风调雨顺等愿望被表达，在保障这些顺利进行的实际政务手段——律令已大量制定并初成体系的“治出于二”新阶段，这些礼仪的存在就是相关实际政务顺利运行的象征，这就是它们得以存在于庙堂的原因。

第四节　东汉国家祀典及郊天、祭祖礼

上面的三个章节，我们考察了东汉的“治出于二”与礼乐制作的关系，及东汉按《月令》施行的礼典中的礼仪、乡俗和巫术，这一节，我们将专门考察东汉王朝祭礼的核心内容——郊天礼和祭祖礼。

东汉的郊天、祭祖礼是在继承西汉、新莽基础上而来的，它已经经过了内容驳杂、一变再变的阶段，且有经书中记载的周代郊天礼作为样本，因此变化较少，内容、性质也比较单纯。《后汉书·祭祀志》王先谦《集解》引黄山曰：“前汉祭祀多因

秦，后汉祭祀多本新莽。诛其罪而犹用其制，时为之也。莽缘饰经术，仍与汉制相成，故光武中兴，无以易之，而遂为晋魏以下相沿之定规”，说明跟西汉郊天、祭祖礼一再变化相比，东汉郊天和祭祖礼是相对稳定的。下面便对之进行具体考察。

一、东汉国家祀典和郊天礼

东汉王朝的建立，是在新莽覆灭的废墟之上的。新莽灭亡之后，各地割据，然而经历西汉二百年的发展，汉的正统和刘汉受命的观念已经深入人心，欲得天下者必须尊汉为正统，赤眉立刘盆子为帝，隗嚣的军师方望则劝隗嚣“急立高庙，称臣奉祠”，并说这是“神道设教，求助人神者也”，于是隗嚣便立庙祭祀高祖、太宗、世宗①，最终是光武帝得了天下。光武帝在郊祀之事上同样表现出对符运的郑重，这体现在他迷信谶纬上。谶纬在当时集中记载了符运之征，兴亡之兆，光武帝笃信自已能获得天下是因为神明的佑助，而谶纬则反映了神明的意思。《后汉书·郑兴传》记光武帝曾问郑兴说：‘吾欲以谶断之，何如？’郑兴对曰：‘臣不为谶。’致使光武帝发怒，又《樊倏传》：“永平元年，拜长水校尉。与公卿定郊祀礼仪。以谶记正五经异疏”，说明东汉的经学夹杂了谶纬的内容，且对当时的政治生活深有影响。皮锡瑞说：

> “汉儒言灾异，实有征验。如昌邑王时，夏侯胜以为久阴不雨，臣下有谋上者，而应在霍光。昭帝时，眭孟以为有匹夫为天子者，而应在宣帝。成帝时，夏贺良以为汉有再受命之祥，而应在光武。王莽时谶云：‘刘秀当为天子’，尤为显证。故光武以赤伏符受命，深信谶纬。五经之义，皆以谶决。贾逵以此兴左氏，曹褒以此定汉礼。于是五经为外学，七纬为内学，遂成一代风气。光武非愚闇妄信者，实以身试有验之故。天人本不相远，至诚可以前知。”②

皮锡瑞也认为当时的谶纬确有应验的时候，因此对东汉政治生活产生深刻影响。这样的风气不可避免地影响到郊祀，下文就对东汉的国家祀典和郊天礼作具体考察。

---

① 《后汉书·隗嚣传》。

② 皮锡瑞：《经学历史》，第108～109页。

(一) 东汉的郊坛形制和国家祀典

1. 天、地郊坛和神灵格局考

《后汉书·祭祀志》记刘秀于建武元年即位于鄗，“为坛，营于鄗之阳，祭告天地，采用元始中郊祭故事”，《后汉书·光武帝纪》亦载此事：“建武元年六月己未，即皇帝位。燔燎告天，禋于六宗，望于群神”，其告天书《后汉书·祭祀志》记载如下：

> “皇天上帝，后土神祇，眷顾降命，属秀黎元，为人父母，秀不敢当。群下百僚，不谋同辞，咸曰：‘王莽篡位，秀发愤兴兵，破王邑百万众于昆阳，诛王郎、铜马、赤眉、青犊贼，平定天下，海内蒙恩。上当天地之心，下为元元所归。’谶记曰：‘刘秀发兵捕不道，卯金修德为天子。’秀犹固辞，至于再，至于三。群下佥曰：‘皇天大命，不可稽留。’敢不敬承。”

上文的告天书陈说了刘秀的功绩(《后汉书·祭祀志》的记载与《光武帝纪》有异)，王先谦《集解》引黄山曰已作了考证，认为光武所平定无赤眉、青犊，为后来史官为了溢美所加)。谶记“刘秀发兵捕不道，卯金修德为天子”，卯金为刘，此谶说明刘氏要继续修德为天子，应验在刘秀身上。此外，《后汉书·光武帝纪》还记建武元年，刘秀在长安时的同学强华进献《赤伏符》(即《河图赤伏符》)云：“刘秀发兵捕不道，四夷云集龙斗野，四七之际火为主”，四七，据章怀注，从汉高祖到光武帝初起，共二百二十八年，是为四七之际。汉为火德，所以说火为主。谶纬得到应验，刘秀从此深信不疑。于是刘秀便即位，并建坛告天。此为秦汉以来获得天下者首次告天，以前秦始皇灭六国、汉高祖得天下均未行此礼，是因为当时天赐符运的观念尚未深入人心。光武帝行此告天礼，是告诉上天自己受了天命，此举以后相沿成为制度，以后曹魏代汉亦告天(见《三国志·魏书·明帝纪》)。

此为光武帝告天礼。以后定都洛阳，便在洛阳城南建立郊天坛。《后汉书·祭祀志》记建武二年正月在洛阳城南七里，“依鄗”，形制采用的也是平帝“元始中故事”，郊兆在城南七里，是取河图数字东八、南七之数，《东观汉记》：“上都洛阳制兆于南城七里，北郊四里。行夏之时，时以平旦，服色牺牲尚黑，名火德之运，常服徽帜尚赤，四时随色，季夏黄色。”至于郊坛形制，《后汉书·祭祀志》具体记载为：

> “圆坛八陛，中又为重坛，天地位其上，皆南乡，西上。其外坛上为五帝位。青帝位在甲寅之地，赤帝位在丙巳之地，黄帝位在丁未之地，白帝位在庚申之地，黑帝位在壬亥之地。其外为壝(矮墙)，重营皆紫，以象紫宫；有四

通道以为门。日月在中营内南道，日在东，月在西；北斗在北道之西，皆别位，不在群神列中。八陛，陛五十八醊（连续地洒酒于地表示祭奠），合四百六十醊。五帝陛郭，帝七十二醊，合三百六十醊。中营四门，门五十四神，合二百一十六神。外营四门，门百八神，合四百三十二神。皆背营内向。中营四门、门封神四，外营四门，门封神四，合三十二神。凡千五百一十四神。背中营神，五星也，及中宿五官神及五岳之属也；背外营神，二十八宿外星，雷公、先农、风伯、雨师、四海、四渎、名山、大川之属也。”

《后汉书·光武帝纪》刘昭注引《续汉志》的记载与此段内容大同小异，惟云南郊“高皇帝配食焉”。以上这段记载对了解东汉的郊坛之制及国家祀典而言十分重要，下面首先逐句对之作些解释：

“圆坛八陛，中又为重坛，天地位其上，皆南乡，西上”

郊天坛为圆形，有八面台阶，中间又有一层圆坛，天、地位置在这层中间的圆坛上，天、地牌位都面朝南，以西面为上。从这句话看，郊坛中的神位是中央最高，为天、地的位置。

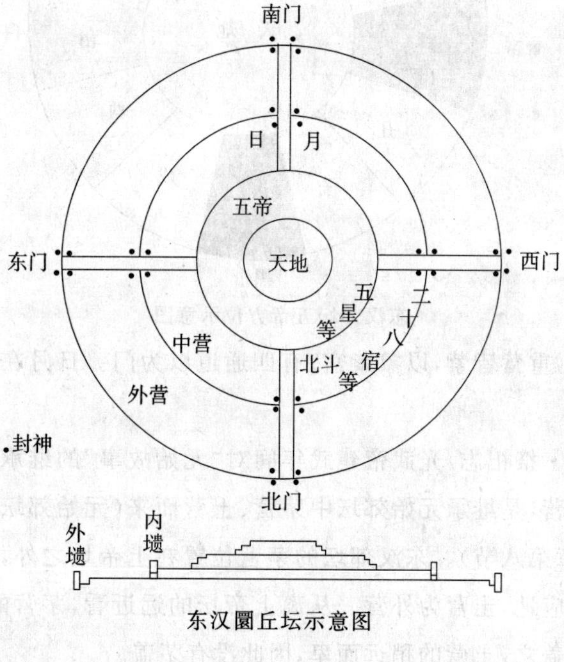

东汉圜丘坛示意图

“其外坛上为五帝位。青帝位在甲寅之地，赤帝位在丙巳之地，黄帝位在丁未之地，白帝位在庚申之地，黑帝位在壬亥之地”

天、地外面的那层坛稍低，为五行之帝的位置。它们的分布按五行方位排列。但黄帝在丁未之地，紧挨着白帝，不在正中（如图），此是根据《月令》把“先立秋十八日”插进春夏秋冬四立（立春、立夏、立秋、立冬）中而来，西汉武帝时宽舒祠太一坛“黄帝西南”已是这样的摆法，宽舒祠太一坛是对数术家的继承（见上一章第三节），从东汉郊坛五帝位置对西汉宽舒太一坛的继承看，从战国到西汉再到东汉，源于数术家的五帝神祀进入了国家正统祀典，这是王朝祭礼吸收数术中于己有用内容的结果。

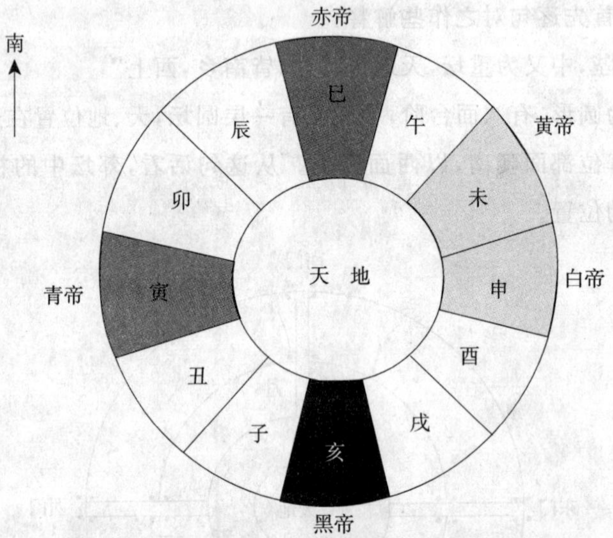

东汉郊坛五帝方位示意图

“其外为壝，重营皆紫，以象紫宫；有四通道以为门。日月在中营内南道，日在东，月在西”

从《后汉书·祭祀志》光武帝建武年间对“元始故事”的继承看，光武帝所建郊坛分中营、外营，是继承元始郊坛中茅营、土营而来（元始郊坛的茅营、土营及示意图见上一章第八节）。东汉郊坛的茅营位置在上帝坛之外，土营之内，所以又称“中营”，相应地，土营为外营。从离上帝坛的远近看，茅营的神灵比土营的要尊，因此以茅盖之，土营的稍远而卑，因此没有茅盖。

五帝之坛外面是矮墙(壝),外面的两重区间(中营、外营)都是紫色,象紫宫。按,此处的“象紫宫”,是对西汉武帝所立甘泉太一畤为紫坛(《汉书·郊祀志》)的继承,而甘泉太一畤紫坛则来自于战国以来的天文数术(见上一章第六节),东汉的郊坛承自西汉,吸收了数术家的成果,郊坛布置得象天宫的格局。“有四通道为门”是象天上的“太微四门”,《汉书·李寻传》记李寻解《尚书·皋陶谟》:“《书》云‘天聪明’,盖言紫宫极枢,通位帝纪(帝纪是古往今来嬗替的时间概念),太微四门,广开大道”;太微四门取老阴、老阳、少阴、少阳之意,东汉郊坛的四通道之门各在东西南北四方。“日月在中营南道”,即日、月都在中营南边(中营的位置见上图),这是取日月为阳之义。日东、月西则是按《礼记·祭义》:“祭日于东,祭月于西”而列。

“北斗在北道之西,皆别位,不在群神列中”

北斗在“中营”北道的西边。将北斗安排在北道,取北斗为阴之义。北斗之柄在天穹的指向会因季节或时辰变化而变化,其所指被认为是“神明”的旨意,自战国秦汉以来一直为数术家所尊崇,《淮南子·天文训》:“帝张四维,运之以斗”,又“北斗之神有雌雄,十一月始建于子,月徙一辰,雄左行,雌右行”,“北斗所击,不可与敌”,王振铎先生复原的汉代“司南”,其中央的勺子即象北斗,考古出土的式盘中几乎均有北斗之形(见第二章第二节),王莽代汉后还特地铸了“威斗”以象征自己的权威得到神明之授(见上一章第八节),由此可见北斗在汉代人心目中的地位。此处日、月、北斗均别位,不跟群神混杂,是因为汉代人认为它们的位置比其他群神重要,这也来源于战国以来的数术家。《汉书·郊祀志》记元鼎五年秋武帝伐南越时曾告祷太一,“以牡荆画幡、日月、北斗、登龙,以象太一三星”,此处画日月、北斗,说明它们在作为太一之属的同时,地位比其他神重要。东汉祀典中日月与北斗在中营中别列,即继承西汉而来。

“八陛,陛五十八醊,合四百六十醊”

“八陛”即有八面台阶,“醊”为连续地洒酒于地表示祭奠之意,《后汉书·祭祀志》王先谦《集解》有详细考证,可以参看。每醊为一神灵,八面台阶每面各五十八位神,共四百六十位神。联系上文看,这里的“八陛”应指的是“壝”之外的群神分布。

“五帝陛郭,帝七十二醊,合三百六十醊”

五帝坛这一圈，每帝七十二醊(即洒酒七十二次)，一共三百六十醊。按，三百六十醊的数目不是随便定的，它象征一年三百六十日，每帝七十二醊，即青赤黄白黑五帝各占七十二日之意。此取自天文家按五行分割一年三百六十日之术。

"中营四门，门五十四神，合二百一十六神"

中营四门，取天庭有太微四门之意，每门五十四神。这五十四也不是随便安排的数字，虽然史书未尽描述群神之名，笔者以为，五十四为六乘九之数，六为老阴之数，九为老阳之数，五十四可能是取二者相乘之意。

"外营四门，门百八神，合四百三十二神。皆背营内向"

外营即中营外面的那一圈，也是四个门，每门一百零八位神，一共四百三十二神，神的牌位均朝向里面，取面朝天、地、五帝之意。

"中营四门、门封神四，外营四门，门封神四，合三十二神"

中营四门和外营四门，每门各有四位"封神"，即守门之神。一共是三十二位"封神"。此封神是什么史书没有详述，大约是与春夏秋冬四季对应的青龙白虎朱雀玄武之类。

"凡千五百一十四神"

南郊神坛神灵的总数是一千五百一十四位。

"背中营神，五星也，及中宿五官神及五岳之属也；背外营神，二十八宿外星，雷公、先农、风伯、雨师、四海、四渎、名山、大川之属也"

背着中营(处于五帝之下，面朝五帝，背对中营的矮墙"壝")的神为五星、中宿五官神、五岳之类。五星为金、木、水、火、土五星，中宫宿五官神为王莽定的制度，王莽所开五兆中有中宿中宫，五官神即其中之神，亦为金木水火土之类，五岳为东、西、南、北、中岳。背着外营(中营外面那一圈，神位面朝里，因此称"背")是二十八宿、雷公、先农、风伯、雨师、四海、四渎、名山、大川等等。

此郊坛神灵众多，有1514位神，为继承新莽之末而来。《后汉书·祭祀志》王先谦《集解》引黄山曰："前书郊祀志载莽元始五年奏定群望，以类相从，为五部，天地五帝五神日月星雷风雨而已。篡位二年，兴神仙事，遂崇鬼神淫祀。至其末年，自天地六宗以下，至诸小鬼神，凡千七百所。是郊祀列神之多，实非莽居摄后所渐增，不关元始故事也。"王先谦认为东汉郊坛神灵众多，是来自新莽。而新莽之际的神祀多而滥，是在西汉一朝国家祀典基础上继续发展的结果，它引入众多的天象诸神，如日月五星北斗二十八宿之类，并且按盖天说下它们的分布位置引入郊坛，安排位置，东汉郊坛的格局吸收了这些，其中也有天地五星二十八宿的分布，颇像西汉时式盘的格局。这不是偶然的，式盘是模拟盖天说下的天地格局而成，郊坛是对“天”象的模拟，以象天和神灵有序运转。且郊坛中神位的分布跟一年三百六十日相合，象征了众神均在“天”之下，它们的分布体现了一年三百六十日时气的变化。

东汉这由1514位神灵组成的郊天坛内涵是深厚的。它从官方政治秩序的需要出发，囊括了此前人们因对宇宙的孜孜探索而认识到和构想出的几乎所有神灵，并将这些神灵在宇宙中位置的内容变换成政治等级和秩序。而且值得注意的是，东汉郊坛的神灵内涵和后来道教神灵系统中的天文群神部分颇有相似之处，这是因为二者在此前有共同渊源。只是此时的道教尚未发展成熟，它仍然未脱离以自发性神祀和杂方术的面貌存在于民间的发展阶段（见下一节），即使如此，已经可以看出东汉国家祀典选取群神时的取向和目的——只要体现了天“象”运行规律、反映政治秩序的尊卑即可，而“人”本身的精神需要（对自身命运的思索和对完美遭际的向往）并不在官方这1514位神灵所组成的体系所顾及的范围内。以后，这些渊源古老的神灵跟古老的方术，以及人们的心灵需要和精神探索日益成熟，糅合成另一个理念混一、实践方法多样的系统，就形成了中国土生土长的宗教——道教，当然，这是另外一个话题。

以上是东汉郊天坛的形制和神位。就郊坛形制和国家祀典内容看，它已经是一种完备而成熟的状态，此后进行的都是无关本质的小规模修改，比如陇蜀平定之后，海内太平，祖先神被加进了这一体系，并与天地神配合起来。《后汉书·祭祀志》：

> “高帝配食，位在中坛上，西面北上。天、地、高帝、黄帝各用犊一头，青帝、赤帝共用犊一头，白帝、黑帝共用犊一头，凡用犊六头。日、月、北斗共用牛一头，四营群神，共用牛四头，凡用牛五头。”

高帝的位置被加在中坛（即天地之坛）上，天、地、高帝、黄帝各用一头犊（《礼记·郊特牲》记载祭天用犊）。天、高帝各用一牛，是按《尚书·洛诰》“帝牛一、稷牛一”取先祖配天之意。此外,汉代增加了跟天相对的地神,所以地也用一头牛。至于黄帝单享一头犊,其余四帝,青、赤共一,黑、白共一,是因为汉朝色上黄,这样最尊的神灵们共用了六头犊。中营群神中单列出来的日、月、北斗共用一头牛(在祭祀上,牛不如犊尊贵),四营的众神一共用四头牛,这样加起来是五头牛。因此,从牺牲的丰俭可看出神灵们的等级。

南郊之坛营建完毕后,郊坛之制算是稳定了。但南郊坛中天地阴阳群神混杂,后来光武帝中元二年在洛阳城北又建了北郊地坛,把性质属于“阴”的神灵们从南郊分出来。北郊的位置据《后汉书·祭祀中》在洛阳城北四里,刘昭注引张璠记则为“城北六里”,按,应以刘昭注的六里为是。因为东汉郊坛离洛阳城的远近是按照河图数定的,既然南郊离洛阳七里,是取南七之数,那么,北郊离洛阳城应为六里而不是四里。地坛形制为方坛四陛,以象天圆地方。地祇为北郊的最高神,《后汉书·祭祀志》:

“位南面西上,高皇后配,西面北上,皆在坛上;地理群神从食,皆在坛下,如元始故事。中岳在未,四岳各在其四方孟辰之地,中营内。海在东,四渎:河西、济北、淮东、江南。他山川各如其方,皆在外营内。四陛醊及中外营门封神如南郊。奏乐亦如南郊。既送神,埋俎食于坛。”

“孟辰之地”的孟即首之意,一周有十二辰,每边有四辰,孟辰即每边的首辰,东岳在子丑寅之子位,南岳在卯辰巳之卯位,西月在午未申之午位,北岳在酉戌亥之酉位。子午卯酉,恰是正北、正南、正东、正西方。中岳在未地。这个格局为模仿南郊郊坛的神位而成,北郊郊坛和神位示意图如下:

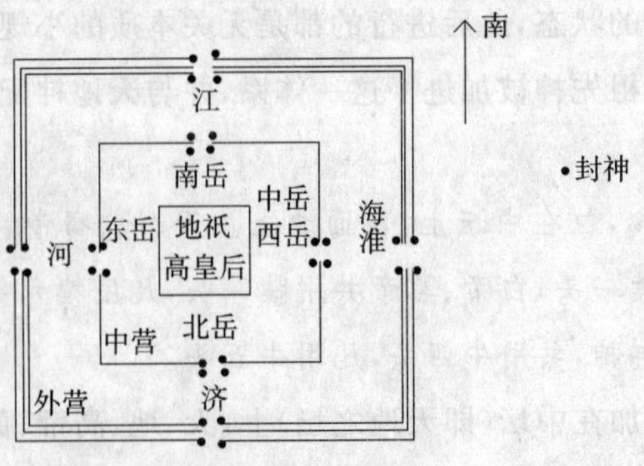

东汉北郊示意图

以上是对东汉的郊坛形制和国家祀典的考察。从东汉郊坛形制分三级、神灵们在这三级神位中按尊卑分布看,东汉的神灵格局吸收了西汉以来郊坛神灵分三级的惯例,而西汉郊坛神灵分三级又是继承了战国以来形成的三级神灵系统(见第二章第二节)。两汉时期,源自战国数术的、最能体现等级尊卑的那些神如至上神天(战国神灵系统中是太一)、五行之帝等被请进国家祀典,经由西汉的发展,到东汉终于形成基本定型的格局。

从西汉到东汉,受到祭祀的国家祀典的订立形式上是根据《礼记·祭法》恢复周代的格局,但亦带有东汉的时代烙印,这反映在几个方面:

首先,在东汉国家祀典中,五帝神在国家祀典中位于天之下,其他群神之上,五星、二十八宿、北斗均进入国家祀典,几乎将天垣搬进人间,这都是周代国家祀典所没有的。从文献记载看,宗周国家祀典中尚未有专门的对五星、二十八宿、北斗的祭祀,这些祭祀是战国数术发达之后才出现的,它们起先出现在民间(秦雍州杂祀中就有,见第二章第三节),而后到西汉渐渐进入国家祀典。东汉国家祀典的五星、二十八宿北斗之祀,是对西汉的继承,也反映了东汉经学糅杂谶纬,象数内容深入郊祀的状况。

第二,北郊后土神建立,并且跟社稷神分开。周代无北郊,更无专门的后土之神,它跟社神是合一的(见第一章第三节)。后土之神的出现,是地跟天阴阳相别的结果。战国时期的民间祭祀中已经有专门的地神(齐地八神中有地主),西汉武帝时在汾阴祭祀后土,到王莽时将后土迁至长安北郊,此为地祇。到东汉,营建北郊,地理群神如山川岳渎等属阴的都按方位安排在北郊方坛中,这也是汉代才有的(东汉社神的具体内容见下文)。

第三,东汉祀典中跟农业生产息息相关的群神受祀,如雷公、风伯、雨师、先农、先蚕等,这是继承了《礼记·祭法》立祀的原则,但东汉跟农业生产有关的神跟周代比有所增加,如周代国家祀典中后稷配食于社,并无别的农神,到汉代,出现了先农。应劭《风俗通义》卷八《祀典》:"先农,[即]神农炎帝也。祠以太牢,百官皆从。"此外还出现了蚕神。《汉官旧仪》说蚕神的名字叫苑窳妇人和寓氏公主,一共二神。这是因为国家祀典在长期发展的过程中损益造成的。

2. 东汉的社神

东汉社神袭用经书记载的“家主中霤而国主社”周代制度而立。《礼记·郊特牲》记载了周代天子大社之制,《祭法》则记载了在周代,周王、诸侯、大夫依次拥有级别不同的社(见第一章第二节)的制度。汉代袭用了此制。汉初即有社祠,而后随着国家的太社和诸侯的国社的建立,恢复了从王、诸侯到郡国乡里依次有社的古制(见上一章第一节)。王莽时按他自己对经学的理解又里了官社和官稷(见上一章第八节),社、稷又进一步分开。东汉继承新莽之制。东汉建立地祇祀后土,并未忘记立太社。东汉建武二年:

“立太社稷于洛阳,在宗庙之右,方坛,无屋,有墙门而已。二月八月及腊,一岁三祠,使有司祠。……”①

从“立太社稷”看,东汉继承了新莽将社、稷分开之制。“在宗庙之右”是按《周礼·春官·小宗伯》“右社稷,左宗庙”的原则。刘昭注引马融《周礼注》曰:“社稷在右,宗庙在左。或曰:王者五社,太社在中门之外,惟松,东社八里,惟柏;西社九里,惟栗,南社七里,惟梓;北社六里,惟槐”,这是汉代人根据五行方位和河图数的关系增加的内容。东汉社“无屋,有墙门而已”为根据《礼记·郊特牲》“天子大社必受霜露风雨以达天地之气”,《白虎通》:“《春秋》文意,天子社广五丈,诸侯半之。其色,东方青,南方赤,西方白,北方黑,上冒以黄土”,封诸侯时即以所封之方的土赋予诸侯。刘昭注引蔡邕《独断》描述汉代分封诸侯时要在太社举行授土仪式:“天子太社,封诸侯者取其土,苞以白茅授之,以立社其国,故谓之授茅土”,直至清代社稷坛仍为五色土组成(清代社稷坛在今北京中山公园之内,为五色土),可见此制影响的深远。

东汉的社跟西汉一样分公社和私社,从中央到州县的社性质属于公社,有象征政权和需要时进行祭祀双重意义。太社统领地方社祠:“郡国置社稷、太守、令、长者祠,牲用羊豕。唯州所治有社无稷,以其使官。”光武帝建武元年八月,祭社稷。汉代民间的社则更多保有了社会职能,跟国家祀典的社神不同②。

① 《后汉书·祭祀志》。

② 宁可:《汉代的社》,《文史》第9辑。

社神和地神在汉代分开，是不同于周制的一大特点。因为汉代阴阳五行说的盛行需要使后土成为跟天相对的神，与此同时，继承自先秦的社神又保留下来。东汉人已经明白国家祀典中的地祇不是周代的社神，应劭《风俗通义》卷八《祀典》社神："谨按《春秋左氏传》曰：'共工有子勾龙，佐颛顼，能平九土，为后土，故封为上公，祀以为社'，非地祇。"地祇是为了和南郊天神相对应而产生的。

3. 东汉的"六宗"

东汉的"六宗"，起初沿袭西汉平帝元始年间的内容。《后汉书·光武帝纪》李贤注引《续汉志》："平帝元始中，谓六宗为《易》卦六子之气，水、火、雷、风、山、泽也。光武中兴，遵而不改。至安帝即位，初改六宗为天地四方之宗，祠于洛阳之北，戌亥之地。"安帝元初六年"以尚书欧阳家说，谓六宗者，在天地四方之中，为上下四方之宗。以元始中故事，谓六宗《易》六子之气日、月、雷公、风伯、山、泽者为非是"，并于此年三月更立六宗，"祀于洛阳西北戌亥之地，礼比太社也。"元初六年这次立六宗，是因为恢复了大小夏侯《尚书》的说法。《后汉书·祭祀上》刘昭注引《李氏家书》追述了东汉六宗之祀确立的过程，司空李郃（《方术列传》有李郃传）参加南郊祭祀，当时不见六宗祠，上奏：

> "案《尚书》肆类于上帝，禋于六宗。六宗者，上不及天，下不及地，傍不及四方，在六合之中，助阴阳，化成万物，汉初甘泉、汾阴天地亦禋宗，孝成之时，匡衡奏立南北郊祀，复祠六宗，及王莽谓六宗，《易》六子也。建武都雒阳，制祀不道祭六宗，由时废不血食，今宜复旧制度。"

此事下公卿议。五官将行弘等三十一人认为可祭，大鸿胪庞雄等二十四人议认为不必祭。安帝从李郃议，由是遂祭六宗。

《后汉书·祭祀志》刘昭注归纳了汉晋经师对六宗的不同解释：

伏生、马融曰："万物非天不覆，非地不载，非春不生，非夏不长，非秋不收，非冬不藏，禋于六宗，此之谓也。"

欧阳和伯、夏侯建曰："六宗上不谓天，下不谓地，傍不谓四方，在六者之间，助阴阳变化者也。"

孔安国："宗，尊也。所尊祭其祀者有六：埋少牢于太昭，祭时也；相近于坎坛，祭寒暑也；王宫，祭日也；夜明，祭月也；幽禜，祭星也；雩禜，祭水旱也。禋于六宗，此之谓也。”此为根据《礼记·祭法》所作的解释。

刘歆：水、火、风、雷、山、泽。

贾逵：日宗、月宗、星宗、岱宗、海宗、河宗。

郑玄：星、辰、司中、司命、风伯、雨师。

以上是汉晋诸位经学家对“六宗”作的解释。“六宗”出自《尚书·尧典》，《尚书》经过春秋时期的孔子的编订，但因春秋时期《尚书》编定时即着眼于保存历史和上古文化，未及在这些细节方面作详细训诂，到汉代，汉初《尚书》初出于山岩屋壁，在较淳的同时也严重地抱残守缺，所以汉儒对“六宗”到底是什么众说纷纭，出现了以上诸家解释。其实《尚书·尧典》之“六宗”的含义，应指上下四方比较合适(见第一章第二节)，到东汉，“六宗”到底指什么其实已经不那么重要了，关键是国家祭礼终于按照经书的记载来重新设置了，《尚书》中说的“六宗”登入了庙堂受祀，这说明王朝祭礼每一处都是按经书记载布置的，这才是“六宗”关键的地方。

东汉祭六宗用燔柴法，火大燃，而后有司宣告完成。

以上是东汉的国家祀典，它们之中有尊卑贵贱之分。天神至尊，以下是五帝，再往下是五星、二十八宿、北斗、山川等众神。神灵众多，均在这个系统中有自己的位置。此外，和周代祀典一样，东汉祀典中也有五祀神，《白虎通卷二·五祀》：“五祀者，何谓也？谓门、户、井、灶、中霤也。所以祭何？人之所处出入，所饮食，故为神而祭之。”《礼记·祭法》曾经提到周代国家祀典中有五祀神。五祀神中的灶神还存在于民间。应劭《风俗通义·祀典》描述东汉民间存在灶神：“《明堂月令》孟冬之月，其祀灶也。……《汉记》南阳阴子方积恩好施，喜祀灶，腊日晨炊而灶神见，再拜受神，时有黄羊，因以祀之。其孙识，执金吾，封原鹿侯，兴卫尉，鲖阳侯。家凡二侯，牧守数十。其后子孙常以腊日祀灶以黄羊。”灶神之祀是上古就有的，除了《祭法》提到的五祀中有灶神外，《庄子·达生》还提到状如美女的灶神(见第二章)，则民间祭祀灶神经过演变加工，到东汉仍然不绝。

由以上考察可以看出，东汉祀典已整齐化，并且神灵众多，有上千位。但并非任何民间的祷祠都是被许可的，相反，东汉王朝祭礼的成熟的重要标志之一便是反对随心所欲的偶像崇拜，“淫祀”被统治者严厉禁止。《后汉书·皇后纪》记永初三年秋,邓太后身体不舒服,左右惶恐,皆祷请祝辞,愿以自己替代。太后听说了大怒,只允许庶下谢过祈福,不许妄生不祥之言。她还“常以鬼神难征,淫祀无福,乃诏有司罢诸祠官不合礼典者”,又这些都反映了统治者对不在祀典的偶像崇拜的反对。

此外值得注意的是,因为早期道教在东汉时期产生,而早期道教服务于社会大众的精神需要,因此早期道教的神灵系统中蕴涵的思辨已超过了国家祀典的神灵所蕴涵的,就神灵体系蕴涵的哲学内涵而言,王朝祭礼的已开始逊于早期道教的,这一点将在本章第五节详细考察。

(二)东汉郊天礼的仪式

上文考察了东汉的郊坛形制和国家祀典的具体内容,这里我们就考察以下东汉郊天礼的具体仪式。

东汉郊天在正月上丁。郊天的程序和仪式,所载文献有以下几条:

《后汉书·礼仪志》:

“正月,天郊,夕牲。昼漏未尽十八刻初纳,夜漏未尽八刻初纳,进熟献,太祝送,旋,皆就燎位,宰祝举火燔柴,火然,天子再拜,有司告事毕也。”

该条刘昭注:

“……又郊仪,先郊日未晡五刻夕牲,公卿京尹众官悉令坛东就位,太祝吏牵牲入,到榜,廪牺令跪曰:‘请省牲。’举手曰:‘充。’太史令牵牲就庖,豆酌毛血,其一奠天神坐前,其一奠太祖坐前。……”

又《后汉书·祭祀志》:

“凡乐奏青阳、朱明、西昊、玄冥,及云翘、育命之舞。中营四门,门用席十八枚,外营四门,门用席三十六枚,凡用席二百一十六枚。皆莞簟,率一席三神,日月北斗无陛郭醊。既送神,燎俎实于坛南巳地。”

联系上面几条资料,加上我们对经书中记载的宗周郊礼的了解,即可复原出东汉郊天礼的程序,东汉郊天礼大致有以下几步:

1. 斋戒。郊天之前天子要进行斋戒,按《后汉书·礼仪》,天地之祀斋戒七日,斋戒期间不得见血污之事,即要保持绝对的清净。

2. 夕牲。即检查牺牲。时间在郊礼的头一天早饭前五刻,太祝属吏牵着准备好的牺牲(即上文考察祀典时提及的犊或牛)到位,廪牺令请太祝视察,太祝说:"牺牲很肥壮",这是"夕牲"。

3. 荐血腥。夕牲之后,太史令牵着用做牺牲的牛到庖厨,用"豆"(一种高圈足、形似大酒杯的容器)盛了牺牲的血,一个豆献在天神座前,另一个放置在太祖座前,此为按照《书·召诰》"牛二,帝牛一,稷牛一"之故事。

4. 用乐舞降神。所用乐舞为《青阳》、《朱明》、《西昊》、《玄冥》。这四首乐均见西汉李延年作的《郊祀歌十九章》,是跟四季相对应的乐舞。降神还要用席子,中营四门每门用席十八枚,外营四门每门用席三十六枚,每席供三神,共用莞、簟(草或竹制)席二百一十六枚,此为按照《礼记·郊特牲》"大路越席"说。

5. 送神,燔柴。所燔是俎豆中的献祭之物。

6. 天子再拜,最终结束。

以上是东汉郊天礼的程序,它是按照经书记载的周代郊天礼制定的,但程序跟《礼记·郊特牲》孔颖达疏记载的宗周郊天礼程序比起来简单得多,清人秦蕙田《五礼通考》卷首记载宗周郊礼程序依次是:燔柴——作乐降神——迎尸——迎牲杀牲——盥(即"祼")——荐玉币——荐豆边——荐血腥——七献——送尸——撤——告事毕。东汉郊天礼没有"尸"(代表天的人,一般为宗室幼子),也没有盥(先秦文献多写作"祼"),所荐者只有血腥没有豆笾和玉币,更重要的是,东汉郊天礼没有宗周郊天礼的核心——七献,即由天子到宗伯到诸侯到群臣轮番向尸献酒(见第一章第四节),这是因为在经学由发蒙到昌明的过程中,经学中保存的周代郊天礼的具体程序跟真实存在过的周代郊天礼比毕竟有所缺失,因此东汉王朝只取郊天古礼的大概形式。

东汉的郊天礼,性质为程式化的仪式,而不是宗教礼仪。其中最典型的表现是:在郊天礼诸环节中,燔柴放在了最后,而渊源于宗教祷祠的上古郊天礼则是将燔柴放在进献牺牲之前,因为燔柴的目的是以烟气通达上天以降神,周代郊天礼仍然保持了这一显示出郊天礼来源于宗教祷祠的程序,但到东汉,因经师们的理解并不尽符合宗周旧典的真正情况,燔柴程序被放在了荐血腥后面,更加远离了宗教的性质。因为在按神的启迪进行的真正宗教祷祠中,每一程序都是按神降临的先后进行的,绝不可能出现祷祠程序错乱的现象。因此中国古代王朝祭礼发展到东汉,在借鉴上古宗教的膜拜仪式的同时扬弃了它的性质,虽然有席子、乐舞等物化礼乐的使用,但东汉郊天的实践仍是程式化的礼典。

以上是天地郊坛的形制和祭祀法。郊天是天子至高无上的象征,整个东汉或天子亲行,或派有司代行。值得注意的是东汉末年黄巾起义后,东汉统治名存实亡,名义上还是最高统治者的汉献帝还举行郊天礼证明自己的权威。《后汉书·献帝纪》记建安元年正月癸酉,郊祀上帝于安邑,大赦天下,改元建安;七月丁丑,车驾至洛阳郊祀上帝,大赦天下。建安八年冬十月,“公卿初迎冬于北郊,总章(乐官名)始复备八佾舞”,刘昭注“斯礼久废,故曰初”。用郊天来证明自己的君位,可以想见实际权力丧失到何种地步。

以上是东汉的郊天礼。下文考察东汉王朝祭礼的另一核心——祭祖礼。

二、祭祖礼

东汉祭祖礼可以分为两大类,一类是继承秦、西汉而来的园寝之祭和上陵,一类是模仿周代有过的、有牌位的宗庙祭祀。这两类祭祖礼的渊源和内容不同,前者具有鲜明的秦汉时代特点,其中的“上计”更是实际的处理政务内容,有牌位的宗庙祭祀则继承自三代,更多体现了尊君严上的伦理教化意义。以下试分别考述。

(一) 园寝、上陵、饮酎

1. 园寝和上陵

园寝是秦时所始,西汉继承了此制。西汉元帝时韦玄成等曾对园寝的设置作过较大规模的改革(见上一章第五节),东汉建立后承西汉之制,继续保留了园寝。《后汉书·祭祀志》记载了东汉时期诸帝园寝的供奉制度:

> “建武以来,关西诸陵,以转久远,但四时特牲祠。帝每幸长安,谒诸陵,乃太牢祠。自雒阳诸陵至灵帝,皆以晦、望、二十四气、伏腊及四时祠庙,日上饭,太官送用物,园令食监典省,其亲陵所,宫人随鼓漏理被枕,具盥水,陈严具。”

这段记载反映出东汉统治者对待西汉诸帝园寝和本朝先帝的园寝,所用祭祀是不同的。东汉建都洛阳,而西汉诸帝的陵寝远在关西,时日久远,仅四时用特牲祠，但东汉皇帝巡守至长安时都要拜谒西汉诸帝的陵寝，此时用太牢祠。《后汉书》记载东汉帝王到长安拜谒高庙“有事十一陵”①共九次，这九次是：光武帝建武六年夏四月丙子、建武十年秋八月己亥、建武十八年春二月甲寅、建武二十二年春闰月丙戌；章帝建初七年冬十月癸丑、和帝永元三年十一月癸卯、安帝延光三年冬十月闰月乙未、顺帝永和二年十一月丁未、桓帝延熹二年冬十一月庚子。这些是东汉帝王巡行到长安时顺便进行的；至于东汉建都洛阳后的诸帝（一直到灵帝）陵寝，则由有司在每月晦、望、二十四节气、伏、腊及四时奉祠。这种按时上供之制在西汉韦玄成清整庙、园寝之前即有，当时每处园寝每年要上食二十五次，这二十五次据《汉书·韦玄成传》如淳注为“月祭朔望，加腊月二十五”（见上一章第五节），东汉的上供跟西汉比增加了二十四节气时上供。每到上供的日子由太官上饭，送用物，宫人在清早鼓响漏作之际就整理被枕寝具，准备好盥洗水和用具，仿佛先帝还在一般，这是有司届时行事之制。

东汉帝王带领百官亲自到陵寝拜谒，这是上陵。上陵之仪是汉明帝定的。《后汉书·礼仪志》记载东汉上陵之仪：

“东都之仪，百官、四姓亲家妇女、公主、诸王大夫、外国朝者、侍子、郡国计吏会陵，昼漏上水，大鸿胪设九宾，随立寝殿前，钟鸣，谒者治礼，引客群臣就位，如仪。乘舆自东厢下，太常导出，西向拜，止，旋，升阶阼，拜神坐，退坐东厢，西向，侍中、尚书、陛者皆神坐后，公卿群臣谒神坐，太官上食，太常奏乐食举、《文始》《五行》之舞，礼乐阕，君臣受赐，食毕，郡国上计吏以次前当神轩，占其郡国谷价，民所疾苦，欲神知其动静。孝子事亲尽礼敬爱之心夜，周遍如礼。最后亲陵，遣计吏，赐之带佩，八月饮酎，上陵礼亦如之。”

关于参加的人员，刘昭注引蔡邕《独断》曰“凡与先后有瓜葛者”，王先谦《集解》认为刘昭注有脱误，因为《独断》卷下原文为：“天子以正月五日毕供后，上原陵，以次周遍。公卿百官皆从。四姓小侯、诸侯家妇，凡与先帝先后有瓜葛者，及诸侯王大夫、郡国计吏、匈奴朝者、西国侍子皆会”，因此，“与先后有瓜葛者”应为

①　这十一陵据《后汉书·光武帝纪》章怀注为西汉高祖长陵、惠帝安陵、文帝霸陵、景帝阳陵、武帝茂陵、昭帝平陵、宣帝杜陵、元帝渭陵、成帝延陵、哀帝义陵、平帝康陵。

“与先帝先后有瓜葛者”,此为参加上陵者的范围。上陵的具体程序可分为以下环节:

1.集合并就位。参加的百官、四家外戚的妇女、公主、诸王大夫、外国朝见者、侍子、郡国计吏等在园寝集合,昼漏上水(汉代宫廷使用的漏壶分昼夜两个,昼漏于日出之际使用,因日出时间冬、夏不同,昼漏、夜漏互相替代的时间也不同。昼漏上水即昼漏添上水后,具体见《后汉书·律历志》),大鸿胪设九宾之礼,九宾为先秦就有的礼仪,战国、秦承之(见第二章第四节秦朝仪部分),西汉承秦,亦有九宾之礼。《汉书·叔孙通传》颜师古注引韦昭曰:“九宾则周礼九仪也。谓公、侯、伯、子、男、孤、卿、大夫、士也”,《汉书·百官公卿表》:应劭曰:“郊庙行礼赞九宾,鸿声胪传之也”,即由大鸿胪派九宾大声胪传于内。东汉的九宾即沿袭西汉而来,谓王、侯、公、卿、二千石、六百石、下及郎吏、匈奴侍子,凡九等。

而后大家由谒者引导就位。

2.拜谒。首先是皇帝拜谒。皇帝在太常引导下从东厢出来,朝西而拜,而后停步转身,上台阶拜神座,再退回东厢坐下,面朝西。侍中、尚书等执事者均站在神座之后。皇帝拜谒之后公卿群臣拜谒神座。

3.上食、奏乐舞。皇帝公卿拜谒完毕之后,由太官上食,帝王公卿享用。享用时太常要奏食举乐(食举乐为帝王进食时所奏之乐,见本章第一节),并奏《文始》、《五行》之舞(《文始》、《五行》为承自西汉的宗庙乐舞,《文始》舞据说是舜的《招》舞,高祖六年更名《文始》,《五行》舞也是原来的周舞,秦始皇二十六年更名曰《五行》,见上一章第七节)。

4.上计。上计即由地方行政长官定期向上级呈献编好的上计文书,报告地方治理状况。在两汉,县令长于年终将该县户口、垦田、钱谷、刑狱状况等,编制为计簿(亦名“集簿”),呈送郡国,郡国守相再根据属县的计簿编制郡的计簿,上报朝廷,朝廷据此评定地方行政长官的政绩,上计制度多有学者进行研究,近年出土的尹湾汉墓木牍《集簿》更是让我们目睹汉代供上计用的真实资料,高恒先生《汉代上计制度论考——兼评尹湾汉墓木牍〈集簿〉》从尹湾汉墓木椟《集簿》资料出发,对汉代上计制度作了详细的考证①,可以参看。在东汉上陵中,上计是所有程序中最重要的环节。《后汉书・礼仪志》刘昭注引谢承书云建宁五年正月,灵帝车驾上光武帝的原陵,蔡邕当时是司徒掾,到了原陵后感慨地对同行者说:"我听说古代不作陵墓祭祀,现在朝廷举行上陵这仪式,开始我还觉得可以省略,现在亲眼目睹,体察上陵礼的本意,才知道当初孝明皇帝的至孝恻隐之心,这个礼不可以省略。"同行的人说:

"昔京师在长安时,其礼不可尽得闻也。光武即世,始葬于此。明帝嗣位踰年,群臣朝正,感先帝不复闻见此礼,乃帅公卿百寮就园陵而创焉。尚书阶西陛为神坐,天子事亡如事存之意。苟先帝有瓜葛之属,男女毕会,王侯大夫、郡国计吏,各向神坐而言,庶几先帝神魂闻之,今者日月久远,后生非时,人但见其礼,不知其哀,以明帝圣孝之心,亲服三年,久在园陵,初兴此仪,仰察几筵,下顾群臣,悲切之心,必不可堪。"②

这段话具体描述了东汉上陵礼仪的情况。蔡邕听了对太傅胡广说:"国家礼有烦而不可省者,不知先帝用心周密之至于此也。"此段说明西汉时就有上陵之礼,只是具体仪式东汉人已经不知晓。光武帝去世后葬在原陵,明帝便创立了东汉的上陵之礼,就神座拜谒上计。其实在先帝神座前上计,并非东汉明帝的发明,西汉时武帝于天汉三年和太始四年两次到汶上明堂,均受计(见上一章第三节),据班固《东都赋》云:"春王三朝,会同汉京。是日也,天子受四海之图籍",这个"受四海之图籍"即受计。上计时郡国上计吏当着先帝的神座汇报郡国户口谷价等情况,取真实诚恳之意,因此蔡邕才感慨明帝创立此制的用心良苦。

东汉上陵的时间是正月,"五供"(南郊、北郊、明堂、高庙、世祖庙上供)之后。因此上计吏均得从上一年岁末就启程,正月赶到京师③。蔡邕参加的此次上陵也在正月,《后汉书・礼仪志》王先谦《集解》引惠栋考证此次上计不在建宁五年正月,而在熹平元年正月。

上计完毕后上计吏被赐予带佩,这样整个上陵礼就结束了。

---

① 《东南文化》1999年第1期。

② 《后汉书・礼仪志》刘昭注。

③ 高恒:《汉代上计制度论考——兼评尹湾汉墓木牍〈集簿〉》,《东南文化》1999年第1期。

饮酎

除了上陵之礼外,东汉祭祖礼中又有饮酎之礼。饮酎可追溯到先秦。酎据《广韵》为连酿三次的醇酒,《左传》襄公二十二年郑国的公孙侨对晋致辞时提到“尝酎”,杨伯峻注:“此云尝酎,尝亦祭名,在夏正七月(即烝尝之尝,见本书第一章第四节)……,尝酎,盖尝祭亦酎也”,这个酎为举行尝礼时顺便向祖先进献醇酒之意思,并非专门进行献酎。先秦典籍未提到专门的饮酎之礼,较晚的《礼记·月令》提到饮酎,在孟夏之月,“是月也,天子饮酎,用礼乐”,郑玄注:“酎之言醇也,谓重酿之酒也。春酒至此始成,与群臣以礼乐饮之,于朝正尊卑也”,并云孟冬之月的大饮蒸跟此处饮酎是互文,郑玄这样理解,是因为汉代经师认为自周代起祠、礿、尝、烝等宗庙四时祭就已规范化,其实《月令》记载的祭祖礼大部分是战国时人们对周代情况的追忆,而战国时期的祭祖礼跟宗周比本来就有相当变化(见第一章第四节),单独的饮酎之礼西周、春秋是没有的,《左传》仅襄公二十二年一处提到尝酎,也是作为“尝”的附属提到的,战国时期,人们一方面对烝、尝等宗庙时祭的追忆按春夏秋冬四时规范化,饮酎有可能正是在这一时期脱离烝尝,成为单独的仪式,这从下文汉代饮酎的仪式可以看出。

西汉的饮酎意义相当于诸侯助祭,西汉列侯每逢饮酎之际要进贡酎金,《史记·平准书》裴骃《集解》引如淳曰:“《汉仪注》王子为侯,侯岁以户口酎黄金于汉庙,皇帝临受献金以助祭,大祀日饮酎,饮酎受金,金少不如斤两,色恶,王削县,侯免国。”汉武帝就曾以酎金成色不好为由削去列侯一百多人的爵位。西汉有《酎金律》规定进贡酎金成色之法,《后汉书·礼仪志》刘昭注引丁孚《汉仪》:

> “酎金律,文帝所加,以正月旦作酒,八月成名,酎酒因合诸侯助祭贡金。汉律《金布令》曰:‘皇帝斋宿,亲帅群臣,承祀宗庙,群臣宜分奉请,诸侯、列侯各以民口数率千口奉金四两奇,不满千口至五百口,亦四两,皆会酎。少府受。又大鸿胪食邑九真、交趾、日南者,用犀角长九寸以上,若玳瑁甲一,郁林用象牙长三尺以上,若翡翠各二十,准以当金。’”

根据上文记载,汉代《酎金律》为文帝时所加,属《金布令》。(张家山汉简《二年律令》有《金布律》,但因时代在文帝之前,故无《酎金律》内容)。汉《金布令》规定的酎金主要用黄金,但边远的九真、交趾、日南等郡是大鸿胪的食邑,这些地方可以用犀角、象牙、翡翠等稀有物品充当酎金。东汉饮酎即承自西汉而来，据《后汉书》帝纪，章帝建初七年秋八月饮酎高庙，禘祭光武帝和明帝，这是将饮酎跟“禘”一起进行（“禘”见下文）。《汉官旧仪补遗》记载东汉饮酎程序：

“皇帝惟八月酎，车驾夕牲，牛以绛衣之。皇帝暮视牲，以鑑燧取水于月，以火燧取火于日，为明水火。左袒，以水沃牛右肩，手执鸾刀，以切牛尾荐之，而即更衣巾，待牛熟，乃祀之。”

此处饮酎在八月。从饮酎礼的程序由夕牲——取明水火——割牲而荐组成看，它是从周代的烝尝等宗庙时祭中分流出来的礼仪。《礼记·祭统》记载的周代诸侯国君的宗庙时祭程序中，主要环节是斋戒、夕牲（检查牺牲）和国君手执鸾刀亲袒割牲，此处饮酎大略相同，只是以鉴取水、以燧取火是周代所无，它是汉代才有的。汉代人认为以鉴燧取水于月，所得为纯阴之水；以火燧取火于日，所得为纯阳之火。因此，饮酎礼可能是战国时期从宗庙时祭中分出来的，到汉代又加上了以鉴取水、以燧取火的环节，即成汉的饮酎礼。

（二）宗庙祭祖

宗庙祭祖即在宗庙中摆放牌位的祭祖方式，它跟园寝因陵寝而设享殿不同。最大的不同在于园寝为一帝一园，园寝祭祀体现不出诸帝之间的传承关系和整个宗族的宗法关系。宗庙祭祖则不然，宗庙中牌位放置有昭穆之别，一望便知道宗族之宗子继承大宗的过程，它在周代即已达到空前的水平，周代成熟的宗庙祭祖礼就是建立在严格的庙制基础上的。汉代宗庙祭祖礼的完善，同样是在韦玄成改革庙制之后（见上一章第五节）。因此，考察东汉的宗庙祭祖，前提是首先弄清楚东汉的庙制。

1. 东汉庙制

在东汉建立庙制之前，已有西汉韦玄成清整庙制，制度粗定，东汉的庙制也已有学者作过探讨[①]，这里在此基础上再作些考察。

东汉庙制，光武帝时就已开始着手建立。《后汉书·光武帝纪》：“壬子，起高庙，建社稷于洛阳，立郊兆于城南，始正火德，色尚赤。”刘昭注：“《汉礼制度》曰：

---

① 郭善兵：《东汉皇帝宗庙礼制考论》，《华东师范大学学报》2004年第3期。

‘人君之居，前有朝，后有寝。终则制庙以象朝，后制寝以象寝。光武都洛阳，乃合高祖以下至平帝为一庙，藏十一帝主于其中。元帝次当第八，光武第九，故立元帝为祖庙，后遵而不改。’”

光武帝所立庙制，碰到最大的问题是作为大宗的西汉诸先帝和自己的直系先祖之间的关系如何处理，西汉宣帝入继大统时也曾碰到这个问题（见上一章第五节），光武帝获取天下，按礼制，他继承了大宗，应该奉西汉诸先帝为父、祖，而不应祭祀自己的直系先祖。当时光武帝的做法是二者并重，他首先立高庙。《后汉书·祭祀志》“光武帝建武二年正月，立高庙于雒阳（《汉旧仪》曰为孝武庙），四时祫祀”，并同时立庙祭祀西汉先帝和自己的祖先，《后汉书·光武帝纪志》：

“（建武）十九年春正月庚子，追尊孝宣皇帝曰中宗，始祠昭帝、元帝于大庙，成帝、哀帝、平帝于长安，春陵节侯以下四世于章陵。”

章怀注：“《汉官仪》曰：‘光武第虽十二，于父子之次，于成帝为兄弟，于哀帝为诸父，于平帝为祖父，皆不可为之后。上至元帝，于光武为父，故上继元帝而为九代。故《河图》云‘赤九会昌，谓光武也’，然则宣帝为（曾）祖，故追尊及祠之。”按照实际辈分，光武帝跟西汉成帝是兄弟，是哀帝的父辈，平帝的祖父辈，这样，四亲庙中最近只能下至跟光武帝同辈的成帝父亲元帝，因此，西汉的昭帝、元帝牌位在太庙，而成帝、哀帝、平帝因实享国祚，牌位则在长安，光武帝的直系祖先春陵节侯以下四世[①]则祀于章陵。

光武帝建武三年正月在洛阳立亲庙，祭祀父亲南顿君以上至春陵节侯。但将自己直系先祖作为亲庙的做法不合乎礼制，受到臣下异议。建武十九年海内平定，五官中郎将张纯与太仆朱浮奏议认为应该罢除光武帝立的直系先祖四亲庙，《后汉书·张纯传》记建武十九年张纯与太仆朱浮共上奏：

“陛下兴于匹庶，荡涤天下，诛鉏暴乱，兴继祖宗，……而名为先帝，恭承祭祀者也。元帝以来，宗庙奉祠高皇帝为受命祖，孝文皇帝为太宗，孝武皇帝为世宗，皆如旧制。又立亲庙四世，推南顿君以上尽于春陵节侯。礼，为

---

① 光武帝为春陵节侯刘买的玄孙，因此亲庙四为包括春陵节侯刘买的四庙（春陵节侯刘买、郁林太守刘外，钜鹿都尉刘回，南顿令刘钦）。

人后者则为之子，既事大宗，则降其私亲。今禘祫高庙，陈序昭穆，而舂陵四世，君臣并列，以尊厕卑，不合礼意。……臣愚以宜除今亲庙，以则二帝旧典，愿下有司博采其议。”

章怀注“大宗”为元帝。谶纬言光武为高祖九世孙，而元帝为高祖八世孙，则光武帝继承的是元帝，不应上继自己的父亲南顿君。大司徒戴涉、大司空窦融则取了一种折衷，认为宜以宣、元、成、哀、平五帝四世取代光武帝立的四亲庙，尊宣、元帝为祖、父，皇帝亲自祭祀，成帝以下令有司行事，另外为南顿君立皇考庙，祭祀上至舂陵节侯的四代先祖①。光武帝听从了这个意见，下诏书说：

“以宗庙处所未定，且祫祭高庙。其成、哀、平且祠祭长安故高庙。其南阳舂陵岁时各且因故园庙祭祀。园庙去太守治所远者，在所令长行太守事侍奉祠。惟孝宣帝有功德，其上尊号曰中宗。”②

这里的三个“且”应是暂且之意。这样即认了西汉先帝为自己的先祖，又保存了自己的父祖之庙，即用大合祭“祫”笼统地概括对所有先祖的祭祀，反正自己是西汉宗室，用祫祭在祭祀了西汉先帝们的同时也祭祀了自己的父祖，于是在洛阳立的高庙四时加祭宣帝和元帝，这样，高祖、武帝、宣帝、元帝凡五帝。成、哀、平三帝王因为不在“赤刘之九”(即高祖至光武共九世)的序列内，四时受祭于长安的高庙。

光武帝所立西汉四亲庙，晋司马彪《续汉志》和范晔《后汉书》记载有出入，《续汉志》记为平帝、哀帝、成帝、元帝，《后汉书》为宣帝、元帝、成帝、哀帝、平帝，王先谦《集解》认为《续汉志》记载有误，郭善兵先生考证认为司马彪《续汉志》的记载是正确的，因为虽然哀、平为兄弟同世，但从晋代立庙看，兄弟也可算异世，因此，哀、平虽为兄弟，但可算异世③。按，这里牵涉到的问题是文献中“世”字的含义。文献记载所云的“世”即不同帝王在位形成的时间段，如商代因宗法制度未完全确立，文献提到商代时所称的“世”是一帝在位的阶段，如《史记·殷本纪》云商代二十九世，他们中有的是父子异辈，有的是兄弟同辈，这是文献中“世”字

① 见《后汉书·张纯传》

② 《后汉书·祭祀志》

③ 郭善兵：《东汉皇帝宗庙礼制考论》，《华东师范大学学报》2004年第3期。

较早的含义。但周代宗法制度确立后,“世”的含义有所变化,它逐渐指祖、父、子这样的不同辈分,因为宗法制度构想的是理想状况下的大宗传递和五服确认原则,因此在宗法制度的理想状况下,入庙的“世”只能是父子异辈,而不可能是兄弟同辈。这个“世”的概念是文献记载庙制的“世”时应有的概念,它跟前者(不同帝王在位形成的时间段)含义不同。不过“世”字在一般情况下仍指父子相替,如“赤刘之九”是说汉高祖传九世到光武帝,谶纬在推算世系时经常这样使用“世”字[①],晋代庙制中,兄弟同辈被算作不同的“世”,是因为晋代儒学偏枯,水平不高。后来东晋太常贺循提出异议,这一现象才得到纠正。因此,根据晋代兄弟同辈被算作不同的“世”来反推东汉光武帝所立西汉亲庙四为元帝、成帝、哀帝、平帝(哀帝、平帝为兄弟),证据并不充分。笔者认为光武帝所立的西汉亲庙四,还是宣、元、成、哀、平,王先谦的说法是正确的。

光武帝去世后,明帝因光武帝有拨乱中兴的功绩,为之起世祖庙。但明帝的所作所为影响了后来东汉庙制的继续完整——《后汉书·祭祀志》记载自明帝开始临终立遗诏,不为自己立寝庙,把牌位藏在光武帝“更衣”中,章帝、和帝沿袭了这一做法,以后东汉诸帝都不敢违背,牌位都是藏在光武帝庙中,这样东汉诸帝多无单独的庙供牌位。其中,殇帝、冲帝质帝皆年幼驾崩,牌位都未列于庙;这不同于礼书所记载的周代天子七庙制度。欲续写《汉书》的蔡邕在《郊祀意》[②]:“孝明立世祖庙,以明再受命,祖有功之义。后嗣尊俭,不复改立,皆藏主其中。圣明所制,一王之法也。自执事之吏下至学士,莫能知其所以两庙之意。”无论如何“尚俭”,这仍然是东汉庙制尚不够完善的表现。

东汉庙制亦有昭穆次序。《后汉书·周举传》记载梁太后临朝,下诏认为殇帝以年幼崩,在宗庙中的次序应在顺帝之下,太常马访同意这个建议,但谏议大

---

① 《古微书》卷四《尚书中候》:“契后十三世生主癸,主癸之妃曰扶都,见白气贯月,意感以乙日生汤,号天乙”;《尚书运期授》:“白帝之治,六十四世,其亡也,亡矢参射(按,此处可能文有错漏)”;《春秋感精符》:“苍帝之始二十八世,灭苍者翼也。灭翼者斗,灭斗者参,灭参者虚,灭虚者房”,这些“世”的含义跟“代”相同。《春秋演孔图》:“孔子按箓书含观五常英人,知姬昌为苍帝精”,孙瑴按:“王勃作《大唐千岁历》……,以土亡者五十代而一千年,金王者四十九代而九百年,水王者二十代而六百年,木王者三十代而八百年,火王者二十代而七百年,此天地之长期,符历之大数也。”

② 《全后汉文》卷七十。

夫吕勃认为应按昭穆之序，先殇帝，后顺帝。此时下公卿议。周举说：

"《春秋》鲁闵公无子，庶兄僖公代立，其子文公遂跻僖于闵之上。孔子讥之，书曰：'有事于太庙，跻僖公。'传曰：'逆祀也。'及定公正其序，经曰：'从祀先公'，为万世法也。今殇帝在先，于秩为父，顺帝在后，于亲为子，先后之义不可改，昭穆之序不可乱。吕勃议是也。"

此引了《春秋》及《左传》文公二年鲁国逆祀之事说明不可乱了昭穆，后来梁太后下诏从之。

东汉帝王牌位藏于光武帝庙，积累多了也没有实行亲尽迭毁制度。《后汉书·祭祀志》说"积多无别"，这是东汉宗庙祭祖还不够规范的表现。

在先后配食方面，东汉对西汉制度亦作了改动。《光武帝纪》中元元年冬十月甲申"使司空告祠高庙曰：'高皇帝与群臣约，非刘氏不王。吕太后贼害三赵，专王刘氏，……吕太后不宜配食高庙，同祧至尊。薄太后母德慈仁，孝文皇帝贤明临国，子孙赖福，延祚至今。其上薄太后尊号曰高皇后，配食地祇。迁吕太后庙主于园，四时上祭"，这样，吕后因乱政，终于被认为不宜配食。

2. 合祭和时享

东汉的祭祖跟周代一样，也可分为合祭和时祭。不过东汉合祭并不完备，它并不同于经书所说的祫禘之制。《后汉书·张纯传》载建武二十六年光武帝感叹："禘祫之礼，不行已久矣。"于是张纯上奏：

"礼，三年一祫，五年一禘。《春秋传》(按，此处指公羊传)曰：'大祫者何？合祭也。'毁庙及未毁庙之主皆登，合食于太祖，五年而再殷。汉旧制三年一祫，毁庙主合食高庙，存庙主未尝合祭。元始五年，诸王公列侯庙会，始为禘祭。又前十八年亲幸长安，亦行此礼。礼说三年一闰，天气小备；五年再闰，天气大备。故三年一祫，五年一禘。禘之为言谛，谛定昭穆尊卑之义也。禘祭以夏四月，夏者阳气在上，阴气在下，故正尊卑之义也。祫祭以冬十月，冬者五谷成熟，物备礼成，故合聚饮食也。斯典之废，于兹八年，谓可如礼施行，以时定议。"①

① 《后汉书·张纯传》。

张纯是当时大儒,他对祫禘的认识可以反映时人的通识。周代祫、禘原先都是动词,最初指合祭祖先时寓意的不同层面,指大合祭的行为为祫,指合祭时审谛昭穆为禘,亦以禘兼指合祭本身(见第一章)。汉儒已经不清楚这些差别,祫禘是两种不同的合祭还是一祭祀二名,从西汉开始就争论不休。张纯的上奏肯定了祫、禘是不同的合祭,他跟韦玄成一样认为应一禘一祫,并将其分别安排在夏四月和冬十月。

光武帝听从了张纯的建议,每逢三年冬、五年夏该行祫禘的时刻,就把所有毁庙的牌位都拿出来祭祀,叫"殷"。殷祭时所有牌位按昭穆排列。《后汉书·祭祀上》所记的张纯上光武帝奏有"父为昭,南乡,子为穆,北乡。父子不并坐,而孙从王父",刘昭注引《决疑要注》:"凡昭穆,父南面,故曰昭。昭,明也。子北面,故曰穆,穆,顺也。始祖特于北,其后以次夹始祖而南,昭在西,穆在东,相对。"殷祭时太祖东面,惠、文、武、元为昭,景、宣为穆。惠、景、昭三帝非殷祭时不祭。明帝尊光武帝为世祖。以元帝于光武为穆,故虽非宗,但不毁庙,后遂为常。

东汉祫祭在冬十月,因此又称烝(蒸)祭。《后汉书·明帝纪》:"(永平三年)冬十月,蒸祭光武庙,初奏文史、五行、武德之舞。"又"元和二年九月丙申,征济南王康、中山王焉会烝祭"。烝祭在周代是对祖先冬日的宗庙时祭,跟合祭的祫禘不同,此处用烝指代冬祫之名。东汉祫祭之前首先要进行五日斋戒,《后汉书·祭祀》"凡斋,天地七日,宗庙、山川五日,小祠三日"。《汉官旧仪补遗》[①]记载了东汉祫祭的具体过程:

> "宗庙三年大祫祭于高庙,诸庙神皆合食,设左右座。高祖南面,幄绣帐,望堂上西北隅。帐中座长一丈,广六尺,绣茵厚一尺,著之以絮四百斤。曲几,黄金釦器。高后右座,亦幄帐,却六寸。白银釦器。每牢中分之,左辨(半)上帝,右辨(半)上后。俎馀委肉积于前数千斤,名曰帷(孙星衍校作"堆",当是)俎。子为昭,孙为穆。昭西面,曲屏风,穆东面,皆曲几,如高祖。馔陈其右,各配其左,坐如祖妣之法。太常导皇帝入北门。群臣陪者,皆举

① 见《汉官六种》。

手班辟抑首伏。大鸿胪、大行令、九傧传曰："起。"复位。皇帝上堂盥，侍中以巾奉觯酒从。帝进拜谒。赞飨曰："嗣曾孙皇帝敬再拜。"前上酒。却行，至昭穆之座次上酒。子为昭，孙为穆，各父子相对也。毕，却西面坐，坐如乘舆坐（此二句可能有脱误）。赞飨奉高祖赐寿，皇帝起再拜，即席以太牢之左辨（半）赐皇帝，如祠。其夜半入行礼，平明上九卮，毕，群臣皆拜，因赐胙。皇帝出，即更衣中，诏罢，当从者奉承。"

东汉祭祖与经书记载的周代古制明显不同。帷幄绣茵的庙堂、黄金白银的扣器，数千斤的太牢胙肉，其奢华完全不同于周代祭祖荐血腥、九献的庄重古朴；太常、大鸿胪、大行令、九傧的导引类似于上陵，源于秦礼；历代祖先按昭穆排列源于韦玄成清整庙制，但东汉袷祭无七献、九献之类宗周祭祖的核心仪节，只有皇帝向先帝牌位依次上酒，这是此时经过经师发蒙的祭礼尚未完全被王朝采纳，宗庙祭祖的细节尚不够完善的表现。

按照《礼记·祭统》记载，奉行祭祖礼时王后或诸侯的夫人、宗妇也参加，在行礼时帮助传递笾豆祭品之类。东汉时以贤德著称的和帝皇后邓氏便曾参加过祭祖礼。《皇后纪》："（永初）七年正月，初入太庙，斋七日，赐公卿百僚各有差。庚戌，谒宗庙，率命妇群妾相礼仪，与皇帝交献亲荐，成礼而还。"这是因为邓氏握有实权，她参加宗庙祭祀是她实际上掌握最高权力的表现，这样的例子也只能在东汉外戚专政的政治背景下出现。

结 语

本节考察了东汉的郊坛形制、神位，以及郊天礼和祭祖礼的具体内容。东汉郊坛形制和郊天礼大部分依"元始故事"，只是略有损益。它为以后历代的郊坛形制、神位、郊天祭地仪节等提供了样板，以后历代这方面的改动不大，说明天地百神之祀经历西汉的一再变化，到东汉基本依"元始故事"，大体格局终于至此定型。

至于东汉的宗庙祭祖礼，它是自秦以来的园寝、上陵、饮酎和经书记载的祫禘的混合，真正的祫禘之制在东汉时期还不够完善，这跟当时儒学的发展有关系。东汉出了贾逵、马融、郑玄等经学大师，但经学的学术成果被王朝吸收，变成正式礼仪有一个过程,东汉时期这一过程尚未最终完成,以后到魏晋时期,即使在儒学偏枯的情况下,朝廷对宗庙之礼作为一朝门面的重视程度是比东汉有所提高的,这也合乎礼仪发展由简约淳朴到典雅精致的过程。

第五节　东汉王朝祭礼与民间宗教的正式分流

以上四节我们考察了东汉王朝祭礼的内容。在“治出于二”逐渐定型的东汉,王朝祭礼以深受经学和谶纬影响的郊天、祭祖礼为核心,以三雍、太学中进行的其他礼仪为辅助,并且以《月令》为时间表,将岁时历法礼仪、生产礼仪、乡俗乃至巫术形成一个按岁“气”运行来编排的整体。至此,从上古三代经历战国秦汉,中国古代王朝祭礼的一变再变终于定型,王朝祭礼已经形成了一套目的明确、内容丰富,体系严谨的国家级礼典。它的基本定型表现为它的内容和体系已经跟实际政治事务达成较好协调,王朝祭礼的施行就是希望实际政治事务施行顺利,这一点我们在前面几节考察东汉王朝祭礼的具体内容时已经述及。

此外还有很重要的一点是我们应该注意的,那就是在东汉时期,中国土生土长的宗教——道教开始成熟,它是民间宗教从其产生之际经历上千年的发展①,至此终于形成自己的理念信仰、实践体系的结果,虽然东汉的道教还属于早期道教,但早期道教的出现,标志着从此王朝祭礼跟民间宗教(早期道教)正式分流为两个不同的信仰领域,一为在朝的、旨在令天下百姓尊君敬祖的国家礼典;一为在野的、旨在满足普通大众形形色色精神需要的宗教。这是因为王朝祭礼经过上古三代、战国秦汉的发展,在内容逐渐完善,体系最终严谨的同时,因为它只是为了王朝的政治合法性和具体的政事需要服务,其形上学层面是相当有限的,并不能满足社会大众的心灵需要,而东汉时期,道教的理论、实践都日趋于完善,这方面的要求就由早期道教来满足了,这样,王朝祭礼跟东汉

① 研究道教史的学者称之为道教的“前史”,并认为前史极长,上限不易认定,是道教发展过程中的一大特点。任继愈主编:《中国道教史》,上海人民出版社 1990 年版,第 7 页。

的早期道教就成为不同的信仰领域。它们在东汉分流绝不是偶然的，而是有着深刻的社会背景和政治原因。东汉政治昏暗、社会不平等是读史者熟知的事实，笔者认为除此之外还应注意到它们各自在思维、深层次上历经的发展过程——东汉的王朝祭礼和早期道教分别吸收了自三代以来到两汉，象数学发展的不同层次的成果，并在此基础上分别形成体系。本节就将立足于它们各自在思维深层次上的发展过程，简要考察东汉王朝祭礼和早期道教二者的分流，为本书收尾。

一、体系的分流——象数之学和"元气"思想的不同运用

本书引言部分已介绍了象数思维（古《易》是其最初、最淳的代表），第二章第二节、第三章第四节又分别简要介绍了战国、汉代象数学的发展情况。汉代的象数学在古《易》基础上有了重大的发展，表现为它在引入"元气"概念的基础上，吸收了天文数术、《易》卦气说、律历候气等当时最先进的各种知识和技艺，提出了更为精致的"气"运行宇宙图式，并发展出了各种实用技术。这些以"气"的发生和变化为基础的象数之专学有不同的层次，大体说来，学官经师、通儒硕生（如董仲舒）所传为当时通行的阴阳五行说，这些知识随着汉代五经的传承羼入经学，并形成灾异说（见上一章第四节），但羼入经学的象数之学并不是汉代象数学最高的水平，不过就这些已足够为王朝正统性需要提供理论和相关技术支持了；而民间易师（如孟喜、京房等）则在此基础上将象数之学发展到新的水平，其标志是创建了比古易更复杂精致的卦气说和六十律候气理论，并更注重应用。前者为在朝所用，以巩固君尊臣卑的政治体系，后者跻身入朝失败，转入在野发展，王朝祭礼吸收的是前者，结果是自身的系统化和进一步程序化；散存于民间的各种数术吸收的是后者，结果是民间原先自发状态的膜拜祷祠跟方术结合，最终形成早期道教。因此王朝祭礼和早期道教在东汉最终分流的学术原因，是因为它们因各自不同的需要对"气"的思想及象数之学在不同层次的运用——王朝祭礼应王政的需要，吸收的是其中较简单和形式化的部分，早期道教则是因为"人"身心的需要，将元气思想和当时的各种数术方技发展并系统化而成。下文便具体考察。

(一)东汉王朝祭礼对阴阳五行说、"元气"说的运用

东汉王朝祭礼吸收了阴阳五行说和元气说。阴阳五行说成熟于战国,元气说则在西汉得到极大发展。这类象数学因师法的变化逐渐渗透经学(见上一章第四节),进而影响西汉的国家祭祀,从祭礼格局看,西汉匡衡改革郊祀后,祭祀天地之礼便没有再发生重大的变化,这种格局到东汉仅是略有损益,其主体格局仍然是吸收了阴阳五行说和元气说的那种类型,这一方面反映在东汉的郊坛形制上,另一方面,郊天礼本身被纳入东汉按《月令》施行的体系也反映了"元气"说的影响,下文便对之作些考察。

1. 东汉郊坛形制反映出的阴阳五行图式和元气说

东汉王朝祭礼吸收了元气说和阴阳五行说,可从其郊坛形制看出(郊坛形制的具体记载见上一节),此郊坛俯视图为三重同心圆(内坛天地、中营、外营),神灵在其中按规律分布,笔者所绘东汉圜丘郊坛示意图见上一节,詹鑫鄞先生绘的东汉郊坛示意图亦为类似格局:

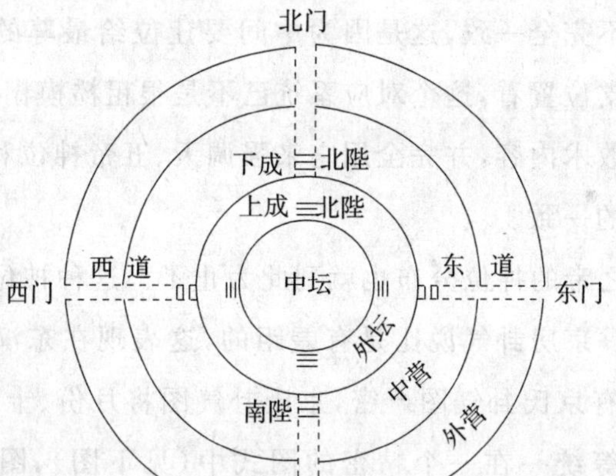

詹鑫鄞所绘东汉圜丘坛示意图,见其《神灵与祭祀——中国传统宗教综论》,江苏古籍出版社 1992 年版。

东汉圜丘"郊坛八陛",即八面有台阶。"郊坛八陛"和十天干、十二地支、五"气"之间有精致的对应关系,这种对应关系如下表:

方位	色	气	干支
东	青	春	甲寅
南	赤	夏	丙巳
	黄		丁未
西	白	秋	庚申
北	黑	冬	壬亥

在郊坛中值得注意的是黄色帝的地支位置。在战国的阴阳五行方位中，黄一般居于中，但此郊坛黄帝的地支位置紧挨白帝，不居于中，这种分布跟五时迎气（见下表）时祭祀黄帝后土的日子在先立秋十八日，硬插入春分、夏至、秋分、冬至在一年中的均匀分布一致，都是从《礼记・月令》即《吕氏春秋・十二纪》来的。这种安排从汉武帝时的宽舒祠太一坛是“黄帝西南”即采取（见上一章第三节）了。这里祭祀黄帝后土的时间在年历中紧邻立秋祭白帝，跟郊坛中黄帝的地支位置紧邻白帝一致，这表明它吸收了从《吕氏春秋・十二纪》到董子的五方五色宇宙系统中五行与五色的对应，但黄不居中，这跟《吕纪》和董子的阴阳五行说不完全一致，这是因为中间要让位给最尊的“天”。从郊坛五色帝有各自的干支位置看，这个对应系统已不是很粗糙模糊的水平，它吸收了宽舒祠太一方的数术内容，并完全用它来强调天、五帝神位和四方分布在作为“气”运行体现时的一致。

但郊坛五行之帝的神位分布也就到此为止了。这种神位分布跟汉代象数学的最高水平——京房卦气说比是有差距的，这表现在东汉郊坛中五行之帝的神位分布并没有京氏卦气图严密，京氏卦气图将月份、十二地支、节气中的分、至、八卦卦象等统一在一个精密的图式中（见下图），图中左旋即反映了“气”在一年中的运行及八卦的消长，这样精致而细微的变化在东汉郊坛的五帝神位分布中是看不见的，郊坛的五帝神位体现不出八卦消息与时气变化的复杂关系，而是大体取神灵尊卑有序和各得其所之意，因此，东汉郊坛的神位分布吸收的仍然是阴阳五行说和元气说，只是略有纳甲内容（将甲子干支纳入）以安排神灵方位。

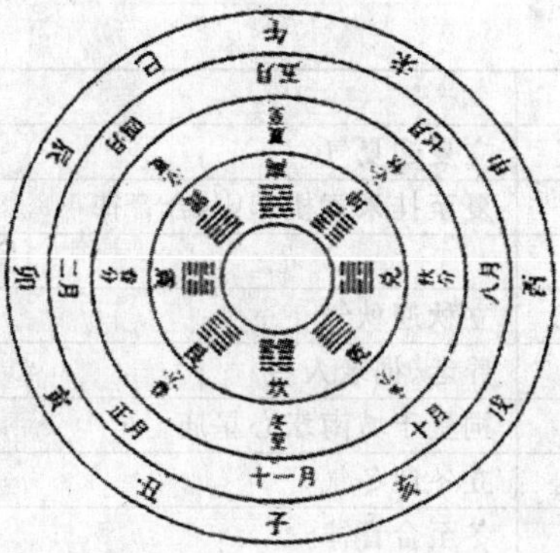

京房八卦卦气图(采自朱伯崑:《易学哲学史》第一册)

2. 阴阳五行说、"元气"说下的《月令》礼仪体系

东汉王朝祭礼吸收阴阳五行说和元气说的第二个表现,是王朝祭礼本身被纳入体现阴阳五行和元气说的《月令》礼仪体系。《月令》的主旨是将王政看作跟宇宙、人体等一样的系统,以时、数等节度观念和"气"在阴阳五行框架中运行的规律,顺应时气安排生产和生活。《月令》思维归根到底是象数思维——阴阳五行的构成和配伍是反映宇宙万物稳定及和谐规律的"数";而其中的星象列布、物候变化是"象",逆气则有种种灾异之象。《月令》中的"数"学完全能够满足王朝祈求政治和谐、生产顺利的需要。在东汉,《月令》中的礼仪被搬进现实,生产、生活诸礼被安排成一整套时间接续的仪式。东汉"月令"礼仪和《礼记·月令》关系如下表(据《后汉书》的《礼仪志》和《祭祀志》):

月名	《月令》礼名	东汉实行的礼名和时间
孟春之月	立春迎春气	立春迎春气
	祈谷子	上丁日郊天
	耕籍	明帝永平四年行耕籍礼①
仲春之月	祠高禖	玄鸟至之日以太牢祠高禖
	先蚕	皇后帅公卿诸侯夫人蚕。祠先蚕,礼以少牢。
		是月上巳,官民祓除于水上

① 见《后汉书·明帝纪》。

（续表）

季春之月	傩	
孟夏之月	立夏迎夏气	立夏迎夏气
仲夏之月		夏至挂朱索桃印①，合音律
季夏之月		
孟秋之月	立秋迎秋气	立秋迎秋气
仲秋之月	傩	养老、祠老人星
季秋之月		祠星于城南坛心星庙。
孟冬之月	立冬迎冬气	立冬迎冬气
仲冬之月		冬至合音律
季冬之月	大傩	先腊日大傩逐疫
	出土牛	立土牛六头于国都县城外丑地送寒。
	大蜡	大蜡

从上表看，除了一些小处不同（如《月令》无祓禊、合音律，而东汉王朝祭礼中有）外，东汉基本上照搬了《月令》记载的礼仪，尤其是顺应时气的五时迎气、冬、夏至合音律、大傩出恶气等，它们的规律是或抑阳助阴，或抑阴助阳，如《后汉书·礼仪中》夏至"禁举大火，止炭鼓铸"是抑阳，季冬之月出土牛送寒是出阴，这是古人以比附的思维方式希望王政和谐的结果。郊天礼在这个体系中被安排在正月，跟《月令》祈谷合。郊天时间在正月上丁，是取自《白虎通》"祭日用丁与辛何？先甲三日，辛 也；后甲三日，丁也。皆可以接事昊天之日。"郊天礼本身被纳入《月令》体系，是其施行宗旨和《月令》反映的天人合一思想一致的结果。

因此，无论是从郊坛形制，还是从郊天礼本身被纳入"月令"礼仪体系，都可以看出东汉王朝祭礼吸收了阴阳五行和"元气"思想。正因如此，东汉王朝祭礼中性质不同的各部分内容才在"月令"的框架下达到旨趣混一的程度——古人相信有一种冥冥的力量在控制"元气"的流布运行，"天"就是这种力量的体现，郊天是为了求得这种力量的保佑，它以模拟古代宗教行为的祷祠仪式来表达愿望（见上一节）。

① 《后汉书·礼仪志》记载五月五日要用长六寸，方三寸、上面写了五色文的桃木印挂在门上当装饰，以祛除恶气。应劭《风俗通义》第八卷《祀典》解释用桃印的原因时说上古时有荼与郁垒兄弟二人，性能执鬼，到朔山上章桃树下简阅百鬼，并把他们用苇索捆起来喂虎，此当为东汉的民间传说。于是官府和民间都在腊日、除夕把桃人和苇茭挂在门上，并在门上画虎。

相比之下，民间宗教经历了另外一种系统化的过程，它吸收了两汉象数学发展的最高成就——京氏卦气说及包含相关内容的图谶等杂学，最终形成新的“宇宙信息系统”和“元气”说，此后，由零散方术、自发祀神等构成的民间宗教行为开始在某种统一思想的指导下形成一个体系，最后才有早期道教的出现，下文便对之进行简要考察。

（二）象数学和“元气”说下的早期道教

民间自古以来就存在着自发的宗教行为，在早期道教产生以前，它一直停留在形式粗糙、内容简单的水平上。《风俗通·怪神》的一些记载反映了东汉民间因百姓的淳朴所立的杂神（见下文），《后汉书·第五伦传》记第五伦为会稽太守时，会稽多淫祀，好卜筮，百姓常用牛来祭神，假如谁家贫穷，不用牛祭神而把牛肉自己吃掉，发病临死前会先发出牛叫声，前后几任太守都不敢禁绝，第五伦到任后，先发放文书到所属之县，告谕百姓，假如有巫祝装神弄鬼地愚弄和敲诈百姓，均以法论处，有谁敢擅自因为这个杀牛，官府之吏立刻惩罚。一开始百姓十分害怕，有的还祝诅，但第五伦用更加严厉的手段惩治，后来该恶俗便断绝了。第五伦所禁绝的“淫祀”正是古来就有的普通百姓祈福求报行为中恶劣的部分。淫祀和其他普通百姓的自发膜拜行为，一直都是内容简单的，但战国以来就有方仙道和各种数术方技，早期道教是在它们的基础上吸收汉代象数学的长足发展而形成的。其中，汉代因象数学的发展形成的“宇宙信息系统”和“元气”说对于早期道教的形成十分重要，以下作些简要考察。

1. 东汉民间象数思维中的“宇宙信息系统”和“元气”说简考

“宇宙信息系统”即古人用阴阳五行格局为基本框架，以象、数作为构成天文、地理、人体、方位、过去、未来等各种信息的代码、以各种具体数术推算为手段所建立起的包含宇宙各方面细节内容（这种内容可通过推算获知）的系统。古《易》是一种较早而淳古的“宇宙信息系统”，从《左传》筮例可看出春秋时的卜史们用《易》来获取信息的事实；战国数术发展了这个系统，表现为推知结果的具体手段（数术占测法）有了巨大发展，汉代继承了战国以来的这个倾向。两汉时期《易》学、数术、谶纬等蕴涵的象数内容比起前代更加复杂，因此汉代的“宇宙信息系统”也比上古三代和战国时期复杂。无论经学、医学、天文地理乃至各种推往知来的数术中都有它的影子，传《尚书》的夏侯胜占测臣下有人谋事，习《春秋》的眭孟预言民间将出天子，通灾异的李寻、夏贺亮说汉代要再受命，这些实际上都应验了。到《后汉书·方术列传》更是出现了大量高水平的方术，如准确地占测天灾人祸，自如地挪移物品乃至自身，以及延年长寿、隐身遁形等（见下表），这类在常人乃至现代人看来不可思议的异术在东汉大量出现不是偶然的，它正是建立在两汉象数学长足发展，"宇宙信息系统"更加丰富，而且人们逐渐能将之运用到自身这一基础之上。假如对《后汉书·方术列传》记载的术士们所通之学作些考察就可看出这一点。《后汉书·方术列传》中部分术士通经、纬、方术者如下表：

人名	所学经、纬、数术	擅长的异术
任文公	明晓天官风角秘要	占兵变、大水
郭宪	少学于东海王仲子，曾应王莽征辟	祭天时面向东北喷酒灭火
许杨	少好数术，变姓为巫医	晓水脉
高获	善天文，晓遁甲，能役使鬼神	求测大雨
谢夷吾	学风角占候	预测他人死期
郭凤	好图谶，善说灾异吉凶占应	自知死期
杨由	少习易，并七政元气风云占候	预测兵事
李南	少笃学，明于风角	预测太守升官，自知死期，
李合	通五经，善河洛风星	预测和帝派使者二人前来
段翳	习易经，明风角	预测琐事
廖扶	习韩诗、欧阳尚书	预知岁荒饥馑
折象	通京氏易，好黄老言	自知亡日
樊英	习京氏易，兼明五经，又善风角，算河洛七纬，推步灾异	占测成都市火，唤雨灭火
唐檀	习京氏易、韩诗、公羊春秋，尤好灾异星占	以妇人生四子占京师兵气
公沙穆	习韩诗、公羊春秋，尤锐思河洛推步之术	占"霖雨大水"，又祈雨灭蝗。
许曼	习祖父许峻占卜之术，着《易林》	预测太守官职变动
单扬	善明天官算术	以黄龙见占魏代汉
韩说	博通五经，尤善图纬之学	占验日食，中平二年占验火灾
董扶	从同郡杨厚学图谶	预测京师将乱，劝刘焉为益州牧

以上术士所习主要有孟氏、京氏《易》、韩诗等，已有学者注意到东汉术士多习此类已羼入数术的经学而非立于学官的经学①，除了这些还要加上谶纬、星

① 李零：《中国方术续考》，第119页。

占、河图洛书推步等内容,它们大致可分为三部分:

(1)京氏《易》和韩《诗》等经学

从象数思维所达到的水平看,京氏易是汉代易学的一个高峰,它通过八宫卦说、纳甲说、卦气说、消息说(见上一章第四节)等大大发展了此前的象数学,这些都是比起古易更复杂的象数学。它将十天干、六十甲子等均匀分配在六十四卦中,是将作为时间标记的要素(天干地支)以数学方式跟卦爻结合,黄宗羲称其为"伪象",不如先秦古易淳厚①,现代学者有的则认为它机械、繁琐,并因理念预设的荒诞而导致失败②,其实这正是因为"数"的系统复杂化,引入天干、音律、五行方位等的结果。这表明京氏易在"数"方面比起此前有了极大发展,建立了更细致的以数理推断宇宙信息的系统,其内容是以易的阴阳卦爻推求其与干支、五行、五色、六十律等的相配,跟古《易》比,它存储的信息更为广泛,天文地理人体气象衣食住行乃至杂琐事物都可以通过"象"的模拟和类推进入这一信息体系③,这样就提高了占卜的细致程度。其次,京氏卦气说丰富了"象"的内容,阴阳卦爻在京房解释下有了相交、相荡、相和、消长、飞伏等各种关系,为判断卦象,确定"真相"提供了更复杂的理论,这些理论认为占者只要通过这一复杂信息系统就能预知水灾、死期、兵变等事,因此被目为神异。东汉大量高水平的占测,正是因为此类象数之学完善,提供了更复杂的"宇宙信息系统"和更精致的推演术才出现的。

除了京氏《易》外,其他经学如韩《诗》、公羊《春秋》等也在这些异士所习范围内。韩《诗》为汉初韩婴所传,韩《诗》乃融贯诗、《易》(韩婴亦通《易》)之义达到教

---

① 黄宗羲《周易象数论》卷三"原象":"圣人以象示人,有八卦之象、六画之象、象形之象、爻位之象、反对之象、方位之象、互体之象七者,而象穷矣。后儒之伪象者,纳甲也,动爻也,卦变也,先天也,四者杂而七者晦矣。"所谓的"伪象",即汉代增添了的非古易的内容。

② 倪南:《象数易道论纲》,《周易研究》2003年第4期。

③ 以"象"的模拟和类推开创信息系统始自《易传》。《说卦》乾为天、为圜、为君、为父、为玉、为金、为寒……,坤为地、为母等,震为雷、为龙等,但《易传》的这一信息系统还是简单的,后世这一系统极其复杂。邵雍《梅花易数》有万物类象,八卦各自代表天时、地理、人物、人事、身体部位、动物、建筑、婚姻、饮食、出行、疾病等中的多类事物,邵伟华《周易与预测学》(花山文艺出版社1990年)第26～38页录有《梅花易数》之万物类象,可以参看。

育目的之作[1]，其他如《公羊春秋》、欧阳《尚书》中无不羼入了灾异内容（见上一章第四节）。从象数学角度看，这些经学是辅翼，京氏《易》则是主流。

（2）谶纬图书、天官星占、河洛推步之学

谶纬图书、天官星占、河洛推步均是以象数推算为手段的专学。图书即指谶纬，因为当时谶纬多有图，河洛即河图、洛书。这些专学中的主体是谶纬。《后汉书·樊英传》记录了当时的"七纬"为《易》纬（《稽览图》、《乾凿度》、《坤灵图》、《通卦验》、《是类谋》）、《书》纬（《璇玑钤》、《考灵耀》、《刑德放》、《帝命验》、《运期授》）；《诗》纬（《诗》纬《推度灾》、《纪历枢》、《含神雾》）；《礼》纬（《含文嘉》、《稽命征》、《斗威仪》）；《乐》纬（《动声仪》、《稽耀嘉》、《叶图征》）；《孝经》纬（《援神契》、《钩命决》）；《春秋》纬（《演孔图》、《元命苞》、《文耀钩》、《运斗枢》、《感精符》、《合诚图》、《考异邮》、《保乾图》、《汉含孳》、《佑助期》、《握诚图》、《潜潭巴》）等。谶纬的主体是迷信，学者认为它"眼光卑下、心灵污浊"，但在当时它也是承载象数学的主要载体之一——它继承并发展了此前的元气思想和以八卦为基础的宇宙生成图式[2]，并发展了象数之学。谶纬的内容十分丰富，上至天文、下至地理，中观人伦，并且试图察往知来。从纬书命名看，《礼斗威仪》、《书璇玑钤》、《春秋运斗枢》、《春秋文耀钩》等均涉及天官星占；《诗推度灾》、《诗纪历枢》、《书运期授》等均试图把握历法中的过去未来之关系；而《易乾凿度》、《易通卦验》等则试图从算术角度解读万物的本质。这些知识的共性是把时间（其表现为历法）、音阶、卦象、星象等统一在一个有神论学术体系中，以之推往知来或解释宇宙生成[3]，从象数思维的严谨程度看，它比不上京氏《易》，其中有大量"象"的比附乃至歪曲，如《春秋文曜钩》中有北斗七星之象的比附："枢星散为獐、为虎、为象、为橘、为姜，又为云母……，玉衡星散为鸡、为鸱、为兔、为鼠，又散为李，为桃、为椒、为荆、

---

[1] 徐复观：《韩诗外传的研究》，见《两汉思想史》，台湾学生书局1979年版，第20页。

[2] 《春秋文曜钩》："中宫大帝，其尊北极星，含元出气流精生一也"，这类思想纬书中比比皆是。而以八卦为基础的宇宙生成图式以《易乾凿度》为代表。具体见金春峰：《汉代思想史》，第368～375页。

[3] 如《春秋元命包》以数术解释《春秋》"元年春王正月"六字："黄帝受图立五始。元者，气之始；春者，四时之始；王者，受命之始；正月者，政教之始；公即位者，一国之始。"将气、季节、政治、月历等统一在一个宇宙体系中。这种思维在纬书中很普遍，卦象见《易通卦验》等《易》纬，星象见《春秋文曜钩》等，音阶见《乐动声仪》等。

为榆，又为莒蒲”等等，这反映了谶纬作者们试图将他们获知的知识进行系统化，只是这种系统化尚处于粗糙简陋、错误百出的水平。因此谶纬中的神学体系在当时也是粗糙简陋甚至荒唐怪诞的，但应该看到谶纬中蕴涵着合理的象数内容，这也是《后汉书·方术列传》记载的术士们习之的原因。

(3)其他如风角、遁甲、孤虚、望气之术

风角、遁甲、孤虚、望气之术亦均为象数之学。范晔在《方术列传》中概括到：

“若夫阴阳推步之学，往往见于坟记矣。……至乃河洛之文，龟龙之图、箕子之术、师旷之书，纬候之部，钤决之符，皆所以探抽冥赜，参验人区，时有可闻者焉。其流又有风角、遁甲、七政、元气、六日七分、逢占、日者、挺专、须臾、孤虚之术，及望云省气，推处妖祥。时亦有以效于事也。”

这里提到了多种方术。遁甲为依甲子干支隐身之术，孤虚即通过干支配伍时落单的地支在整体系统中的位置寻求占验结果(见第218页小注③)，它常常运用于兵法中；望气为通过观察自然万物之气定吉凶之法(见第二章第五节“精”和“气”部分)。这类是东汉象数学之末节，但亦是不可或缺的组成部分。它们的共性是相信“太一”和“气”的存在，并认为天干地支或数字蕴涵了宇宙信息，在这些数字间推演就可以察知变化。之所以有风角、孤虚等不同式法就因为推数格局不同，它们的指导思想在本质上是一致的。

以上三类知识的共同点一是相信“气”的存在和流布，京氏卦气说就是具体推演“气”在六十四卦中的分布的，谶纬、望气等无不以“气”的存在和流布为前提；二是相信宇宙间有“太极”或“太一”这一经验无法认识的至高存在，纬书将“太一”说成神，《易乾凿度》中有太一行九宫说①，遁甲、孤虚都是将“太一”昭示的信息加以应用的图式。大体说来，京氏《易》、谶纬等的发展提供了复杂而信息丰富的“宇宙信息系统”，而风角、遁甲、孤虚、望气等则是应用这一图式产生的不同方法。它们以不同的方式安排“象”、“数”等信息，因此象数学下的世界的图式

---

①　朱伯崑：《易学哲学史》，第171～173页。

构成了所有方术的基础①。

所有这些知识背后都隐藏着可能神学化的倾向。早期道教正是在吸收方术的同时改进了“气”说和“宇宙信息体系”,并加以神学化,从而形成自己的体系,使民间宗教发展到一个崭新的、足以跟王朝祭礼分庭抗礼的水平,下文便对这一过程进行简要考察。

2.“宇宙信息系统”和“元气”说影响下的早期道教

通过上文考察可以看出,经学、谶纬、风角、遁甲等中蕴涵的“宇宙信息系统”和“元气”说是方术的指导思想。这一指导思想对“气”、“象数”有着比西汉官方经学更深刻的认识。这种深刻认识反映在早期道教的三大标志性著作②——《太平经》、《老子想尔注》、《周易参同契》正是吸收了元气思想和宇宙信息系统(表现为各种象数说),并从不同角度谈“气”的聚散变化上。如《太平经》认为“气”是宇宙万物化生之源:“元气乃包裹天地,八方,莫不受其气而生③”,并以象数思维解释各种社会现象,如卷五十《移形试类相应占诀》解释各地人民草木异同原因:

“施有兄弟,以类相应和,五岳万里相应,其中事善善相应,贱贱相和……。常效以五五二十五气,应为二十五家,二十五丘陵,书十百相应,地谶也。比其气相加,兄弟地也。其人民好恶同。又诸色禽兽草木相类,此即同气地也。以此分明,地审相应……其象同者,其形同也;其象异者,其形异,是非正此也。”④

这里提到“类”、“象”、“气”等,并认为象同者形同,象异者形异,这完全是象的比附,夹杂一些粗浅的“数”的内容,如二十五气应为二十五家之类。其解释天

---

① 倪南认为“就中国传统文化中的方术而言,象数之学之所以成为大多数方术普遍尊奉的理论依据,除了社会意识形态方面的原因之外,象数易学本身所提供的对于世界的特殊理解形式是这些方术自我组织所赖以进行的内在机制。从‘推天道以明人事’这个易道的根本‘法门’来说,以‘象’、‘数’为特殊符号形式和运算法则,以操作者个体的超常心智活动为根本运算机制,从现象“推衍”出某种可以决定现象变化方向和结果的规律性普遍原则,是象数易学的主要内容。”见《象数易道论纲》,《周易研究》2003年第4期。

② 任继愈主编:《中国道教史》,第8页。

③ 王明:《太平经合校》,中华书局1960年版,第78页。

④ 王明:《太平经合校》,第171页。

灾人祸和“致太平”,也是建立在干支年历这类象数学基础上(详下文)。相比之下,《老子想尔注》更多谈到“精”、“气”,它认为“气”是人体之本,“腹者,道囊,气常欲实。”①《周易参同契》中提到“元精”,如“元精眇难睹,推度效符证”,后蜀彭晓《周易参同契通真义》:“元精者,是鼎中神灵真精,天地之元气也”,《参同契》又有“精气”,“乾刚坤柔,配合相包……须以造化,精气乃舒”都是吸收了此前的“元气”说。《参同契》中还有精确的“数”学。如“子午数合三,戊己号称五。三五既和谐,八石正纲纪”,“子”为水(液体)为一,“午”为火为二,水火结合为三。而“戊己”按月体纳甲说为土,其数为五。“八石”即八种矿物,这里的数都有象征某种规律的意义,它跟当时的化学知识结合以指导炼丹。

《太平经》、《老子想尔注》、《周易参同契》侧重的是“宇宙信息系统”中的不同部分——《太平经》中多符箓和神语,侧重社会理想;《老子想尔注》多养生语,侧重人体生理;《周易参同契》则以月体纳甲说解释丹炉内的时空和物质变化,侧重自然物质之变。但是它们背后有共同的知识基础——宇宙元气、万物之象和“数”的变化昭示着社会、人体、物质等宇宙不同系统的变化。在这样的思想下,原来各自发展的零散方术渐渐因侧重不同而归于不同的流派,这些方术互为补充,构成了某种理念信仰下的实践系统——挪移自如是身化为“气”离散聚合的实践;服气长生是对精微之“气”构成天地,可采以补已的实践;身佩“符”,是相信它代表了指导象数思维的“太极”的力量(见本书第三部分)。这些方术由更高的,对象数思维有深刻理解的经典统领,东汉的早期道教也就因此形成了符水派(如太平道)、养生派等不同的流派。它脱离了此前民间宗教的世俗淫祀水平,成为一种能日益吸引才智异能之士乃至上层贵族的、集思辨、实践于一体的社会存在,跟立足于王政并为其服务的王朝祭礼完全分流为不同的信仰领域。

下文便具体地从理念、实践两方面考察二者的分流。

二、理念的分流——立祀原则和神性的差异

上文从象数思维发展的角度考察了王朝祭礼和民间宗教体系分流的情况。

---

① 此为《老子道德经》“虚其心,实其腹”录注。饶宗颐:《老子想尔注校笺》,香港苏纪书庄 1956 年版,第 6 页。

分流的具体表现有二,一为理念的分流,二为实践的分流。这里首先考察理念的分流。理念的分流表现在王朝祭礼和民间宗教因服务利益的不同,各自的立祀原则产生重大的差异,这差异的标志是早期道教尊神的产生——作为民间宗教的代表,早期道教尊神的出现一方面是象数思维神学化的结果,另一方面它真正实现了对个人利益的关怀。从它达到的神学水平看,它比王朝祭礼所祀的天地大神具有更丰富的神学内涵,下文便具体考察这些内容。

(一) 东汉国家祀典的神学内涵

东汉国家祀典蕴涵于本文第一部分所引《后汉书·祭祀》提到的郊坛形制中。东汉神灵系统包括天、五帝、日月星辰、二十八宿、风伯、雨师、雷公、五岳、四海、四渎、名山、大川等,它们在郊坛中从尊到卑、阴阳分置、有序排列。但从宗教学角度看,它们的神学内涵并不丰富,这一点外国学者早就指出。著名德国学者马克斯·韦伯在《儒教与道教》中说:

> “中国官方的国家祭典,就像其他地方一样,只服务于公共的利益;而祭祖则是为了氏族的利益,二者都与个人的利益无关。自然的巨灵日益被非人格化,对它们的祭祀被简化为官方的仪式……。”①

“自然的巨灵”即上文的天地山川、日月星辰之类,“非人格化”指的是在祀典摆脱原始宗教神灵人格化特点逐渐进步的同时,并没有注入更深的思辨。辩证法大师黑格尔在其名著《宗教哲学》中,从概念和精神的发展过程探讨世界上不同宗教的发展水平,在他的序列中,中国宗教属于“自然宗教”,仅高于“直接宗教”(巫术),离“绝对宗教”(基督教)相去甚远。这一判断亦来源于他对中国古代国家祀典中“天”的精神发展水平:

> “天是至高无上的,而且不仅是从精神的、道德的意义上说来。天标志着完全不确定的、抽象的普遍性,而且实则是实际的和精神的联系之完全不确定的化身。”

> “中国人的天并非构成天之上的独立王国之境遇,并非对自身说来那种理想的王国,犹如我们关于天的表象(天使和死者之灵置身于此)……,

---

① 马克斯·韦伯著,洪天富译:《儒教与道教》,第199页。

而就此说来，一切皆在世间，具有力量的一切皆在世间，具有力量的一切皆受制于帝王，这一个别的自我意识，有意识地实现着具有无限权力的统摄。”①

黑格尔的辩证法是将“人”、“天”、“神”、“精神”、“自我意识”等概念的外延壁垒发展到极端的辩证法，是西方时空二分式思维最卓越的表现。在这种辩证法下，他认为中国的“天”没有走到纯精神思辨的领域，黑格尔说中国的“天”是“实际的和精神的联系之完全不确定的化身”，这“完全不确定”显示了大师注意到中国古代“天”神学内涵的贫乏。与此同时，“天”也不是人自身最抽象的精神思辨——“对自身说来那种理想的王国”的体现，而“对自身来说那种理想的王国”正是黑格尔哲学中“绝对精神”在自在状况下展示自身的王国。且不谈他以此衡量“中国宗教”的发展水平是否正确，他对以天为代表的中国古代国家祀典诸神学思辨内涵欠缺这一评价是正确的，“天”的确没有体现精神本身因自在发展而相应具有的内涵，帝王的“个别的自我意识”统率着“天”所表现出的政治名分的无上权威，尽管这权威背后的神学诠释是空洞的。

需要指出的是，“天”的神学内涵不丰富并不是因为古代中国人缺乏思辨能力，而是因为王朝祭礼的礼典性质决定的——它毕竟只是借用源于宗教行为的祷祠法表达希求王政和谐愿望的仪式，而不是真正的宗教。神学内涵的进一步丰富，都由数术方技的集大成者——早期道教去承担了。

(2)王朝祭礼中天地百神的立祀原则大体合乎《礼记·祭法》：

> “夫圣王之制祭祀也，法施于民则祀之，以死勤事则祭之，以劳定国则祀之，能御大灾则祀之，能捍大患则祀之……及夫日月星辰，民所瞻仰也；山林川谷丘陵，民所取财用也。非此族也，不在祀典。”

《祭法》这段描述，在韦伯看来是“紧接着孔子之后，各式各样的功能神祇和神化的英雄人物忽然出现在文献上，这些神祇此时才开始出现的形成过程，实在令人费解”②，他费解的原因有二：第一，韦伯不清楚中国早期典籍写定的过

① 黑格尔著，魏庆征译：《宗教哲学》，东方出版社 1999 年版，第 258 页。

② 马克斯·韦伯著，洪天富译：《儒教与道教》，第 200 页。

程——追忆周代王朝祭礼的三《礼》等书在孔子之后才陆续成书，所以这些“功能性神祇”出现在“孔子之后的文献上”，其实这些神是孔子之前的周代就有的，只是孔子之后才著于竹帛；第二点也是更重要的一点，是因为他跟黑格尔一样以西方二分式思维下的“宗教”概念来考察中国古代国家祀典体系，在韦伯眼中，这些“功能性神祇”都是“儒教”神灵系统中的神灵，他将它们等同于真正的宗教神灵系统了，实际上古代中国的国家祀典并非真正的宗教神灵系统，而只是寄寓了政治伦理和谐和农业生产顺利两方面目的的诸神体系——统治者对这些神灵的膜拜并不是为了洗净他们自身灵魂上的尘埃，找到心灵归宿，而只是通过施行礼仪表示自己的统治具有“奉天承运”的合法性，并且希望在自己的统治下实现风调雨顺、政通人和的太平景象。但韦伯说中国古代的国家祀典诸神是“功能型神祇”确实一语中的——东汉祀典中的天、地、五帝、二十八宿略当于《祭法》“民之瞻仰也”，四海、四渎、名山、大川等自然神和山川神略当于“民所取用财物也”，雷公、先农、风伯、雨师、蚕神苑窳妇人、寓氏公主（先蚕礼受祠）等则与农业生产密切相关，这些都是跟农业生产所需条件有关的“功能性神祇”；而受祀的皇帝的祖先（祭祖礼）、本朝功臣（配食于祖先）、先师（太学祭祀孔子及其弟子）等，则是尊君严上、指导淳化风俗的“功能性神祇”。它们在孔子以后的文献中出现，是因为《礼》书追忆的周代国家祀典立祀原则在战国至汉代儒生们对古典文化的回忆中被奉为圭臬，在两汉重建王朝祭礼这一国家级的官方信仰体系的过程中，它们就成了具体的指导原则，真正的宗教神灵体系的完善实际上是不在这个系统中的。

在国家祀典的神灵体系之外，偶像崇拜和祷祠在东汉仍然是广泛存在的，不过它们从来不受到官方支持。东汉时期，早期道教在民间广泛流行，顺帝时襄楷曾献琅邪宫崇受干吉神书（即《太平经》），有司认为是妖妄之言，不予进献，这是王朝正统思想对待民间宗教的态度。但儒家向例不擅长思辨，它所能做的就是以是否威胁政治秩序和伦理风俗为由划出界线，超出界限的就是“淫祀”，它无力阻止人们以象数思维继续思辨和探索世界和自身，继续思辨和探索的任务是由早期道教来完成的。

（二）早期道教尊神所反映的理念

民间宗教（乌丙安先生称之为“民间信仰”[①]）自古存在于普通百姓之中。它并不是没有理念的，实用性是它最重要的原则[②]。只要对去病驱邪、禳灾祈福乃至婚丧嫁娶等实际生活有用，百姓都会将它请入他们的祀典。东汉民风淳朴，也是如此。应劭《风俗通义·怪神》记录汝南有鲍君神[③]、李君神[④]、石贤士神[⑤]等，这些神订立原因的偶然甚至荒唐固然反映了普通百姓的无知，但可以看出当时民间百姓治病求福的要求和对美好生活的向往。从宗教学角度看，因偶然的、因果之间无必然联系的现象而将它们跟自身的吉凶祸福联系在一起，所产生的宗教是原始宗教或其在文明社会的继发形态——民间宗教，东汉民间宗教许多都是这一性质。但是这类宗教行为的造神法并不是东汉民间宗教的最高水平。民间宗教造神的最高水平反映在早期道教中出现尊神这一点上。“真人”、“长生大主”、“天师”等性格丰满，富有思辨内涵的尊神的出现，反映了当时中国古人在神学思辨的达到最高水平，它绝不是鲍君神、李君神之类古来就不断生灭的、建立在百姓淳朴的轻信基础上的神可比，它是前文所述的象数思维在民间长足发展，其理念进行神学思辨的结果。下面试举一二例：

(1)长生大主。《太平经钞甲部》“太平金阙帝晨后帝君师辅历纪岁次平气去来”：

“长生大主号太平真正太一妙气、皇天上清金阙后圣九玄帝君，姓李，是高上太之胄，玉皇虚无之胤，玄元帝君时太皇十五年，太岁丙子兆气，皇平元年甲申成形，上和七年庚寅九月三日甲子卯时，刑德相制，直合之辰，育于北玄玉国、天冈灵境、人鸟蓬莱山中、李谷之间，有上玄虚生之母，九玄之房，处

---

① “民间信仰”的概念，见乌丙安：《中国民间信仰》，第8～11页。

② 同上。

③ 鲍君神订立的原因是有人用鲍鱼换了泽中主人未及取走的麏，主人来时见麏变成了鲍鱼，大为怪异，“转相告语。治病求福，多有效验。因为起祀舍，众巫数十，帷帐钟鼓，方数百里皆来祷祠，号鲍君神。”

④ 汝南李君神，是因南顿张助在空桑中放置李核种植成树，别人看见桑中生李，“转相告语，有病自痛者，息阴下，言李君令我自愈，谢以一豚。目痛小疾，亦行自愈……。其下车骑常数千百，酒肉滂沱……”

⑤ 《风俗通义·怪神》还有“石贤士神”，所祀为汝南汝阳彭氏墓头的一石人。

在谷阴。玄虚母之始孕，梦玄云日月缠其形，六气之电动其神，乃冥感阳道，遂怀胎真人。”①

这里讲述了“长生大主”的由来，王明先生曾考证《太平经钞甲部》并非东汉于吉所传《太平清领书》，而是后来的伪作，并根据《道藏》中收录的《灵书紫文》、《太微灵书紫文仙忌真记上经》《太微灵书紫文琅玕华丹神真上经》作具体考证，王先生认为“《钞》甲部至早不能视为西晋以前之文”②，这考证对于我们弄清东汉《太平经》的真实面目具有重要意义。目前学术界的认识是，“《太平经》非成于一时一人之手，而是屡经传抄，屡经增色”。③ 西汉末年甘忠可选《天官历包元太平经》，后世道藏则有《太平洞极经》，这些反映了《太平经》一系的道教文献从最初出现到渐次撰成，在形式和内容上都随着早期道教本身的发展产生着变化——宫崇所受《太平经》为“青缣朱字”④，而《太平经钞》则出现了餐霞服气的内容(详下文)。但是应该看到，从甘忠可到《天官历包元太平经》到《太平经》，再到《太平洞极经》以“气”和“道”为基本概念，以阴阳五行为骨架来陈说和设想“太平”，企图以之改造社会的核心意旨并没有发生重大改变，虽然餐霞服气之类内容后来羼入《经钞》，我们仍然有理由将《经钞》当作早期道教(而不是东晋以后的成熟道教)的文献，它反映的仍是早期道教的理念和实践状况。

上文《经钞》甲部这段文字涉及一些复杂的概念：

1.“气”和“太一”。这个长生大主号“太平真正太一妙气”，这个“气”继承了京氏易、谶纬图书中的“气”理念，所不同的是它已化身为神，具有人形。这是宗教思辨水平提高的标志。“太一”也是继承方术和谶纬等而来⑤，但这里太一也已经神化。

---

① 见王明：《太平经合校》，第1～2页。

② 王明《论〈太平经钞〉甲部之伪》，载牟钟鉴主编：《当代中国宗教研究精选丛书·道教卷》，民族出版社2008年版，第57页。

③ 汤一介：《早期道教史》，昆仑出版社2006年版，第28页。

④ 葛洪《神仙传》“宫崇”条。

⑤ 顾颉刚《三皇考》具体考证了太一的出现、勃兴、衰落，见《顾颉刚古史论文集》第三册，第55、59、78页。李零《“太一”崇拜的考古研究》则运用近年的考古资料对“太一”再作考证，见其《中国方术续考》，第207～237页。可以参看。

2.太岁、刑德。太岁是古人根据岁星运行虚构出的,跟岁星运行速度相等但方向相反的影像,岁星运行一周天约十二年,古人观察岁星在二十八宿中的位置定天之坐标(见第二章第二节)。后来太岁跟干支结合后,指的是在宇宙坐标中运行并代表吉凶的一种力量,常被用来占吉凶。《史记・天官书》司马贞《索隐》“太岁在寅,岁星晨出东方”,至于刑德,帛书《黄帝四经》就有,且是其重要的思想内容①,《淮南子・天文训》则以堂、庭、门、巷、术、野中刑德的时位占验:“德在室则刑在野,德在堂则刑在术……阴阳相德,则刑德合门”,《马王堆帛书》有《刑德》,内有九宫图和诸神②,上文所引的“刑德”具有均衡意义。《太平经》的太岁、刑德是继承战国数术的渊源而来,所不同的是它已经成为东汉民间象数思维下“宇宙信息系统”中的组成部分,用它说明长生大主诞生时的宇宙的均衡和谐。

3.干支生辰。干支是古代象数学中重要的概念,它是古人将万物抽象化,在宇宙坐标中给出它们位置的标记,太岁有干支,长生大主生日干支为“上和七年庚寅九月三日甲子卯时”,这是民间盛行的生辰八字说,是继承此前象数思维中“数”的部分而来。

从这段关于“长生大主”的记载看,它借鉴了人间王朝的格局——有君王(九玄帝君)、年号(皇平元年、上和七年),描述了一个虚构的宇宙时空状况,及真人在其中(北玄玉国、天冈灵境、人鸟蓬莱山)诞生的情景,这已经虚构出宗教的彼岸世界。

(2)真人。《太平经钞甲部》“真人”:

“因灵谷而氏族,用耀景为名字。……(真人)五岁,常仰日欣初,对月叹终,上观阳气之焕赫,下睹阴道以亏残。于是敛魂和魄,守胎宝神,录精填血,固液凝筋。七岁,乃学吞光服霞,咀嚼日根。行年二七,而有金姿玉颜,弃俗离情。”③

---

① 金春峰:《汉代思想史》,第32～36页。

② 饶宗颐:《马王堆帛书〈刑德〉乙本九宫图诸神释——兼论出土文献中的颛顼与摄提》,《江汉考古》1993年第1期。

③ 王明:《太平经合校》,第2页。

这段话提到服食(吞光服霞),不难看出它吸收了此前的神仙思想但有所发展。“金姿玉颜,弃俗离情”是常人不具备的异禀。王明先生曾在《论〈太平经钞〉甲部之伪》中具体考证此段文字为袭《灵书紫文》(《道藏》收录之《皇天上清金阙帝君灵书紫文上经》)之语①,而《灵书紫文》可能是晋以后梁以前道教经典中一丛书,其纂集或许在《抱朴子》之后②。王先生的这段考证对于确认《经钞》的年代至关重要。但是应该看到,从实践方法看,“守胎宝神”“吞光服霞”一类方术并非《抱朴子》的时代才有,《后汉书·方术列传》就有“守胎宝神”③,而马王堆帛书《却谷食气》则反映了西汉时期就有“吞光服霞”一类方术。《灵书紫文》中所记的这类方术,亦是由前代的服食术渐变发展而来。因此,除了王明先生所考证的《太平经钞》书籍文本的时代之外,从其中的内容体系和方术看,我们仍然可以认为是后人利用一些守胎、服食之术(这些方术汉代即有)来进一步阐明《太平经》的中心思想,它造神水平上的进步反映的仍然是早期道教的状况。从宗教学角度看,人们所造神的形状和智能水平是人们理性和思辨水准的反映,此真人已有了人的形状和完美的身心,是东汉道术之士的思辨水平跟此前比有真正突破的反映,它已脱离了西汉方士造神没有明确形状、性格的水平④。

早期道教的“长生大主”、“真人”等神的出现和他们的性格反映了当时最高的造神水平,它突破了民间信仰因物之原状为神(如鲍君神、李君神之类)的造神水准,将象数思维中的“气”、“太一”等抽象概念进一步赋予神学内涵,于是产生了在彼岸世界中具有人形,富有理性、思辨的大神,这标志着民间宗教和王朝祭礼在理念和神性上的完全分流。

此外从社会理想的角度看,王朝祭礼为的是保佑王政的顺利,早期道教则已开始用它们的宗教信念构思改造社会的理想,这方面太平道是楷模。《太平经钞

① 见牟钟鉴主编:《当代中国宗教研究精选丛书——道教卷》,第56页。

② 同上书,第59页。

③ 《后汉书·方术列传》记王真、郝孟节“悉能行胎息胎食之方……。”

④ 西汉方士的造神水平从新垣平、公孙卿的方术中可看出。《汉书·郊祀志》记新垣平心目中的神是“成五采,若人冠冕焉”,并时而为人形,时而不见;公孙卿于河南缑氏候神说见神迹象雉一样在城墙上往来,能说“欲见天子”,总之,西汉方士心目中的神尚无明确的形状性格,是其造神水平尚低的表现,见拙作:《汉武杂方与道教渊源》,《学术月刊》2003年第12期。

甲部》描述行太平:

“……太平少时(行太平者)姓名,不可定也。行之司命注青录,不可司录记黑文。黑文者死,青录者生。生死名簿,在天明堂。……善者修行太平,成太平也。成小太平,与大太平君合德。大太平君定姓名者,李君也。以壬辰之年三月六日,显然出世,乘三素景舆,从飞軿万龙。举善者为种民,学者为仙官。设科立典,奖善杜恶……。”①

“设科立典,奖善杜恶”为人们描述了一幅动人的公平图景。它还以象数思维下的干支推演法解释古往今来天灾人祸的原因:王明《太平经合校》:

“…大九六中,必有大小甲申。甲申为期,鬼对人也。灾有重轻,罪福厚薄,年地既异,推移不同。……计唐时丁亥后,又四十有六。前后中间,甲申之岁,是小甲申,兵病及火,更互为灾,未大水也。……是大甲申三灾俱行,又大水荡之也。凡大小甲申之至也,除凶民,度善人,善人为种民,凶民为混齑。”②

这样,天灾人祸是跟年历相关的,而这种天灾人祸所属的年历如大水、兵祸等可以用干支推算,但只要行太平就能避免,这是象数思维本身固有的神秘色彩让底层百姓展开的想象——他们希望改造社会,改变他们自己总是饱受天灾人祸侵凌,总是被社会不平等摧残的境遇。东汉政治昏暗,外戚、宦官贪婪横暴,帝王或昏或幼,社会矛盾一直很突出,民变、起义迭出不穷,这些起义可看出用早期道教组织民众的影子。桓帝延熹八年春正月,渤海盖登等称“太上皇帝”;延熹九年春,沛国人戴异得黄金印,无文字,遂与广陵人龙尚等共祭井,作符书,称“太上皇”;《桓帝纪》:“(建和二年)冬十月,长平陈景自号‘黄帝子’,署置官属,又南顿管伯亦称‘真人’,历阳贼华孟自称‘黑帝’。”从“太上皇帝”、“太上皇”到“黄帝子”、“真人”、“黑帝”,无不反映出早期道教的影响,这些说法都力图说自己是代替汉受命的下一合法势力,黄巾起义是这些小股之后的巨大洪流,虽然它在镇压下失败了,我们仍然可以看出,它那镌刻在历史丰碑上的“太平”理想和勇于以神秘主义、数术为武器自

① 王明:《太平经合校》,第2页。

② 同上书,第3~4页。

我解放的精神，已经完全和王官政治下程序化的王朝祭礼从精神本质上分流。

三、实践的分流——礼典与方术之别

王朝祭礼与民间宗教除了理念的分流外，还有实践的分流。它们的实践各有特点，前者借鉴了宗教祷祠的方式，是程序化的礼典，后者表现为各种各样的方术，如，王朝祭礼中的郊天礼即由斋戒——夕牲——荐血腥——用乐舞降神——送神——燔柴——天子再拜——结束等程序构成，它被安排入《月令》系统，在正月上丁举行，是整体王朝礼仪的一部分，其礼典性质是非常明显的(见本章上一节)。相比之下，民间宗教的实践完全不是这样。它表现为各种实用有效的方术，这些方术可分为杂方术、养生、外丹三大类，早期道教的不同道派在这三大类中各有侧重。

(一) 杂方术

杂方术范围极广。后世道教中除了内、外丹的部分如呼风唤雨、预知来事、挪物遁形、执鬼役鬼等都属于杂方术。在东汉，会这些的异士屡见记载。《后汉书·栾巴传》栾巴任豫章太守时“郡土多山川鬼怪，小人常破赀产以祈祷。巴素有道术，能役使鬼神，乃悉毁坏房祀，翦理奸巫，于是妖异自消。百姓始颇为惧，终皆安之。”栾巴的“道术”就是本书所说的杂方术。《后汉书·方术列传》提到的杂方术有多种，它们后来都为早期道教吸收。如《方术列传》记费长房持有“主地上鬼神”的符，能“医疗众病，鞭笞百鬼，及驱使社公”，这与张角太平道颇为近似。张角得干吉《太平清领书》，“奉事黄老道，畜养弟子，跪拜首过，符水呪说以疗病，病者颇愈。”①今本《太平经合校》卷八十七有“长存符图”：

> “天符还精以丹书，书以入腹，当见腹中之文大吉，百邪去矣。五官五王为道初，为神诅，审能闭之闭门户。外暗内明，何不洞睹？守之积久，天医自下，百病悉除，因得老寿……。”②

“符”被认为代表了相当于“太极”的那种力量，将符吞入腹中，“天医”就会将

① 《后汉书·皇甫嵩传》。

② 王明：《太平经合校》，第330页。

神力引入体内使百病消除。符用丹砂书写,《后汉书·方术列传》“河南有鞠圣卿,善为丹书符劾,厌杀鬼神而使明之。”考古发现有这类符的实物,如江苏高邮邵家沟汉代遗址出朱书符咒木简。该简长28厘米,宽3.8厘米,朱符绘于木片上部偏右,左下为朱书咒文3行,其文为:

“乙巳日死者,鬼名为天光。天帝神师已知汝名,疾去三千里。汝不即去,南山给□,令来食汝,急如律令。”①

图六 T29H2出土“符疏木片”的摹本(約1/2)

江苏高邮邵家沟汉代遗址出朱书符咒木简(《考古》1960年第10期)

① 江苏省文物管理委员会:《江苏高邮邵家沟汉代遗址的清理》,《考古》1960年第10期。

"如律令"为祝诅常用的结束语。该遗址还同出写有朱书解除文的残陶瓶、桃核和"天帝使者"封泥等。清理者认为该木简和封泥、朱书陶瓶"当是道教遗物"。[①] 除了符外,性质类似的还有券、简。罗振玉贞松堂藏铅券《钟仲游妻镇墓券》:

> "延熹四年九月丙辰……,黄帝告丘丞、墓伯、地下二千石、墓左、墓右、主墓狱吏、墓门亭长莫不皆在。今平阴偃人乡长富里钟仲游妻薄命蚤死,今来下葬,自买万世冢田,贾直九万九千钱。即日毕,四角立封,中央明堂皆有尺六、桃卷、钱布、锢人,时证知者□□曾□□□□□□□□□自今之后不得干□□人,有天帝教如律令。"[②]

罗氏在着录刘伯平镇墓券时说:"东汉末时,死者每用镇墓文,乃方术家言,皆有天帝及如律令字。以朱墨书于陶瓴者为多,亦有石刻者,……汉季崇尚道术,于此可见一斑,米巫之祸盖已兆于此矣!"王育成《考古所见道教简牍考述》[③]对此作了考察,可以参看。

"符"的出现,标志着杂方术的巫术部分水平提高,它已从无逻辑的联想变成有逻辑的实践。如《三国志·魏志·张鲁传》注引《典略》东汉五斗米道张修施用"请祷之法","书病人姓名,说服罪之意,作三通,其一上之天,着山上,其一埋之地,其一沈之水,谓之三官手书","三官手书"即是一种符。

除了以符执鬼或疗病外,《方术列传》还有大量更为神异的内容,如任文公占测大水,郭宪以酒厌齐国火灾,许阳通晓堪舆,修建农田水利时"因高下形执";王乔能使自己在京师和乡里间挪移自如,它们的共同点是物像(包括术者自己)能自如地变幻挪移,这些大都为早期道教吸收。今本《太平经合校》有《葬宅诀》,在选择葬所时区分"大生地"、"逆地"、"消地",是继承了堪舆术;《太平经合校》还有《断金兵法》记消除兵争、断绝兵器之法:"但急绝由金气,勿使其王也","病类勿赐金物兵类,以厌绝不祥此也",跟上文郭宪喷酒止火在原理上类似。太平道吸

---

① 目前学术界称此类朱书陶瓶为"解注器",考古发现中多见。刘昭瑞、张勋燎等先生对此已有非常详细的研究。具体可参见张勋燎、白彬:《中国道教考古》第一、二册,线装书局 2006 年版。

② 《贞松堂集古遗文》卷十五。

③ 《考古学报》2003 年第 4 期。

收了很多这类杂说，所以被目为符箓派。

（二）养生

《后汉书·方术列传》有以下几条反映了民间养生术：

1. 冷寿光，“行容城御妇人法，常屈颈鷮息，须发尽白，而色理如三四十时”。

2. 王真、郝孟节，“悉能行胎息胎食之方，嗽舌下泉饮之，不绝房室……”

3. 封君达，“初服黄连五十余年，入鸟举山，服水银百余年，如二十者。”（章怀注引《汉武内传》）

这里提到的养生术涉及房中术、服食行气等。这两类内容在《太平经》和《老子想尔注》中都有。《太平经合校》有《一男二女法》：“令一男者当得二女，以象阴阳。阳数奇，阴数偶也。乃太和之气到也。……人之数当与天地相应”；《太平经》此房中术是为了助阴祈雨，还不是严格意义上为了养生长寿的房中术。相比之下，天师道张陵《老子想尔注》中提到的则是真正的房中术，《想尔注》释《老子》“绵绵若存”：

> “道造之何？道重继嗣，种类不绝，欲令合精产生，故教之。年少，微省，不绝，不教之勤力也。勤力之计出愚人之心耳，岂可怨道乎？上德之人，志操坚强能不恋结产生，少时便绝。又善神早成，言此者道静也，故令天地无祠，龙无子，仙人妻，玉女无夫，其大信也。”①

“不恋结产生”、“龙无子”、“玉女无夫”都是内丹双修下将人身“元炁”不外泄，附结于自己身上的内容，是房中术中深奥的部分②，从上文所引看，当时天师道对此已有相当深的了解。除了房中术外，更广泛的是服食行气和“胎息”，胎息据章怀注引《汉武内传》：“习闭气而吞之，名曰‘胎息’。”“胎息”是指练功到一定

① 饶宗颐：《老子想尔注校笺》，第10页。

② 道教认为人身先天气为“炁”或元气，内丹双修即鼎炉（人的身体）、铅汞药物（人的“元炁”）求之于他家的修炼法，与个人清修完全不同，见王沐：《内丹养生功法指要》，东方出版社1990年版，第187页。内丹双修多有相辅相成之举，因涉及两性生理，属于“房中术”范畴，但与旁门左道的淫猥粗俗的邪术有本质差别。

程度时所能做到的极微极细的先天呼吸①。太平道这方面的内容较粗浅②,相比之下,天师道主张“结精自守”以养生,与胎息行气更接近。《老子想尔注校笺》“谷神不死,是谓玄牝”录注:“精结为神。欲令神不死,常结精自守。③”《老子想尔注》“载营魄抱一能无离”录注:“魄,白也,故精白,与元炁同色。身为精车,精落故当载营之……”都认为身体凝聚元精,养精即养生,是养生术的内容。从《方术列传》和《想尔注》看,当时养生术已经达到相当高的水平,可以大大改变人的生理代谢状况。

(三) 外丹

《后汉书·方术列传》记载的外丹术甚少,仅章怀注引曹植《辩道论》云甘始与师于南海作金,“投数万斤金于海”,及封君达服水银百年两例,这是因为外丹术所需的丹砂、黄金耗资甚巨,普通百姓乃至一般富人都不可能问津,因此汉末与王朝祭礼分野的众道术中它尚不是主流。但《周易参同契》一书的出现标志着外丹术进入一个新的水平,因为它有了理论指导。炼丹家狐刚子、张陵也开始了外丹的实践,这里就简要介绍一下东汉外丹术的发展状况,以及它在王朝祭礼与早期道教分流中所处的角色和地位。

外丹术的核心思想,是认为“假求外物以自固”是可能的。但这个“外物”并不是直接从自然界采来的外物,如自然界直接生成的黄金、玉石之类,而是经过特殊炼制的金丹。“假求外物以自固”的思想萌蘖并不始自东汉,在神仙家渊源的战国时期,在《山海经》记载的宇宙地理和博物知识中已有它的最初萌芽,汉武帝听信方士的话,作建章宫承露台,以所得露和玉屑服食,即基于“假求外物以自固”的思想。但是直到西汉,“假求外物以自固”尚处在直接服食自然界生成金玉的水平,李少君说的“丹砂化为黄金”和刘向《淮南枕中鸿宝苑秘方》都还是滥觞阶段的炼金术,从理念到技术都不能跟后世的炼丹术相提并论。到东汉时期,这一情况发生了变化,它表现在魏伯阳《周易参同契》的成书和狐刚子等炼丹家开

---

① 王沐:《内丹养生功法指要》,第 199 页。

② 《太平经》提到胎息,但没有说明如何进行胎息,见姜生、汤伟侠主编:《中国道教科学技术史·汉魏两晋卷》,科学出版社 2002 年版,第 632 页。

③ 饶宗颐:《老子想尔注校笺》,第 7 页。

始进行首创性的烧炼实践上。

《周易参同契》在后来丹家看来有归于内丹还是归于外丹之别①，但从较早的注本为外丹家看，它在相当长的时间内是被当作外丹术对待的②。《周易参同契》为包括人体在内的宇宙万物物质之变和卦爻象数之变之间(包括时间在内，主要内容为月体纳甲说)的关系描述出了基本的模式，正如门捷列夫的化学元素周期表从原子构成的角度为自然界所有化学元素安排了井井有条的位置，进而为人们寻找新的元素指明了方向那样，《周易参同契》所描述的月体纳甲和宇宙万物之变之间的关系奠定了炼丹(包括内、外丹)的理论基础，并指出了具体操作时应循的方向，它对内外丹术的影响均既深且巨，被称为“万古丹经之王”。在东汉，炼丹家的实践即建立在《周易参同契》这样的理论著作出现这一基础上。

在理论著作成型的基础上，炼丹家们开始了孜孜不懈的实践。东汉重要的炼丹家有狐刚子、张道陵等。据赵匡华先生考证，狐刚子为东汉末炼丹家，跟《周易参同契》作者魏伯阳似有师生关系，其著录有《五金粉图决》、《出金矿图录》等，狐刚子在炼丹的具体实践中多有填补空白性质的卓越贡献，他发明了出水金(水流、沙土所产之金)矿法、出山金(山脉所含之金)矿法、出银矿法、金银粉制作法等具体炼丹技术，并在水银的升炼、服食及运用于黄白之术方面均有深入研究和独到见解，他不仅是一位炼丹理论家，更是一名勤奋的实干家和古代化学实验家③。姜生、汤伟侠主编：《中国道教科学技术史》的相关部分亦对狐刚子的炼丹实践有介绍，亦可以参看④。以后张道陵、左慈、葛玄(葛洪从祖)、葛洪等方

---

① 胡孚琛先生认为《周易参同契》主旨讲的是男女合炁之术，见其《〈周易参同契〉秘传仙术的来龙去脉》，《世界宗教研究》1994年第2期。

② 孟乃昌通过对26种唐宋丹经的详尽考证，证明阴本、无名氏本早于彭晓本。他说：“阴注本处只以金水二字注全书，即指金石药物铅汞；容注本几乎以唐代各种炼丹成就附于《参同契》名下，任何字句均看朱成碧，释为外丹，成为千古《契》注外丹得没法再外丹之作，固可视作中唐以前炼丹总结，由此窥唐代炼丹面貌。总之唐代两个《参同契》注本，即今存最早的两个注本，都是外丹注本，连《契》原来的一些内功叙述也浸没了，这代表外丹家认为《参同契》是外丹书。”(孟乃昌：《周易参同契考辩》，上海古籍出版社1993年版，第109页。)

③ 赵匡华：《狐刚子及其对中国古代化学的卓越贡献》，《自然科学史研究》1984年第3期。

④ 姜生、汤伟侠主编：《中国道教科学技术史》，第382～393页。

士们烧炼金丹的实践，即祖承狐刚子，他们的成就是建立在狐刚子奠定的基础上的。

总之，外丹术到东汉，已处于初步成熟的水平，它比起西汉方士们让汉武帝服食玉屑来有了长足的进步。就王朝祭礼与民间宗教分流而言，它的角色是特别的——它集认识自然的“科学”和试图掌握自然的“技术”于一体。随着礼典（王朝祭礼）和宗教（早期道教）因关注的对象和施行目的不同日益分流，它是方士们追寻长生的具体实践，在中国古代土生土长的宗教——道教中，它是神学经典、施行礼仪等之外的实践内容。跟世界上许多其他宗教出于对“神”的顶礼膜拜和预设性论证而反对科学不同，早期道教中的外丹术中储存了中国古代的大部分博物学和几乎所有化学知识，并积累起了相当规模的知识，方士们利用这些知识试图达到“我命在我不在天”的境界，可以说，内、外丹术及它们固有的科学性是中国古代宗教中最不同于世界其他宗教的地方，它们的价值至今值得研究。

上文对早期道教的杂方术、养生、外丹作了简要考察。在当时它们属于不同的流派。太平道属于符箓派，天师道属于养生派，它们所尚并不一致①，此外外丹术尚未最终发展成熟。“符”的出现、各种服食、外丹等都标志着象数思维下的早期道教实践正日益成熟，这些实践统领在早期道教的驳杂体系下，这个体系正是自上古以来，不进入正式国家祀典的内容长期发展的内容所形成的。它们在行为上所达到的水准及效果足以跟王朝祭礼礼典的程序化水平等量齐观。因此，王朝祭礼和早期道教的分流除了政治意义深远之外，它还相应地造就了知识和技艺系统的分野——主流儒家典籍、修齐治平的理念支撑着王朝祭礼理念和仪式的细节构成；而各种跟自然、人体有关的实用技艺，则统领在道教的驳杂体系之下，后者在中国古代的地位一直处于前者之下。这一格局后来一直为以后历代所继承。

结　语

本节从象数思维发展的角度考察了王朝祭礼与以早期道教为代表的民间宗

① 《老子想尔注》批评那些“托黄帝、玄女、龚子、容成之文相教，从女不施，思还精补脑”的流派，见姜生、汤伟侠主编：《中国道教科学技术史·汉魏两晋卷》，第639页。

教分流的状况。两汉象数思维的发展对王朝祭礼和早期道教都有深刻影响——王朝祭礼吸收了其中的阴阳五行说、元气说，形成有别于以宗周祭礼为代表的上古王朝祭礼格局；早期道教则是民间方术长足吸收京氏易、谶纬、风角、遁甲等象数思维的新成果并进行神学化而成。早期道教的形成是王朝祭礼和民间宗教正式分流的标志，它使民间宗教脱离简单淫祀的水平，使民间宗教的理念、实践皆能跟王朝祭礼分庭抗礼，这在整个中国古代史上都具有重要意义和深远影响——它划分了在朝的礼仪和在野的信仰之间的分水岭和各自所能控制的势力范围，一为在朝的、旨在令天下百姓尊君敬祖的国家礼典；一为在野的、旨在满足普通大众形形色色精神需要的正式宗教。在王朝祭礼稳占在朝交椅的同时，早期道教则持续着它安寂静默的，自有秩序的升华和净化过程。

结　语

至此，本书对周、秦、两汉王朝祭礼的考察终于告一段落。在这一既沧桑久远又波澜壮阔的变化过程中，我们看到的是古人思辨的洁净精微、信仰的淳朴虔诚、仪式的繁复精致，王朝祭礼正是在这长期思辨的基础上创造出的复杂典章制度。这一思辨基础——象数思维，是中国古代一切知识和技艺得以产生的最初温床，也是孕育王朝祭礼的最初缘起，象数思维不仅使古人很早就通过观察宇宙来反观自身，而且通过对“数”的理解和运用，在天与人、人与人、典章制度与社会伦理、科学知识与实用方技等之间架起一座四通八达的桥梁，王朝祭礼是这桥梁中体现古人心目中天人关系的部分，是象数思维运用于礼仪领域造就了王朝的礼典，又是政治利益的需要利用象数思维，奠定了王朝祭礼的礼典性质并划定它应有的位置。建立在象数思维基础上的早期天文历法的灿烂成就给予了王朝祭礼中的大部分内容按历法而行的重要传统，郊坛的形制必须天圆地方；祭祀选择的时日必须跟季节的变异一致；日食时要抑阳助阴等等，这些都是象数思维在科技和哲学领域在王朝祭礼上留下的烙印。但王朝祭礼跟道教、中医等传统文化的其他组成部分不同，王朝祭礼中的天人关系是通过官方礼典的形式表现出来的，因此，它必然不可能像其他自然科学知识和技艺一样，完全经历自己自在自为的进步过程，而是自始至终服从于政治秩序的需要，一直到封建王朝的灭亡。

王朝祭礼的发展变迁是跟中国古代政治模式的演进变化紧紧联系在一起的。上古三代时，由“治出于一”奠定的、以“礼”涵盖和包融政治、礼仪、风俗等事务的格局，将此前的多神崇拜包融并消解，并将被“礼”改造过的国家祭祀用作为巩固统治，淳化风俗的有力工具（对早期宗教的改造抑制了渊源古老的多神崇拜继续朝宗教方向发展，见第一章第二节）；到“治出于二”的历史阶段，律令的大量制定成为保障兵刑钱谷等事务的有效手段，这种手段随着现实政治的需要，逐渐波及礼仪等对王朝的正统性有用的领域，秦汉的礼典、礼仪的制定就是以制定律令手段制作出的程式，这些程式的日益增多使它们逐渐形成一个礼仪体系，随着儒家思想在东汉时期稳固地居于统治地位，这个礼仪体系在形式上日渐恢复宗周旧典的格局，王朝祭礼亦被包含在这个体系中，究其实质则再次成为践行天人之间关系的仪式。

周代的“治出于一”和战国、秦汉的“治出于二”，是两种不同的安排政治事务和信仰事务关系的模式，其中都有王朝祭礼的位置。但无论在“治出于一”还是在“治出于二”的历史阶段，王朝祭礼都不是真正意义上的宗教，这原因并不是因为其思维基础——象数思维是现代无神论式跟宗教无缘的东西（象数思维本身并不能杜绝宗教的产生，中国土生土长的宗教——道教，便是象数思维朝宗教的方向发展的结果。道教与象数思维的关系是又一个重大课题，但不属于本书研究的对象，这里先不讨论），而是因为无论周代的“治出于一”还是后来的“治出于二”，其中信仰事务的存在都是为了保障某一王朝的政治利益和政治秩序，象数思维乃至其他的祷祠都只是工具而已。

于是，在这种很现实的需要下，常规性祷祠的日渐系统化发展成王朝祭礼，而各种临时性的祷祠如水旱蝗灾时的祈祷更是屡见不鲜，合法地存在于王朝的政治生活中。这种非关怀个人命运而服务于国家利益的明确目的，决定了古代统治者利用信仰事务作为巩固统治之手段的分寸——无论是渊源古老的多神崇拜，还是建立在象数思维基础上的宇宙观，它们都被用来说明一种和天人关系一样合理的政治伦理之存在，象数思维只是被用作郊坛建制、神灵安排等方面的工具，而不是用来达到个人的目的。这就使它从一开始关注的就不是“人”的身心和归宿等所有宗教普遍关心的终极问题，因而它始终离宗教的本质有距离。相比之下，同样由象数思维发展而来的道教，因为关心个人的命运和生存状态，则是中国式土生土长的真正宗教。

于是，王朝祭礼尽管从三代到后来经历了滥觞、发展、崩析、重现、定型的曲折过程，它的性质仍然是一套礼典，在施行时一遍遍陈说着人政和天象应完全合一的那么一种理想，这是笔者经过本书的研究所能得出的结论。在这里，让我将自己的理由再次总结，陈述如下：

首先，宗教（我们所指的是体制化宗教，不包括信仰这层含义）最核心的特点是对神的信仰，并且与世俗分离（alienate from the mortal world）。即使是在尚未开化的澳洲土著那里，他们的宗教和精神世界也表现出了神圣事物（devined）和凡俗事物（profaned）的分离，著名社会学家涂尔干（杜尔凯姆）在他的名著《宗教生活的基本形式》中详细描述了这一点。到古典神学宗教[①]的发展阶段，宗教的概念和认知水平发展到赋予神灵以超自然力量、理性和智慧的地步，并使信仰者的生活发生以此为中心的异化（alienation），此时宗教和世俗的分离越来越明晰，宗教信仰和世俗生活从此在理念上、现实中都成为截然不同的领域——宗教凭籍神灵的启示和教诲使人们对各种欲念保持警惕和疏离，而后者恰恰是世俗生活的重要内容甚至目的。宗教的这种神启性和精神自觉（异化）使它始终保持面对世俗生活时的自我意识——佛教视世俗生活为劫难和苦海，劝诫众生修行以解脱，并发展出了极其复杂的、各种遁世离俗的修行方式；基督教则崇尚博爱和节制的品格，并有集体进行的、与世俗分离的修行生活，这些都是与它们作为大宗教的完善宗教哲学相匹配的。

中国古代王朝祭礼恰恰缺乏“与世俗分离”这一宗教最重要、最核心的特点。这是由于它的源起——象数思维，将宇宙间的一切事物都纳入了同一个系统之下。在这种思维方式下，时间和空间是连续合一的，社会的分层在根本上等同于自然的秩序；个人的品格和命运在最完美之际与群体的利益完全一致；国是家的放大。这并不是古人缺乏分析能力，更不是“物我混同”的原始思维——古人绝不是不知道个人有命运的不完满，以及“人”作为宇宙间某一普通物类的渺小。相反，从先哲作《易》开始，古人就知道“人”作为宇宙中物种之一的普通性，但他们相信宇宙作为系统本身是完善的，将包括自身在内的万物命运都放在系统中考察，他们所考察出的个人或家国的机缘或厄运是在一定运势下的，以《易·节》

---

① 我国学者陈麟书将宗教的发展阶段分为自然宗教、古典宗教、现代宗教。自然宗教即原始宗教（原始社会的氏族和部落宗教），古典宗教即跟古代文明社会（古代、中古、近古）的宗教，它包括古代文明社会的民族宗教、国家宗教和世界宗教，是“人为宗教”，有完善的神学思想体系。人类思维能力的发展，是宗教思想理论化的基本前提，见陈麟书、陈霞：《宗教学原理》。

六爻的爻辞为例：

初九：不出户庭，无咎。

九二，不出门庭，凶。

六三，不节若，则差若，无咎。

六四，安节，亨。

九五，甘节，吉，往有尚。

上六，苦节，贞凶，悔亡。

《节》反映了古人心目万物皆有节度的数度思想（见第一章第一节）。节卦卦象是兑下坎上䷻，《象》这样解释："君子以数度议德行"，即具体到个人，人在一定的运势下恪守操守，就是"节"。"无咎"、"吉"、"凶"、"悔亡"为《易》中对吉凶境遇不同程度的判定词，反映的是古人早就深知个人命运的不完满，但古人将这种不完满放在反映了"道"之变化的"卦"中考察，并重视运势，比如九五"甘节"为吉，上六"苦节"为凶，即人若安于运势，恪守操守，就吉；如果苦守自己的想法或目的而不顾运势，就凶。《象》曰："苦节不可贞，其道穷也"，清晰地从"道"的角度说明人的命运跟自己的努力和悟道之间的关系。在象数思维下，人的完美应是与"道"合一。《易·乾·文言》形容完美的人——大人：

"夫大人者，与天地合其德，与日月合其明，与四时合其序，与鬼神合其吉凶，先天而天弗违，后天而奉天时，天且弗违，况于人乎！况于鬼神乎！"

"大人"的状态，正是一切宗教下人赋予神所具有的正直、完美、公平、理性的状态。悔咎过亡则是"人"境遇的不完美，这在《易》中便已明晰。只是在《易》中，人并不需要"神"的救赎，而是需要人自己去体悟运势，通过自己的努力达到完美的地步。因此，象数思维这样一种将完美和不完美结合在一个系统中，通过运势、机缘等将它们联系在一起考察的思维方式，从没有实现过神圣事物与凡俗事物的分离，而是将二者结合在一起，这跟以"神"的完美为中心的宗教哲学在思维方式上有本质差别，这也是中国古代最初在相当长的一段时间内不能产生真正意义上的宗教的哲学原因。

其次，王朝祭礼不是真正意义上的宗教，还反映在历代祀典中诸神的神性跟宗教神灵神性的差别上。宗教神灵神性最根本的特点是神具有一切完美，它是人们所能想象出的一切美丽、公正、理性的化身，并且没有“人”可能有的衰颓和厄运。以基督教的上帝为例：基督教的上帝是全知(omniscience)、全能(omnipotence)、全善的，佛教的佛则具有“三十二相”、“八十种好”①、“十八不共法”②，这些实际上都是“人”的思辨对自身所应达到状态的憧憬，它们表现的是人们心目中“人”在最完美状态下应有智慧、性状、品质、境遇的总和。这些神性对总被不完美、不幸运折磨的“人”具有启迪和净化作用，这是宗教神灵神性的核心所在。即使是原始宗教万物有灵崇拜中的神灵也具有高于人能力之上的巨大威力，它们对原始人的心灵同样有这种启示作用。

而中国古代国家祀典神的神性则不是这样。跟宗教神灵富含的思辨相比，中国历代国家祀典诸神神性的内容主要是尊卑秩序的差别，至于为什么会这样的思辨并未深入，因为象数思维是承认宇宙间有终极力量的，这一点使它理所当然地承认神的存在，进而使国家祀典中诸神(包括至高无上的天神)的原生性始终残留。这一点受到国外学者的注意，甚至以此来推断“中国宗教”的发展水准。辩证法大师黑格尔在其名著《宗教哲学》中，将中国宗教摆入他那从概念和精神的发展过程构成的序列，在他的序列中，中国宗教属于“自然宗教”，仅高于“直接宗教”(巫术)，离“绝对宗教”(基督教)相去甚远(见第四章第五节)，黑格尔对中国古代国家祀典的神性定位是正确的，但他从中国古代国家祀典中原生性神灵神性的残留来定位“中国宗教”(王朝祭礼)的发展水

① 三十二相据《大智度经》卷四为：一足下安平立相；二中下二轮相，中心有轮宝肉纹；三长指相；四中跟广平相；五手中指缦纹相，手中趾间如蹼；六手指柔软相；七足趺高满相；八股骨如鹿；九正立手摩膝；十阴藏如马相；十一身广长等相；十二毛上向相；十三一毛一孔生相；十四金色相；十五丈光相，身光照四面各一丈远；十六细薄皮相；十七七处隆满相，十八两腋下隆满相；十九上身如狮子相；二十大直身相；二十一肩圆好相；二十二四十齿相；二十三齿齐相，二十四牙白相；二十五狮子颊相；二十六味中得上味；二十七大舌相；二十八梵声相，声音清远；二十九真青眼相；三十牛眼睫相；三十一顶髻相；三十二眉间白毫相。另外，佛还有细微的殊好特征，如发际严好、额光平正、眉如初月、目如青莲等八十种，称八十种好。

② 十八不共法为一身无失；二口无失；三念无失；四无异想；五无不定心；七欲无灭；八精进无灭，常度一切众生；九念无灭；十慧无灭，智慧无量无尽；十一解脱无灭，远离一切执著；十二解脱知见无灭，于一切解脱中知见明了；十三一切身业随智慧行；十四一切口业随智慧行；十五一切意业随智慧行；十六智慧知过去世无碍，即佛的智慧可照见过去众生诸世的罪业；十七智慧知来世无碍，即佛之智慧知道来世；十八智慧知现在世无碍，即知晓今生一切。此为佛与其他一切修行者所不同的十八要点。见《大般涅槃经今译》，中国社会科学出版社 1996 年版，第 221 页。

准却值得商榷。中国古代国家祀典中的神灵们和王权的神圣、祖先的亡灵、英雄的荣耀共同存在，其原生的超自然属性早已退居次要，而融化在社会伦理赋予的等级性中，大师在分析中国古代国家祀典中诸神的“神性”时忽略了对其蕴涵的政治等级和教化意义的剖析，其实后者才是受祀诸神“神性”的真正含义所在，因为王朝祭礼所关心的是王朝政治而不是个人命运。这跟任何宗教关心的都是“人”的存在和命运，并以自己的理念和修行方式让它尽善尽美不同。同样，著名学者马克斯·韦伯在其名著《儒教与道教》中这样分析中国古代王朝祭礼：

“中国官方的国家祭典，就像其他地方一样，只服务于公共的利益；而祭祖则是为了氏族的利益，二者都与个人的利益无关。自然的巨灵日益被非人格化，对它们的祭祀被简化为官方的仪式，而此种仪式逐渐地排空了所有的感情要素，最后变成了纯粹的社会习俗。这是有骄傲的知识分子阶层所完成的工作，他们完全漠视大众的典型的宗教要求。高傲地弃绝来世、弃绝此世中个人的宗教性救济保证，只有在高贵的知识分子内部才能做到。知识分子的这种态度，即使能够通过古典的教义——此乃唯一的课程——强加给非官员，但是它不可能填补仪式缺乏的情感要素这一空白。”①

韦伯独特的视角和敏锐的洞察力的确抓住了中国古代王朝祭礼的两个重大特征：

首先，韦伯发现了它只服务于公共的利益，这注定了它的性质只是日益没有感情要素的官方礼典。“公共的利益”即王朝祭礼关心的只是王朝政治，不是人的境遇，既然关心的不是“人”自身存在的境遇，自然而然就缺乏了在这方面的思辨，更不可能像其他大宗教那样，通过日积月累的思辨形成哲学或神学体系，而王朝政治秩序的需要却是一种没有生老病死的客观存在，并不需要对它的存在进行深刻思辨，虽然一切“人”都会遇上的吉凶休咎，王朝政治偶尔也会出现，王朝祭礼的作用就是统治者通过对之的施行来践行一种合适的天人关系，尽最大可能性避免王朝政治出现如个人命运那样吉凶休咎的状况。这种践行后来形成

① 马克斯·韦伯著，洪天富译：《儒教与道教》，第199页。

日益复杂精确的纯粹仪式，用本书的术语说，就是王朝祭礼的功能从三代到后来由实而虚，韦伯说的符合中国古代王朝祭礼晚期的情况。从韦伯的分析中不难看出以黑格尔说的“绝对宗教”(基督教)为尺度来观察中国古代祭礼的影子，他对来世、感情要素的强调正是这一表现。韦伯说的感情要素应理解成能救赎一切人的宗教情感(religious experience)，从这个角度说韦伯的分析是正确的，施行王朝祭礼时产生的虔敬心情是古代容礼的一部分(见第一章第二节)，并不是通过神的力量净化人的灵魂的宗教情感，严格意义上的“宗教情感”在中国古代，或者存在于普通百姓对神灵的自发膜拜中，或者存在于对佛道尊神的皈依过程中。

其次，韦伯抓住了“大众典型的宗教要求”在中国古代被官方礼典弃绝这一现实。这是中国古代国家礼典的晚期形态，它在与其早期形态有一脉相承的延续性的同时，更有因社会因素和传统文化固有缺陷而造成的没落，这没落的表现之一就是基于个人利益而产生的“大众的典型的宗教要求”，迟到东汉集各种数术方技之大成，发展成早期的道教，在信仰体系上跟王朝祭礼分庭抗礼，与此同时，王朝祭礼在后来日益僵化死板，终于不能给予上层和下层的人们以精神上的慰藉，成为纯粹空洞的仪式。道教和其他民间宗教跟王朝祭礼分享精神上的势力范围，一方面是因为王朝祭礼不顾及个人的精神需要，另一方面，服务于个人精神私利的信仰体系(如佛、道和其他民间宗教)从来不能很好地服务于国家意识形态，因此最终只能以在野的方式存在，这就是从战国凸现，至西汉大量进入国家祭祀的大量方术和杂祀不能通过它们自身的发展成为国家需要的真正宗教的原因所在。从这个意义上说，韦伯认为原因是普通大众的宗教要求被知识阶层漠视并不完全正确。

综上所述，王朝祭礼跟“宗教”的差别是实质性的——既然离开了对“人”的存在和命运的思辨，王朝祭礼在形式上跟宗教再相似，也终究不是体现对人关怀和救赎的宗教，而只是一套礼典。首先，它没有完善的神学思辨，“神”本身的内涵是简单空洞和贫乏的，这是它跟真正宗教最核心的差别所在，相应地，经书记载的程式化礼典细节再复杂也不是真正的宗教仪式，因为这些仪式既用于祭祀，又用于安排人伦；祭祀时的情感要求再庄严虔敬也不是真正的宗教情感，而只是统治者的精神寄托；至于宗教组织，它需要凭借神的内涵和等级才能产生，在神学贫乏的王朝祭礼基础上更是不可能产生。有的学者认为中国古代的宗教组织跟官僚组织合一，教士即官吏，这是不严谨的说法。

王朝祭礼是古代宇宙观、政治观、伦理观与施政理想相结合之后的产物，是中国古代原创的文化成就。在古代，礼典曾被看成“正朔所在”的象征①，自近代，中国的大门被打开，西方文明如潮水般涌入，王朝祭礼随着封建王朝的覆灭而成为明日黄花。天圆地方的宇宙观在今人看来已如童蒙的猜想，日月之食只是正常自然现象而再不会激起人们的恐惧，近代科技的成就早已使国人远离无知和迷信的膜拜，极权和专制失去了宇宙观的基础。然而，凝聚群力、序列人伦、提高道德水准（即古代统治者说的“教化”）即使在现今的中国也还是现实的迫切需要。当我们剖析古代王朝祭礼时，不能不感叹它的繁复精致，以及和古代王政配合得天衣无缝的程度。当今，美国的卫星已飞至土卫，现代科技继续以它那清晰的逻辑和强劲的手段向世人昭示它那当今无可比肩的成就，而一切非西方系统的古老文化在现阶段则似乎都失去了价值，被排挤到角落，被它们创造者的子孙弃之不顾。在中国，许多古代的杰出发明跟国人之间已有深刻的隔膜，更别说在现阶段被西方人理解和认可。但是，正如西方的有识之士已经认识到他们所创造的文化的不足，反过头来向包括东方的世界其他文化寻找智慧那样，古代中国的王朝祭礼虽然已成陈迹，然而孕育祭礼的父母——象数思维，却没有寂灭，它所孕育的文化如传统医学在现代正焕发出新的生命力。我们可以想见经历时日，它的合理部分终将被现代的人类理解，融进现代人类共创的知识和技艺系统中，并造福于人类；我们也可以想见，在我们的文化吸取西方文化之长进入现代的同时，凝聚着礼貌、尊严、秩序等理想的礼仪将以新的形式给国家，给所有需要这些的人们带来心灵的皈依。

① 《北史·杜蕤传》记载北齐高祖高欢对杜蕤说：“天下浊乱，习俗已久，……江东复有一吴老翁萧衍，专事衣冠礼乐，中原士大夫望之，以为正朔所在……。”

主要参考书目

一、文献典籍

《周易正义》，中华书局 1983 年版。
高亨：《周易大传今注》，齐鲁书社 1998 年版。
孙星衍：《尚书今古文注疏》中华书局 1986 年版。
《逸周书》，文渊阁《四库全书》本。
《毛诗正义》，中华书局 1980 年版。
《周礼正义》，中华书局 1980 年版。
《周礼正义》，中华书局 1987 年版。
黄侃句读：《仪礼注疏》，上海古籍出版社 1990 年影印。
《礼记》，中华书局 1983 年版。
杨伯峻：《春秋左传注》，中华书局 1981 年版。
《春秋公羊传》，中华书局 1980 年版。
司马迁：《史记》，中华书局 1959 年版。
班固：《汉书》，中华书局 1962 年版。
王先谦：《汉书补注》，中华书局 1983 年版。
范晔：《后汉书》中华书局 1965 年版。
陈寿：《三国志》，中华书局 1959 年版。
沈约：《宋书》，中华书局 1983 年版。
卫宏：《汉官旧仪》，文渊阁《四库全书》本。
房玄龄等：《晋书》，中华书局 1982 年版。
孙星衍辑：《汉官六种》，中华书局 1990 年版。
刘宝楠：《论语正义》，中华书局 1954 年版。

焦循:《孟子正义》,中华书局 1954 年版。
王先谦:《荀子集解》,中华书局 1954 年版。
王弼:《老子注》,中华书局 1954 年版。
郭庆藩:《庄子集释》,中华书局 1954 年版。
孙诒让:《墨子间诂》,中华书局 1954 年版。
《淮南子》,中华书局 1954 年版。
王泗原:《楚辞校释》,人民教育出版社 1990 年版。
《管子校正》,中华书局 1954 年版。
蒋礼鸿:《商君书锥指》,中华书局 1986 年版。
《吕氏春秋》,中华书局 1954 年版。
王利器:《新语校注》,中华书局 1986 年版。
王充:《论衡》,中华书局 1954 年版。
贾谊:《新书》,文渊阁《四库全书》本。
袁珂:《山海经校释》,巴蜀书社 1996 年版。
袁珂:《山海经全译》,贵州人民出版社 1991 年版。
韩婴:《韩诗外传》,文渊阁《四库全书》本。
苏舆:《春秋繁露义证》,中华书局 1992 年版。
陈立:《白虎通疏证》,中华书局 1994 年版。
应劭:《风俗通义》,上海古籍出版社 1990 年影印。
孙珏:《古微书》,文渊阁《四库全书》本。
严可均辑:《全上古三代秦汉六朝文》,中华书局 1958 年版。
陈直:《三辅黄图校证》,陕西人民出版社 1980 年版。
《纬书集成》上、下,上海古籍出版社 1994 年影印。
《文选》,中华书局 1977 年版。
葛洪:《抱朴子》,中华书局 1954 年版。
郭茂倩:《乐府诗集》,中华书局 1979 年版。

二、考古、出土文献

睡虎地秦墓竹简整理小组:《睡虎地秦墓竹简》,文物出版社 1990 年版。

李零:《长沙子弹库帛书帛书研究》,中华书局1985年版。
荆门市博物馆:《郭店楚墓竹简》,文物出版社1998年版。
张家山二四七号汉墓竹简整理小组:《张家山汉墓竹简》,文物出版社2001年版。
陈梦家:《殷虚卜辞综述》,科学出版社1956年版。
吴九龙:《银雀山汉简释文》,文物出版社1985年版。
马承源主编:《商周青铜器铭文选》,文物出版社1986年版。
荆门市博物馆:《郭店楚墓竹简》,文物出版社1998年版。
俞伟超:《先秦两汉考古学论集》,文物出版社1985年版。
王仲殊:《汉代考古学概说》,中华书局1984年版。
李学勤:《简帛佚籍与学术史》,江西教育出版社2001年版。

三、近现代著作

王国维:《观堂集林》,中华书局1959年版。
皮锡瑞:《经学通论》,中华书局1954年版。
顾颉刚:《秦汉的方士和儒生》,上海古籍出版社1998年版。
杨宽:《西周史》,台湾商务印书馆1999年版。
唐长孺:《魏晋南北朝史论丛》,三联书店1957年版。
陈寅恪:《隋唐制度渊源略论稿》,中华书局1963年版。
余英时:《士与中国文化》,上海人民出版社1987年版。
沈文倬:《宗周礼乐文明考论》,杭州大学出版社1999年版。
阎步克:《士大夫政治演生史稿》,北京大学出版社1996年版。
李学勤:《东周与秦代文明》,文物出版社1984年版。
李学勤:《简帛佚籍与学术史》,江西教育出版社2001年版。
彭林:《〈周礼〉主体思想和成书年代研究》,中国社会科学出版社1989年版。
黄彰建:《周公孔子研究》,"中央研究院"历史语言研究所专刊1998。
钱玄:《三礼通论》,南京师范大学出版社1996年版。
王晖:《商周文化比较研究》,人民出版社2000年版。
陈汉平:《西周册命制度研究》,学林出版社1986年版。

刘起釪:《尚书源流及传本考》,辽宁大学出版社 1997 年版。
何勤华:《中国法学史》,法律出版社 2000 年版。
邹昌林:《中国古礼研究》,台北文津出版社 1992 年版。
张鹤泉:《周代祭礼研究》,台北文津出版社 1993 年版。
常金仓:《周代礼俗研究》,台北文津出版社 1993 年版。
杨向奎:《宗周社会与礼乐文明》,人民出版社 1997 年版。
马非百:《秦集史》,中华书局 1982 年版。
杨一凡总主编,马小红主编:《中国法制史考证》第一卷,中国社会科学出版社 2003 年版。
杨鸿年:《汉魏制度丛考》,武汉大学出版社 1985 年版。
杨一凡总主编,杨一凡、刘笃才主编:《中国法制史考证》第一卷乙编《法史考证重要论文选编·律令考》,中国社会科学出版社 2003 年版。
杨一凡总主编,高旭晨主编:《中国法制史考证》第三卷甲编《两汉魏晋南北朝法制考》,中国社会科学出版社 2003 年版。
大庭修著,林剑鸣等译:《秦汉法制史研究》,上海人民出版社 1991 年版。
冯友兰:《中国哲学史新编》,人民出版社 1964 年版。
朱伯崑:《易学哲学史》,华夏出版社 1995 年版。
李镜池:《周易探源》,中华书局 1978 年版。
刘大钧:《周易概论》,巴蜀书社 2004 年版。
邢文:《帛书〈周易〉研究》,人民出版社 1997 年版。
皮锡瑞:《经学历史》,中华书局 1959 年版。
王锦民:《古学经子——十一朝学术史新证》,华夏出版社 1996 年版。
王葆玹:《今古文经学新论》,中国社会科学出版社 1997 年版。
金春峰:《汉代思想史》,中国社会科学出版社 1997 年版。
陈鼓应:《易传与道家思想》,三联书店 1996 年版。
徐复观:《两汉思想史》,台湾学生书局 1976 年版。
安居香山著,田人隆译:《纬书与中国古代神秘思想》,河北人民出版社 1991 年版。

钟肇鹏:《谶纬论略》,辽宁教育出版社 1992 年版。
刘泽华主编:《中国政治思想史》(先秦卷),浙江人民出版社 1996 年版。
朱维铮主编:《周予同经学史论著选集》,上海人民出版社 1983 年版。
丁四新:《郭店楚墓竹简思想研究》,东方出版社 2000 年版。
林素英:《古代祭礼中之政教观》,文津出版社 1997 年版。
黑格尔著,魏庆征译:《宗教哲学》,中国社会出版社 1999 年版。
马克斯·韦伯著,洪天富译:《儒教与道教》,江苏人民出版社 1995 年版。
约翰·希克著,王志成译:《宗教之解释》,四川人民出版社 1998 年版。
爱弥尔·涂尔干著,渠东、汲喆译:《宗教生活的基本形式》,上海人民出版社 1999 年版。
史宗主编:《二十世纪西方宗教人类学文选》上、下卷,上海三联书店 1995 年版。
威廉·詹姆士著,唐钺译:《宗教经验之种种——人性之研究》,商务印书馆 2002 年版。
约翰·加尔文著,徐庆誉、谢秉德译:《基督教要义》,基督教辅侨出版社 1962 年版。
王志远主编:《伊斯兰教百问》,今日中国出版社 1992 年版。
吕大吉:《宗教学通论新遍》,中国社会科学出版社 1998 年版。
陈来:《古代宗教与伦理——儒家思想探源》,三联书店 1996 年版。
牟钟鉴、张践:《中国宗教通史》,社会科学文献出版社 2000 年版。
李申:《中国儒教史》,上海人民出版社 2000 年版。
朱天顺:《中国古代宗教初探》,上海人民出版社 1982 年版。
詹鄞鑫:《神灵与祭祀——中国传统宗教综论》,江苏古籍出版社 1992 年版。
王友三主编:《中国宗教史》上、下,齐鲁书社 1984 年版。
何光沪:《何光沪自选集》,广西师范大学出版社 1999 年版。
福井康顺、山琦宏、木村英一、酒井忠夫:《道教》,上海古籍出版社 1990 年版。
卿希泰主编:《中国道教史》(修订本),四川人民出版社 1996 年版。
加地伸行著,于时化译:《论儒教》,齐鲁书社 1993 年版。
杜维明:《现代精神与儒家传统》,三联书店 1997 年版。

杜维明著,段德智译:《论儒学的宗教性——对〈中庸〉的现代诠释》,武汉大学出版社 1999 年版。
乌丙安:《中国民间信仰》,上海人民出版社 1996 年版。
陈麟书、陈霞主编:《宗教学原理》,宗教文化出版社 2003 年版。
李约瑟:《中国科学技术史》,科学出版社、上海古籍出版社 1990 年版。
江晓原:《星占学与传统文化》,上海古籍出版社 1992 年版。
李零:《李零自选集》,广西师范大学出版社 1998 年版。
李零:《中国方术考》,人民中国出版社 1993 年版。
杨力:《周易与中医学》,北京科学技术出版社 1989 年版。
亢亮、亢羽:《风水与建筑》,百花文艺出版社 1999 年版。
俞晓群:《数术探秘——数在中国古代的神秘意义》,三联书店 1994 年版。
卢嘉锡总主编,赵匡华、周嘉华著:《中国科学技术史·化学卷》,科学出版社 1998 年版。
卢嘉锡总主编,廖育群、傅芳、郑金生著:《中国科学技术史·医学卷》,科学出版社 1998 年版。
姜生、汤伟侠主编:《中国道教科学技术史》,科学出版社 2002 年版。
中国天文学史整理研究小组编著:《中国天文学史》,科学出版社 1987 年版。
徐道一:《〈周易〉与当代自然科学》,广东教育出版社 1995 年版。
欧阳红:《易图新辩》,湖南文艺出版社 1996 年版。
杨荫浏:《中国古代音乐史稿》,人民音乐出版社 1980 年版。
伍国栋:《中国古代音乐》,商务印书馆 1997 年版。
王子初:《中国音乐考古学》,福建教育出版社 2003 年版。
王清雷:《西周乐悬制度的音乐考古学研究》,文物出版社 2007 年版。

四、英文资料

Ninian Smart, *The Religious Experience*, Macmillan Publish Company, New York, 1991.
Beverley Clack & Brian R Clack, *The Philosophy of Religion —A Critical*

Introduction, Polity Press, Cambridge, 1998.

Henri Frankfort, *Ancient Egyptian Religion*, Columbia University Press, New York, 1948.

Graham Cunningham, *Religion and Magic*: *Approaches and Theories*, New York University Press, New York, 1999.

C. K. Yang, *Religion in Chinese Society*, The Regent of the University of California, 1961.

Benoy Kumar Sarkar, *Chinese Religion through Hindu Eyes*, Kalinga publications, Delhi, 1987.

Julia Ching, *Chinese Religion*, Orbis Books, Maryknoll, New York, 1993.

Edited by Jacques Derrida and Gianni Vattimo, *Religion*, Stanford University Press, California, 1998.

后记

本书是在我的博士论文基础上修改而成的，从选题写作修改至今，转眼已过去十年还多。跟当初答辩时的博士论文比，它增加了将近一倍的篇幅，跟原来面貌相比已发生了很大的变化，许多当时未及深入思考或尚未找到答案的问题在这数年的修改中得以深入，周秦两汉王朝祭礼发展的基本来龙去脉也总算有了交代，但它离我心目中最终廓清的境界仍然是有相当差距的，我知道这种差距将永远存在于自己落于文字的作品中，也是推进自己不断进步的动力。

当初选择这个题目，是因为直至目前，研究“礼”者虽然日渐增多，但王朝祭礼者却一直少有人问津。当初导师祝总斌先生听到我想选这个题目时，曾拿着《通志》问我想选择五礼中哪一部分，这暗示了这一领域的复杂繁难。我当然知道自己出生在20世纪70年代，年龄、学养、心境离古“礼”都很遥远，但这并不影响我的兴趣，而且，这种既有形而上内涵，又有具体细节的典制的研究对象恰合我之所好，于是便没有多虑地投入了对它的研究。

当我深入之后，才切实地感觉到了它的难度之大，我原先知识储备的欠缺、学养的匮乏在这过程中一次次暴露无遗。不过，本着“求知就是不断填补未知的那些漏洞”的认识，我开始了涉猎经学、哲学、社会学、宗教学、文化人类学乃至天文学和自然科学的过程，这一跋涉对个人而言无疑不可能是轻松的，但凭着还算过得去的英语基础，凭着年少时期因对自然科学的浓厚兴趣所打下的那么一点底子，我终于一点点地理清西方宗教学、社会学、人类学等各种理论对于研究中国古代“礼”时所具有意义的程度，并尽量努力消弭自己在思维方式和知识水准方面跟古人的深刻隔膜（这是一个或许毕生难以穷尽的过程）。我开始明白古人的思维是一种“象数思维”，它在以独特的方式诠释世界和人自身的各种现象的同时，还建立起一种“数”的体系，各种在今人看来无甚关系的礼仪——皇帝贵族出行仪仗中旌旗的数目、官员命妇的衣饰品级和颜色、亲贵吏民守孝的天数、着服的等衰等等，正是凭着这种“数”的差别井井有条地联系在一起，进而构成古代礼仪完备而精致的大厦。王朝祭礼正是这大厦中最隆重、最庄严、最具有形而上内涵的部分，若用源于西方时空二分式思维的宗教学、社会学、文化人类学等理论来研究它，对于考察它的细节当然是有用的，但总体说来，这些理论与中国古代的“象数思维”从根本的逻辑形式上说有重大差异，在我们目前所处的时代，一方尚难以用自己的所达到的成就衡量另一方的高下得失，对个人而言，与其在一知半解中评判优劣，不如在审慎中一点点努力以接近它的真实状况，以筚路蓝缕之心态等待来者，真能如此我已知足。

因此，我一点点考察，一点点思辨，一点点构建。这思辨通常是寂静的，它让我常常忘记光阴的荏苒和身边世事的变迁，让我用纯净的心情渴望真实，并用所接受的历史学专业训练一点点企及这种真实。讲到这里，我不能不感谢我1998至2001年在北大就读时，导师祝总斌、阎步克先生对我的严格要求和仔细指点，正是三年来始终如一的这种要求和指点让我摆脱原先仓荒无知的状态（对于人类既往所创造的知识总体而言，自己永远是无知的），知道扎实的考据应该怎样进行。不仅如此，祝先生的一言半语和处世心态，还每每让我顿悟，让我感觉到高低贵贱、顺逆宠辱背后的了无意义，我在感恩之余衷心地希望先生健康长寿！而阎老师那种灵动自在的思维方式，同样不需要很多言语，就足以让我体味“阳光下的自由”应该是什么样子。

所有这些都让我长进，让我感觉到谦卑、缄默和寂静背后的美好和智慧，让我在“玄而又玄”的状态下仔细体味周围每一个人身上各异的光芒；让我在面对既往和将来可能有的各种起伏，以及周围现存的各种差异时保持稳定和平静的心态，正是这些在滋养我，让我在如照镜子般看见人间种种缺憾和劣势的同时，清晰地感觉到希望和完美确实在每个人的心间存在，它们如同一缕缕淡淡的、温暖的阳光，构成了由古至今从未过时的梦想——祈望和谐。

来历史所之后，朱大渭先生在个人微轻无果之际给予了重要的鼓励，刘驰、梁满仓、卜宪群、杨振红、孙晓、马怡、侯旭东等先生，或惠赐大作，或无私点拨，他们给予的帮助和启迪实非片言只语所能表达！秦汉史研究室的年轻同仁宋艳萍、邬文玲、赵凯、戴卫红等，他们的灵性和活力亦让我深受熏陶，师妹庄小霞无私地帮我复印资料，在此一并致谢！

写到这里，我已不能不向我的丈夫——著名文物考古和青铜器专家、中国国家博物馆研究员李先登先生致以最深沉的感谢！十多年来，他对我从无改变的支持、鼓励和慰藉让我永志不忘！他对我所有的付出我都将终生铭记！此刻他虽已缠绵于病榻，但正如彼此所知道的，"执子之手，与子偕老"，仍是不变的承诺。

我还要感谢我的父母——即使我再怎样游历四海，再怎样目睹高端，他们都将是我永远无法忘怀和永远感激的人。

此外商务印书馆的丁波先生，为此书的付梓出版付出了大量劳动，在此亦深表感激！

最后以裴多菲小诗一首，与同志者共享：

毕生事业，一言了之；

更残人静，歌哭自知。

杨　英

2008 年于北京